Stefan Grobe

Amerikas Weg nach Israel

Die Eisenhower-Administration und die
amerikanisch-jüdische Lobby
1953–1961

Nordamerika–Studien
North American Studies

herausgegeben von

Norbert Finzsch

und

Rolf Meyn

Universität Hamburg

Band 5

LIT

Stefan Grobe

Amerikas Weg nach Israel

Die Eisenhower-Administration und die
amerikanisch-jüdische Lobby
1953 – 1961

LIT

Foto: David Ben Gurion und Dwight D. Eisenhower am 10. März 1960 in Washington. Mit freundlicher Genehmigung der Dwight D. Eisenhower Library / National Park Service.

Gedruckt mit Unterstützung der Universität Hamburg

Die Deutsche Bibliothek – CIP-Einheitsaufnahme

Grobe, Stefan
Amerikas Weg nach Israel : Die Eisenhower-Administration und die amerikanisch-jüdische Lobby 1953–1961 / Stefan Grobe . – Münster : Lit, 1995
   (Nordamerika-Studien/North American Studies ; 5 .)
   ISBN 3-8258-2552-3

NE: GT

© Lit Verlag

Für Gina

"Against the insidious wiles of foreign influence, (I conjure you to believe me fellow citizens) the jealousy of a free people ought to be constantly awake; since history and experience prove that foreign influence is one of the most baneful foes of Republican Government. But that jealousy to be useful must be impartial; else it becomes the instrument of the very influence to be avoided, instead of a deficit against it. Excessive partiality for one nation and excessive dislike of another, cause those whom they actuate to see danger only on one side, and serve to veil and even second the arts of influence on the other."

George Washington, Farewell Address, 19.9.1796.

"Israel is profoundly grateful for the aid which it has received from this country, which was the first to grant it recognition and which did so much to bring it into existence. ... But the primary responsibility for the economic strengthening of the State of Israel is, of course, ours, and we shall not relinquish it."

Rabbi Abba Hillel Silver, 12.3.1953.

"The prime minister of Israel has far more influence over American foreign policy in the Middle East than over policies of his own government generally."

Senator Adlai Stevenson III, 9.1.1983.

Inhalt

Abkürzungen

S. 12

Vorwort

S. 16

I. Einleitung

S. 18

II. Amerikas Weg nach Israel. Die Eisenhower-Administration und die amerikanisch-jüdische Lobby 1953-60

1. Frostiges Kennenlernen im ersten Amtsjahr: die Israel-Lobby und Eisenhowers "new approach" in der amerikanischen Nahostpolitik vom Wahlkampf 1952 bis zur B'not Yaakov/Kibya-Affäre 1953

S. 31

2. Verhärtete Frontlinien: die Neustruktur der Israel-Lobby als Reaktion auf Eisenhowers "Impartiality"-Politik von der Gründung des American Zionist Committee for Public Affairs 1954 bis zur Shoreham-Konferenz 1955

S. 96

3. Amerikanische Vermittlungsbemühungen aus innenpolitischer Furcht vor der Israel-Lobby? Vom Projekt Alpha 1955 bis zur Anderson-Mission 1956

S. 159

4. Kriegsrecht an der Heimatfront: Amerikas Israel-Lobby vom Projekt Omega bis zur Suez-Krise 1956

S. 228

5. Chronologie einer Kraftprobe: die innenpolitischen Auseinandersetzungen um die Eisenhower-Doktrin und den israelischen Rückzug aus dem Sinai 1957

S. 296

6. Auf dem Weg zum "strategical asset": die Israel-Lobby und das amerikanisch-israelische Verhältnis zwischen der Eisenhower-Doktrin 1957 und der Krise im Libanon 1958

S. 350

7. Die letzte Etappe der Ära Eisenhower: die Israel-Lobby von der amerikanisch-israelischen Annäherung 1958 bis zur Amtsübergabe an John F. Kennedy 1960/61

S. 410

III. Zusammenfassung

S. 453

Bibliographie

S. 459

Register

S. 474

Abkürzungen

AJC — American Council for Judaism

AIPAC — American Israel Public Affairs Committee

AIS — American-Israel Society

AJA — American Jewish Archives, Cincinatti (Ohio)

AJC — American Jewish Committee

AJCA — American Jewish Committee Archives, New York

AJYB — American Jewish Year Book

AZC — American Zionist Council

AZCPA — American Zionist Committee of Public Affairs

CIA — Central Intelligence Agency

DDE — Dwight D. Eisenhower

DDEL	Dwight D. Eisenhower Library, Abilene (Kansas)
FBI	Federal Bureau of Investigation
FOA	Foreign Operations Administration
FRUS	Foreign Relations of the United States
GOP	"Grand Old Party" (Republikanische Partei)
HSTL	Harry S. Truman Library, Independence (Missouri)
IAC	Intelligence Advisory Committee
ICA	International Cooperation Administration, White House Office
JCS	Joint Chiefs of Staff (Vereinigte Stabschef)
JFD	John Foster Dulles
JFK	John F. Kennedy

MEC	Middle East Command
MEDO	Middle East Defense Organization
MSP	Mutual Security Program
NA	National Archives, Washington, D.C.
NEA	Near East and African Affairs Division, State Department
NIE	National Intelligence Estimate
NSC	National Security Council, White House Office
OCB	Operations Coordinating Board, White House Office
ODM	Office of Defense Mobilization
PPPUS	Public Papers of the Presidents of the United States
PSB	Psychological Strategy Board, White House Office

RNC	Republican National Committee
SCUA	Suez Canal Users' Association
SUNY	State University of New York at Stony Brook, Frank Melville, Jr. Memorial Library
TVA	Tennessee Valley Authority
UJA	United Jewish Appeal
UNRWA	United Nations Relief Works Agency for Palestine
UNTSO	United Nations Truce Supervision Organization
UR	University of Rochester (New York), Rush Rhees Library
USIA	United States Information Agency
WRHS	Western Reserve Historical Society, Cleveland (Ohio)
ZOA	Zionist Organization of America

Vorwort

Die vorliegende Arbeit entstand im Zeitraum vom Abschluß meines Magisterexamens im Sommer 1992 bis zum Sommer 1994. Die hier zitierten Dokumente und Archivalien sind von mir im wesentlichen während zweier USA-Reisen im Sommer 1992 und im Winter 1993 eingesehen worden. Nur einige wenige wurden mir von jüdischen Archiven und von den National Archives nach einer kurzen Korrespondenz als Kopie nach Hamburg geschickt.

Mir haben überhaupt alle amerikanischen Institutionen erstklassige Hilfe und Unterstützung bei meinen Recherchen vor Ort geleistet. Nur durch diese problemlose Kooperation war ich in der Lage, meinen Weg in die geeigneten Archive zu lenken und das richtige Material zu finden.

Im einzelnen danke ich Abraham J. Peck, Direktor der American Jewish Archives in Cincinatti (Ohio), Karl Kabelac von der Rush Rhees Library der University of Rochester (New York), Evert Volkersz von der Frank Melville, Jr. Memorial Library der State University of New York at Stony Brook, Helen Ritter vom American Jewish Committee in New York, Claudia Z. Fechter vom Temple Museum in Cleveland (Ohio), John Grabowski von der Western Reserve Historical Society in Cleveland, Joseph D. Hartgrove von den National Archives in Washington sowie Raymond H. Geselbracht von der Truman Library in Independence (Missouri). Ganz besonders danke ich Dennis Medina und Dwight E. Strandberg vom Eisenhower Center sowie Robert "Hank" Royer und John Zutavern von der Eisenhower Foundation, die mir bei meinem langen Aufenthalt in Abilene (Kansas) jede nur vorstellbare Hilfe und Zuwendung gewährt haben. Daß ich wohl stets einen "soft spot" für den Mittleren Westen haben werde, ist ihr Verdienst. Unterstützt hat mich dankenswerter Weise auch die Universität Hamburg, die die Flugkosten für meine erste Amerika-Reise getragen hat.

Diese Arbeit wäre mir nicht möglich gewesen ohne die Betreuung und den Rat meines "Doktorvaters", Prof. Dr. Helmut Mejcher. Er hat mir so manche Anregung und Einsicht vermittelt, wofür ich dankbar bin. Mein Studium über viele Semester bei ihm in Hamburg kann ich nur als Gewinn bezeichnen. Schließlich gebührt meinen Freunden Jürgen Rinner und Gerd Stratenwerth Dank. Dem einen, weil er mir bei unzähligen Gelegenheiten ein guter und sachkundiger Berater war, dem anderen, weil er die Mühe des Korrekturlesens auf sich genommen hat.

Köln, im Herbst 1994   *Stefan Grobe*

I. Einleitung

Als sich im Sommer 1992 der Gouverneur von Arkansas, Bill Clinton, und der Senator von Tennessee, Al Gore, anschickten, für die Demokratische Partei das Rennen um die amerikanische Präsidentschaft gegen den Amtsinhaber George Bush zu gewinnen, veröffentlichten sie ein umfangreiches Programm, das heute als visionäre Leitlinie ihrer Präsidentschaft gelten kann. In diesem politischen Programm aus 32 Einzelpunkten gab es einen einzigen, der sich mit einem außenpolitischen Problem beschäftigte: mit Israel und dem Nahen Osten. (Vgl. Bill Clinton/Al Gore, Putting People First, New York 1992, S. 124ff.) Clinton und Gore kritisierten darin die Politik der Bush-Administration, die auf Israel Druck ausgeübt habe, damit es einseitige Zugeständnisse zum Friedensprozeß mache.

Die demokratischen Präsidentschaftsbewerber versprachen dagegen eine enge politische, wirtschaftliche und militärische Zusammenarbeit mit Israel und lehnten die Schaffung eines unabhängigen Palästinenserstaates ab, der Nachteile für Israel mit sich bringe. Gore hatte sich darüber hinaus in seinem im gleichen Jahr erschienenen Bestseller über die globale Umweltkrise äußerst positiv zu Israel geäußert. So nannte er die frühen Bemühungen der Zionisten um Aufforstungsprogramme in Palästina eine vorbildliche "ökologische Erfolgsgeschichte des Jahrhunderts". (Vgl. Al Gore, Earth in the Balance. Ecology and Human Spirit, Boston/New York 1992, S. 324.) Dies ist eine bemerkenswerte Ausnahme, denn wenn Gore auf nicht-amerikanische Beispiele zurückgriff, waren sie stets negativ. Sowohl Clinton als auch Gore waren zu jenem Zeitpunkt weder als Außen- noch als Nahostpolitiker hervorgetreten. Trotzdem vertraten sie im Wahlkampf einen deutlich pro-israelischen Standpunkt. (Vgl. Charles F. Allen/Jonathan Portis, The Comeback Kid. The Life and Career of Bill Clinton, New York 1992, S. 236, 241.)

Der Grund, daß diese Positionsbestimmungen überhaupt Eingang ins fast ausschließlich innenorientierte politische Wahlprogramm der Demokraten fanden, war eine Konstante in amerikanischen Wahlkämpfen spätestens seit 1948, dem Jahr der Gründung des Staates Israel: die Rücksicht auf die Israel-Lobby und die jüdischen Wähler Amerikas. Zwar hatte es amerikanische Unterstützung des zionistischen Anliegens einer jüdischen Selbstverwaltung - was eine Kongreß-Resolution aus dem Jahre 1922 bewies - lange vor der Staatsgründung Israels gegeben, doch wurde Amerika erst während und nach dem Zweiten Weltkrieg vollständig und durchdringend mit der Frage nach öffentlicher, politischer und materieller Unterstützung eines jüdischen Gemeinwesens und Staates im bis dahin britischen Mandatsgebiet Palästina konfrontiert.

Der Hauptgrund dafür waren vor allem die heftigen Kontroversen um die restriktiven Einwanderungsbestimmungen des "Weißbuchs" von 1939. Je mehr Großbritannien als bestimmende Großmacht im Nahen Osten durch die USA abgelöst wurde, desto stärker verlagerte sich auch das Zentrum der zionistischen Bewegung von London nach Washington. Dadurch stieg wiederum der Einfluß der amerikanischen Zionisten. (vgl. William Roger Louis, The British Empire in the Middle East. Arab Nationalism, the United States, and Postwar Imperialism, Oxford 1984; kontrovers dazu: Konrad Watrin, Machtwechsel im Nahen Osten. Großbritanniens Niedergang und der Aufstieg der Vereinigten Staaten 1941-1947, Frankfurt/New York 1989.)

Die nach dem Tode Präsident Roosevelts im Frühjahr 1945 vor der Bildung einer weltweiten Nachkriegsordnung stehende Truman-Administration sah sich mit zwei entgegengesetzten politischen Optionen konfrontiert. Auf der einen Seite plädierten die Diplomaten des State Department und die im Nahen Osten tätigen amerikanischen Ölgesellschaften dafür, von Washington das nach dem Ende des britischen Mandats entstandene Machtvakuum im Nahen Osten durch eine Politik der Kooperation mit den arabischen Herrschern füllen zu lassen. Danach konnte diese für die westeuropäische Energieversorgung und die strategische Einkreisung der Sowjetunion und ihrer neu enstandenen Satellitenstaaten wichtige Region nur unter dem amerikanischen Einfluß gehalten werden, wenn Washington einen deutlichen Kontrast zur britisch-imperialen Politik der Mandatszeit setzen würde.

Auf der anderen Seite erforderte das sich nach dem allmählichen Bekanntwerden des Holocaust-Ausmaßes dramatisch verschärfende Problem einer jüdischen Heimstatt eine rasche Lösung. Für die zionistische Bewegung, die einen eigenen Staat im früheren britischen Palästina anstrebte, kam nur eine uneingeschränkte Einwanderung der dem Hitler-Terror entronnenen Juden Europas nach Palästina in Frage. Dies lehnte allerdings die britische Labour-Regierung anders als der aus dem Amt gewählte Winston Churchill kategorisch ab. Als London das Palästina-Mandat schließlich an die Vereinten Nationen abgab, richteten sich die Augen der Zionisten auf die USA, die neue Führungsmacht der freien Welt. Da jedoch ein enges Verhältnis mit den arabischen Staaten, die einen jüdischen Staat zumeist radikal ablehnten, (Jordanien scherte aus dieser Front aus, da es 1947-50 in Geheimverhandlungen mit der zionistischen bzw. israelischen Führung zum Preis einer Kontrolle über das arabische Palästina zu einem modus vivendi mit Israel bereit war; vgl. Avi Shlaim, Collusion accross the Jordan. King Abdullah, the Zionist Movement, and the Partition of Palestine, Oxford 1988) und eine Förderung ebendieses Staates Israel zwei sich ausschließende Ziele waren, begann für die amerikanische Regierung ein jahrzehntelanges Grunddilemma.

Präsident Harry Truman, ein gläubiger Baptist aus Missouri, hatte grundsätzlich Sympathien für das Anliegen der jüdischen Gemeinde Palästinas und ihrer Vertreter in der Diaspora, erkannte jedoch auch die strategische Bedeutung des Nahen Ostens im Kalten Krieg gegen die Sowjetunion. Schließlich war bereits die Doktrin der massiven militärischen und wirtschaftlichen Aufrüstung Griechenlands und der Türkei 1947 mit seinem Namen verbunden gewesen. Als gewiefter Parteipolitiker konnte er sich aber nicht den massiv an ihn herangetragenen "Argumenten" aus Kreisen der US-Zionisten verschließen. Gegen den erbitterten Widerstand des State Department übten einzelne jüdische Vertreter wie Rabbi Abba Hillel Silver und Rabbi Stephen Wise, Geschäftsleute wie

Abraham Feinberg und die Führungsspitze von Trumans Demokratischer Partei Druck auf den zunehmend entnervter werdenden Präsidenten aus, die Gründung eines jüdischen Staates Israel durch alle Entwicklungsstadien hindurch zu unterstützen.

Faustpfand der zionistischen Lobbyisten war vor allem die Präsidentschaftswahl des Jahres 1948, in deren Wahlkampf Truman lange Zeit als der sichere Verlierer gegen seinen republikanischen Herausforderer Thomas Dewey ausgesehen hatte. Dewey, der als Gouverneur von New York auf die jüdischen Wählerstimmen des Ostküsten-Staates spekulierte, zwang geradezu durch seine pro-jüdische Haltung Truman in der öffentlichen Debatte eine noch stärkere Unterstützung eines jüdischen Staates auf. Zu einer solchen Haltung war Truman von engen politischen Beratern im Weißen Haus, von persönlichen Freunden und von den Parteimanagern der Demokraten gedrängt worden. Als Gegenleistung sorgten einflußreiche Mitglieder der jüdischen Gemeinde mit erheblichen finanziellen Mitteln dafür, daß Trumans Wahlkampfzug nicht im wahrsten Sinne des Wortes stehenblieb. Dem US-Botschafter bei den arabisch-israelischen Friedensgesprächen in Genf 1948 gab Truman einen berühmt gewordenen Satz mit auf den Weg: *"I won't tell you what to do or how to vote, but I will say only this. In all of my political experience I don't recall the Arab vote swinging a close election."* (Zitiert nach: Francis O. Wilcox, Congress, the Executive, and Foreign Policy, New York 1971, S. 138.)

Daß dies die Verflechtung einer außenpolitischen Frage mit einem innenpolitischen Kalkül war, ist in der Geschichtswissenschaft nie umstritten gewesen. Seit der Öffnung der Archive konnte die Truman-Forschung das zeitgenössische Urteil mit immer neuen Quellen stützen und belegen. (Vgl. etwa die Arbeiten von John Snetsinger, Truman, the Jewish Vote, and the Creation of Israel, Stanford 1974; Moshe Ma'oz/Allen Weinstein (Eds.), Truman and the American Commitment to Israel, Jerusalem 1981; Michael J. Cohen, Palestine and the Great Powers 1945-1948, Princeton 1982; Michael J. Cohen, Truman and

Israel, Berkeley/Oxford 1990; Mitchell Geoffrey Bard, The Water's Edge and Beyond. Defining the Limits to Domestic Influence on United States Middle East Policy, New Brunswick/London 1991.)

Trotz der Israel-Politik Trumans, der seine Sympathien für den von ihm unterstützten Staat nach Ende seiner Präsidentschaft noch unbefangener äußerte, wird in der Forschung der Beginn der eigentlichen strategischen Partnerschaft zwischen den USA und Israel erst für die Ära Kennedy/Johnson angegeben. (Vgl. Nadav Safran, Israel. The Embattled Ally, Cambridge/London 1978; Steven L. Spiegel, The Other Arab-Israeli Conflict. Making America's Middle East Policy from Truman to Reagan, Chicago 1985; Cheryl Rubenberg, Israel and the American National Interest, Urbana/Chicago 1986; David Schoenbaum, The United States and the State of Israel, Oxford 1993.) Als Ursache findet sich das stets wiederkehrende Argument, daß die amerikanischen Juden zu schwach und inaktiv und daher nicht in der Lage gewesen seien, Trumans Nachfolger Dwight D. Eisenhower nachhaltig für ihre Sache zu beeinflussen. Eisenhower, so der allgemeine Standpunkt, sei mit einer so überwältigenden Mehrheit ins Weiße Haus gewählt worden, daß er die jüdischen Wähler im Grunde ignorieren und eine neutralere, von der Gesamtstrategie des Kalten Krieges geprägte Politik verfolgen konnte.

Diese Politik habe einen Ausgleich mit den arabischen Staaten gesucht, um den Nahen Osten frei von sowjetischem Einfluß zu halten. Zu Israel habe die Eisenhower-Administration daher eine besondere Beziehung abgelehnt. Denn Eisenhower und seinem Außenminister John Foster Dulles sei klar gewesen, daß je enger sich die USA an Israel als "nahöstlichen Brückenkopf" binden würden, desto mehr würden die arabischen Staaten zu den USA auf Distanz gehen - und damit der Sowjetunion mit entsprechender Propaganda direkt in die Arme laufen. Das Fehlen dieser besonderen Beziehung wurde etwa deutlich, als Eisenhower während und nach der Suez-Krise 1956 sowie bei der Formulierung der Eisenhower-Doktrin 1957 keine Rücksicht auf Israel und die für Israel stets positive öffentliche

Meinung in den USA nahm. Gleichwohl gelang es ihm nicht, als letztes Disziplinierungsmittel Sanktionen gegen Israel durchzusetzen.

Daß Eisenhower dies nicht gelang, stand eigentlich im Widerspruch zu der beschriebenen Haltung Eisenhowers im Nahostkonflikt und wirft die Frage auf, warum der populäre Präsident dazu nicht in der Lage war. War Eisenhower hinter einer Fassade aus strategischem Kalkül möglicherweise israelfreundlicher als er zugab? Oder hatte Eisenhower das Gebahren und den Einfluß der jüdischen Gemeinde Amerikas völig falsch eingeschätzt? Der New Yorker Historiker Isaac Alteras versuchte in der zweiten Hälfte der achtziger Jahre, sich diesen Fragen zu nähern. Zum ersten Mal beschäftigte sich ein amerikanischer Historiker über die Gesamtdarstellungen amerikanischer Nahostpolitik hinaus differenziert mit dem Verhältnis Eisenhowers zu Israel, wobei er dem Verhalten der jüdischen Gemeinde Amerikas besonderes Augenmerk schenkte.

Insgesamt kam Alteras zu der Ansicht, daß die amerikanische Israel-Lobby erst im letzten Amtsjahr Eisenhowers die Basis für die spätere "special relationship" zwischen beiden Ländern legen konnte. In den Jahren zuvor, so Alteras, habe es keinen Einfluß der jüdischen Gemeinde Amerikas auf die Nahostpolitik Eisenhowers gegeben. In seiner jüngsten Arbeit, die während der Fertigstellung dieser Arbeit veröffentlicht wurde, verlor Alteras leider die innenpolitische Perspektive aus dem Auge und widmete nur ein eher handbuchartiges Kapitel - im Zusammenhang mit der Suez-Krise - der amerikanischen Israel-Lobby. Dadurch blieb seine Untersuchung auf eine rein diplomatiegeschichtliche Darstellung des bilateralen Verhältnisses zwischen den USA und Israel beschränkt. (Vgl. Isaac Alteras, Eisenhower, American Jewry, and Israel, in: American Jewish Archives, 2/1985, S. 257-274; Isaac Alteras, Dwight D. Eisenhower and the State of Israel. Supporter or Distant Sympathizer?, in: Joann P. Krieg (Ed.), Dwight D. Eisenhower. Soldier President, Statesman, New York/London 1987, S. 237-247; Isaac Alteras, Eisenhower and Israel. U.S.-Israeli Relations, 1953-1960, Gainesville 1993.)

Alteras' Gedankenanstoß zum Thema Entscheidungsfindung innerhalb der Administration muß als Teil einer Revisionismus-Debatte in der historischen Forschung verstanden werden, die ab dem Ende der siebziger Jahre Eisenhowers Präsidentschaft in einem anderen Licht zu betrachten begann. Bis dahin hatte sich die historische Forschung weitgehend dem Urteil der Öffentlichkeit und der Presse der fünfziger Jahre angeschlossen, nach dem Eisenhower zwar ein sympathischer Zeitgenosse war, der ohne "Leadership"-Qualitäten und politische Erfahrung lieber Golf spielte und angelte, als sich bei einem endlosen Aktenstudium zu langweilen. Die Außenpolitik, so eine lange verfochtene These, sei einzig der Wirkungsbereich John Foster Dulles' gewesen, der seinen Präsidenten auf diesem Gebiet dominierte.

Ganz davon abgesehen, daß es geradezu komisch anmutete, dem Mann, unter dessen militärischer Führung Europa von der Hitler-Diktatur befreit wurde, mangelnde Führungsqualitäten vorzuwerfen, hielt diese Meinung einer Überprüfung durch die Öffnung der Archive nicht stand. Die Arbeiten etwa von Richard H. Immerman, Stephen E. Ambrose, Robert A. Divine, Fred I. Greenstein, Chester Pach, jr./Elmo Richardson und Richard A. Melanson/David Mayers, um nur die wichtigsten zu nennen, haben auf der Basis der zugänglichen Primärquellen eindeutig nachgewiesen, daß Eisenhower bei der Formulierung seiner politischen Leitlinien und bei der Verteilung der exekutiven Aufgaben die unumschränkte Instanz seiner Administration war. John Foster Dulles, der ohnehin über keine politische Basis innerhalb der Republikanischen Partei verfügte, war nicht Architekt einer eigenen Außenpolitik, sondern Sprachrohr und "Sekretär" seines Präsidenten. (Vgl. Richard H. Immerman, Eisenhower and Dulles. Who Made the Decisions?, in: Political Psychology, 1/1979, S. 21-38; Robert A. Divine, Eisenhower and the Cold War, New York/Oxford 1981; Fred I. Greenstein, The Hidden-Hand Presidency. Eisenhower as Leader, New York 1982; Stephen E. Ambrose, Eisenhower. Soldier and President, New York 1990; Richard H. Immerman (Ed.), John Foster Dulles and the Diplomacy of the Cold War,

Princeton 1990; Chester Pach, jr./Elmo Richardson, The Presidency of Dwight D. Eisenhower, Lawrence 1991.)

Hält man sich die Forschungen der amerikanischen Revisionisten und die Ansätze Isaac Alteras' vor Augen, so ergeben sich in der Frage des Verhältnisses der Eisenhower-Administration zu Israel eine Reihe von forschungsrelevanten Fragen, denen sich die folgende Arbeit zuwenden will. Denn akzeptiert man die Prämissen,

* daß Eisenhower der uneingeschränkte Herr über die amerikanische Außenpolitik in seiner Amtszeit war,

* daß Eisenhower aus strategischen Gründen gewillt war, bei seiner Nahostpolitik weder Araber noch Israelis zu bevorzugen,

* daß Eisenhower es sich leisten konnte, wegen seiner außergewöhnlichen Popularität auf die Stimmen der jüdischen Bevölkerung Amerikas keine Rücksicht zu nehmen,

* daß die jüdische Gemeinde Amerikas während Eisenhowers Amtszeit zu schwach und inaktiv war, um Eisenhowers Nahostpoltik zu beeinflussen

* und daß daher - anders als unter Truman - kein geeigneter Druck auf das Weiße Haus ausgeübt werden konnte,

bleiben einige Ungereimtheiten, die durch diese Prämissen nicht erklärt werden können.

Warum gelang es Eisenhower trotz seiner Entscheidungskompetenz nicht, als Disziplinierungsmaßnahme geplante Sanktionen gegen Israel etwa bei der Kibya-Affäre und bei der Suez- oder Sinai-Krise durchzusetzen? Warum mußte die

Administration bei der Formulierung der Eisenhower-Doktrin um nahezu jeden Satz mit den Spitzen beider Parteien im Kongreß feilschen? Welche Interessen von Exekutive und Legislative prallten bei der Entwicklung und Ausführung der Nahostpolitik aufeinander? Sollte die amerikanische Israel-Lobby doch nicht so schwach und inaktiv gewesen sein, wie die historische Forschung vermutet? Wer und was verbirgt sich eigentlich hinter dem Begriff der "Israel-Lobby"? Warum änderte sich die Israel-Perzeption Washingtons nach der US-Intervention im Libanon 1958? Welche Rolle spielte Eisenhowers Republikanische Partei bei der politischen Wahrnehmung des Nahostkonflikts und des Staates Israel?

Die Art der Fragestellungen deutet bereits an, daß sich die folgende Arbeit nicht mit der innenpolitischen Prämisse zufrieden geben will, die - noch zu definierende - amerikanische Israel-Lobby sei während Eisenhowers Präsidentschaft zu schwach und untätig gewesen, die amerikanische Nahostpolitik zugunsten Israels nachhaltig zu beeinflussen. Vielmehr wird zu klären sein, wie die Israel-Lobby auf den Amtswechsel von Truman zu Eisenhower reagierte, wie sie anschließend ihre Organisationsformen, Strategien und Ausdrucksmöglichkeiten veränderte und den Philosophien und administrativen Arbeitsweisen Eisenhowers anpaßte. In den USA machen eine Reihe von Veröffentlichungen aus den lezten Jahren über den - nicht immer wohlwollend registrierten - Einfluß der amerikanischen Israel-Lobby bis heute deutlich, wie dringlich das Forschungsdesiderat im Zusammenhang mit diesem Komplex der Vermengung von Außen- und Innenpolitik in den USA ist.

Doch sind es historisch vor allem die Jahre zwischen Lyndon Johnsons Präsidentschaft und den immer noch undurchsichtigen Hintergründen des Iran-Contra-Skandals während der Reagan-Administration, mit denen sich Forscher vor allem beschäftigen. (Vgl. etwa George W. Ball/Douglas B. Ball, The Passionate Attachment. America's Involvement with Israel, 1947 to the Present, New York/London 1992; Andrew Cockburn/Leslie Cockburn, Dangerous Liaison. The Inside Story of the U.S.-Israeli Covert Relationship, New York 1991.) In die

Schlagzeile einer breiten Öffentlichkeit gerieten in der Vergangenheit auch Autoren wie der frühere Kongreßabgeordnete Paul Findley aus Illinois, der über seine negativen Erfahrungen mit der Israel-Lobby berichtete. (Paul Findley, They Dare to Speak Out. People and Institutions Confront Israel's Lobby, Westport 1985.) Diese Arbeiten haben gemeinsam, daß sie die Ära Eisenhower in ihren Darstellungen vernachlässigen und eben nicht danach fragen, wie und durch welche Mechanismen und Bestimmungsfaktoren sich der Einfluß der Israel-Lobby in den Anfangsjahren des Staates Israel begründete und definierte. Genau dies jedoch will die folgende Arbeit leisten.

Die in dieser Arbeit vorgenommenen zeitlichen Zäsuren zeigen, daß es aber nicht um eine Untersuchung im Sinne einer sozialhistorischen Modellanalyse ethnischen Gruppenverhaltens geht. Vielmehr soll eine ganz bestimmte Administration und ihr Verhältnis zu Israel im Mittelpunkt stehen, wobei dieses Verhältnis aus der Perspektive eines innenpolitischen Kalküls untersucht werden soll. Gleichzeitig geht diese Arbeit der Frage nach, wie sich konkret die an Israel interessierte jüdische Gemeinde Amerikas gegenüber einer ihr in diesem Zusammenhang indifferenten Administration verhielt. Schritt für Schritt soll anhand der chronologischen Ereignisse im Nahen Osten und der Wechselwirkungen auf die innenpolitische Bühne der USA eine Entwicklungslinie aufgezeigt werden, die die Wandlung bei der Perzeption Israels durch die Eisenhower-Administration und die Veränderung bei Form und Dynamik der Interessenwahrnehmung durch die amerikanische jüdische Gemeinde dokumentiert. Ein bloßes Referieren der Daten der amerikanisch-israelischen Beziehungen will diese Arbeit ausdrücklich nicht leisten.

Haupteinflußfaktor dieser Entwicklung ist der Nahostkonflikt. Es ist evident, daß es während des Bearbeitungszeitraums im Nahen Osten eine Reihe von Konflikten gab. In dieser Arbeit wird der Terminus "Nahostkonflikt" jedoch nur synonym für den israelisch-arabischen Konflikt benutzt. Auf andere politische Konflikte wird nur dann eingegangen, wenn sie für eine sinnvolle Darstellung des

Themas dienlich und unerläßlich sind. Auch können einige Facetten des amerikanisch-israelischen Verhältnisses wie Wirtschaft, Kultur oder Wissenschaft nur dann Berücksichtigung finden, wenn sie unmittelbar in einen argumentativen Zusammenhang mit der innenpolitischen Diskussion in den USA über Israel gestellt werden können.

Die Arbeit geht in ihrer Darstellungsweise chronologisch vor, wobei sich die zeitlichen Zäsuren an für die Fragestellung sinnvoll zusammengefaßten historischen Phasen orientieren. Jedes der sieben Kapitel ist etwa gleich lang und überschreitet nicht die Länge von 70 Seiten. Die zeitliche Dichte der Darstellung kann dabei allerdings höchst unterschiedlich ausfallen. So ist das Kapitel über die innenpolitischen Auseinandersetzungen um die Eisenhower-Doktrin, das etwa drei Monate umfaßt, ebenso lang wie das Kapitel von der Libanon-Intervention bis zum Ende von Eisenhowers Amtszeit, das zwei Jahre umfaßt. Der Grund liegt in der unterschiedlichen Breite der Ereignisse und damit der Quellenbasis.

Was die Quellen dieser Arbeit betrifft, so argumentiert diese Arbeit zu einem wesentlichen Teil auf der Basis der Akten und Dokumente in den offiziellen Archiven der amerikanischen Regierung. Für die Präsidentschaft Dwight D. Eisenhowers befinden sich diese Archivalien in der Dwight. D. Eisenhower Presidential Library in Abilene (Kansas) und in den National Archives in Washington DC. In Abilene lagern die Akten des Weißen Hauses, wozu jeglicher schriftlicher Nachlaß Eisenhowers selbst, die Papiere des Nationalen Sicherheitsrats, aber auch die Zeugnisse zahlreicher Weggenossen, Mitarbeiter, Freunde und Verwandter Eisenhowers zählen. Von vielen dieser Quellen wurde in der folgenden Arbeit Gebrauch gemacht. Auf einen Besuch bei der Princeton University, wo der komplette Nachlaß von John Foster Dulles liegt, konnte dagegen verzichtet werden, da die Eisenhower Library auch Kopien der politischen Teils des Dulles-Erbes aufbewahrt.

Trotz der insgesamt immensen Fülle des Materials kann die Argumentationsdichte wegen noch bestehender Deklassifizierungsrestriktionen nicht gleichmäßig sein. So sind Dokumente bestimmter Bereiche der "nationalen Sicherheit" wie etwa der amerikanischen Atompolitik und einiger militärischer Aspekte des amerikanisch-israelischen Verhältnisses nicht zugänglich, obwohl die mittlerweile abgelaufene 30-Jahres-Frist eine Einsicht theoretisch erlauben würde. In anderen Fällen sind Dokumente mit Rücksicht auf noch lebende Zeitzeugen nach wie vor verschlossen.

Das Problem noch nicht deklassifizierter Dokumente tritt jedoch besonders in den National Archives zutage. So sind die in dieser Arbeit 1993 benutzten Akten des US-State Department in zwei Serien über die Jahre 1950-54 und 1955-59 zugänglich gewesen - in zweitem Fall bereits mit deutlichen zeitlichen Lücken. Für das für die Eisenhower-Ära noch wichtige letzte Amtsjahr 1960 ist wegen fehlender Dokumente eine dichte Argumentationskette nahezu unmöglich. Gleiches gilt für die veröffentlichte Quellenedition der amerikanischen Regierung: die "Foreign Relations of the United States". Insgesamt wurden in dieser Arbeit sechs Bände der Jahre 1952-60 ausgewertet. Auch hier gilt jedoch, daß für den Band der Jahre 1958-60 die wenigstens Dokumente veröffentlicht sind. Zwar hat die Clinton-Administration inzwischen angekündigt, die Deklassifizierung von Dokumenten schneller als bisher voranzutreiben, doch steht dem begrenzten Personal in den National Archives noch eine Unmenge an verschlossenem Material gegenüber. Der Grund liegt in dem politischen Eifer, mit dem in den fünfziger Jahren offizielle Papiere unter dem Signum der "nationalen Sicherheit" mit hohen Geheimhaltungsstufen versehen wurden. Derzeit ist noch nicht abzusehen, wieviel Zeit eine vollständige Deklassifizierung der Archivalien der letzten Eisenhower-Jahre noch dauern wird. (Dies gilt erst recht für die Akten der Kennedy-Administration.)

Neben der Eisenhower Library und den National Archives wurden für diese Arbeit als weitere staatliche Institutionen auch die Harry S. Truman Library in Independence (Missouri) sowie zwei Universitäten in New York aufgesucht. Dabei handelte es sich um die State University of New York at Stony Brook und die University of Rochester, in denen der Nachlaß des früheren Senators Jacob K. Javits und die Akten des American Zionist Committee for Public Affairs (AZCPA) und der Nachlaß des früheren Gouverneurs Thomas Dewey lagern. Zusammen mit dem Aufenthalt in der Eisenhower Library war die Verarbeitung des AZCPA-Materials, das zum Teil noch niemals zuvor Eingang in eine wissenschaftliche Forschungsarbeit über amerikanische Nahostpolitik gefunden hat, die grundlegende Basis für das Quellenstudium dieser Arbeit.

Ferner wurden aufgesucht: die Western Reserve Historical Society in Cleveland (Ohio), wo ich das Glück hatte, als letzter Forscher überhaupt die Original-Papiere von Rabbi Abba Hillel Silver einsehen zu können, ehe diese wegen der Verfilmung auf Mikrofilm einige Zeit nicht zugänglich waren (die Original-Manuskripte werden in Silvers Gemeinde in Cleveland, The Temple, aufbewahrt und dort nicht mehr der Forschung zur Verfügung gestellt). Die American Jewish Archives in Cincinnati (Ohio) war wegen seiner bedeutenden Bibliothek besonders hilfreich. Die American Jewish Committee Archives in New York stellten mir nach schriftlicher Korrespondenz einiges Material zur Verfügung.

II. Amerikas Weg nach Israel. Die Eisenhower-Administration und die amerikanisch-jüdische Lobby 1953-60

1. Frostiges Kennenlernen im ersten Amtsjahr: die Israel-Lobby und Eisenhowers "new approach" in der amerikanischen Nahostpolitik vom Wahlkampf 1952 bis zur B'not Yaakov/Kibya-Affäre 1953

Die sich dem Ende zuneigende Amtszeit Präsident Harry S. Trumans schien sich im Wahljahr 1952 nicht auf die amerikanische Nahostpolitik auszuwirken. Die interessierte pro-israelische Öffentlichkeit in den Vereinigten Staaten hatte ohnehin nach der mittlerweile unumkehrbaren Gründung des Staates Israel ihre Hauptaufgabe der öffentlichen "Meinungsbildung" als erfüllt angesehen und rechnete bei einem Wahlkampf zwischen dem Demokraten und Gouverneur von Illinois, Adlai E. Stevenson, und dem Republikaner und bisherigem NATO-Oberbefehlshaber, Dwight D. Eisenhower, nicht mit einer Änderung der grundsätzlich pro-israelischen Grundhaltung der künftigen amerikanischen Regierung.[1] Daran änderte auch der als sicher geglaubte Wahlsieg Eisenhowers nichts, mit dem die Republikaner erstmals seit zwanzig Jahren wieder ins Weiße Haus einziehen wollten. Denn die rund fünf Millionen amerikanischen Juden[2] schienen auch 1952 angesichts der außenpolitischen Vorstellungen der Republikaner, soweit sie im Wahlprogramm bekannt waren, kein Ende der amerikanischen Unterstützung Israels befürchten zu müssen. Geographisch signifi-

---

[1] In der Tat hatten sich die Israel-Anhänger in der Truman-Ära weitaus dezidierter zu Wort gemeldet und direkteren Druck ausgeübt als unter Eisenhower. Der Einschätzung Steven L. Spiegels, ihre Interessen hätten sich nun im wesentlichen auf wirtschaftliche Unterstützung zur Stabilisierung Israels konzentriert, so daß "[not] much energy was left for maneuvering in Washington", ist jedoch nicht zuzustimmen, wie in dieser Arbeit zu zeigen sein wird. Vgl. Steven L. Spiegel, The Other Arab-Israeli Conflict. Making America's Middle East Policy, from Truman to Reagan, Chicago 1985, S. 51.
[2] Die Zahl der amerikanischen Juden hatte sich während der Präsidentschaftsjahre Eisenhowers nicht wesentlich verändert. Sie betrug 1953 fünf Millionen und 1961 5,5 Millionen, was 3,01 Prozent der US-Gesamtbevölkerung von 183 Mio. entsprach. Vgl. das American Jewish Year Book für die Jahre 1953 (S. 3) und 1961 (S. 135).

kant konzentrierten sich die jüdischen Bürger Amerikas im wesentlichen auf zwei Regionen[3] und hatten sich bei ihrem Wahlverhalten in der jüngeren Vergangenheit stets durch eine große gesellschaftliche Kohäsion ausgezeichnet und dabei demokratisch, Roosevelt und Truman, gewählt.[4]

Schließlich war Eisenhowers außenpolitischer Berater und potentieller neuer Chef des State Department, John Foster Dulles, bereits 1948 "Schattenaußenminister" des republikanischen Herausforderers von Präsident Truman und Gouverneurs des Staates New York, Thomas E. Dewey, gewesen und

---

[3] Die jüdische Bevölkerung Amerikas lebte im Zeitraum von 1930 bis 1968 zu gut zwei Dritteln im Nordosten der USA, vor allem in New York City (Bronx, Brooklyn), New Jersey und Pennsylvania. Gefolgt von der North-Central-Region (Illinois, Ohio), wo im gleichen Zeitraum zwischen 13 und 20 Prozent der amerikanischen Juden lebten. Erst in den siebziger und achtziger Jahren ist zuungunsten dieser beiden Regionen der Anteil der amerikanischen Juden im Süden und Westen der USA gestiegen. Vgl. Nimrod Novik, The United States and Israel. Domestic Determinants of a Changing U.S. Commitment, Boulder (Colorado)/London 1986, S. 79. Frühere Untersuchungen bestätigten diese Größenordnungen auch auf der Basis von jüdischen Gemeinden. 1960 gab es im Bereich der Ostküste 358 jüdische Gemeinden (davon 266 in der Mid-Atlantic-Region und 92 in New England) und 96 im Bereich der Great Lakes, während Kalifornien und Texas zusammen auf lediglich 63 jüdische Gemeinden kamen. Vgl. Daniel J. Elazar, Community and Polity. The Organizational Dynamics of American Jewry, Philadelphia 1976, S. 63.

[4] Die amerikanischen Juden brachten die höchste Wahlbeteiligung unter allen ethnischen und religiösen Gruppen der USA auf und favorisierten dabei als nahezu geschlossener Block die Demokraten. Für Franklin D. Roosevelt hatten 1940 und 1944 rund 90 Prozent von ihnen gestimmt, für Harry S. Truman 1948 zwischen 80 und 90 Prozent. Vgl. die Studie von M.S. El Azhary, Political Cohesion of American Jews in American Politics. A Reappraisal of Their Role in Presidential Elections, Washington 1980, besonders S. 5f. und S. 21-27. Der Grund für diese parteipolitische Präferenz lag in der historischen Tatsache, daß die nach Amerika eingewanderten Juden eine rasche Integration in die amerikanische Gesellschaft anstrebten und den Zionismus als ein Hindernis für diese Assimilation betrachteten. Während sie auf diese Weise ihre kulturelle Identität pflegten, vermied es die große Mehrheit der US-Juden bis zum Holocaust und zur israelischen Staatsgründung, sich innerhalb des Zionismus zu engagieren. Dieses Lebensgefühl drückte sich in der starken Tendenz zum jüdischen Reformliberalismus aus, was politisch der Bevorzugung der Demokratischen Partei entsprach. Vgl. George W. Ball/Douglas B. Ball, The Passionate Attachment. America's Involvement with Israel, 1947 to the Present, New York/London 1992, S. 199.

hatte damals das außenpolitische Programm der Republikaner mitformuliert.[5] In jenem Programm, das am 23. Juni 1948 auf dem republikanischen Konvent in Philadelphia verabschiedet wurde und das vor allem die jüdischen Wähler New Yorks gegen Präsident Truman in Stellung bringen sollte, hieß es:

"We welcome Israel into the family of nations and take pride in the fact that the Republican Party was the first to call for the establishment of a free and independent Jewish Commonwealth. The vacillation of the Democrat Administration on this question has undermined the prestige of the United Nations. Subject to the letter and spirit of the United Nations Charter, we pledge to Israel full recognition, with its boundaries as sanctioned by the United Nations and aid in developing its economy."[6]

Im Jahre 1948 hatten Dewey und Dulles nicht nur das zionistische Anliegen unterstützt, sondern auch für die Republikanische Partei in Anspruch genommen, in dieser Frage von Anfang an die Meinungsführerschaft gegenüber einer zaudernden Truman-Administration gehabt zu haben.[7]

---

[5] Dulles galt als der wichtigste Außenpolitiker der Republikanischen Partei und war bereits in der Truman-Administration der späten vierziger Jahre Mitglied der amerikanischen UNO-Delegation gewesen. Später war er gelegentlich als Berater des State Department unter Dean Acheson tätig, so etwa im Zusammenhang mit dem amerikanischen Engagement im Korea-Krieg und den Vorbereitungen eines Friedensvertrages mit Japan. Vgl. Harry S. Truman, Memoirs of Harry S. Truman, Vol. 2, Years of Trial and Hope, New York 1956, S. 336, 420 und 449; vgl. Anthony Clark Arend, Pursuing a Just and Durable Peace. John Foster Dulles and International Organization, New York 1988, S. 131-159; vgl. Ronald W. Pruessen, John Foster Dulles. The Road to Power, New York/London 1982, S. 404-431; vgl. Townsend Hoopes, The Devil and John Foster Dulles, London 1974, S. 89-113.

[6] DDEL: Brownell Papers, Box 138, 1948 Campaign Headquarters Correspondence (6) - Jewish Division (2).

[7] Interessant ist dabei das New Yorker Wahlergebnis von 1948 im Zusammenhang mit der immer wiederkehrenden Behauptung, die Juden New Yorks übten in diesem wichtigen Staat eine "swing vote" aus, entschieden also durch ihr geschlossenes Wahlverhalten die Abstimmung. Zwar konnte Dewey mit dem Argument von Trumans "shilly-shallying" in der Palästina-Frage in seinem Heimatstaat gewinnen, nicht jedoch die jüdischen Wähler, die für Truman stimmten

In der Frühphase des Wahljahres 1952, noch vor der Nominierung Eisenhowers, hatte der American Zionist Council (AZC) rechtzeitig eine Aktivität hinter den Kulissen entwickelt, um auf die Formulierung der Passagen in den Wahlprogrammen der beiden Parteien einzuwirken, die die jeweilige Position zu Israel und zum Nahostkonflikt darlegten. Der AZC-Vertreter in Washington, Isaiah L. Kenen, hatte im Frühjahr 1952 Textvorschläge für die Wahlprogramme, die genau auf den Sprachduktus der Parteien abgestimmt waren, Mandats- oder Amtsträgern mit pro-israelischer Haltung zugeleitet, die diesen Vorschlag dann in den Vorbereitungskomitees der großen Parteikonvente des Sommers vertreten sollten. Bei den Republikanern ist dieser Kontaktmann der liberale New Yorker Kongreßabgeordnete Jacob K. Javits gewesen,[8] der Eisenhowers Kandidatur schon früh gegen die konservativ-isolationistische Fraktion um Senator Robert Taft innerhalb der Republikanischen Partei unterstützt hatte.[9]

Über diese Aktivität Kenens gibt ein Brief Aufschluß, in dem Kenen am 17. Juni 1952 Rabbi Abba Hillel Silver aus Cleveland (Ohio), den früheren Vorsitzenden der Jewish Agency Executive, über den letzten Stand des republikanischen Wahlprogramms unterrichtete. Danach war eine erste Fassung Kenens von Javits durchgesehen und leicht verändert worden, bevor sie dem Taft-Lager zugeleitet wurde, das dem Text voll zustimmte. Anschließend ging diese Fassung an Thomas Dewey vom liberalen Eisenhower-Flügel,[10] der sich mit der

---

- was die "swing vote"-Theorie äußerst fraglich werden läßt. Vgl. El Azhary, a.a.O., S. 32f.

[8] Vgl. Jacob K. Javits, Javits. The Autobiography of a Public Man (with Rafael Steinberg), Boston 1981, S. 167f.

[9] Vgl. Herbert S. Parmet, Eisenhower and the American Crusades, New York/London 1972, S. 40.

[10] Zwar galt DDE im Duell mit Taft beim Nominierungskonvent wie auch im folgenden Wahlkampf als Vertreter des liberalen, anti-isolationistischen GOP-Flügels, doch weist Fred I. Greenstein nach, daß DDEs persönliche Überzeugungen etwa im sozial- und bildungspolitischen Bereich weit konservativer waren als die von Taft und daß es lediglich die liberale "Taft-can't-win"-Fraktion in der GOP war, die DDE unterstützte. Vgl. Fred I. Greenstein, The Hidden-Hand Presidency. Eisenhower as Leader, New York 1982, S. 49f. Zu DDEs anti-isolationistischer Philosophie vgl. Richard A. Melanson, The Foundations of Eisenhower's Foreign Policy. Continuity, Community, and Consensus, in: Richard

Positionsbeschreibung einverstanden zeigte, ebenso wie John Foster Dulles. Dulles gehörte keinem Flügel der Partei an, erst recht verfügte er über keine persönliche "Basis", galt jedoch als ihr profiliertester Außenpolitiker.[11] Kenen zeigte sich gegenüber Silver zufrieden mit dieser Entwicklung und wies darauf hin, daß die Mitwirkung des AZC geheim bleiben müsse.[12]

Damit hatte sich der AZC der Unterstützung beider rivalisierenden Kandidaten innerhalb der Republikanischen Partei, Taft und Eisenhower, versichert und somit mitgeholfen, in der Öffentlichkeit den Eindruck zu vermitteln, der republikanische Kandidat würde sich im Falle seiner Wahl gegenüber Israel nicht anders verhalten als der aus dem Amt scheidende Harry Truman.[13] Das Wahlprogramm, mit dem schließlich Eisenhower gegen Stevenson antrat, wurde auf dem Konvent der Republikaner am 12. Juli 1952 in Chicago verabschiedet und betonte die historische Unterstützung und Verantwortung seiner Partei für das jüdische Volk und sah im jungen Staat Israel ein von der Humanität inspiriertes Experiment:

"The Republican Party has consistently advocated a national home for the Jewish people since a Republican Congress declared its support of that objective thirty years ago. In providing a sanctuary for Jewish people rendered homeless by persecution, the State of Israel appeals to our deepest humanitarian instincts. We shall continue our friendly interest in this constructive and inspiring undertaking. We shall put our influence at the service of peace between Israel and

---

A. Melanson/David Mayers (Eds.), Reevaluating Eisenhower. American Foreign Policy in the 1950s, Urbana (Illinois)/Chicago 1987, S. 31-64.
[11] Vgl. Cecil V. Crabb, jr./Kevin V. Mulcahy, Presidents and Foreign Policy Making. From FDR to Reagan, Baton Rouge (Louisiana)/London 1986, 172ff.
[12] "We plan no formal presentation at the convention since we will be quite satisfied if this plank originates with the candidates and with the party, and not the product of an outside influence." Brief Kenens an Silver, 17.6.1952. WRHS: Silver Papers, A Corr 4-1-84, American Zionist Council 1952-53.
[13] Über die Truman-Administration, Israel und die "Jewish Vote" vgl. ausführlich Mitchell Geoffrey Bard, The Water's Edge and Beyond. Defining the Limits to Domestic Influence on United States Middle East Policy, New Brunswick (New Jersey)/London 1991, S. 129-184.

the Arab States, and we shall cooperate to bring economic and social stability to that area."[14]

Dies war auch die einzige Passage aus Eisenhowers Wahlprogramm, die sich mit dem Nahen Osten beschäftigte, woraus deutlich wird, daß die amerikanische Haltung in der Israel/Palästina-Frage 1952 längst kein so wichtiges Wahlkampfthema wie noch 1948 zwischen Truman und Dewey war. Dulles konzentrierte sich bei den außenpolitischen Themen des Wahlkampfs besonders auf Trumans bisherige Ostasien- und Fernostpolitik sowie auf Dulles' Konzept der "Befreiungs-Theorie" im Rahmen des Ost-West-Konflikts.[15] Gleichwohl waren die Befürworter einer pro-israelischen US-Politik - wie auch die Israelis selbst, die den nun voll einsetzenden Wahlkampf genau verfolgten - an einem positiven amerikanischen Bekenntnis zu Israel interessiert und mit ihren bisherigen Bemühungen zufrieden.[16]

Zur Strategie des AZC gehörte es nun nach den Nominierungsparteitagen, beiden Kandidaten pro-israelische Stellungnahmen zu entlocken, was sich bei Eisenhower, der während eines Besuchs 1943 in Jerusalem seine Faszination für den Orient festgestellt hatte,[17] als schwieriger als bei Stevenson herausstellte. So wurde ein Arbeitsessen Eisenhowers mit führenden jüdischen Führern am 9. September 1952 anschließend in einem internen Protokoll des AZC als *"non-productive"* bezeichnet. Es wurde beklagt, daß ein Grußwort Eisenhowers vom 16. September zum jüdischen Feiertag Rosh Hashanah, dem Neujahrsfest und

---

[14] Campaign Statements of Dwight D. Eisenhower. A Reference Index, Independence (Missouri) 1976, S. 340.
[15] Vgl. über JFD im Wahlkampf 1952 Michael A. Guhin, John Foster Dulles. A Statesman and his Times, New York/London 1972, S. 170-177.
[16] Israels Premierminister Ben Gurion dankte AZC-Präsident Lipsky sogar in einem Brief vom 31.8.1952 für "the Council's successful effort to secure the adoption of pro-Israel planks in the platforms of both political parties." WRHS: Silver Papers, A Corr 4-1-84, American Zionist Council 1952-53.
[17] Vgl. Dwight D. Eisenhower, At ease. Stories I tell to Friends, New York 1967, S. 266.

zweithöchsten Feiertag im jüdischen Kalender, nur *"non-committal statements on Israel"* enthalte.[18]

Eisenhowers offensichtliche Unzugänglichkeit für die Einlassungen des AZC ließ Fragen bei den amerikanischen Zionisten aufkommen, wie weit es mit Eisenhowers Bekenntnis für Israel her war. Zwar unterstützten die jüdischen Organisationen mehr oder weniger offen Adlai Stevenson, doch gehörte es auch zu ihrem Arbeitsprinzip, in der Frage der Unterstützung Israels einen breiten überparteilichen und gesellschaftlichen Konsens herbeizuführen. Während des letzten Monats vor der Wahl versuchten daher die amerikanischen Zionisten, über Rabbi Silver Eisenhower doch noch zu einer substantiellen Israel-Aussage zu bewegen. Silver verfügte über gute Kontakte zu Eisenhower, Dulles und Dewey und war der einzige unter den prominenten amerikanischen Zionisten, der sich für die Wahl Eisenhowers zum Präsidenten ausgesprochen hatte.

Tatsächlich legte Eisenhower in der Schlußphase des Wahlkampfs in einem Brief an Rabbi Silver[19] vom 18. Oktober 1952 noch einmal seinen Standpunkt zu Israel dar, blieb jedoch so kurz vor dem Wahltermin vorsichtig. Nachdem er die Verdienste republikanischer Politiker im Kongreß bei der Unterstützung der jüdischen Sache in der Vergangenheit gewürdigt, seine eigene Abscheu vor den Verbrechen der Nazis an den europäischen Juden sowie seine Sympathie für den Staat Israel wiederholt hatte, führte Eisenhower aus, daß

"peace in the Middle East is essential to the free world. Every encouragement should be given to facilitate direct negotiations betweeen the State

---

[18] "Report of Activities of American Zionist Council", o.D. WRHS: Silver Papers, A Corr 4-1-84, American Zionist Council 1952-53.

[19] Marc Lee Raphael schreibt in seiner insgesamt sehr oberflächlichen Silver-Biographie, daß Silver aufgrund einer Absprache mit Eisenhower und Dewey den Briefwechsel mit Eisenhower selbst geschrieben habe, um Eisenhowers Wahlchancen gegen Stevenson zu erhöhen, der von den zionistischen Organisationen unterstützt wurde. Eine solche Vermutung ist jedoch sehr gewagt, denn es gibt dafür in den Archiven keinerlei Anhaltspunkte. Auch würde ein solcher Vorgang nicht in den Kontext des 52er Wahlkampfes und zu Eisenhowers ambivalenter Israel-Haltung passen. Vgl. Marc Lee Raphael, Abba Hillel Silver. A Profile in American Judaism, New York/London 1989, S. 198f.

of Israel and its Arab neighbors whose independence, freedom and prosperity are equally the hope and wish of the American people. One of the serious stumbling blocks in the way is the problem of the Arab refugees. In my judgment, both statesmanship and humanity dictate that these unfortunate refugees should, as rapidly as possible, be assisted with adequate means honorably to reintegrate themselves in the neighboring Arab countries wherever their reabsorption in Israel is either not feasible or practical. (...)

It is in the interest of the United States and of all peace loving nations that political and economic aid to establish their own security should be extended to Israel and to all countries in the Middle East which are similarly intentioned (...)."[20]

       Eisenhowers Brief ist zweideutig. An zwei Stellen führt er aus, daß es den Vereinigten Staaten nicht nur um das Wohlergehen Israels, sondern auch (und zwar *"equally"*) um das seiner arabischen Nachbarn gehe. Zudem liege es im amerikanischen Interesse, daß neben Israel alle friedliebenden Nationen im Nahen Osten von politischer und wirtschaftlicher Hilfe der USA profitierten. Andererseits kommt Eisenhower Israel ausgerechnet bei der Behandlung der palästinensischen Flüchtlingsfrage mit einer äußerst dehnbaren Formel entgegen. Nach seiner Meinung geböten es "Staatskunst und Humanität", daß den Flüchtlingen auf dem schnellsten Wege angemessene Hilfe geleistet werden solle, um sie in Israels arabische Nachbarländer zu integrieren, "sofern sich dies [die Integration der Flüchtlinge] in Israel weder als vernünftig noch als durchführbar" erweise. Mit dieser Einschränkung hätte sich Israel, sanktioniert von Washington, auf einen Standpunkt zurückziehen können, der es erlaubt hätte, keinen einzigen arabischen Flüchtling wieder in seiner Heimat aufzunehmen.

       Eisenhowers insgesamt allgemein gehaltener Brief an Rabbi Silver zwei Wochen vor dem Wahltermin war eher als eine taktische Beruhigung der jüdischen Wähler denn als eine ausgefeilte Standortbestimmung der Nahostpolitik einer

---

[20] DDEL: DDE Records, White House Central Files, Official File, Box 876, 193 - Israel, Republic of - (1).

möglichen republikanischen Administration zu bewerten. Silver reagierte nun seinerseits mit einer Presseerklärung, in der er die Äußerungen beider Kandidaten - Stevenson hatte am 23. Oktober eine Israel-Stellungnahme herausgegeben - und den überparteilichen Charakter der amerikanischen Unterstützung Israels würdigte, indem er die unterschiedlichen Nuancen in der Beurteilung Israels durch Stevenson und Eisenhower schlicht ignorierte. Er sei überzeugt, daß die Freundschaft zwischen Israel und den USA in Zukunft noch enger und stärker werde, ganz gleich, wer das Rennen um die Präsidentschaft mache. *"There is clearly no difference of opinion between the Republican und Democratic Parties on the question of friendship and assistance for Israel."*[21]

Silver suggerierte damit den jüdischen Wählern, es sei egal, wen sie wählten, auch eine Wahl Eisenhowers garantiere die amerikanische Unterstützung für Israel. Dies war eine Wahlkampfhilfe Silvers, die im Lager Eisenhowers mit großer Erleichterung aufgenommen worden sein mußte, denn trotz der positiven Stimmungslage zeigte sich sein Wahlkampfstab über die Unterstützung Stevensons durch die jüdischen Organisationen besorgt,[22] letztlich jedoch ohne Grund, wie sich am Wahlabend des 4. November zeigen sollte. Denn obwohl Adlai Stevenson die jüdischen Wählerstimmen zu einem großen Anteil auf sich vereinigen konnte[23], trug

---

[21] Presseerklärung Silvers durch die Zionist Organization of America (ZOA), 27.10.1952. WRHS: Silver Papers, A Corr 6-1-60, Eisenhower, Dwight D. 1952-53.

[22] Dies geht aus einem Memorandum von Wahlkampfmanager Bernard Katzen an den Gouverneur von New Hampshire, Sherman Adams, dem späteren Stabschef des Weißen Hauses, vom 28. Oktober 1952 hervor. Darin riet Katzen dringend zu einer stärkeren Berücksichtigung des Publicity-Effekts durch Treffen Eisenhowers mit führenden amerikanischen Juden bei der Terminplanung General Eisenhowers. DDEL: DDE Records, White House Central File, Official File, Box 736, 144-B-3 - Jewish Matters - (2).

[23] Über das Wahlverhalten der amerikanischen Juden 1952 gibt es unterschiedliche Angaben. Alan R. Balboni taxiert in seiner Untersuchung den Anteil der Stevenson-Wähler auf 80 Prozent (Vgl. A Study of the Efforts of the American Zionists to Influence the Formulation and Conduct of United States Foreign Policy During the Roosevelt, Truman and Eisenhower Administrations, Phil. Diss., Brown University, Providence (Rhode Island) 1972, S. 176.), während Earl Dean Huff diesen Anteil nur bei 75 Prozent sieht (Vgl. Zionist Influences Upon U.S. Foreign Policy. A Study of American Policy Toward the Middles East from the Time of the Struggles for Israel to the Sinai Conflict, Phil. Diss.,

Dwight D. Eisenhower nach einem überaus harten Wahlkampf[24] einen überwältigenden Sieg davon. Zu groß waren Eisenhowers militärische Reputation, seine Popularität als siegreicher Kriegsheld und seine bisherige Abwesenheit im professionellen politischen Establishment, was nach den Verfilzungen von Staat und Parteiapparat der Demokraten in deren zwanzigjähriger Herrschaft eine willkommene Alternative für das amerikanische Wahlvolk bedeutete. Damit konnte die Republikanische Partei erstmals nach Präsident Herbert Hoover (1929-33) wieder einen ihrer Kandidaten ins Weiße Haus schicken und darüber hinaus im Kongreß sowohl im Senat als auch im Repräsentantenhaus eine knappe Mehrheit erzielen.[25] Für die amerikanische Politik markierte das Jahr 1952 den Beginn eines tiefgreifenden Transformationsprozesses.[26]

Wie schon im gesamten Wahlkampf der Nahostkonflikt keine Rolle gespielt hatte, so gehörte dieses Thema auch nicht zu den zwischen Truman und Eisenhower erörterten Gegenständen der Übergabegespräche nach Eisenhowers Wahlsieg. Lediglich die Situation im Iran stand darin auf der außenpolitischen Tagesordnung, die ansonsten ganz vom Krieg in Korea dominiert wurde.[27] Es

---

University of Idaho 1971, S. 179.). Nach Roberta Strauss Feuerlichts Angaben schließlich haben sogar nur zwischen 60 und 65 Prozent der amerikanischen Juden Stevenson gewählt, obgleich Stevenson dem von ihnen bevorzugten Bild - intellektuell, eloquent, liberal - sehr nahe kam. Die Gründe für die relativ geringe Zustimmung sieht Feuerlicht in der Person von Stevensons Vizepräsidentschafts-Kandidaten, des als sehr konservativ geltenden Senators John Sparkman aus Alabama, sowie in der Befürchtung einer zu großen Stagnation und Korruption in der Demokratischen Partei. (Vgl. The Future of the Jews. A People Torn Between Israeli Power and Jewish Ethics, New York 1983, S. 151.).
[24] Im Urteil von Stephen Ambrose: "Taken all together, 1952 is recalled as one of the bitterest campaigns of the twentieth century, and the one that featured the most mudslinging." Stephen E. Ambrose, Eisenhower. Soldier and President, New York 1990, S. 285.
[25] Die Sitzverteilung im 83. Kongreß lautete im Senat: Republikaner 48, Demokraten 47 sowie ein Unabhängiger; im Repräsentantenhaus: Republikaner 221, Demokraten 211 sowie ein Unabhängiger. Vgl. Robert J. Donovan, Eisenhower. The Inside Story, New York 1956, S. 84.
[26] Vgl. Anthony James Joes, Eisenhower Revisionism and American Politics, in: Joann P. Krieg (Ed.), Dwight D. Eisenhower. Soldier, President, Statesman, New York/London 1987, S. 293.
[27] HSTL: White House Central Files, Official File, Presidential Transition Series.

sollte sich im Laufe der fünfziger Jahre allerdings noch herausstellen, daß der Nahe Osten ein Schauplatz für die größten Herausforderungen der Eisenhower-Administration werden würde.[28]

Doch zunächst erregte im Wahljahr das Thema Naher Osten auch in der Öffentlichkeit keine besondere Aufmerksamkeit. Gleichwohl waren Umfrageergebnisse aus dem Herbst 1952 interessant, die den Stellenwert Israels in der amerikanischen Bevölkerung belegten. Auf die Frage, mit welchen Staaten die USA eng zusammenarbeiten sollten, nannten 55 Prozent Westdeutschland, 45 Prozent Frankreich und 34 Prozent Israel. Bei den Befragten mit hohem Bildungsgrad nannten sogar 50 Prozent Israel.[29]

Angesichts dessen war aufschlußreich, was der Nationale Sicherheitsrat (NSC) an Kurzinformation über Israel dem gewählten Präsidenten zur Verfügung gestellt hatte. Dabei handelte es sich um einen Bericht, der, bereits am 1. November 1952 noch von der Truman-Administration vorgelegt, Analysen über jedes für die USA sicherheitsrelevante Land enthielt. Danach wurde Israel zwar als ein politisch stabiler Staat betrachtet, der sich im Ernstfall mit einer schlagkräftigen Armee gegen *"unfriendly neighbors"* selbst verteidigen könne, doch perzipierte der Bericht Israels ungeklärte Grenzziehung zu seinen arabischen Nachbarn, den ungeklärten Status von Jerusalem sowie das ungelöste palästinensische Flüchtlingsproblem als akute Gefahren- und Konfliktherde. Deutlich hervorgehoben wurden die wirtschaftlichen Schwierigkeiten Israels, und so schloß der Bericht mit einer wenig ermunternden Prognose:

"The economic situation remains critical despite a rigorous austerity program. Israel is still unable to support itself. The cost of the war with the Arabs, the burden of military preparedness, the economic difficulties arising from Israeli-Arab tension, the unfavorable state of foreign trade, and the problem of

---

[28] Vgl. Robert A. Divine, Eisenhower and the Cold War, New York/Oxford 1981, S. 71f.
[29] Vgl. H Schuyler Foster, Activism Replaces Isolationism. U.S. Public Attitudes 1940-1975, Washington DC 1983, S. 165.

absorbing the unlimited immigration to which it is committed, are too much for the economic and financial ressources of this small state. It has eagerly sought, but to date has been relatively unsuccessful in attracting, foreign investment. Israel will, therefore, probably remain dependent upon public and private U.S. aid if present trends continue."[30]

Die Einschätzung des NSC, Israel werde auf unabsehbare Zeit hinaus von amerikanischer Hilfe abhängig sein, schien Eisenhower zum Hebel für eine umfassende Friedenslösung im Nahen Osten nutzen zu wollen. Israel und seine politischen Freunde in den USA mußten sich dabei an einen neuen "realpolitischen" Stil Eisenhowers gewöhnen und von einigen lobbyistischen Gewohnheiten Abschied nehmen, die unter Truman zur Selbstverständlichkeit geworden waren. So fehlten vor allem entsprechende Berater und Referenten im Weißen Haus - wie etwa David Niles und Clark Clifford unter Truman -, die die israelische Sache innerhalb der Administration gegen ein in der Tendenz pro-arabisches State Department wirksam hätten vertreten können.[31] Dieses Manko wurde innerhalb der Israel-Lobby sofort registriert, und es wurde erkannt, daß unter der neuen Administration neue Kommunikationswege beschritten werden müßten. Die Zeit des Antichambrierens und der Hinterzimmer-Diplomatie aus der Truman-Ära würde unter Eisenhower vorbei sein.

Abba Eban, der sehr aufmerksame israelische Botschafter in den USA, hatte bereits kurz vor den Wahlen im Angesicht eines deutlichen Sieges Eisenhowers genau auf diese Situation hingewiesen und auf einer internen AZC-Sitzung von der Notwendigkeit gesprochen, Israels Angelegenheit verstärkt in der

---

[30] "Security Information for briefing President-Elect", 1.11.1952. HSTL: President's Secretary's Files, Box 194, Subject File, National Security Council Memoranda Reports - (1), "Current Policies of the Government Relating to National Security, Vol. I - Geo. Area Policies".
[31] Vgl. Edward Tivnan, The Lobby. Jewish Political Power and American Foreign Policy, New York 1987, S. 36. Im Weißen Haus unter Truman hatte nach der israelischen Staatsgründung das Wort kursiert, der neue Staat werde sich aus Dankbarkeit in "Cliffordville" umbenennen. Vgl. Michael J. Cohen, Truman and Israel, Berkeley/Oxford 1990, S. 225.

Öffentlichkeit zu vertreten, um somit publizistischen Druck zu erzeugen. Wenn schon nicht das Weiße Haus beeinflußt werden könne, so müsse auf diese Weise der Kongreß dauerhaft zum Ziel dieses Drucks gemacht werden. Eban weiter:

> "Israel and Congress relations are something of permanent importance whether there is to be legislation or not. I hope that the American Zionist Council does not regard this marriage between Israel and the Congress, in which you have been the felicitous wedding ring, as addressed to some particular emergency. It is part of the permanent structure of American-Israel relations."[32]

Vier Tage nach der erwarteten Wahl Eisenhowers sprach Eban in einem Brief an Silver erneut von der entscheidenden Aufgabe in den kommenden Monaten, die darin bestände, unter den neuen Umständen *"to defend and promote the cause of American Israel friendship in many new quarters."*[33] Wie entscheidend, aber auch wie schwierig diese neue Aufgabe war, geht aus der Korrespondenz Silvers mit General Julius Klein hervor, dem damals höchsten jüdischen US-Offizier, als es um die Ämterverteilung in der neuen Administration ging. Klein, der Silver bereits Mitte Dezember 1952 aufgefordert hatte, bei Senator Arthur Vandenberg oder dem Gouverneur von New Hampshire und designierten Stabschef des Weißen Hauses, Sherman Adams, zu intervenieren, um im Zuge von *"ethnic endorsements"* Juden in Schlüsselpositionen des Weißen Hauses zu bringen,[34] sandte Silver zu Weihnachten eine geradezu alarmierende Botschaft.

---

[32] Das Protokoll dieser Sitzung der AZC-Führung ist nicht datiert, aus dem Kontext ergibt sich jedoch ein Zeitpunkt kurz vor den Wahlen am 4.11.1952. WRHS: Silver Papers, A Corr 4-1-84, American Zionist Council 1952-53. James Lee Ray sieht in den Eigenarten des amerikanischen politischen Systems den Hauptgrund, weshalb sich gerade im Kongreß die Israel-Lobby besonders einflußreich bemerkbar machen konnte. Vgl. ames Lee Ray, The Future of American-Israeli Relations. A Parting of the Ways?, Lexington (Kentucky) 1985, S. 25-28.
[33] Brief Ebans an Silver vom 8.11.1952. WRHS: Silver Papers, A Corr 6-1-60, Dwight D. Eisenhower 1952-53.
[34] Telegramm Kleins an Silver, 15.12.1952. WRHS: Silver Papers, A Corr 6-1-60, Dwight D. Eisenhower 1952-53.

Nach einem Gespräch mit James MacDonald, dem ersten US-Botschafter in Tel Aviv, seien sie beide, MacDonald und Klein, davon überzeugt, daß nun dringend gehandelt werden müsse. Die Berufungen würden weitergehen, ohne daß jüdische Führer aktiv versuchten, ihre Leute durchzusetzen. *"Unfortunately, other [Jewish] circles still live in the past; they either do not realize that we had an election in November, or they think that, through their own way of maneuvering, they can either retain their position or do as they like."* Klein berichtete dann weiter, daß es nicht gelungen sei, ihn, Klein, als Secretary of the Army zu installieren, obwohl sich einige wichtige Senatoren und Arthur Summerfield[35] für ihn eingesetzt hätten. Selbst Eisenhower sei einverstanden gewesen, hätte sich jedoch diesen Vorschlag vom designierten Verteidigungsminister Charles Wilson, dem bisherigen Chef von General Motors, ausreden lassen.[36]

Auch im Apparat der Republikanischen Partei in Bundesstaaten mit hoher jüdischer Bevölkerung wie etwa New York regte sich Unmut. Es reifte zudem bei Kongreßmitgliedern, Gouverneuren und Parteifunktionären der Ostküste die Erkenntnis, daß die Aufgabe des Anwalts Israels künftig von ihnen selbst gegen die eigene Administration übernommen werden müßte.

Zu einem ersten Test dieser neuen Konstellation kam es bereits wenige Tage nach der Amtseinführung (21.1.1953) Präsident Eisenhowers. Der New Yorker Gouverneur Thomas E. Dewey, der bereits in den Wahljahren 1946 und 1948 das zionistische Anliegen vehement vertreten und damit mitgeholfen hatte, den so herausgeforderten Präsidenten Truman auf eine pro-israelische Linie zu bringen, wandte sich am 27. Januar an den neuen Außenminister John Foster Dulles, um gegen die geplante Rückkehr des damaligen US-Botschafters in Teheran, Loy Henderson, in die amerikanische Nahostpolitik Front zu machen. Henderson hatte von 1945 bis 1948 im State Department die Abteilung Near East and African Affairs (NEA) geleitet und in dieser Funktion als Antipode zum pro-

---

[35] Bisheriger Vorsitzender des Republican National Committee und von 1953-61 amerikanischer Postminister.
[36] Brief Kleins an Silver, 24.12.1952. WRHS: Silver Papers, A Corr 6-1-60, Dwight D. Eisenhower 1952-53.

jüdischen Kurs des Weißen Hauses gewirkt, ehe er 1948 von Truman als Botschafter nach Indien abgeschoben wurde.[37]

Gerüchte, Eisenhower könnte Henderson erneut mit wichtigen Planungsaufgaben betrauen, hatten Dewey, der ohnehin bei der Ämterbesetzung innerhalb der neuen Administration starken Einfluß ausgeübt hatte,[38] aktiv werden lassen. Henderson, so Dewey zu Dulles, sei antisemitisch, und seine Rückkehr nach Washington würde die jüdische Gemeinde in den USA wegen der zu erwartenden Verschlechterung der amerikanisch-israelischen Beziehungen zutiefst beunruhigen. Dulles, dem sein Staatssekretär Andrew H. Berding später eine außenpolitische Seelenverwandtschaft mit Präsident Eisenhower bescheinigte,[39] bestätigte die Gerüchte, lehnte aber eine Kommentierung ab. Außerdem erinnerte er den Gouverneur, "*that the new President had definite ideas of his own about the Middle East.*"[40] Dewey, durch diese Antwort keineswegs befriedigt, ließ daraufhin sein Büro eine Schmähschrift gegen Henderson verfassen, die er Dulles am 19. Februar 1953 als zwölfseitiges Memorandum zur Verfügung stellte. Henderson wurde darin als Hauptverantwortlicher für die ambivalente Palästina-Politik Washingtons der Jahre 1945-48 beschrieben, in denen Henderson als NEA-Direktor die Politik des Präsidenten und des Kongresses obstruiert und hintertrieben habe. Henderson sei autokratisch, selbstsüchtig und stark anti-israelisch, so daß seine Rückkehr zum derzeitigen Zeitpunkt als demonstrative Änderung der offiziellen amerikanischen Politik gewertet werden müsse. Zusammen mit der anti-israelischen Propaganda der UdSSR würde Israel damit den Arabern ausgeliefert. Dies liege jedoch nicht im amerikanischen Interesse.[41]

---

[37] Vgl. Michael J. Cohen, a.a.O., S. 229.
[38] "Deweys Influence Strong In Administration Setup", The New York Times, 25.1.1953. Vgl. dazu auch Greenstein, a.a.O., S. 107f.
[39] Vgl. Andrew H. Berding, Dulles on Diplomacy, Princeton (New Jersey) 1965, besonders Kap. 4, "Eisenhower and Dulles - Two of One Mind", S. 14-29.
[40] Dewey an JFD, 27.1.1953. DDEL: Dulles Papers, Telephone Conversations Series - General, Box 1, Telephone Memoranda Jan. - April 1953 (4).
[41] Dewey/Goldstein an JFD, 19.2.1953. DDEL: Dulles Papers, General Correspondence and Memoranda Series, Box 4, Strictly Confidential (Misc. Reports).

Auch der Präsident selbst war mittlerweile mit der Reaktion auf die mögliche Berufung Hendersons konfrontiert worden. Dulles gegenüber teilte er Anfang März mit, daß jüdische Freunde aus Ohio (Rabbi Silver?) ihm vom Gefühl der amerikanischen Juden erzählt hätten, die Administration sei gegen sie. Eisenhower weiter: *"They are concerned about the consideration of Loy Henderson and Kermit Roosevelt for the Assistant Secretaryship for Near East affairs who they feel are anti-Jewish. They mentioned that they liked George McGhee or Davis (Amb.?) or even Byroade".* Dulles bestätigte ähnliche Einsprüche von *"Taft who is close to Rabbi Silver and [...] Dewey who is close to the New York Jewish block."*[42] Ob Eisenhower aufgrund dieses Drucks aus seiner eigenen Partei einen anderen Beamten mit der NEA-Leitung beauftragte, ist nicht zu belegen. Tatsache ist jedoch, daß Henderson erst 1955 in die Zentrale des State Department zurückkehrte und zwar lediglich als einer von drei stellvertretenden Unterstaatssekretären für Verwaltungsfragen. Leiter der Abteilung für nahöstliche, südasiatische und afrikanische Angelegenheiten im Range eines Staatssekretärs (Assistant Secretary of State) blieb der bereits von Eisenhower gegenüber Dulles erwähnte Henry Byroade, der diese Aufgabe bereits am 14. April 1952 noch von der Truman-Administration bekommen hatte.

Ein weiteres Thema, das die neue Administration im Zusammenhang mit Israel von Beginn an beschäftigte und während ihrer gesamten Amtszeit in steigendem Maße beschäftigen sollte, war die Frage nach militärischer Unterstützung Israels durch Washington. Es wird im Laufe dieser Arbeit noch zu zeigen sein, mit welchen Argumentationsvarianten das Thema "Waffen für Israel" von der Lobby regelmäßig zu einem teils auch öffentlich geführten kontroversen Diskussionspunkt mit der Administration gemacht wurde. Eine Forderung wurde stets mit der Bedrohung Israels durch die arabischen Nachbarn und durch die wachsende sowjetische Infiltration des Nahen Ostens und die Unterstützung von "extremistischen" arabischen Regimen durch Moskau begründet. Das antikommunistische "Bollwerk" Israel, so hieß es, müsse sich daher gegen ideologische

---

[42] JFD an DDE, 5.3.1953. DDEL: Dulles Papers, Telephone Calls Series, Box 10, White House Telephone Conversations Jan. to April, 1953.

und potentielle militärische Angriffe verteidigen können.[43] Gegen diesen Zusammenhang war es für die Eisenhower-Administration schwer zu argumentieren, da der Anti-Kommunismus zur außenpolitischen Grundphilosophie Eisenhowers zählte.[44]

Ende Januar 1953 schlug der republikanische New Yorker Kongreßabgeordnete Jacob Javits Außenminister Dulles sogar amerikanische Militärbasen in Israel vor. Die Zeit sei seiner Meinung nach für ein *"overall package settlement of the Arab-Israeli problem"* günstig. In Israel wachse die Unruhe über die sowjetischen Absichten in der Region, und dies sei *"a good time to establish U.S. bases in Israel"*, was sowjetische Waffenlieferungen an arabische Staaten neutralisiere. Zudem, so Javits, besänftigten amerikanische Stützpunkte in Israel auch die amerikanischen Juden gegenüber der Administration. Dulles entgegnete darauf, daß die Zeit für eine umfassende Friedensregelung deswegen günstig sei, weil *"the Arabs felt that President Eisenhower and the Republican Administration would not, on political grounds, be unfair to them."* Im übrigen müsse eine umfassende Regelung einige *"bitter elements for the Israelis"* enthalten: *"particularly [...] the internationalization of Jerusalem as foreseen by the 1948 U.N. Resolution."*[45]

Dulles' Antwort an Javits verdeutlichte erneut, daß Washingtons neue Administration die potentiellen Konfliktparteien gleich behandeln und eine Friedenslösung nach dem Prinzip von Leistung und Gegenleistung anstreben wollte, Prinzipien, die auch das Psychological Strategy Board (PSB) des NSC in

---

[43] So die Argumentation des Präsidenten der Zionist Organization of America (ZOA), Louis Lipsky, in einem Brief an JFD, 27.2.1953. NA: State Department Central Files, LM-59 Palestine and Israel Internal Affairs, Roll 7, Israel-Internal Political and National Defense Affairs, 784A.5 MSP-784A.61.
[44] Vgl. J. Philip Rosenberg, Dwight D. Eisenhower and the Foreign Policymaking Progress, in: Joann P. Krieg (Ed.), Dwight D. Eisenhower. Soldier, President, Statesman, New York/London 1987, S. 122f.
[45] Gesprächsmemorandum von JFD mit Javits, 27.1.1953. DDEL: Dulles Papers, JFD Chronological Series, Box 1, Chronological John Foster Dulles, December 1952 - January 1953 (2).

einem psychologischen Strategieprogramm für den Nahen Osten nahelegte, an dem sich die amerikanische Politik orientieren sollte.

Dieses im Frühjahr 1951 von Präsident Truman ins Leben gerufene PSB hatte zur Aufgabe, die psychologischen und außenpolitischen Erkenntnisse der Regierung zu koordinieren und Handlungsempfehlungen zu formulieren. Obwohl außerhalb des NSC-Organigramms angesiedelt, nahm sein Direktor, Gordon Gray, regelmäßig an den Sitzungen des Nationalen Sicherheitsrats teil. Gleichwohl wurde das Board nicht als eine gelungene Konstruktion angesehen, die psychologischen Aspekte des Kalten Krieges angemessen zu berücksichtigen. Der stets in der Effizienz von militärisch-planerischen Stäben denkende Eisenhower,[46] der nicht glaubte, daß psychologische Strategien von nationaler Sicherheit getrennt werden könnten, nahm daher gleich nach Amtsantritt eine Reorganisation des NSC in Angriff.

So wurde bis zum Herbst 1953[47] das PSB in ein Operations Coordinating Board (OCB) umgewandelt und agierte fortan als exekutiver Arm des NSC, das als Hauptaufgabe die Ausführung der präsidentiellen Außenpolitik unter Berücksichtigung des von den USA jeweils angestrebten psychologischen Meinungsklimas hatte. Aus haushaltstechnischen Gründen blieb das OCB organisatorisch jedoch auch weiter außerhalb des NSC angesiedelt.[48] Insgesamt blieb der NSC unter Eisenhower ein Organ, das Informationen zu sammeln, zu koordinieren und zu präzisieren hatte. Der Nationale Sicherheitsberater war als politischer Beamter nicht mehr als ein Referent des Präsidenten. Erst spätere Sicherheitsberater wie McGeorge Bundy, Walt Rostow, Henry Kissinger und

---

[46] Über DDEs Neustruktur des NSC-Apparates und seinen Organisationsstil vgl. Greenstein, a.a.O., S. 124-128 und S. 132f.

[47] DDE kam damit einer Empfehlung des von ihm eingesetzten President's Committee on International Information Activities nach, nach der künftig alle diplomatischen, ökonomischen und militärischen Schritte einer koordinierten psychologischen Analyse unterzogen werden sollten. The New York Times, 9.7.1953.

[48] Vgl. ausführlich Anna K. Nelson, National Security I: Inventing a Process (1945-1960), in: Hugh Heclo/Lester M. Salamon (Eds.), The Illusion of Presidential Government, Boulder (Colorado) 1981, S. 247f.

Zbigniew Brzezinski machten aus dem NSC ein Instrument, das Leitlinien formulierte und Strategien entwarf, um sie anschließend dem Präsidenten als eine Option vorzulegen.[49]

Am 6. Februar 1953 legte das PSB dem NSC eine Studie vor, die aufgrund detaillierter Analysen des psychologischen und mentalen Verhaltens der nahöstlichen Akteure Empfehlungen für eine politische und diplomatische Vorgehensweise Washingtons entwickelte. Zentrales Ziel amerikanischen Operierens müsse es sein, die USA als wahren Verfechter demokratischer Prinzipien und alleinigen Wahrer von Frieden und Wohlstand im Bewußtsein der nahöstlichen Völker dauerhaft zu verankern. Dazu sei es wichtig:

"to develop an attitude in the leaders and opinion-forming groups of the area that it is to their advantage to take steps which will facilitate the resolution of those international and intra-regional controversies which now weaken the security and stability of the area."

Es war evident, daß Sicherheit und Stabilität in erster Linie durch die andauernden Spannungen zwischen Israel und den arabischen Staaten bedroht waren. Um diese Spannungen abzubauen, empfahl das PSB u.a.:

*"(a) examine at the highest level the feasibility of linking some form of international guarantee of Arab-Israeli armistice lines or **de facto** boundaries with Middle Eastern participation in a regional defense organization;*

(b) create conviction that the U.S. takes a stand against expansionism on the part of either Israel or the Arab States;

(c) demonstrate in practice the theory of impartiality of U.S. National policy towards Israel and the Arab States, particularly with respect to economic assistance, and with respect to statements by U.S. officials; [...]

---

[49] Vgl. Crabb/Mulcahy, a.a.O., S. 168f.

(h) strengthen the influence of the moderate elements in world Jewry and in Israel who believe that Israel's survival depends on cooperation and friendship with the Arab States."⁵⁰

Diese Studie aus dem Planungsbereich des Weißen Hauses war deswegen von so großer Bedeutung, weil sie die erste programmatische Stellungnahme der Eisenhower-Administration zur Nahostpolitik darstellte und als Vorläufer der späteren NSC-Resolution 155, die die Leitlinien der amerikanischen Nahostpolitik bestimmte, betrachtet werden konnte. Die neue amerikanische Regierung war deutlich bemüht, in ihrer Politik nichts zu unternehmen, was den latenten Konflikt zwischen Israel und den arabischen Staaten noch zusätzlich hätte verschärfen können. Generell war die Eisenhower-Administration an der Verteidigung des konservativen Status quo im Nahen Osten und nicht an revolutionärer Veränderung interessiert.⁵¹ Daher sollte Konfrontation durch Kooperation ersetzt, sollten Maximalforderungen auf beiden Seiten der Konfliktparteien aufgegeben werden. Doch wichtiger noch war die amerikanische Unparteilichkeit, die vor allem *"with respect to economic assistance, and with respect to statements by U.S. officials"* zu gelten hatte. Dies alles sollte sowohl Israel als auch den arabischen Staaten definitiv klargemacht werden.

Interessant war im Zusammenhang mit der Fragestellung dieser Arbeit das erwähnte Einwirken auf das "moderate Judentum", mit dessen Hilfe Israel von Friedens- und Kooperationsbereitschaft gegenüber seinen arabischen Nachbarn überzeugt werden sollte. Diese Überlegung zeigte, daß sich die Regierung der Einflußmöglichkeiten der Israel-Anhänger in den USA bewußt war und nun versuchte, sie für ihre Konzeption zu instrumentalisieren. Zumindest wollte das Weiße Haus einen losen Gesprächskontakt mit den führenden Organisationen der

---

[50] "Psychological Strategy Program for the Middle East", 6.2.1953. DDEL: White House Office, National Security Council Staff, Papers 1948-61, NSC Registry Series, Box 16, PSB Documents, Master Book of - Vol. III (8).
[51] Vgl. dazu ausführlich William Stivers, America's Confrontation with Revolutionary Change in the Middle East, 1948-83, New York/London 1986, S. 12-27.

amerikanischen jüdischen Gemeinde herstellen, um deren Repräsentanten nicht durch Nichtbeachtung zu desavouieren, was in der Öffentlichkeit als Angriffsmaterial gegen die Administration hätte verwendet werden können.[52] Auch bei der Besetzung von diplomatischen Posten achtete die Administration darauf, auf die Gefühle der amerikanischen Juden Rücksicht zu nehmen, um keine unnötige Konfrontation mit ihnen zu riskieren.[53]

Gleichwohl erfuhr die neue Administration bereits in ihren ersten Wochen und Monaten etwas von der Aktivität der Anhänger Israels in der amerikanischen Öffentlichkeit auch außerhalb der Republikanischen Partei. Weit mehr als andere pressure groups innerhalb des politischen Establishments der Vereinigten Staaten verstanden es Israels Freunde, sich mit Hilfe eines geeigneten finanziellen Aufwandes, geeigneter Kommunikationsstrukturen sowie wichtiger

---

[52] Diese Haltung geht aus einem Memorandum von Eisenhowers Kabinettssekretär Maxwell Rabb an den Terminreferenten des Präsidentenbüros, Tom Stephens, vom 7. März 1953 hervor, in dem ein Treffen des Präsidenten mit dem American Zionist Council (AZC) angemahnt wurde. Der AZC hatte zwei Tage zuvor um ein solches Treffen gebeten. Im Memorandum hieß es: "If at all possible, an appointment with the American Zionist Council (...) is highly desirable and I recommend it strongly. The group involved are all top-notchers, and they represent the various segments of the Zionist movement. By granting this request, you will see all of them at once and will not besieged from time to time by individual requests. The advisability of a brief conference at this time is marked because there has been a great deal of propaganda developing to the effect that the Administration intends to take a strong pro-Arab line. This will do much to ease the feelings of the members of this group." DDEL: DDE Records, White House Central Files, Official File, Box 876, 193 - Israel, Republic of - (1). Das Treffen fand am 23.3.1953 statt, enthielt auf seiten Eisenhowers aber lediglich unverbindliche Stellungnahmen zum Nahostkonflikt. WRHS: Silver Papers, A Corr 4-1-84, American Zionist Council 1952-53.

[53] Außenminister Dulles intervenierte am 6. April 1953 bei Sherman Adams, dem Stabschef des Weißen Hauses, als es um die Berufung des Diplomaten Paul Warburg zum neuen US-Botschafter in Luxemburg ging. Warburg war der erste prominente jüdische Beamte, den Eisenhower berief, und nach Dulles' Ansicht müsse dieser einen bedeutenderen Posten bekommen, denn "it would be an insult to the race and no Jew would ever vote Republican." Dulles und Adams einigten sich darauf, Eisenhower die Entsendung Warburgs nach Schweden zu empfehlen. DDEL: Dulles Papers, Telephone Calls Series, Box 10, White House Telephone Conversations, January - April 1953.

medialer Verbündeter[54] in der Regierung Gehör zu verschaffen - auch wenn ihnen ein direkter Erfolg in den Eisenhower-Jahren nicht immer beschieden war. Langfristig konnte die Lobby jedoch den politischen Entscheidungsträgern klarmachen, daß sie die politische Situation sowie jede Aktion der Regierung genauestens verfolgen, gegebenenfalls in der Öffentlichkeit kritisch diskutieren und notfalls dagegen "arbeiten" würde. Mit Hilfe öffentlicher Kampagnen sollte ein Meinungsklima geschaffen werden, das es dem Präsidenten nicht mehr erlauben würde, die Interessen der Israel-Lobby zu übergehen.

Ein Versuch, Eisenhower in eine pro-israelische Position zu manövrieren, wurde bereits im Februar 1953 unternommen. Anlaß war das propagandistische Vorgehen der UdSSR nach dem Abbruch der diplomatischen Beziehungen zu Israel im Februar gegen die sowjetischen Juden und die Juden Osteuropas, die, als "Agenten des westlichen Imperialismus" denunziert, mit der Bedrohung einer potentiellen Verfolgung zu leben hatten. Die Aufforderung zum Handeln kam erneut aus einer dem Präsidenten nahestehenden Personengruppe, nämlich der der Industriellen und Selfmademillionäre.[55] Am 11. Februar 1953 wandte sich die Journalistin Helen Reid, Ehefrau des Präsidenten von New York

---

[54] In seiner exzellenten Studie über die Haltung der New York Times und der Washington Post zu Israel weist Bat-Ami Zucker nach, daß diese beiden Blätter der amerikanischen Funktions- und Entscheidungselite seit 1949 zu den stärksten Unterstützern Israels gehörten und in dieser Zeit ein überaus positives Israel-Bild vermittelt haben. Beide Zeitungen spiegeln damit nicht nur ein gesellschaftliches Bild wieder, sondern engagieren sich darüber hinaus in einem stärkeren Israel-Bekenntnis, als es Umfragedaten für die Bevölkerung vermuten lassen. Vgl. Bat-Ami Zucker, The Pen, the Sword, and the Middle East. U.S. Aid to Israel and its Reflection in the New York Times and the Washington Post 1948-1973, Lewiston (New York) 1991, S.153.

[55] Eisenhower hatte eine ausgesprochene Vorliebe für Männer, die, wie er selbst bei der Operation Overlord des Zweiten Weltkriegs, der Landung der Alliierten in der Normandie, gewaltige Unternehmen an Menschen und Material organisiert und das Schicksal von Tausenden beeinflußt hatten. Nach dem Krieg und seiner Rückkehr in die USA hatte er im Laufe weniger Jahre die gesamte Elite der amerikanischen Geschäftswelt kennengelernt. Auf deren Rat und Meinung legte er großen Wert. Viele von ihnen wurde enge Freunde Eisenhowers, einige holte er in seine Administration. Vgl. Ambrose, Eisenhower, a.a.O., S. 220f; vgl. Chester J. Pach/Elmo Richardson, The Presidency of Dwight D. Eisenhower, Lawrence (Kansas) 1991, S. 33-39.

Herald Tribune Incorporated und Direktors der Panamakanal-Gesellschaft (und späteren US-Botschafters in Israel), Ogden Reid, an Außenminister Dulles und bat ihn, sich für die Juden in Osteuropa einzusetzen. Sie riet ihm, die Regierung möge Eleanor Roosevelt zu einer Mission nach Moskau entsenden, *"to plead with Stalin not to be anti-Semitic."*[56] Dieser Vorschlag, den Dulles im Gesprächsmemorandum nicht kommentierte, mußte von ihm geradezu als Provokation empfunden werden. Denn FDRs Witwe, die bis zur Amtsübernahme Eisenhowers Mitglied der amerikanischen UNO-Delegation für Menschenrechtsfragen gewesen war, galt beim konservativ-isolationistischen GOP-Flügel als Personifizierung eines verhaßten Roosevelt/Truman-Internationalismus.[57] In der beginnenden innenpolitischen Debatte um das sogenannte Bricker-Amendment hätte Eisenhower durch die Betrauung Eleanor Roosevelts mit einer derart exponierten Mission die innerparteilichen Gräben zwischen konservativen und Eisenhower-Republikanern zusätzlich vertieft.[58]

Nur vier Tage nach Helen Reids Gespräch mit Dulles, am 16. Februar 1953, erhielt das Weiße Haus eine Resolution der Initiative "The Nation

---

[56] Gesprächsmemorandum von JFD mit Helen Reid, 11.2.1953. DDEL: Dulles Papers, General Correspondence and Memoranda Series, Box 3, Strictly Confidential - Q-S (1).
[57] Vgl. dazu Eisenhowers sarkastischen Kommentar über die konservativen Republikaner, die bei der beginnenden Debatte über das Bricker-Amendment entschlossen zu sein schienen "to save the United States from Eleanor Roosevelt." Sherman Adams, Firsthand Report. The Story of the Eisenhower Administration, New York 1961, S. 108.
[58] Beim Bricker-Amendment handelte es sich um eine der großen innenpolitischen Herausforderungen während Eisenhowers Präsidentschaft. Erstmals im September 1951 vom republikanischen Senator John W. Bricker (Ohio) eingebracht, sollte mit Hilfe dieses Verfassungszusatzes der Exekutive untersagt werden, ohne Zustimmung des Kongresses Verträge mit ausländischen Staaten oder internationalen Organisationen auszuhandeln, deren Inhalte die amerikanische Jurisdiktion berühren würden. Zwar ist Brickers Zusatz, unterstützt von konservativen Republikanern, nie angenommen worden, doch wurde er in immer neuen Varianten ständig diskutiert und bedrohte damit Eisenhowers außenpolitischen Handlungsspielraum. Zu Einzelheiten vgl. Duane Tananbaum, The Bricker Amendment Controversy. A Test of Eisenhower's Political Leadership, Ithaca (New York)/London 1988; Michael Barnhart (Ed.), Congress and United States Foreign Policy. Controlling the Use of Force in the Nuclear Age, Albany (New York) 1987.

Associates", New York, die von Dutzenden führender Vertreter des amerikanischen Geisteslebens aus Kirche, Wissenschaft und Publizistik - darunter auch Eleanor Roosevelt - unterzeichnet war.[59] Darin wurde die schwierige Situation jüdischer Bürger in Osteuropa geschildert und auf eine *"potential danger of physical violence to some 3,000,000 Jews in all the countries"* aufmerksam gemacht. Eine anti-semitische Welle könne auf die arabische Welt übergreifen, die leicht zu einem bewaffneten Schlag gegen Israel führen könnte. *"The resulting tension"*, so führten die Unterzeichner fort,

> *"would have disastrous effects on this leading democratic outpost in the Middle East. Israel, already encircled and heavily burdened economically, could be ruined by the need to divert still greater sums to military defense."*

Die Resolution schloß mit der Aufforderung an Eisenhower, die Vorgänge öffentlich zu verurteilen und amerikanische Wirtschaftshilfe an die Länder einzufrieren, die sich an anti-jüdischen Ausschreitungen beteiligten. Darüber hinaus müsse der arabischen Welt klargemacht werden, daß ein Ende des "Guerillakrieges gegen Israel" Voraussetzung für ertragreiche Beziehungen mit den Vereinigten Staaten seien. Schließlich müsse auf die Tagesordnung der Vereinten Nationen die Einrichtung eines "Watchdog"-Komitees gesetzt werden, das anti-semitische Gewalt als Verstoß gegen die UN-Charta verurteile.

Offenbar war es die gedankliche Verknüpfung der Lage der Juden in Osteuropa mit der geforderten stärkeren Unterstützung Israels, die die Eisenhower-Administration auf diese Eingaben nicht reagieren ließ - zumindest existiert kein entsprechendes Dokument. Eleanor Roosevelt, die sowohl zu den Unterzeichnern der Resolution gehörte, wie sie wohl auch die Urheberin der Reid-Initiative war, wandte sich daher Anfang April 1953 mittels eines persönlichen Briefes direkt an den Präsidenten. Darin sprach sie allerdings nur das von ihr wahrgenommene Nachlassen der amerikanischen Unterstützung Israels an. Sie

---

[59] DDEL: DDE Records, White House Central Files, Official File, Box 736, 144-B-3 Jewish Matters (2).

widersprach einem Aufrechnen privater Hilfe an Israel gegen staatliche Hilfe an die arabischen Staaten, das nicht zu einer Kürzung der offiziellen US-Hilfe an Israel führen dürfe. Bei allem Verständnis für Gleichbehandlung dürfe, so Eleanor Roosevelt weiter, nicht vergessen werden, wem Amerika näher zu stehen habe: *"I think [...] we cannot forget the fact that the Arab states do not espouse the cause of the free world and that Israel does."*[60]

Eisenhower antwortete mit der Zusicherung, seine Regierung sei *"fair and friendly toward Israel"* und leiste überdies im Rechnungsjahr 1953 Finanzhilfen in Höhe von 73 Millionen Dollar aus dem Mutual Security Program (MSP) an Israel. Gleichzeitig würden an die arabischen Länder Ägypten, Saudi-Arabien, Jordanien, Irak, Syrien und dem Libanon zusammen 21 Millionen Dollar gezahlt, zuzüglich 50 Millionen Dollar für das arabische Flüchtlingsprogramm der Vereinten Nationen. Eisenhower schloß:

"It is our objective to establish stable conditions of peace in the Near East and to develop desirable trade between the nations of that area with improved conditions for the people and strengthened defenses against external aggression."[61]

Eine besondere Affinität zu Israel, wie sie Eleanor Roosevelt angemahnt hatte, entsprach diesen sehr programmatischen Worten sicherlich nicht. Ähnlich wertneutral äußerte sich ihr gegenüber auch John Foster Dulles, der noch einmal die amerikanische Unparteilichkeit unterstrich: *"I can assure you that there is no intention of favoring or discriminating against any one of the countries of the Near East."*[62]

---

[60] Brief Eleanor Roosevelts an DDE, 4.4.1953. DDEL: Ann Whitman File, Name Series, Box 30, Roosevelt, Mrs. Franklin D.
[61] Brief DDEs an Eleanor Roosevelt, 16.4.1953. DDEL: Ann Whitman File, Name Series, Box 30, Roosevelt, Mrs. Franklin D.
[62] Brief JFDs an Eleanor Roosevelt, 17.4.1953. DDEL: Dulles Papers, JFD Chronological Series, Box 2, Chronological - John Foster Dulles, April 1-31, 1953 (2).

Die Frage nach der besonderen Affinität Amerikas zu Israel war nicht nur innerhalb des politischen Establishments Amerikas oder der Republikanischen Partei umstritten. Auch innerhalb der jüdischen Gemeinde der USA hatte das Problem auf der Ebene der Vorrangigkeit von jüdischer (= theologischer) und amerikanischer (= nationaler) Identität Unsicherheiten aufgeworfen, die die nichtzionistischen Repräsentanten des amerikanischen Judentums sofort geklärt haben wollten. So war in den sogenannten Ben Gurion-Blaustein-Gesprächen im August 1950 zwischen dem israelischen Ministerpräsidenten und dem damaligen Vorsitzenden des nicht-zionistischen American Jewish Committee (AJC) - von der Öffentlichkeit weitgehend unbeachtet - in Jerusalem vertraglich festgelegt worden, daß die amerikanischen Juden keinerlei Loyalität gegenüber Israel schuldeten.

Amerikanische Juden lebten also nicht im Exil, sondern waren Amerikaner. Israel war nur ein kulturelles Zentrum jüdischen Lebens, Amerika war ein anderes, eine Position, die das AJC bereits zur Zeit der israelischen Staatsgründung vertreten hatte.[63] Gleichwohl erklärten die vom AJC vertretenen amerikanischen Juden, stolz auf die demokratischen Errungenschaften in Israel zu sein, und versprachen dauerhafte Unterstützung.[64] 1956, kurz vor Beginn der Suez-Krise, bestätigte Ben Gurion die erzielten Übereinkommen gegenüber Blaustein noch einmal.[65] Ben Gurion sah das grundsätzliche Vertrauen Amerikas als eine Säule seiner Außenpolitik an und wollte keinen Konflikt mit den amerikanischen Juden.[66] Damit war ein Schlußpunkt unter eine Diskussion gesetzt

---

[63] Vgl. dazu ausführlich Menahem Kaufman, The American Jewish Committee and Jewish Statehood, 1947-1948, in: Studies in Zionism, 2/1986, S. 259-275.
[64] Vgl. die Abschlußkommuniqués und die Berichte des amerikanischen Generalkonsulats in Jerusalem. NA: State Department Central Files, LM-60 Palestine and Israel Foreign Relations, Roll 6, Israel-International Political Relations, Bilateral Treaties, 684A.87-684A.9694, Israel-United States 611.84A-611.84A95. Vgl. David Schoenbaum, The United States and the State of Israel, New York/Oxford 1993, S. 64.
[65] Vgl. Brief Ben Gurions an Blaustein, 2.10.1956. NA: State Department Central File, C0048, Reel 17, Palestine-Israel: Foreign Affairs, 1955-1959, 611.84A.
[66] Vgl. Uri Bialer, Facts and Pacts. Ben-Gurion and Israel's International Orientation, 1948-1956, in: Ronald W. Zweig (Ed.), David Ben-Gurion. Politics and Leadership in Israel, London/Jerusalem 1991, S. 232f. Bialer nennt als weitere Säulen die Zentralisierung der außenpolitischen Kontrolle in Israel, das Mißtrauen

worden, die schon bei der Frage nach Heimstatt oder Staat der Juden in Palästina in den vierziger Jahren unterschiedliche Positionen innerhalb der amerikanischen Juden hatte deutlich werden lassen. Die Spannungen zwischen beiden Lagern waren noch dadurch verschärft worden, daß die Minderheitsmeinung der Anti-Zionisten (nicht der Nicht-Zionisten) gerne vom amerikanischen Außenministerium als "Kronzeuge" für dessen Argumentation angeführt wurde.[67]

Die "radikalste" dieser Organisationen des amerikanischen Reformjudaismus war und blieb - auch nach den Ben Gurion-Blaustein-Gesprächen - das American Council for Judaism (ACJ), die einzige jemals in den USA gegründete Organisation, die gegen einen jüdischen Staat in Palästina war. Gegründet 1942 von den Reformrabbinern Louis Wolsey, Samuel Goldenson, William H. Fineshriber und anderen, um dem wachsenden zionistischen Einfluß auf die amerikanische jüdische Gemeinde etwas entgegenzusetzen, war der ACJ jedoch von Anfang an in der Defensive. Das Bekanntwerden des Holocaust, die fortschreitende Konsolidierung und Gründung des Staates Israel sowie der publizistische Kampf der personell und finanziell weit überlegenen zionistischen Organisationen - die Mitgliederzahl des ACJ war gegenüber den rund 750.000 Mitgliedern des AZC von etwa 15.000 Mitgliedern 1944 auf nicht mehr als 3.000 zu Beginn der Fünfziger Jahre gesunken[68] - trieben den ACJ in eine nahezu bedeutungslose Isolation.[69] Lediglich bei dem ehemaligen stellvertetenden Außenminister Sumner Welles (1937-43) hatte der ACJ eine kurze Periode der

---

gegenüber internationalen Strategien und diplomatischen Aktionen sowie die Vermeidung einer direkten Konfrontation mit Moskau.
[67] Vgl. Michael J. Cohen, a.a.O., S. 102-105.
[68] Vgl. Howard M. Sachar, A History of the Jews in America, New York 1992, S. 720.
[69] In einem Leitartikel im monatlichen Mitteilungsorgan des AZC sprach Rabbi Irving Miller (Bulletin American Zionist Council, Vol. 4, No. 5/1953.) anläßlich des ACJ-Kongresses in San Francisco von dessen Vertretern als geschichts- und traditionslose "self-hating Jews", die nichts zum Wohle der jüdischen Gemeinde Amerikas beitrügen. Die Reden auf dem ACJ-Kongreß gegen den Zionismus reichten an anti-semitische Propaganda der arabischen Vertretungen in den USA heran. Gleichwohl räumte Miller ein, daß der ACJ nur eine kleine Minderheit innerhalb der amerikanischen Juden sei. UR: Bernstein/AIPAC Papers, Box 5, American Council for Judaism, Bulletin AZC, May 1953.

Beachtung und des Einflusses genossen. Seine bekanntesten Vertreter waren der Vorsitzende Lessing J. Rosenwald und der Geschäftsführer Elmer Berger, die im Frühjahr 1943 die Führung des ACJ übernommen hatten.[70]

Rosenwald, im Hauptberuf Chef des Handelshauses Sears, Roebuck & Company, war es auch, der dem Weißen Haus am 8. April 1953 seinen Standpunkt in einem umfangreichen Memorandum darlegte. Der ACJ-Vorsitzende wandte sich darin vehement gegen den Eindruck, amerikanische Juden hätten aufgrund ihres religiösen Glaubens ein engeres Verhältnis zu Israel als andere Amerikaner. Damit lehnte er ebenso Privilegien ab, die amerikanische Juden bei der Immigration nach Israel genossen, wie auch eventuelle Verpflichtungen, die die israelische Regierung Amerikanern jüdischen Glaubens auferlegen wollte. Judaismus, so Rosenwald, sei eine Religion, keine Nationalität. Folglich gäbe es auch keinen "jüdischen Staat" und amerikanische Juden hätten keine religiös motivierte nationale Bindung an Israel. Die neue amerikanische Regierung forderte er auf, amerikanische Juden und Nicht-Juden gleichzubehandeln und nicht durch entsprechende Veröffentlichungen (wie etwa ein Ratgeber für amerikanische Juden bei Reisen nach Israel) einer "israelisch-zionistische Ideologie" indirekt zuzustimmen. Dies sei nach Meinung des ACJ *"contrary to fundamental American principles"*.[71]

Eine solche Auffassung, vorgetragen von amerikanischen Juden, fand durchaus das Ohr der Eisenhower-Administration. Doch während das Weiße Haus

---

[70] Vgl. allgemein über den ACJ: Thomas A. Kolsky, Jews against Zionism. The American Council of Judaism, 1942-1948, Phil. Diss., George Washington University, Washington, 1986; vgl. Howard Greenstein, Turning Point. Zionism and Reform Judaism, Chico (Kalifornien) 1981; vgl. Steven Windmueller, American Jewish Interest Groups - Their Role in Shaping United States Foreign Policy in the Middle East. A Study of Two Time Periods: 1945-1948, 1955-1958, Phil. Diss., University of Pennsylvania 1973, S. 125-128. Detaillierte Positionsvergleiche des ACJ mit zionistischen Organisationen bei Edmund R. Hanauer, An Analysis of Conflicting Jewish Positions Regarding the Nature and Political Role of American Jews, with Particular Emphasis on Political Zionism, Phil. Diss., American University, Washington, 1972, vor allem S. 276-328 und S. 402-432.

[71] "The Principles of the American Council for Judaism and Several Problems Created by a Confusion of Judaism with the Nationalism of a Foreign State", 8.4.1953. DDEL: DDE Records, White House Central Files, Official File, Box 736, 144-B-3 Jewish Matters (1).

wegen der geringen Bedeutung des ACJ innerhalb der jüdischen Öffentlichkeit den Kontakt nicht förderte, entwickelte sich auf der Leitungsebene des State Department eine stärkere Beachtung. Außenminister Dulles nahm Rosenwalds Memorandum wenig später mit auf seine Nahostreise, und sein Bericht darüber vom 1. Juni 1953 enthielt auffallend viele Ähnlichkeiten nicht nur in den politischen Gedanken, sondern auch im Vokabular. Doch vor allem entwickelte Elmer Berger eine persönliche Freundschaft zum NEA-Staatssekretär Henry Byroade und wurde praktisch einer seiner Berater, bis Byroade im Januar 1955 Botschafter in Ägypten wurde und damit der ACJ seines einzigen Kanals ins State Department beraubt wurde.[72]

Etwa zur gleichen Zeit wie Rosenwalds Memorandum erregte Anfang April 1953 ein Reisebericht des Amerikaners Lowell Wadmond die Aufmerksamkeit Präsident Eisenhowers, der diesen weitaus mehr beschäftigte als der ACJ. Wadmond, der geschäftlich im Libanon, in Syrien und Jordanien unterwegs war und offenbar über hervorragende Informanten verfügte, hatte anschließend seine Beobachtungen und Empfehlungen dem State Department mitgeteilt - wo er ebenfalls hervorragende Kontakte hatte -, um Außenminister Dulles vor dessen längerer Nahostreise im Mai 1953 zu "präparieren". Eisenhower sah in Wadmonds Schlußfolgerungen seinen eigenen auf Neutralität basierenden politischen Denkansatz bestätigt, den er nach einem Besuch des saudischen Außenministers kurz zuvor auch öffentlich geäußert hatte,[73] so daß er Dulles

---

[72] Berger spielte auch eine wichtige Rolle bei der Abfassung der beiden Reden Byroades vom 9.4. (Dayton-Rede) und 1.5.1954, die die amerikanischen Zionisten schockierten und Anlaß für heftigsten Protest waren. Vgl. zum Verhältnis Berger-Byroade: Kolsky, a.a.O., S. 476ff. Nach Byroades Versetzung nach Kairo fanden Bergers Gedanken keinerlei weitere Beachtung. Im Herbst 1955 versuchte Berger vergeblich, mit der Veröffentlichung von Privatbriefen von einer Nahostreise im Frühjahr desselben Jahres öffentliche und politische Aufmerksamkeit zu erzielen, was jedoch mißlang. Vgl. Elmer Berger, Who Knows Better Must Say So! Letters of an American Jew, New York 1955.
[73] "Statement Following Discussions With Prince Faisal", Foreign Minister of Saudi Arabia, 2.3.1953. PPPUS 1953, S. 73f.

anwies, das Dokument innerhalb der Administration zirkulieren und jedem Kabinettsmitglied zur Kenntnis bringen zu lassen.[74]

Wadmonds Denkschrift sah in der hohen Wertschätzung, die Präsident Eisenhower in der arabischen Welt genoß, eine gute Gelegenheit für die USA, durch entsprechende positive Signale an die arabischen Staaten den westlichen Einfluß im Nahen Osten zu konsolidieren und damit sowjetischen Penetrationsversuchen vor allem in Syrien und bei den palästinensischen Flüchtlingen zu begegnen. Wadmond, der jede Empfehlung mit eigenen Erlebnissen und Erfahrungen begründen konnte, legte dem State Department nahe, auf eine Beendigung des arabisch-israelischen Konflikts und des palästinensischen Flüchtlingsproblems hinzuwirken. Beides würde sich langfristig auch positiv für Israel auswirken. Vor allem sollte Washington deutlich machen, daß es die Souveränität jedes einzelnen arabischen Staates respektiere und nicht entschlossen sei, *"to support and increase the State of Israel at the expense of its neighbors."*[75]

Wadmonds Beobachtungen fanden Eisenhowers Zustimmung und bestärkten den Präsidenten, seinen Kurs der kooperativen Neutralität im Nahen Osten weiterzuverfolgen. Außenminister Dulles wurde instruiert, entsprechend unvoreingenommen seine schon länger geplante "Fact-finding-mission" im Mai in den Nahen Osten anzutreten.[76] Dazu paßte es durchaus, daß sich Eisenhower um

---

[74] Memorandum DDEs an JFD, 9.4.1953. Dulles Papers, WH Memoranda Series, Box 1, WH Correspondence 1953 (4).
[75] Excerpts of Memorandum re Current Conditions in the Middle Est, 31.3.1953. DDEL: DDE Records, White House Central Files, Official File, Box 589, 116-R Middle East (1).
[76] Bereits am 17. Dezember 1952 hatte das NEA (John D. Jernegan) in einem Memorandum an den amtierenden Außenminister Dean Acheson darauf aufmerksam gemacht, daß der designierte Außenminister Dulles bei der Planung seiner ersten Reisen unbedingt den Nahen und Mittleren Osten berücksichtigen müsse, da sich in dieser Region die größten Probleme für die neue Administration anzubahnen schienen. Im Januar und Februar 1953 wurde dann ein konkreter Zeit- und Besuchsplan für die Gespräche mit den Regierungen der Region ausgearbeitet. Schließlich besuchte Dulles vom 9. bis 29. Mai 1953 nacheinander Kairo, Tel Aviv, Jerusalem, Amman, Damaskus, Beirut, Bagdad, Riad, New Delhi, Karachi, Ankara, Istanbul, Athen und Tripolis. Vgl. FRUS 1952-1954, Vol. IX, The Near and Middle East (in two parts), Part 1, S. 1-3. Die Gesprächsprotokolle stehen ebenda auf den Seiten 3-166.

einen sehr freundlichen Tonfall gegenüber Israel bemühte, implizierte doch seine Politik eine Offenheit gegenüber beiden Konfliktparteien.[77] Gegenüber dem neuen Präsidenten der Anti-Defamation League of B'nai B'rith ("Söhne des Bundes"), Philip M. Klutznick, unterstrich Eisenhower in einem Gespräch im selben Monat seine Entschlossenheit, diese Neutralität gegenüber beiden Seiten nicht aus innenpolitischem Druck heraus aufzugeben. Eisenhower ging sogar so weit zu sagen, es wäre zweifelhaft gewesen, daß die USA Israel derart vorbehaltlos unterstützt hätten, wäre er schon 1948 Präsident gewesen.[78]

Dulles wiederholte bei seinen Gesprächen den amerikanischen Standpunkt der Neutralität im Nahen Osten. Gegenüber seinem ägyptischen Amtskollegen Mahmoud Fawzi versicherte er, Washington wolle eine Politik eines *"enlightened self-interest of the US as a whole"* betreiben. Und er fügte hinzu: *"I do not mean self-interest of particular groups of Americans"*, womit unschwer die amerikanischen Juden gemeint waren.[79] Gleiches vermittelte Dulles auch drei Tage später Ben Gurion in Tel Aviv.[80]

Nach seiner Rückkehr aus der Region erstattete Außenminister Dulles dem Nationalen Sicherheitsrat am 1. Juni 1953 Bericht. Israels Lage beschrieb Dulles dabei als wirtschaflich und finanziell schwierig. Der arabische Boykott belaste das Land sehr. Gleichwohl zeigte er sich vom israelischen Friedenswillen überzeugt, auch wenn Israel dabei auf separaten Friedensverhandlungen mit seinen Nachbarstaaten bestehe. Keine Illusionen machte sich Dulles über die militärische Stärke Israels: Diese sei größer als die kombinierte Streitmacht aller arabischen Staaten. Deswegen sprach sich Dulles dafür aus, die 1950 von der Truman-

---

[77] In seiner Grußadresse zum fünften Jahrestag der israelischen Staatsgründung am 8. Mai 1953 schrieb Eisenhower an Israels Präsidenten Yitzhak Ben-Zvi: "I am likewise confident that the feeling of friendship and good will which has so happily existed between our two governments since the formation of the State of Israel more than five years ago will continue at full tide in the future." DDEL: Ann Whitman File, International Series, Box 29, Israel (6).
[78] Zitiert nach Spiegel, a.a.O., S. 54. Der Autor bezieht sich hier auf ein persönliches Interview mit Klutznick.
[79] "Memorandum of Conversation", 11.5.1953. FRUS 1952-1954, Vol. , The Near and Middle East (in two parts), Part 1, S. 7.
[80] "Memorandum of Conversation", 14.5.1953. FRUS, ebenda, S. 39.

Administration unterzeichnete Tripartite Declaration, deren Signatarmächte die USA, Großbritannien und Frankreich waren und mit der die militärischen Lieferungen in den Nahen Osten kontrolliert werden sollten, zu bestätigen und zu bekräftigen.[81] Israelis wie Araber waren nach Dulles' Einschätzung offenbar gleichermaßen besorgt über die künftige amerikanische Politik und müßten nun entsprechend beruhigt werden.

Eisenhower stimmte Dulles zu und war gewillt, an seiner Linie festzuhalten. Das Sitzungsprotokoll hielt fest, der Präsident *"declared his determination not to take sides between the Israelis and the Arabs."*[82] In einer Rundfunk- und Fernsehrede am gleichen Abend lobte Dulles öffentlich das pionierhafte Engagement der israelischen Bürger bei der Entwicklung ihres Landes, sprach aber auch den ungeklärten Status von Jerusalem und vor allem das Schicksal der 800.000 palästinensischen Flüchtlinge an. Wörtlich:

"Some of these refugees could be settled in the area presently controlled by Israel. Most, however, could more readily be integrated into the lives of the neighboring Arab communities. This, however, awaits on irrigation projects, which would permit more soil to be cultivated."[83] (Herv. d. Verf.)

---

[81] Der Text dieser Drei-Mächte-Erklärung ist abgedruckt in: The Dynamics of World Power. A Documentary History of United States Foreign Policy 1945-1973 (ed. by Arthur M. Schlesinger, Jr.), Vol. V, New York 1973, S. 390. Die Quintessenz der Tripartite Declaration war die Garantie des Status quo. Angesichts der Tatsache, daß die Unvereinbarkeit der israelischen und arabischen Positionen einen baldigen Friedensschluß nicht zuließen, wollten die Westmächte wenigstens den Nahen Osten unter westlichem Einfluß erhalten wissen. Daher erklärten sie in der Tripartite Declaration, bei einem Versuch, die Waffenstillstandslinien zu verändern, militärisch einzugreifen. Vgl. Michael B. Oren, Origins of the Second Arab-Israel War. Egypt, Israel and the Great Powers 1952-56, London 1992, S. 21.

[82] DDEL: Ann Whitman File, NSC Series, Box 4, 147th Meeting of NSC June 1, 1953.

[83] Dulles' Ansprache ist vollständig abgedruckt in: The New York Times, 2.6.1953.

Dulles' Nahostreise hatte allerdings ein innenpolitisches Nachspiel, das das schwierige Verhältnis zwischen der Regierung und den amerikanischen Juden verdeutlichte. Anlaß war ein Artikel im Nachrichtenmagazin "Time", in dem über ein Gespräch Dulles' mit dem libanesischen Ministerpräsidenten folgendes zu lesen war:

> "*Dulles delighted Premier Saeb Salaam of Lebanon, at his fifth stop, by his candor. Stoutly denying that U.S. Middle East policy is Zionist-dictated, Dulles said that the Jews as a whole had voted against him in the 1949 New York senatorial race (which he lost) and generally against Ike in 1952. Said Dulles: the U.S. wants to recapture the Arab world's friendship. Said the Premier: 'You must show us acts, not words.'"*[84]

Der Bericht insinuierte, daß Dulles deswegen die Annäherung mit den Arabern suchte, weil die amerikanischen Juden bei Wahlen in der Vergangenheit (genauer: den Senatswahlen in New York 1949, den einzigen Wahlen, die Dulles jemals um ein öffentliches Amt bestritt) gegen ihn und Eisenhower gestimmt hätten. Mithin sei die Annäherung an die arabischen Staaten dafür die "Strafe". Woher "Time" an seine Informationen gelangt war, blieb ungewiß.[85] Es ist jedoch nicht auszuschließen, daß der Korrespondent seinen Informanten in einer anderen nahöstlichen Hauptstadt hatte und aus einem ganz anderen Gespräch zitierte. Denn eine Überprüfung sämtlicher Gesprächsprotokolle Dulles' während dieser Reise führt zu dem verblüffenden Ergebnis, daß Dulles eine nahezu identische Unterhaltung nicht mit Libanons Premierminister Saeb Bey Salaam, sondern mit Israels Premierminister Ben Gurion geführt hatte. Diese das amerikanisch-israelische Verhältnis klärenden Äußerungen kamen dem kolportierten "Time"-Zitat erstaunlich nahe. Wörtlich heißt es im Memorandum:

---

[84] Time Magazine, 25.5.1953, S.29.
[85] Isaac Alteras will nicht darüber spekulieren, ob JFD diese Äußerungen machte oder nicht. Vgl. Isaac Alteras, Eisenhower and Israel. U.S.-Israeli Relations, 1953-1960, Gainesville (Florida) 1993, S. 72f.

"[Dulles] Explained that Arabs feel Roosevelt and Truman administration so subject to Jewish influence that Arab viewpoint ignored. Decisions often taken under pressure United States Jewish groups which felt they had right exercise influence because of contributions to election victory. New administration, Secretary pointed out, was elected by overwhelming vote of American people as whole and neither owes that type of political debt to any segment nor believes in building power by cultivating particular segments of populations."[86]

In der Substanz enthielten beide Äußerungen die gleiche Positionsbeschreibung der amerikanischen Regierung: Es sollte keine amerikanische Politik betrieben werden, die aufgrund eines wahlarithmetischen Faktors der amerikanischen Juden ausschließlich die Interessen Israels berücksichtigte. Der Unterschied in beiden Aussagen lag darin, daß das "Time"-Zitat gegenüber einem arabischen Regierungschef gemacht wurde und retrospektiv nicht zu belegen ist, während die einzig nachprüfbare Äußerung gegenüber dem israelischen Regierungschef gemacht wurde - und von den amerikanischen Diplomaten im Gesprächsprotokoll festgehalten wurde. Dulles wollte seine Ausführungen nicht veröffentlicht sehen, und so liegt die Vermutung nahe, die Israelis könnten anschließend aus Unzufriedenheit über die amerikanische Haltung dem Nachrichtenmagazin Einzelheiten des Gesprächs zugespielt haben. Daß "Time" daraus dann eine Bemerkung Dulles' gegenüber einem arabischen Politiker machte und den Außenminister damit in innenpolitische Schwierigkeiten bringen konnte, dürfte der Zweck dieses israelischen Manövers gewesen sein.

Dies ist freilich retrospektiv mit den Mitteln der Historiographie vier Jahrzehnte später kaum mehr zu verifizieren. Was diese Annahme dennoch nährt, ist die Tatsache, daß die Ereignisse sich nach Dulles Rückkehr nach Washington tatsächlich so entwickelten. Der Time-Artikel verursachte wochenlang einen Sturm

---

[86] "Memorandum of conversation", 14.5.1953. FRUS 1952-1954, Vol. IX, The Near and Middle East (in two parts), Part 1, S. 39.

der Entrüstung innerhalb der jüdischen Gemeinde in den USA, die dem Minister anti-jüdisches Verhalten vorwarf, und führte zu zahlreichen Protestschreiben an das Außenministerium. Selbst der Administration durchaus freundliche jüdische Funktionäre wie der Präsident der Anti-Defamation League of B'nai B'rith, Philip M. Klutznick aus Chicago, berichteten verstört von der Reaktion in ihren Organisationen.

Klutznick wandte sich mit einem Brief an den Sekretär des Kabinetts im Weißen Haus, Maxwell Rabb - der selbst jüdischen Glaubens war und zunehmend eine Scharnierfunktion zwischen der Administration und den jüdischen Vertretern ausfüllte[87] -, mit der Bitte, diesen Brief auf dem kleinen Dienstweg an Dulles weiterzuleiten. Zwar ließ Klutznick darin durchblicken, daß er selbst intern bereits abgewiegelt und eine schärfere offizielle Reaktion von B'nai B'rith verhindert hätte, doch riet er dringend zu einer öffentlichen Klarstellung des Ministers, die es Klutznick erleichtern würde, für die Regierung zu argumentieren. Andernfalls sei eine hitzige Kontroverse in der Öffentlichkeit nicht zu vermeiden.[88]

Zwar reagierte Dulles wenige Tage später mit einem Brief an Klutznick, lehnte die erbetene Interpretation jedoch kühl ab. Stattdessen verwies er auf seine jüngsten Äußerungen im Zusammenhang mit seiner Nahostreise sowie auf alle früheren außenpolitischen Stellungnahmen von ihm zu diesem Thema: *"I believe that such a public record should be accorded more weight than a report of*

---

[87] Kabinettsekretaär Maxwell Rabb war bis zu seinem Ausscheiden aus dem Weißen Haus 1958 vom Präsidenten ernannter Minderheiten-Beauftragter. Im Urteil seines Kollegen Fred Morrow, des einzigen Farbigen unter den hohen Beamten des Weißen Hauses, war Rabb "perhaps the only one in the White House staff who showed deep personal concern about the plight of the Negro and other minorities in the country." Zitiert nach: Herbert S. Parmet, Eisenhower and the American Crusades, a.a.O., S. 523.

[88] Klutznick schrieb u.a.: "May I suggest that if we can secure from the Secretary of State (...) an expression on this subject, it would enable us to more intelligently handle this situation. Frankly, I am genuinely disturbed by the number of calls and contacts I have already received. Unless something can be done to correct the impression that this has generated, we have the makings of a heated and protracted debate which will be harmful to all involved." Klutznick an Rabb, 28.5.1953. DDEL: Dulles Papers, JFD Chronological Series, Box 3, John Foster Dulles Chronological, June 1, 1953 (8).

an alleged conversation at which no correspondent was present."[89] Einen Tag später gingen ähnlich lautende Antworten an zahlreiche weitere Persönlichkeiten.[90] Doch in der Öffentlichkeit war die Angelegenheit noch nicht beendet. Der demokratische Senator (und spätere Vize-Präsidentschaftskandidat) Estes Kefauver aus Kentucky forderte die Regierung auf, deutlich auf der Seite Israels im Nahostkonflikt zu vermitteln. Offenbar, so Kefauver mit deutlichem Blick auf Dulles' Fernsehansprache vom 1. Juni, seien *"some people in the United States today"* dabei, die arabische Seite zu bevorzugen.[91] Auch die Zeitungen der Ostküste kritisierten nun Dulles' Rede und beriefen sich dabei auf Kritik aus Israel und von Israels Botschafter Abba Eban,[92] die sich vor allem auf Dulles Formulierung vom *"territory presently controlled by Israel"* bezog, und nun fragten, ob die amerikanische Administration auf eine Änderung der Grenzsituation hinarbeite. Tatsächlich hatte Eban jedoch bei einem Gespräch mit NEA-Staatssekretär Byroade versucht, Mißverständnisse zwischen beiden Regierungen auszuräumen[93] und die New Yorker Israel-Lobbyisten von weiteren Angriffen gegen Dulles abgehalten.[94]

---

[89] Brief JFDs an Klutznick, 5.6.1953. Dulles Papers, JFD Chronological Series, Box 3, Chronological - John Foster Dulles, June 1, 1953 (8).
[90] Darunter Henry S. Moyer, Vizepräident des ACJ, Abraham T. Alper, Präsident der Neuengland-Sektion des American Jewish Congress, Irving Kirschenbaum, Präsident der Organisation "The Assembly", New York, und an den New Yorker Industriellen M. M. Leichter. Alle Briefe sind vom 6.6.1953. DDEL: Dulles Papers, JFD Chronological Series, Box 3, Chronological - John Foster Dulles, June 1, 1953 (2).
[91] The New York Times, 3.6.1953.
[92] "Israel Asks Dulles To Clarify Report", The New York Times, 10.6.1953. "Israel Is Cautious On Dulles' Remarks", The New York Times, 11.6.1953.
[93] In diesem Gespräch, das am 9. Juni 1953 im Washingtoner Außenministerium stattfand, erklärte Byroade, daß "[the] use of the expression 'territory now under Israel control' was an accident of drafting and had no hidden significance." Memorandum of Conversation, 9.6.1953. FRUS 1952-1954, Vol. IX, The Near and Middle East (in two parts), Part 1, S. 1235.
[94] Dies geht aus einem Telefonat Byroades mit Dulles vom 10.6.1953 hervor, in dem ersterer Eban gegen mißverständliche Zitate in der Presse in Schutz nahm. DDEL: Dulles Papers, Telephone Conversations Series - General -, Box 1, Telephone Memoranda May-June 1953 (2).

Der latente Vorwurf jedoch, Dulles sei prinzipiell anti-jüdisch eingestellt, war noch nicht verschwunden. Innerhalb der Republikanischen Partei versuchten nun die pro-israelischen Mandatsträger, etwa Senator Javits[95] und Gouverneur Dewey, das Thema durch eine publizistische Offensive und Gegen-Artikel in den Griff zu bekommen und den Vorwurf auszuräumen.[96] Am 29. Juni 1953 kam es schließlich zu einem Treffen bei Außenminister Dulles, an dem außerdem noch Justizminister Herbert Brownell, jr. und Bernard Katzen teilnahmen. Katzen war Wahlkampfmanager und Berater des Republican National Committee (RNC) und entstammte zudem dem politischen Dunstkreis des New Yorker Parteiapparats um Dewey. Die Hinzuziehung Katzens, den Dulles aus seiner New Yorker Zeit gut kannte,[97] war wohlüberlegt. Denn Katzen, selbst jüdischen Glaubens, war auch Mitglied des Israel Bond Drive, einer Organisation, die durch die Zeichnung von Israel-Anleihen und -Obligationen private Unterstützung für Israel sammelte. Die Runde beschloß, aus Gründen der Glaubwürdigkeit eben Katzen noch am gleichen Tag eine Erklärung veröffentlichen zu lassen, die Dulles vom anti-jüdischen Verdacht endgültig lossprechen sollte.

In Katzens Erklärung präsentierte sich dieser als *"old friend and admirer of the Secretary of State"*, der sich glücklich schätze, die gegen den Minister gerichteten Anwürfe widerlegen zu können. Die inkriminierte Äußerung aus dem "Time"-Artikel habe dieser nicht gemacht, stattdessen habe sich *"Mr. Dulles's traditional friendship towards Israel"* und sein Interesse an Bemühungen, einen gerechten und stabilen Frieden zwischen Israel und seinen arabischen

---

[95] Javits verteidigte in einer Rede vor dem United Jewish Appeal of Greater New York am 11.6.1953 die Regierung und forderte die amerikanischen uden im Gegenzug auf, die Nahostpolitik der Eisenhower-Administration zu unterstützen. SUNY: Jacob K. Javits Collection, Series 1, Subseries 1, Box 6, Middle East, June 12, 1953.
[96] Dewey hat diesen Vorschlag gegenüber Dulles gemacht, worüber Dulles am 17.6.1953 seinem Referenten McCardle berichtete. DDEL: Dulles Papers, Telephone Conversations Series - General -, Box 1, Telephone Memoranda May-June 1953 (1).
[97] JFD hatte die renommierte New Yorker Anwaltskanzlei Cromwell & Sullivan geführt, die zahlreiche jüdische Sozietätspartner und Mandanten hatte. Über seine Zeit als Anwalt vgl. Pruessen, John Foster Dulles. The Road to Power, a.a.O., S. 58-75 und S. 106-132.

Nachbarn zu erreichen, verstärkt. *"Unfriendly interests"* würden hingegen die Integrität des Ministers beschädigen wollen, indem sie ihm spezifische Interessen für die jeweils andere Seite des Nahostkonflikts nachsagten. Jedoch: *"I know that Mr. Dulles is neither pro-Israel nor pro-Arab but pro-American."*[98]

Über die Reaktion auf diese Stellungnahme war man anschließend erleichtert, wie aus einem Brief Justizminister Brownells an den RNC-Vorsitzenden Leonard Hall vom 3. Juli 1953 hervorgeht. Brownell berichtete von positiven Kommentaren in der jüdischen Presse. Allein die beiden größten New Yorker hebräisch-sprachigen Tageszeitungen mit einer Auflage von zusammen über 250.000 Exemplaren hätten der Erklärung Katzens breiten Raum gewidmt, und auch die anglo-jüdischen Publikationen seien auf das Thema eingegangen.[99] Angesichts dieses positiven Widerhalls regte Brownell *"special activities groups"* innerhalb der Partei an, die mit Blick auf die wahlarithmetische Bedeutung die jüdische Szene verstärkt beobachten sollten, denn:

"Kindred problems invariably present themselves between elections and unless someone versed in the nuances and the impact of these problems devotes himself to their solution, there is a danger of alienating an undetermined number of voters."[100]

Damit deutete Brownell eine "informelle" Strategie an, die innerhalb der Administration oder der Partei verfolgt werden sollte: Die Aktivität der Israel-

---

[98] "Statement by Bernard Katzen following conference with Secretary of State John Foster Dulles on Monday, June 29, 1953". DDEL: Dulles Papers, General Correspondence and Memoranda Series, Box 2, Strictly Confidential - I-K (2).
[99] Eine Übersicht über die jüdische Presselandschaft, die entweder in englisch oder jiddisch publizierte, geben die entsprechenden Statistiken des American Jewish Year Book (AJYB). Am Ende der Eisenhower-Ära gab es in den USA in 29 Bundesstaaten drei jüdische Nachrichtenagenturen und 226 jüdische Zeitungen, davon allein 135 in New York City. Vgl. AJYB 1961, S. 429-435; vgl. zum Einfluß der Wochenpresse auch Harold Eidlin, The English-Jewish Weekly Press as a Communicator for American Jewry, unveröffentlichte M.A.-Arbeit, American University, Washington 1964.
[100] Brief Brownells an Hall, 3.7.1953. DDEL: Brownell Papers, General Correspondence 1953-57 (6), Box 43, Kap (2).

Lobbyisten sollte beobachtet und derart kanalisiert werden, daß die Regierung andererseits freie Hand bei der Entwicklung und Ausführung ihrer ausgewogeneren Nahostpolitik haben konnte. Eine Aufgabe, mit der schließlich Bernard Katzen betraut wurde.

Die Nahostpolitik wurde in der Resolution NSC 155/1 im Sommer 1953 endgültig institutionalisiert. Der Nationale Sicherheitsrat beschloß in seiner Sitzung vom 9. Juli die künftigen Leitlinien, die das State Department nach Dulles' Nahostreise noch einmal geringfügig modifiziert hatte. NSC 155/1 war von dem Wunsch getragen, vor allem den Arabern zu demonstrieren, daß die USA eine von Großbritannien und Frankreich einerseits und von Israel andererseits unabhängige Politik zu gestalten in der Lage war. Strategisches Ziel dieser Politik war es, den Nahen Osten im Einflußbereich des Westens zu halten und nicht - in der Sprache des Kalten Krieges - an den Kommunismus zu verlieren, weiterhin freien Zugang zu den Rohstoffreserven zu haben und auf eine Friedenslösung zwischen Arabern und Israelis hinzuarbeiten. Zu den eher taktischen Prärogativen zählten der Verzicht auf Pläne zum Aufbau einer Middle East Defense Organization (MEDO) unter amerikanischer Führung,[101] die Priorität, die künftig den Staaten des Northern Tier - von der Türkei bis Pakistan - an Stelle Ägyptens bei der strategischen Verteidigungsplanung eingeräumt wurde sowie ein gemeinsamer anglo-amerikanischer Standpunkt bei den britischen Verhandlungen mit Ägypten über den Status des Suez-Kanals.

Sorge im Zusammenhang mit Israel bereitete dem NSC die sich verschlechternde Wirtschafts- und Finanzsituation dieses Landes. Die Diskussion spiegelte ein Unbehagen darüber wider, ob die angestrebte Position der konstruktiven Neutralität der US-Regierung sich angesichts der realen Probleme und der höchst ungewissen Zukunft tatsächlich würde halten lassen. Zwar sei, so Außenminister Dulles, Washington bereits gezwungen gewesen, mit einem Sieben-

---

[101] Zur Vorgeschichte bis zum Scheitern von MEC/MEDO vgl. Peter L. Hahn, Containment and Egyptian Nationalism. The Unsuccessful Effort to Establish the Middle East Command, 1950-53, in: The Journal of Diplomatic History, 1/1987, S. 23-40.

Millionen-Dollar-Darlehen den finanziellen Bankrott Israels zu verhindern, doch müsse die Regierung damit rechnen, *"that the Israelis would be back presently with a request for $ 100 million to stave off impending bankruptcy."* Eine Ansicht, die von Vizepräsident Richard Nixon, der sich bisher wenig um Nahostpolitik gekümmmert hatte, geteilt wurde. Zudem befürchtete Nixon, die Regierung könne wie schon in der Vergangenheit unter sehr schweren politischen Druck geraten *"to subsidize an Israeli economy which would never balance itself."* Nixon orakelte eine Entwicklung, die Israel künftig regelmäßig als Bittsteller nach Washington kommen lassen werde, ohne daß sich seine wirtschaftliche Situation stabilisieren oder gar bessern werde.

Doch Eisenhower, der wie kaum ein anderer Präsident ein Mann von Prinzipien war,[102] war nicht gewillt, dies zuzulassen. Israel werde so behandelt wie jeder andere Staat auch und nicht bevorzugt, griff der Präsident in die Diskussion ein. Er berichtete dann von einem Gespräch mit Rabbi Silver vom Vortag (8. Juli),[103] in dem er diesem *"quite frankly"* deutlich gemacht habe, *"that under no circumstances would the United States favor the Israelis above the Arabs or vice versa. The whole objective of our policy [...] was to try to induce these enemies to get along with each other."* Im übrigen, so Eisenhower, habe Silver dem zugestimmt. Außenminister Dulles wies daraufhin auf Israels Absicht hin, weitere zwei Millionen Juden im Land aufnehmen zu wollen, was jede Hoffnung auf wirtschaftliche Stabilität schwinden lasse. Wenn die Regierung ihre Unterstützung Israels so fortsetze wie bisher, würde Israel ebenfalls mit seiner

---

[102] Vgl. Kenneth W. Thompson, The Strengths and Weaknesses of Eisenhower's Leadership, in: Richard A. Melanson/David Mayers (Eds.), Reevaluating Eisenhower. American Foreign Policy in the 1950s, Urbana (Illinois)/Chicago 1987, S. 16f.

[103] Aufzeichnungen über dieses Treffen existieren nicht, weder in den Akten der Eisenhower Library, noch in den Silver Papers. Dort findet sich lediglich ein Telegramm des Terminsekretärs des Weißen Hauses, Thomas Stephens, in dem dieser Silver den Termin am 8.7.1953 bestätigt. (WRHS: Silver Papers, A Corr 6-1-60, Dwight D. Eisenhower 1952-53.) Belegt werden kann also nur das Ereignis, nicht der Inhalt, eine Tatsache, die bei der Korrespondenz und den persönlichen Kontakten des Präsidenten mit Silver häufiger festzustellen ist. Möglicherweise existierte eine Vereinbarung, kein Gespräch aufzuzeichnen.

Bevölkerungspolitik weitermachen. Eine soziale und wirtschaftliche Explosion in diesem kleinen Land sei dann zu erwarten. Und genau diese Aussicht würde die arabischen Nachbarstaaten zutiefst beunruhigen. *"If (...) we could"*, räsonierte Dulles, *"somehow get the Israelis to put an end to their ambitious immigration program, this would do more than anything else to ease tension between Israel and the Arab states."* Man habe Israels Vertretern bereits klargemacht, daß es für seine ehrgeizigen Einwanderungspläne kein Geld aus Washington erwarten könne.[104]

Der Nationale Sicherheitsrat beschloß somit einstimmig, daß Israel keine bevorzugte Behandlung erfahren sollte, auch wenn, wie ein Zusatzdokument zu NSC 155/1 ausführte, das Existenzrecht Israels nicht angezweifelt wurde. Jeder Versuch, die Uhr zurückzudrehen, sei *"unrealistic, politically impracticable, and morally dubious"*.[105]

Die Resolution NSC 155/1 wurde am 9. Juli 1953 vom Nationalen Sicherheitsrat verabschiedet. Am 11. Juli erteilte Präsident Eisenhower seine endgültige Zustimmung und wies alle betreffenden exekutiven Dienststellen an, NSC 155/1, koordiniert vom State Department, in die politisch-administrative Praxis umzusetzen. Der offizielle Text der Resolution wurde unter dem Datum vom 15. Juli zu den Akten gegeben. Damit waren alle technischen Schritte zur Implementierung von Eisenhowers Nahostpolitik abgeschlossen.[106]

---

[104] "Memorandum of Discussion at the 153rd Meeting of the National Security Council", 9.7.1953. FRUS 1952-1954, Vol. IX (in two parts), Part 1, S. 394-398.
[105] Bei diesem Zusatzdokument handelt es sich um eine umfangreiche Studie, die nicht in der FRUS-Sammlung veröffentlicht ist und die ausführlicher als NSC 155/1 auf technische Detailfragen einging. Als größte Probleme bei der Umsetzung der politischen Vorgaben wurden die Zukunft der 850.000 palästinensischen Flüchtlinge, die weitere Einwanderung nach Israel, die weiterhin offene Grenzfrage sowie die Zukunft Jerusalems angesehen. "NSC Staff Study on United States Objectives and Policies With Respect to the Near East", 14.7.1953. DDEL: White House Office, Office of the Special Assistant for National Security Affairs: Records, 1952-61, NSC Series, Policy Papers Subseries, Box 5, NSC 155/1 - Near East (2).
[106] "United States Objectives and Policies With Respect to the Near East" (NSC 155/1), 14.6.1953. FRUS: 1952-1954, Vol. IX (in two parts), Part 1, S. 399-406.

Innerhalb eines halben Jahres hatte die Eisenhower-Administration bei der Behandlung Israels einen deutlichen Kontrast zur Regierung Trumans gebildet. Finanzielle Unterstützung Israels sollte künftig an Bedingungen geknüpft sein, die zur Deeskalation des israelisch-arabischen Konflikts beitrugen und zur Unterstützung der arabischen Staaten in einem ausgewogeneren Verhältnis standen. Die US-Regierung negierte jegliche "besondere Beziehung" der Vereinigten Staaten zu Israel, ging nicht auf die Interessen der amerikanischen Zionisten ein und vermied zudem jede öffentliche Sympathiekundgebung für den jüdischen Staat. Im Gegenteil scheute sie sich nicht, Kritik am Verhalten der israelischen Politik zu üben, wo sie dies als notwendig erachtete.[107]

In diesem ersten halben Jahr der Ära Eisenhower war auch den amerikanischen Juden die klimatische Veränderung im Verhältnis ihrer Regierung zu Israel nicht verborgen geblieben. Unter vielen amerikanischen Juden herrschten Enttäuschung und Beunruhigung, Empfindungen, wie sie eine Denkschrift illustrierte, die der New Yorker Anwalt, Vorstandsmitglied des American Jewish Congress und Vorsitzender des Human Rights Committee der National Conference of Christians and Jews, James N. Rosenberg, am 6. Oktober 1953 C.D. Jackson zur Kenntnis brachte. Jackson, Exekutivdirektor von Time Inc., hatte schon während des Krieges als Stratege für psychologische Kriegsführung der alliierten Streitkräfte in der engsten Umgebung Eisenhowers gearbeitet und war in den fünfziger Jahren einer der einflußreichsten Präsidentenberater außerhalb der Administration. Das Papier, das ihm von Rosenberg zugeleitet wurde, bilanzierte die Stellungnahmen und jüngste politische Maßnahmen der Eisenhower-

---

[107] So etwa die Weigerung Washingtons nach der Ankündigung der israelischen Regierung vom 10. Juli 1953, das Außenministerium von Tel Aviv nach Jerusalem zu verlegen, die amerikanische Botschaft ebenfalls umziehen zu lassen. Dies sei, so eine Presseerklärung des State Department, "inconsistent with the United Nations Resolutions dealing with the international nature of Jerusalem". "Department of State Press Release", 11.7.1953. FRUS, ebenda, S. 1254. Die Kritik wurde zwei Wochen später wiederholt. "Department of State Press Release", 28.7.1953. FRUS, ebenda, S. 1263f. Zur US-Haltung zur Jerusalem-Frage während der DDE-Administration vgl. ausführlich Yossi Feintuch, U.S. Policy on Jerusalem, New York/London 1987, S. 109-117

Administration als generelle Trübung des amerikanisch-israelischen Verhältnisses und beklagte das Fehlen von Sympathiekundgebungen für Israel in öffentlichen Erklärungen des Präsidenten.[108]

Doch wichtiger als der Inhalt dieses Memorandums war die Tatsache, daß Rosenberg es unter Umgehung des State Departments über Jackson direkt dem Weißen Haus zuleiten wollte, also über einen der Administration nicht angehörenden Berater. Jackson, dem Rosenberg den Autor nicht mitteilen wollte, stimmte den Bemerkungen der Denkschrift nicht zu. Es ist nicht bekannt, ob er Eisenhower von dem Papier überhaupt unterrichtete.[109] Die amerikanischen Juden mußten erneut erkennen, daß ihr Lobbyismus vor den Türen des Weißen Hauses endete und daß das straff durchorganisierte Stabswesen der Eisenhower-Administration ihre Möglichkeiten der direkten Einflüsterung, wie sie unter Truman noch möglich war, erheblich einschränkte.

Die nach wie vor unübersichtliche Situation an Israels Grenzen und das Verhalten der israelischen Regierung belasteten im Herbst 1953 nicht nur das amerikanisch-israelische Verhältnis, sondern parallel dazu sah auch innenpolitisch das gespannte Verhältnis zwischen der Regierung Eisenhower und den amerikanischen Israel-Lobbyisten der bisher schwersten Belastungsprobe entgegen. Die Ursache dafür war das eigenmächtige Vorgehen der israelischen Regierung im Zusammenhang mit den Planungen für ein internationales Bewässerungsprojekt am Jordan, was den Blick auf ein geographisch höchst sensibles Krisengebiet fokussierte. Denn neben den Agrargesellschaften Nord-Israels, West-Syriens und Nordwest-Jordaniens, die allesamt an der Unterentwicklung der Landwirtschaft litten, lebten in diesem Areal allein auf jordanischer Seite noch etwa die Hälfte der rund 800.000 palästinensischen Flüchtlinge - versorgt nur durch die internationale Hilfe der United Nations Relief and Works Agency for Palestine (UNRWA). Eine

---

[108] So hatte Eisenhower etwa anläßlich des jüdischen Neujahrsfest am 10. September in seinem Grußwort keinerlei Bemerkung zu Israel und zur aktuellen politischen Situation gemacht. "Statement by the President on the Occasion of the Jewish New Year", September 10, 1953. PPPUS 1953, S. 585f.
[109] "Recent Developments in U.S.-Israeli Relations", 6.10.1953. DDEL: C.D. Jackson Papers, 1934-67, Box 75, Time Inc. File - Rosenberg, James.

flächendeckende Bewässerung mit dem Jordan-Wasser hätte dieses Gebiet produktiv werden lassen und möglicherweise den Flüchtlingen eine dauerhafte Perspektive auf arabischem Land geboten. Ein überaus konstruktives politisches Ziel, was die Eisenhower-Administration schon rasch nach ihrer Amtsübernahme ins Visier genommen hatte.[110]

Zwar war sich Washington bewußt, daß Araber und Israelis höchst unterschiedliche Pläne für die Nutzung des Jordan-Wassers hatten,[111] doch forderten Eisenhower und Dulles die Vereinten Nationen auf, die Führung bei der Entwicklung eines gemeinsamen Plans zu übernehmen, dem alle Länder mit Uferrechten am Flußsystem des Jordan zustimmen könnten. Jordanien hatte bereits seine Planungen für eine regionale Nutzung auf seinem Boden beendet - den 1950 begonnenen Bunger-Plan[112] - und hatte 1952/53 die US-Regierung und die UNRWA gewinnen können, Mittel für Arbeiten an einem der jordanischen Nebenflüsse des Jordan, dem Yarmuk, zur Verfügung zu stellen. Israel reklamierte daraufhin ein Mitspracherecht, da der Yarmuk als Grenzfluß zu Israel südlich des Sees Genezareth auch israelisches Territorium berühre. Das Projekt wurde

---

[110] Der Vorschlag zur Entwicklung des Jordan-Tals tauchte auf amerikanischer Seite zuletzt in Trumans Point IV-Programm auf. Die ersten technischen Analysen wurden daraufhin mit Mitteln des Point IV-Fonds, der UNRWA und Großbritanniens finanziert. "Department of State Position Paper: Jordan-Yarmuk-River Projects", 4.5.1953. FRUS: 1952-1954, Vol. IX, The Near and Middle East (in two parts), Part 1, S. 1185-1188. Insgesamt jedoch hatte es seit Beginn des Jahrhunderts immer wieder Pläne zur Entwicklung, Regulierung und Verteilung des Jordanwassers gegeben. Zwischen 1913 und 1964 wurden 21 Vorschläge bekannt, mehr als die Hälfte davon allein im Zeitraum zwischen 1950 und 1957. Keiner dieser Pläne jedoch, egal wer sie entwickelte und wie seriös, praktikabel und "gerecht" sie auch waren, ist jemals realisiert worden. Vgl. Thomas Naff, Water in the International Relations of the Middle East. Israel and the Jordan River System, in: John P. Spagnolo (Ed.), Problems of the Modern Middle East in Historical Perspective. Essays in Honor of Albert Hourani, Oxford 1992, S. 195. Vgl. ebenso Sara Reguer, Controversial Waters. Exploitation of the Jordan River, 1950-80, in: Middle Eastern Sudies, 1/1993, S. 53-90; vgl. ebenfalls Samir N. Saliba, The Jordan River Dispute, Den Haag 1968, besonders die Kapitel 5 und 6.
[111] Etwa das Israel National Water Carrier Project von 1951 vs. den jordanischen Bunger-Plan von 1952. Vgl. Naff, Water in the International Relations of the Middle East, a.a.O., S. 196.
[112] Benannt nach dem amerikanischen Ingenieur Miles E. Bunger, der für die Point IV Technical Corporation Agency in Amman arbeitete.

daraufhin gestoppt, die Mittel ausgesetzt, was die jordanische Regierung enttäuschte, doch bestand die Eisenhower-Administration auf einem Joint Venture, an dem alle beteiligten Länder kooperieren sollten. Bereits 1952 hatte sich die UNRWA mit der Bitte an die amerikanische Tennessee Valley Authority (TVA) gewandt, eine international renommierte Energieversorgungsbehörde, eine Studie auszuarbeiten, die einen realisierbaren und möglichst tragfähigen Kompromiß zwischen den Plänen der Araber und der Israelis darstellen sollte. Nun, nach der Aussetzung des jordanischen Bunger-Plans, drängten die US-Regierung und die UNWRA die TVA, einen gemeinsamen Kompromißplan vorzulegen. Während sich die TVA in Zusammenarbeit mit der Bostoner Engineering-Firma Charles T. Main, Inc. im letzten Stadium der Vorbereitung befand,[113] erfuhr die amerikanische Regierung im September 1953, daß Israel unterdessen die Arbeit an dem "Blass-Plan"[114] begonnen hatte, der Konstruktion eines Kanals (und eines Kraftwerks) vorsah, der einen Teil des Jordan-Wassers bei der B'not Yaakov-Brücke auf halber Strecke zwischen dem See Genezareth und dem nördlicher gelegenen Hula-See Richtung Westen nach Israel umleiten würde[115] - mithin an einem geographischen Punkt, der vor demjenigen lag, an dem das Jordan-Wasser mit den übrigen Anrainern geteilt werden sollte.[116]

Was in Washington jedoch Unverständnis und Verärgerung auslöste, war die Tatsache, daß Israel die Vorbereitungen und den Beginn der Arbeiten an

---

[113] Der Bericht wurde veröffentlicht: "The Unified Development of the Water Ressources of the Jordan Valley Authority, by Charles T. Main, Inc.", Boston 1953.
[114] Benannt nach dem Direktor der Tahal - Water Planning for Israel, Ltd., Simcha Blass.
[115] Telegramm JFDs an die amerikanische Botschaft in Tel Aviv vom 8.9.1953, in dem dieser auf entsprechende Meldungen seiner Botschaft antwortete. Er zeigte sich besorgt und deutete bereits eine Beeinträchtigung der amerikanischen Hilfszahlungen an Israel an. FRUS 1952-1954, Vol. IX, The Near and Middle East (in two parts), Part 1, S. 1302.
[116] Der Blass-Plan war zunächst jedoch in Israel nicht unumstritten und mußte gegen die Opposition von Finanzminister Levi Eshkol durchgesetzt werden, der neben finanziellen Gründen auch die Tatsache geltend machte, daß das Gebiet zur entmilitarisierten Zone zwischen Israel und Syrien lag. Dafür waren Agrarminister Peretz Naftali und Moshe Dayan. Vgl. Sara Reguer, a.a.O., S. 54.

dem Kanal im Geheimen betrieben und zudem den um Aufklärung bittenden Stabschef der United Nations Truce Supervision Organization (UNTSO), den dänischen Generalmajor Vagn Bennike, schlicht in die Irre geführt hatte. Bennike war aktiv geworden, da das Gebiet der Kanalkonstruktion zwar in Israel, aber in der demilitarisierten Zone lag, die nach dem durch die UNO 1949 zwischen Israel und Syrien vermittelten Waffenstillstand gebildet worden war. Diese Zone wurde von UN-Truppen kontrolliert, die der gemischten israelisch-syrischen Waffenstillstandskommission verantwortlich waren. Beide Parteien waren damals übereingekommen, alles zu unterlassen, was die militärische Balance in der Region beeinträchtigen oder die normale Aktivität der Zivilbevölkerung stören könnte. Bei entsprechenden Konflikten sollte die gemischte Waffenstillstandskommission entscheiden, die ihrerseits dem UNTSO-Stabschef Bennike verantwortlich war.[117]

Nachdem Bennike Erkundigungen über die Kanalkonstruktion eingezogen hatte, forderte er Anfang September 1953 die israelische Regierung auf, die Arbeiten am Kanal zu beenden, da sie gegen die Bestimmungen der Waffenstillstandsvereinbarung verstießen. Die unausweichliche Absenkung des Wasserspiegels des Jordan beeinträchtige die Landwirtschaft in Syrien und könne zu Unfrieden unter der Bevölkerung führen. Israel wies das Ansinnen zurück und beschleunigte stattdessen die Arbeiten am Kanal. Daraufhin brachte Syrien, unterstützt von Bennike, die Angelegenheit vor den UN-Sicherheitsrat.[118]

Die Eisenhower-Administration hatte die Vorgänge am Jordan mit wachsender Frustration beobachtet und mittlerweile eine eigene Initiative eingeleitet, um Bewegung in die festgefahrene Bewässerungs-Diskussion zu bekommen. So hatte Eisenhower am 7. Oktober den bisherigen Präsidenten der Motion Picture Association of America, Inc. und Vorsitzenden des International Development Advisory Board, Eric Johnston, zu seinem persönlichen Vertreter im Range eines Botschafters ernannt und ihn mit einer Sondermission betraut.

---

[117] Endgültige Waffenstillstandsvereinbarungen, SR 73 (1949) 11. August 1949, in: Vereinte Nationen (Hrsg.), Die VN-Resolutionen zum Nahostkonflikt I (Reihe Völkerrecht und Politik; Bd. 5), Berlin 1978, S. 88ff.
[118] Vgl. Stephen Green, Taking Sides. America's Secret Relations with a Militant Israel 1948/1967, London/Boston 1984, S. 77-79.

Johnston sollte eine Vereinbarung über ein Jordan-Projekt zwischen Israel, Jordanien, Syrien und dem Libanon erzielen sowie Verhandlungen zwischen Israel und Jordanien über die Internationalisierung Jerusalems in Gang bringen. Am 16. Oktober informierte Eisenhower die Öffentlichkeit über die Johnston-Mission.[119]

Unterdessen hatte sich die Regierung in Tel Aviv von amerikanischen Protesten wegen des Alleingangs am Jordan unbeeindruckt gezeigt. Das State Department hatte daher Israel wirtschaftliche Konsequenzen angedroht, noch bevor Generalmajor Bennike aktiv geworden war. Nach der Aktenlage setzte es Eisenhower davon aber erst einen Monat später in Kenntnis. Am 21. Oktober 1953 informierte der stellvertretende Außenminister Walter Bedell Smith den Präsidenten in einem geheimen Memorandum darüber, daß dem israelischen Botschafter erstmals[120] bereits am 18. September die Einstellung jeglicher amerikanischer Hilfe angekündigt worden war, sollte Israel nicht die Kanalkonstruktion in der demilitarisierten Zone umgehend beenden.[121] Smith hatte seinem Memorandum ein Telegramm dreier Mitglieder des Andersen-Unterausschusses des Bewilligungsausschusses des Repräsentantenhauses angefügt, in dem in scharfem Tonfall die Einstellung amerikanischer Zahlungen an Israel gefordert

---

[119] Vgl. Memorandum des State Department an US-Botschaften im Nahen Osten, 11.10.1953. FRUS 1952-1954, a.a.O., S. 1345f.; vgl. Gesprächsmemorandum JFD - Johnstons, 13.10.1953. Ebenda, S. 1348-1352; vgl. DDEs Presseerklärung zur Johnston-Mission, 16.10.1953. PPPUS 1953, S. 217f.
[120] Auch am 25. September (FRUS 1952-1954, a.a.O., S. 1320-1325.) und dann wieder am 8. Oktober 1953 (Ebenda, S. 1340-1344.) wurde Abba Eban im Außenministerium die US-Unterstützung Bennikes und der Behandlung der Vorgänge durch die UNO sowie die amerikanische Entschlossenheit zu Sanktionen klargemacht. Am 7. Oktober - neun Tage vor Kibya - hatte der amerikanische Botschafter in einem Memorandum aus Tel Aviv gemeldet, daß ihm von Außenminister Sharett die prinzipielle Bereitschaft der Israelis zum Baustop angedeutet worden war. Sharett hatte jedoch als Bedingung das Einwirken der USA auf Bennike genannt, ein Datum für den Stop zu benennen, mit dem Israel sein Gesicht wahren könne. Dies wurde von den Amerikanern jedoch als israelischer Versuch des Zeitgewinns gewertet, worauf sich JFD und Byroade nicht einließen. Memorandum von Byroade an JFD, 7.10.1953. NA: State Department Central Files, LM-60 Palestine and Israel Foreign Relations, Roll 6, Israel-United States, International Political Relations, Bilateral Treaties 611.84A-611.84A95.
[121] Memorandum Smiths an DDE, 21.10.1953. DDEL: Ann Whitman File, International Series, Box 29, Israel (6).

und vor einer Verschlechterung der Beziehungen der USA zur arabisch-islamischen Welt gewarnt wurde.[122]

Schon zwei Tage nach dem Eintreffen des Telegramms der drei Mitglieder des Repräsentantenhauses in Washington war deren Forderung erfüllt worden. Denn am 19. Oktober hatte das State Department endgültig die angedrohte Strafmaßnahme wahrgemacht und die Einstellung der Hilfszahlungen an Israel bekanntgegeben. Auslöser für die Suspendierung der Zahlungen war der israelische "Vergeltungsschlag" in der Nacht zum 15. Oktober gegen das jordanische Grenzdorf Kibya in der ebenfalls entmilitarisierten West Bank, mit dem sich die israelische Regierung endgültig in die internationale Isolierung begab. 53 Zivilpersonen kamen ums Leben, als eine Spezialeinheit der israelischen Armee (IDF Unit 101) den Ort von drei Seiten her überfiel und den Bewohnern jede Fluchtmöglichkeit nahm.[123] Gleich nach Bekanntwerden des Massakers, das offiziell von Tel Aviv zunächst noch als spontaner Akt der Rache und der bloßen Selbstverteidigung jüdischer Siedler als Reaktion auf ein palästinensisches Attentat bezeichnet wurde,[124] bei dem wenige Tage zuvor drei Israelis ums Leben ge-

---

[122] Das "Security Information"-Telegramm der Abgeordneten H.C. Andersen, Ben F. Jensen und Oakley Hunter, das am 18.10.1953 aus New Delhi an JFD geschickt wurde, lautete: "Our recent on-the-spot investigation of the Arab-Israeli situation leads us to the unanimous conclusion that our government should immediately cease all aid to Israel until said state takes appropriate action to comply with United Nations directives and resolutions. We are convinced that continued economic support of Israel in the face of the reported acts of aggression and other flagrant violations of United Nations directives and recommendations has led to serious deterioration of not only Arab-American relations but also our relations with the entire Moslem world." DDEL: Ann Whitman File, International Series, Box 29, Israel (6).

[123] Eine authentische Darstellung des Massakers gab der amerikanische UN-Offizier E.H. Hutchinson, der in Kibya zum Beobachtungsteam gehörte. Vgl. E.H. Hutchinson, Violent Truce. A Military Observer Looks at the Arab-Israeli Conflict 1951-1955, New York 1956, S. 44ff. Im Urteil Noam Chomskys ist der Einsatz der IDF-Sondereinheit 101 unter Ariel Sharon in Kibya der Beginn von dessen "terrorist career". Vgl. Noam Chomsky, The Fateful Triangle. The United States, Israel and the Palestinians, Boston 1983, S. 383ff.

[124] Der Sprecher des israelischen Außenministeriums, Michael Ilizur, sprach von einem organisierten Eingreifen "by inhabitants of Israeli border villages who had lost patience." (The New York Times, 19.10.1953.) Ministerpräsident Ben Gurion sprach von einer Reaktion "by inhabitants of frontier settlements who had been

kommen waren,[125] reiste ein UNTSO-Inspektionsteam am 16. Oktober nach Kibya, um dem UN-Sicherheitsrat Bericht zu erstatten.[126]

Schockiert von der unverhältnismäßigen Brutalität des israelischen Vorgehens beschlossen die Außenminister der USA, Frankreichs und Großbritanniens am 16. Oktober in London auf der Basis der Tripartite Declaration von 1950, Kibya vor den UN-Sicherheitsrat zu bringen.[127] Und am 19. Oktober kündigte das State Department in Washington die Suspendierung amerikanischer Hilfszahlungen an Israel an, was von Außenminister Dulles einen Tag später ausführlich vor der Presse begründet wurde. Dabei handelte es sich um 26 Millionen Dollar, die der Kongreß im Rahmen des Mutual Security Act (MSA) bewilligt hatte.[128]

Die amerikanischen Juden waren mehr als verblüfft. Zwar hatte Dulles nach dieser Verfügung erklärt, daß diese Entscheidung nicht wegen Kibya gefallen sei, sondern allgemein wegen Israels Unwillen, mit der UNO zu kooperieren. Denn damit hatte Israel erstmals gegen seine eigenen außenpolitischen Prinzipien aus der Unabhängigkeitserklärung und Ben Gurions fünf Prinzipien aus dem Jahre 1949 verstoßen, die die israelische Verantwortlichkeit vor der UNO postuliert hatten.[129] Doch trotz derartiger Interpretationsversuche Dulles' stand die moralische Verurteilung für Kibya im Raum, ausgesprochen von Israels wichtigstem und wertvollstem Freund. Außerdem drohte Israel damit erstmals in seiner jungen Staatlichkeit die internationale diplomatische Isolierung, als der UN-Sicherheitsrat

---

armed and trained by the Government to defend their homes." (The New York Times, 20.10.1953.)
[125] The New York Times, 12.10.1953.
[126] Der Bericht wurde am 27.Oktober 1953 von Bennike in New York vorgelegt und einen Tag später in der New York Times vollständig abgedruckt.
[127] Der Antrag auf dringende Einberufung des UN-Sicherheitsrats wurde am 17.10.1953 in New York eingebracht. FRUS 1952-1954, Vol. IX, The Near and Middle East (in two parts), Part 1, S. 1361.
[128] "Verbatim Record of the Press and Radio News Conference of the Secretary of State", 20.10.1953. FRUS, ebenda, S. 1369ff. Die Suspendierung wurde jedoch bereits am gleichen Tag unter Berufung auf das State Department von der New York Times gemeldet.
[129] Vgl. Avi Beker, The United Nations and Israel. From Recognition to Reprehension, Lexington (Massachusetts)/Toronto 1988, S. 45f.

aufgrund der Londoner Drei-Mächte-Erklärung Generalmajor Bennike zur Berichterstattung über die jüngsten Konflikte in der Region nach New York bat.[130]

In den USA formierte sich nun sehr rasch ein geschlossener öffentlicher Widerstand der Israel-Lobbyisten gegen die Politik der Eisenhower-Administration und die Behandlung Israels während dieser Krise, angeführt zunächst von den israelischen Diplomaten. Schon am Abend des 18. Oktober beklagte in Atlantic City Eliashev Ben Horin, Attaché an der israelischen Botschaft, vor rund tausend Mitgliedern der zionistischen Frauenorganisation Mizrachi, daß Israel *"[was] hauled before an international tribunal"*. Ben Horin hielt die israelische Verurteilung für ungerecht und führte aus, daß in den vergangenen Jahren 421 Israelis bei 866 palästinensischen Anschlägen ums Leben gekommen seien und daß die Vereinten Nationen selbst 160 Verletzungen der israelischen Grenze festgestellt hätten.[131]

Einen Tag später, am 19. Oktober, wandte sich Senator Paul H. Douglas aus Illinois an Dulles und fragte erbost: *"[H]ow can the State Department or the Foreign Operations Administration justify the withholding of funds authorized by Congress without any such limitations as a means of inducing a decision on a different issue?"*[132] Am gleichen Tag verurteilte der Präsident des American Zionist Council (AZC), Louis Lipsky, in einer Erklärung die Behandlung Israels als *"an act of unwarranted duress"* und warf dem State Department offensichtliche Parteilichkeit vor.[133] Wiederum einen Tag später erneuerte der Vorsitzende des American Jewish Congress, Rabbi Israel Goldstein, bei einer Feier zum 3000jährigen Bestehen Jerusalems im New Yorker Madison Square Garden vor 20.000 Zuhörern diese Kritik und erklärte: *"[peace] will not be helped by*

---

[130] Vgl. Green, a.a.O., S. 88.
[131] The New York Times, 19.10.1953.
[132] Brief von Douglas an JFD, 19.10.1953. Ebenso protestierten eine Reihe wichtiger weiterer Senatoren beim State Department, darunter Ferguson, Johnson, Sparkman, Kennedy und Smith. NA: State Department Central Files, LM-59 Palestine and Israel Internal Affairs, Roll 7, Israel-Internal Political and National Defense Affairs, 784A.5 MSP-784A.61.
[133] AZC press release, 19.10.1953. WRHS: Silver Papers, A Corr 4-1-85, American Zionist Council 1953-54.

withholding aid as an instrument of unwarranted duress."[134] Vom 21. Oktober an erreichte die Kontroverse die innenpolitische Ebene und den sich in der Schlußphases befindenden Wahlkampf um das Bürgermeisteramt von New York City. Der demokratische Kongreßabgeordnete Emanuel Celler aus Brooklyn bezeichnete die Einstellung der US-Zahlungen als *"snap judgment"* des State Departments, und New Yorks demokratischer Senator Herbert Lehman schwächte seine Kritik am Kurs des Außenministeriums nur durch sein Bedauern an *"the recent tragic raid by armed Israeli villagers"* ab.[135]

Der demokratische Bürgermeisterkandidat Robert Wagner beschuldigte Außenminister Dulles einer *"intemperate and cruel action"* gegen das *"greatest bulwark for democracy and freedom in the Middle East"*. Arabische Propagandisten seien dabei, *"[to] veer the Eisenhower Administration into an anti-Israel course"*. Zwei weitere Politiker aus New York, Senator Irving Ives und der Kongreßabgeordnete Jacob Javits, beide Republikaner,[136] äußerten ähnliche Kritik, die sich aber wegen des Wahlkampfs generell bemühte, Dulles und sein Ministerium ins Visier zu nehmen und den Präsidenten selbst nicht anzugreifen. Ein derart drastisches Vorgehen des State Department *"profoundly concerns millions of United States citizens deeply interested in the future of United States-Israel relations"*, meinten sie in einem gemeinsamen Schreiben an Dulles. Sie schlugen vor, daß sich der Außenminister mit einer repräsentativen Gruppe jener besorgten Bürger zur Beratung zusammensetzen solle.[137]

Scharfe Kritik an der Politik des State Department äußerten ebenfalls der American Jewish Congress, das American Jewish Palestine Committee, der

---

[134] The New York Times, 21.10.1953.
[135] The New York Times, 22.10.1953.
[136] Ives und Javits gehörten beide zu den liberalen sogenannten "Eisenhower-Republikanern", die sich 1952 innerhalb der Republikanischen Partei massiv für die Kandidatur Eisenhowers eingesetzt hatten, um einen Erfolg des eher isolationistischen Taft-Flügels zu verhindern. Senator Ives sicherte sich auf diese Weise auch seine Wiederwahl bei den zugleich stattfindenden Kongreßwahlen. Vgl. Herbert S. Parmet, Eisenhower and the American Crusades, a.a.O., S. 40 und S. 70.
[137] SUNY: Jacob K. Javits Collection, Series 1, Subseries 1, Box 7, Israel, October 22, 1953. The New York Times, 23.10.1953.

National Council of Jewish Women, die Labor Zionist Organization of America, die Zionist Organization of America und die Zionists-Revisionists of America. James G. McDonald, unter Truman erster US-Botschafter in Tel Aviv, erklärte sogar, daß *"by withholding aid to Israel, Secretary Dulles has intensified the Arab-Israel tensions."*[138] Ein *"Emergency Bulletin"* des AZC rief am 23. Oktober seine Mitglieder dazu auf, *"to take steps te remobilize the vast ressources of goodwill towards Israel in the hearts and minds of the people of America"*, womit die Mobilisierung der öffentlichen Meinung durch Veranstaltungen in jüdischen Gemeinden, Bildung von PR-Komittees, Eingaben an lokale gewählte Volksvertreter sowie Proteste an das State Department zu verstehen waren.[139] Einen Tag später kritisierte die Hadassah-Women's Zionist Organization of America, der mit 300.000 Mitgliedern größte zionistische Verband in den USA, die Politik der Eisenhower-Administration als *"an attempt to coerce a friendly government to surrender what it believes to be its legitimate rights in peaceful development of its own ressources."*[140]

Wiederum einen Tag später, am 25. Oktober, nahm die Kritik an Schärfe noch zu. Das American Jewish Committee (AJC) beschuldigte auf seiner Konferenz in Chicago die UNO, für die wachsende Welle der Gewalt im Nahen Osten verantwortlich zu sein, und in New York sah Emmanuel Neumann, früherer Präsident der ZOA und nun Mitglied der Jewish Agency Executive, *"powerful anti-Israel forces"* am Werk, die die amerikanisch-israelischen Beziehungen vergifteten.[141] Die Vorsitzenden der Union of American Hebrew Congregations, Samuel S. Hollender und Maurice N. Eisendrath, zeigten sich in einem Brief an Eisenhower

---

[138] The New York Times, 23.10.1953.
[139] "Emergency Bulletin: A Call to Action", 23.10.1953. WRHS: Silver Papers, A Corr 4-1-85, American Zionist Council 1953-54.
[140] The New York Times, 25.10.1953.
[141] The New York Times, 26.10.1953. Vgl. dazu auch Green, a.a.O., S. 91. Vgl. Robert Silverberg, "If I Forget Thee O Jerusalem". American Jews and the State of Israel, New York 1970, S. 505f.

"shocked by the action of our government in pointing a finger of guilt, without the benefit of a hearing, at the young democracy of Israel which has so gallantly and unswervingly upheld the highest traditions of civilization and humanity."[142]

Und der Kongreßabgeordnete Thomas J. Lane aus Massachusetts protestierte beim Präsidenten gegen *"hasty action of U.S. Government in stopping loan to Israel"*, was Israel in den Augen der Welt vorverurteile und somit der Sowjetunion ein weiteres Propagandathema biete.[143]

Die Vielzahl der hier angeführten innenpolitischen Proteste zeigt die Hartnäckigkeit und zudem das effektive Timing bei der Herausgabe von Presseerklärungen der amerikanischen Israel-Lobby, aber auch deren Schwierigkeit, in ihrer Argumentation Sensibilität und urteilsfähige Distanz für die Situation im Nahen Osten aufzubringen. Nach amerikanischer Auffasung war Israel eine Kreation der UNO und hatte kein Recht, die Kooperation mit der UNO zu verweigern und auf ein empfundenes Unrecht mit einem für überzogen gehaltenen militärischen Gegenschlag zu reagieren.[144]

Hatte die Eisenhower-Administration sich bisher weitgehend unbeeindruckt von der Lobby gezeigt, so drohte sie in dieser Lage in Bedrängnis zu geraten. Die Regierung versuchte daher, die öffentliche Kontroverse möglichst rasch zu beenden. Das State Department verfolgte dabei die zweigleisige Strategie, die israelische Regierung zur Beendigung der Kanal-Konstruktion zu bewegen und gleichzeitig die öffentliche Kampagne der Israel-Lobbyisten in den USA zu beenden.

Da alle offiziellen diplomatischen Appelle nicht zu einer Änderung der israelischen Haltung in dieser Frage geführt hatten, bemühten sich die

---

[142] Brief Hollenders und Eisendrahts an DDE, 26.10.1953. DDEL: DDE Records, White House Central Files, Official File, Box 587, 116-K Near East.
[143] Telegramm Lanes an DDE, 27.10.1953. DDEL: DDE Records, White House Central Files, Official File, Box 876, 193 Israel, Republic of (1).
[144] Vgl. James J. Wadsworth Interview. DDEL: Oral History Transcripts, OH 209. Wadsworth war von 1953-61 Mitglied der amerikanischen UN-Delegation.

Leitungsbeamten des State Department um einen externen Vermittler außerhalb des Ministeriums, um mit den Israelis ins Gespräch zu kommen. NEA-Staatssekretär Byroade fand diese unabhängige Persönlichkeit im ehemaligen Bundesrichter und AJC-Vorsitzenden Joseph Proskauer, der in Gesprächen mit Abba Eban die Modalitäten eines Baustops an dem Kanal ausloten sollte.[145] Gegenüber Washingtons UN-Botschafter Henry Cabot Lodge hielt auch Dulles Proskauer für den geeigneten Mann für diese delikate Aufgabe.[146] Die Führung des State Department setzte sehr viel Hoffnung in die Proskauer-Vermittlung, denn NEA-Staatssekretär Byroade zeigte sich im Gespräch mit Dulles über mögliche Alternativen zur Krisenlösung nicht frei von Ratlosigkeit.[147]

Derart unter Druck nahm im selben Gespräch bei Byroade und Dulles die Idee Gestalt an, die führenden Vertreter der amerikanisch-jüdischen Organisationen zu Beratungen ins State Department einzuladen, was zuvor von Javits und Ives öffentlich von Dulles gefordert worden war. Senator Ives meldete sich am nächsten Tag, dem 23. Oktober, einem Freitag, erneut telefonisch bei Dulles und unterstrich die Dringlichkeit eines solchen Treffens, da der republikanische Kandidat bei der New Yorker Bürgermeisterwahl, Harold Riegelman, wegen der Israel-Politik der Eisenhower-Administration bereits in arge Bedrängnis geraten sei.[148] Man kam überein, daß Jacob Javits und Bernard Katzen,

---

[145] Proskauer hatte sich am 21.10.1953 mit einem Telegramm an JFD gewandt und um ein Gespräch mit Dulles und Byroade gebeten. Er, Proskauer, habe einige "definite ideas" in der Israel-Frage und zudem den "firm belief that constructive criticism at this juncture may help in averting catastrophe." Telegramm Proskauers an JFD, 21.10.1953. AJCA: AJC Inventory, RG1, EXO-16, Box 7, Israel/State Dept. (1953-56).

[146] Telefongespräch Lodge an JFD, 21.10.1953. DDEL: Dulles Papers, JFD Chronological Series, Box 5, John Foster Dulles Chronological, October 1953 [telephone conversations].

[147] Das Protokoll eines Telefonats Byroades an JFD vom 22.10.1953 hielt fest: "Mr. Byroade telephoned with further reference to his conversation with Pruschauer (sic!), he is working with the Israelis and trying to get them stop digging, if they won't do that Byroade does not know what to recommend." DDEL: Dulles Papers, JFD Chronological Series, Box 5, John Foster Dulles Chronological, October 1953 [telephone conversations].

[148] So bedeutend war die Israel-Kontroverse für den Wahlkampf in New York geworden, daß die in die Defensive geratene Republikanische Partei ein

den das RNC mittlerweile als seinen Vertreter für "jüdische Fragen" benannt hatte, als Verbindungsleute zwischen der Regierung und den jüdischen Organisationen fungieren sollten. Im Laufe des Wochenendes legten Dulles und Javits schließlich das "Gipfeltreffen" zwischen dem Außenminister und den jüdischen Führern für den folgenden Montag, den 26. Oktober, fest. Unstimmigkeiten gab es lediglich wegen Rabbi Silver, der eine Teilnahme an dem Treffen ablehnte, da er stattdessen Dulles unter vier Augen sprechen wollte.[149]

Die Teilnehmer diese Gesprächs, dessen einziger Tagesordnungspunkt vom Protokoll mit *"Economic Sanctions against Israel and Related Matters Affecting US-Israeli Relations"* angegeben wurde, waren neben Dulles, Byroade, Waller (State Dpt.), Ives, Javits und Katzen die jüdischen Funktionäre Maxwell Abbell, Präsident der United Synagogue of America, Chicago, Matthew Brown, Mitglied des Administrative Committee des AJC, Boston, Rose Halprin, stellvertretende Vorsitzende des AZC, New York, Philip M. Klutznick, Präsident von B'nai B'rith, Park Forest (Illinois), Louis Lipsky, Vorsitzender des AZC, New York, William Rosenwald, Vizepräsident des Council of Jewish Federations and Welfare Funds, New York, sowie Bernard H. Trager, Vorsitzender des National Community Relations Advisory, Bridgeport (Connecticut).

---

kurzfristiges Treffen Riegelmans mit JFD am 26.10.1953 in Washington arrangieren mußte. Im Anschluß daran verlas Riegelman eine von JFD autorisierte Erklärung, die die New Yorker Wähler beruhigen sollte und die den temporären Charakter der jetzt getroffenen Maßnahmen hervorhob und die grundsätzliche US-Hilfe an Israel unterstrich. NA: State Department Central Files, LM-59 Palestine and Israel Internal Affairs, Roll 7, Israel-Internal Political and National Defense Affairs, 784.A5 MSP-784A.61. Gleichwohl verlor Riegelman die Wahl später an den Demokraten Robert Wagner.
[149] Telefonat Javits' an JFD, 23.10.1953; Telefonat JFD's an Javits, 24.10.1953. DDEL: Dulles Papers, JFD Chronological Series, Box 5, John Foster Dulles Chronological, October 1953 [telephone conversations]. Das erwähnte Gespräch zwischen JFD und Rabbi Silver fand am 28. Oktober statt, hatte aber keinen Einfluß auf das weitere diplomatische Verfahren in der Israel-Frage. Silver beschwerte sich lediglich, daß er zu einigen Dinners im Weißen Haus nicht eingeladen worden sei, obgleich er wahrscheinlich der einzige jüdische Funktionär sei, der Präsident Eisenhower offen und konsequent unterstütze. Über dieses Gespräch hat JFD am nächsten Tag Thomas Stephens, dem Terminreferenten im Weißen Haus, berichtet. JFD an Stephens, 29.10.1953. DDEL: Dulles Papers, White House Memoranda Series, Box 1, White House Correspondence 1953 (1).

Die Atmosphäre war frostig. Beide Seiten brachten ihren längst bekannten Standpunkt vor und konnten sich im übrigen nicht auf ein gemeinsames Kommuniqué einigen. Die von Dulles vorbereitete Erklärung, die die Gründe für die erfolgte Aussetzung der amerikanischen Hilfszahlungen benennen und gleichzeitig die grundsätzliche Freundschaft der USA zu Israel bestätigen sollte, lehnte die Gruppe ab. *"It became apparent"*, hielt das Memorandum fest, *"that the group was against any statement explaining our actions, if it was all critical as regards Israel."* Stattdessen verlas nun Javits eine Erklärung, die Dulles geradezu wütend machte, enthielt sie doch, so der Außenminister, *"various inaccuracies and distorsions"*. Wenn es zu diesem Höchstmaß an Mißverständnissen gekommen sei, liege das an der *"Jewish fraternity"*. Die Gruppe, meinte Dulles bissig, solle sich lieber mit Vertretern der israelischen Regierung auseinandersetzen *"to try to change their policy of presenting the world with faits accomplis."* Auch den Vorschlag von Senator Ives einer öffentlichen Erklärung, nach der die USA die Unterstützung **aller** nahöstlichen Staaten eingestellt hätten, lehnte Dulles ab.[150]

Das Studium des offiziellen von Henry Byroade verfaßten Gesprächsprotokolls läßt auf eine völlige Ergebnislosigkeit des Treffens und eine Zunahme des gegenseitigen Mißtrauens schließen. Verglichen mit den sonst üblichen Memoranden war es bemerkenswert kurz und oberflächlich. Allerdings führte es wesentliche Teile der Diskussion überhaupt nicht auf, was aus einem Telefongespräch deutlich wird, das Dulles noch am gleichen Tag mit dem amerikanischen UN-Botschafter Henry Cabot Lodge über das Treffen mit den jüdischen Funktionären führte und das die Bedeutung des Treffens in einem völlig anderen Licht erscheinen läßt.

Denn Dulles teilte Lodge nun mit, daß die Gruppe angedeutet habe, die Israelis zu einer Aussetzung der Arbeiten (nicht deren Ende) am Kanal bewegen zu können, wenn die USA im Gegenzug zumindest einen Teil der Hilfszahlungen

---

[150] "Memorandum of Conversation", 26.10.1953. FRUS 1952-1954, Vol. IX, The Near and Middle East (in two parts), Part 1, S. 1384-1387.

wieder aufnähmen.[151] Offenbar ist eine entsprechende Vereinbarung zwischen dem State Department und den jüdischen Vertretern auf jener Sitzung getroffen worden, denn tatsächlich erklärte sich Israel einen Tag später, am 27. Oktober 1953, bereit, die Entwässerungsarbeiten am Hula-See einzustellen,[152] und Eisenhower und Dulles vereinbarten die Freigabe der 26 Millionen Dollar - von insgesamt 78 Millionen aus dem laufenden Rechnungsjahr.[153] Die Bemühungen von Proskauer und den jüdischen Funktionären, Abba Eban angesichts der ökonomischen Schwierigkeiten Israels zu mehr Kompromißbereitschaft zu bewegen, hatten Erfolg gehabt.[154]

Festzuhalten ist, daß die israelische Regierung nicht wegen des Mangels an Unterstützung ihrer amerikanischen Glaubensgenossen zurücksteckte.[155] Vielmehr handelte es sich um einen hart errungenen Kompromiß, der maßgeblich auf die Unterstützung der amerikanischen Juden - und zwar zionistische wie, siehe Proskauer, nicht-zionistische - zurückgeführt werden

---

[151] Lodge an JFD, 26.10.1953. DDEL: Dulles Papers, Telephone Conversations Series - General -, Box 1, Telephone Memoranda July-Oct. 31, 1953 (1). Botschafter Lodge kommentierte JFDs Bericht über dessen Treffen mit der Gruppe mit den Worten: Nicht mehr mit Israel-Lobbyisten sprechen zu müssen sei ein Grund, weshalb er, Lodge, froh sei, kein Wahlamt mehr innezuhaben.

[152] Erklärung Israels zur Einstellung der Entwässerungsarbeiten in Hula, SR 100 (1953) 27. Oktober 1953, in: Vereinte Nationen (Hrsg.), Die VN-Resolutionen zum Nahostkonflikt I, a.a.O., S. 119f.

[153] Telefonat JFDs an DDE, 27.10.1953. DDEL: Ann Whitman File, DDE Diaries Series, Box 5, Phone Calls July-Dec. 1953 (1).

[154] Die Vermittlung Proskauers, die in den offiziellen Akten nirgendwo auftaucht, wird aus einem Telegramm Proskauers vom 26.10.1953 an Dulles deutlich, in dem dieser den Außenminister noch einmal auf die Tragfähigkeit des erzielten Kompromisses hinweist und ihn davor warnt, jetzt mit einer Erklärung an die Öffentlichkeit zu gehen. Ein Statement müsse vorsichtig formuliert werden, da es sonst die Erfolgsbemühungen gefährden könnte. Es dürfe nicht den Anschein eines in die Ecke gedrängten Israels erweckt werden. Telegramm Proskauers an JFD, 26.10.1953. AJCA: AJC Inventory, RG1, EXO-16, Box 7, Israel/State Dept. (1953-56).

[155] Angesichts dieser hier aufgezeigten Entwicklungslinie ist Wolfgang Webers Darstellung zu widersprechen, die Bereitschaft der über das israelische Vorgehen erschreckten amerikanischen Juden, sich für die Wiederaufnahme der amerikanischen Zahlungen bei gleichzeitiger Fortführung des Jordankanalprojektes einzusetzen, sei rapide zurückgegangen. Wolfgang Weber, Die USA und Israel. Zur Geschichte und Gegenwart einer politischen Symbiose, Stuttgart 1991, S. 62f.

konnte. Die kritischen Stimmen, die in dem Vorgang in B'not Yaakov eine unnötige israelische Provokation der befreundeten Großmacht Amerika gesehen hatten, waren eher in Israel als bei den amerikanischen Juden anzutreffen.[156]

Vorausgegangen waren an jenem Tag intensive diplomatische Bemühungen in Washington und bei der UNO in New York, die die Formulierungen sowohl der israelischen Erklärung als auch der Resolution des Sicherheitsrates ausfeilten. Die Aktenlage weist aus, daß vor allem Eban, Dulles, Byroade und Lodge an der Präzisierung der Texte beteiligt waren, mit denen die UNO und Israel ihre Gesichter wahren konnten.[157] Für die amerikanische Regierung kam es darauf an, ein öffentliches Entspannungsklima herzustellen, mit dem die für den 28. Oktober geplante Bekanntgabe der Fortsetzung der Zahlungen an Israel gerechtfertigt werden konnte. Dabei drängte Rabbi Silver Dulles, mit der Bekanntgabe bis nach der für diesen Tag angesetzten Unterredung mit ihm zu warten, damit in der Öffentlichkeit der Eindruck entstehen konnte, Silver habe bei der Rücknahme des amerikanischen Zahlungsstops Einfluß ausgeübt - was Dulles schließlich tat.[158]

Jacob Javits kommentierte in einer Erklärung die Entscheidung zur Wiederaufnahme der Hilfszahlungen, an deren Zustandekommen er ja wesentlich beteiligt war, in den höchsten Tönen und gab eine eigene Interpretation der Politik Eisenhowers:

---

[156] Vgl. Israel Yungher, United States - Israeli Relations 1953-1956, Phil. Diss., University of Pennsylvania 1985, S. 127f.

[157] In den Dulles Papers sind für diesen Tag zahlreiche Gespräche in den Telephone Conversations Series und den JFD Chronological Series festgehalten worden, die den jeweils aktuellen Stand der Beratungen wiedergeben.

[158] "The Rabbi called (...) and hoped that the announcement could be timed so as to look as if their meeting tomorrow had something to do with it, it would strengthen his hand and build him up a good deal. The Secretary said he would consider it." Telefonat Silvers an JFD, 27.10.1953. DDEL: Dulles Papers, JFD Chronological Series, Box 5, John Foster Dulles Chronological, October 1953 [telephone conversations]. Offenbar ging Silvers Überlegung auf, denn in der Folgezeit wurde er mehrfach aufgefordert, an die Spitze der zionistischen Bewegung in den USA zurückzukehren: von Konferenzen der Ohio Valley Zionist Region, der Eastern Pennsylvania Region der ZOA, der Organisation Sioniste de France (!) sowie der New Jersey Zionist Region. WRHS: Silver Papers, A Corr 12-1-36, Zionist Organization of America 1953-54.

"*The President with the world statemanship so typical of him has given recognition to the fact that Israel is a staunch bastion of free world security in the Near East and in this way effectively carrying out the objectives of the Mutual Security Program. [...] The President's announcemnt clears the air and reinforces United Nations Near East peace efforts.*"[159]

Die Krise in der Region war allerdings noch nicht beigelegt, denn der UN-Sicherheitsrat debattierte noch bis Ende November 1953 die Vorgänge in Kibya. Zwar wirkte auch beim Text dieser Resolution die amerikanische Diplomatie mit, doch war die Konfrontation im amerikanisch-israelischen Verhältnis durch den "Waffenstillstand" in der Kanalfrage vorerst beendet worden. Auch hatte es die Eisenhower-Administration nicht aufgegeben, durch die Johnston-Mission einen Versuch zu machen, doch noch mit einem Bewässerungsprojekt eine konstruktive Konfliktlösung zu erreichen.[160]

An der amerikanischen Einschätzung der israelischen Probleme hatte sich allerdings nichts geändert. Die gerade noch abgewendete Konfrontation in der Kanalfrage - mit den unabsehbaren innenpolitischen Folgen - und das israelische Einlenken wurden vielmehr als ein Indiz einer sich rapide verschlechternden sozio-ökonomischen Situation Israels geschen, die sich offenbar einem kritischen Punkt näherte und deren Folgen für die politische Stabilität des Landes - und die Region insgesamt - verheerend sein konnten. Ein Gedanke, wie er in einer streng geheimen Denkschrift des Psychological Strategy Board (PSB) des NSC vom 29. Oktober 1953 Ausdruck fand. "*The fundamental cause of Israel's economic and financial plight*", hieß es darin, "*is that too many people have been admitted too rapidly*

---

[159] SUNY: Jacob K. Javits Collection, Series 1, Subseries 1, Box 7, Israel Economic Aid, October 28, 1953. Zu Javits' Verhalten während der Kibya-Krise, die er als seine erste Konfrontation mit JFD bezeichnete, vgl. Javits, a.a.O., S. 180f.
[160] Zur Initiative des Sonderbotschafters Johnstons, die schließlich nach zweijährigen Bemühungen und vier Reisen Johnstons wegen der gesamtpolitischen Spannungen scheiterte vgl. Yungher, a.a.O., S. 116-135, besonders S. 121-127.

into a country which possessed almost no natural ressources", was der NSC bereits im Sommer als potentiellen Konfliktpunkt antizipiert hatte. Zudem verhindere der arabische Boykott, so der Bericht weiter, eine effiziente Wirtschaftsentwicklung des Landes, das nur zwischen 18 und 25 Prozent seines Budgets selbst erwirtschafte. Der Rest komme von fast ausschließlich amerikanischen Anleihen sowie Zahlungen der amerikanischen jüdischen Gemeinde.

Die Ankündigung Ben Gurions vom 25. Oktober, weitere zwei Millionen jüdischer Einwanderer aufnehmen zu wollen, kommentierte das PSB wie folgt:

"This unrealistic approach can only lead to further economic and financial difficulties, and will probably result in additional pressure to expand Israel's frontiers into the rich lands of the Tigris and Euphrates Valleys, and northward into the settled lands of Syria."

Es drohe eine Situation, die von extremistischen Kräften ausgenutzt werden könnte, denn: *"[t]here is a considerable element in the Army, the Government, and among the people who feel that the only solution to Israel's problems is territorial expansion."* Diese Gruppe könne mit der Zunahme der wirtschaftlichen Schwierigkeiten noch größer werden und damit die Sicherheit in der Region ernsthaft gefährden. Das Ziel der amerikanischen Politik müsse es daher sein, Israel mit fortgesetztem erheblichen finanziellen Aufwand zu unterstützen, um *"hard-headed realists such as Ben Gurion"* gegen Expansionisten zu stabilisieren und gleichzeitig die israelische Regierung zu einer restriktiveren Einwanderungspolitik zu drängen. Die Schlußfolgerung, die das PSB zog, zeigte eine bemerkenswerte Nuancierung gegenüber der bisherigen strategischen Diskussion innerhalb der Administration:

"We would be making a mistake if we attempted at present to force a permanent peace between the Arabs and the Israeli. There are many on both sides

who believe the ultimate solution must come by force. The blockade, so painless to the Arabs, will not be easily stopped by U.S. grants-in-aid. Our best chance of success is a steady pressure for a more realistic Israeli approach to their internal problems."[161]

Die Einschätzung dieser PSB-Studie offenbarte einen durchaus unterschiedlichen Ansatz im Vergleich zu Eisenhowers Politik von NCS 155/1, die doch über Kooperation die israelisch-arabische Annäherung anstrebte und dabei finanzielle Hilfen an Israel an Bedingungen knüpfte. Dagegen setzte das PSB die unmißverständliche Unterstützung Israels als einen grundsätzlichen Stabilitätsfaktor im regionalen Kräftefeld wie auch in der israelischen Innenpolitik. Es ist jedoch zu fragen, inwieweit dabei die Beurteilung Ben Gurions als eines wie auch immer gearteten "Realisten" selbst einer realistischen Beobachtung entsprang und inwieweit zum damaligen Zeitpunkt Israels interne Schwierigkeiten von den USA losgelöst von allen strategischen Überlegungen beurteilt werden konnten. Umgekehrt stellt sich die Frage, inwieweit Eisenhowers Ziel einer israelisch-arabischen Friedenslösung auf der Basis von Kooperation bereits Ende 1953 noch seriöserweise als realistisch betrachtet werden konnte. Zumindest ist zu vermuten, daß Eisenhower bei der Einschätzung des "jüdisch-zionistischen Faktors" in den USA, den er völlig vernachlässigen zu können glaubte, von schlicht unrealistischen Voraussetzungen ausging.[162]

Denn für die Beschreibung des Drucks aus der Öffentlichkeit, der einen stärkeren amerikanisch-israelischen Schulterschluß forderte, war die

---

[161] Memorandum "Israel's Fundamental Problems" von H.C. Debevoise an Dr. Horace S. Craig, 29.10.1953. DDEL: White House Office, National Security Council Staff: Papers 1953-61, Psychological Strategy Board (PSB) Central Files Series, Box 13, PSB 091. Israel.

[162] Bezeichnend war ein bemerkenswerter Brief DDEs an JFD vom 28.10.1953, in dem er letzterem gegenüber die Bedeutung der Israel-Lobby herunterspielte. "The political pressure from the Zionists in the Israeli-Arab controversy is a minority pressure. My Jewish friends tell me that, except for the Bronx and Brooklyn, the great majority of the nation's Jewish population is anti-Zion." Zu fragen ist in der Tat, wer dises jüdischen Freunde gewesen sein mögen. DDEL: Dulles Papers, White House Memoranda Series, Box 1, White House Correspondence 1953 (1).

Unterscheidung zwischen Zionismus und Nicht-Zionismus innerhalb des Judentums - wie sie Eisenhower richtigerweise vornahm - geradezu unerheblich, da in der Regel auch die amerikanischen Nicht-Zionisten und die meisten Christen einen pro-israelischen Standpunkt vertraten. Denn die parallele Identifikation Amerikas mit dem biblischen Israel war und ist ein wichtiger Grundsatz der bürgerlichen Religion der USA, besonders im "Bible Belt" im Süden und Mittleren Westen der USA.[163] Seit der Zeit der puritanischen Siedler von Neuengland schienen die biblischen Analogien offensichtlich zu sein: Europa (Ägypten) versus Amerika (Kanaan). Und die Vereinigten Staaten waren das moderne Israel, gegründet nicht nur als ein politischer Bund, sondern auch als ein religiöser Bund mit Gott. Die Parallelen waren von einer solchen Suggestivität, daß viele Amerikaner die Vorstellung pflegten, daß die Vereinigten Staaten das Erbe vom Bund Gottes, ursprünglich geschlossen mit Israel, seien.[164]

Viele amerikanische Christen, vor allem konservative Protestanten, argumentierten aus tiefer Überzeugung mit dem Alten Testament für den Staat Israel und bildeten somit für die Israel-Lobby in der Öffentlichkeit einen nicht zu unterschätzenden Trumpf, zumal diese die christliche Unterstützung quasi kostenlos und ohne wesentliche Anstrengung bekam.[165] Dieses Phänomen wurde noch durch eine argumentative Brücke verstärkt, wie sie nicht-jüdische Israel-Lobbyisten zwischen dem Judentum allgemein und den philosophisch-religiösen Wurzeln Amerikas herstellten und damit eine Affinität zwischen Israel und den Vereinigten Staaten insinuierten, vor allem dann, wenn sie von nationalen Autoritäten wie Harry Truman bemüht wurde. Aus Anlaß der Verleihung des Stephen-Wise-Award des American Jewish Congress meinte Truman am 9. November 1953 in New York:

---

[163] Vgl. Menachem Hofnung/Gabriel Sheffer, Israel's Image, in: Gabriel Sheffer (Ed.), Dynamics of Dependence. U.S.-Israeli Relations, Boulder(Colorado)/London 1987, S. 12f.
[164] Vgl. Brian Klunk, Consensus and the American Mission. The Credibility of Institutions, Policies and Leadership, Lanham (Maryland)/London 1986, S.4.
[165] Vgl. Paul Findley, They Dare to Speak Out. People and Institutions Confront Israel's Lobby, Chicago 1985, S. 238f.; vgl. Ball/Ball, a.a.O., S. 203f.

> *"The United States has derived many of the elements of its democratic faith from the Jewish religion. [...] our conception of the value and dignity of human life, our belief in the moral law, and our overwhelming emphasis on justice and freedom. These things are fundamental in the Jewish religion just as they are fundamental in the democratic principles of our Government. They are part of the great religious tradition, Jewish and Christian, that underlies our free institutions. Any citizen who is a good Jew is also a good American."*[166]

Die Frage, ob ein guter Jude und guter Amerikaner gegen Israel sein könne, beantworteten die Israel-Lobbyisten, indem sie mit der gleichen Argumentation weiterhin ihren Unmut direkt ins Weiße Haus trugen[167] oder dem State Department Einseitigkeit und eine negative Rolle im Nahost-Friedensprozeß vorwarfen.[168] Auch aus den eigenen Reihen wurde Dulles gedrängt, den Text der Resolution des UN-Sicherheitsrates, mit dem Kibya verurteilt werden sollte, abzuschwächen, damit Israel sie akzeptieren und den Stop der Kanalkonstruktion aufrechterhalten konnte.[169] Dabei brachte das Feilschen um den Resolutionstext die

---

[166] HSTL: Truman Papers, Post-presidential Files, Speech Files, Box 12, General 1953, Nov. 9 - American Jewish Congress, New York, New York.

[167] Vgl. etwa den Briefwechsel zwischen Samuel S. Hollender, Vorsitzender des Executive Board der Union of American Hebrew Congregations, und dem Stabschef des Weißen Hauses, Sherman Adams, von Anfang November 1953. DDEL: DDE Records, White House Central Files, Official File, Box 587, 116-K Near East. Weiterhin ein Telegramm des Präsidenten der United Synagogue of America, Charles Rosengarten, an DDE vom 19.11.1953 aus Miami, wo seine Organisation ihre Jahrestagung abhielt und dabei eine Resolution verabschiedete, die in scharfen Worten eine amerikanische Unterstützung Israels gegen eine einseitige Verurteilung durch die UNO forderte. DDEL: DDE Records, White House Central Files, Official File, Box 876, 193 Israel, Republic of (1).

[168] So das Telegramm des ZOA-Präsidenten Rabbi Irving Miller, der JFD vor einer Politik warnte, die "disastrous consequences for the peace of the Middle East and for the moral influence and prestige of our country" nach sich zöge. Telegramm Millers an JFD, 17.11.1953. WRHS: Silver Papers, A Corr 12-1-36, Zionist Organization of America 1953-54.

[169] JFD war am 10.11.1953 von C.D. Jackson geraten worden, sich zumindest des Wohlwollens moderater nicht-zionistischer Organisationen, wie etwa B'nai B'rith, zu versichern, um bei der Behandlung der Israel-Frage innenpolitisch einen

amerikanischen Kommunikationswege teilweise sehr durcheinander, was an die konfusen Palästina-Debatten innerhalb der Truman-Administration erinnerte.

Botschafter Lodge beschwerte sich am 31. Oktober bei Dulles, der nun bereit war, Israel ein Stück entgegenzukommen, daß im State Department ein Resolutionstext ausgearbeitet werde, von dem er, Lodge, als UN-Delegationsleiter in New York keine Ahnung habe. Dulles entgegnete, ein neuer Text sei bereits in Arbeit, da die Israelis die erste Fassung nicht hätten akzeptieren können. *"We would look awfully foolish at restoring aid at their pledge and then demanding a Resolution which would bind Israel never to go ahead with this project until there was agreement".*

Der verblüffte Lodge wiederum wollte auch diesen abgeschwächten Text nicht akzeptieren und kommentierte *"that we have a number of people in State [Department] who live in a dream world."* Lodge beklagte den Druck, der nur wegen der Bürgermeisterwahl in New York aufs Weiße Haus und den Kongreß ausgeübt werde. Er, Lodge, sei doch dabei, mit Hilfe von Javits und Ives die jüdischen Führer auf Kurs zu bringen, *"without that you can't do anything here."* Er sei sicher, daß *"if we let the facts come out most of the Jewish leaders will go along, they are disturbed at Israel's actions too."*[170]

Lodge beschwerte sich wenig später erneut bei Dulles, da sich Lodge offenbar wieder vom State Department übergangen fühlte, denn NEA-Staatssekretär *"Byroade comes to New York, makes announcements, holds things very close, decides when we will introduce Resolutions, etc."*, was für Lodge

---

einfacheren Stand zu haben. Dazu sollte Dulles ein größeres Maß an Konzessionsbereitschaft zeigen. Briefwechsel zwischen Jackson und JFD vom 10. und 16.11.1953. DDEL: Dulles Papers, Subject Series, Box 10, Israeli Relations 1951-1957 (5).

[170] Telefonat Lodges' an JFD, 31.10.1953. DDEL: Dulles Papers, Telephone Conversations Series - General -, Box 1, Telephone Memoranda July-Oct. 31, 1953 (1). Unbegreiflicherweise bezeichnet Isaac Alteras UN-Botschafter prinzipiell Lodge als Unterstützer "of the Zionist cause". Vgl. Alteras, Eisenhower and Israel, a.a.O., S. 27. Das Gegenteil war jedoch der Fall, wie das - auch in dieser Arbeit geschilderte - Verhalten Lodges' zeigte.

"*damned confusing*" sei.[171] Trotz der Frustrationen und der noch bis zuletzt Dulles gegenüber geäußerten Bedenken Lodges', die Resolution sei zu schwach,[172] wurde die Kibya-Resolution am 24. November 1953 vom UN-Sicherheitsrat verabschiedet.

Diese Resolution des UN-Sicherheitsrates 101 stellte zwar fest, daß die israelische Vergeltungsmaßnahme gegen Kibya mit dem Allgemeinen Waffenstillstandsabkommen unvereinbar sei (Punkt A.1) und ließ dieser Feststellung eine scharfe Verurteilung folgen (Punkt A.2), doch wurden in den Punkten B und C die Regierungen von Israel und Jordanien gleichermaßen an die Verpflichtungen aus den UN-Resolutionen erinnert und zur Kooperation mit den Organen der UNO aufgefordert.[173] Dadurch, daß Israel nicht allein für die Spannungen an der Grenze zu Jordanien verantwortlich gemacht wurde und Kibya quasi als pars pro toto verurteilt wurde, konnten die Israel-Lobbyisten in den USA weiterhin ohne moralische Selbstzweifel den Standpunkt der legitimen Selbstverteidigung Israels vertreten. Wenn man so will, hatte die Israel-Lobby bei der Behandlung des B'not Yaakov-/Kibya-Komplexes vor den Vereinten Nationen einen Punktsieg errungen. Im Verhältnis zur neuen amerikanischen Administration konnte dies jedoch nicht darüber hinwegtäuschen, daß das erste Eisenhower-Amtsjahr eine mehr als ernüchternde Erfahrung bedeutet hatte.

---

[171] Telefonat Lodges' an JFD, 23.11.1953. DDEL: Dulles Papers, JFD Chronological Series, Box 5, John Foster Dulles Chronological, November 1953 (2) [telephone calls].
[172] Telefonat Lodges' an JFD, 24.11.1953. DEL: Dulles Papers, JFD Chronological Series, Box 5, John Foster Dulles Chronological, November 1953 (2) [telephone calls].
[173] Scharfe Verurteilung der israelischen Vergeltungsaktion auf Qibja, Sicherheitsrats-Resolution 101 (1953) 24. November 1953, in: Vereinte Nationen (Hrsg.), Die VN-Resolutionen zum Nahostkonflikt I, a.a.O., S.120ff.

2. Verhärtete Frontlinien: die Neustruktur der Israel-Lobby als Reaktion auf Eisenhowers Nahostpolitik von der Gründung des American Zionist Committee for Public Affairs 1954 bis zur Shoreham-Konferenz 1955

Die bisherigen Untersuchungen haben gezeigt, wie die Auseinandersetzungen um die vermeintlich richtige Politik gegenüber Israel in den USA während des ersten Amtsjahres Eisenhowers geführt wurden. Die neue Administration hatte bei der Formulierung ihres politischen Ansatzes und ihrer politischen Initiativen den Nahen Osten als einen regionalen Raum perzipiert, der **als Ganzes** nach den Erfordernissen westlicher Sicherheitsinteressen zu gestalten war. Entscheidender Handlungsimpuls war dabei die "Verteidigung" des Nahen Ostens als strategische Rohstoffreserve gegen das Vordringen des sowjetischen Einflusses. Bezogen auf den arabisch-israelischen Konflikt versuchte die Regierung Eisenhower dies mit einer Politik der konstruktiven Gleichbehandlung von Israel und den arabischen Staaten zu erreichen, um so einen Friedensprozeß in Gang zu bringen, der nicht durch die Bevorzugung einer der Parteien den Einfluß auf die jeweils andere Partei verlieren würde.

Eisenhower stieß dabei im eigenen Land auf Stimmen, die in dieser Gleichbehandlung bereits eine Israel gegenüber unfreundliche Haltung sehen wollten und die sich stattdessen für die uneingeschränkte Unterstützung Israels durch die USA stark machten. Dies hätte möglicherweise die Involvierung der USA in einen antizipierten physischen Kampf gegen Israels arabische Nachbarn bedeutet. Dies wäre eine Unterstützung gewesen, die die Eisenhower-Administration in dieser Form nicht zu leisten bereit war, was sie innenpolitisch mehr und mehr in Konfrontation zur Israel-Lobby gelangen ließ.

Der Begriff "Israel-Lobby" bezeichnet jedoch in der politischen Auseinandersetzung für das Jahr 1953 eine höchst diffuse Erscheinung, die keineswegs gesellschaftlich geschlossen, politisch einheitlich und mit professionellen Mitteln organisiert ihre Aktivität koordiniert ausübte. Denn wie das erste Kapitel ebenfalls deutlich gemacht hat, waren es Privatpersonen, Parteifunktionäre und -amtsträger ebenso wie Kongreßmitglieder oder jüdische

Organisationen, die gegenüber der Regierung einzeln für eine pro-israelische Politik eintraten. Die Unterstützer Israels mußten jedoch im Laufe von Eisenhowers erstem Amtsjahr erkennen, daß die neue Administration andere Akzente setzte, die Israel bewußt keine Priorität einräumten, auch wenn Israel das Land des Nahen Ostens war, dessen politische und gesellschaftlichte Führungsstruktur am stabilsten eingeschätzt wurde.[174]

Diese Politik motivierte die amerikanischen Israel-Unterstützer zu eigenem Handeln, zumal sich gezeigt hatte, daß der neue Kurs mit den bisherigen Mitteln der persönlichen Intervention bei Angehörigen der Regierung nur sehr schwer zu beeinflussen war. Zudem waren die amerikanischen Juden, Hauptantreiber einer stärkeren pro-israelischen Linie, in zu viele Organisationen aufgefächert, als daß sie wirksam mit einer Stimme hätten sprechen können. Nach den Diskussionen - im britischen Mandatsgebiet Palästina und in den USA - über die ideologische und religiöse Ausrichtung und Gestaltung des Staates Israel während und kurz nach seiner Gründungsphase hatte der pro-israelische Kurs der Truman-Administration die unterschiedlichen Standpunkte innerhalb der amerikanischen jüdischen Gemeinde überdeckt und in den Hintergrund treten lassen. Denn schließlich schadete die organisatorische Vielfalt nicht, solange Israel von den USA bevorzugt behandelt wurde. Nun jedoch bedurfte es keiner ideologischen Debatten mehr. Israel existierte, und es mußte gestärkt werden. Der innenpolitische Gegner, der dies offensichtlich nicht einsehen und zulassen wollte,

---

[174] Am 1.12.1953 hatte der NSC die Studie "Types of Leaders in Middle East and Asia" vorgelegt, in der die Staaten nach den Kriterien der Soziologie ihrer Funktionseliten, des Standards von Bildung, Ausbildung und kultureller Entwicklung sowie des Grades der Infrastruktur und der Information klassifiziert wurden. Israel wurde darin als einziges Nahost-Land neben Indien, Taiwan, Pakistan, Korea und Thailand in der zweithöchsten Kategorie geführt. Hervorgehoben wurden Israels pro-westliche Orientierung, aber auch seine angesichts schlechter Wirtschaftslage und des ungelösten Konflikts mit seinen arabischen Nachbarn unsichere Zukunft. DDEL: White House Office, National Security Council Staff, Papers, 1948-61, OCB Central Files Series, Box 77, OCB 091.4 Middle East (1) [November 1953-May 1957]. Eine weitere NSC-Studie kommt am 16.3.1954 zu dem gleichen Ergebnis (ebenda).

war die Regierung Eisenhower. Infolgedessen mußten neue Strukturen entwickelt werden, um diesem Gegner beizukommen.

Aktueller Anlaß für die amerikanischen Israel-Unterstützer, sich neu und besser zu organisieren, war Eisenhowers und Dulles' Containment-Politik für den Nahen Osten. Die Regierung in Washington hatte Anfang 1954 ihre Bemühungen fortgesetzt, dem Nahen Osten eine neue, von Amerika kontrollierte Ordnung zu geben. Das Ziel der Truman-Administration, die Region mittels eines regionalen pro-westlichen Verteidigungsbündnisses gegen kommunistischen Druck und potentielle Aggression zu schützen, hielten Eisenhower und Dulles aufrecht, sie führten jedoch wichtige Modifizierungen bei der Methode ein, die dieses Ziel erreichen sollte.

Erste Überlegungen dazu hatte es bereits im Sommer 1953 gegeben, als Außenminister Dulles bei Verteidigungsminister Wilson eine militärische Prüfung der Frage erbat, wie die Sicherheit des Nahen Ostens nach dem Scheitern des MEDO/MEC-Projekts künftig zu wahren sei.[175] Wilson ließ daraufhin vom Generalstab, den Joint Chiefs of Staff (JCS), eine Konzeption entwickeln, die grundsätzlich die Idee eines Verteidigungsbündnisses beibehielt.[176] Anders als das von NSC 155/1 begrabene MEDO/MEC-Projekt aus den frühen fünfziger Jahren, das die gesamte Region auf einmal einschließen sollte, schwebte den JCS ein Konzept vor, das zuerst die anti-kommunistischen Staaten des Northern Tier umfaßte und dann alle weiteren südlichen Staaten nach und nach ("gradually") aufnehmen sollte:

"[F]rom a military point of view, the time might be propitious for encouraging Turkey, Pakistan, Iran and possibly Iraq or a combination thereof, to form a defense association. This concept would visualize an association of indigenous forces under an indigenous command advantageously located with

---

[175] Vgl. Memorandum JFDs an Wilson, 26.6.1953. FRUS 1952-1954, Vol. IX, The Near and Middle East (in two parts), Part 1, S. 392f.
[176] Vgl. Memorandum Wilsons an JCS, 15.7.1953 (nicht in State Department Central Files). Memorandum der JCS an Wilson, 11.8.1953. FRUS, ebenda, S. 410ff.

relation to the current threat. It would also provide for the evolutionary growth of a defense organization which would logically develop in time to include other Middle East countries, India and Afghanistan. Not only would the foundation be laid in a strategic area, but there would be no dependence upon a satisfactory resolution of the Anglo-Egyptian and Arab-Israel differences."[177]

Der Vorteil dieses Ansatzes für die politische Führung lag zweifellos in der Loslösung der Frage der Sicherheitsstrategie von der des arabisch-israelischen Konflikts und des britisch-ägyptischen Problems über den Suez-Kanal, für die Lösungen auf absehbare Zeit nicht in Sicht waren.[178] Infolgedessen bemühte sich die amerikanische Diplomatie während des Winters 1953/54 das Projekt eines Northern-Tier-Pakts - des späteren Bagdad-Pakts - weiter voranzutreiben, der zunächst jedoch nur zwischen der Türkei und dem geographisch weit entfernten Pakistan erreichbar war.[179]

Eisenhower beschloß, amerikanischer Militärhilfe nach Pakistan zuzustimmen, womit er eine bemerkenswerte Kontinuität zur Truman-Administration wahrte.[180] Allerdings nahmen er und seine engsten Berater Befürchtungen in Indien über diese Unterstützung durchaus ernst. Dem indischen

---

[177] Memorandum der JCS an Wilson, 14.11.1953. FRUS, ebenda, S. 430ff.

[178] Vgl. Nadav Safran, Israel. The Embattled Ally, Cambridge (Massachusetts)/London 1978, S. 349.

[179] Vgl. Telegramm JFDs an den US-Botschafter in Ankara, 24.12.1953. FRUS 1952-1954, a.a.O., S. 439ff.; vgl. Telegramm JFDs an den US-Botschafter in Karachi, 29.12.1953. FRUS, ebenda, S. 441f.

[180] Zwar hatten sich Pläne über amerikanische Militärhilfe an Pakistan zum Zeitpunkt des Amtswechsels in Washington 1952/53 erst im Gesprächsstadium befunden, doch hatte die Truman-Administration spätestens nach dem Scheitern des MEC 1951 die amerikanisch-pakistanische Kooperation bei der Ausgestaltung eines nahöstlichen Verteidigungssystems - anfangs gegen die "Indien-Lobby" im State Department - zügig vorangetrieben. Zur strategischen Bedeutung Pakistans in der US-Containment-Politik vgl. detailliert Robert J. McMahon, United States Cold War Strategy in South Asia: Making a Military Commitment to Pakistan, 1947-1954, in: The Journal of American History, Vol. 75, 1/1988, S. 812-840, besonders S. 832-840; vgl. ders., Toward a Post-Colonial Order: Truman Administration Policies Toward South and Southeast Asia, in: Michael J. Lacey (Ed.), The Truman Presidency, Cambridge/New York 1989, S. 359ff.

Premierminister Jawaharlal Nehru sollte deshalb mitgeteilt werden, daß sich die Militärhilfe an Pakistan nicht gegen sein Land richte, sondern einem regionalen Verteidigungsbündnis dienen solle. Indien sollte als Ausgleich verstärkte Wirtschaftshilfe bekommen.[181] In einem Brief Eisenhowers an Nehru einige Wochen später deutete der Präsident darüber hinaus auch Militärunterstützung für Indien unter bestimmten Umständen an.[182]

In der Logik der amerikanischen Strategiekonzeption lag es nun, den Irak, das sich mit Ägypten um die Vorherrschaft der arabischen Welt stritt, zu einem Beitritt zur türkisch-pakistanischen Allianz zu bewegen, weswegen das State Department erhebliche Wirtschafts- und Militärhilfe für Bagdad ins Auge faßte, die jedoch nicht unbedingt an einen Beitritt gebunden sein mußte. Die irakischen Regierungen unter Premierminister Mohamed Fadjil al-Jalami und unter seinem Nachfolger Nuri al-Said standen amerikanischer Militärhilfe, die in einem Abkommen mit dem Irak am 21. April 1954 vereinbart wurde,[183] positiv gegenüber und waren entschlossen, auch dem türkisch-pakistanischen Pakt beizutreten (was der Irak dann auch am 24. Februar 1955 tat).[184] Als Bedingung wurde lediglich genannt, daß Israel diesem Pakt nicht angehören dürfe. Von türkischer Seite wurde jedoch versichert, daß dies nicht beabsichtigt sei.[185]

---

[181] Gesprächsmemorandum mit DDE, JFD, Wilson, Stassen, 5.1.1954. FRUS, 1952-1954, a.a.O., S. 443f.
[182] Vgl. Brief DDEs an Nehru, 25.2.1954. PPPUS 1954, S. 284f.
[183] Vgl. FRUS, 1952-1954, a.a.O., S. 497.
[184] Vgl. Gesprächsmemorandum mit dem US-Botschafter in Bagdad, Burton Y. Berry, und Al-Jamali, 26.1.1954. FRUS, ebenda, S. 467f.; vgl. Telegramm vom stellvertretenden Außenminister Walter Bedell Smith an die US-Botschaft in Bagdad, 28.1.1954. FRUS, ebenda, S. 474f.; vgl. Memorandum von Botschafter Berry über ein Gespräch mit Nuri al-Said, 5.4.1954. FRUS, ebenda, S. 491f. Der Text des Vertrages über den Bagdad-Pakt ist veröffentlicht in: Documents on American Foreign Relations 1955. Published for the Council on Foreign Relations (ed. by Paul E. Zinner), New York 1956, S. 342f.
[185] Vgl. Memorandum vom US-Botschafter in Bagdad, Burton Y. Berry, über ein Gespräch zwischen Al-Jamali und dem türkischen Botschafter, 17.2.1954: "Prime Minister interjected that if Israel were to be party to arrangement, Iraq could not participate. Amb. said there was no plan to include Israel." FRUS, ebenda, S. 486f.

Zwar waren die Verhandlungen für das Kooperationsabkommen zwischen Pakistan und der Türkei - das am 2. April 1954 unterzeichnet wurde[186] - und vor allem Washingtons Beteiligung daran unter strengster Geheimhaltung geführt worden, doch waren zu Beginn des Jahres Informationen nach außen lanciert und in der Presse zu Spekulationsobjekten benutzt worden, wodurch das Vertrauen der amerikanischen Israel-Anhänger in die Eisenhower-Administration nicht gerade gestärkt worden war. Für die Amtsträger und Funktionäre der Republikanischen Partei bedeuteten die sich erneut abzeichnenden Frontlinien im Wahljahr 1954 überdies, sich zu schwierigen Diskussionen mit der eigenen Administration zu rüsten. Die Schwierigkeit bestand darin, vor den eigenen Wählern einen pro-israelischen Standpunkt zu vertreten und gleichzeitig Loyalität zu Eisenhower zu wahren. Nach außen hin mußte dabei trotz des gestörten Verhältnisses Eisenhowers zur jüdischen Gemeinde stets die Übereinstimmung zwischen den republikanischen Juden und dem Präsidenten hervorgehoben werden.

So fanden sich zu einem Treffen Ende Januar 1954 im Weißen Haus 50 jüdische Führer der GOP von der Ostküste und dem Mittleren Westen bei Eisenhower ein. Angeführt vom RNC-Vorsitzenden, Len Hall, und vom Berater für jüdische Fragen, Bernard Katzen, bekundete die Gruppe der 50, die künftig innerhalb der Partei den Namen "Jewish Advisory Committee" trug, zwar Respekt für den Präsidenten, erinnerte ihn jedoch daran, daß nicht zuletzt wegen ihres Engagements und Fund-raisings ein Großteil der jüdischen Eisenhower-Demokraten für "Ike" und andere GOP-Kandidaten gestimmt hatten.[187] Dieses Treffen konnte durchaus als vorsichtiger Fingerzeig an Eisenhower verstanden werden, es mit der "Vernachlässigung" Israels nicht zu übertreiben, da sonst etliche republikanische Mandatsträger um ihre Wiederwahl bangen müßten.

Von einer ähnlichen Sorge geleitet waren auch die Gründer der - allerdings überparteilichen - ersten amerikanisch-israelischen Gesellschaft. Bereits gegen Ende des Jahres 1953 waren Überlegungen außerhalb der jüdischen

---

[186] Vgl. FRUS, ebenda, S. 491.
[187] SUNY: Jacob K. Javits Collection, Series 1, Subseries 1, Box 7, Jewish Advisory Committee, January 27, 1954.

Organisationen im Gange, durch die Gründung einer American-Israel Society (AIS) für das Anliegen Israels in den USA ein breiteres, über die jüdische Gemeinde hinaus gehendes öffentliches Bewußtsein zu schaffen. Ihr Hauptinitiator und erster Präsident war der republikanische Gouverneur von Maryland, Theodore R. McKeldin. McKeldin hatte 1952 seine erste Reise nach Israel unternommen und war davon mit so großer Bewunderung zurückgekehrt, daß er innerhalb der GOP zu einem der wichtigsten Lobbyisten wurde.[188] Er konnte eine ganze Reihe von prominenten Politikern und Personen des öffentlichen Lebens dazu gewinnen, sich als Gründungsmitglieder zur Verfügung zu stellen und sich für die gemeinsame amerikanisch-israelische Sache zu engagieren. Dabei war es nicht zufällig, daß darunter Gouverneure an der Spitze von Staaten mit starken jüdischen Gemeinden wie Goodwin Knight (Kalifornien), Christian Herter (Massachusetts) und McKeldin waren.

Zweifellos stand bei ihnen wie auch bei den ebenfalls als Gründungsmitglieder fungierenden Senatoren Homer Ferguson (Michigan), Paul Douglas (Illinois), Irving Ives, Herbert Lehman (beide New York) und Hubert Humphrey (Minnesota) der Wunsch nach Wiederwahl mit den Stimmen und, mehr noch, den Wahlkampfspenden des starken jüdischen Bevölkerungsanteils im Vordergrund. Zu weiteren Mitbegründern der AIS, die am 21. Januar 1954 in Baltimore ins Leben gerufen wurde, zählten christliche und jüdische Kirchenführer - darunter auch Rabbi Abba Hillel Silver -, der Schriftsteller Louis Bromfield und Eleanor Roosevelt. Die AIS verstand sich als ein gesellschaftliches Forum, das die Gemeinsamkeit eines demokratischen Wertekatalogs in Israel und den USA in der Öffentlichkeit unterstreichen wollte und für ein enges amerikanisch-israelisches Verhältnis eintrat.[189]

Weit bedeutender als die in ihrem Anliegen und ihrer Organisationsstruktur doch eher lockere AIS war einige Wochen später die

---

[188] Vgl. Theodore R. McKeldin Interview. DDEL: Oral History Transcripts, OH 222.
[189] Vgl. zur Entstehung der American-Israel Society den Briefwechsel zwischen McKeldin und Silver vom Dezember 1953 und Januar 1954. WRHS: Silver Papers, A Corr 4-1-49, American-Israel Society 1953-55.

Gründung des American Zionist Committee for Public Affairs (AZCPA), dessen selbstgestellte Aufgabe es war, *"[to] conduct and direct public action on behalf of the American Zionist movement, bearing upon relations with governmental authorities, with a view to maintaining and improving friendship and good will between the U.S. and Israel."*[190] Das AZCPA vertrat die im American Zionist Council vertretenen Organisationen[191] und hatte bereits einen Vorläufer gehabt, der auf die Washingtoner Konferenz von amerikanischen jüdischen Führern im Dezember 1950 zurückging. Damals war ein Vier-Punkte-Programm zur Finanzierung der Entwicklung Israels beschlossen worden, das den Israel Bond Drive, den United Jewish Appeal (UJA), private Investitionen und die offizielle Hilfe der amerikanischen Regierung einschloß.[192]

Der UJA existierte bereits, die Jewish Agency übernahm es, die privaten Investitionen zu aquirieren, und der Israel Bond Drive förderte durch die Zeichnung von Israel-Anleihen und -Obligationen langfristige Kapitalinvestitionen. Hinter all diesen Bemühungen hatte die Erkenntnis gestanden, daß nach der massenhaften Aufnahme von jüdischen Flüchtlingen in der ersten Zeit nach der Staatsgründung Israel auf erhebliche finanzielle Unterstützung angewiesen war. Überdies glaubten die AZC-Führer um Louis Lipsky, daß nur ein starkes, von den USA vehement unterstütztes Israel die Araber zum Friedensschluß mit Israel zwingen würde. Es fehlte anfangs allerdings ein Instrument, das die zionistischen

---

[190] Announcement of AZCPA foundation, press release March 15, 1954. UR: Philip S. Bernstein/AIPAC Papers, Box 1, Chronological Files 1954-1961.
[191] Die Mitglieder des Executive Committee waren Mrs. Moses P. Epstein, Mrs. Benjamin Gottesman, Rose Halprin (Hadassah - Women's Zionist Organization of America), Nathaniel Zelikov (Hapoel Hamizrachi), Rabbi James G. Heller, Louis Segal, Chaya Surchin (Labor Zionist Organization of America Poale-Zion), Rabbi Mordechai Kirshblum, Judith Lieberman (Mizrachi Organization of America), Avraham Schenker (Progressive Zionist League - Hashomer Hatzair), Paul L. Goldman (United Zionist Labor Party - Achdut Avodah-Poale Zion), Louis Lipsky, Rabbi Irving Miller, Harry Torczyner (ZOA) und David Epstein (Zionists-Revisionists of America).
[192] Zu den Fund-raising-Organisationen, vor allem dem UJA, vgl. ausführlich Ernest Stock, Partners and Pursestrings. A History of the United Jewish Appeal, Lanham (Maryland)/London 1987, S. 145-162; vgl. auch die Erinnerungen einer der Hauptakteure im Fund-raising-Geschäft: Gottlieb Hammer, Good Faith and Credit, New York/London, besonders S. 83-128.

pro-israelischen Aktivitäten von einer einzigen Stelle aus koordinierte und das in Washington eine ständige Kampagne für staatliche Hilfszahlungen an Israel führte - eben eine Lobby-Organisation.[193]

Zwar hatte der AZC in Washington 1951 ein Büro eröffnet, in dem der bisherige Informationsdirektor der israelischen UN-Delegation - und amerikanische Staatsbürger -, Isaiah L. "Si" Kenen, als eingetragener Lobbyist für die Unterstützung im Kongreß der Aufnahme Israels ins Mutual Security Program gearbeitet hatte, doch war dem AZC seit der Amtsübernahme Eisenhowers, spätestens jedoch seit Anfang 1954, klar geworden, daß die professionelle Lobby-Aktivität in Washington verstärkt werden mußte.[194] Zu jenem Zeitpunkt war dem AZC von einem Informanten im Außenministerium zugespielt worden, daß das Verteidigungskonzept Dulles' auch militärische Unterstützung der arabischen Nachbarn Israels vorsah.[195]

Da jedoch die philantropischen Stiftungen, die bereits aktiv waren, nicht für eine Lobby-Arbeit gegen die neue Eisenhower/Dulles-Politik benutzt werden konnten, ohne daß der Steuer-Status jener Stiftungen verloren gegangen wäre (in den USA müssen Lobby-Gruppen registriert sein und dürfen keinen steuerfreien Gewinn erzielen),[196] entschlossen sich die unter dem Dach des AZC

---

[193] Vgl. Isaiah L. Kenen, Israel's Defense Line. Her Friends and Foes in Washington, Buffalo (New York), S. 66f.; vgl. Melvin I. Urofsky, We Are One! American Jewry and Israel, New York 1978, S. 299f.

[194] Leider gibt es aus der Vorbereitungsphase des AZCPA kaum zugängliche Dokumente. Die Beweisführung stützt sich daher auf ein geheimes internes Strategiepapier der AZCPA-Führung vom 20.12.1954, "Background Information on American Zionist Committee for Public Affairs", das u.a. die Vorgeschichte des AZCPA resümiert. UR: Bernstein/AIPAC Papers, Box 1, Chronological Files 1954-1961, 1.11.

[195] Brief Lipskys an Silver vom 13.1.1954: "Recent information we have received from reliable sources in Washington indicates that a serious situation has arisen with regard to American policy toward arming the Arab states." WRHS: Silver Papers, A Corr 4-1-85, American Zionist Council 1953-54. Ein Versuch Dulles', schon 1953 Ägypten mit Waffen zu beliefern, war nach einer Intervention der britischen Regierung gescheitert. Vgl. Geoffrey Aronson, From Sideshow to Center Stage. U.S. Policy Toward Egypt 1946-1956, Boulder (Colorado) 1986, S. 62f.

[196] Durch die Tatsache, daß die durch die Steuerbefreiung auferlegten Restriktionen des Internal Revenue Service für das AZCPA entfielen, hatten die

zusammengeschlossenen acht amerikanisch-zionistischen Organisationen zur Gründung einer separaten Organisation - eben des AZCPA - die sich ganz dieser Aufgabe widmen sollte. Nach außen hin wurde das AZCPA von seinem Vorsitzenden Louis Lipsky repräsentiert, der eigentliche Kopf jedoch, der mit großem Geschick quasi "im Hintergrund" die konzeptionelle und strategische Arbeit leistete, war "Si" Kenen. Innerhalb weniger Jahre sollte er sich zu einer der einflußreichsten Personen Washingtons entwickeln, ohne daß er dadurch groß bekannt wurde. Denn seine Arbeitsweise hatte das AZCPA (später American Israel Public Affairs Committee, AIPAC) als absolutes Prinzip intern schon früh festgelegt: *"The Committee does not go in for publicity about itself. If it did not have to raise money to finance its work, its name would never appear anywhere."*[197] Kenen zeigte sich später stolz darauf, daß sein Name zum ersten Mal erst nach über einem Jahrzehnt der Lobby-Tätigkeit in der Presse erschienen war.[198]

Kurz nach der neuen Gründung informierte Lipsky Außenminister Dulles in einem Schreiben vom 1. April 1954 von der AZCPA-Gründung und erbat sogleich einen Gesprächstermin mit dem Chef der amerikanischen Diplomatie, was dieser jedoch wegen der Vorbereitungen auf das Genfer Außenministertreffen ausschlagen mußte. Lipsky fügte seinem Brief jedoch eine vierseitige AZCPA-Analyse über die Situation im Nahen Osten hinzu, die eine künftige Gesprächsbereitschaft als angebracht erscheinen ließ, wurde darin doch die offizielle amerikanische Politik erheblich kritisiert. Im Lichte der jüngsten israelisch-jordanischen Grenzzwischenfälle, so der Bericht, trage das State Department - wenngleich unbeabsichtigt (*"doubtless unwittingly"*) - zur

---

AZCPA-Funktionäre ungehinderten Zugang zu Kongreßmitgliedern und Beamten des Weißen Hauses, des State Department und des Pentagon. Zusammen mit der finanziellen Unabhängigkeit von der israelischen Regierung sind dies die Gründe für die Einzigartigkeit des AZCPA (bzw. AIPAC) unter allen in Washington registrierten Lobby-Organisationen, die für eine ausländische Regierung tätig sind. Vgl. Edward Bernard Glick, The Triangular Connection. America, Israel, and the American Jews, London 1982, S. 102.
[197] Background Information on American Zionist Committee for Public Affairs, December 20, 1954. WRHS: Bernstein/AIPAC Papers, Box 1, Chronological Files 1954-1961, 1.11.
[198] Vgl. Kenen, a.a.O., S. 70.

Verschärfung der Lage bei, da Washington weiter ernsthaft die militärische Unterstützung der arabischen Staaten ins Auge fasse. Die von Dulles bei Amtsantritt ausgerufene Politik der Neutralität stelle sich mittlerweile in Wahrheit als eine Israel gegenüber unfreundliche Politik der Konzessionen an die Arabische Liga heraus. Die USA versteiften sich auf ein "Dogma", das nicht funktioniere und jeden Sinn verloren habe. Statt der erhofften Freundschaft der arabischen Staaten seien die israelisch-arabischen Spannungen und die anti-amerikanischen Gefühle in den meisten arabischen Ländern gestiegen. Das AZCPA forderte daher eine völlige Neuorientierung der amerikanischen Politik, die sich auf die Erhaltung des Friedens konzentrieren müsse, wozu auch die Ablehnung arabischer Blockaden, Bedrohungen und Aggressionen gehöre.[199]

Nicht weniger als die amerikanischen Zionisten begann die Politik der amerikanischen Regierung auch die israelische Regierung zu beunruhigen, zumal Washington Militärhilfe an Israel weiterhin ablehnte. Gegenüber offiziellen Vertretern Washingtons drückte sie ihre Irritation und ihren Protest über die amerikanische Politik aus, in deren Konsequenz man eine Schwächung der Verhandlungsbereitschaft der Araber und gleichzeitig eine Erhöhung der Kriegsbereitschaft sah, was Israels Sicherheit gefährdete. Washingtons langfristige Strategie war es jedoch, durch die amerikanische Kooperation mit **allen** Staaten des Nahen Ostens zur Stabilität in der Region und damit auch zur Sicherheit Israels beizutragen.[200] Trotz der israelischen diplomatischen Proteste war Präsident Eisenhower nicht gewillt, vom Kurs seiner *"policy of impartiality"* abzuweichen und eventuellem innenpolitischen Druck im Zusammenhang mit den

---

[199] Brief Lipskys an JFD, 1.4.1954; AZCPA-Report "For A New Policy In The Middle East", 1.4.1954; Brief JFDs an Lipsky, 10.4.1954. NA: State Department Decimal File, American Zionist Committee for Public Affairs, 684A.86/4-154.
[200] In einem Telegramm an JFD vom 29.4.54 berichtete der amerikanische Chargé d'Affaires in Tel Aviv, Francis H. Russell, über ein Gespräch vom Vortag mit dem Generaldirektor des israelischen Außenministeriums, Walter Eytan, in dem letzterer den israelischen Standpunkt dargelegt hatte. NA: State Department Central Files, LM-59 Palestine and Israel, Roll 3, Internal Affairs, Israel-Internal Political and National Defense Affairs, 784A.00/January-December 1954.

Kongreßwahlen im Herbst nachzugeben.²⁰¹ Auf die zu erwartende Auseinandersetzung mit *"strong political opposition from elements subject to Zionist influence"* hatten sich der Präsident und sein Außenminister schon eingestellt.²⁰²

Und diese Opposition sollte nicht lange auf sich warten lassen, ebensowenig wie der äußere Anlaß für den "Gegenangriff" auf die Administration. Ausgerechnet zu einer Zeit, in der die britische Regierung israelische Ängste auszuräumen suchte, Israel könnte nach dem Abzug britischer Truppen vom Suez-Kanal, der gerade ausgehandelt wurde, von Ägypten bedroht werden,²⁰³ und zu einer Zeit, in der sich der amerikanische Außenminister in höchstem Maße beunruhigt über die zunehmenden israelisch-jordanischen Grenzzwischenfälle zeigte,²⁰⁴ hielt NEA-Staatssekretär Byroade eine Rede, durch die sich die jüdische Gemeinde Amerikas schlechterdings provoziert fühlte. Am 1. Mai 1954 erläuterte Byroade in Philadelphia vor dem American Council of Judaism (ACJ)²⁰⁵ die Linien der US-Diplomatie und ging dabei mit der israelischen Politik hart ins Gericht.

---

²⁰¹ DDE hatte schon zu Beginn des Jahres bei einem Treffen mit Führern beider Häuser des Kongresses erfahren, daß er für seinen Kurs nur dann die nötige Unterstützung erhalten würde, wenn Israel zu gleichen Teilen wie die arabischen Staaten Wirtschaftshilfe bekommen sollte. Mit einem größeren Spielraum konnte Eisenhower im Wahljahr 1954 nicht rechnen. "Bipartisan Legislative Meeting, January 5, 1954". DDEL: AWF, Legislative Meetings Series, Box 1, 1954 (1).
²⁰² Dies geht aus einem Gespräch DDEs mit JFD vom 19.4.1954 in Augusta (Georgia) hervor. DDEL: Dulles Papers, JFD Chronological Series, Box 7, John Foster Dulles Chronological, April 1954 (1).
²⁰³ Vgl. Steven Z. Freiberger, The Dulles Mission to the Eisenhower Doctrine. Anglo-American Policy Toward the Middle East, 1953-56, Phil. Diss., Rutgers University, New Brunswick (New Jersey) 1990, S. 152f.
²⁰⁴ Telefongespräch Senator Ives' mit JFD, 26.3.1954: "The Sec. said the whole situation is getting awfully bad - each side says the other is planning to make war. It's so tense there could be a serious flare-up." DDEL: Dulles Papers, JFD Chronological Series, Box 7, John Foster Dulles Chronological, March 1954 (2) [telephone calls]. Zu JFDs Sorge über die Grenzzwischenfälle auch der Brief seines Büros an Leo Wolfson, Präsident der United Zionist Revisionists Organization of America, 28.6.1954. DDEL: Dulles Papers, Special Assistants Chronological Series, Box 5, O'Connor - Hanes Chronological, June 1954 (1).
²⁰⁵ Byroades Rede ist vom Vizepräsidenten des ACJ, Elmer Berger, einem Erzfeind der amerikanischen Zionisten, mitformuliert worden. Vgl. Kolsky, a.a.O., S. 477.

Byroade hatte bereits am 9. April in Dayton (Ohio) eine Israel gegenüber kritische Rede gehalten,[206] die er jetzt noch ausweitete. Er kritisierte das israelische Immigrations-Konzept, das allen jüdischen Bürgern weltweit die Einreise nach Israel erlaube, was zu Spannungen mit den arabischen Nachbarn führen müsse, die den israelischen Expansionsdrang fürchteten. Damit rührte Byroade an der raison d'être der israelischen Staatskonzeption in einer spektakulären Deutlichkeit.[207] Er forderte von der Regierung in Jerusalem die Abkehr von der

"attitude of the conqueror and the conviction that force and a policy of retaliatory killings is the only policy your neighbors will understand. (...) It is, for instance, a concern to us that Israel is prone to see dangers to herself in such a process and to exaggerate far beyond what seems to us to be the realities of the situation. We see no basis in our acts to justify her fear that her legitimate interests are placed in jeopardy by the United States concern over the area as a whole. Israel should see her future in the context of a Middle Eastern state and not as a headquarters of world-wide groupings of peoples of a particular religious faith who must have special rights within and obligations to the Jewish state."[208]

Zwar hatte sich Byroade auch den arabischen Regierungen gegenüber in seiner Rede nicht gerade unkritisch gezeigt und die arabische Bedingung abgelehnt, als Preis für die Freundschaft zu den arabischen Staaten die guten amerikanischen Beziehungen zu Israel aufzugeben, doch mußte Byroades Charakterisierung Israels als "Eroberer" von der Regierung in Tel Aviv als Beleidi-

---

[206] "Department of State Bulletin", 26.4.1954, S. 628.
[207] Byroade rechtfertigte sich einige Tage später bei JFD, der zum Zeitpunkt der Rede in Genf weilte, mit dem Ernst der Situation an der israelisch-jordanischen Grenze, so daß "the American people have a right to know some of the things that are behind the daily headlines". Außerdem erwähnte Byroade, daß Vizepräsident Nixon ihn nach der Rede unterstützt habe. Memorandum von Byroade an JFD, 5.5.1954. FRUS, 1952-1954, a.a.O., S. 1546f.
[208] "Facing Realities in Arab-Israeli Dispute", in: Department of State Bulletin, No. 5469, Near and Middle East Series 16, 10.5.1954, S. 708.

gung empfunden werden. Auch die Warnung des NEA-Staatssekretärs an Israel, es möge sich endlich als ein nahöstlicher Staat begreifen (und damit an einer regionalen Kooperation teilnehmen) und nicht als das Hauptquartier einer internationalen Religionsgemeinschaft (die ständig Sonderrechte reklamiere), wurde in Israel - aber auch in der jüdischen Gemeinde der USA - als ein erneuter "Affront" durch die Eisenhower-Administration gewertet. Botschafter Eban beschwerte sich persönlich über die Wortwahl Byroades zunächst am 5. Mai bei Byroade selbst und am 13. Mai bei Dulles.[209]

Die Kritik an der israelischen Immigrationspolitik sei, so Eban zu Byroade, nicht nur *"completely unnecessary"*, sie rüttele zudem an den Grundfesten der israelischen Staatskonzeption, daß Juden auf der ganzen Welt immer offene Türen nach Israel vorfänden. *"This concept could never be changed by any Israel Government and an attack upon it could never accomplish a useful purpose."* Auch sei es für ihn schwer verständlich, daß solche Kritik aus den USA komme, *"since both Israel and the U.S. were countries which had come into existence entirely through a process of immigration."* Die Angriffe auf Israel würden nur arabische Intransigenz und Triumphgefühle verstärken. Es gebe keinen Grund für die Annahme einer israelischen Expansion.[210] Gegenüber Dulles meinte Eban, es sei Israels Eindruck, es könne in amerikanischen Augen nichts richtig

---

[209] Es ist jedoch nicht zu vermuten, daß Byroade in Dayton und Philadelphia seine persönliche Meinung unabgestimmt mit JFD zum Ausdruck gebracht hat. Der Beweis für die "clearance" ist der ungewöhnlich große publizistische Aufwand, mit dem die Redetexte anschließend im Nahen Osten verbreitet wurden. Voice of America sendete die Reden in englisch, arabisch und hebräisch, und USIA bediente sämtliche ihrer Nahostbüros und verteilte übersetzte Kopien an regionale und lokale Tageszeitungen, Regierungspolitiker und andere wichtige Persönlichkeiten. In einigen Hauptstädten wurden die Reden sogar per Flugblatt verteilt. Vgl. dazu den Progress Report on NSC 155/1 des OCB, 29.7.1954. DDEL: White House Office, Office of the Special Assistant for Nationale Security Affairs: Records, 1952-61, NSC Series, Policy Papers Subseries, Box 5, NSC 155/1-Near East (1).
[210] Gesprächsmemorandum Eban - Byroade, 5.5.1954. FRUS 1952-1954, a.a.O., S. 1542ff.

machen. Schließlich habe Israel durch die Aufnahme von 400.000 Menschen aus Osteuropa eine große Tat für die Freie Welt geleistet.[211]

Dulles' Antwort, langfristig werde sich die amerikanische Politik positiv für Israel auswirken, war in den USA unter den Anhängern Israels nicht vermittelbar. Der Kongreßabgeordnete Jacob Javits veröffentlichte Anfang Mai einen Briefwechsel mit dem State Department, in dem er sich vor allem gegen die Absicht der Administration stellte, Waffen an den Irak zu liefern. Für einen solchen Schritt gebe die arabische Politik keinen berechtigten Anlaß.[212] Jacob Blaustein, Präsident des - nicht-zionistischen - American Jewish Committee (AJC) und Chef der Ölgesellschaft Amoco (!) wurde kurz danach direkt bei Dulles vorstellig, nachdem er zuvor bereits bei Eisenhower selbst gewesen war, der ihn jedoch an seinen Außenminister verwiesen hatte. Blaustein gab sich als ein Freund der Administration zu erkennen, doch gehe ihm die jüngste "impartiality"-Politik im Nahen Osten ein wenig zu weit, deren Grundidee er durchaus unterstütze. Auch Blaustein zeigte sich über die Waffenhilfe an den Irak sehr beunruhigt, die nach seinem Urteil zu einer Überheblichkeit und Intransigenz bei den Arabern führen werde. Es sei wahrscheinlicher, daß diese Waffen eher gegen Israel eingesetzt würden, als daß sie ein effektives Abschreckungspotential gegen die Sowjetunion darstellen könnten. Schließlich warnte Blaustein vor einer Schwächung der innenpolitischen Position des als moderat eingeschätzten neuen Ministerpräsidenten Moshe Sharett und deutete an, daß, wenn Washington ihn nicht stütze, Israel unkalkulierbar zu werden drohe.[213]

---

[211] Gesprächsmemorandum Eban - JFD, 13.5.1954. NA: State Department Central Files, LM-60 Palestine and Israel Foreign Relations, Roll 6, Israel-United States, International Political Relations, Bilateral Treaties, 611.84A-611.84A95.

[212] Javits fügte dem Briefwechsel eine persönliche Erklärung bei, in der er die Politik DDEs und JFDs als untauglich beurteilte. "I do not see how peace and security in the Near East is being effectively contributed to by any policy of furnishing arms to any of the Arab states in the absence of real prospects for peace in that area." SUNY: Jacob K. Javis Collection, Series 1, Subseries 1, Box 8, 5/7/54, Arab arms.

[213] Gesprächsmemorandum JFD - Blaustein, 12.5.1954. FRUS 1952-1954, a.a.O., S. 1555f.

Neben diesen gemäßigten Interventionsversuchen wurde jedoch auch Protest in schärferen Tönen formuliert. So wandte sich von zionistischer Seite Rabbi Silver zweimal direkt ans Weiße Haus, mußte jedoch erkennen, daß sein Einfluß dort im Schwinden begriffen war.[214] In der Folgezeit schlug er daher einen härteren Ton gegenüber der Administration an. Vor der ZOA-Hauptversammlung im Juni in New York kritisierte er die Politik Washingtons und vor allem des State Department, das Israels Sicherheit zur Disposition stelle. Wie auch zuvor Javits und, mit Abstrichen, Blaustein zeichnete Silver mit ähnlichen Argumenten vom Irak ein stereotypes Bild der Gefahr, der Rückständigkeit und der Unberechenbarkeit:

"At the moment, we are persuaded to believe that salvation in the Middle East will come from the feudal government of Iraq, which is suddenly discovered to be a paragon of democratic virtue and most friendly disposed to the United States. Iraq is to be armed by our government, not, to be sure, with sufficient military equipment to be a threat of Israel, but with just enough military equipment to resist possible Soviet aggression! Iraq will never use these American armes against Israel, we are assured, because it says so in the agreement - and agreements, as you well know - are never, never broken."[215]

Unter den amerikanischen Zionisten hatte zu diesem Zeitpunkt die Enttäuschung über Eisenhowers Administration einen weiteren, neuen Höhepunkt

---

[214] Silver hatte nach einem Besuch im Weißen Haus, der wie üblich nicht protokolliert wurde, von einem seiner Berater von der ZOA, Harold Manson, erfahren, daß sich "hohe Washingtoner Regierungsbeamte" in der israelischen Presse geäußert hatten, wonach DDE nicht geneigt war, Silvers Kritik an der Byroade-Rede ans State Department weiterzuleiten. Als auch nach einem weiteren Besuch Silvers sich DDE erneut weigerte, in Silvers Sinne beim State Department zu intervenieren, warnte Manson vor dem desaströsen Effekt, würden Einzelheiten über Silvers ergebnislose Treffen in der amerikanischen Öffentlichkeit bekannt. Es entstünde dann nämlich der fatale Eindruck, daß Silver keinerlei Einfluß mehr aufs Weiße Haus hätte. WRHS: Silver Papers, A Corr 12-1-36, Zionist Organization of America, 1953-54.
[215] Rede vor ZOA-Kongreß, 24.6.1954. WRHS: Silver Papers, A Mss/Ty 54-2.

erreicht, was sich in Silvers sarkastischen, im Grunde verbitterten Auslassungen widerspiegelte. Zur Beunruhigung und zum Ärger über die Politik Washingtons kam noch der Frust, mit seinem Anliegen auf der dortigen Entscheidungsebene keine Wirkung mehr auszuüben.[216] Für Silver, der zwar nach seinem Abtritt von der nationalen zionistischen Bühne nach wie vor eine gefragte und respektierte Persönlichkeit war und der in Cleveland immer noch einer starken und finanzkräftigen Gemeinde vorstand,[217] wurde der Bruch mit Eisenhower und Dulles, zu deren Wahl er noch 1952 aufgerufen hatte, immer offensichtlicher. Wie sich auch an Hand seines Archivs erkennbar nachzeichnen läßt, bemühte er sich in Zukunft nur noch vereinzelt um direkte Gespräche mit dem Präsidenten oder dem Außenminister. Innerhalb der amerikanischen Zionisten unternahm er von sich aus keine Initiativen, wurde jedoch stets aus erster Hand informiert und gelegentlich um Rat gebeten.

Schließlich startete als Reaktion auf die amerikanische Militärhilfe an den Irak das AZCPA unter der Leitung Kenens seinen ersten größeren PR-Angriff gegen die Regierung Eisenhower. Dieser "Angriff" wurde äußerst subtil vorgetragen und richtete sich nicht direkt gegen Eisenhower oder Dulles, sondern wollte langfristig die amerikanische Nahostpolitik im Sinne einer pro-israelischen Ideologie, der sich das AZCPA verschrieben hatte, beeinflussen. Das AZCPA ging dabei äußerst geschickt vor und forderte lediglich in einem sogenannten "Dear friend-letter" Mitglieder, Anhänger und befreundete Multiplikatoren auf, durch Anrufe oder Briefe an den jeweiligen Kongreßabgeordneten diesen zur Unterstützung des MSP im Kongreß zu bewegen. Gleichzeitig sollte unterstrichen

---

[216] Dulles hatte zudem dem stellvertretenden Unterstaatssekretär für politische Fragen, Robert Murphy, ausdrücklich untersagt, auf der gleichen ZOA-Veranstaltung zu sprechen, wie aus einem Brief Roderick O'Connors an Hall hervorgeht. Murphy war zuvor vom RNC-Vorsitzenden Len Hall gebeten worden, aus Gründen der jüdischen "Kontaktpflege" vor der ZOA eine Rede zu halten. Brief O'Connors an Hall, 4.6.1954. DDEL: Dulles Papers, Special Assistants Chronological Series, O'Connor - Hanes Chronological, June 1954 (5).
[217] Clevelands jüdische Gemeinde gehörte zu den bedeutendsten und aktivsten in den USA und war - obwohl sie etwa im Vergleich mit New York relativ klein war - einer der wichtigsten jüdischen "Fund-raiser". Vgl. Lloyd P. Gartner, The History of the Jews of Cleveland, Cleveland ^{2}1987, S. 310-319.

werden, *"that the best way to strengthen this region is through economic assistance to meet the urgent needs of its peoples."* Waren bis jetzt noch alle nahöstlichen Völker angesprochen, so wurde im zweiten Teil des Briefes der "Dear friend" aufgefordert, seine Besorgnis über die Politik des State Department auszudrücken, Kriegsgerät an den Irak zu liefern, was Israel einer höchsten Gefahr aussetze. Sollte der betreffende Abgeordnete Mitglied des House Foreign Affairs Committee sein, so wäre dringendes Handeln angesagt: *"act at once."* Briefe mit gleichlautendem oder ähnlichem Inhalt versandte das AZCPA erneut am 25. Juni mit der Zielgruppe der Abgeordneten des Repräsentantenhauses und am 15. Juli, um bei den jeweiligen Senatoren, deren MSP-Beratungen im Auswärtigen Ausschuß am 19. Juli begannen, Druck auszuüben.[218]

Diese Briefe für sich allein genommen stellten noch keinen markanten Interventionsversuch des AZCPA dar. Die Bedeutung der Mobilisierung der eigenen Anhänger wie auch potentieller "Sympathisanten", meist "Durchschnitts-Menschen", die oft aus der amerikanischen Provinz kamen, oft keinen direkten Bezug zu Israel oder dem Nahen Osten hatten und in Wahldistrikten ohne bedeutende jüdische Bevölkerung lebten, war auf eine dauerhafte Pflege der politischen Landschaft angelegt. Die Folge war ja, daß landesweit tatsächlich Tausende von Bürgern Eingaben an ihre Abgeordneten und Senatoren machten und somit ein manipuliertes Meinungsklima bei der politischen Entscheidungsfindung in Washington erzeugten, das es den Abgeordneten im Laufe der Zeit immer schwieriger werden ließ, einen eigenen, unabhängigen Standpunkt zu entwickeln, zumal nicht jeder Abgeordnete zu Israel und dem Nahostkonflikt eine Meinung haben mußte und daher ohne Probleme bereit war, auf die vernehmlichsten Stimmen seines Wahldistrikts zu hören. Auf diese Weise hat die Israel-Lobby

---

[218] "Dear friend" letters, 18.5., 25.6 und 15.7.1954. UR: Bernstein/AIPAC Papers, Box 1, Chronological Files 1954-1961, "Dear friend" letters regarding the Mutual Security Program, May-July 1954. Lipskys direkten Brief vom 15.7.1954 (NA: State Department Decimal File, American Zionist Committee for Public Affairs, 780.00/7-1554.) beantwortete JFD am 2.8. und stellte sich darin demonstrativ vor Byroade. DDEL: Dulles Papers, JFD Chronological Series, Box 9, John Foster Dulles Chronological, August 1954 (6).

Schritt für Schritt seit den fünfziger Jahren bis heute eine einmalige Fähigkeit entwickelt, die öffentliche Meinung zu mobilisieren und damit einen Einfluß im politischen Prozeß der USA auszuüben, der im Verhältnis zur Gesamtbevölkerung völlig unproportional über die rein zahlenmäßigen Verhältnisse hinausging.[219]

Diese Mobilisierung war zwar massiv im Frühjahr 1954 noch nicht zu konstatieren, doch darf spekuliert werden, daß die folgenden Schritte der Administration während des Sommers unter dem Eindruck der innenpolitischen Proteste, der Haltung der israelischen Regierung und der Situation in Israel gemacht wurden. Dabei wurde Israel in der strategischen Planung zumindest stärker berücksichtigt. Denn bereits im Mai, kurz nach den beiden Reden Byroades, hatte der Vertreter Washingtons in Tel Aviv, der Chargé d'Affaires Francis H. Russell, auf einer Konferenz der US-Botschafter des NEA-Bereichs in Istanbul vor einer Situation gewarnt, in der sich Israel mit dem Rücken zur Wand fühlen und seine antizipierte Isolation mit der Anwendung seiner militärischen Superiorität zu durchbrechen versuchen könnte. Deswegen sei es wichtig, *"not to drive Israel to a point of desperation"*. Zwar sollten die USA durchaus auch weiterhin Druck auf Israel ausüben, doch müsse man aufpassen, dadurch nicht den Falken in Tel Aviv *("sabre-rattling elements led by Ben Gurion, Lavon, and Dayan")* größeren Einfluß gegenüber Ministerpräsident Sharett zu verschaffen.[220]

Der gleiche Gedanke fand sich im Juni 1954 auch in einem "National Intelligence Estimate" (NIE) des Geheimdienstes CIA wieder. NIEs waren auf hoher Ebene abgefaßte interministerielle Berichte, die zuverlässige Einschätzungen über vitale außenpolitische Probleme darlegten. Die NIEs wurden von verschiedenen Ämtern des Intelligence Advisory Committee (IAC), des Geheimdienstrates, entworfen, anschließend von interministeriellen Arbeitsgruppen diskutiert und überarbeitet, sodann vom "Office of National Estimates" der CIA

---

[219] Vgl. Findley, a.a.O., S. 316.
[220] Konferenz der US-Botschafter des NEA-Bereichs in Istanbul, 11.-14.5.1954. White House Office, NSC Staff: Papers, 1948-61, OCB Central File Series, Box 77, OCB 091.4 Near East (File #1) (1) [May 1954-March 1955], S. 8.

koordiniert und vom IAC verabschiedet, bevor sie dem Präsidenten und dem NSC vorgelegt wurden.

Das NIE vom 22. Juni 1954 antizipierte eine wachsende Spannung zwischen Israel und seinen arabischen Nachbarn, solange die Vereinigten Staaten Waffen an die Araber lieferten und versuchten, diese in ein regionales Bündnis einzubinden. Washington müßte daher geeignete Vorsichtsmaßnahmen treffen, um der Gefahr eines neuen "Palästina-Krieges" und eines möglichen künftigen arabischen Abenteuertums zu begegnen. Außerdem müsse man damit rechnen, daß Israel versuchen werde, Militärhilfe aus den USA zu bekommen, um Unterstützung für die arabischen Staaten auszugleichen.[221]

Diese Versuche hatte es bereits offenbar ohne die Kenntnis der Geheimdienste gegeben, wie aus einem Memorandum Byroades an Dulles von Anfang Juni hervorgeht. Der NEA-Staatssekretär unterrichtete darin seinen Außenminister, daß die Israelis bereits vor einiger Zeit mit dem Wunsch an ihn herangetreten seien, den Kauf von 24 F-86-Kampfflugzeugen von der amerikanischen Herstellerfirma zu erlauben. Die amerikanische Regierung hätte dabei lediglich der Vergabe der erforderlichen Exportlizenzen zuzustimmen brauchen. Einem ersten Impuls folgend habe Byroade seine Zustimmung erteilen wollen, um die israelische Regierung nach den jüngsten Aufregungen wieder zu beruhigen, doch sei er nun zu dem Schluß gekommen, den Flugzeug-Deal doch nicht zu empfehlen.

Die Gründe, die Byroade dafür anführte, entsprachen der inneren Logik der bisher von Washington verfolgten Politik: Eine Militärhilfe an Israel zum jetzigen Zeitpunkt würde die amerikanischen Bemühungen schwächen, den Irak in eine Koalition einzubinden, würde Israels Luftwaffe noch stärker machen, als sie ohnehin schon sei, würde zudem die Gefahr heraufbeschwören, daß Israel *"some foolish move"* begehe. Schließlich hegte Byroade erhebliches Mißtrauen gegenüber

---

[221] "National Intelligence Estimate", 22.6.1954. FRUS, 1952-1954, a.a.O., S. 519.

der israelischen Zusicherung, das Ganze nicht publik zu machen. Das Pentagon wie auch Dulles stimmten Byroades Einschätzung zu.[222]

Die Erfahrungen des Frühjahrs flossen im Laufe des Monats Juli in eine konzeptionelle Ergänzung und partielle Neubetrachtung der politischen Leitlinien für die Nahostpolitik der Administration ein, wie sie 1953 in NSC 155/1 verbindlich formuliert worden waren. Diese Neubetrachtungen sollten zu größerer amerikanischer Aktivität bei der Friedenssuche des israelisch-arabischen Konflikts führen. Zunächst legte das Büro von Eisenhowers Sicherheitsberater (Special Assistant to the President for National Security Affairs), Robert Cutler, ein "Supplementary Statement of Policy on the Arab-Israeli Problem" vor, das von verschärften Voraussetzungen für das Jahr 1954 ausging. Man habe, so hieß es in der Einleitung, sich einem Punkt genähert, an dem man neue Methoden zur Entspannung der Situation, die durch die Verschlimmerung des arabisch-israelischen Problems gekennzeichnet sei, suchen sollte. Angesichts der geringen Aussicht auf eine baldige Friedenslösung wegen der Unversöhnlichkeit der israelischen und arabischen Grundpositionen müsse der amerikanische Ansatz *"gradual and practical"* sein.

Die Gefahr an der derzeitigen Lage sei, daß Israels Taktik, auf die Grenzverletzungen einzelner arabischer Gruppen und Individuen mit unverhältnismäßig schärferen Vergeltungsschlägen zu antworten, irgendwann zu offenem Kampf oder gar präventivem Krieg führen könnte. Beide Seiten unterstellten einander grundsätzlich aggressive Absichten und bezweifelten zudem aus unterschiedlichen Gründen, daß die Signatarmächte der Tripartite Declaration von 1950, vor allem jedoch die USA, eine Politik zugunsten der jeweils anderen Konfliktpartei verfolgten. Das Cutler-Papier empfahl daher als Vorbedingung einer Friedenslösung *"effective assurances to both sides against aggression"*, was jedoch von der allein schwachen UNO nicht geleistet werden könne.

---

[222] Memorandum von Byroade an JFD, 3.6.1954. FRUS, 1952-1954, a.a.O., S. 1572f.

"*Therefore, the U.S. Government, in association with other powers, is impelled to assume responsibility in developing solutions and ensuring their implementation. The measures (...) should serve (1) to deter Israel from embarking upon aggression as a preventive measure while she has military superiority; (2) to allay the fears of Israel with respect to the possibility of Arab aggression following a program of arms aid to the Arab countries; (3) to deter the Arab countries from giving serious consideration to aggressive actions against Israel following the receipt of arms.*"[223]

Angesichts der zunehmenden sowjetischen Infiltrations- und Obstruktionsversuche drohe ein Abfall des gesamten Nahen Ostens vom Westen, falls eine israelische Aggression akut werde und die Westmächte - die USA und Großbritannien[224] - diese Krise nicht würden lösen können. Schließlich würden Fortschritte beim israelisch-arabischen Problem auch die Neigung weiterer nahöstlicher Staaten befördern, an einem kollektiven anti-kommunistischen Sicherheits-Pakt, Eisenhowers und Dulles' "Lieblingsprojekt", teilzunehmen. Zu den Israel betreffenden Maßnahmen, die Cutler entwickelte, gehörte es, daß man den Israelis dringend davon abraten müsse "*(1) of trying to win a better situation in the Near East by force; (2) of resuming large-scale immigration into Israel; (3) of doctrines implying an intent to dominate the Near East.*"[225] Cutler führte in

---

[223] Dieses als "Top Secret" eingestufte Dokument ist erst 1991 deklassifiziert worden und enthält immer noch gesperrte Passagen, läßt hinsichtlich seiner Aussagekraft gleichwohl eine politisch-historische Bewertung zu. "Supplementary Statement of Policy on the Arab-Israeli Problem (proposed for addition to NSC 155/1)", 6.7.1954. DDEL: White House Office, Office of the Special Assistant for National Security Affairs: Records, 1952-61, NSC Series, Policy Papers Subseries, Box 5, NSC 155/1-Near East (1), S. 10f.
[224] Ausdrücklich unterstrich das Supplementary Statement die Zusammenarbeit mit Großbritannien, auch wenn Londons Einfluß geschwunden sei. Von Bedeutung sei besonders der britisch-jordanische Verteidigungsvertrag, unter dem London Tel Aviv informiert habe, es würde bei einem israelischen Angriff auf Jordanien aktiv werden. Frankreich räumte das NSC dagegen nur eine nominelle Rolle im Friedensprozeß ein, denn es "may be expected to provide little effective help". Vgl. ebenda, S. 11f.
[225] Ebenda, S.17.

seinem Statement als Adressaten seiner überaus deutlichen "Ratschläge" sowohl die israelische Regierung als auch die Israel-Lobby in den USA auf, was für die Fragestellung dieser Arbeit höchst bemerkenswert ist. Denn diese Tatsache implizierte, daß die israelische Politik nicht nur in Tel Aviv und Jerusalem, sondern auch in Brooklyn, Baltimore und anderswo gemacht wurde, wovon offenbar der Sicherheitsberater wie selbstverständlich ausging.

Auf der Grundlage der bisherigen Politik und des zusätzlichen Cutler-Kommentars verabschiedete der Nationale Sicherheitsrat am 23. Juli 1954 die Resolution NSC 5428. Darin wiederholte der NSC die Notwendigkeit steigender amerikanischer Verantwortung, Initiative und "Leadership" - in enger Abstimmung mit Großbritannien - in der Region und unterstrich die Bedeutung des Northern Tier-Konzepts für die westliche Sicherheit. Israel sollte in dieses Konzept ausdrücklich nicht eingebunden werden, da eine Einbeziehung Israels zum jetzigen Zeitpunkt wohl bei den arabischen Staaten eine Weigerung zur Kooperation verursachen würde. Zwar würde eine Militärhilfe an arabische Staaten angesichts der israelischen Überlegenheit auf diesem Gebiet *"not materially change the power relationship for a considerable period, but adequate safeguards are desirable to prevent misuse in the future"*. Washington und London sollten zudem geheime Pläne entwickeln, um vor allem auf eine Beendigung des arabisch-israelischen Konflikts hinzuarbeiten. Damit war das spätere "Projekt Alpha" in seiner Zielrichtung erstmals programmatisch erkennbar.

In einem anhängenden "Supplementary Statement of Policy on the Arab-Israeli Problem" wurde die Sicherung einer arabisch-israelischen Grenzregelung, die möglicherweise einige israelische Konzessionen enthalten müsse, als prioritäres Ziel amerikanischen Einflusses dem dann folgenden Maßnahmenkatalog vorangestellt. Weiterhin müßten die Israelis - und ihre Unterstützer in den USA - überzeugt werden, daß weder eine Veränderung der nahöstlichen Situation mit Gewalt noch eine massenhafte Einwanderung nach Israel und Doktrinen zur Dominierung der Region im Interesse Israels liegen könnten. Stattdessen sollte Druck auf Israel ausgeübt werden, um das Land zur raschen Ergreifung von Wirtschafts- und Finanzmaßnahmen zu bewegen, mit denen eine "*self-sustaining economy*" erreicht werden könne. In Bezug auf die palästinensischen Flüchtlinge sollte Israel dazu gebracht werden, eine begrenzte Anzahl von ihnen aufzunehmen und Dispositionen zu treffen, eingefrorene arabische Guthaben auszulösen und vernünftige Kompensationen an arabische Flüchtlinge zu zahlen.[226]

Insgesamt betrachtet schien NSC 5428 mehr von den strategischen Bedürfnissen Washingtons als von den Realitäten in der Region geprägt worden sein, denn für die politischen, wirtschaftlichen und territorialen Konzessionen, die die US-Regierung Israel abverlangen wollte, konnte keinerlei israelisches Entgegenkommen vorausgesetzt werden. Auch die gewünschte enge britisch-amerikanische Zusammenarbeit schien eine grundsätzlich differenzierte Interessenlage beider Mächte nicht zu berücksichtigen (wie im nächsten Kapitel zu zeigen sein wird). Die Festlegung auf eine größere amerikanische Aktivität bei der Lösung des israelisch-arabischen Konflikts bedeutete zugleich das Eingeständnis, daß die bisherige Politik der Neutralität mit ihren partiellen Bemühungen um Spannungsverminderung nur zu höchst marginalen Erfolgen geführt hatte. Zu diesen zählte als einzig positive Entwicklung bis zu diesem Zeitpunkt die Johnston-Mission, mit der eine Einigung zwischen Israel und seinen arabischen Nachbarn über die Nutzung des Jordan-Wassers erzielt werden sollte.

Wie sehr die Diskussionen um die Northern-Tier-Strategie und die militärische Unterstützung vor allem des Irak gleichwohl zu einem "Insichgehen" bei Außenminister Dulles geführt hatten, zeigten seine Überlegungen Anfang August nach der Verabschiedung von NSC 5428 durch den Nationalen Sicherheitsrat. Offenbar hatte das von der Israel-Lobby vorgebrachte Argument, Waffen an arabische Staaten bedrohten Israels Sicherheit, mehr Eindruck auf Dulles gemacht, als er nach außen hin zugeben wollte. Gegenüber dem sehr emsigen Abba Eban bot Dulles den Austausch von Noten zwischen beiden

---

[226] NSC 5428, 23.7.1954. DDEL: White House Office, Office of the Special Assistant for National Security Affairs: Records, 1952-61, NSC Series, Policy Papers Subseries, Box 12, NSC 5428-Near Est [deterrence of Arab-Israeli war] (1).

Regierungen an, in denen sich die amerikanische Regierung bereit erklärte, sämtliche militärische und wirtschaftliche Unterstützung an jedes nahöstliche Land sofort einzustellen, das aggressive Akte unternähme. Außerdem würde sich Washington verpflichten, *"that if any military imbalance should develop endangering Israel we would be prepared at least to consider military aid program to her to seek funds from Congress for that purpose."*[227] Dies bedeutete nichts Geringeres als eine geheime Sicherheitsgarantie für Israel.

In einem Gespräch mit dem Präsidenten warb er daraufhin um Unterstützung seines Vorschlags und äußerte sich auch in hohem Maße beunruhigt über das Bedrohtheitsgefühl der israelischen Regierung. (Gegenüber seinen Diplomaten im Nahen Osten sprach Dulles gar von der Befürchtung, Israel könne im Falle wachsender arabischer Stärke aus Panik einen Präventivkrieg riskieren.[228]) Als amerikanische Gegenmaßnahme führte er seine Idee aus, im Kongreß Mittel für Militärunterstützung Israels ab 1955 einzuwerben, falls sich tatsächlich ein militärisches Ungleichgewicht in der Region abzeichnen sollte. Vielsagend fügte Dulles hinzu, daß der Eindruck, innenpolitische Motive hätten bei diesem Schritt eine Rolle gespielt, vermieden werden müsse. Auch Präsident Eisenhower, in diesem Punkt um mehr Deutlichkeit bemüht, sagte, es müsse absolut klar sein *"that the U.S. Government was not taking any such course on account of political considerations or in an effort to get votes."*[229] Der Präsident und sein Außenminister wollten demnach keine Kurskorrektur ihrer Politik von NSC 5428 vornehmen, sondern lediglich durch eine Austarierung des nahöstlichen Gleichgewichts die Initiative behalten.[230]

---

[227] Gesprächsmemorandum JFD - Eban, 7.8.1954. NA: State Department Central Files, LM-59 Palestine and Israel, Roll 6, Internal Affairs, Israel-Internal Political and National Defense Affairs, 784A-784A.5 MSP.
[228] Memorandum JFDs an einige diplomatische Missionen, 21.8.1954. FRUS, 1952-1954, a.a.O., S. 1619f.
[229] Gesprächsmemorandum DDE - JFD, 8.8.1954. DDEL: Dulles Papers, White House Memoranda Series, Box 1, Meetings with the President 1954 (2).
[230] JFD hatte seinen Vorschlag an DDE am 9.8.1954 auch Byroade mitgeteilt und um eine Stellungnahme gebeten. Die Nahost-Abteilung (Jernegan) riet daraufhin erschrocken von JFDs Vorhaben ab, das nicht den Sicherheitsinteressen der USA entspreche. Diese machten es unmöglich, auf einer militärischen Balance zwischen

In diesen Zusammenhang paßte eine bedeutsame personelle Veränderung auf der Leitungsebene des State Department. Zum einen sollte Henry Byroade aus der öffentlichen Schußlinie gezogen werden, zum anderen sollte sein Wechsel keinesfalls als "Strafversetzung" oder gar als Zeichen einer Änderung der Politik verstanden werden. So wurde seine Ernennung zum neuen US-Botschafter vom Januar 1955 an in Kairo beschlossen, eine Schlüsselposition, deren Wichtigkeit in den nächsten zwei Jahren noch dramatisch steigen sollte. Dulles hoffte, daß der ehemalige Armeegeneral Byroade mit dem "Offizierskollegen" Nasser einfacher würde kommunizieren und ihm die strategischen Ziele Washingtons plausibler würde machen können.[231] Sobald Byroades bevorstehende Abberufung als NEA-Staatssekretär bekannt wurde, sorgte dies für Unruhe bei der Israel-Lobby, die sogleich versuchte, einen ihr genehmen Nachfolger zu installieren, um abermals eine drohende Berufung Loy Hendersons zu verhindern. Dies geht aus dem Briefwechsel des New Yorker Anwalts und Zionisten Hyman A. Schulson mit Rabbi Silver von Ende Juli bis Anfang September 1954 hervor.[232]

Der Kandidat der Lobby war der Vorsitzende des pro-israelischen "American Christian Palestine Committee of Greater New York", Dean Alfange. Alfange verfügte über gute Beziehungen im Kongreß und galt bei führenden jüdischen Vertretern als jemand, mit dem die amerikanischen Zionisten und Israel wenig Probleme haben würden. Es wurde nach einem Gespräch zwischen Alfange und dem New Yorker Senator Ives Ende Juli in Washington vereinbart, daß zunächst Gouverneur Dewey von New York und dann Ives bei Dulles und dem Stabschef des Weißen Hauses, Sherman Adams, in dieser Sache antichambrieren

---

Israel und den arabischen Staaten zu bestehen, da "Israel's concept of her role in the Middle East is that of the dominant power with clear military superiority over all her neighbors combined." Memorandum von Jernegan an JFD, 30.8.1954. NA: State Department Central Files, LM-60 Palestine and Israel Foreign Relations, Roll 6, Israel-United States, International Political Relations, Bilateral Treaties, 611.84A-611.84A95.
[231] Vgl. Freiberger, a.a.O., S. 159.
[232] WRHS: Silver Papers, A Corr 11-1-7, U.S. State Department 1953-54.

sollten. Rabbi Silver, so Schulson, sollte deswegen zuerst mit Dewey Kontakt aufnehmen und dann selbst bei Dulles und Adams vorstellig werden.[233]

Trotz aller Bemühungen wurde aus dem Personal-Deal jedoch nichts. Bei einem Besuch in Washington Mitte August wurde Rabbi Silver vom stellvertretenden Außenminister Walter Bedell Smith bedeutet, daß Byroades Nachfolger erneut ein Karriere-Diplomat werden würde, *"but it was certainly not Henderson".*[234] Und auch das war nur ein schwacher Trost für die Israel-Anhänger, denn für sie war der schließlich zum NEA-Staatssekretär ernannte George V. Allen *"just as hostile to Zionist aspirations, if his past record is any guide."* In der Tat war Allen zwischen 1938 bis 1946 zusammen mit Wallace Murray und Loy Henderson einer der Spitzendiplomaten in der Nahost-Abteilung gewesen, die zur zionistischen Sache in Opposition gestanden hatten und klare Verfechter der Politik des Weißbuchs, der restriktiven Einwanderung ins Mandatsgebiet Palästina, gewesen waren. Von 1948 bis 1950 hatte Allen als Assistant Secretary of State for Public Affairs zwar nicht direkt mit Israel zu tun gehabt, doch war er den Israel-Anhängern aufgefallen, da er häufig die Presse und Kongreßmitglieder mit "anti-israelischen" Informationen gefüttert hatte.

Schulsons letzter Brief an Rabbi Silver in dieser Angelegenheit endete mit der resignativen Feststellung, daß das Außenministerium der Israel-Lobby wohl immer verschlossen bleiben werde:

"The foreign service officers of the Department of State have a genius in succeeding to get placed men who are anti-Israel and anti-Zionist in the key spot. Until we learn how to get friends placed in such key spots, I am sure we will always have very difficult times with the State Department on Israeli and Zionist affairs, and we will constantly have to run to and pressure the Secretary of State and Under Secretary of State or the White House to reverse the hostile policies of underlings."[235]

---

[233] Brief Schulsons an Silver, 28.7.1954. Ebenda.
[234] Brief Silvers an Schulson, 30.8.1954. Ebenda.
[235] Brief Schulsons an Silver, 2.9.1954. Ebenda.

Neben den verbalen Scharmützeln mit der Administration war es vor allem ein Ereignis aus der ersten Jahreshälfte im Nahen Osten selbst, das die amerikanischen Juden beschäftigte, obgleich Israel davon nur indirekt betroffen war. Im Juli nämlich endeten die britisch-ägyptischen Verhandlungen über die künftige Kontrolle des Suez-Kanals mit einem Abkommen (*"Heads of Agreement"*), das den Abzug der rund 80.000 britischen Soldaten vom Kanal innerhalb der nächsten zwanzig Monate bestimmte.[236] Die Verhandlungen waren notwendig geworden, nachdem Kairo 1951 einseitig den aus dem Jahre 1936 stammenden britisch-ägyptischen Beistandspakt aufgekündigt hatte. Die bisherige Stellung Londons besaß eine große strategische Bedeutung, denn die Militärbasen am Kanal waren die einzigen neben denen in der Türkei, die von den westlichen Verbündeten für die Unterstützung substantieller Militärkräfte benutzt werden konnten. Die Verhandlungen dauerten daher rund 15 Monate, verliefen nicht immer in spannungsfreier Atmosphäre und mußten sogar zeitweise wegen Meinungsverschiedenheiten unterbrochen werden.

Jüngste Untersuchungen belegen, daß das Abkommen wesentlich auf Vermittlung und Druck der amerikanischen Diplomatie zustande kam, die dadurch die US-Position in Ägypten konsolidieren, langfristig den amerikanischen Einfluß im Nahen Osten festigen und Großbritannien endgültig als Hauptgroßmacht in der Region ablösen wollte.[237] Auch die britische Regierung hoffte ihre Position zu festigen, da sie mit den Gesprächen über ein Symbol aus ihrer Sicht imperialer

---

[236] Die britische Militärpräsenz in Ägypten war jedoch weit überzogen, denn nach dem britisch-ägyptischen Vertrag von 1936 hätten nur 10.000 britische Soldaten in Ägypten stationiert sein dürfen. Vgl. William Roger Louis, The Tragedy of the Anglo-Egyptian Settlement of 1954, in: Ders./Roger Owen (Eds.), Suez 1956. The Crisis and its Consequences, Oxford 1989, S.53.
[237] Vgl. Laila Amin Morsy, The Role of the United States in the Anglo-Egyptian Agreement of 1954, in: Middle Eastern Studies, 3/1993, S. 526-558, konkret S. 551f.; vgl. weniger detailliert und pointiert Peter L. Hahn, The United States, Great Britain and Egypt, 1945-1956. Strategy and Diplomacy in the Early Cold War, Chapel Hill (North Carolina)/London 1991, S. 156-165; vgl. Scott W. Lucas, Divided We Stand. Britain, the US and the Suez Crisis, London 1991, S. 27-32; vgl. Oren, Origins of the Second Arab-Israel War, a.a.O., S. 66ff.

Dominanz andeutete, nun mit Ägypten von gleich zu gleich zu verhandeln.[238] Zwar bestand zwischen London und Washington Einigkeit über das politische Ziel, nämlich eine Kanal-Evakuierung noch vor einem Verteidigungsarrangement mit Ägypten, doch verfolgten beide Regierungen damit unterschiedliche Taktiken. Während John Foster Dulles in erfolgreichen britisch-ägyptischen Verhandlungen den Schlüssel zur Erreichung seines Hauptziels, der Einbindung Ägyptens in ein rein regionales Verteidigungsbündnis im Sinne der Containment-Strategie, einer Middle East Defense Organization (MEDO), sah, hatte ein solches Bündnis für die Churchill-Regierung nicht diese Bedeutung, da London - wie beim späteren Bagdad-Pakt - an einem regionalen Bündnis beteiligt sein wollte.[239]

Wie schon bei den Verhandlungen zum türkisch-pakistanischen Pakt war es Dulles' Vorstellung, daß ein regionales Verteidigungsbündnis nicht von außen aufgepfropft werden konnte, sondern sich aus einem Gefühl des gemeinsamen Schicksals und der gemeinsamen Bedrohung (durch den Kommunismus) der Staaten in der Region entwickeln mußte und nicht von unzeitgemäßem Imperialismus britischer Provenienz affektiert sein durfte. Washingtons komplizierter Gedankengang war demnach, daß eine Vertrauensbildung zwischen Ägypten und Großbritannien die Basis für eine Entspannung der regionalen Konflikte werden würde, durch die dann langfristig eine Stärkung des anti-kommunistischen Northern-Tier-Konzeptes erreicht werden könnte.[240]

Die Londoner Regierung war ihrerseits bestrebt, ihre nahöstliche Einflußsphäre durch eine möglichst intransigente Haltung in den Verhandlungen aufrechtzuerhalten und kritisierte im Laufe der Verhandlungen, an denen amerikanische Vertreter nicht teilnahmen, aber hinter den Kulissen eine rege Aktivität entwickelten, die ihrer Meinung nach unangemessene Appeasement-Haltung der Amerikaner gegenüber Ägypten. Für die Amerikaner andererseits war die britische Haltung ein weiterer Beweis für die britische Unfähigkeit, die

---

[238] Vgl. Morsy, a.a.O., S. 527.
[239] Vgl. ebenda, S. 529ff.; vgl. Louis, The Tragedy of the Anglo-Egyptian Settlement of 1954, a.a.O., S. 48.
[240] Vgl. Morsy, a.a.O., S. 539.

Nachkriegsrealitäten in der Region zur Kenntnis und Abschied von einem imperialen System zu nehmen, das Großbritannien als zentrale Schutzmacht vorsah.[241]

Daß die Verhandlungen am Ende zu einem erfolgreichen Abschluß kamen, daran hatte Dulles entscheidenden Anteil, indem er Ägypten finanzielle Zugeständnisse machte, mit denen das Obristen-Regime in Kairo, an dessen Spitze seit Februar 1954 allein Nasser stand, die Verpflichtungen aus dem Abkommen erfüllen konnte.[242] Insgesamt wurden 21 Millionen Dollar für das Haushaltsjahr 1955 an wirtschaftlicher und militärischer Unterstützung Washingtons für Ägypten veranschlagt.[243]

In Israel und bei seinen amerikanischen Unterstützern sorgte das Abkommen für Unruhe, da man in dem britischen Rückzug einen Wegfall eines stabilisierenden Elements zwischen Israel und Ägypten sah, wodurch eine Steigerung der Bedrohung Israels perzipiert wurde.[244] In den USA hatte sich diese Unruhe unter den amerikanischen Juden derart erhöht, daß in den maßgeblichen Kreisen ein weiterer Interventionsversuch auf der politischen Entscheidungsebene vorbereitet wurde. Der Impuls dazu ging - wieder einmal - von den Funktionären der Republikanischen Partei aus, die im Spätsommer des Jahres 1954 vor der Planung und Vorbereitung der Wahlkämpfe für die bevorstehenden "mid-term-elections" Anfang November standen, bei denen ein Teil des Kongresses sowie zahlreiche Gouverneure neu gewählt werden sollten.

---

[241] Vgl. ebenda, S. 540.
[242] Vgl. Hahn, The United States, Great Britain, and Egypt, 1945-1956, a.a.O., S. 171-178; vgl. Aronson, a.a.O., S. 78. Die Briten hatten allerdings die amerikanische Vermittlung nicht ohne Groll zur Kenntnis genommen.
[243] Vgl. Morsy, a.a.O., S. 551. Die Briten stimmten am Ende der Evakuierung zu, erreichten aber ein "Landungsrecht", falls ein befreundeter arabischer Staat oder die Türkei von einem Drittstaat angegriffen werden sollten. Vgl. Louis, The Tragedy of the Anglo-Egyptian Settlement of 1954, a.a.O., S. 68f. Der Text des britisch-ägyptischen Abkommens (Heads of Agreement) vom 27.7.1954 ist veröffentlicht in: Documents on American Foreign Relations 1954. Published for the Council on Foreign Relations (ed. by Peter V. Curl), New York 1955, S. 388ff.
[244] Vgl. Oren, Origins of the Second Arab-Israel War, a.a.O., S. 49-55.

Bernard Katzen, den das Republican National Committee zu seinem Leiter der Abteilung für jüdische Fragen gemacht hatte, wandte sich dazu an Gouverneur Dewey, der immer noch die Leitfigur der republikanischen Israel-Anhänger war. Katzen mahnte dringend ein Statement eines Verantwortlichen der Administration an, das die jüdischen Wähler beruhigen würde. Dieses Statement müsse klarstellen, daß die jüngsten Prioritäten nicht als Änderung der amerikanischen Politik, die die Stabilität und Sicherheit Israels unterstützt habe, zu verstehen sei.[245]

Eine Woche später meldete sich Katzen erneut bei Dewey mit einem Vorschlag, den er zuvor mit dem Parteivorsitzenden Len Hall abgesprochen hatte und der *"of the utmost importance"* sei. Demnach hatte die Parteiführung vier alternative Pläne ausgearbeitet, um die Gefühlslage der jüdischen Gemeinde Amerikas der Regierungsspitze deutlich zu machen. Beabsichtigt war freilich die Warnung vor einem Wahl-Desaster, falls die Israel-Politik nicht wieder nach außen hin positiv würde. Der erste Plan sah eine Delegation von hochrangigen Mandatsträgern und Funktionären der GOP vor (dabei waren die Senatoren Ferguson, Wiley, Saltonstall, Dirksen und Ives, die Abgeordneten Javits und Simpson sowie von der Partei Hall und Katzen vorgesehen), die Außenminister Dulles treffen sollten. Bei diesem Treffen sollte die Besorgnis der republikanischen Parteiführung zum Ausdruck gebracht werden, daß sie das Versprechen aus dem Wahlprogramm von 1952 in Bezug auf Israel (Sicherheit und Stabilität) als gefährdet ansah.

Plan zwei schlug dieselbe Delegation bei Präsident Eisenhower vor, Plan drei enthielt ein Treffen Eisenhowers mit Hall, Katzen und dem neuen ZOA-Präsidenten Mortimer May, während Plan vier einen Auftritt von Außenminister Dulles als Gastredner bei einer Versammlung prominenter jüdischer Führer vorsah. Im Interesse der Republikanischen Partei sollte auf jeden Fall von kompetenter

---

[245] Memorandum Katzens an Dewey, 27.7.1954. UR: Dewey Papers, Series 6, Third Term Governor, Personal Correspondence, Box 73, Katzen, Bernard 1952.

Seite geklärt werden, daß die Politik der Errichtung eines anti-kommunistischen Blocks im Nahen Osten nicht zu Lasten Israels gehen würde.[246]

Will man diese parteipolitischen Gedankenspiele sachgerecht einordnen, muß man sich deren Bedeutung noch einmal klarmachen: In der Führung der die Exekutive stellenden Partei wurden geradezu konspirativ Pläne entwickelt, wie man sich zur eigenen Regierung am besten Zugang verschaffte, um dieser eine politische Position mitzuteilen, die unter den Mandatsträgern außerhalb der Administration stark vertreten war. Ohne die Berücksichtigung dieser Auffassung in der politischen Praxis, so die Initiatoren, drohe der Partei in der Legislative ein erheblicher Einflußverlust, stehe die Mehrheit im Kongreß zur Disposition. Selbst wenn man konzediert, daß im politischen System der USA die Parteien nur eine marginale Rolle spielen und eigentlich nur in Wahlkämpfen ins öffentliche Bewußtsein gelangen, waren die Vorgänge innerhalb der republikanischen Parteiführung höchst bemerkenswert.

Aus ihnen sprach das schlichte Unbehagen, daß die eigene Regierung in einer für sehr bedeutend gehaltenen politischen Frage einen Kurs verfolgte, der von der "Basis" nicht nur nicht mehr getragen werden konnte und der deswegen viele republikanische Mandatsträger in den Zwiespalt zwischen politischer Loyalität und dem Wunsch der Wiederwahl brachte, sondern der auch die republikanische Mehrheit zu verspielen drohte. Aus der Vorsicht, mit der Hall und Katzen zu Werke gingen, sprach allerdings auch die überragende Bedeutung der Person Eisenhowers für die republikanische Mehrheitsfähigkeit und seine daraus resultierende Unangreifbarkeit. Für das einzelne republikanische Kongreßmitglied lautete die Frage jedoch: Verzeihen mir meine Wähler, was sie Eisenhower zugestehen, nämlich die freie politische Entscheidungs- und Handlungsfreiheit notfalls mit einer anderen Priorität als Israel?

Zu diesen Politikern gehörte auch Senator Everett Saltonstall, der sich in Massachusetts einem schweren Wahlkampf zu stellen hatte und der Ende August 1954 eine - fast ausschließlich aus Republikanern bestehende -

---

[246] Brief Katzens an Dewey, 4.8.1954. Ebenda.

Kongreßdelegation bei Außenminister Dulles anführte. Saltonstall war Vorsitzender des mächtigen Streitkräfteausschusses des Senats und einer der wichtigsten republikanischen Verbündeten Eisenhowers im Kongreß. Zusammen mit den Senatoren Ives und Lehman sowie den Abgeordneten Javits (alle aus New York) und William Bray (Indiana) brachte Saltonstall bei Dulles die Balance zwischen Israel und den arabischen Staaten zur Sprache, die in ihren Augen durch die vorläufige britisch-ägyptische Übereinkunft über den Abzug der Briten vom Suez-Kanal und die amerikanischen Militärhilfeabkommen mit arabischen Staaten zum Nachteil Israels bedroht sei. Zwar versprach Dulles lediglich intensive amerikanische Bemühungen, um die Probleme der Region im Sinne der Kongreßdelegierten zu lösen, doch reichte dies Saltonstall bereits, um anschließend publikumswirksam sein Vertrauen in die Administration der Presse mitzuteilen.[247] Hinter den Kulissen allerdings erbat Saltonstalls Büro kurz darauf *"in view of the tight election situation in Massachusetts"* im Voraus einen Hinweis auf eine mögliche Israel-Stellungnahme von Dulles, die der Senator dann im Wahlkampf nutzen könne.[248]

Andere pro-israelische Parteigänger wie der Gouverneur von Maryland und Vorsitzende der AIS, Theodore R. McKeldin, der ebenfalls zur Wiederwahl anstand, bewegten sich mit ihren Stellungnahmen derart am Rande der Seriosität, daß sie auf der politischen Entscheidungsebene kaum noch ernst genommen wurden. Am 2. September 1954 machte Sicherheitsberater Cutler den NSC auf eine Rede McKeldins aufmerksam, in der die US-Politik im Nahen Osten mit folgenden Worten kritisiert wurde:

"Israel is the only truly democratic state, the one island of freedom in that vast area of medieval absolutism. (...) If communism spreads into Arab countries, it wll not be by force of invading armies, but by the exploitation of the

---

[247] Pressemitteilung des Büros von Senator Everett Saltonstall, 20.8.1954. SUNY: Jacob K. Javits Collection, Series 1, Subseries 1, Box 8, 8/20/54 Middle East.
[248] Memorandum O'Connors an JFD, 27.8.1954. DDEL: Dulles Papers, Special Assistants Chronological Series, Box 6, O'Connor-Hanes Chronological, August 1954 (1).

abysmal degradation and poverty of the Arab masses. In sending arms to the feudal masters are we identifying ourselves with the status quo of economic serfdom?"

Dem Vorschlag von Budgetdirektor Rowland Hughes, das State Department müsse dem Gouverneur von Maryland wohl ein Briefing über die Richtlinien amerikanischer Nahostpolitik geben, entgegnete der stellvertretende Außenminister Smith, daß *"silence was the best course of action in this case"*, womit die Diskussion beendet war.[249]

Es darf gleichwohl nicht übersehen werden, daß McKeldins Sichtweise Israels als "Insel der Demokratie inmitten von gewaltigem mittelalterlichen Absolutismus" eine auch innerhalb der politischen Führungsschicht weitverbreitete Ansicht war, selbst wenn sie nicht immer so schlicht formuliert wurde. Die amerikanischen - nicht-jüdischen - Israel-Anhänger, die in den wenigsten Fällen den Orient aus eigenem Erleben kannten (woran die israelische Regierung allerdings arbeitete), transportierten ein Bild Israels, das vom Muster eines Freund-Feind-Denkens gezeichnet war und sich aus religiösen, kulturellen und anti-kommunistischen Quellen und Vorurteilen speiste. Während führende amerikanische Juden bei ihren Gesprächen mit der Führung des State Department mehr mit einer isolierten Verletzbarkeit und Unsicherheit Israels argumentierten,[250] bemühten nicht-jüdische Israel-Anhänger regelmäßig das Argument Israels als das "Bollwerk" gegen das Vordringen des Weltkommunismus, weil auf diese Weise versucht wurde, Israel als Teil westlicher Sicherheitsstrategie zu perzipieren. Denn das Problem der Israel-Lobby war es, daß die Administration in ihrer Politik ausdrücklich nicht von Israel als Teil einer pro-westlichen anti-kommunistischen Allianz im Nahen Osten ausging, sondern im Gegenteil Israel und den schwelenden

---

[249] DDEL: Ann Whitman File, NSC Series, Box 6, 212th Meeting of NSC, September 2, 1954.
[250] Vgl. dazu die Gespräche Rabbi Silvers mit W.B. Smith vom 16.8.1954 (FRUS 1952-1954, a.a.O., S.1613f.) und Philip Klutznicks, dem Präsidenten von B'nai B'rith, mit JFD vom 19.8.1954 (FRUS, ebenda, S. 1617.).

israelisch-arabischen Konflikt als absoluten "Störfaktor" für westliche Sicherheitsstrategien auffaßte.

Akzeptiert man die Prämisse, daß die Israel-Anhänger um eine Einbeziehung Israels in das strategische Konzept Washingtons der globalen Containment-Strategie bemüht waren, erscheint der eigentlich abwegig erscheinende Versuch, Israels Aufnahme in die NATO zu betreiben, aus der Sicht der Israel-Lobby durchaus plausibel.[251] Ein solcher Versuch wurde Anfang Oktober 1954 von Gouverneur Thomas Dewey gegenüber Außenminister Dulles vor dem Hintergrund der nahenden Kongreßwahlen am 2. November und der Verstimmung unter den jüdischen Wählern unternommen. Um die Araber nicht zu verärgern, sollten auch Jordanien und der Iran in die NATO aufgenommen werden.[252] Dies bedeute Sicherheit und sei zudem gegen die kommunistische Aggression gerichtet. Der offenbar irritierte Dulles lehnte dies jedoch mit dem Hinweis auf die gestalterischen Grenzen der Exekutive ohne eine Resolution des Kongresses ab und erwähnte stattdessen seine Idee des Notenwechsels mit Israels, was Israel die nötige Sicherheit geben sollte. Darauf drang Dewey auf ein anderes öffentlichkeitswirksames "Zeichen" innerhalb der nächsten zwei Wochen. Er forderte ein Treffen *"to tell the right people of what the Secretary comes up with, and then have these people go out and tell about it."*[253]

---

[251] Nach Angaben des letzten US-Botschafters in Israel unter DDE, Ogden Reid (1959-61), war eine NATO-Mitgliedschaft Israels sogar eine politische Option gewesen, die alle Administrationen als quasi letztes Mittel zur Verteidigung Israels betrachtet hatten. Vgl. Ogden Reid Interview. DDEL: Oral History Transcripts, OH 61.

[252] Der Vorschlag offenbarte Deweys Unkenntnis über die nahöstlichen Verhältnisse: Weder war der Iran ein arabisches Land (sondern wohl eher ein arabischer Feind), noch war Jordanien bei seinen arabischen Nachbarn sonderlich beliebt (sondern wohl eher als westliche Marionette abgestempelt). Eine Aufnahme dieser beiden Länder und Israels in die NATO hätte somit für ein Desaster der amerikanischen Position im Nahen Osten gesorgt. In Israel hingegen hatte Ben Gurion schon im März 1953 Israels Aufnahme in die NATO als eine Option angesehen. Vgl. Yungher, a.a.O., S. 263; vgl. Safran, Israel, a.a.O., S. 350.

[253] Gesprächsmemorandum JFD - Dewey, 7.10.1954. DDEL: Dulles Papers, JFD Chronological Series, Box 9, John Foster Dulles Chronological, October 1954 (1) [telephone calls].

Ziel von Dewey war es also nicht nur, eine Konferenz zu arrangieren, bei der wie schon in der Vergangenheit lediglich Standpunkte ausgetauscht würden, sondern er wollte den publizistischen "Befreiungsschlag", mit dem eine spektakuläre Bestätigung der engen amerikanisch-israelischen Beziehungen von einem hochrangigen und kompetenten Vertreter der Administration gelandet werden sollte. Es galt, das Spannungsfeld zwischen den politischen Bedürfnissen der Partei und den diplomatischen Interessen der Administration aufzulösen und die Positionen beider Pfeiler des Regimes durch stärkere Kommunikationsbereitschaft zu harmonisieren.[254]

Zwei Tage nach dem Gespräch Deweys mit Dulles bot sich eine solche Gelegenheit, als der New Yorker Gouverneur vom Geschäftsmann Leonard V. Finder, einem alten Bekannten Eisenhowers, darüber informiert wurde, daß der Präsident auf Finders Drängen hin zugesagt habe, beim Jewish Tercentenary Dinner in New York am 20. Oktober 1954 eine Rede zu halten. Bei dieser Veranstaltung sollte die Ankunft der ersten jüdischen Siedler in Amerika 300 Jahre zuvor gefeiert werden. Finder, im Hauptberuf Vizepräsident der Universal Match Corporation, St. Louis (Missouri), sowie Präsidiumsmitglied von B'nai B'rith, meinte gegenüber Dewey, *"that this same occasion can be extremely useful in connection with the attitude of voters in New York in November."* Die New Yorker Juden seien längst der Ansicht, daß diese Administration weit weniger aufmerksam gegenüber Israel sei, als es eine Regierung der Demokraten wäre, und Eisenhower könne mit einer eingehenden Erklärung für Verständnis und Zustimmung seiner Nahostpolitik werben. *"I believe that a clear expression by the President at this*

---

[254] Dieser Gedanke findet sich explizit in einem Memorandum Halls und Katzens an Dewey vom 4.10.1954 formuliert, in dem es hieß, daß angesichts der "deteriorated position of our party in the Jewish voting area because of the Middle East policy of the State Department (...) I believe that there has not been a full exploration of an area that lies between the point of our party's political needs and our government's diplomatic interests." UR: Dewey Papers, Series 6, Third Term Governor, Personal Correspondence, Box 73, Katzen, Bernard 1952.

dinner as to how we look at the Middle East should have very salutory effects both in international and domestic support of that program."[255]

Jacob Javits, der sich zwar in New York zur Wahl stellte (allerdings nicht als Abgeordneter, sondern als Oberster Staatsanwalt), der andererseits jedoch davor warnte, man dürfe das Thema Israel nicht zum Wahlkampfthema der Parteien machen,[256] versuchte angesichts der nun einsetzenden Entwicklung von seiten der GOP, die Rede Eisenhowers zu einer zu hohen Bedeutung zu stilisieren, dem entgegenzuwirken und stattdessen die Auseinandersetzung der jüdischen Organisationen wieder auf das State Department zu konzentrieren. Dabei bemühte er sich vergeblich, ein für den 25. Oktober angesetztes Treffen von Außenminister Dulles mit den Vertretern von 16[257] jüdischen Organisationen auf einen Termin vor der Präsidenten-Rede vorzuverlegen, um so eine größere Distanz zum Wahltermin zu haben. Ein befürchteter eventueller verbaler Zusammenstoß der jüdischen Vertreter mit Dulles könnte so durch das Charisma des Präsidenten noch rechtzeitig vor der Wahl in seiner Wirkung wieder neutralisiert werden. Javits sah sich als Vermittler zwischen jüdischen Gruppen und der Administration, wobei es ihm jedoch in erster Linie um die Interessen der Partei und den Schutz der Reputation Eisenhowers ging.[258]

---

[255] Brief Finders an Dewey, 9.10.1954. DDEL: Finder Papers, Box 8, Personal Correspondence, 1953-59.
[256] Vgl. Telefongespräch Javits - O'Connor (Assistent von JFD), 8.10.1954. DDEL: Dulles Papers, Special Assistants Chronological Series, Box 6, O'Connor-Hanes Chronological, October 1954 (1). Ein anderer republikanischer Kandidat in New York, Warren Schnur, verlangte das Gegenteil: eine völlige Neuorientierung der amerikanischen Politik, um damit im Wahlkampf entscheidende Punkte machen zu können. Vgl. Brief Schnurs an JFD, 18.10.1954. NA: State Department Central Files, LM-60 Palestine and Israel Foreign Relations, Roll 6, Israel-United States, International Political Relations, Bilateral Treaties, 611.84A-611.84A95.
[257] Die Memoranden der Telefongespräche, die Javits mit O'Connor führte, erwähnen nur 14 Organisationen, tatsächlich handelte es sich aber um 16, wie ein Blick auf die Resolution vom 25.10.1954 zeigt. NA: State Department Decimal File, American Zionist Committee for Public Affairs, 611.00/10-2254.
[258] Vgl. die Telefongespräche von Javits mit O'Connor, 11. und 13.10.1954. DDEL: Dulles Papers, Special Assistants Chronological Series, Box 6, O'Connor-Hanes Chronological, October 1954 (3)+(2).

Javits' Befürchtung hatte seine Ursache in einer Entwicklung unter den jüdischen Organisationen Amerikas, die auf eine stärkere organisatorische Einheit und publizistische Wirkung abzielte. Besorgt um die Sicherheitsprobleme Israels waren diese ideologisch, soziologisch und theologisch äußerst heterogenen Organisationen dabei, unter Führung des Co-Präsidenten der Jewish Agency, Nahum Goldmann, der damit auch seine persönliche Machtstellung innerhalb des amerikanischen Judentums institutionalisieren wollte,[259] einen *"consultative body"* zu bilden und sich ansonsten geschlossen bei Außenminister Dulles bemerkbar zu machen. Zwar beteuerte Goldmann gegenüber Byroade, daß er bemüht sei, eine verschärfte Auseinandersetzung zwischen den amerikanischen Juden und der Regierung zu verhindern, doch berichtete er gleichzeitig von wachsendem Druck, der sich gegen den Außenminister richte.[260]

Dieses Drucks waren die Verantwortlichen des State Department nur zu sehr gewahr. Am Nachmittag des 13. Oktober 1954 kamen im Außenministerium - der Minister selbst war in jener Woche in Urlaub - Herbert Hoover, jr., der am 4. Oktober Walter Bedell Smith als stellvertretenden Außenminister abgelöst hatte, Henry Byroade, der Oberste Bundesanwalt (Solicitor General), Richter Simon Sobeloff, der Kabinettsekretär des Weißen Hauses, Maxwell Rabb, sowie Parteichef Len Hall zum Krisenmanagement zusammen. Gemeinsam bastelten sie mehrere Stunden an der Formulierung einer Stellungnahme Dulles', mit der dieser angesichts des Wahlkampfdrucks an die Öffentlichkeit gehen sollte. Die Stellungnahme mußte den bereits erwähnten Spagat zwischen Partei- und Regierungsinteressen am besten erfüllen, wenn sie von den Prinzipien der bisherigen Politik nichts preisgab und von den amerikanischen Medien, der israelischen Regierung und den Arabern nicht falsch ausgelegt werden konnte. Über Jacob Javits und Bernard Katzen hatte die Runde zudem Informationen über Vorbereitungen eines am nächsten Tage in New York

---

[259] Vgl. Tivnan, a.a.O., S. 40f.
[260] Vgl. Gesprächsmemorandum Byroade - Goldmann, 12.10.1954. NA: State Department Central Files, LM-60 Palestine and Israel Foreign Relations, Roll 6, Israel-United States, International Political Relations, Bilateral Treaties, 611.84A-611.84A95.

stattfindenden Treffens der jüdischen Organisationen, die mit Dulles am 25. Oktober konferieren sollten.[261]

Katzen war es auch, der am 15. Oktober eine weitere höchst dringliche Botschaft ans State Department übermittelte. Er sei mehr denn je von der Notwendigkeit eines politischen Signals überzeugt, denn *"the political pressures were increasing and (...) somme Jewish circles were now campaigning quite openly for a Democratic Congress to reverse our Near Eastern policy."* Das Statement Dulles' müsse daher unbedingt der Rede Eisenhowers vor dem Jewish Tercentenary Dinner am 20. Oktober vorausgehen, da Eisenhowers Stabschef Sherman Adams mittlerweile mitgeteilt habe, der Präsident beabsichtige nicht detailliert zum Thema Israel Stellung zu nehmen, sondern nur sehr allgemein zum Thema Frieden in der Region.[262]

Am Montag, den 18. Oktober wurde der aus dem Urlaub zurückgekehrte Dulles, der nun vor dem fünftägigen NATO-Außenministertreffen in Paris stand, zunächst erneut mit der Meinung aus der Partei konfrontiert, eine positive Israel-Erklärung zum jetzigen Zeitpunkt sei dringend erforderlich. Diese wurde von einem engen Vertrauten Dulles' außerhalb der Administration vertreten, dem Wall Street-Anwalt Arthur Dean.[263] Dean unterstrich dabei, daß sich seine Auffassung nach einem Gespräch mit Joseph Proskauer, der die Lage in Israel als höchst gespannt angesehen hatte, noch weiter gefestigt habe. Zu Deans Überraschung erklärte Dulles jedoch, daß er sich nach reiflicher Überlegung entschlossen habe, erst nach den Wahlen mit einem Statement an die Öffentlichkeit

---

[261] Vgl. Memorandum von O'Connor an JFD, 14.10.1954. DDEL: Dulles Papers, Special Assistants Chronological Series, Box 6, O'Connor-Hanes Chronological, October 1954 (2).

[262] Memorandum von O'Connor an Hoover, 15.10.1954. DDEL: Dulles Papers, Special Assistants Chronological Series, Box 6, O'Connor-Hanes Chronological, October 1954 (2).

[263] Dean war als Anwalt für die renommierte New Yorker Kanzlei Sullivan & Cromwell tätig und vertrat als solcher u.a. die Standard Oil of New Jersey im Anti-Trust-Streit. JFDs enges Verhältnis zu Dean rührte aus seiner eigenen Zeit bei S & C vor 1953. Seit seiner Ernennung zum Außenminister hatte er Dean des öfteren mit speziellen Aufgaben betraut, etwa als Verbindungsmann zur israelischen Botschaft.

zu gehen. Innenpolitisch sei diese Sache zu kontrovers, besonders nach Adlai Stevensons Bemerkung vom Wochenende zuvor.[264]

Er, Dulles, werde sich jedoch nicht in Panik versetzen lassen. Dies würde in der arabischen Welt als Kapitulation vor Amerikas Zionisten gewertet werden und alles zunichte machen, was er mit seiner Politik bisher zu erreichen versucht habe. Schließlich machte Dulles laut Protokoll noch eine weitere bemerkenswerte Äußerung: *"[Dulles] is putting the interest of the country first - rather than the interest of the Party - it may mean some Jewish votes will be lost. [Dulles] talked with the Pres[ident] this morning, and he agrees."* Er sei durchaus bereit, den Versuch zu unternehmen, etwas für Israel zu tun, doch die israelische Regierung *"have been urging the Jews in this country to put the heat on us."* Dies könne Dean zu Proskauer sagen.[265]

In der Tat hatte sich das Verhältnis von Dulles zur israelischen Regierung und zu Botschafter Eban seit Dulles' Vorschlag des Notenaustauschs merklich abgekühlt. Es störte den Außenminister ganz erheblich, daß Eban in den diplomatischen Gesprächen mit der amerikanischen Regierung um Kooperation und um Verständnis für israelische Sicherheitsinteressen bat, gleichzeitig jedoch aggressiv in der israelischen Öffentlichkeit der US-Administration damit drohte, *"[to carry] Israel's case directly to the American people."* Es war evident, daß Dulles damit Eban und die israelische Botschaft in Washington als die Hauptverursacher des innenpolitischen und öffentlichen Drucks auf das State Department ausmachte, indem sie in Amerika die Stimmung anheizten und die jüdischen Organisationen zum massiven Protest gegen die Politik der Regierung mobilisierten. In den Augen Dulles' kam das einer Einmischung in die inneren

---

[264] Adlai Stevenson, demokratischer Präsidentschaftsbewerber 1952, hatte in einer Wahlkampfrede in San Francisco die Außenpolitik der Regierung scharf kritisiert und bezogen auf den Nahen Osten angedeutet, daß nach der britisch-ägyptischen Einigung über den Suez-Kanal das israelisch-arabische Problem nur deswegen nicht gelöst werden könne, weil Washington die Spannungen durch Waffenlieferungen an die Araber (Irak) verschärft habe. The New York Times, 17.10.1954.
[265] Telefonat Deans an JFD, 18.10.1954. DDEL: Dulles Papers, JFD Chronological Series, Box 9, John Foster Dulles Chronological, October 1954 (2) [telephone calls].

amerikanischen Angelegenheiten nahe, und er warnte Eban, daß ein derartiges Verhalten *"[was] not conducive to progress in our efforts to assist Israel."*[266] Dulles zeigte jetzt erst einmal kein weiteres Entgegenkommen gegenüber Israel mehr und konfrontierte Eban am 8. Oktober mit einem amerikanischen aide-mémoire, das in vier Punkten die Leitlinien amerikanischer Nahostpolitik zusammenfaßte.[267] Die Tatsache, daß dieses Positionspapier derart allgemein formuliert war und Israel mit keinem Wort erwähnt wurde, erschreckte Eban derart, daß er nach der Unterredung noch am selben Tag einen langen persönlichen Brief an Dulles aufsetzte, in dem er seiner Enttäuschung über die jüngste amerikanische Haltung Ausdruck verlieh und nach den hoffnungsvollen Gesprächen Ebans mit Dulles in der letzten Zeit von einem Rückschlag sprach.[268] In seiner Antwort versprach Dulles zwar, sich erneut mit Israels Problemen zu befassen, verschob substantielle Diskussionen darüber jedoch in die Zukunft, *"as certain of the issues involved have found their way into the press and have become the subject of speculation in political circles in this country on the eve of an election"*, womit Dulles von neuem seinen Unmut über die israelischen Aktivitäten in der amerikanischen politischen Diskussion andeutete.[269]

Die Hinnahme des Verlustes von jüdischen Wählerstimmen und die Unterordnung von Parteiinteressen unter die Beständigkeit amerikanischer Außenpolitik gehörten zur Taktik, die Eisenhower und Dulles nun anwandten. Sich nicht aus Wahlkampfgründen unter Druck setzen zu lassen und nicht vom Kurs ihrer bisherigen Nahostpolitik abzuweichen, hatte aus ihrer Perspektive durchaus seine Logik. Würden tatsächlich einige pro-israelische Kongreßmitglieder der Republikaner in den besonders umkämpften Wahldistrikten verlieren, wäre der Präsident damit gleichzeitig einige innerparteiliche Nörgler los. Die dafür möglicherweise in den Kongreß einziehenden pro-israelischen Demokraten könnten

---

[266] Gesprächsmemorandum JFD, Hoover, Byroade, Eban, 15.9.1954. FRUS 1952-1954, a.a.O., S. 1652ff.
[267] Vgl. Gesprächsmemorandum JFD, Hoover, Byroade, Eban, 8.10.1954. FRUS, ebenda, S. 1667ff.
[268] Vgl. Brief Ebans an JFD, 8.10.1954. FRUS, ebenda, S. 1669ff.
[269] Brief JFDs an Eban, 18.10.1954. FRUS, ebenda, S. 1675.

zwar theoretisch dem Präsidenten das Leben schwermachen, müßten aber dafür entlang der Parteilinien gegen den "Mythos Eisenhower" ankämpfen, was in der nach dem Abgang Trumans zerstrittenen Demokratischen Partei allerdings ungleich schwerer war. Sollte allerdings den Republikanern die Wiederwahl gelingen, entfiele praktisch das Argument, Eisenhowers Politik gegenüber Israel wirke sich negativ auf Wahlergebnisse in Distrikten mit wichtigem jüdischen Bevölkerungsanteil aus.

In diesen Wahldistrikten war das AZCPA besonders aktiv, wobei es vor allem darauf achtete, nicht Partei zu ergreifen, sondern durch Vermittlung einer "sachlichen" Meinung die Wähler dazu zu bringen, deutlich pro-israelische Kandidaten zu wählen. In einem *"Dear friend-letter"* vom 14. Oktober, der detaillierte Durchführungsratschläge enthielt, hatte AZCPA-Präsident Lipsky seine Anhänger dazu aufgefordert, in ihrer jeweiligen Stadt oder Gemeinde Veranstaltungen zu organisieren, bei denen gegen die geplanten Waffenlieferungen an arabische Staaten protestiert werden sollte.

"Preferably, they should have broad community sponsorship, but may be convened under Zionist auspices. Under no circumstances should they be permitted to deteriorate into political rallies or partisan attacks on the Eisenhower Administration, since we are determined that support for Israel should remain bipartisan (...)."

Mit seiner Warnung vor einem direkten Angriff entlang der Parteilinien auf die Eisenhower-Regierung suchte Lipsky jede Interessenvermengung mit der Demokratischen Partei zu verhindern. Stattdessen war es das Ziel des AZCPA, Israel zu einem übergeordneten, vom common sense akzeptierten politischen Anliegen aller Amerikaner zu machen. Denn, so hieß es im Brief weiter:

"In your choice of speakers, please be careful to make certain that:
1. If any candidates for office are invited, both political parties are properly represented and that

2. All the speakers are prepared to make statements opposing the arms program to the Arab states."

Schließlich solle eine Resolution verabschiedet werden, die diese Politik sowohl vom Standpunkt des amerikanischen Nationalinteresses als auch von dem der Sicherheit Israels kritisiere.[270]

Eine weitere großangelegte PR-Aktion startete das AZCPA Mitte Oktober, als es alle politischen Bewerber bei den anstehenden Kongreßwahlen anschrieb und um ihre Meinung zum Israel-Konflikt und zur Militärhilfe an arabische Staaten bat. Ziel war es, die Kandidaten auf einen Standpunkt zu verpflichten, der militärische Unterstützung an arabische Staaten mit der Bedingung verknüpfte, daß diese sich zur Verteidigung der Freien Welt gegen den Kommunismus zu Friedensverhandlungen mit Israel und zum Verzicht auf Boykott- und Blockademaßnahmen gegen Israel bereit erklärten.[271] Rund 350 Kongreßkandidaten unterzeichneten entweder den beiliegenden Resolutionstext oder gaben eigene pro-israelische Stellungnahmen ab. Die meisten von ihnen wurden am 2. November tatsächlich gewählt.[272] Daß sich Kandidaten wie Senator J. Allen Frear oder der Abgeordnete Ralph W. Gwinn nach Erhalt des Memorandums ans State Department wandten und Erklärungen für einen derartigen Vorgang verlangten, blieb die Ausnahme.[273]

---

[270] "Dear friend-letter", 14.10.1954. UR: Bernstein/AIPAC Papers, Box 1, Chronological Files 1954-1961, "Dear friend"-letters regarding the Mutual Security Program, October 1954.

[271] Vgl. "United States Policy in the Middle East", o.D. NA: State Department Decimal File, American Zionist Committee for Public Affairs, 786.56/10-2154. Vgl. auch The New York Times, 21.10.1954.

[272] Vgl. den internen AZCPA-Tätigkeitsbericht "Background Information on American Zionist Committee for Public Affairs", 20.12.1954. UR: Bernstein/AIPAC Papers, Box 1, Chronological Files 1954-1961, 1.11. Darin heißt es mit Befriedigung: "This undertaking, which was carried on over the bitter opposition of the Arab propaganda apparatus, the American Friends of the Middle East, and the American Council for Judaism, created a deep impression on official Washington and at the same time deflated the belligerent pretensions of the Arab League."

[273] Vgl. die Korrespondenz von Gwinn und Frear vom 18. bzw. 21.10.1954 und die Antwortschreiben des State Department vom 21.10. bzw. 1.11.1954. NA:

Trotz dieses politischen Gegenwindes blieben Eisenhower und Dulles bei ihrer Taktik, sich nicht unter Druck setzen zu lassen. In den letzten beiden Tagen vor Eisenhowers Tercentenary Dinner-Rede verständigten sich das Weiße Haus und Dulles endgültig auf die einzuschlagende Linie, auch wenn noch am letzten Tag Bitten von Kongreßkandidaten das Weiße Haus erreichten, die die Notwendigkeit einer Bekanntgabe einer amerikanischen Sicherheitsgarantie für Israel unterstrichen.[274] Adams und Dulles kamen jedoch überein, daß der Präsident ganz allgemein die Bedeutung der Juden für die Entwicklung Amerikas hervorheben und ansonsten die Bedeutung des Friedens im Nahen Osten als wichtigstes Ziel amerikanischer Politik unterstreichen sollte.[275] Auf dem diplomatischen Wege sollte Israels Botschafter Eban Washingtons weitere prinzipielle Gesprächsbereitschaft über den von Dulles angeregten Notenaustausch angezeigt werden.[276]

Eisenhowers Rede enthielt denn auch mehr philosophische Betrachtungen über das Friedensideal des Gesellschaftskonzepts einer jüdisch-christlichen Zivilisation als über konkrete politische Inhalte. Nur wenige Sätze widmete er dem aktuellen israelisch-arabischen Konflikt, dessen ungelöste Probleme er zutiefst bedauerte. Im Orient wie überall auf der Welt sei ein gerechter Friede das Ziel amerikanischer Politik. Dazu wolle Amerika durch feste Freundschaft zu Israel und allen anderen Staaten der Region beitragen. Um seine Zuhörer zu beruhigen, faßte Eisenhower das amerikanische Sicherheitskonzept für den Nahen Osten in einem Satz zusammen:

State Department Decimal File, American Zionist Committee for Public Affairs, 786.56/10-2154.
[274] Vgl. "Summary of Congressional Mail Addressed to the President, October 19, 1954. Scott, Congr. Hugh (Rep.) of Pennsylvania." DDEL: Ann Whitman File, Ann Whitman Diary Series, Box 3, October 1954 (3).
[275] Vgl. Telefonat Adams' an JFD, 18.10.1954. DDEL: Dulles Papers, Telephone Calls Series, Box 10, White House Memos - Telephone Conversations July-October 30, 1954 (1).
[276] Vgl. Telefonat DDEs an JFD, 19.10.1954. DDEL: Dulles Papers, Telephone Calls Series, Box 10, White House Memos - Telephone Conversations July-October 30, 1954 (1).

"But I assure you that, in helping to strengthen the security of the entire Near East, we shall make sure that any arms we provide are devoted to that purpose, not to creating local imbalances which could be used for intimidation of or aggression against any neighboring nation. In every arrangement - every arrangement - we make with any nation, there is ample assurance that this distorsion of our purposes cannot occur."[277]

Diese Zusicherung war die einzige Konzession, die Eisenhower seinen jüdischen Zuhörern auch vor den Wahlen zu geben bereit war. Es war klar, daß sich die professionelle Israel-Lobby damit nicht zufrieden geben würde. Im Wahlkampf war das Israel-Thema von den Gegnern der Eisenhower-Administration langsam aufgebaut worden und hatte hatte am 24. Oktober im Vorwurf von Franklin D. Roosevelt, jr. (Gegenkandidat von Jacob Javits für den Attorney General in New York) gegipfelt, die Regierung sei dabei *"to sell Israel down the river."*[278]

Das Treffen mit Außenminister Dulles am 25. Oktober sollte daher aus jüdischer Sicht ein in dieser Form bisher einmaliges Säbelrasseln und eine Machtdemonstration darstellen, von der eine Signalwirkung für die künftige Politikgestaltung ausgehen sollte.[279] Erstmals waren die Präsidenten von 12 Organisationen, die das amerikanische Judentum eindrucksvoll repräsentierten, bei Dulles vorstellig geworden: Israel Goldstein (American Jewish Congress), Louis Lipsky (AZCPA), Rabbi Irving Miller (AZC), Philip Klutznick (B'nai B'rith), Julian

---

[277] "Address at the American Jewish Tercentenary Dinner, New York City", 20.10.1954." PPPUS 1954, S. 925.
[278] The New York Times, 25.10.1954. Adlai Stevenson hatte zunächst in einer außenpolitischen Grundsatzrede "confusion and contradiction" bei der Regierung Eisenhower festgestellt und den Verlust von Einfluß und Freunden kritisiert (NYT, 10.10.), ebenso Harry Truman (NYT, 17.10.). Es folgten Stevensons (NYT, 17.10.) und Averell Harrimans (NYT, 18.10.) Kritik an den amerikanischen Waffenverkäufen an arabische Staaten (NYT, 17.10.), sowie eine Protestveranstaltung des UJA mit Nahum Goldmann und Abba Eban (NYT, 24.10.).
[279] Die New York Times nannte das Treffen "the most powerful and widely representative [Jewish] delegation to call at the State Department" seit Israels Staatsgründung 1948. The New York Times, 26.10.1954.

Freeman (Council of Jewish Federations and Welfare Funds), Mrs. Herman Shulman (Hadassah), Joseph Barr (Jewish War Veterans), Herman Seidel (Labor Zionist Organization of America), Rabbi Mordechai Kirshblum (Mizrachi Organization of America), Rabbi Maurice Eisendraht (Union of American Hebrew Congregations), Charles Rosengarten (United Synagogue of America) und Mortimer May (ZOA).[280]

In einer schwierigen Gesprächsatmosphäre, die durch die öffentlichen Begleitumstände des Treffens noch gespannter wurde,[281] traten die Kontrahenten schließlich in Washington zusammen. Die jüdischen Präsidenten übergaben ein dreiseitiges Memorandum, das die Argumente der Israel-Lobby gegen den von der Eisenhower-Administration eingeschlagenen Kurs in der Nahostpolitik zusammenfaßte. Zwar seien sich die Unterzeichner einig mit der Regierung im Kampf gegen die weltweite kommunistische Bedrohung und für die Sicherheit und den Wohlstand der Freien Welt, doch bezweifelten es die jüdischen Führer, daß Stabilität im Nahen Osten durch Militärhilfe an Staaten erreicht werden könne, die in offener Feindschaft zu Israel ständen. Die Lieferung von amerikanischen Waffen an arabische Staaten habe bisher nicht zum Abbau von Spannungen geführt, stattdessen hätten die anti-israelischen Attacken der Araber zugenommen. Die

---

[280] Vgl. die Teilnehmerliste beim State Department, 25.10.1954. DDEL: Dulles Papers, Subject Series, Box 10, Israeli Relations 1951-1957 (5). Unterzeichnet war die Resolution jedoch von 16 Präsidenten. Die vier, die nicht zu Dulles kommen konnten, waren Joseph Breslaw (American Trade Union Council for Labor Israel), Adolph Held (Jewish Labor Committee), Bernard Trager (National Community Relations Advisory Council) und Max Etra (Union of Orthodox Jewish Congregations). The New York Times, 26.10.1954.
[281] Um ihre Machtdemonstration auch in der Öffentlichkeit deutlich zu machen, hatte das AZCPA für den gleichen Tag eine Massenveranstaltung im New Yorker Madison Square Garden geplant, bei der die Administration und vor allem John Foster Dulles persönlich angegriffen werden sollten. Dies konnte durch die Vermittlung von Arthur Dean und Joseph Proskauer gerade noch verhindert werden, stattdessen fand die Veranstaltung lediglich in etwas kleinerem Rahmen im New Yorker Commodore Hotel statt. Vgl. Memorandum an JFD, 28.10.1954. DDEL: Dulles Papers, Subject Series, Box 10, Israeli Relations 1951-1975 (5). Eine weitere Protestveranstaltung des Jewish Labor Committee und des American Trade Union Council for Labor Israel fand im New Yorker Biltmore Hotel statt. The New York Times, 26.10.1954.

arabischen Staaten könnten sich ermuntert fühlen, ihre Verweigerung des Friedensschlusses mit Israel fortzusetzen, da sie von der amerikanischen Regierung auch so militärische Unterstützung bekämen. *"Under these circumstances, military aid to the Arab states may well result in armed conflict, rendering the Middle East vulnerable to totalitarian subversion and infiltration"*, warnten die 16 Präsidenten.

Außerdem appellierten sie an Dulles, Israel (*"the most stable democracy in the area"*) in ein regionales Verteidigungsbündnis einzuschließen, da dazu alle zur Verteidigung der Freien Welt bereiten Staaten gehörten. Sonst verzichte die westliche Welt auf das beeindruckende israelische Verteidigungspotential. Der Effekt einer solchen Politik wäre die Vertiefung des ohnehin bereits existierenden Gefühls von Isolation und Depression in Israel, während seine arabischen Feinde *"continue to keep the Middle East in a state of tension and turmoil which impede the effective defense of the region against subversion and external aggression."*[282] Dulles versicherte seinen Besuchern, daß nichts unternommen würde, was das nahöstliche Gleichgewicht verschieben könnte. Eine Diskussion weiterer Fragen, etwa wie er sich die Unterstützung Israels vorstelle, lehnte Dulles jedoch ab. Dies sei ausschließlich ein Diskussionsgegenstand zwischen ihm und Botschafter Eban und werde nicht vor den Kongreßwahlen behandelt. Im übrigen hoffe er, die jüdischen Führer würden Israel nicht zu einem Wahlkampfthema machen.[283]

Nach diesem kurzen und für die jüdischen Führer unbefriedigenden Besuch bei Dulles kehrte die Delegation nach New York zurück, um an der geplanten Großveranstaltung im Commodore Hotel teilzunehmen. Noch

---

[282] Die Resolution der 16 Präsidenten der jüdischen Organisationen wurde dem State Department bereits am 22.10.1954, drei Tage vor dem Treffen, vom AZCPA zugestellt. NA: State Department Decimal File, American Zionist Committee for Public Affairs, 611.00/10-2254.

[283] Vgl. Silverberg, a.a.O., S. 510. JFD war über den ständigen Rechtfertigungs- und Erklärungsdruck allmählich reichlich verärgert, zumal die Argumente stets dieselben blieben. Gegenüber Joseph Proskauer nannte er die ganze Diskussion "a political football." Telefonat JFDs an Proskauer, 30.10.1954. DDEL: Dulles Papers, Telephone Coversations Series - General -, Box 3, Telephone Memos, September 1 - October 30, 1954 (1).

verstimmt über die Zurechtweisung des Außenministers, nutzten einige von ihnen dieses Forum, um erneut eine auch in der Wortwahl scharfe Kritik an der amerikanischen Nahostpolitik zu üben. AZCPA-Präsident Lipsky sprach mit Blick auf die zweijährige Eisenhower-Administration von einem radikalen Wandel des amerikanischen Politikansatzes im Nahen Osten. Die US-Politik folge einem hastig formulierten Konzept, in dem großspurige Slogans dominierten. Lipsky fuhr fort:

"The obsession which seems to have captured the imagination of our State Department was to win the so-called friendship of the Arab states by any and all means. For convenience and brevity (...) the slogan adopted was called impartiality. (...) The policy as it finally emerges is a travesty of American tradition and a breach of American pledges. It reveals an absence of political sagacity. It betrays a misunderstanding of the deeprooted economic and psychological factors that are involved in the creation of a bond of friendship with this backward region."[284]

Andere Redner meinten, die höchste Entscheidungsebene der Administration habe es versäumt, die verzerrte Weltsicht einiger ihrer Untergebener und deren unverantwortliche politische Tendenz zu korrigieren. Am Ende wurde die Commodore-Resolution verabschiedet, die ein Ende der Waffenlieferungen an den Irak und die Einbeziehung Israels in die nahöstliche Verteidigungsstruktur forderte. Auch wurden Bemühungen verlangt, bei den arabischen Staaten auf ein Ende ihrer Blockaden und Boykotte gegen Israel zu drängen.[285]

Anders als es Dulles oder auch Javits gewollt hatten, war Israel doch wieder zum unbestreitbaren Wahlkampfthema geworden, dem sich alle Beteiligten zu stellen hatten. An den Tagen, die nach dem Treffen noch bis zu den "mid-term

---

[284] Rede Lipskys vor jüdischen Organisationen in New York, 25.10.1954. WRHS: Silver Papers, A Corr 4-1-81, American Zionist Committee for Public Affairs 1954-1955.
[285] Commodore-Resolution, 25.10.1954. WRHS: Silver Papers, A Corr 4-1-81, American Zionist Committee for Public Affairs 1954-55.

elections" verblieben, versuchten die Republikaner, Partei und Administration, sich der kritischen Vorwürfe ihrer "anti-israelischen" Politik zu erwehren. Zunächst richtete Dulles erneut eine deutliche Warnung an Israels Botschafter Eban, sich aus amerikanischen innenpolitischen Auseinandersetzungen herauszuhalten. Der Außenminister hatte nicht erst seit seinem Treffen mit Eban vom 15. September den Eindruck, daß diejenigen in der politischen Öffentlichkeit, die als Israel-Anhänger galten, sehr stark mit Informationen (und Indiskretionen) arbeiteten, mit denen sie von der israelischen Botschaft versorgt worden waren und mit denen sie die Administration in Schwierigkeiten brachten. Andererseits war der Eifer der israelischen Diplomaten selbst für Dulles *"Israeli Embassy activities which seemed clearly to go beyond the bounds of what was proper for a foreign government in that they involved domestic political action."* Er hoffe, daß Eban geeignete Schritte einleiten werde, *"to correct the situation."*[286]

Einen Tag später veröffentlichte das RNC eine Presseerklärung Bernard Katzens, in der kritisiert wurde, daß der politische Gegner die amerikanische Nahostpolitik zum Thema der Wahlen zum Kongreß und in den Bundesstaaten gemacht habe. Während "ehrliche Ängste" der wirklichen Freunde Israels verständlich seien, sei es *"deplorable that Democrat politicians play cynically upon these fears for their own political benefit without regard to the true interests of Israel".* Wie schon zuvor Präsident Eisenhower (und auch Vizepräsident Nixon[287] sowie der Vorsitzende des Auswärtigen Ausschusses im Senat, der republikanische Senator Alexander Wiley[288]) versuchte Katzen jetzt, die jüdischen Wähler mit der Beruhigung bei der Stange zu halten, daß die US-

---

[286] Gesprächsmemorandum JFD - Eban, 26.10.1954. DDEL: Dulles Papers, Subject Series, Box 10, Israeli Relations 1951-1957 (5). Offenbar spielte JFD auf einen ganz speziellen Fall an, der jedoch durch die Aktenlage nicht zu ermitteln ist. Möglicherweise bezieht sich sein Unmut auf eine Veranstaltung des United Jewish Appeal in Cincinnati (Ohio) vom 23.10.1954, wo Eban gemeinsam mit prominenten amerikanischen Juden wie Nahum Goldmann und Edward Warburg aufgetreten war und deutlich Kritik am Kurs der amerikanischen Nahostpolitik geübt hatte. The New York Times, 24.10.1954.
[287] The New York Times, 22.10.1954.
[288] The New York Times, 27.10.1954.

Regierung alle notwendigen "Vorsichtsmaßnahmen" getroffen habe, um einen Mißbrauch der an den Irak zu liefernden Waffen zu verhindern.[289] Katzen verschwieg dabei, daß Kritik an der amerikanischen Israel-Politik auch aus den Reihen der Republikaner gekommen war und daß es gerade den der Administration wohlmeinenden Kritikern nur darauf ankam, die stets angesprochenen "Vorsichtsmaßnahmen" erläutert zu bekommen.

Schließlich versuchte Jacob Javits noch am 31. Oktober die amerikanische jüdische Gemeinde auf einen überparteilichen Kurs zu bringen. Javits sprach sich dafür aus, die Militärhilfe an arabische Staaten bis zur Gründung einer regionalen Verteidigungsorganisation auszusetzen, bei der die USA Mitglied sein würden. Sollte es nicht möglich sein, darin auch Israel einzuschließen, sollte Israel Mitglied der NATO werden, entweder durch direkten Beitritt oder durch eine Sondervereinbarung mit Griechenland und der Türkei.[290]

Eine politische Persönlichkeit, die sich in dem politischen Kreuzfeuer des Wahlkampfes verfangen zu haben schien, war Senator Irving Ives aus New York, der sich um das Amt des Gouverneurs von New York bewarb, nachdem Thomas Dewey nicht mehr für eine vierte Amtszeit kandidierte. Obgleich Republikaner, genoß Ives stets das Vertrauen der jüdischen Wähler New Yorks, die seine Liberalität und seine Unterstützung zionistischer Ziele schätzten. Da zudem der Staat New York üblicherweise einen Republikaner zum Gouverneur in Albany wählte, galt es als sicher, daß Ives gewählt werden würde, zumal sein Gegenkandidat bei den Demokraten, W. Averell Harriman, ein Veteran aus der Diplomatie Roosevelts und Trumans, noch niemals ein öffentliches Wahlamt bekleidet hatte und mit der Komplexität der New Yorker Politik nicht vertraut war. Doch je mehr sich die Debatte um amerikanische Waffenlieferungen an den Irak erhitzte, dämmerte es Ives, daß er am Wahltag möglicherweise zum Sündenbock

---

[289] "Statement by Bernard Katzen", 27.10.1954. SUNY: Jacob K. Javits Collection, Series 8, Subseries 2, Box 29, Israel 1954.
[290] "Address by Representative Jacob K. Javits (Rep-NY) at the Conference of the United Organizations for the Israel Histadrut", 31.10.1954. SUNY: Jacob K. Javits Collection, Series 1, Subseries 1, Box 9, 11/1/54, Israel Histadrut, Near East.

für eine in den Augen der jüdischen New Yorker Bevölkerung verfehlte Nahostpolitik Dulles' gemacht werden könnte. Vergeblich versuchte Ives mit öffentlichen Aufforderungen an Dulles, die Waffenlieferungen an den Irak aufzuschieben, bis sich die Spannungen zwischen Israel und seinen arabischen Nachbarn gelegt hätten, sich von der offiziellen Haltung Washingtons zu distanzieren. Auch ein gemeinsamer Appell mit Jacob Javits, der in New York gegen den Demokraten Franklin D. Rosevelt, jr. um den Posten des Obersten Staatsanwalts (Attorney General) kandidierte, blieb ergebnislos.[291] Am Wahltag, den 2. November 1954, machten die jüdischen Wähler ihren Unmut deutlich. Ives verlor die Wahl mit weniger als zehntausend Stimmen gegen Harriman, worüber sich Eisenhower später unter allen republikanischen Verlusten besonders enttäuscht zeigte.[292] Bei Javits war dessen jüdischer Glaube offenbar ein größerer Vorteil, als seine GOP-Zugehörigkeit ein Nachteil war, denn er konnte Roosevelt trotz dessen großen Namens schlagen. Eine weitere entscheidende Wahl fand in der republikanischen Hochburg Oregon statt, wo der Demokrat Richard Neuberger, selbst jüdischen Glaubens und Zionist, statt des bisherigen Senators Guy Gordon in den Senat geschickt wurde und damit per Saldo den Demokraten eine Mehrheit von zwei Stimmen im Senat verschaffte.[293]

Die Demokraten gewannen ebenfalls das Repräsentantenhaus zurück, womit allerdings den Interessen der Israel-Lobby nicht unbedingt gedient war, da nun die Vorsitze wichtiger Ausschüsse aus der Hand von pro-israelischen Republikanern zu Südstaaten-Demokraten gingen, die dies in der Regel nicht waren. Insgesamt waren die Wahlen 1954 zur Halbzeit der Amtszeit des Präsidenten eine Enttäuschung für die Administration, auch wenn die republikanischen Verluste geringer waren, als sie andere Präsidenten zu diesem

---

[291] The New York Times, 28.10.1954.
[292] Vgl. Dwight D. Eisenhower, The White House Years, Vol. 1: Mandate for Change 1953-1956, New York 1963, S. 438f.
[293] Im Senat saßen künftig 48 Demokraten, 47 Republikaner und der Unabhängige Senator Wayne Morse aus Oregon, der üblicherweise für die Demokraten stimmte. Vgl. ebenda, S. 438; vgl. Silverberg, a.a.O., S. 511f. Im Repräsentantenhaus saßen künftig 232 Demokraten und 203 Republikaner. The New York Times, 5.11.1954.

Zeitpunkt einer Legislaturperiode einstecken mußten. Eisenhower gab sich auch deshalb am Tag nach der Wahl vor der Presse nicht sonderlich geschockt. Überdies weigerte er sich, gesondert zur Niederlage Senator Ives' gegen Harriman Stellung zu nehmen.[294]

Doch nicht alle in der Administration waren bereit und in der Lage, es dem unbeeindruckten Präsidenten gleichzutun und ohne Konsequenzen zur Tagesordnung überzugehen. Besonders aus der Niederlage Ives' in New York sollte nun in bestimmten jüdischen Zirkeln mit ihren Querverbindungen zur Republikanischen Partei als Konsequenz die Ablösung Dulles' als Außenminister betrieben werden.[295] Dies geht aus einem Protokoll eines Telefonats Arthur Deans an das Büro von Dulles hervor, in dem Dean das State Department über ein Gespräch mit Joseph Proskauer informierte. Proskauer riet darin zu einer baldigen konstruktiven Stellungnahme in Bezug auf Israel, andernfalls würde Dulles verschärft persönlich ins Visier genommen.[296] Wie bekannt ist, blieb John Foster Dulles auch in der zweiten Hälfte von Eisenhowers erster Amtszeit dessen Außenminister. An den innenpolitischen Frontlinien änderte sich nichts. Was sich in dieser Zeit änderte, war die Erhöhung der Spannungen im Nahen Osten.

Zu diesen Spannungen hatten wesentlich die Vorgänge um die später als "Lavon-Affäre" bekannt gewordenen Versuche von Teilen des israelischen Sicherheitsapparates beigetragen, ohne Wissen der israelischen Regierungsspitze mit Spionage und Attentaten Mißtrauen und Zwietracht zwischen den USA und Großbritannien einerseits und Ägypten andererseits zu säen und den britischen

---

[294] Vgl. die Pressekonferenz DDEs vom 3.11.1954. PPPUS 1954, S. 1010f. bzw. S. 1013.
[295] Bereits vor den Kongreßwahlen war über eine Ablösung Dulles' als Außenminister spekuliert worden. Als Nachfolger für den verstorbenen Bundesrichter am Supreme Court, Robert H. Jackson, waren zeitweise Justizminister Brownell, Dulles und Dewey im Gespräch. Thomas Dewey, dem man Interesse für das Außenamt nachsagte, hätte im Falle einer Berufung von Dulles an den Supreme Court neuer Chef des State Departments werden sollen. The New York Times, 10.10.1954. Vgl. auch Silverberg, a.a.O., S. 512.
[296] "The Judge (...) has reason to believe they are going to gun for you unless you do something along those lines. (...) The Judge feels you will be in for a lot of criticism because Ives lost in New York." Telefonat Deans ans State Dept., 4.11.1954. DDEL: Dulles Papers, Subject Series, Box 10, Israeli Relations (5).

Abzug vom Suez-Kanal zu verhindern.[297] Diese Vorgänge, die schließlich ein "erschreckendes Netz von Lügen, Intrigen und Korruption an der Spitze des israelischen Verteidigungsapparates" (Michael Bar-Zohar) offenbarten, weiteten sich zur bislang größten innenpolitischen Krise in Israel aus. Letzlich half die Lavon-Affäre mit, eine Verständigung zwischen den Westalliierten und dem ägyptischen Regierungschef Gamal Abd-el Nasser zu verhindern und Israels Premierminister Sharett derart zu diskreditieren, daß potentielle Friedensbemühungen zwischen Israel und Ägypten zunichte gemacht wurden, bevor sie in ein konkretes Stadium hätten treten können.[298]

Den Hardlinern des israelischen militärischen Geheimdienstes, der unabhängig vom Mossad arbeitete, waren weder die Bemühungen der Eisenhower-Regierung verborgen geblieben, über Kermit Roosevelt und die CIA geheime Kontakte zu Nasser zu knüpfen, noch akzeptierten sie die britisch-ägyptischen Verhandlungen über den Abzug der Briten vom Suez-Kanal. Sie befürchteten, daß jegliche Annäherung zwischen den Großmächten und Ägypten Israel zu Konzessionen zwingen würde und daß eine Verständigung der Sharett-Regierung mit Nasser ein Ende aller territorialen Ambitionen der israelischen Maximalisten mit sich bringen würde. Infolgedessen wurden Pläne für Sabotage-Akte und Anschläge auf ägyptische und amerikanische Einrichtungen in Ägypten entwickelt, die ein generelles Klima der Instabilität in Ägypten während der Suez-

---

[297] Zur Lavon-Affäre vgl. ausführlich Michael Bar-Zohar, David Ben Gurion. 40 Jahre Israel - Die Biographie des Staatsgründers, Bergisch-Gladbach 1988, S. 300-310; vgl. Richard H. Curtiss, A Changing Image. American Perceptions of the Arab-Israeli Dispute, Washington 1982, S. 38-41; vgl. Jacques Derogy/Hesi Carmel, The Untold History of Israel, New York 1979, S. 101-128; vgl. Green, a.a.O., S. 107-114; vgl. Yungher, a.a.O., S. 235ff.

[298] Es hatte auf unterer Ebene in Paris Gespräche zwischen dem Presseattaché der dortigen ägyptischen Botschaft, Abd al-Rahman Sadiq, und dem Chargé d'Affaires an der dortigen israelischen Botschaft, Shmuel Divon, gegeben, die jedoch nach dem britisch-ägyptischen Abkommen über die Evakuierung des Suez-Kanals mehr und mehr versandeten. Allerdings waren die Sadiq-Divon-Gespräche nie über den inoffiziellen Rahmen hinausgegangen, und keiner der dabei diskutierten Entspannungsvorschläge erreichte jemals eine politische Ebene. Vgl. Michael B. Oren, Secret Egypt-Israel Peace Initiatives Prior to the Suez Campaign, in: Middle Eastern Studies, 3/1990, S. 353-356. Nach der Lavon-Affäre starben diese Kontakte endgültig ab. Vgl. ebenda, S. 356f.

Kanal-Verhandlungen erzeugen und Ägypten in den Augen Londons und Washingtons als unsicheren Kantonisten erscheinen lassen sollten. In Israel selbst versuchte der Inlandsgeheimdienst Shin Beth Agenten in den diplomatischen Missionen der USA zu installieren und hörte den Telefonverkehr des amerikanischen Botschafters ab.[299]

Als Ende Juli 1954 ein Anschlag auf ein Kino in Alexandria mißlang und der Agent, ein junger ägyptischer Jude, festgenommen und in der Folge das gesamte Agentennetz ausgehoben wurde, verhärteten sich sofort die Fronten, und es erstarb jegliche Kompromißbereitschaft bei den am Nahostkonflikt beteiligten Parteien - wie es die israelischen Usurpatoren geplant hatten. Im Dezember 1954 wurden die verhafteten Agenten vor ein Gericht gestellt und am 27. Januar 1955 zum Tode verurteilt, was die israelische Presse zum Anlaß nahm, das Ereignis als Schauprozeß zur Terrorisierung der kleinen jüdischen Gemeinde zu verurteilen. Britische und französische Politiker setzten sich vergeblich bei Nasser für eine Aussetzungen der Hinrichtungen ein. Israels Premierminister Sharett, der zunächst nicht wußte, daß die Destabilisierungsmaßnahmen in Ägypten von seinem eigenen Sicherheitsapparat durchgeführt worden waren, zeigte sich entsetzt und kündigte seine Verhandlungsbereitschaft mit Ägypten auf - womit ein weiteres Ziel der Provokateure erreicht war.[300] Zwei der Verurteilten wurden am 31. Januar 1955 gehängt, sechs erhielten Gefängnisstrafen, während drei weitere entkamen. Spätestens dann hatten die moderaten Kräfte in beiden Ländern die Hoffnung auf eine ägyptisch-israelische Annäherung aufgegeben.[301]

---

[299] Vgl. Findley, a.a.O., S. 150.
[300] Vgl. Livia Rokach, Israel's Sacred Terrorism, Belmont (Massachusetts) 1980, S. 37-40. Eine von Rokach vorgenommene Analyse der Tagebücher Sharetts belegt, daß Sharett am 27.7.1954 über die Aktionen seines Sicherheitsapparates informiert worden war, worauf er weitere Beweise gegen die Verantwortlichen im Ministerium und der Armee sammelte. Wider besseres Wissen unterstützte er anschließend die offizielle Vertuschungs- und Propagandakampagne, nach der die Aktionen auf das Konto von anti-jüdischen Kräften in Ägypten gingen.
[301] Bis zu diesem Zeitpunkt hätte der "Erfolg" des israelischen Geheimdienstes noch durchaus ausbleiben können. Denn bisher wurde weder Nassers Regime destabilisiert noch hatte die Aktion Einfluß auf die britisch-ägyptischen Suez-Kanal-Verhandlungen. Und auch das wichtigste Ziel der Provokateure, das Ende der geheimen ägyptisch-israelischen Friedenskontakte, war noch nicht endgültig

Innenpolitisch begann die eigentliche Affäre innerhalb des israelischen Sicherheitsapparates mit einem großangelegten Verschleierungsprozeß, bei dem die eingeweihten Personen Verteidigungsminister Pinchas Lavon mit gefälschten Dokumenten und meineidigen Zeugenaussagen zum alleinigen Sündenbock machten und schließlich aus dem Amt trieben. (Lavon kämpfte sieben Jahre um seine Rehabilitierung, allerdings ist seine Beteiligung an der Aktion nie ganz geklärt worden.) Hatten einige Angehörige der Eisenhower-Administration noch im Januar 1955 gehofft, die Situation zwischen Israel und Ägypten noch retten zu können, so mußte auch diese Hoffnung bald begraben werden. Denn nach dem unehrenhaften Rücktritt Lavons am 17. Februar 1955 trat Sharetts Gegenspieler Ben Gurion erneut als Lavons Nachfolger in die Regierung ein und initiierte sogleich drastische israelische Vergeltungsschläge gegen Ägypten, darunter einen massiven militärischen Einfall in den Gaza-Streifen und die Ermordung eines ägyptischen Offiziers in Gaza mittels einer Briefbombe.[302]

Die politischen Folgen der Lavon-Affäre waren eine Vergiftung des nahöstlichen Klimas, das die psychologische Grundlage für die kommende Krise am Suez-Kanal bildete und zwischen Israel und Ägypten eine Atmosphäre absoluter Unversöhnlichkeit erzeugte. In Israel schienen die Usurpatoren damit ihr

---

erreicht. Kermit Roosevelt versuchte trotz der Anschläge Nasser zu einer Fortsetzung der Kontakte zu bewegen, wozu sich der ägyptische Präsident bereit erklärte, falls Israel wissen ließe, daß die anti-nasseristischen Moslem-Brüder bei den Anschlägen kollaboriert hätten. Auf diese Weise hätte sich Nasser eines gefährlichen innenpolitischen Gegners entledigen können. Der Kontaktmann der CIA bei den Israelis, Mossad-Chef Isser Harel, forderte seinerseits, daß kein israelischer Agent hingerichtet werden dürfe. Als die angeklagten Agenten schließlich verurteilt wurden, erklärte Harel die Operation für beendet. Zwar intervenierte CIA-Chef Allen Dulles noch persönlich bei Nasser, doch ließ dieser verlauten, er könne nicht israelische Spione davonkommen lassen, nachdem er gerade sechs Moslembrüder hatte hinrichten lassen, die versucht hatten, ihn umzubringen. Vgl. Andrew + Leslie Cockburn, Dangerous Liaison. The Inside Story of the U.S.-Israeli Covert Relationship, New York 1991, S. 56f.
[302] Möglicherweise hätte Sharett die weitere Geschichte des Nahen Ostens entscheidend verändern können, hätte er die wahren Verantwortlichen für den israelischen Staatsterrorismus benannt und den Sicherheitsapparat gesäubert. Mit dem Fall des Falken Lavon **und** der ben-gurionistischen Scharfmacher Dayan und Peres hätte Sharett die Rückkehr Ben Gurions und damit einer militaristischen Politik verhindert. Vgl. Rokach, a.a.O., S. 39ff.

Ziel erreicht zu haben, denn in Israel begann nach der Rückkehr Ben Gurions in die Regierung eine zunehmende Militarisierung der Politik - und des politischen Personals -, die durch ihre Strategie der massiven Vergeltung alle Illusionen von israelisch-ägyptischen Friedensverhandlungen endgültig beseitigte.[303] Denn während Sharetts politischer Ansatz von der Unterordnung der Verteidigungspolitik unter die Außenpolitik ausging, sah Ben Gurion jegliche Diplomatie Israels, das nur sich selbst und nicht den Großmächten vertrauen sollte, von den militärischen Imperativen der nationalen Verteidigung bestimmt. Nach der Militäraktion im Gaza-Streifen glaubte Ben Gurion an ein gestärktes Selbstbewußtsein in der Armee und der Bevölkerung, während Sharett negative Reaktionen im Ausland befürchtete, die sich ungünstig auf Israels Gesamtsituation auswirken und nicht zu dem von ihm erstrebten Entspannungsklima in der Region führen würden.[304]

Es ist auszuschließen, daß die amerikanischen jüdischen Führer, die 1954 eine stärkere Zusammenarbeit untereinander anstrebten, über die Hintergründe der Lavon-Affäre informiert waren. Erst recht beeinflußte die Affäre nicht ihre eigene Aktivität. Denn die hier geschilderte Zusammenfassung der Ereignisse stellt den Kenntnisstand nach Jahrzehnten der Recherche von Historikern und Journalisten dar, während den Zeitgenossen - in Israel - das ganze Ausmaß der Affäre erst im Laufe von Jahren stückweise bekannt wurde. In den USA dagegen berichtete die Presse kaum über die bekannt werdenden Einzelheiten und vergaß völlig, daß der Auslöser der Affäre israelische Anschläge auf amerikanische Einrichtungen waren. Auf diese Weise konnte sich niemand, auch

---

[303] Vgl. Curtiss, a.a.O., S. 41; vgl. zur Militarisierung der politischen Klasse Israels Amos Perlmutter, Military and Politics in Israel. Nation-Building and Role Expansion, London ²1977, S. 80-95.
[304] Vgl. Yaacov Bar-Siman-Tov, Ben Gurion and Sharett. Conflict Management and Great Power Constraints in Israeli Foreign Policy, in: Middle Eastern Studies, 3/1988, S. 331-335; vgl. Avi Shlaim, Conflicting Approaches to Israel's Relations with the Arabs. Ben Gurion and Sharett, 1953-1956, in: Middle East Journal, 2/1983, S. 188f.

die jüdischen Führer in den USA nicht, über eine mögliche Doppelzüngigkeit in der offiziellen israelischen Rhetorik Gedanken machen.[305]

Für die amerikanischen Juden galt nach wie vor, daß die Interessen Israels gegenüber der Eisenhower-Administration stärker berücksichtigt und daß dafür ein geeignetes Instrument geschaffen werden mußte. Auch wollte die israelische Regierung ein zentrales Organ auf Seiten der amerikanischen Juden haben, das sie hinsichtlich des gemeinsamen israelischen Interesses konsultieren und beraten konnte. Es ist nicht mehr eindeutig zu ergründen, wer die Ursprungsidee zu einer stärkeren Kommunikation untereinander und zu einem geschlosseneren Auftreten der jüdischen Organisationen hatte. Möglicherweise ist der Anstoß dazu von israelischer Seite ausgegangen, denn Abba Eban hatte bereits am 16. April 1954 eine kleine Gruppe von jüdischen Führern bei einem Treffen in Chicago zu einer effektiveren Zusammenarbeit von zionistischen und nicht-zionistischen Organisationen gedrängt.[306]

Im weiteren Verlauf des Jahres ist dieser Gedanke vor allem von Nahum Goldmann, Co-Präsident der Jewish Agency, verfolgt worden, der 1954 Philip Klutznick und dem Präsidenten der Union of American Hebrew Congregations, Maurice Eisendrath, gegenüber die Wiederbelebung der Kriegsorganisation American Jewish Conference vorgeschlagen hatte, die, 1943 gegründet, die Rettung der Juden und auftretende Nachkriegsprobleme behandelt hatte. Allerdings hatte sich dieser "Dachverband" von 64 jüdischen Organisationen, zu denen auch Klein- und Kleinstorganisationen gehört hatten, als ineffektiv erwiesen, da er in kaum einer Frage einen Konsens erzielen konnte.[307] Goldmann sah die Hauptschwierigkeit bei der Bildung eines effektiveren Organisierungsgrades denn auch in der *"chaotic nature of American Jewry."*[308] Klutznick hatte sich angesichts dieser Erfahrungen eher für informelle Versammlungen der

---

[305] Vgl. ebenda, S.41.
[306] Vgl. Urofsky, a.a.O., S. 300.
[307] Vgl. Tivnan, a.a.O., S. 41.
[308] Nahum Goldmann, Sixty Years of Jewish Life, New York 1969, S. 324f.

Präsidenten von jüdischen Organisationen ausgesprochen, ohne Budget, ohne administrativen Apparat, ohne Personal und selbst ohne *"majority rule"*.[309]

Das AZCPA wurde nun mit der technischen Vorbereitung der Gründung einer gesamt-jüdischen Vertretung betraut und informierte das Weiße Haus Mitte Januar über die bevorstehende Gründungsversammlung (was für Klutznick viel zu spät geschah). Außerdem kam es zu einem Gespräch zwischen dem Exekutivdirektor des AZCPA, "Si" Kenen, und dem AZC-Funktionär Bisgyer mit Eisenhowers Kabinettssekretär, Maxwell Rabb, seinerseits der höchste jüdische Beamte des Weißen Hauses.[310] Kenen schilderte die Begegnung (*"really a great waste of time"*) in einem Brief an Rabbi Philip S. Bernstein aus Rochester (New York), den neuen Präsidenten des AZCPA, als unbefriedigend. Aus diesem Brief geht eine höchst interessante Meinungsverschiedenheit hervor, die ein Erklärungsmuster für die Kommunikationsunfähigkeit zwischen den organisierten amerikanischen Juden einerseits und Juden in der Administration und der Republikanischen Partei andererseits abgeben könnte.

Rabb habe sich, so Kenen, nahezu während des gesamten Gesprächs über sein Unverständnis ausgelassen, daß die amerikanischen Juden der Eisenhower-Administration überwiegend ablehnend gegenüberstünden, und habe es als unfair von der jüdischen Presse bezeichnet, daß diese nicht die Tatsache gebührend würdige, daß von den letzten zwölf Nominierungen von hohen Beamten im Weißen Haus vier Juden gewesen seien. Kenens Eindruck sei es nun, daß Rabb nicht an einer substantiellen Politikänderung interessiert sei, sondern lediglich daran, wie man möglichst viele Juden ins republikanische Lager bringen und die Administration mit der Freundschaft der jüdischen Bevölkerung beeindrucken könne. Kenen fuhr fort, *"[it] is apparent to me that the Jewish advisers to the Administration do not sense the fact that the Jewish community is mature and that*

---

[309] Vgl. Philip M. Klutznick, No Easy Answers, New York 1961, S. 45.
[310] Obwohl Nicht-Zionist, war Rabb im jüdisch-gesellschaftlichen Leben engagiert. Er war Mitglied des AJC, von 1953 bis 1958 Vorsitzender der Regierungsabteilung des UJA und Präsident des Congregation Temple Emanu-El in New York. Vgl. Isaac Alteras, Eisenhower, American Jwery, and Israel, in: American Jewish Archives, Vol. 37, No.2/1985, S. 260.

the Jews will vote their convictions without regard for such issues as patronage."311

Der Meinungsunterschied, der hier deutlich wird, hatte strukturelle Ursachen und korrigiert den Eindruck, das organisierte Judentum in den USA hätte bei seiner Auseinandersetzung mit der Eisenhower-Administration um das Verhältnis zu Israel mit Teilen der Republikanischen Partei an einem Strang gezogen. Dies war jedoch nur bedingt der Fall. Die meisten der republikanischen Mandatsträger und Funktionäre, wenn sie über keine emotionale Beziehung zu Israel oder zur jüdischen Welt verfügten, betrachteten die jüdische Bevölkerung als normalen Faktor im politischen Business wie andere Interessengruppen auch, als eine neben Iren, Katholiken, Farmern, Südstaatlern, Waffenbesitzern etc., die es zu berücksichtigen galt. Was Kenen bei Rabb bemängelte, war die Bildung eines Images, die erstrebte oberflächliche Wirkung einer politischen PR-Kalkulation. Aus der Perspektive Kenens geriet dabei das eigentliche Ziel, nämlich die Institutionalisierung eines für Israel nutzbringenden amerikanisch-israelischen Verhältnisses, völlig in den Hintergrund. Im Grunde kritisierte Kenen dabei jedoch nur, daß der Jude Rabb seinen Glauben seiner Nationalität (und seiner Verantwortung als Regierungsangestellter) unterordnete.

Es stellt sich die Frage, ob nicht das zionistisch dominierte organisierte amerikanische Judentum selbst schuld an dem von Kenen kritisierten Standpunkt war, indem es durch seine Propagandatätigkeit, die sich an das nicht-jüdische Wahlvolk wandte, genau diesen Effekt bei den politischen Bewerbern in den beiden politischen Parteien erzielte, nämlich daß nicht Israel um Israels willen unterstützt wurde, sondern um innenpolitisch nicht in eine mehrheitsunfähige Position zu geraten.

Das AZCPA überarbeitete daher sein zionistisches Informationsprogramm, mit dessen Hilfe ein stärkerer emotionaler Bezug zu Israel und ein näher am eigenen Erleben orientiertes Israel-Bild entwickelt werden sollten. Wichtigstes Grundprinzip war dabei, daß *"the story of the holocaust in Europe and*

---

[311] Brief Kenens an Bernstein, 17.1.1955. UR: AIPAC/Bernstein Papers, Box 4, Correspondence January 1955.

its aftermath should not be completely played down, but it can be no longer be one of the pillars of a public relations program." Auch sollte der typische amerikanische Jude nicht länger als Rechtsanwalt aus Philadelphia porträtiert werden, sondern als "einfacher" Mensch, den "einfache" Amerikaner verstehen und dem sie positiv gegenüberstehen. Mit dem Schlagwort von der "Rückkehr ins Land der Bibel" sollte an die amerikanische Religiosität appelliert werden, wozu Sommerkurse an der Hebrew University angeboten werden sollten (*"Teach the Bible in the Land of its Birth"*), mit denen sich Wissenschaftler aller Disziplinen, Linguisten, Historiker, Archäologen etc., in Jerusalem als einem Zentrum für internationale Diskussionen austauschen sollten.

Doch der wichtigste Darstellungspunkt blieb die Hervorhebung der Zugehörigkeit Israels zur westlichen Wertegemeinschaft und die Pionierleistungen des jüdischen Volkes im Kulturbau und in der Landwirtschaft, womit eine Parallele zu den frühen Siedlern des amerikanischen Westens gezogen wurde. Deutlich vermittelt werden sollte die große Affinität Israels zu amerikanischem Gedankengut, was durch die Gründung von Israel-Instituten an amerikanischen Universitäten zu fördern war. Optimismus, Zukunftsglaube, Heroismus in einem feindlichen Umfeld, Pioniergeist: dies waren Attribute, die bei Amerikanern die Vorstellungen einer amerikanisch-israelischen Wesensgleichheit auslösen sollten.[312]

Allerdings war nicht jede jüdische Organisation bereit, ideologische Unterschiede zugunsten Israels zu nivellieren und sich einer zionistischen Meinungsführung unterzuordnen. So weigerte sich das nicht-zionistische American Jewish Committee - sehr zum Mißvergnügen von Klutznick und Goldmann, die der Administration die jüdische Geschlossenheit in Bezug auf Israel entgegensetzen wollten[313] -, an der Gründungsversammlung der Konferenz der zwanzig größten und wichtigsten nationalen jüdischen Organisationen vom 5. bis 6. März 1955 im Washingtoner Shoreham Hotel teilzunehmen, obwohl es programmatisch zu Israel

---

[312] "Some Thoughts on a Zionist Information Program for the United States", 16.2.1955. UR: Bernstein/AIPAC Papers, Box 1, Chronological Files 1954-1961. Vgl. auch Hofnung/Sheffer, a.a.O., S. 14f.
[313] Vgl. Goldmann, a.a.O., S. 326; vgl. Tivnan, a.a.O., S. 44.

keine andere Position hatte. Gleichwohl war es ein historischer Moment für das amerikanische Judentum, ausgelöst durch den Antagonismus zur Eisenhower-Administration. Die Präsidenten vertraten 20 Organisationen aus allen Bereichen des jüdischen Lebens.[314] Zionisten und Nicht-Zionisten, die drei religiösen Zweige (konservativ, orthodox und reformistisch), Bruderschaften, Gewerkschaften und Wohlfahrtsverbände hatten sich erstmals seit der Gründung des Staates Israel zur "Conference of Presidents of Major American Jewish Organisations" (Presidents' Conference) zusammengeschlossen, um sich, worauf Philip Klutznick, der bei der Eröffnungssitzung präsidierte, hinwies, in erster Linie für die Sicherheit und Entwicklung Israels in den USA einzusetzen. Zur öffentlichen Gründungsversammlung waren auch zwei Vertreter der Administration eingeladen, der neue NEA-Staatssekretär des State Department, George Allen, und der Direktor der Nahost-Abteilung der Foreign Operations Administration (FOA), Norman S. Paul.[315]

Trotz der auch bei den amerikanischen Juden vorhandenen Irritationen über den erst kurz zurückliegenden israelischen Vergeltungsschlag im Gaza-Streifen, sprach Tagungspräsident Klutznick von Israel als *"an isolated Israel, a democracy surrounded by belligerent and bellicose governments"*,[316] was bei den

---

[314] Die teilnehmenden Organisationen waren: American Jewish Congress, American Trade Union Council for Labor Israel, AZCPA, AZC, B'nai B'rith, Hadassah, Hapoel Hamizrachi Organization of America, Jewish Agency, Jewish Labor Committee, Jewish War Veterans of the United States, Labor Zionist Organization of America, Mizrachi Organization of America, National Community Relations Advisory Council, Progressive Zionist League, Union of American Hebrew Congregations, Union of Orthodox Jewish Congregations, United Synagogue of America, United Zionist Labor Party, ZOA, Zionist-Revisionists. UR: Bernstein/AIPAC Papers, Box 1, Chronological Files 1954-1961, 1.22. Über die Geschichte der Presidents' Conference gibt es keinerlei zugänglichen Dokumente. Dies gilt auch für die gesamte Entwicklung der Presidents' Conference bis heute, einschließlich aller Sitzungsprotokolle. Dies wurde dem Autor im April 1993 bei einem Besuch des American Jewish Archives in Cincinnati (Ohio) von dessen Direktor, Abraham Peck, bestätigt. Nach Auskunft Pecks ist selbst dem American Jewish Archives jegliche Einsicht in Dokumente zu Forschungszwecken stets von der Presidents' Conference verwehrt worden.
[315] Vgl. Alteras, Eisenhower, American Jewry, and Israel, a.a.O., S. 263.
[316] AJCA: American-Israel Relations, "Addresses and Statements to the Conferences of Major Jewish Organizations, Shoreham Hotel", 5./6.3.1955.

anwesenden Regierungsvertretern angesichts der Unkenntnis von Israels Premierminister Sharett über den "Terrorismus" seiner eigenen Generäle ziemlich befremdlich geklungen haben mochte.[317]

Auch die umfangreiche Shoreham-Resolution, die die Konferenz verabschiedete, sparte jedes kritische Wort an Israel aus. Stattdessen wurde von "beklagenswerten" Spannungen gesprochen, die Israel daran hinderten, ein normales, freies und friedliches Leben zu führen, *"undisturbed by the continued threat of war."* Die amerikanische Regierung und die Vereinten Nationen seien aufgerufen, geeignete Schritte für eine Friedenslösung im Nahen Osten zu unternehmen, die am besten durch direkte Verhandlungen zwischen Israel und seinen arabischen Nachbarn im Sinne der Charta der UNO erzielt werden könne. Ein arabisch-israelischer Frieden sei für alle Völker der Region und die Verteidigung der Freien Welt unverzichtbar und könnte eine neue Phase der Kooperation einleiten. Die Unterzeichner zeigten sich überzeugt, daß die Freundschaft aller nahöstlichen Völker für die Demokratie gewonnen werden könnte, wenn die USA ihnen Hilfe leistete, *"[to] improve their intolerable economic, social and cultural conditions".* Die Präsidenten könnten jedoch nicht verstehen, wie die politischen Ziele Frieden, Stabilität, Entwicklung und Verteidigung durch die militärische Unterstützung an Staaten erreicht werden sollten, die sich in offener Feindschaft zu Israel befänden.

Es sei darauf aufmerksam zu machen, daß in dem sich entwickelnden System von Verträgen und Allianzen im Nahen Osten ausgerechnet Israel ausgeschlossen werden sollte, *"the most stable democracy most dedictaed to the cause of democracy's defense."* Ein solcher Ausschluß erhöhe Israels Verwundbarkeit und müsse dringend verhindert werden. Eine israelische Beteiligung hingegen würde zu Frieden und Stabilität in der Region beitragen, da

---

[317] Vgl. Tivnan, a.a.O., S. 44-47.

sie von einer Aggression abschrecke, und Versöhnung und Zusammenarbeit fördere.[318]

Die Resolution der Shoreham-Konferenz enthielt keine neuen Argumente, zum Teil übernahm sie sogar dieselben Formulierungen, wie sie schon in der Resolution der 16 jüdischen Präsidenten an Außenminister Dulles vom 25. Oktober 1954 benutzt worden waren. Die Bedeutung der Shoreham-Konferenz lag daher auch weniger im Inhalt ihrer Schlußerklärung als vielmehr in der Demonstration von Geschlossenheit hinsichtlich Israels, die fast das gesamte amerikanische Judentum zum Ausdruck brachte. Es war offensichtlich, daß die Presidents' Conference durch die Zusammenarbeit der sie tragenden Organisationen ein wesentlich effektiveres Sprachrohr darstellen würde, als wenn Dutzende von Einzelgruppen nahezu identische Meinungen einzeln vortrügen und damit für Mißverständnisse, unnötige Konkurrenz, Zeit- und Energieverlust sorgen würden. Die öffentliche Präsenz der amerikanischen Juden sollte künftig in der Auseinandersetzung über die Israel-Politik mit der Eisenhower-Administration ein deutlich stärkeres Gewicht bilden.

Für die Administration bedeutete die Shoreham-Konferenz die Erkenntnis, daß sich ein bisher diffuser innenpolitischer Gegner neu formiert hatte und daß sich die überwältigende Mehrheit des organisierten amerikanischen Judentums - und nur dieses kann hier in Betracht gezogen werden - in seinem politischen Engagement mit Israel und seiner Politik identifizierte. Insgesamt betrachtet hatte sich innerhalb von zwei Jahren nach der Amtsübernahme Eisenhowers die Israel-Lobby mit der Gründung des AZCPA und der Presidents' Conference die Instrumente geschaffen, die in den folgenden Jahren und Jahrzehnten eine amerikanische Nahostpolitik ohne Einfluß der Israel-Lobby erschwert, wenn nicht gar unmöglich gemacht hätte.

---

[318] "Declaration of Policy", Conference of Presidents of Major American Jewish Organizations, Shoreham Hotel, Washington, 5./6.3.1955. UR: Bernstein/AIPAC Papers, Box 1, Chronological Files 1954-1961, 1.22.

3. Amerikanische Vermittlung aus Furcht vor der Israel-Lobby? Vom Projekt Alpha 1955 bis zur Anderson-Mission 1956

Das Jahr 1955 wird in der historischen Forschung über den arabisch-israelischen Konflikt üblicherweise als die Zeit gesehen, in der sich die regionalen Spannungen so sehr zuspitzten, daß sie 1956 schließlich nahezu zwangsläufig zum kurzen, aber einschneidenden Suez-Krieg führen. In der Suez-Krise und im Ergebnis des Krieges sind nicht nur ein regionales Ereignis mit weltpolitischer Tragweite zu sehen, sondern auch das Ende der Epoche des post-kolonialen Einflusses Großbritanniens und Frankreichs auf die Region und der endgültige Eintritt des Nahen Ostens in die bipolare, vom Ost-West-Gegensatz des Kalten Krieges geprägte Welt.

Die nahöstliche Krise 1955/56 hatte eine Reihe von Ursachen, die sich auf fatale Weise ergänzten. Der Quasi-Kriegs-, Quasi-Friedenszustand zwischen Israel und Ägypten, der andauernde Antagonismus zwischen den ehemaligen Kolonialmächten und den jungen, unabhängigen Staaten sowie der Wettkampf des Kalten Krieges zwischen den Supermächten USA und Sowjetunion, schließlich die unterschiedlichen Partikularinteressen und Konzeptionen der Westmächte, ihre davon beeinflußten Perzeptionen und Mißdeutungen regionaler Eigenentwicklungen und ihre am Ende unrealistische Paktpolitik.

Für die Fragestellung dieser Arbeit ist das Verhalten der amerikanischen Diplomatie von großer Bedeutung, besonders ihre innenpolitische Handlungsmotivation. Zwar hatte für Eisenhower und Dulles die Eindämmung eines perzipierten sowjetischen Einflusses in der Gesamtregion bei der Gestaltung und Formulierung der amerikanischen Politik im Nahen Osten oberste Priorität, doch zeigt das folgende Kapitel, wie sehr unterhalb dieses Leitgedankens die amerikanische Politik von einem intendierten innenpolitischen Effekt bestimmt wurde, der letztlich kurzsichtig war. Ziel war es, durch rasche Fortschritte bei der nahöstlichen Konfliktbewältigung innenpolitisch keine Angriffsfläche zu bieten und somit gefürchteter zionistischer Gegenpropaganda die Grundlage zu nehmen. Das Kapitel zeigt weiter, wie sehr diese amerikanische Taktik, die schon früh vom

Termin des Wahljahres 1956 bestimmt wurde, gerade deswegen scheiterte, weil sie regionale Eigenentwicklungen einer innenpolitischen Wirkung unterordnete. Dies wird bei den beiden großen Vermittlungsinitiativen der Jahre 1955/56, dem Projekt Alpha und der Anderson-Mission, besonders deutlich werden.

Die Rolle der USA und Großbritanniens bei der Begründung des Bagdad-Pakts im Februar 1955 ist Gegenstand zahlreicher Untersuchungen gewesen. Während Dulles sich durch den Beitritt der Türkei in den Pakt eine Stärkung des Northern Tier im Sinne der Containment-Strategie versprach, erhoffte sich der britische Außenminister Anthony Eden vom Bagdad-Pakt in erster Linie ein Instrument zum Erhalt des imperialen Einflusses Londons, wodurch Großbritannien tatsächlich zum Hauptnutznießer dieses Bündnisses wurde.[319] Die britische Regierung sah im Bagdad-Pakt zunächst eine geeignete Möglichkeit, um den demnächst auslaufenden britisch-irakischen Beistandspakt aus dem Jahre 1930 weiterzuentwickeln, was ihnen nach dem Scheitern des Vertrages von Portsmouth schon 1948 nicht gelungen war.[320] Auf diese Weise konnte London seinen imperialen Einfluß und sogar seine Militärbasen im Irak beibehalten und dies offiziell als Unterstützung der irakischen Unabhängigkeit und verstärkte Kooperation mit dem Irak interpretieren. Eine Ausdehnung des Pakts auf weitere arabische Staaten hätte dann Londons Einfluß in der Region auch künftig gesichert.[321]

---

[319] Zu diesem Schluß kommt Freiberger in Kap. IV seiner Dissertation, in dem er das amerikanische Northern-Tier-Konzept und das britische Bagdad-Pakt-Konzept als grundsätzlich divergierend hinstellt. Vgl. Freiberger, a.a.O., S. 174-231.
[320] Vgl. zum Vertrag von Portsmouth William Roger Louis, The British Empire in the Middle East 1945-1951. Arab Nationalism, the United States, and Postwar Imperialism, Oxford 1984, S. 331-336. Anfang 1948 war in London bzw. Portsmouth ein britisch-irakischer Vertrag ausgehandelt worden, der jedoch nach großen innenpolitischen Protesten, der Irak unterwerfe sich britischem Kolonialismus, in Bagdad nicht ratifiziert worden war.
[321] Vgl. Richard L. Jasse, The Baghdad Pact: Cold War or Colonialism?, in: Middle Eastern Studies, 1/1991, S. 141f. Sehr zum Ärger des ägyptischen Regierungschefs Nasser hatte der irakische Ministerpräsident Nuri nach einem Besuch seines türkischen Amtskollegen Menderes am 13.1.1955 einen bilateralen Verteidigungspakt angekündigt, der dann am 24.2. unterzeichnet wurde. Bereits am 22.2. hatte Bagdad geheime Verhandlungen mit London über einen Beitritt

Die Briten hatten überdies im Herbst 1954 Besorgnisse über den arabisch-israelischen Konflikt, die sich auf die Frage fokussierten, wie Israel auf das britisch-ägyptische Suez-Kanal-Abkommen reagieren würde. Um die Verhandlungen mit Kairo und die nahöstliche Stellung Großbritanniens nicht zu gefährden, war London an einer arabisch-israelischen Verständigung, die nur über Verhandlungen erreicht werden konnte, interessiert und hatte der israelischen Regierung wiederholt versichert, daß die "Balance of Power" in der Region nicht zum Nachteil Israels verändert würde. Da das ob solcher Versicherungen mißtrauische Israel jedoch auf separaten Verhandlungen mit seinen arabischen Nachbarn bestand, die Araber dies ablehnten und Nasser zudem von Israel die Abtretung des südlichen Negev forderte, um eine gemeinsame ägyptisch-jordanische Grenze zu bekommen - was in israelischen Augen jedoch absolut unverhandelbar war - und da weder London noch Washington die von Israel erbetene Sicherheitsgarantie zu geben bereit waren, war der gesamte nahöstliche Friedensprozeß in eine Sackgasse geraten.

Die britische Regierung wandte sich daher Ende 1954 an Washington, um eine gemeinsame Strategie für einen Ausweg aus dem Dilemma zu entwickeln, zumal sich die Spannungen zwischen Israel und Ägypten zu verschärfen drohten und die UNTSO vor Ort überfordert schien. Anfang November vereinbarten Dulles und der britische Botschafter in Washington, Roger Makins, einen (geheimen) anglo-amerikanischen Friedensplan für den Konflikt zwischen Israel und Ägypten und mögliche Anwendungsmethoden auszuarbeiten, aus dem schließlich das sogenannte "Projekt Alpha" resultierte.[322] Dabei kam es Dulles darauf an, innerhalb der nächsten zwei Jahre zu einer Einigung zu kommen, da das Problem bis zu den Präsidentschaftswahlen 1956 vom Tisch sein sollte. Er glaubte auch, daß der Pakt zwischen dem Irak und der Türkei, dem am 23. September 1955 auch Pakistan und

---

Großbritanniens begonnen, das schließlich am 4.4. dem Abkommen beitrat. Vgl. ebenda, S. 150ff.
[322] Vgl. Gesprächsmemorandum JFD - Makins, 4.11.1954. FRUS 1952-1954, a.a.O., S. 1683f. Formal akzeptierte JFD in einem Aide-mémoire vom 17.11.1954 Außenminister Edens Vorschlag für umfassende Diskussionen mit beiden Ministerien für den Januar 1955. FRUS, ebenda, S. 1693f.

am 23. Oktober 1955 der Iran beitraten, der Region genügend Stabilität bieten würde, um Ägypten aus einer Position der Sicherheit mit Israel verhandeln zu lassen. Ägypten, so Dulles' Gedanke, würde nun in Verhandlungen einwilligen, da ihm der Bagdad-Pakt quasi einen Flankenschutz gegenüber einem militärisch stärkeren Israel böte und ihm zudem die Bandung-Konferenz weltweit diplomatisches Prestige eingebracht hätte.

Umgekehrt würde Israel den Bagdad-Pakt als Abschreckung ansehen und statt eines militärischen Angriffs eine Verhandlungslösung mit Ägypten suchen, womit Dulles jedoch von völlig verzerrten Prämissen ausging und die Kompromißbereitschaft in beiden Lagern überschätzte, da er sowohl den (pan-)arabischen Nationalismus in Ägypten als auch die innenpolitische Meinung in Israel falsch beurteilte. Schließlich war die 1956er Wahl in den USA als nahöstlicher Friedens-Zeitplan mehr als unglücklich und offenbarte zudem Dulles' Unfähigkeit, einen regionalen Konflikt nicht außerhalb der globalen Perspektive des Kalten Krieges und innenpolitischer Notwendigkeiten zu perzipieren.[323]

Ende Januar 1955 begannen in Washington die Gespräche der Planungsgruppe Alpha, die auf amerikanischer Seite Francis Russell aus der Nahost-Abteilung des State Department und für die Briten der Unterstaatssekretär für nahöstliche Angelegenheiten, Evelyn Shuckburgh führten. Die politische Situation in Ägypten und Israel schien den anglo-amerikanischen Planern für Verhandlungen günstig zu sein. Ein erwarteter Erfolg Nassers auf der Bandung-Konferenz im April - von deren Teilnahme Washington Nasser vergeblich abzuhalten versucht hatte[324] -, wo er eine blockfreie Weltmeinung gegen den Bagdad-Pakt mobilisieren könnte, würde ihn in seiner Heimat noch populärer und zum unbestrittenen Führer der arabischen Welt machen.

Nasser war der einzige arabische Staatsmann, dessen Ansehen in der arabischen Welt Friedensverhandlungen mit Israel erlauben würde. Ähnlich war die Situation in Israel, wo die Rückkehr Ben-Gurions in die Regierung zwar eine aggressivere Politik bedeutete, doch verfügte Ben-Gurion, anders als

---

[323] Vgl. Freiberger, a.a.O., S. 237f.
[324] Vgl. Aronson, a.a.O., S. 119.

Premierminister Sharett, über den nötigen Rückhalt in der Bevölkerung, um auch einen hohen Preis bei Friedenverhandlungen mit Ägypten durchsetzen zu können. Zirkulierende Gerüchte von bevorstehenden Waffenkäufen Nassers beim Ostblock, die Furcht vor einem Präventivschlag der zusehends nervöser werdenden Israelis waren weitere Faktoren für die Regierungen in Washington und London, ihr Projekt Alpha zügig zu entwickeln.[325] Von einem Erfolg Alphas erhoffte sich die britische Regierung außerdem das Ende von Nassers Opposition gegen den Bagdad-Pakt und damit gegen den britischen Einfluß.[326]

Dem Gespräch Shuckburghs in Washington Ende Januar folgten im Februar und April mehrwöchige Besuche Russells in London, bei denen die US-Seite von Anfang an auf einen raschen Erfolg drängte und auf die zu erwartenden innenpolitischen Schwierigkeiten hinwies, je näher der Termin der Präsidentschaftswahlen im November 1956 heranrückte. Die Eisenhower-Administration werde möglicherweise, so ließ Dulles die Briten wissen, gezwungen sein, Israel entgegenzukommen und ein Militärhilfe-Abkommen zu schließen. Andernfalls drohe wegen der Aktivität der amerikanischen Zionisten eine Wahlniederlage Eisenhowers. Es komme daher als Resultat des Projekts Alpha für Washington nicht etwa eine überarbeitete Waffenstillstandsregelung in Frage, sondern nur ein Friedensvertrag, in dem die USA dann die israelischen Grenzen garantieren würden.[327] Die britische Regierung jedoch wollte gerade die Benutzung der Vokabel "Frieden" verhindern, da sie wußte, daß dies ein für die Araber inakzeptabler Terminus war.[328] London war in erster Linie an einer Stärkung des

---

[325] Vgl. Freiberger, S.240-243.
[326] Vgl. Oren, Secret Egypt-Israel Peace Initiatives Prior to the Suez Campaign, a.a.O., S. 358.
[327] Vgl. Freiberger, a.a.O., S. 243ff. Freiberger zitiert hier aus Gesprächen JFDs mit Makins vom 29.1.1955 und mit Edens vom 23.2.1955, die im Londoner Public Records Office dokumentiert sind. Gegenüber dem libanesischen Botschafter deutete JFD an, daß sich die Araber 1955 so weit wie möglich bewegen müßten, da die Administration im Wahljahr 1956 gegenüber den Arabern kaum Verhandlungsspielraum haben werde. Vgl. Memorandum JFDs vom 27.1.1955. DDEL: Dulles Papers, General Correspondence and Memoranda Series, Box 1, Strictly Confidential.
[328] Bereits Ende 1954 hatte Shuckburgh das Ziel Alphas aus britischer Sicht ausdrücklich mit "over-all settlement" und nicht mit "peace" definiert. Vgl. Shimon

Bagdad-Pakts interessiert, dem es schließlich am 4. April 1955 selbst beitrat, und hätte dafür auch den Preis des Scheiterns des von ihm selbst initiierten Projekts Alpha in Kauf genommen.[329]

Im Februar 1955 hatten Shuckburgh und Russell die technischen "Eckwerte" einer Friedenslösung ausgearbeitet, deren grobe Skizze zuerst Nasser vorgelegt und im Falle seiner positiven Aufnahme danach Israel unterbreitet werden sollte. Bei dem schwierigsten Komplex, den Territorialfragen, hoffte man außerdem auf einen Erfolg der Johnston-Mission über eine Entwicklung des Jordan-Tals. Der Vorschlag sah dann vor, daß Israel auf fünf Prozent seines Territoriums verzichte, um die Wiederansiedelung von rund 75.000 palästinensischen Flüchtlingen zu erleichtern. Jerusalem sollte zwischen Israel und Jordanien geteilt und der Zugang zu den heiligen Stätten von beiden Seiten ermöglicht werden. Weiterhin sollte Israel einen schmalen Landstreifen im südlichen Negev abtreten, um eine arabische Straßenverbindung zwischen Ägypten und Jordanien zu ermöglichen.[330] Im Gegenzug sollte der arabische Boykott gegen Israel aufgehoben werden. Washington und London würden alle Vereinbarungen durch eine Serie von Verträgen garantieren.[331]

Shamir, The Collapse of Project Alpha, in: William Roger Louis/Roger Owen (Eds.), Suez 1956. The Crisis and its Consequences, Oxford 1989, S. 81.
[329] Vgl. Freiberger, a.a.O., S. 244.
[330] Die Negev-Frage war ein zentraler Komplex der Alpha-Planungen, wobei es verschiedene Modelle für den Status einer Verwaltung des Gebietes um die israelische Hafenstadt Elat gab. Favorisierte Lösung war die der sogenannten "Kissing Triangles", bei die Territorien Ägyptens, Israels und Jordaniens dreiecksförmig aufeinanderzulaufen sollten, wodurch Israel seinen einzigen Hafen am Roten Meer behalten hätte und die Araber mittels einer Brücke verbunden worden wären. Die Brücke hätte unter israelischer Kontrolle stehen sollen. Vgl. Oren, Secret Egypt-Israel Peace Initiatives Prior to the Suez Campaign, a.a.O., S. 359.
[331] Vgl. Memorandum Russells an Hoover, 2.2.1955. FRUS, 1955-1957, Vol. XIV, Arab-Israeli Dispute 1955, S. 34-42; vgl. Memorandum Russells an JFD, 4.2.1955. Ebenda, S. 45ff.; "Points of Agreement in London Discussions of Arab-Israeli Settlement", 10.3.1955. Ebenda, S. 98-107. Die US-Regierung rechnete bei der Implementierung der zur Diskussion stehenden Maßnahmen mit amerikanischen finanziellen Aufwendungen in Höhe von rund 600 Millionen Dollar. Vgl. Memorandum Russells an JFD, 14.2.1955. DDEL: Dulles Papers, White House Memoranda Series, Box 3, Meetings with the President 1955 (4).

Der israelische Vergeltungsschlag im Gaza-Streifen (als Reaktion auf die Hinrichtungen in Ägypten im Zusammenhang mit der Lavon-Affäre) am 28. Februar 1955 gefährdeten allerdings den Zeitplan des weiteren Verfahrens von Alpha, da vor allem London nun für eine Verzögerung plädierte, um eine Beruhigung des öffentlichen Klimas in Ägypten nach dem israelischen Überfall abzuwarten. Beide Regierungen in London und Washington waren äußerst ungehalten über den erneuten Zwischenfall in Gaza, da nun die gesamte Situation komplizierter zu werden drohte und zudem Nassers Kooperationsbereitschaft ernsthaft gefährdet wurde.[332] Dulles wollte daher auch die Gaza-Affäre nicht an die große internationale Glocke hängen und keine ausgedehnte Diskussion im UN-Sicherheitsrat, der in einer Resolution die israelische Militäraktion Ende März 1955 verurteilte.[333]

Doch nicht nur die israelische, auch die britische Regierung schien dem Zeitplan Dulles' für Alpha Schwierigkeiten zu bereiten. Während Dulles so bald wie möglich mit der Durchführung von Alpha fortfahren wollte, führten britische Ränkespiele im Bagdad-Pakt für weitere Verzögerungen. Der Erhalt des Empire erwies sich erneut als übergeordnetes Ziel britischer Diplomatie, denn London wollte nun soviel arabische Staaten wie möglich zum Beitritt in einen von Großbritannien dominierten Pakt bewegen, selbst wenn dadurch eine Friedeninitiative Nassers in Gestalt von Alpha mehr und mehr erschwert würde.[334] Dulles jedoch, der den Libanon, Syrien und Jordanien aus der Perspektive seiner Containment-Strategie für militärisch bedeutungslos hielt, wollte das Northern-Tier-Konzept ausschließlich von den Northern-Tier-Staaten ausführen lassen. Sollten die anderen drei arabischen Staaten dem Pakt beitreten, würde man einen isolierten und verbitterten Nasser schaffen und zudem der israelischen Regierung

---

[332] Vgl. Freiberger, a.a.O., S. 246f.
[333] Vgl. Telefonat JFDs mit Lodge, 13.3.1955. DDEL: Dulles Papers, Telephone Calls Series, Box 3, Telephone Conversations - General March 7, 1955-April 29, 1955 (4). Der UN-Sicherheitsrat verurteilte Israels Vergeltungsschlag am 29.3.1955. Vgl. Verurteilung der israelischen Militäraktion im Gaza-Streifen, Sicherheitsrats-Resolution 106 (1955), in: Vereinte Nationen (Hrsg.), Die VN-Resolutionen zum Nahostkonflikt I, a.a.O., S. 126f.
[334] Vgl. ebenda, S. 247.

und der Israel-Lobby in den USA das Argument verschaffen, die Eisenhower-Administration hätte durch eine einseitige Stärkung der arabischen Staaten Israel fallen lassen. Zur Politik Londons meinte Dulles wütend am 24. März 1955, *"that it looks as though the UK had grabbed the ball on the northern tier policy and was running away with it in a direction which would have (...) unfortunate consequences."*[335]

Es war evident geworden, daß die Prioritäten der beiden angelsächsischen Mächte weit auseinanderlagen und das Projekt Alpha im Frühjahr 1955 ins Stocken geraten war.[336] Während die britische Regierung die Reste ihres Einflusses im Nahen Osten zusammenhalten und konsolidieren wollte, sah die amerikanische Regierung den Alptraum eines Wahlkampfs gegen die Israel-Lobby heraufziehen. Denn für die Administration war nach der gerade erfolgten Gründungsversammlung der Presidents' Conference im März 1955 ein neuer Faktor in der öffentlichen Auseinandersetzung um die US-Politik gegenüber Israel entstanden, der, aus der bisherigen Entwicklung zu schließen, ein unangenehmer Gegner sein würde. Zudem würde es künftig äußerst schwer werden, im jüdischen Spektrum Amerikas noch Persönlichkeiten zu finden, die die Regierung in der innenpolitischen Auseinandersetzung mit dem organisierten Judentum instrumentalisieren konnte. Der eher sektiererische ACJ hätte es an Einfluß und öffentlichem Gewicht niemals mit der Presidents' Conference oder dem AZCPA aufnehmen können und hatte zudem nach der Berufung Byroades zum US-Botschafter in Kairo im Außenministerium keinen Verbindungsmann mehr.

Im State Department wurden daher Überlegungen angestellt, das Gespräch mit jüdischen Führern künftig bevorzugt mit Vertretern des nichtzionistischen AJC, das der Presidents' Conference bewußt ferngeblieben war, und individuellen Persönlichkeiten zu führen, die der Administration prinzipiell freundlich gegenüber standen. Man versprach sich dadurch einen konstruktiveren

---

[335] Gesprächsmemorandum JFD, Allen, Jernegan, Russell, 24.3.1955. FRUS 1955-1957, Vol. XIV, S. 118.
[336] Vgl. Oren, Secret Egypt-Israel Peace Initiatives Prior to the Suez Campaign, a.a.O., S.359; vgl. Lucas, Divided We Stand, a.a.O., S. 46-50; vgl. Freiberger, a.a.O., S. 248.

Dialog als mit den professionellen Zionisten (im Sprachgebrauch des State Department: *"hotheads"*) und schätzte besonders diese Persönlichkeiten als unabhängiger von den Einflüsterungen der israelischen Diplomatie ein.

In einem Memorandum vom NEA-Abteilungsleiter Parker T. Hart an den neuen NEA-Staatssekretär Allen vom 15. März 1955 riet Hart zu einem Meinungsaustausch mit dem früheren AJC-Präsidenten Jacob Blaustein, dem derzeitigen AJC-Präsidenten Irving Engel sowie, in einem getrennten Gespräch, mit dem Chef der Handelskette Associated Department Stores, Cincinnati (Ohio), Fred Lazarus, und dem einflußreichen Präsidenten der Paramount Pictures, New York, Barney Balaban. Es konnte nicht darum gehen, das amerikanische Judentum zu spalten, denn das Memorandum erwähnte ausdrücklich die große Sympathie, die auch diese Persönlichkeiten Israel entgegenbrachten. Gleichwohl identifizierten sie sich nicht mit zionistischen Zielen und *"hold no brief for the present government of Israel (they probably dislike Ben Gurion) and they almost certainly disapprove of the policy of retaliatory raids."*[337]

Schon kurz danach, am 18. März 1955, kam es zu einem Treffen Allens mit Blaustein im State Department, bei dem der Diplomat den ehemaligen jüdischen Funktionär darum bat daraufhinzuwirken, daß Israel betreffende Fragen aus der innenpolitischen Auseinandersetzung herausgehalten würden, wozu ihm Blaustein allerdings, selbst wenn er es gewollt hätte, wohl kaum entsprechende Zusicherungen hätte geben können. Stattdessen erkundigte sich Blaustein nach einer eventuellen Neuformulierung der amerikanischen Nahostpolitik, worüber bereits im Vorfeld der Kongreßwahlen 1954 spekuliert worden war und die Dulles gegenüber den 16 jüdischen Organisationen vielsagend angedeutet hatte. Allen gab nun zu verstehen, daß die Beibehaltung der israelischen Politik der massiven Vergeltungsschläge eine amerikanische Neubewertung erschwere. Der Gaza-Angriff vom Februar sei nur das jüngste Glied einer Kette von Zwischenfällen dieser Art gewesen.

---

[337] Memorandum Harts an Allen, 15.3.1955. NA: State Department Central Files, C0048, Reel 17, Palestine-Israel: Foreign Affairs, 1955-1959, 611.84A3-1555.

Blausteins Entgegenung war bemerkenswert: Er halte den Gaza-Angriff ebenso für falsch, glaube aber, daß Israels Führung den Frieden wolle und erkannt habe, *"that aggressive action in Israel's part would cause her to lose the support of American Jews."* Auch glaubte Blaustein, daß er zusammen mit einigen anderen amerikanischen Juden die israelische Regierung von der Beharrung auf Maximalpositionen - Sicherheitsgarantie, Aufnahme in ein regionales prowestliches Verteidigungsbündnis, Militärhilfe im Umfang der an die arabischen Staaten gelieferten Waffen - abbringen könnte. Daraufhin machte Allen einen vorsichtigen, als "persönlich" bezeichneten Vorschlag.

*"The U.S. might maintain and continue to implement its military assistance agreement with Iraq, but if the U.S. were approached by any of Israel's **immediate** neighbors, we might tell them that the U.S. could not grant them military assistance or join in defense pacts with them until their relations with Israel were improved."* (Hervorh. im Orig.)

Das Ausmaß der amerikanischen Unterstützung solle von der Bereitschaft zur Entspannung des arabisch-israelischen Verhältnisses abhängig gemacht werden. Gleiches müsse allerdings auch umgekehrt für Israels Kooperationsbereitschaft mit seinen arabischen Nachbarn gelten. Blaustein versprach, diesen Vorschlag mit anderen jüdischen Führern zu besprechen.[338]

Was dieses Treffen Allens mit Blaustein operativ so besonders machte, ist zweierlei. Zum einen äußerte nun eine prominente jüdische Persönlichkeit gegenüber einem hohen Repräsentanten der Administration Kritik an israelischem Verhalten und darüber hinaus die Möglichkeit des Entzugs von Unterstützung, die das amerikanische Judentum bislang dem Staat Israel vorbehaltlos gewährte. Selbst wenn man die Bedeutung Blausteins und des American Jewish Committee - verglichen etwa mit der Presidents' Conference - relativieren mußte, bewies

---

[338] Gesprächsmemorandum Allen - Blaustein, 18.3.1955. NA: State Department Central Files, C0048, Reel 17, Palestine-Israel: Foreign Affairs, 1955-1959, 611.84A/3-1855.

Blausteins Haltung, daß unter den amerikanischen Juden durchaus Kräfte waren, die Israels Politik nicht bedingungslos unterstützten. Zum anderen zeigte das Treffen, daß die Taktik der Administration, sich durch einen Dialog mit ausgewählten jüdischen Gesprächspartnern der öffentlichen zionistischen Umklammerung zu entziehen, Erfolg haben konnte. Auf diese Weise wäre es zumindest theoretisch möglich gewesen, unter Vermittlung von gegenüber Israel "unabhängigeren" amerikanischen Juden und unter Umgehung des mächtigen zionistischen Apparates Kontakte zu israelischen Politikern auf einer vertraulich-informelleren Ebene zu führen und entsprechende Initiativen zu lancieren.

Gleichwohl konnte es das State Department auch künftig nicht vermeiden, "offizielle" Vertreter der Israel-Lobby zu empfangen. Allerdings verhielt sich NEA-Staatssekretär Allen bei solchen Gesprächen völlig anders. Als er am 23. März 1955 mit einer Abordnung der Presidents' Conference, bestehend aus Nahum Goldmann (Jewish Agency), Rabbi Israel Goldstein (American Jewish Congress), Adolph Held (Jewish Labor Committee) und Rabbi Philip Bernstein (AZCPA), zusammentraf, ergriff er keine Initiative, gab lediglich den Inhalt von Presseerklärungen wieder und verschanzte sich ansonsten höflich hinter seiner Dienststellung als weisungsgebundener Beamter der politischen Führung. Allen verwies die Präsidenten bei jedem angesprochenen Thema - Militärhilfe, Sicherheitspakt - auf eine zu erwartende Stellungnahme Eisenhowers oder Dulles' und wurde lediglich konkret, als Rabbi Bernstein ein psychologisches Problem der Besorgnis in Israel ansprach. Allen bezeichnete es als höchst hilfreich, wenn einige Gerüchte und Mißverständnisse aus der öffentlichen Debatte verschwänden. Es gebe in Israel und bei ihren Unterstützern in den USA eine *"fixed idea"*, daß die US-Regierung ein Programm der Sicherheitsgarantien für die arabischen Staaten verfolge, das Israel bewußt ausschließe. *"This was simply not the case and he [Allen] hoped Mr. Bernstein and others would help to give the public a true picture."*[339]

---

[339] Gesprächsmemorandum Allen, Goldmann, Goldstein, Held, Bernstein, 23.3.1955. NA: State Department Central Files, C0048, Reel 17, Palestine-Israel: Foreign Affairs, 1955-1959, 611.84A/3-2355.

Durch den Verweis auf eine zu erwartende programmatische Erklärung des Außenministers steigerte Allen allerdings die Erwartungshaltung bei seinen jüdischen Gesprächspartnern und erhöhte damit gleichzeitig den Druck auf John Foster Dulles, vor allem mit einem amerikanisch-israelischen Sicherheitsbündnis ernst zu machen. Dies geht aus einem Bericht Rabbi Bernsteins über das Treffen mit Allen an die AZCPA-Führung hervor. Darin äußerte sich der AZCPA-Präsident befriedigt darüber, daß sich Dulles persönlich und offensichtlich sehr eingehend dieses Themas annehme und daß das State Department mittlerweile die Haltung der jüdischen Gemeinde Amerikas sehr ernst nehme.[340]

Dulles bemühte sich zunächst jedoch, die Erwartungen in Israel auf eine spektakuläre Wende in der US-Politik zu dämpfen und vor allem israelischen Maximalforderungen eine Absage zu erteilen, zu denen Dulles die Forderung nach einem amerikanisch-israelischen Verteidigungs- und Sicherheitspakt zählte. Gegenüber Premierminister Sharett wies Dulles Mitte April 1955 darauf hin, daß Washington bisher nur in der westlichen Welt einem solchen Pakt beigetreten sei und ansonsten nur dann, wenn dieser gegen die expansionistische Bedrohung des internationalen Kommunismus gerichtet sei. In regionale Kontroversen wollten sich die USA dagegen nicht einmischen. Dulles argumentierte dann mit dem Senat, der einem Pakt mit Israel nicht zustimmen würde, solange es keine vernünftige Chance für Stabilität in der Region gebe. *"If we presented to the Senate a treaty with Israel today, many Senators would feel that they were not being asked to guarantee stability but, rather, to guarantee US involvement in a highly inflammatory dispute."* Nach amerikanischer Einschätzung, so Dulles weiter, gebe es derzeit jedoch keine Aussicht auf Fortschritt bei den arabisch-israelischen Streitfragen.[341]

Der Hinweis Dulles' auf den Senat konnte aus der Sicht der Administration nur als sehr gewagt gewertet werden, denn es war fraglich, ob der Senat bei einem entsprechenden Vorstoß der Administration einem amerikanisch-

---

[340] "Report on Meeting with George Allen", 28.3.1955. UR: Bernstein/AIPAC Papers, Box 3, Minutes of Meetings, 3.52.
[341] Brief JFDs an Sharett, 16.4.1955. NA: State Department Central Files, C0048, Reel 17, Palestine-Israel: Foreign Affairs, 1955-1959, 611.84A/4-1655.

israelischen Vertrag tatsächlich ablehnend gegenüber gestanden hätte. Andererseits achtete Dulles während seiner gesamten Amtszeit penibel darauf, daß seine Außenpolitik stets der Unterstützung im Kongreß sicher sein konnte. Die gegenteilige Erfahrung, wie sie etwa sein Mentor und Vorbild Woodrow Wilson oder sein Vorgänger Dean Acheson machen mußten, ließen Dulles mit allzu originellen außenpolitischen Initiativen äußerst zurückhaltend umgehen.[342] Für die amerikanische Israel-Lobby mußte jedoch die Ablehnung eines Sicherheitspaktes mit der Begründung, es gebe dagegen im Senat Opposition, stattdessen geradezu als Einladung verstanden werden, verstärkt im Kongreß zu lobbyieren.

Zwar war Dulles' Bemerkung nicht öffentlich gemacht worden, doch konnte er - auch angesichts seiner eigenen Erfahrungen - davon ausgehen, daß dem AZCPA jede diplomatische Bewegung von der israelischen Regierung sofort mitgeteilt würde. Und in der Tat fand nur wenige Tage später eine Konferenz der Führung des AZCPA statt, bei der genau diese Strategie entworfen wurde. Exekutiv-Direktor Kenen führte dabei zunächst aus, daß innerhalb des State Department mittlerweile eine Atmosphäre der arabisch-israelischen Gleichbehandlung zu spüren sei, was Kenen dem Weggang Byroades, aber auch der Wirkung des öffentlichen Drucks durch die Israel-Lobby zuschrieb. Um nun eine wie auch immer geartete Sicherheitsgarantie für Israel von der Administration zu bekommen, sei es für das AZCPA wichtig, *"that we undertake a program in the Senate to show the State Department that Senators favor such an arrangement with Israel and would ratify a treaty."*[343]

Der Abschluß eines amerikanisch-israelischen Sicherheitspaktes war, motiviert durch die nebulösen Andeutungen aus dem State Department, zur wichtigsten Forderung der Israel-Lobbyisten geworden. Nahum Goldmann wies für die Presidents' Conference in einem erneuten Gespräch Ende April 1955 mit NEA-

---

[342] Zu JFDs Verhältnis zum Kongreß vgl. Ronald W. Pruessen, John Foster Dulles and the Predicaments of Power, in: Richard H. Immerman (Ed.), John Foster Dulles and the Diplomacy of the Cold War, Princeton (New Jersey), S. 29ff.; vgl. Klunk, a.a.O., S. 95.
[343] "Report by Mr. Kenen", 19.4.1955. UR: Bernstein/AIPAC Papers, Box 3, Minutes of Meetings, 3.53.

Staatssekretär Allen auf die wachsende Ungeduld bei der jüdischen Gemeinde hin, die immer noch auf die angekündigte Neubeurteilung der amerikanischen Nahostpolitik wartete. Allen wich jeder Festlegung aus, deutete jedoch die Möglichkeit einer Erklärung an, nach der keine weitere militärische Unterstützung der USA in die Region geleistet würde, solange die gegenwärtigen Spannungen zwischen Israel und seinen Nachbarn existierten. Goldmann spekulierte daraufhin damit, diese Erklärung in der Öffentlichkeit als Ergebnis hartnäckigen jüdisch-zionistischen Drucks in den USA hinzustellen.[344]

Für eine Einbindung Israels in ein regionales Sicherheitskonzept und ein gegenseitiges Verteidigungsabkommen zwischen den USA und Israel sprach sich auch Jacob Javits aus, der sich in seinem neuen Amt als Oberster Staatsanwalt in New York zwar nicht mehr so häufig, aber dafür umso dezidierter für Israel einsetzte und mit Kritik an der republikanischen Administration nicht sparte. Bei Wohltätigkeits-Veranstaltungen zugunsten Israels bemängelte er, daß noch keine offizielle Stellungnahme seitens der Regierung die Beteiligung Israels an der Verantwortung der Sicherheit des Nahen Ostens auch nur erwähnt habe. Dabei sei es im amerikanischen Interesse, wenn gerade das Land mit der stärksten Armee, der besten Ausbildung und der besten Logistik in der Region einer Verteidigungsorganisation angehöre. Es gebe keinen Grund, Israel dies zu verweigern und stattdessen mit den unberechenbaren Arabern zu kooperieren. *"Our government apparently considers it indispensible to U.S. and free world security that arms be supplied at this time to at least one of the Arab States, at a period when the Arab attitude is very threatening."*[345]

Israels Sicherheit und Unabhängigkeit, seine moralische und militärische Stärke seien eine feste Garantie, daß kommunistische Infiltration und Aggression im Nahen Osten keine Chance hätten. Javits hielt es angesichts eines

---

[344] Vgl. Gesprächsmemorandum Allen - Goldmann, 25.4.1955. NA: State Department Central Files, C0048, Reel 17, Palestine-Israel: Foreign Affairs, 1955-1959, 611.84A/4-2655.
[345] "Address by Attorney General Javits before Upholstered Furniture Division Dinner of the United Jewish Appeal at the Hotel Pierre, New York City", 10.5.1955. SUNY: Jacob K. Javits Collection, Series 1, Subseries 1, Box 9.

politischen, wirtschaftlichen und gesellschaftlichen Wettbewerbs der arabischen Staaten mit einem starken Israels für ausgeschlossen, daß die Araber es wagen würden, sich auf einen "Flirt" mit dem kommunistischen Block einzulassen. In den arabischen Staaten würde der Druck der jeweiligen Bevölkerungen zur Verbesserung ihrer Lebensstandards, der durch diesen Wettbewerb erzeugt werde, unweigerlich zu einer Barriere für kommunistischen Einfluß führen. Ein amerikanisch-israelischer Sicherheitspakt würde daher nicht nur Israel, sondern auch die Region stabilisieren.[346]

Ähnlich argumentierte Ende Mai 1955 auch Rabbi Silver in einem Brief an den Stabschef des Weißen Hauses, Sherman Adams. Silver führte darin die Notwendigkeit einer amerikanischen Sicherheitsgarantie für Israel aus und bestand darauf, daß Israel nicht für den Stillstand bei der Friedenslösung im Nahostkonflikt verantwortlich gemacht werden könne, da es mehrfach erklärt habe, zu Verhandlungen mit den arabischen Staaten bereit zu sein. Auch könnten von Israel keine Konzessionen vor Verhandlungen erwartet werden. Schließlich würde ein amerikanisch-israelischer Verteidigungspakt auch die Araber überzeugen, daß sie durch eine Beibehaltung ihrer kompromißlosen Haltung nichts erreichen würden. [347]

Jenseits der Öffentlichkeit versuchten andere Spitzenfunktionäre der Israel-Lobby wie die AZCPA-Führung, der Administration weitere Zugeständnisse abzuringen. Bei einem Treffen einer AZCPA-Delegation, bestehend aus Rabbi Bernstein, "Si" Kenen, Rabbi Miller und Rose Halprin mit NEA-Staatssekretär

---

[346] Vgl. "Address by Javits before United Jewish Fund Dinner, Statler Hotel, Buffalo, New York", 1.6.1955. SUNY: Jacob K. Javits Collection, Series 1, Subseries 1, Box 9.

[347] Vgl. Brief Silvers an Adams, 24.5.1955. WRHS: Silver Papers, A Corr 6-1-61, Eisenhower, Dwight D., 1954-55. Silvers Einfluß bei der Administration war jedoch gering geworden, da man sein allzu persönliches Engagement nicht schätzte. Umgekehrt verfügte Silver über keinerlei Druckmittel, um sich durchsetzen zu können. Silver galt in der Regierung als einer der extremsten Zionisten, dessen "ambition is to be President of Israel" (JFD). Vgl. Telefonat Adams' an JFD über Silver, 3.6.1955. DDEL: Dulles Papers, Telephone Calls Series, Box 10, Telephone Conversations White House, March 7-August 29, 1955 (2).

Allen und weiteren Beamten des State Department am 18. Mai 1955 verlangten sie eine Interpretation des von Allen geäußerten Gedankenspiels, die USA würden keine Waffen an Israel und seine arabische Nachbarn (Ausnahme: Irak) liefern, solange im Nahen Osten die Spannungen anhielten: Was geschähe, wenn die Spannungen tatsächlich nachließen? Würden danach nur die Araber militärisch unterstützt werden oder gäbe es eine völlige Neubewertung? Allen entgegnete, er sähe in einem solchen Fall keinen Grund für eine "Diskriminierung", worauf das Committee allerdings einwandte, erst militärische Stärke schaffe ein Nachlassen von Spannungen.

Ein weiterer Punkt der Debatte im State Department war die Paktpolitik im Nahen Osten. Auf eine entsprechende Frage Rabbi Millers führte Allen aus, daß den arabischen Staaten sehr daran gelegen sei, Vereinbarungen mit den USA zu treffen. *"Their agreements with Britain have no validity unless the U.S. stands behind them."* Daraufhin wollten die AZCPA-Vertreter von Allen wissen, ob ein amerikanisch-israelischer Verteidigungspakt vom Abschluß eines amerikanischen Pakts mit arabischen Staaten abhänge. Allen entgegnete, daß es der Administration in erster Linie um einen Pakt gehe, und dieser sei von Nasser abhängig. Einen amerikanischen Beitritt zum Bagdad-Pakt lehnte Allen allerdings solange ab, *"unless and until Iraq recognizes Israel."*[348]

Das Drängen der Israel-Lobby nach einer vertraglich abgesicherten diplomatischen und militärischen Unterstützung Israels durch die USA zum jetzigen Zeitpunkt war zweifellos Ausdruck einer bei den Vertretern der amerikanischen Juden weit verbreiteten Besorgnis, die sich entwickelnden neuen Strukturen im Nahen Osten gingen zu Lasten Israels und führten zu einer zunehmenden Bedrohung des Landes. Auch, und das war vielleicht noch entscheidender, spürten die Lobby-Vertreter an der Gesprächsatmosphäre mit der Administration, daß offenbar wesentliche Entscheidungen "in der Luft" lagen und daß diese durch intensiven Dialog mit der Regierung und häufig formulierte

---

[348] "Washington Report - Meeting with Allen, May 18, 1955", 6.6.1955. UR: Bernstein/AIPAC Papers, Box 3, Minutes of Meetings, 3.54.

öffentliche Forderungen im Sinne einer pro-israelischen Politik noch beeinflußt werden konnten.

Und in der Tat hatte die amerikanische Diplomatie im Frühjahr 1955 alles andere als eine kohärente Linie bei der Bewältigung der regionalen Probleme verfolgt. Vor allem die Zusammenarbeit mit dem britischen Verbündeten, der sich hektisch um eine Ausweitung des Bagdad-Pakts auf Jordanien bemühte, hatte sich zunehmend als Bremse des amerikanischen Versuchs erwiesen, möglichst rasch zu einem Erfolg des Projekts Alpha zu kommen. Stattdessen hatte die Regierung in London versucht, Washington von einer baldigen Fortsetzung mit Alpha abzuhalten und war überrascht, als schon Anfang April 1955 US-Botschafter Byroade in Kairo mit Nasser über das Projekt Alpha diskutierte.[349] Außenminister Dulles hingegen war im Laufe des April zunehmend über Aktionen der britischen Regierung verärgert geworden, die offenbar an einen Erfolg des Projekts Alpha nicht mehr interessiert zu sein schien, nachdem London durch seinen eigenen Beitritt zum Bagdad-Pakt diesen nun zu einem geographisch möglichst großen britisch kontrollierten Einflußinstrument ausbauen wollte.

Dulles warnte die Briten, daß ein Beitritt Jordaniens Nasser in die Defensive treiben und damit die Erfolgsaussichten von Alpha schmälern würde. Er unterstrich, daß Washington keinerlei Hilfsleistungen an arabische Staaten erbringen würde, die jetzt dem Bagdad-Pakt beiträten. Zudem würde ein jordanischer Beitritt der Administration große innenpolitische Schwierigkeiten machen. Die Administration sei bereits bei der Unterstützung des Irak unter schweren Druck durch die amerikanischen Juden geraten und habe die Militärhilfe an den Irak öffentlich nur mit dem Hinweis auf das Northern Tier-Konzept und der Tatsache rechtfertigen können, daß der Irak keine gemeinsame Grenze mit Israel

---

[349] Vgl. Freiberger, a.a.O., S. 249. In dem Gespräch Byroades mit Nasser hielt es der ägyptische Präsident für wenig sinnvoll, die Alpha-Initiative aufzugreifen, bevor sich nicht die allgemeine Lage in der arabischen Welt wieder beruhigt hätte. Darüber hinaus zeigte sich Nasser verhandlungsbereit, mit einer Ausnahme: Beim zentralen Negev-Komplex lehnte er die "Kissing Triangles"-Lösung als ungenügend ab und forderte stattdessen von Israel kategorisch die Abtretung des Wüstenareals südlich von Beersheba. Vgl. Memorandum Byroades an das State Department, 14.4.1955. FRUS 1955-1957, Vol. XIV, S.152.

habe. Mehr könne Washington innenpolitisch nicht durchsetzen. *"If Jordan joined in an alliance with Iraq, the justification for giving military assistance to Iraq would be seriously compromised."*[350]

Die Situation der US-Diplomatie war verfahren angesichts von Nassers anti-westlicher Rhetorik bei der Bandung-Konferenz der Blockfreien, Israels ständigen Forderungen nach Waffen und einer Sicherheitsgarantie, Londons fortgesetzten Drucks auf Jordanien, dem Bagdad-Pakt beizutreten, und des Egoismus' beim britischen Verbündeten. Gegenüber seinem Kabinettskollegen, Verteidigungsminister Wilson, mußte Dulles eingestehen, daß die Administration über *"no overall policy"* im Nahen Osten mehr verfüge.[351] Fast zwei Jahren nach seiner ausgedehnten "Fact-finding-mission" war Dulles zu der Erkenntnis gekommen, daß seine Politik der anti-kommunistischen Containment-Strategie und der Beschneidung alliierten Kolonialismus' in einer Sackgasse angelangt und daß jetzt ein konsequenter Wechsel des politischen Ansatzes erforderlich war. Dulles erklärte Präsident Eisenhower, daß es in der nächsten Zeit unumgänglich sei, *"to come out with some project"*.[352] In dieser Situation entschloß sich die Eisenhower-Administration zu einem "Befreiungsschlag", durch den die amerikanische Politik die Initiative zurückgewinnen und sich endgültig aus dem Windschatten der postkolonialen Interessen Großbritanniens lösen sollte. Zumal Eisenhower und Dulles die britische Politik mehr und mehr als konkrete Gefährdung westlicher Interessen in den arabischen Ölförderländern perzipierten.[353]

Die Regierung in Washington war Anfang Mai 1955 entschlossen, das Projekt Alpha erfolgreich voranzutreiben, mit oder ohne London. Aus taktischen Gründen sollte jedoch abgewartet werden, bis sich die enthusiastische Stimmung in Ägypten nach Nassers Rückkehr von der Bandung-Konferenz im April gelegt und

---

[350] Memorandum MacArthurs an Hoover (über ein Gespräch JFDs mit Makins), 7.4.1955. Ebenda, S. 146.
[351] Telefonat JFDs an Wilson, 24.4.1955. DDEL: Dulles Papers, Telephone Calls Series, Box 3, Telephone Conversations-General, January 1-May 1, 1955 (1).
[352] Gesprächsmemorandum DDE - JFD, 6.5.1955. DDEL: Dulles Papers, White House Memoranda Series, Box 3, Meetings with the President 1955 (4).
[353] Vgl. Freiberger, a.a.O., S. 250.

die Wahl in Israel am 26. Juli stattgefunden hätte. Vorher wäre die israelische Regierung zu Konzessionen ohnehin nicht bereit und in der Lage gewesen, die Alpha jedoch benötigte. In der Sharett-Regierung war das Mißtrauen gegenüber der britischen Diplomatie durch deren Werben um arabische Verbündete weiter gestiegen, womit sich London in israelischen Augen für eine Vermittlungsrolle wohl disqualifiziert hatte. Diese Einschätzung war Dulles nicht verborgen geblieben, was ihn jedoch in seinem Entschluß, das Projekt Alpha auch allein zu forcieren, noch bestärkte.[354]

Den ganzen Mai über arbeiteten Francis Russell und die Planer im State Department an den letzten Details von Alpha und den geeigneten Methoden seiner Durchsetzung.[355] Anfang Juni schließlich entschied Dulles, daß die Zeit gekommen sei, um an die Öffentlichkeit zu gehen und mit einer außenpolitischen Erklärung die amerikanische Position im Nahostkonflikt konstruktiv zu überprüfen. Geheime Verhandlungen schienen Dulles ein zu großes Risiko zu sein, da sich die Beteiligten mit ihren Schritten unbegrenzt Zeit lassen konnten, Dulles aber mit Blick auf die amerikanischen Präsidentschaftswahlen Ende 1956 das Thema aus dem Wahlkampf halten und daher möglichst noch 1955 zu einer Einigung kommen wollte.[356] Am 8. Juni 1955 wies er seine Mitarbeiter an, einen Entwurf für eine Rede zu erarbeiten, um das Projekt Alpha öffentlich lancieren zu können. Kurz zuvor hatte Dulles das britische Außenministerium von der Möglichkeit einer öffentlichen Rede unterrichtet, die Washingtons Vorstellung von einem arabisch-israelischen Frieden entwerfen sollte.[357] London zeigte sich von dieser Idee

---

[354] Vgl. ebenda, . 251f.
[355] Vgl. Memorandum Russells an JFD, 18.5.1955. FRUS 1955-1957, Vol. XIV, S. 200-204; vgl. Memorandum Murphys an Hoover, 23.5.1955. Ebenda, S. 199.; vgl. Memorandum Russells an JFD, 24.5.1955. Ebenda, S. 205-208; vgl. Memorandum Russells an JFD, 2.6.1955. Ebenda, S. 210-214; vgl. Memorandum JFDs an Hoover, 6.6.1955. Ebenda, S. 222-226.
[356] Vgl. Freiberger, a.a.O., S. 252.
[357] Vgl. Gesprächsmemorandum JFD, Hoover, Allen, Hare, Russell, Burns, 8.6.1955. FRUS 1955-1957, Vol. XIV, S. 231-234.

keineswegs begeistert, da auf diese Weise ein erheblicher Teil des bisher geheimen Projekts Alpha bekannt würde.[358]

Dulles faßte nun einen Zeitpunkt nach den israelischen Wahlen ins Auge, wobei es ihm darauf ankam, daß er mit seiner Initiative ein Gegenstück zur publizistischen Aufmerksamkeit und zum politischen Nutzen haben würde, die während des Sommers eine Serie von in der Öffentlichkeit stark beachteten Besuchen von Politikern der Demokratischen Partei in Israel bei den jüdischen Wählern Amerikas gehabt hatte.[359] Gleichwohl übermittelte Dulles dem Londoner Foreign Office, das nach dem Rücktritt Churchills als Premierminister von Harold MacMillan als Nachfolger des neuen Premierministers Anthony Eden geführt wurde, daß seine geplante Rede nicht den Zweck verfolgte, republikanische Wählerstimmen zu gewinnen, sondern Washingtons Position klären und seine Politik festlegen sollte.[360] Auf diese Weise konnte Dulles eine Diskussion über die amerikanische Nahostpolitik jetzt anregen und damit aus dem Wahlkampf im folgenden Jahr heraushalten. Die großen Linien wären dann im Herbst 1956 längst bestimmt, eventuelle Forderungen nach einer positiveren Politik gegenüber Israel wären substanzlos, und der Druck Israels und seiner amerikanischen Unterstützer auf die Administration, eine Sicherheitsgarantie abzugeben, würde sich abschwächen. Gegenüber US-Botschafter Byroade hoffte Dulles sogar, in dieser Frage zu einer Einigung mit der innenpolitischen Oppostion zu kommen und damit die Nahostpolitik als Wahlkampfthema 1956 zu verhindern.[361]

---

[358] Vgl. Freiberger, a.a.O., S. 253.
[359] Unter großer publizistischer Beachtung war im Juni 1955 der New Yorker Bürgermeister, Robert F. Wagner, zu einem viertägigen Besuch nach Israel gereist, wo er u.a. an der Grundsteinlegung der amerikanisch-israelischen World Academy of Higher Jewish Studies teilnahm. Vgl. The New York Times, 19.6. und 21.6.1955. Im Juli besuchte der Gouverneur des Staates New York, Averell Harriman, Israel und traf dabei u.a. mit Präsident Yitzhak Ben Zvi und Außenminister Sharett zusammen. Vgl. The New York Times (18.7., 19.7. und 20.7.1955).
[360] Vgl. Freiberger, a.a.O., S. 253.
[361] Vgl. Telegramm JFDs an Byroade, 9.7.1955. FRUS 1955-1957, Vol. XIV, S. 282f.

Die britische Regierung, die jede öffentliche Darstellung Alphas mit Rücksicht auf die Kooperationsbereitschaft Nassers vermeiden wollte, ergab sich schließlich der Änderung von Dulles' Taktik, nachdem Shuckburgh sich nach Kenntnisnahme des Redeentwurfs überzeugt hatte, daß keine Teile weggelassen waren, die für Israel hätten unangenehm sein können. Im Grunde hatten maßgebliche Vertreter der britischen Diplomatie nur Verachtung für den Staat Israel übrig, dessen Interessen London gleichgültig waren und den sie als zum Untergang verurteilt perzipierten. London war in keiner Weise bereit, diesem Staat, dessen Bevölkerung einst zu großen Teilen unter britischer Mandatsherrschaft gelebt hatte, irgendwelche Zugeständnisse zu machen.[362] Zwar befürchtete Außenminister MacMillan immer noch, daß Dulles' Rede die britischen Beziehungen zu den arabischen Staaten beeinträchtigen und gewaltsame Proteste das Regime Nuri al-Saids im Irak stürzen - und damit den Bagdad-Pakt ruinieren - könnte, doch glaubte das Foreign Office schließlich, daß es besser sei, Dulles handeln zu lassen, bevor der amerikanische Außenminister durch zionistischen Druck eine noch größere Kehrtwende würde vollziehen müssen.[363]

Allerdings drängte London als Gegenleistung zur (offiziellen) britischen Zustimmung zu Dulles' öffentlicher Initiative auf den amerikanischen Beitritt zum Bagdad-Pakt nach einem Erfolg von Alpha sowie auf eine substantielle Beteiligung Washingtons an der Lieferung von britischen Panzern des Typs "Centurion" an den Irak. Premierminister Eden, dem vor allem an einer Stärkung des Bagdad-Pakts gelegen war, unterstrich bei einem Besuch bei Präsident Eisenhower Mitte Juli 1955 in Washington die Bedeutung einer militärischen Verstärkung Bagdads **vor** Dulles' öffentlicher Erklärung, um einer möglichen negativen Reaktion in den arabischen Staaten auf die Rede Dulles' entgegenzuwirken. Präsident Eisenhower lehnte eine vollständige finanzielle Verantwortung der USA für die Centurion-Lieferung zwar ab, schlug aber stattdessen eine sinnvolle Dreiteilung der Kosten

---

[362] Zur britischen Perzeption Israels, besonders beim Alpha-Unterhändler Shuckburgh, vgl. im Detail Shamir, a.a.O., S. 91f.
[363] Vgl. über die britische Position Memorandum des US-Botschafters in London, Winthrop W. Aldrich, ans State Department, 12.7.1955. FRUS 1955-1957, Vol. XIV, S. 287f.; vgl. ebenfalls Freiberger, a.a.O., S. 254.

zwischen Bagdad, London und Washington vor.[364] Das wichtigste Argument für eine militärische Unterstützung Bagdads sah Eisenhower in der Stabilisierung des irakischen Regimes, da andernfalls ein Putsch gegen Nuri al-Said das gesamte Northern Tier-Konzept gefährden könnte.[365]

Mittlerweile waren jedoch Entwicklungen eingetreten, die Außenminister Dulles zu einem erneuten Forcieren seiner öffentlichen Alpha-Initiative bringen sollten. Nach Einschätzung Dulles' drohte sich die Situation für die Pläne der Eisenhower-Administration negativ zu verändern, da Ben Gurion aus den israelischen Wahlen gestärkt hervorgegangen war und eine von ihm geführte Regierung möglicherweise eine "extreme" Politik betreiben würde,[366] so daß ein sofortiges Handeln notwendig schien. Darüber hinaus wurde die Administration weiterhin vom AZCPA in Washington unter Druck gesetzt, mit Israel einen Sicherheitspakt einzugehen,[367] und Dulles mußte zur Kenntnis nehmen, daß die bisher vielversprechendste US-Vermittlungsinitiative, die Mission des Sonderbotschafters Eric Johnston für eine gemeinsame Entwicklung der Anrainerstaaten des Jordan-Tals, einen ernsthaften und vielleicht endgültigen Rückschlag erlitten hatte. Denn die arabischen Staaten hatten es auf Betreiben der libanesischen Regierung abgelehnt, in bilaterale Verhandlungen mit Israel einzutreten, sondern wollten stattdessen gemeinsam durch die Arabische Liga verhandeln, um ein

---

[364] "It is entirely possible that that country [Irak] could afford to pay at least a minor portion of the cost, Britain could then assume a bigger portion and we could foot the rest of the bill. In this way we would really be implementing the thought behind the **Mutual** Security Program." (Herv. im Orig.) "Notes dictated by the President regarding his conversation with Sir Anthony Eden, held Sunday, July 17, in the afternoon." DDEL: Ann Whitman File, AWF Diary Series, Box 6, July 1955 (3).
[365] Vgl. Gesprächsmemorandum DDE - JFD, 5.8.1955. FRUS 1955-1957, Vol. XIV, S. 339f.
[366] Vgl. die Diskussion im NSC am 4.8.1955, bei der CIA-Chef Allen Dulles eine Analyse der Lage in Israel nach den Wahlen gab. DDEL: Ann Whitman File, NSC Series, Box 7, 257th Meeting of NSC August 4, 1955.
[367] Vgl. das Treffen zwischen NEA-Staatssekretär Allen mit Rabbi Bernstein vom 25.7.1955. NA: State Department Decimal File, American Zionist Committee for Public Affairs, 784A.00/7-2555.

Junktim der Johnston-Mission mit der Palästinenser-Frage herzustellen.[368] Durch die zu erwartende Ablehnung Israels war die Johnston-Mission, auf deren Erfolg das Projekt Alpha aufgebaut war, am Rande des Scheiterns. Bei einem entscheidenden Krisengespräch Mitte August 1955 waren sich sich Dulles und Johnston einig, daß das Jordan-Projekt, *"the key to the solution to the difficulties in the area"*, endgültig zu versanden drohe, würde die Arabische Liga, die bei der US-Diplomatie nicht die geringste Wertschätzung genoß, als Verhandlungspartner auftreten.

Dulles beschloß nun, seine erst für Mitte September geplante Rede, deren Entwurf bereits Mitte Juli vorlag,[369] jetzt sofort zu halten, gegen den Rat von Johnston. Gegen diesen Wunsch Dulles' wollte sich Johnston allerdings nicht querlegen, sah jedoch in Dulles' öffentlicher Initiative eine Gefahr für eine weitere Shuttle-Mission Johnstons in der Region, mit der der Sonderbotschafter doch noch versuchen wollte, innerhalb der nächsten zwei bis drei Wochen bilaterale Verhandlungen über das Jordan-Projekt zu erreichen. Dem vermochte der zum Handeln bereite Dulles nun nicht zu folgen, der ohnehin die Johnston-Mission bereits abgeschrieben hatte: *"The Sec[retary] said he didn't believe the statement would be such that it would interfere with Johnston's operation. If we don't do something to keep it out of the Arab League it will sink anyway."*[370]

Der Hauptgrund für Dulles' Drängen, mit einer öffentlichen Erklärung die Initiative für die Eisenhower-Administration im Nahen Osten zurückzugewinnen - und dies hatte er auch Johnston gegenüber angedeutet -, war jedoch die Annäherung zwischen Ägypten und der Sowjetunion. Eine Konsolidierung der Beziehungen zwischen diesen beiden Staaten müßte, so Dulles in einem Memorandum an Eisenhower, zwangsläufig zu einer Revision der ame-

---

[368] Vgl. David M. Wishart, The Breakdown of the Johnston Negotiations over the Jordan Waters, in: Middle Eastern Studies, 4/1990, S. 542.
[369] Vgl. "Draft of possible public statement by Mr. Dulles on an Israel-Arab settlement", 15.7.1955. FRUS 1955-1957, Vol. XIV, S. 314-318.
[370] Telefonat JFDs mit Johnston, 18.8.1955. DDEL: Dulles Papers, Telephone Calls Series, Box 4, Telephone Conversations - General, May 2-August 31, 1955 (2).

rikanischen Neutralität im Nahostkonflikt führen und eine Lösung dieses Konflikts in weite Ferne rücken. Die Folge wäre ein verstärkter Druck Israels mit dem Ziel engerer Beziehungen zu den USA, was, wie außerdem eine Studie des Nationalen Sicherheitsrats kurz zuvor analysiert hatte, *"[not] compatible with U.S. security interests"* wäre.[371] Sollte Alpha überhaupt noch eine Erfolgschance haben, dann müsse die Initiative jetzt lanciert werden, führte der Außenminister an seinen Präsidenten weiter aus und argumentierte erneut mit dem kommenden Wahljahr: *"We need to make such an effort before the situation gets involved in 1956 politics."*[372]

Die ägyptisch-sowjetische Annäherung hatte die Eisenhower-Administration von Anfang an verfolgt, ohne jedoch zu versuchen, sie diplomatisch zu verhindern. Offenbar hatte das State Department Nassers Entschlossenheit unterschätzt, Waffen zu kaufen, wo immer er sie bekommen konnte.[373] Bereits am 9. Juni 1955 hatte der ägyptische Regierungschef US-Botschafter Byroade darüber informiert, daß Nasser geneigt sei, sowjetische Angebote über Waffenlieferungen anzunehmen, und deswegen eine Delegation in der folgenden Woche nach Moskau zu schicken plane, auch wenn er es vorziehe, mit Washington über Militärlieferungen zu verhandeln.[374] Im Laufe des Juni und Juli 1955 versuchte Nasser immer wieder, die Eisenhower-Administration zu einer Entscheidung zugunsten amerikanischer Militärhilfe an Ägypten zu bewegen, doch konnte sich das State Department genau dazu nicht durchringen, auch wenn US-Botschafter Byroade am 20. Juli eine positive Entscheidung nachdrücklich befürwortete.[375]

---

[371] "Neutralism in the NEA Area", 19.8.1955. DDEL: National Security Council Staff: Papers, 1948-61, Planning Coordination Group Series, Box 2, # 9 Bandung (1).
[372] Brief JFDs an DDE, 19.8.1955. FRUS 1955-1957, Vol. XIV, S. 368f.
[373] Vgl. Aronson, a.a.O., S. 130.
[374] Vgl. Telegramm Byroades an das State Department, 9.6.1955. FRUS 1955-1957, Vol. XIV, S. 237-240. Vgl. auch die Darstellung eines der engsten Vertrauten Nassers, Mohammed Heykal, L'Affaire de Suez. Un regard égyptien, Paris 1987, S. 111f. Allerdings verlegt Heykal das Treffen fälschlicherweise auf den 1.6.1955.
[375] Vgl. Telegramm Byroades an das State Department, 20.7.1955. FRUS 1955-1957, Vol. XIV, S. 304ff.

Doch die politische Führungsebene wußte nur zu gut, welche Reaktion eine solche Entscheidung bei der amerikanischen Israel-Lobby gut ein Jahr vor den Präsidentschaftswahlen auslösen würde.[376] Selbst die Truman-Administration hatte noch im letzten Jahr ihrer Amtszeit angesichts des innenpolitischen Drucks eine militärische Unterstützung Ägyptens aufgegeben.[377]

Dieses Argument war auch für Präsident Eisenhower entscheidend, als er mit einigen seiner engsten Berater - Admiral Arthur Radford, Vorsitzender der JCS, Sicherheitsberater Dillon Anderson und der stellvertretende Außenminister Herbert Hoover, jr. - die zu erwartenden innenpolitischen Folgen eines solchen Schritts diskutierte. Zwar wolle Nasser lediglich relativ leichtes militärisches Gerät und sei Eisenhower durchaus geneigt, den ägyptischen Regierungschef zu umwerben, doch sei ein solcher Schritt der amerikanischen Öffentlichkeit nicht zu vermitteln. Befürchtet wurde nicht nur eine negative Reaktion der amerikanischen jüdischen Gemeinde, sondern regelrecht ein "Einbruch" der Unterstützung von Eisenhowers Außenpolitik durch die Gesamtbevölkerung vor allem in den amerikanischen Ballungszentren.[378] Letztlich beschlossen Eisenhower und Dulles, Waffen an Ägypten nur unter der Bedingung zu liefern, daß im Gegenzug auch Israel von den USA militärisch unterstützt werden könnte.[379] Da es jedoch der Administration in höchstem Maße widerstrebte, ein Wettrüsten im Nahen Osten zu

---

[376] Vgl. Telegramm Byroades an das State Department, 17.6.1955. Ebenda, S. 255f.; vgl. Telegramm Byroades an das State Department, 22.6.1955, Ebenda, S. 262f.; vgl. Telegramm Byroades an das State Department, 2.7.1955. Ebenda, S. 270-273.; vgl. Telegramm Byroades an das State Department, 2.7.1955, Ebenda, S. 274.; vgl. Gesprächsmemorandum JFD, Allen, Ahmed Hussein (ägyptischer Botschafter in Washington), 29.7.1955. Ebenda, S. 332f.
[377] Vgl. Oren, Origins of the Second Arab-Israel War, a.a.O., S. 79f.
[378] Vgl. Gesprächsmemorandum JFD, Radford, Anderson, Hoover, 11.7.1955. DDEL: White House Office, National Security Council Staff: Papers, 1948-61, Executive Secretary's Subject File Series, Box 18, Special Assistant (Dillon Anderson) Memoranda, 1955-56 (2).
[379] Vgl. Gesprächsmemorandum DDE - JFD, 5.8.1955. FRUS 1955-1957, Vol. XIV, S. 338f. Formaljuristisch wäre militärische Unterstützung zu beiden Staaten möglich gewesen, denn Waffenlieferungen waren gesetzlich nur in Länder erlaubt, mit denen ein Vertrag über "mutual defense" mit Amerika existierte. Mit Israel war ein solches Abkommen am 27.2.1952 geschlossen worden, mit Ägypten am 10.12.1952.

beginnen, schien nun endgültig der Zeitpunkt zu kommen, mit dem Projekt Alpha endgültig an die Öffentlichkeit zu gehen. Um sich auch der innenpolitischen Unterstützung im Kongreß zu versichern, besprach Dulles wenige Tage vor seiner Rede die Situation noch mit dem Mehrheitsführer im Senat, dem texanischen Senator Lyndon B. Johnson. Erneut wies der Außenminister dabei auf die sowjetischen Penetrationsversuche im Nahen Osten und auf die Gefahr hin, Washington könnte zu einer so starken Soldarität mit Israel gezwungen werden, daß die gesamten guten Beziehungen Amerikas zu den arabischen Staaten gefährdet würden. Dulles hoffte in dieser Frage auf einen überparteilichen Konsens in der Legislative, da er keine andere Möglichkeit sehe, die amerikanischen Interessen in Israel und den arabischen Staaten zu sichern. Johnson, der schon in seinen frühen Wahlkämpfen die Unterstützung von texanischen Juden gehabt hatte und der ein eindeutiger Befürworter einer pro-israelischen Politik war,[380] äußerte sich zurückhaltend, ermunterte Dulles aber, den geplanten Weg fortzusetzen und versprach, ihn im Senat zu unterstützen.[381]

Schließlich hielt Dulles seine außenpolitische Rede mit der Erklärung zur amerikanischen Nahostpolitik am 26. August 1955 vor dem Council of Foreign Relations in New York. Über dieses Ereignis hatte Dulles neben der britischen Regierung auch wichtige Verbindungsleute zur jüdischen Gemeinde und zur Republikanischen Partei informiert, nämlich Rabbi Silver,[382] Bernard Katzen, Parteichef Leonard Hall und den Kabinettssekretär Maxwell Rabb[383], denen Dulles seine Vorschläge bereits vorab erläutert hatte. In seiner Rede faßte Dulles die amerikanische Alpha-Initiative in vier Punkten zusammen: 1. US-Unterzeichnung

---

[380] Vgl. Sachar, a.a.O., S. 731.
[381] Vgl. Gesprächsmemorandum JFD - Johnson, 21.8.1955. DDEL: Dulles Papers, General Correspondence and Memoranda Series, Box 1, Memos of Conversation - General - J Through K (1).
[382] Vgl. Brief JFDs an Silver, 24.8.1955. WRHS: Silver Papers, A Corr 11-1-7, U.S. State Department 1955-56.
[383] Vgl. die gleichlautenden Briefe von JFDs Assistenten John W. Hanes an Katzen, Hall und Rabb, 25.8.1955. DDEL: Dulles Papers, Special Assistants Chronological Series, Box 8, O'Connor-Hanes Chronological Agust 1955 (1)+(2).

einer internationalen Anleihe, mit der Israel befähigt werden sollte, seine Verpflichtungen gegenüber den palästinensischen Flüchtlingen mit dem Ziel der Wiederansiedelung zu erfüllen; 2. US-Beitrag zu Bewässerungsprojekten zur Vergrößerung von Kulturraum, der dann der Wiederansiedelung helfen sollte; 3. "gute Dienste" der US-Regierung (*"if desired"*) bei nötigen Grenzkorrekturen mit dem Ziel, aus den gegenwärtigen Waffenstillstandslinien endgültige Grenzlinien zu machen; 4. US-Teilnahme als Garantiemacht an einem internationalem Vertragswerk der UNO, das die endgültige Grenzziehung regeln sollte.[384]

Mit der Rede Dulles' brachte sich die Administration erstmals als Schirmherr einer umfassenden Friedensregelung ins Gespräch, was das bedeutendste Verdienst der Alpha-Initiative war. Die Andeutung einer amerikanischen Garantie einer Friedensregelung, großzügiger Hilfe bei den technischen Problemen wie Wasser und Flüchtlinge sowie eines Angebots zur Hilfe der Grenzstreitigkeiten sollte zudem allen Beteiligten in der Region ins Bewußtsein rufen, daß unter den Großmächten nur Washington den Schlüssel zur Beilegung des Nahostkonflikts besaß. Indirekt verglich Dulles damit auch die Position Moskaus, das vielleicht Waffen, aber keine Aussicht auf Entspannung bieten könnte.

Noch am Vormittag des 26. August - die Rede wurde am frühen Abend gehalten - telefonierte Bernard Katzen, der in der Republikanischen Partei als Berater für jüdische Fragen zuständig war, mit Dulles' Assistent John W. Hanes, um über das soeben erhaltene Manuskript zu sprechen. Dulles' Rede werde, so Katzen, bei den amerikanischen Zionisten unvermeidlich Kritik hervorrufen, vor allem wegen Unklarheiten bei den Punkten eins und drei, wo es um die "Wiederansiedelung" der Flüchtlinge und um die "Grenzkorrekturen" gehe. Einer Wiederansiedelung der palästinensischen Flüchtlinge auf jetzt israelischem Gebiet könnten die zionistischen Gruppen in Amerika ebenso wenig zustimmen wie einer möglicherweise intendierten Verkleinerung des israelischen Territoriums. Hanes versicherte Katzen jedoch, daß nichts ohne den Konsens der verhandelnden

---

[384] JFDs Rede ist vollständig abdedruckt in: Documents on American Foreign Relations 1955, a.a.O., S. 349-354.

Parteien entschieden werden und daß die Unbestimmtheit der Formulierungen lediglich Verhandlungsspielraum ermöglichen solle. Insgesamt jedoch zeigte sich Katzen mit der Initiative Dulles' zufrieden und sagte, *"that while the speech would draw some criticism, it was a good speech and that they were going to take the bull by the horns."*[385] Ähnlich zufrieden äußerten sich in Telefonaten mit Hanes auch Hall und Rabb, denen es nun darauf ankam, die Initiative Dulles' publicityträchtig für Administration und Partei auszunutzen.[386]

Die Reaktionen in den beteiligten Hauptstädten waren nach außen von einer freundlichen Zurückhaltung bestimmt, divergierten aber intern in ihrer Nuancierung erheblich. Die Regierung in London äußerte verbal zwar Unterstützung für die Initiative des atlantischen Verbündeten, doch war für Premierminister Eden offenbar das Ende der diplomatischen Gemeinsamkeiten erreicht, als er meinte, daß wenn sich Außenminister Dulles nun Schwierigkeiten einhandeln sollte, London ihm da nicht heraushelfen werde.[387] Faktisch war damit die britisch-amerikanische Zusammenarbeit beendet, die auf dem Papier noch bis zum April 1956 andauerte.[388]

Auch in Israel und Ägypten äußerten sich die Regierungen nur sehr vorsichtig, waren aber nicht übermäßig froh und wiederholten stattdessen intern ihre jeweilige conditio sine qua non, über die hinaus sie keine Konzessionen machen wollten. Dabei ging es in beiden Fällen um den Negev, den die Ben-Gurion-Regierung nicht aufgeben und auf dessen Südteil Nasser nicht verzichten

---

[385] Gesprächsmemorandum Hanes - Katzen, 26.8.1955. DDEL: Dulles Papers, Special Assistants Chronological Series, Box 8, O'Connor-Hanes Chronological August 1955 (1).
[386] Vgl. Telefonat Hanes mit Hall, 26.8.1955. DDEL: Dulles Papers, Special Assistants Chronological Series, Box 8, O'Connor-Hanes Chronological August 1955 (1); vgl. Telefonat Hanes mit Rabb, 26.8.1955. DDEL: Dulles Papers, Subject Series, Box 1, Alpha Speech etc. (4) - Council on Foreign Relations New York City.
[387] Vgl. Freiberger, a.a.O., S. 259f.
[388] Vgl. Oren, Secret Egypt-Israel Peace Initiatives Prior to the Suez Campaign, a.a.O., S. 360.

wollte.[389] Gleichwohl waren beide Regierungen darauf bedacht, die Initiative nicht voreilig abzulehnen, sondern zunächst die weitere Entwicklung abzuwarten. Der israelischen Regierung kam es dabei darauf an zu sehen, wie die ägyptisch-sowjetischen Verhandlungen über die sowjetische Militärhilfe von der amerikanischen Initiative beeinflußt würden - und umgekehrt.[390]

Bei der Diskussion mit Präsident Eisenhower der ersten Reaktionen auf seine Alpha-Rede aus den nahöstlichen Hauptstädten gab sich Dulles vorsichtig optimistisch. Diese seien weit weniger negativ, als Dulles erwartet hatte, was vor allem für die Stellungnahmen aus Israel gelte. Zwar waren die ersten offiziellen diplomatischen Antworten zum Zeitpunkt dieses Gesprächs noch nicht eingegangen, doch kalkulierte Dulles dabei ohnehin einen leicht negativen Trend ein. Trotzdem sei er *"more than ever confident that the move was a good one."*[391] Zusätzliche Zuversicht zog Dulles aus der Tatsache, daß israelische und arabische Diplomaten in den USA in den letzten Wochen beim Präsidenten der Rockefeller Foundation - und späterem Außenminister Kennedys -, Dean Rusk, die Möglichkeit sondiert hatten, als Geheimvermittler zur Verfügung zu stehen.[392] Um die Ernsthaftigkeit der amerikanischen Initiative zu unterstreichen und um Unterstützung für den Alpha-Plan in den nahöstlichen Hauptstädten vor Ort zu werben, wurde eine baldige Nahostreise von Vizepräsident Nixon vereinbart, die dann jedoch wegen

---

[389] Vgl. Gesprächsmemorandum JFD, Eban, Allen, Bergus, Shiloah, 6.9.1955. FRUS 1955-1957, Vol. XIV, S. 451ff.; vgl. Memorandum Byroades an das State Department, 14.9.1955. Ebenda, S. 468f.
[390] Zu den Reaktionen in Israel und Ägypten, vor allem zu den "privat" gemachten Äußerungen des israelischen Verteidigungsministers Sharett, vgl. Saadia Touval, The Peace Brokers. Mediators in the Arab-Israeli Conflict, 1948-1979, Princeton (New Jersey), 1982, S. 111-120. Vgl. ebenfalls Bernard Reich, Quest for Peace. United States-Israel Relations and the Arab-Israeli Conflict, New Brunswick (New Jersey) 1977, S. 29f.
[391] Gesprächsmemorandum DDE - JFD, 1.9.1955. FRUS 1955-1957, Vol. XIV, S. 439.
[392] Vgl. Gesprächsmemorandum, JFD - Rusk, 30.8.1955. DDEL: Dulles Papers, General Correspondence and Memoranda Series, Box 1, Memos of Conversation - General - N Through R (2). Allerdings blieb dieser Vermittlungsversuch ebenso erfolglos wie eine Reihe von weiteren, die die unterschiedlichsten Persönlichkeiten aus den USA und Europa zwischen 1955 und 1956 unternahmen.

des plötzlichen Herzinfarkts Präsident Eisenhowers am 24. September abgesagt wurde.[393]

Was Dulles nicht wußte, war, daß er mit seiner Alpha-Rede eine operationelle Offensive beim AZCPA auslöste, die diese Lobby-Organisation weiter in ihrer Arbeit stärken sollte. Bemerkenswerterweise war diese Operation in diesem Fall nicht gegen die Administration gerichtet, sondern sollte im Gegenteil ein Gelingen des Dulles'schen Alpha-Plans fördern helfen. Denn beim AZCPA war die Initiative des Außenministers mit einigem Wohlwollen zur Kenntnis genommen worden, auch wenn man sie noch nicht vorschnell bewerten wollte. Allerdings glaubten die Lobbyisten Anzeichen zu vernehmen, daß für Israels Sicherheitslage kritische Monate bevorständen, so daß eine verstärkte Aktivität zur Unterstützung Israels in den USA notwendig wurde. Die Rede Dulles' beschleunigte daher Überlegungen des National Finance Council des AZCPA, mittels einer großangelegten finanziellen "Einwerbungsaktion" die politischen Entscheidungsträger in Washington zugunsten einer verstärkten amerikanischen Hilfe an Israel unter Druck zu setzen.

Die AZCPA-Funktionäre befürchteten eine Sabotierung der nun lancierten Alpha-Initiative durch Propaganda der arabischen Staaten, die die Situation auszunutzen versuchen würden, um auf Israels Kosten Konzessionen zu erreichen. Dem wollte das AZCPA gezielt durch ein finanzielles Sonderprogramm in den USA entgegenwirken. Ein geheimes Schreiben der beiden Vorsitzenden des Finanzrates des AZCPA, Lawrence G. Laskey und Josselyn M. Shore, zitierte ungenannte politische Führer in Washington - vermutlich im Kongreß -, die das AZCPA zum dringenden Handeln aufforderten. *"Our private talks showed with complete and disturbing realism that there is a supremely vital need to finance an*

---

[393] Vgl. Gesprächsmemorandum Nixon - JFD, 30.7.1955. DDEL: Dulles Papers, JFD Chronological, July 1955 (1); vgl. Memorandum O'Connors an JFD, 14.9.1955. DDEL: Dulles Papers, Special Assistants Chronological Series, Box 8, O'Connor-Hanes Chronological, September 1955 (3). Zu DDEs Herzinfarkt im Herbst 1955, der die Nation erstmals mit der Aussicht auf einen Präsidenten Nixon konfrontierte, vgl. Stephen Ambrose, Nixon. Vol. 1, The Education of a Politician 1913-1962, New York 1987, S. 371-379; vgl. ebenfalls Richard Nixon, The Memoirs of Richard Nixon, New York 1978, S. 164ff.

effective program of political action in Washington NOW." Hinter diesen vorsichtig verklausulierten Formulierungen verbarg sich schlicht ein Programm zur Zahlung von Bestechungsgeldern - vermutlich an Kongreßabgeordnete, Diplomaten und Militärs -, für das Laskey und Shore bei zahlungskräftigen Juden mit einer Multiplikatorfunktion landesweit auf Unterstützung drangen. Denn es müsse gesichert sein, *"that the Committee can proceed with its critical work"*, wofür Gelder in Höhe von 200.000 Dollar aufgebracht werden müßten, *"with a minimum of hue and cry (...) quietly behind the scenes."* Der Brief schloß mit einem Appell an die Handlungsbereitschaft der angesprochenen jüdischen Führer, der deutlicher nicht hätte sein können:

"We cannot afford tired Jewish leaders. We must continue to fight, educate and interpret. As a Jewish leader, you have the responsibility to give directions to these efforts. (...) We need the help of intelligent, devoted leaders like yourself to do the job."[394]

Die Stoßrichtung des AZCPA war evident: Es sollte verhindert werden, daß die Administration mit Rücksicht auf den Erhalt der arabischen Kooperationsbereitschaft und im Kalkül ihrer eigenen strategischen Vorstellungen in der Region Israel zu Konzessionen zwänge, die - nach US-zionistischer Einschätzung - Israels Sicherheit zur Disposition stellten. Als Verteidigungslinie mußten daher die pro-israelischen Kräfte im Kongreß gestärkt werden, die eine solche Politik der Administration durch ihr Abstimmungsverhalten im Plenum und

---

[394] "National Finance Council", 29.8.1955. UR: Bernstein/AIPAC Papers, Box 1, Chronological Files, 1.28. Bisher gibt es - selbstverständlich - keine zugänglichen Dokumente über "besondere finanzielle Leistungen", deren Empfänger und Wirkung, die das AIPAC der Forschung zur Verfügung gestellt hätte. Dies gilt besonders für die Aktivität des National Finance Council, der hinter den Kulissen des ohnehin öffentlichkeitsscheuen AZCPA (später AIPAC) die finanziellen Transaktionen der Organisation "regelte". Der hier vorliegende "private" Spendenaufruf war notwendig geworden, da das AZCPA keine Gelder der jüdischen Wohlfahrtsorganisationen annehmen konnte, da diese sonst ihren Status der Steuerbefreiung riskiert hätten - was erst recht für Schmiergelder galt.

in den diversen Ausschüssen verhindern konnten. Begleitet von einer entsprechenden Kampagne in den Medien hätte man den Handlungsradius der Regierung auf diese Weise effektvoll einschränken können. Während sich in diesen Spätsommerwochen des Jahres 1955 die Zukunft der nahöstlichen Krisenregion so an einem Scheideweg befand, in den beteiligten Hauptstädten spekuliert und nachgedacht wurde und Amerika gerade den Schock des Herzanfalls seines Präsidenten erlitten hatte (und sich nun vor sieben Wochen der improvisierten Führung befand, in denen Präsident Eisenhower in Denver rekonvaleszierte), platzte für die Öffentlichkeit am 27. September, nur drei Tage nach Eisenhowers Infarkt, die Ankündigung Nassers vom ägyptisch-tschechischen (= sowjetischen) Waffengeschäft - was die nahöstliche Situation in Bezug auf die angestrebte Friedenslösung schlagartig veränderte. Washingtons übergeordnete Konzeption, die Araber zur Eindämmung der sowjetischen Penetration in die Region diplomatisch zu instrumentalisieren, schien mit einem Male ad absurdum geführt, sämtliche Ziele der Eisenhower/Dulles-Politik schienen desavouiert. Die US-Diplomatie, die aufgrund von Geheimdienstberichten bereits vor der ägyptischen Bekanntmachung detailliert von Einzelheiten des Waffen-Deals unterrichtet war,[395] befürchtete angesichts der sich zuspitzenden Situation ein völliges Scheitern des Alpha-Plans[396] und, was noch schlimmer war, einen Präventivschlag der unberechenbaren Israelis. Gegenüber seinem Stellvertreter Herbert Hoover jr. brachte Dulles für einen solchen israelischen Schritt sogar Verständnis auf und befürchtete gleichzeitig, wieder unter starken Druck der amerikanischen Israel-Lobby zu geraten:

---

[395] Vgl. Memorandum Byroades an JFD, 21.9.1955. FRUS 1955-1957, Vol. XIV, S. 492f.; vgl. Memorandum des Sonderberaters des Außenministers für Geheimdienstfragen, W. Park Armstrong, jr. an JFD, 23.9.1955. Ebenda, S. 507f. Nach diesen Angaben hatte Ägypten 200 Kampfbomber, 6 Trainingsflugzeuge, 100 schwere Panzer, 6 Torpedoboote und 2 U-Boote geordert. Das Memorandum schloß, daß Ägypten bei Erhalt dieser Waffen die Superiorität gegenüber Israel erreichen würde.
[396] Vgl. Gesprächsmemorandum JFDs, 26.9.1955. Ebenda, S. 516-519.

"The Secretary said you could not expect the Israelis to sit idly by while Egypt was being fully equipped with massive armament by the Soviet Union. (...) [I]f the Soviets were going to send arms to Egypt we were almost forced to give arms to Israel."[397]

In der Tat hätte die Administration es der Öffentlichkeit nur schwer vermitteln können, wenn sie eine militärische Unterstützung Israels weiter abgelehnt hätte, wo doch nun Moskau in erheblichem Maße Waffen an Ägyten lieferte. Eine militärische Aufrüstung der israelischen Armee durch die amerikanische Regierung hätte allerdings die Frontstellung im Nahen Osten geschaffen, die Eisenhower und Dulles von Anfang an zu verhindern suchten: auf der einen Seite das arabische Lager mit der Sowjetunion im Hintergrund, auf der anderen Seite Israel, unterstützt von den USA. Es entbehrte daher nicht einer gewissen Logik, als die New York Times Ende September 1955 in zwei Berichten meldete, die US-Regierung habe sich zur militärischen Unterstützung Ägyptens entschlossen, um die Sowjetunion im Nahen Osten auszubooten, zumal, wie gesehen, die Administration gegenüber Waffenverkäufen an Ägypten eine ambivalente Haltung eingenommen hatte.

Am 26. September meldete die Zeitung unter Berufung auf ungenannte ägyptische und amerikanische Quellen, daß das State Department der ägyptischen Regierung einen Kauf amerikanischen Militärgeräts auf Kredit angeboten habe unter der Voraussetzung, daß Kairo keine sowjetischen Waffen kaufe. Bisher, so die "Times" weiter, habe sich Washington einem solchen Geschäft verweigert, da Ägypten es abgelehnt habe, einer pro-westlichen Allianz in der Region beizutreten.[398] Am nächsten Tag berichtete die "Times" von scharfen Protesten der britischen Diplomatie gegen Washingtons Absicht. London sehe in dem gesamten Vorgang eine Erpressung und warne vor den Folgen, denn nun könne jedes Land

---

[397] Telefonat JFDs an Hoover, 22.9.1955. DDEL: Dulles Papers, Telephone Calls Series, Box 4, Telephone Conv. - General - September 1, 1955 to December 31, 1955 (5).
[398] Vgl. "U.S. Offers Arms to Cairo to Offset Soviet", The New York Times, 26.9.1955.

unter der Vortäuschung von Verhandlungen mit Moskau amerikanische Waffen bekommen.[399]

Der Wahrheitsgehalt dieser Berichte, die immerhin von zwei diplomatischen Korrespondenten recherchiert waren, ist heute nur schwer zu verifizieren. Es ist jedoch durchaus zu vermuten, daß die amerikanische Regierung tatsächlich eine entsprechende Vereinbarung mit Ägypten vorbereitet hatte, die nur durch gezielte Indiskretion aus dem State Department oder dem Pentagon an die Öffentlichkeit lanciert wurde. (Nimmt man diese Vermutung an, so ist es ebenso denkbar - wenn auch ebensowenig zu verifizieren -, daß diese Indiskretion vom AZCPA "bezahlt" worden ist, um die Regierung in der Öffentlichkeit in die Defensive zu drängen.) Grund für diese Vermutung war die Unklarheit, mit der die Regierungen in Washington und London reagierten. Noch am selben Tag veröffentlichten Außenminister Dulles und sein britischer Amtskollege MacMillan in New York eine gemeinsame Erklärung, in der sie prinzipiell und im Sinne der Tripartite Declaration von 1950 zu Waffenverkäufen in den Nahen Osten Stellung nahmen und "andere Regierungen" indirekt davor warnten, keine Zurückhaltung zu üben. Die Zeitungsberichte wiesen sie dabei etwas umständlich als falsch zurück. Der Eindruck entstand jedoch, daß bei den Berichten über das Waffengeschäft lediglich die Zahlungsmodalität nicht korrekt war, da das State Department auf Barzahlung bestanden habe.[400]

Offensichtlich hatte die Veröffentlichung des amerikanisch-ägyptischen Waffengeschäfts dazu geführt - was die Absicht ihrer Urheber gewesen sein dürfte -, daß das State Department von diesen Plänen rasch Abschied nahm. Außenminister Dulles, der immer noch unter erheblichem Erklärungsdruck stand, setzte nun alles daran, den Sachverhalt zu dementieren, vor allem gegenüber

---

[399] Vgl. "Britain Is Against U.S. Plans to Sell Weapons to Cairo", The New York Times, 27.9.1955.
[400] Vgl. den Text der gemeinsamen Erklärung der beiden Regierungen über Waffenverkäufe in den Nahen Osten vom 27.9.1955, in: Documents on American Foreign Relations 1955, a.a.O., S. 355. Geoffrey Aronson vermutet, daß das Bestehen auf Barzahlung Beweis für den amerikanischen Unwillen war, Waffen an Ägypten zu liefern, was man öffentlich nicht zugeben wollte. Vgl. Aronson, a.a.O., S. 135f.

jüdischen Persönlichkeiten.[401] Ein bereits geplantes Treffen am 12. Oktober im State Department zwischen Dulles und einer hochrangigen Delegation der Presidents' Conference, bestehend aus Rabbi Maurice Eisendrath (Union of American Hebrew Congregations), Rabbi Philip Bernstein (AZCPA), Nahum Goldmann (Jewish Agency), Philip Klutznick (B'nai B'rith) und Adolph Held (Jewish Labor Committee), hatte nun durch die jüngsten öffentlichen Diskussionen über Amerikas Reaktion auf die neuerliche Krise in der Region überraschend an Brisanz gewonnen. Wie zu erwarten standen die tschechoslowakischen (= sowjetischen) Waffenlieferungen an Ägypten im Mittelpunkt des Gesprächs sowie die Bedrohung, die sich daraus für Israel und die amerikanischen Interessen ergeben könnte.

Zunächst räumte Dulles ein, daß Kairo in Washington nach amerikanischen Waffen gefragt habe, wies jedoch erneut darauf hin, daß es zu keinem Geschäft gekommen sei. Die ägyptischen Waffenkäufe beim Ostblock bezeichnete er als beunruhigend und führte aus, daß er und der Präsident *"had not decided what action to take because at the present time we did not have sufficient facts."* Vieles hänge von den technischen Einzelheiten - Quantität, Qualität, Art der Bewaffnung - sowie den politischen Implikationen der Militärhilfe der Russen (*"and we could say Russians because certainly the Czechs spoke for them"*) an Ägypten ab. Zweifellos könne Ägyptens militärische Stärke nicht über Nacht verändert werden, so daß sich die Administration mit einer endgültigen Bewertung noch etwas Zeit lassen wolle. Er, Dulles, hoffe auf einen Fortschritt der Situation im Sinne seiner Initiative vom 26. August. Ganz sicher falsch seien die New-York-Times-Berichte, die amerikanische Regierung wolle mit dem Ostblock in einen Wettbewerb über Militärhilfe an Ägypten treten.

Die jüdischen Führer reagierten mit Zurückhaltung auf die Erklärungen Dulles' und mahnten eine moralische Verpflichtung der Signartarstaaten der Tripartite Declaration von 1950 an (USA, Großbritannien, Frankreich), im Falle

---

[401] Vgl. zwei Briefe JFDs an Joseph Proskauer vom 5. und 12.10.1955. DDEL: Dulles Papers, JFD Chronological Series, Box 12, John Foster Dulles Chronological, October 1955 (2).

einer substantiellen Unterstützung Ägyptens durch den Ostblock das so entstehende militärische Ungleichgewicht wieder auszubalancieren. Weiterhin forderten besonders Goldmann und Bernstein bei einer militärischen Verstärkung Ägyptens, daß *"the United States should enter into a security arrangement with Israel."* Dulles wies dieses - keineswegs neue - Ansinnen nicht zurück, sondern nannte zwei Bedingungen, die an einen israelisch-amerikanischen Sicherheitspakt zu knüpfen seien: 1. eine vorherige Einigung zwischen Israel und den arabischen Staaten sowie 2. ein konzertiertes Vorgehen in dieser Frage von Exekutive und Legislative, von Administration und Senat. Er wisse nicht, ob der Senat einem Sicherheitspakt ohne eine vorherige Einigung im Nahen Osten zustimmen würde, doch erklärte Dulles zur Überraschung der Vertreter der Presidents' Conference, daß er darüber noch in diesem Monat Gespräche mit einigen Senatoren führen wolle.[402]

Es kann keinen Zweifel darüber geben, daß Dulles über die neue Situation im Nahen Osten wesentlich nervöser war, als er gegenüber den Vertretern der Presidents' Conference zugab. Die militärische Kooperation Ägyptens mit der Sowjetunion hatte die Lage so bedrohlich werden lassen, daß Dulles nun seine Politik auf eine breite innenpolitische Basis stellen wollte. Die gesamte amerikanische Außenpolitik hatte darauf abgezielt, weltweit die Ausbreitung des Kommunismus einzudämmen, erst recht in einer Region von der strategischen Bedeutung des Nahen Ostens. Die schwierige Gleichgewichtspolitik, die die Eisenhower-Administration seit ihrem Amtsantritt verfolgt hatte, drohte nun angesichts der spektakulären sowjetischen Penetration in Ägypten zugunsten einer Polarisierung der Großmächte im israelisch-arabischen Konflikt zu scheitern, einer Polarisierung, die Eisenhower und Dulles stets zu verhindern versucht hatten. Im Nationalen Sicherheitsrat sprach Dulles sogar von einer neuen Front, die die Sowjetunion im Nahen Osten aufgemacht habe, an der die USA andere Mittel als bisher einsetzen müßten. Amerika *"could not fight the Soviet Union on the*

---

[402] Gesprächsmemorandum JFD - Presidents' Conference, 12.10.1955. NA: State Department Decimal File, American Zionist Committee for Public Affairs, 684A.86/10-1255.

political front with the existing resources programmed for the Middle East." Er räumte ein, daß er eine derartige militärische Aufrüstung Ägyptens durch Moskau nicht erwartet hätte. Um so wichtiger sei jetzt eine rasche Neubetrachtung der amerikanischen Nahostpolitik.[403]

Zu diesem Schluß kam auch eine NSC-Analyse, die nüchtern feststellen mußte, daß die westlichen Mächte *"no longer exclusively control the means of maintaining an arms balance between the Arabs and the Israelis."* Die Gefahr eines israelischen Präventivkriegs, so der Bericht weiter, sei größer geworden und werde vermutlich innerhalb der nächsten Monate zunächst in Gestalt von "Grenzzwischenfällen" zu erwarten sein, falls es den Westmächten nicht gelingen sollte, den Status quo zu erhalten. Ebenso sicher sei es, daß Ägypten seine neu gewonnene militärische Stärke anschließend in einer "zweiten Runde" gegen Israel einsetzen werde. Ein dann wahrscheinlicher Sieg Israels mit entsprechenden territorialen Veränderungen würde im gesamten Nahen Osten ein Chaos hinterlassen, das danach von kommunistischen Kräften ausgenutzt würde. Der Bericht skizzierte dann eine Reihe von Reaktionsmechanismen und Handlungsszenarien für die US-Administration, die von Sanktions-Maßnahmen gegen die Kombattanten (Einstellung von US-Hilfslieferungen, Einfrieren von nahöstlichen Guthaben in den USA) bis hin zur See- und Luftblockade durch anglo-amerikanische Streitkräfte reichten.[404]

Angesichts dieser bedrohlichen Situation kam es Dulles darauf an, sich innenpolitisch den Rücken freizuhalten und mit den oppositionellen Demokraten zu einer gemeinsamen Haltung zu kommen. Mit Justizminister Brownell und vor allem mit Vizepräsident Nixon, der für den Außenpolitiker Dulles der wichtigste Informant in der Administration war, wenn es um die Einschätzung der

---

[403] Sitzungsprotokoll des NSC vom 6.10.1955. FRUS 1955-1957, Vol. XIV, S. 553-558.
[404] Die Analyse war erstellt worden, nachdem der NSC die in NSC 5428 formulierten Prämissen als mittlerweile überholt erkannt hatte. Vgl. "Draft Report on Deterrence of Major Armed Conflict Between Israel and Egypt or Other Arab States", 17.10.1955. DDEL: White House Office, Office of the Special Assistant of National Security Affairs: Records, 1952-61, NSC Series, Policy Papers Subseries, Box 12, NSC 5428 - Near East [deterrence of Arab-Israeli war] (2).

Machtverhältnisse der innenpolitischen Szene in Washington ging,[405] erörterte er die Möglichkeit, einen Oppositionspolitiker als Verbindungsmann zu den Mehrheitsfraktionen im Kongreß in die administrativen Planungen miteinzubeziehen. Genannt wurden Senator Walter George (Georgia) sowie Ex-Gouverneur Adlai Stevenson (Illinois) und Gouverneur Averell Harriman (New York). Gegenüber Nixon warnte Dulles davor, daß die Regierung nicht den Fehler der Truman-Administration wiederholen dürfe, die wegen ihrer China-Politik nur deswegen von den Republikanern scharf kritisiert worden war, weil sie die Opposition nicht an der Planung beteiligt hätte. Jetzt sei die Situation *"filled with danger and we could lose the whole Arab world if we play this on a partisan basis. It could be as dangerous as the loss of China was."*[406]

Doch als das Thema einer Einbeziehung eines demokratischen Verbindungsmannes in die US-Nahostpolitik in der engeren Kabinettsrunde - der Nixon, Dulles, Brownell, Verteidigungsminister Wilson, Finanzminister Humphrey sowie der stellvertretende Außenminister Hoover angehörten - diskutiert wurde, tauchten Zweifel an der Durchführbarkeit eines solchen Vorhabens auf. Vor allem der amtierende Präsident Nixon glaubte nicht, daß auf diese Weise die gesamte Demokratische Partei samt ihrer jüdischen Wählerschaft einzubinden wäre, so daß sich das Nahost-Thema aus dem Wahlkampf heraushalten lasse. Andere Teilnehmer der Runde sahen die Hauptschwierigkeit darin, mit einem Oppositionspolitiker aufs engste zusammenzuarbeiten, der die Disziplin der Loyalität zu Eisenhower und Dulles nicht vollständig akzeptierte. Es sei unwahrscheinlich, einen führenden Demokraten zu finden, der einerseits genügend Einfluß

---

[405] Vgl. Nixon, a.a.O., S. 204f. Zu JFDs Verhältnis zu Nixon vgl. Herbert S. Parmet, Richard Nixon and his America, Boston 1990, S. 326f.; vgl. Berding, a.a.O., S. 26f.
[406] Vgl. Telefonat JFDs an Nixon, 17.10.1955 und Telefonat JFDs an Brownell, 17.10.1955. DDEL: Dulles Papers, Telephone Calls Series, Box 4, Telephone Conversations - General -, September 1-December 31, 1955 (3).

in seiner Partei hatte und andererseits sich unter die Direktiven der Administration begäbe, um den Republikanern aus einem politischen Dilemma zu helfen.[407]

Gleichwohl konferierte Dulles noch am selben Tag mit dem demokratischen Senator George, dem Vorsitzenden des Auswärtigen Ausschusses, um die Meinung im Senat über einen amerikanisch-israelischen Sicherheitspakt *"under present circumstances"* auszuloten. George, ein konservativer Südstaaten-Demokrat, der keine besondere Präferenz für Israel hegte, bezweifelte, daß es für ein derartiges Vorhaben momentan eine Mehrheit im Senat gebe, auch wenn von verschiedenen Seiten sehr starker pro-israelischer Druck ausgeübt werde, der besonders von der Ostküste komme. George war zu einem überparteilichen Konsens bereit, solange sich die amerikanische Außenpolitik *"in accordance with moral principles"* befinde.[408] Wenige Tage später riet George dem Außenminister erneut, sich einen Sicherheitspakt mit Israel sehr genau zu überlegen, da die amerikanische Außenpolitik generell dabei sei, zu viele Verpflichtungen einzugehen. George mußte jedoch mittlerweile einräumen, daß der Druck auch auf ihn selbst im Kongreß größer werde und daß ein Sicherheitspakt die Legislative wohl passieren würde. Es sei sogar zu vermuten, daß die Administration bei kommenden Wahlen wichtige Staaten wie New York und Illinois verlieren werde, falls sie keine Sicherheitsgarantie für Israel abgebe.[409]

---

[407] Vgl. Gesprächsmemorandum Nixon, JFD, Humphrey, Wilson, Brownell, Hoover, 21.10.1955. DDEL: Dulles Papers, Subject Series, Box 10, Israeli Relations 1951-1957 (4).
[408] Gesprächsmemorandum JFD - George, 21.10.1955. DDEL: Dulles Papers, Subject Series, Box 5, George, Senator Walter F. 1/54-12/56 (Memos of Conv. etc.) (3).
[409] Vgl. Brief von Staatssekretär Francis Wilcox an JFD über ein Gespräch mit Senator George, 29.10.1955. DDEL: Dulles Papers, General Correspondence and Memoranda Series, Box 3, Strictly Confidential - U-Z (1). Stellvertrend für den von George angesprochenen Druck ist eine Eingabe des Kongreßabgeordneten Earl Chudoff (Pennsylvania) vom 2.11.1955, der JFD eine Resolution des Pennsylvania Zionist Council sandte, in der Waffenlieferungen an Israel sowie ein amerikanisch-israelischer Sicherheitspakt gefordert wurden. In seinem Brief drückte Chudoff seine Verwunderung über die Untätigkeit der US-Regierung aus und forderte sofortige Anstrengungen, um Israel, "the only real democracy in the Middle East", beizustehen. DDEL: DDE Records, White House Central Files, Official File, Box 589, 116-R Middle East (1).

Dulles verwarf daraufhin die Idee eines Sicherheitspaktes mit Israel wieder und versuchte nicht, die tatsächlichen Mehrheitsverhältnisse im Senat zu dieser Frage zu testen, indem er eine entsprechende Initiative einleitete. Stattdessen setzte er nun darauf, ermutigt von Geheimdienstberichten der CIA, Ägyptens Regierungschef Nasser durch diplomatische Bemühungen davon zu überzeugen, keine anti-westliche Haltung einzunehmen. Der CIA-Chef, sein Bruder Allen Dulles, unterrichtete den Außenminister über Erkenntnisse, daß Nasser trotz seines neu gewonnenen Prestiges in der arabischen Welt keineswegs die Absicht habe, sich unter sowjetischen Einfluß zu begeben - oder einer pro-westlichen Allianz beizutreten. Nasser sei überzeugt, einen "dritten Weg" gehen zu können. Die USA dürften ihn daher in dieser Situation nicht fallen lassen, da er sonst weitere sowjetische Hilfe akzeptieren und möglicherweise Syrien und Saudi-Arabien auf diesem Weg mitziehen könnte.[410]

Doch je stärker sich Dulles gegenüber Nasser zu öffnen versuchte, desto vernehmbarer wurden die Gegenreaktionen in den USA, wo die jüdischen Organisationen nach den Spekulationen über das amerikanisch-ägyptische Waffengeschäft ohnehin mißtrauischer geworden waren. Zwar hatte Präsident Eisenhower, den selbst auf dem Krankenbett in Denver Protestschreiben jüdischer Funktionäre erreichten,[411] zum wiederholten Male für die Administration erklärt, daß die USA die Politik verfolgten, die in der Tripartite Declaration von 1950 ihren Ausdruck fand,[412] doch reichte eine derartige Formelsprache zu diesem Zeitpunkt nicht mehr aus, um die pro-israelischen Kräfte in den USA in Schach zu halten.

---

[410] Vgl. Brief Allen Dulles' an JFD, 29.10.1955. FRUS 1955-1957, Vol. XIV, S. 679f.
[411] In einem Brief vom 2.11.1955 hatte Rabbi Moses I. Feuerstein, Präsident der Union of Orthodox Jewish Congregations, dringend bei DDE eine militärische Unterstützung Israels durch die USA angemahnt, andernfalls würde Ägypten zum Einfallstor des Sowjetkommunismus' für den gesamten Nahen Osten, "clearly foreshadowed for us by the developments in China, Korea and Vietnam." DDEL: DDE Records, White House Central Files, Official File, Box 736, 144-B-3 Jewish Matters (2).
[412] DDE hatte am 9.11.1955 von Denver aus in einer Erklärung jüngste Grenzunruhen zwischen Israel und Ägypten verurteilt und dabei die Gültigkeit der Tripartite Declaration für die USA unterstrichen. Vgl. PPPUS 1955, S. 839f.

Am 5. November 1955 berichtete im State Department der NEA-Beamte Gordon seinem direkten Vorgesetzten, NEA-Staatssekretär Allen, daß sich Bernard Katzen von der Republikanischen Partei an ihn gewandt habe. Katzen, der aus innenpolitischen Gründen das Verhältnis zu den jüdischen Gruppen zu entspannen suchte, bat um eine klarstellende Interpretation von der Nahost-Abteilung, mit der er die Israel-Lobby und den Parteiapparat beruhigen konnte: *"What does the US actually mean when it says it will 'stand behind' the 1950 declaration; i.e. will we send arms, troops etc. to insure it?"*[413] Eine solche Frage konnte von den NEA-Beamten nur ausweichend beantwortet werden, da selbst bei der politischen Führung keine Pläne für den Fall existierten, daß sich ausschließlich Israel als amerikanischer Verbündeter andiente.

Für die Israel-Lobbyisten schien es eine Gewißheit zu sein, daß die Eisenhower-Administration im Ernstfall keineswegs bereit wäre, ein im Sinne der Tripartite Declaration entstehendes militärisches Ungleichgewicht zu Ungunsten Israels wieder auszugleichen. Bei einem Treffen mit NEA-Staatssekretär Allen am 8. November 1955 erklärten daher auch die AZCPA-Führer Rabbi Bernstein und "Si" Kenen, daß die Tripartite Declaration nicht ausreiche, um Israels Sicherheit zu gewährleisten. Allen entgegnete daraufhin, daß ein von Bernstein und Kenen geforderter amerikanisch-israelischer Sicherheitspakt neben einer Zwei-Drittel-Mehrheit im Senat vor allem ein Mindestmaß an Entspannung zwischen Israel und einigen arabischen Ländern voraussetze. Eine amerikanische Sicherheitsgarantie zum jetzigen Zeitpunkt sei nicht im israelischen Interesse, denn *"[i]f the US were to give a treaty to Israel alone at this juncture, such action might become a force to unify the Arabs who were at present divided."* Rabbi Bernstein widersprach.

---

[413] Gesprächsmemorandum Allen - Gordon, 5.11.1955. NA: State Department Central Files, C0048, Reel 17, Palestine-Israel: Foreign Affairs, 1955-1959, 611.84A.

Sobald sich Ägypten stark genug fühle, werde es Israel angreifen. Dann müßte sich die US-Regierung fragen lassen, was sie für Israels Sicherheit getan hätte.[414]

In den Augen der jüdischen Organisationen schien sich die Situation im Nahen Osten in einem kritischen Stadium zu befinden, wodurch Israels Sicherheit auf dem Spiel stand. Die militärische Unterstützung Ägyptens durch kommunistische Staaten war zum wichtigsten außenpolitischen Thema jüdischer Publikationen und Veranstaltungen geworden, bei denen sich die Besorgnis über einen militärischen Schlag der Araber Luft machte. Um diese Besorgnis auch der breiten amerikanischen Öffentlichkeit bewußt zu machen, hatten zahlreiche gesellschaftliche, religiöse und gewerkschaftliche Organisationen der amerikanischen jüdischen Gemeinde am 15. November 1955 zu einer großangekündigten Massenkundgebung unter dem Motto "Defense of Israel and Western Security" im New Yorker Madison Square Garden aufgerufen, bei der für ein starkes Israel und die Unterstützung der USA demonstriert werden sollte. Hauptveranstalter war der AZC, weitere Schirmherren waren der American Jewish Congress, der American Trade Union Council, das AZCPA, B'nai B'rith, das Jewish Labor Committee, das New York Board of Rabbis sowie die Jewish War Veterans of America.[415]

Rabbi Abba Hillel Silver, einer der Hauptredner der Veranstaltung, versuchte noch am Vorabend, den gerade aus Denver ins Weiße Haus zurückgekehrten Präsidenten Eisenhower zu einer Grußbotschaft zu bewegen. Die jüdischen Bürger Amerikas erwarteten jetzt ein Zeichen der Solidarität *"not only from the Chief Executive of our beloved country but as the foremost spokesman of international justice, freedom and peace today."* Eisenhower entsprach dieser Bitte und wiederholte in einem Brief an Silver allerdings lediglich die amerikanische Position der Politik, wie sie in der Tripartite Declaration und in der

---

[414] Gesprächsmemorandum Allen, Bernstein, Kenen, 8.11.1955. NA: State Department Central Files, C0048, Reel 17, Palestine-Israel: Foreign Affairs, 1955-1959, 611.84A.
[415] Vgl. The New York Times, 14.11.1955.

Alpha-Rede Dulles' vom 26. August 1955 zum Ausdruck kam.[416] Wesentlich weiter ging da schon Eisenhowers Vorgänger Harry Truman, der sich in einem Telegramm an Rabbi Irving Miller, den Präsidenten des AZC, zur gleichen Veranstaltung angesichts der gefährlichen Politik der Sowjetunion in der Region für eine Umwandlung der Tripartite Declaration in eine klarer definierte Sicherheitsgarantie für alle Völker des Nahen Ostens aussprach. Weiter forderte Truman ein entschiedeneres amerikanisches Auftreten gegen Aggressoren im Nahen Osten - gemeint war Nasser -, die deutlicher abgeschreckt werden sollten.[417]

Für die Veranstalter war die Kundgebung im Madison Square Garden, bei der die verschiedensten jüdischen Gruppen Einigkeit in Bezug auf Israel demonstrierten, ein öffentlichkeitswirksamer Erfolg. Zahlreiche Redner prangerten die jüngste ägyptisch-sowjetische Zusammenarbeit an und erneuerten ihre Forderung nach einem amerikanischen Beistandspakt für Israel. Israel, so der allgemeine Tenor, müsse als Vorposten westlicher Zivilisation unter allen Umständen verteidigt und unterstützt werden. Unter dem dem Jubel der 20.000 Zuschauer rief Rabbi Silver schließlich aus, daß Israel niemals etwas von seinem 8.000 Quadratmeilen großen Bodens opfern werde, um die 2,7 Millionen Quadratmeilen seiner arabischen Nachbarn zu vergrößern. Die regionale Herkunft der US-Politiker, die mit Grußworten Solidarität und Sympathie äußerten, deutete an, in welchen wichtigen Staaten aufgrund des Anteils der jüdischen Bevölkerung die Israel-Frage zu einem entscheidenden Wahlkampfthema werden würde: Die Senatoren Lehman und Ives (New York) sowie die Gouverneure Harriman (New York), Christian A. Herter (Massachusetts), William G. Stratton (Illinois), Robert B. Meyner (New Jersey) und George M. Leader (Pennsylvania) unterstützten die Kundgebung.[418]

---

[416] Brief Silvers an DDE, 14.11.1955 und Brief DDE an Silver, 15.11.1955. DDEL: DDE Records, White House Central Files, Official File, Box 587, 116-K Near East.
[417] Vgl. Telegramm Trumans an Miller, 15.11.1955. HSTL: Truman Papers, Post-Presidential Files, Name File, Box 42, Israel.
[418] Vgl. The New York Times, 16.11.1955.

Veranstaltungen wie diese gehörten für die Israel-Lobby zum unverzichtbaren Bestandteil ihrer Öffentlichkeitsarbeit. Hinter den Kulissen freilich war besonders das AZCPA dabei, Unterstützung im Kongreß zu "erarbeiten". Dabei konnte "Si" Kenen Ende November 1955 Rabbi Bernstein "substantiellen Fortschritt" vermelden. In einem detaillierten Dossier teilte er die Namen und Äußerungen von 26 Senatoren mit, die bisher neben rund 60 Kongreßabgeordneten in irgendeiner Weise zum Thema Israel Stellung bezogen hatten. Kenen wies dringend darauf hin, daß *"some of these statements were made in private letters to constituents and under no circumstances should be quoted."* Die Liste der Senatoren war in Zustimmungsgrade zur amerikanischen Unterstützung Israels unterteilt und reichte von *"for security pact and arms"* über *"sympathetic but noncommittal"* bis zu *"negative on arms"*. Von diesen 26 Senatoren, deren Meinung das AZCPA bisher geortet hatte, war nur einer gegen eine militärische Unterstützung Israels. Drei weitere waren lediglich für eine Stärkung der Tripartite Declaration, während die große Mehrheit für Waffen, einen Pakt oder beides war. Kenen teilte Bernstein weiter mit, daß die intensiven Bemühungen des AZCPA im Kongreß fortgesetzt würden und daß die übrigen jüdischen Organisationen dabei kooperierten.[419]

Diese Bemühungen bestanden darin, jedes Senatsmitglied einzeln zu "bearbeiten" und ihm dabei umfangreiches und individuelles Informationsmaterial zukommen zu lassen, mit dessen Interpretationshilfe dringend um amerikanische Unterstützung Israels geworben wurde. Ein Beispiel dafür ist ein Memorandum an Senator Styles Bridges aus New Hampshire, in dem die derzeitige Situation im Nahen Osten mit der der Konferenz von München 1938 verglichen und vor einer Ausbreitung des Kommunismus gewarnt wurde. Als Gegenmaßnahme sei nun der

---

[419] Memorandum Kenens an Bernstein und "Progress Report No. 1", 23.11.1955. UR: Bernstein/AIPAC Papers, Box 1, Chronological Files 1954-1961. Für Waffen und/oder einen Sicherheitspakt mit Israel waren demnach die Senatoren Bush (R-Connecticut), Beall (R-Maryland), Potter (R-Michigan), Ives (R-New York), Martin (R-Pennsylvania), Kefauver (D-Tennessee), Magnuson (D-Washington), Jackson (D-Washington), Wiley (R-Wisconsin), Holland (R-Florida), Smathers (R-Florida), Humphrey (D-Minnesota), Lehman (D-New York), Butler (R-Maryland), Case (R-New Jersey) und Dirksen (R-Illinois).

Verkauf amerikanischer Waffen an Israel zu ergreifen, damit sich Israel bei einem potentiellen ägyptischen Angriff verteidigen könne. Ebenso müßten die USA den Status quo durch einen Sicherheitspakt mit Israel garantieren.

Bridges wurde darauf hingewiesen, daß trotz der Zweifel des State Department, ob der Senat mit Zwei-Drittel-Mehrheit ein entsprechendes Abkommen ratifizieren würde, das AZCPA glaube, daß *"if President Eisenhower proposed such a treaty, it would be ratified because many Senators have already indicated their support."* Zur Bedingung der Administration, vor einem Sicherheitspakt müsse sich der arabisch-israelische Konflikt entschärft haben, meinte das AZCPA, daß in diesem Fall ein Pakt nicht mehr nötig sei. Stattdessen müsse man jetzt ein Vertragswerk schaffen, das einen potentiellen Aggressor abschrecke und den Arabern klarmache, daß Israels Existenz ein zu akzeptierendes Faktum sei.[420]

Während die Israel-Lobby auf diese Weise den Boden für kommende innenpolitische Auseinandersetzungen beackerte, waren auf der diplomatischen Ebene intensive Bemühungen des State Department im Gange, Nasser doch noch auf eine pro-westliche Linie zu bringen. Anders als in Guatemala und im Iran, wo die Eisenhower-Administration erfolgreich Geheimdienstoperationen zum Sturz von pro-kommunistischen Regimen betrieben hatte, versuchte Dulles, darin unterstützt von der britischen Regierung, die Annäherung an Nasser, indem er eine anglo-amerikanische Finanzierung des Baus des Assuan-Staudamms - für Nasser ein nationales Prestige-Projekt - vorschlug, um damit eventueller sowjetischer Hilfe entgegenzutreten. Dies bedeutete auch, daß Dulles bereit war, dem Bagdad-Pakt nicht beizutreten und die Bitten Israels nach amerikanischer Militärhilfe dilatorisch zu behandeln.[421]

Es war evident, daß die politischen Entscheidungsträger in Israel über die Entwicklung seit dem Waffengeschäft Ägyptens mit dem Ostblock - die Waffen

---

[420] Memorandum an Seantor Styles Bridges, Dezember 1955. UR: Bernstein/AIPAC Papers, Box 1, Chronological Files 1954-1961, 1.29.
[421] Memorandum aus London an das State Department, 20.10.1955. FRUS 1955-1957, Vol. XIV, S. 633-636; vgl. Memorandum des State Department an Paris, 25.10.1955. Ebenda, S. 645ff.; vgl. NIE, 15.11.1955. Ebenda, S. 750-772; vgl. Freiberger, a.a.O., S. 269; vgl. Hoopes, a.a.O., S. 327.

sollten ab Mitte November nach Ägypten geliefert werden - zunehmend besorgter wurden, zumal die erhoffte westliche Gegenreaktion ausgeblieben war und Washington gegenüber Kairo nun offenbar einen Appeasement-Kurs steuerte, was die israelische Diplomatie zutiefst irritierte.[422] Der israelische Generalstab spekulierte bereits über einen Termin des erwarteten ägyptischen Angriffs im Frühsommer 1956,[423] so daß Verteidigungsminister Ben Gurion, der nach dem Rücktritt Sharetts am 2. November wieder Premierminister wurde,[424] Ende Oktober 1955 seinen Stabschef Moshe Dayan anwies, militärische Operationen im Sinai und im Gaza-Streifen planerisch durchzuspielen.[425] Noch frustrierter wurden die Israelis, als überraschend die britische Regierung öffentlich eine Initiative startete, die in Israel als ungünstig für die eigenen Interessen perzipiert wurde.

Am 9. November 1955 hielt der britische Premierminister Eden beim Lord Mayor's Banquet in der Londoner Guildhall eine Rede, in der er Israel und den Arabern einen Vermittlungsvorschlag machte. Eden schlug einen territorialen Kompromiß zwischen der UN-Teilungsresolution von 1947 - auf der die Araber bestanden - und der gegenwärtigen Waffenstillstandslinie von 1949 - auf der Israel beharrte - vor, bei dem sich beide Seiten bewegen müßten. Seine Regierung, *"and perhaps other powers"*, sei bereit, ein solches Abkommen vertraglich zu garantieren und außerdem substantielle finanzielle Hilfe zur Verfügung zu stellen.[426] Der Vorschlag sprach explizit aus, was Dulles in seiner Alpha-Rede vom

---

[422] Vgl. Memorandum Arthur Deans an JFD über Gespräche mit Sharett und Eban, 9.12.1955. DDEL: Dulles Papers, Subject Series, Box 5, File Received from Mr. Herbert Hoover, Jr. Office (1).
[423] Vgl. Moshe Dayan, Story of My Life, New York/London 1976, S. 179f.
[424] Vgl. Bar-Siman-Tov, a.a.O., S. 337-340 Vorausgegangen waren scharfe Auseinandersetzungen zwischen Ben Gurion und Sharett nach den Knesset-Wahlen im Juli über den grundsätzlichen Kurs der weiteren Israelischen Politk.
[425] Vgl. Moshe Dayan, Diary of the Sinai Campaign, New York 1967, S. 12. Obwohl die US-Administration israelische Militäraktionen offiziell strikt ablehnte, erhielt die israelische Regierung deutliche Zeichen aus dem Pentagon, der CIA und dem Kongreß, daß Washington einem Versuch, Nasser zu stürzen, nicht unfreundlich gegenüberstehen würde. Vgl. Oren, Origins of the Second Arab-Israel War, a.a.O., S. 133f.
[426] Die Rede Edens ist vollständig abgedruckt in: The New York Times, 10.11.1955.

26. August nur angedeutet hatte, nämlich daß Israel in der Frage der Grenzen Konzessionen machen sollte. Es überraschte daher nicht, daß Ägypten Londons Vermittlung - allerdings nur aus taktischen Gründen[427] - akzeptierte, während Israel Edens Initiative ablehnte, wozu wohl auch persönliche Animositäten gegen den britischen Politiker beigetragen hatten.[428]

Die Initiative Edens war von mehreren Faktoren ausgelöst worden. Zunächst befürchtete London, daß die militärische Unterstützung an Ägypten den Sowjets eine stärkere Penetration in den Nahen Osten erlaubte und damit direkt britische Ölinteressen tangierte. Zudem befürchtete London eine Schwächung des pro-britischen Bagdad-Pakts, falls dieser nicht alsbald ausgedehnt werden würde. Da Washington einen eigenen Beitritt von einer deutlichen Entspannung im arabisch-israelischen Konflikt abhängig gemacht hatte, sah London durch eine Ablösung des quasi obsoleten Alpha-Prozesses am ehesten die Möglichkeit, den Bagdad-Pakt zu seinen Gunsten auszudehnen und mittelfristig vielleicht sogar Jordanien und den Libanon einzuschließen. Insgesamt war Eden von der strategischen Überlegung geleitet worden, daß für London mehr auf dem Spiel stand als für Washington und daß daher seine Regierung die diplomatische Initiative zurückgewinnen mußte, um Großbritanniens Stellung und Einfluß im Nahen Osten zu erhalten.[429]

In Washington war die Guildhall-Initiative mit größter Zurückhaltung aufgenommen worden. Das britische Insistieren auf einen amerikanischen Beitritt zum Bagdad-Pakt hatte die Eisenhower-Administration ebenso verärgert wie die Wirkung, die die möglichen Folgen der Rede auf die amerikanischen Juden haben mußte. Eine Unterstützung von Guildhall hätte die US-Regierung zwölf Monate vor den Präsidentschaftswahlen dem Vorwurf der Israel-Lobby aussetzen können, sie beteilige sich an einem letztlich unter dem Druck der ägyptisch-sowjetischen Gewalt zustande gekommenen Verfahren, das Israel zu einseitigen territorialen

---

[427] Vgl. Oren, Origins of the Second Arab-Israel War, a.a.O., S. 119ff.
[428] Vgl. Memorandum der US-Botschaft Tel Aviv an das State Department, 17.11.1955. FRUS 1955-1957, Vol. XIV, S. 784ff.; vgl. Freiberger, a.a.O., S. 273ff.; vgl. Lucas, Divided We Stand, a.a.O., S. 73; vgl. Touval, a.a.O., S. 122f.
[429] Vgl. Freiberger, a.a.O., S. 272f.

Opfern zwinge.[430] Dulles suchte daher als Antwort auf die Eden-Rede nach einer Möglichkeit, durch das Angebot einer amerikanischen Vermittlung die Initiative wieder nach Washington zu holen - die Geburtsstunde der Anderson-Mission.[431]

Den Trumpf, mit dem er Nasser glaubte "auspokern" zu können, sah er dabei in der Finanzierung des Assuan-Projektes. Dulles, dem die nationale Bedeutung des Projekts für Nasser nur zu bewußt war, wollte verhindern, daß die Sowjets den Bau des Staudamms unterstützten[432], und koppelte nun das US-Darlehen an die ägyptische Bereitschaft, in geheime Verhandlungen mit Israel unter amerikanischer Schirmherrschaft einzuwilligen.[433] In Wahrheit jedoch bezweifelte das State Department die Erfolgsaussichten eines solchen Mammutprojekts in erheblichem Maße. Der Staudamm würde, so ein vertrauliches Memorandum, eher 900 als die veranschlagten 600 Millionen Dollar kosten, mindestens ein Dutzend Jahre Bauzeit beanspruchen und zwei Drittel des Sudan überfluten. Zudem sei weder die ägyptische Infrastruktur genügend entwickelt noch die ägyptische Wirtschaft in der Lage, trotz eines Darlehens der USA oder der Weltbank die Unterhaltskosten und die Zinsleistungen aufzubringen.[434]

Doch mit der Finanzierung des Staudamms als Druckmittel war die Situation für Geheimverhandlungen, die Dulles im Rahmen von Alpha noch abgelehnt hatte, im Moment sogar sehr günstig. Denn Nasser war überdies, obwohl er seine territorialen Ambitionen im südlichen Negev nach dem Waffengeschäft mit dem Ostblock keineswegs aufgegeben hatte, sehr darum bemüht, Zeit zu gewinnen und zu Washington nicht auf direkten Konfrontationskurs zu gehen. Zum einen

---

[430] Vgl. Oren, Secret Egypt-Israel Peace Initiatives Prior to the Suez Campaign, a.a.O., S. 361.
[431] Vgl. Lucas, Divided We Stand, a.a.O., S. 74-78.
[432] Vgl. Protokoll der 268. Sitzung des NSC, 1.12.1955. FRUS 1955-1957, Vol. XIV, S. 812-817; vgl. Memorandum des State Department an die US-Botschaft Kairo, o.D. Ebenda, 842ff.; vgl. Gesprächsmemorandum Hoover (stellv. US-Außenminister), Makins (brit. Botschafter in Washington), Vicsount Harcourt (brit. Wirtschaftsminister) u.a., 12.12.1955. Ebenda, S.849ff.
[433] Vgl. Memorandum vom stellvertretenden Außenminister Hoover, 2.11.1955. Ebenda, S. 818f.
[434] Vgl. Memorandum Deans an JFD, 9.12.1955. DDEL: Dulles Papers, Subject Series, Box 5, File Received from Mr. Herbert Hoover, Jr. Office (1).

wollte er keinen diplomatischen Bruch mit der Eisenhower-Administration, zum anderen keinen Krieg mit Israel riskieren, solange die neue militärische Ausrüstung der Sowjets nicht in die ägyptischen Streitkräfte integriert war.[435] Und auch die Israelis blickten nach Edens Guildhall-Rede mit großer Erwartung nach Washington. Premierminister Ben Gurion hatte sich bereits über einen Mittelsmann, den New Yorker Anwalt und republikanischen Lobbyisten Benjamin Abraham Javits, an Präsident Eisenhower gewandt und die deutliche Präferenz Israels der amerikanischen Politik der Tripartite Declaration - die Eden nicht erwähnt hatte - gegenüber der britischen Politik zum Ausdruck gebracht. Indirekt ermunterte Ben Gurion Eisenhower zu einer amerikanischen Initiative und zeigte seine Bereitschaft zur Kooperation an.[436]

Als zusätzliches Druckmittel gegenüber Israel hatte die Eisenhower-Administration die Bitte um Waffen, die von der israelischen Regierung und von den jüdischen Gruppen in den USA seit langem geäußert wurde. Seitens Washington wurde den Israelis nun vorsichtig eine amerikanische Flexibilität in der Frage von Waffenlieferungen signalisiert, die man schließlich jedoch von der israelischen Akzeptanz einer amerikanischen Vermittlungsinitiative abhängig machte. Denn in der Sprachregelung der Administration hieß es erstmals, daß die Regierung dabei sei, eine konkrete israelische Einkaufsliste durch das Pentagon prüfen zu lassen, eine Konzession, die Washington sowohl öffentlich[437] als auch gegenüber Vertretern der amerikanischen Juden machte.[438] Dulles wies sogar Anfang Dezember 1955 die US-Botschaft in Tel Aviv an, die israelische Kreditfähigkeit zu prüfen und Informationen über israelische Militärausgaben in

---

[435] Vgl. Freiberger, a.a.O., S. 275f.
[436] Vgl. "Notes of Talk with David Ben Gurion", 18.11.1955. DDEL: Ann Whitman File, International Series, Box 29, Israel (6); vgl. auch Bar-Simon-Tov, a.a.O., S. 341.
[437] Vgl. Pressekonferenz JFDs, 29.11.1955. DDEL: Dulles Papers, General Correspondence and Memoranda Series, Box 4, Miscellaneous Correspondence February 14-29, 1956.
[438] Vgl. ein geheimes Dossier zur Vorbereitung JFDs auf ein Gespräch mit dem AJC-Vorsitzenden Irving Engel vom 7.12.1955. NA: State Department Central Files, C0049, Reel 8, Palestine-Israel, Internal Affairs, 1955-1959, 784A.56.

anderen westlichen Staaten und die künftig zu erwartenden Kosten für den Unterhalt der israelischen Streitkräfte zu beschaffen.[439] Intern jedoch wollte Dulles eine Antwort der israelischen Bitte um Waffen so lange wie möglich aufschieben, um die militärische Situation im Gleichgewicht zu halten,[440] worüber er auch die Spitzen beider Häuser des Kongresses entsprechend unterrichtet hatte.[441]

Inzwischen hielt Eisenhower nach einer seriösen Persönlichkeit Ausschau, die die amerikanische Vermittlungsinitiative durchführen sollte. Die Liste der Männer, aus der der Präsident seinen Emissär für diese Aufgabe auswählen wollte, bestand aus zwei exklusiven Namen, die beide zu seinen engsten persönlichen Beratern zählten: seinem Bruder Milton Eisenhower und dem - parteilosen - texanischen Geschäftsmann Robert Anderson, einem engen Freund des Präsidenten, der bis Ende August 1955 stellvertretender Verteidigungsminister gewesen war.[442] Milton Eisenhower, der Präsident der Pennsylvania State University war, hatte für die Administration so etwas wie die Position eines externen Sonderberaters inne (vor allem galt er als Südamerika-Experte) und gehörte zur engsten politischen Umgebung des Präsidenten. Milton Eisenhower war jedoch zu prominent und hätte möglicherweise eine zu große Aufmerksamkeit erregt, so daß schließlich Anderson mit der geheimen Vermittlung betraut wurde.[443] Als die Eisenhower-Administration in der zweiten Dezember-Hälfte endgültig Kairo und Tel Aviv die Entsendung eines Emissärs zur Führung von

---

[439] Vgl. Memorandum JFDs an die US-Botschaft Tel Aviv, 7.12.1955. Ebenda.
[440] Vgl. Memorandum JFDs an Allen, 23.12.1955. DDEL: Dulles Papers, JFD Chronological Series, Box 13, John Foster Dulles Chronological, December 1955 (3).
[441] Vgl. "Bipartisan Legislative Leaders Meeting", 13.12.1955. DDEL: Ann Whitman File, Legislative Meetings Series, Box 2, 1955 (5).
[442] Vgl. Telefonat DDEs mit Hoover, 28.11.1955. DDEL: Ann Whitman File, DDE Diaries Series, Box 11, Phone Calls August 1955 [to December 1955].
[443] Vgl. Memorandum Hoovers an JFD, 28.11.1955. FRUS 1955-1957, Vol. XIV, S. 809ff.; vgl. Telegramm JFDs an die US-Botschaft in London, 7.12.1955. Ebenda, S. 836; vgl. Memorandum Russells an JFD, 28.12.1955. Ebenda, S. 888f.; vgl. Telefonat JFDs an Anderson, 3.1.1956. FRUS 1955-1957, Vol. XV, Arab-Israeli Dispute January 1 - July 26, 1956, S.7.

geheimen Verhandlungen mit führenden israelischen und ägyptischen Politikern vorschlug, willigten Israelis und Ägypter in die US-Vermittlung ein.[444]

Die Anderson-Mission muß als amerikanischer Versuch gewertet werden, die Spannungen im nahöstlichen Konflikt zu lösen, um politischen Druck der amerikanischen Zionisten weniger als zwölf Monate vor den Präsidentschaftswahlen abzuwehren und um den sowjetischen Einfluß auf die Region[445] zu stoppen und zurückzudrängen. Dafür mußte Washington die Kontrolle über die diplomatischen Ereignisse im Nahen Osten wiedergewinnen, damit nicht die israelisch-arabischen Antagonisten oder gar die Briten, deren Politik der unbedingten Ausdehnung des Bagdad-Pakts nach Eisenhowers Ansicht geradezu in eine diplomatische Katastrophe führen mußte, diese amerikanische Realpolitik vereiteln konnten.[446]

Die Mission Robert Andersons, der für Eisenhower *"one of the most capable men I know"* und ein Wunschkandidat für seine Nachfolge im

---

[444] Vgl. Telegramm JFDs an die US-Botschaft in Kairo, 10.12.1955. FRUS 1955-1957, Vol. XIV, S. 843f.; vgl. Gesprächsmemorandum JFD, Eban, Russell, Shiloah, 30.12.1955. Ebenda, S. 890ff., besonders die Fußnote auf Seite 890, die die israelische und ägyptische Akzeptanz beschreibt.

[445] Bei ihrer Analyse der sowjetischen Poltik in den nahöstlichen Staaten vertraute die Administration auch jüngsten akademischen Erkenntnissen. Ein OCB-Memorandum vom 21.12.1955 widmete den Ergebnissen einer Tagung der School of Advanced International Studies der John Hopkins University (Baltimore) vom 13.-14.12. in New York größte Aufmerksamkeit, bei der die Historiker George Lenczkowski (Berkeley) und Bernard Lewis (London) zu Aussicht und Perzeption einer Ausdehnung des sowjetischen Einflusses Stellung nahmen und die Situation insgesamt als kritisch für westliche strategische und wirtschaftliche Interessen darstellten. Vgl. Memorandum an Elmer Staats (OCB), 21.12.1955. DDEL: White House Office, National Security Council Staff: Papers, 1948-61, OCB Central File Series, Box 77, OCB 091.4 Middle East (3) [Nov. 1953-May 1957].

[446] Vgl. DDEs kritische Bemerkungen zur britischen Nahostpolitik "Comments on the British Position on the Bagdad Pact", 16.12.1955. DDEL: Ann Whitman File, DDE Diaries Series, Box 11, DDE Diary, December 1955 (2). Vgl. ebenso DDEs Tagebucheintragung vom 10.1.1956. DDEL: Ann Whitman File, DDE Diary Series, Box 9, Diary-Copies of DDE personal [1955-56] (2). Zur Beurteilung der amerikanischen Motivation beim Lancieren der Anderson-Mission vgl. Freiberger, a.a.O., S. 277.; vgl. Shamir, a.a.O., S.98f.

Präsidentenamt war,[447] wurde unter dem Codenamen Gamma[448] unter größter Geheimhaltung von John Foster Dulles und seinem Bruder und CIA-Chef Allen Dulles konzipiert und arrangiert. Organisation und Durchführung oblagen der CIA und nicht dem Außenministerium, das über den Verlauf der Shuttle-Mission weitgehend nicht unterrichtet wurde. Die gesamte Operation wurde von den CIA-Stationsleitern in Kairo, Kermit Roosevelt, und Tel Aviv, James Angleton ausgeführt, die einen Drei-Phasen-Plan entwickelt hatten: Zuerst sollten CIA-Teams in getrennten Gesprächen mit Nasser und Ben Gurion die jeweilige Verhandlungsposition klären und formulieren. In einer zweiten Phase sollte dann Anderson zwischen Kairo und Tel Aviv hin- und herreisen (allerdings nicht direkt, sondern jedes Mal über Athen), um die Differenzen auf ein Minimum anzunähern. Schließlich sollten Nasser und Ben Gurion zu einem Geheimtreffen auf einer Yacht der CIA im Mittelmeer zusammenkommen und die Restdifferenzen ausräumen.[449]

Anderson sollte bei der Operation Gamma mehr als nur eine bloße Vermittlerfunktion übernehmen. Er hatte den US-Standpunkt stets deutlich zu machen und sowohl amerikanisch-israelische als auch amerikanisch-ägyptische Probleme zu verhandeln, die sich aus den Gesprächen zwischen Israel und Ägypten ergaben. Zwischen Washington und Kairo waren dies vor allem Ägyptens Haltung im Ost-West-Konflikt und zum Bagdad-Pakt, zwischen Washington und Tel Aviv

---

[447] Tagebucheintragung DDEs, 11.1.1956. DDEL: Ann Whitman File, DDE Diary Series, Box 9, Diary-Copies of DDE personal [1955-56] (2). Vgl. dazu auch Dwight D. Eisenhower, The White House Years, Vol. 2: Waging Peace 1956-1961, New York 1965. Anderson war bei DDE stets in der engeren Wahl, wenn eine Neubesetzung eines wichtigen Amtes anstand. So überlegte DDE 1956, mit einem Vizepräsidentschafts-Kandidaten Anderson statt Nixon auf dem republikanischen Ticket in den Wahlkampf zu gehen (S. 7). 1959 war Anderson im Gespräch, als es um die Nachfolge JFDs als Außenminister ging (S. 359), und 1960 gehörte Anderson zur Liste der Männer, die DDE dem republikanischen Präsidentschafts-Kandidaten Nixon als mögliche Vizepräsidenten vorschlug (S. 591).
[448] Die Israelis nannten die Mission "Operation Zikit" (Chamäleon). Vgl. Yungher, a.a.O., S. 103.
[449] Vgl. Touval, a.a.O., S. 124. Touvals verdienstvolle Studie ist zwar nicht mehr neu, verdankt seine Erkenntnisse jedoch ganz wesentlich nicht zugänglichen israelischen Quellen, was für die Beurteilung der Operation Gamma von großem Wert ist.

Israels Wunsch nach amerikanischen Waffen, der Johnston-Plan über die Entwicklung des Jordan-Tals und der Status von Jerusalem. Die größten "Knackpunkte" bei den Gesprächen bestanden jedoch zwischen Israel und Ägypten: die Grenzfrage, die Flüchtlingsfrage sowie Blockade und Boykott der Araber gegen Israel.[450]

Eisenhower, Dulles und Anderson trafen sich am 11. Januar 1956 im Weißen Haus, um letzte Instruktionen vor Andersons Aufbruch in die Region zu besprechen. Insgesamt, so befand man, sei die Administration in einer guten Verhandlungsposition gegenüber den beiden nahöstlichen Kontrahenten. Gegen Nasser standen die amerikanischen Möglichkeiten, den Bagdad-Pakt zu beeinflussen und den Irak nicht zu dominierend in der arabischen Welt werden zu lassen, wozu *"Nasser would be willing to pay a considerable price"*, die Möglichkeit, wirtschaftlichen Druck über die amerikanische Baumwollpolitik auszuüben, *"where we could either destroy or help Egypt's market"* sowie, als größter Trumpf, die amerikanische Macht, über den Assuan-Staudamm zu entscheiden, worüber *"Nasser was very nervous lest we attempt to use aid to control his political policies."*

Gegen Israel stand die Tatsache, daß seit dem ägyptisch-tschechoslowakischen Waffen-Deal die Westmächte nicht mehr allein die Waffenlieferungen in den Nahen Osten kontrollierten. Auf die strategischen Folgen dieser Situation hatte Dulles die israelische Regierung bereits ausdrücklich hingewiesen.[451] Israel, das bisher auf seine militärische Superiorität vertrauen konnte, müsse nun damit rechnen, daß Briten und Franzosen angesichts der arabischen "Ölwaffe" (*"the possibility of loss of the oil"*) ihre Interessen in der Region neu definierten und nicht bereit seien, eine wirtschaftliche Schwächung der NATO-Staaten nur aus Unterstützung Israels in Kauf zu nehmen. In den USA beginne man bereits zu erkennen, *"that backing Israel might be very costly to vital United States national interests."* Von nun an müsse Israel bestrebt sein, ein guter

---

[450] Vgl. ebenda, S. 124f.
[451] Vgl. Gesprächsmemorandum JFD, Eban, Russell, Shiloah, 30.12.1955. FRUS 1955-1957, Vol. XIV, S. 891.

Nachbar für die Araber zu sein und nicht - "*somewhat arrogant*" - im Vertrauen auf westliche Unterstützung eine Politik militärischer Stärke zu betreiben. An dieser Stelle sah die Runde im Weißen Haus Israel an einer Wegscheide angekommen: "*Unless the Israelis realized this, they were doomed.*" Beide Seiten, lautete schließlich die Einschätzung, müßten sich daher aus eigenem Interesse bewegen. Eisenhower gab Anderson freie Hand bei den Verhandlungen.[452]

Am 17. Januar 1956 kam Anderson in Kairo an und traf noch am selben Abend mit Nasser zusammen. Der ägyptische Regierungschef kritisierte mit harschen Worten die Ideologie des Bagdad-Pakts, den er als westliches Instrument zur Isolierung Ägyptens in der arabischen Welt bezeichnete. Nassers Hauptsorge galt Ägyptens Position innerhalb des arabischen Lagers, und er machte Anderson klar, daß ein Abkommen mit Israel derzeit sehr unpopulär sei und ihn, Nasser, in eine gefährliche Lage bringen könnte. Es müsse daher sichergestellt werden, daß eine Übereinkunft mit Israel erst dann veröffentlicht würde, wenn sich in der arabischen Welt eine günstigere Atmosphäre dafür entwickelt hätte. Nasser bat sich dazu einen Zeitraum von ungefähr sechs Monaten aus.[453] Dieser Vorschlag eines halbjährigen Stillschweigens bei allen Beteiligten nach einem Abkommen war jedoch sowohl für die Eisenhower-Administration, die eine Vermischung dieses Themas mit dem Präsidentschaftswahlkampf befürchtete,[454] als auch für die Regierung Ben Gurion unannehmbar, die ohnehin glaubte, Nasser brauche sechs bis acht Monate, um die Einsatzfähigkeit seiner neuen sowjetischen Waffen in der ägyptischen Armee zu erreichen.[455]

Zwei Abende später wiederholte Nasser in einem weiteren Gespräch mit Anderson seine Haltung, daß eine schnelle Einigung unmöglich sei und daß zunächst eine positive Atmosphäre für die Araber geschaffen werden müsse.

---

[452] Gesprächsmemorandum, DDE, JFD, Anderson, 11.1.1956. DDEL: Dulles Papers, White House Memoranda Series, Box 4, Meetings with the President, January through July 1956 (6).
[453] Vgl. Bericht Andersons an JFD, 19.1.1956. FRUS 1955-1957, Vol. XV, S. 28-36, besonders S. 31f. und S. 35..
[454] Vgl. Botschaft JFDs an Anderson in Kairo, 19.1.1956. Ebenda, S. 36f.
[455] Vgl. Memorandum von US-Botschafter Lawson aus Tel Aviv ans State Department, 10.1.1956. Ebenda, S. 16-19.

Nasser wandte sich dann dem Flüchtlingsproblem zu, wobei er für die Palästinenser eine Wahlmöglichkeit zwischen Repatriierung und Kompensation verlangte, und kam schließlich auf die Grenzfrage. Erneut erwähnte Nasser seine Forderung nach einer breiten Landververbindung im Negev zwischen Ägypten und Jordanien. Dies würde seine Position innerhalb des arabischen Lagers und somit seine Handlungsfreiheit entschieden stärken, denn viele Araber würden damit ein Gefühl der Gerechtigkeit empfinden. Solange dieses israelische Zugeständnis nicht zu erreichen sei, sei auch ein Treffen Nasser - Ben Gurion unmöglich.[456]

Nach diesen ersten Sondierungsgesprächen mit der ägyptischen Führung reiste Anderson nach Tel Aviv zu einer Serie von Gesprächen mit Ben Gurion und Sharett weiter, die am 23. Januar 1956 begannen. Nachdem Anderson über seine Gespräche mit Nasser referiert hatte, erläuterte Ben Gurion seine Hauptsorge: Je länger es keinen Frieden gebe, desto besser könne die ägyptische Armee an den sowjetischen Waffen ausgebildet werden. Ben Gurion wies auf seine Befürchtung hin, die ägyptische Luftwaffe könne die verteidigungslosen israelischen Städte angreifen, weswegen der Premierminister noch einmal die Notwendigkeit für die Vereinigten Staaten unterstrich, Israel geeignete Waffen zu verkaufen, um einen ägyptischen Angriff abzuschrecken. Sollte Washington jedoch die Attitüde eines Waffen-Embargos gegen Israel weiter aufrechterhalten, dann mache sich die Administration *"[g]uilty of the greatest crime in our history."*[457]

Zudem befürchtete Ben Gurion, die Araber könnten die palästinensischen Flüchtlinge als "Fünfte Kolonne" gegen Israel einsetzen. Schließlich wies er jegliche Forderung nach einem Abtreten des Negev kategorisch zurück.[458] Ben Gurions Hauptsorge gegenüber Anderson war, daß im Westen eine Ideologie an Zustimmung gewann, nach der *"Israel should be sacrificed in order to achieve Arab alliances."*[459] Einen Tag später führte Außenminister Sharett

---

[456] Vgl. Bericht Andersons an JFD, 21.1.1956. Ebenda, S. 43-47.
[457] Vgl. Bericht Andersons an JFD, 23.1.1956. Ebenda, S. 51-56.
[458] Vgl. David Ben Gurion, My Talks With Arab Leaders, New York 1973, S. 274-283.
[459] Bericht Andersons an JFD, 24.1.1956. FRUS 1955-1957, Vol. XV, a.a.O., S. 63-66.

gegenüber Anderson aus, daß Nasser sehr leicht die israelischen Befürchtungen zerstreuen könne, indem dieser in direkte Gespräche mit Ben Gurion einwilligte. Israel sei zu Gesprächen auf der höchstmöglichen Ebene bereit und richte sich dabei sogar nach Nasser.[460]

Am Ende der ersten Gesprächsrunde in Kairo und Tel Aviv sah sich Anderson mit einem ägyptischen Regierungschef konfrontiert, der besessen vom Erhalt seiner inner-arabischen Position war, und mit einem israelischen Premierminister, der sein Mißtrauen nur durch direkte und persönliche Verhandlungen aufgeben wollte, zwei Positionen also, die sich gegenseitig nahezu ausschlossen und die bereits den Keim des Scheiterns der Anderson-Mission in sich trugen.[461] Gleichwohl glaubten Dulles und Anderson immer noch an die günstigen Ausgangspositionen, die einen Erfolg herbeiführen mußten. Dulles größte Sorge war jedoch, daß Nasser eine Hinhaltetaktik verfolgte, wodurch das israelische Militär das Kabinett zu einem Präventivschlag überreden könnte. Zudem hatten die Israelis eine Wiederaufnahme der seit dem Herbst 1953 unterbrochenen Arbeiten am Kanalprojekt bei B'not Yaakov am 1. März 1956 angekündigt, falls nicht bis dahin Fortschritte bei der Anderson-Mission gemacht würden. Sollten die Israelis den Bau fortsetzen, hatte Nasser bereits gegenüber Anderson eine militärische Intervention Syriens und in diesem Fall Ägyptens Unterstützung für Syrien angekündigt. Damit wäre das Projekt Gamma endgültig erledigt gewesen.[462]

Für Washington schien die Situation fatal zu werden. CIA-Chef Allen Dulles hielt es gegenüber seinem Bruder für unrealistisch anzunehmen, der Status quo könne noch länger als drei bis sechs Monate aufrechterhalten werden. Washington werde dann gezwungen sein, seine Zurückhaltung in der Frage der israelischen Bewaffnung aufzugeben. Es sei der amerikanischen Öffentlichkeit nicht

---

[460] Vgl. Bericht Andersons an JFD, 25.1.1956. Ebenda, S. 68ff.; vgl. Ben Gurion, My Talks With Arab Leaders, a.a.O., S. 287-292; vgl. Touval, a.a.O., S. 127f.
[461] Vgl. Freiberger, a.a.O., S. 303f.
[462] Vgl. Botschaft JFDs an Anderson, 28.1.1956. FRUS 1955-1957, Vol. XV, a.a.O., S. 91f.; vgl. Bericht Andersons an JFD, 28.1.1956. Ebenda, S. 88-91, besonders S. 90.

zu vermitteln, Israel mit einem Embargo zu überziehen, während gleichzeitig sowjetisches Kriegsgerät nach Ägypten fließe.[463]

Die Positionen blieben auch bis zum Ende von Andersons erster Vermittlungsrunde unverändert. Nasser hatte gegenüber Kermit Roosevelt noch einmal bekräftigt, daß die Negev-Abtretung der entscheidende Punkt sei und daß alle anderen Fragen danach problemlos geregelt werden könnten,[464] während Ben Gurion gegenüber Anderson seine Forderung bekräftigt hatte, persönlich mit Nasser zu verhandeln. Dabei sei er entschlossen, Dinge zu konzedieren, von denen Nasser nicht zu träumen wagen würde - allerdings nur bei einer persönlichen Begegnung. *"If only we could meet, I know there would be peace in ten days."*[465] Als Anderson Anfang Februar 1956 wieder zurück nach Washington reiste, hatten seine Bemühungen noch nichts erreicht. Die gespannte Atmosphäre im Nahen Osten hatte die Grenzen des Bewegungsspielraums beider Regierungen aufgezeigt. Die Rechnung von Außenminister Dulles, die jeweilige Interessenlage Ägyptens und Israels - so wie Dulles sie einschätzte - werde zwangsläufig eine Eigendynamik in Richtung Frieden entwickeln, war bisher nicht aufgegangen.

Während dieser ganzen ersten Shuttle-Mission Andersons waren die jüdischen Organisationen in den USA mit ihrer Propagandatätigkeit erstaunlich ruhig geblieben. Es ist zu vermuten, daß die israelische Regierung über Botschafter Abba Eban, der in regelmäßigem Kontakt besonders zur Presidents' Conference, zum AZCPA und zur ZOA stand, die amerikanischen Zionisten für die Dauer der Anderson-Mission zur Zurückhaltung angehalten hatte. Gleichwohl hatten die beginnenden Vorwahlkämpfe des Jahres 1956 dazu geführt, daß die nicht-jüdischen Israel-Unterstützer im Kongreß sich bei der Eisenhower-Administration zu Wort gemeldet hatten.

Bereits am 13. Januar 1956 hatte sich Senator George an Außenminister Dulles gewandt und ihm seine Beunruhigung mitgeteilt, der

---

[463] Vgl. Memorandum Allen Dulles' an JFD, 29.1.1956. Ebenda, S. 92ff.
[464] Vgl. Memorandum Roosevelts an Anderson in Athen, 1.2.1956. Ebenda, 119f.
[465] Bericht Andersons an JFD, 1.2.1956. Ebenda, S. 123; vgl. Ben Gurion, My Talks With Arab Leaders, a.a.O., S. 296-308.

Nahostkonflikt ließe sich nicht mehr aus der Parteipolitik bis zu den Wahlen im November heraushalten. Er vernehme bereits im Repräsentantenhaus Tendenzen zur Verabschiedung einer Pro-Israel-Resolution und drängte Dulles zu einer raschen Einigung zwischen Israel und Ägypten, ehe der Kongreß amerikanische Waffenlieferungen nach Israel fordern würde.[466] Auch der Stabschef des Weißen Hauses, Sherman Adams, berichtete Dulles von Gesprächen besorgter Mandatsträger - etwa des Gouverneurs McKeldin von Maryland - und riet Dulles, in der Öffentlichkeit das Fehlen eines US-Militärprogramms für die Region argumentativ mit einer *"moral responsibility"* seitens Washingtons zu begründen, denn *"[a]rms will only shed blood."*[467]

Wenige Tage vor dem Ende von Andersons erster Gesprächsrunde im Nahen Osten wandten sich der frühere Präsident Harry Truman und die frühere First Lady Eleanor Roosevelt mit einer gemeinsamen Erklärung an die Öffentlichkeit, mit der sie die amerikanische Grundhaltung zu Israel festgelegt wissen wollten. Zwar vermieden die beiden prominenten Israel-Unterstützer eine verbale Schärfe, doch unterstrichen sie in leidenschaftlichen Worten die großen Leistungen Israels und die historische Verantwortung Amerikas für diesen Staat. Israel sei eine unumstößliche historische Tatsache, und Amerika habe Israels Sicherheit und den Frieden in der Region zu garantieren. Truman und Mrs. Roosevelt warnten vor Versuchen, Israels Grenzen zu verändern *("no constructive purpose")*, und wandten sich gegen die Rückführung der palästinensischen Flüchtlinge nach Israel, was das Land wirtschaftlich und politisch überfordern würde. Stattdessen sollte finanzielle und technische Hilfe zur Wiedereingliederung der Flüchtlinge in die umliegenden arabischen Staaten geleistet werden *("far more promising")*. Als Antwort an die kommunistische Waffenlieferung an Ägypten endete die Erklärung mit einer unmißverständlichen Botschaft: *"It is for the United*

---

[466] Vgl. Gesprächsmemorandum JFD - George, 13.1.1956, DDEL: Dulles Papers, Subject Series, Box 5, George, Senator Walter F. 1/54-12/56 (Memos of Conversation etc.) (3).
[467] Telefonat Adams' an JFD, 25.1.1956. DDEL: Dulles Papers, Telephone Calls Series, Box 11, Memoranda of Tel. Conv., White House January-August 31, 1956 (5).

States to restate and implement its basic principles in such a way that there can be no uncertainty as to where it stands."468

Für die pro-israelischen Kräfte im Kongreß war die Truman-Roosevelt-Erklärung, die an die quasi-religiöse amerikanische Affinität zu Israel appelliert hatte, zum richtigen Zeitpunkt gekommen, sahen sie sich doch nun ermutigt, selbst zu handeln. Sherman Adams berichtete Anfang Februar 1956 Außenminister Dulles von Kongreßabgeordneten, die das Weiße Haus bedrängten, eine Stellungnahme zu einer möglichen Pro-Israel-Resolution im Repräsentantenhaus abzugeben. Adams hatte jedoch einen Kommentar abgelehnt. Die Administration wäre so gezwungen worden, Stellung zu beziehen, was sie im Zusammenhang mit Israel in dieser Deutlichkeit stets vermieden hatte. Hätte sie die - sie rechtlich nicht bindende - Resolution befürwortet, würde sie die Gespräche mit Nasser kompromitiert haben. Hätte die Administration die Resolution abgelehnt, würde sie weite Teile der Öffentlichkeit im Wahljahr gegen sich aufgebracht haben.[469]

In einem Brief, den 40 Kongreßabgeordnete am 3. Februar 1956 an Außenminister Dulles gerichtet hatten, war zwar von einer Resolution des Repräsentantenhauses nicht mehr die Rede, doch forderten die Abgeordneten als friedenserhaltende Abschreckungsmaßnahme militärische und verstärkte wirtschaftliche Hilfe Amerikas an Israel.[470] Dulles' ungewöhnlich detailliertes Antwortschreiben, das nur drei Tage später abgefaßt wurde, machte seine Sorge über einen offenen Streit zwischen Exekutive und Legislative deutlich. Dulles bemühte sich sich um eine entgegenkommende Haltung, indem er die gemeinsame Sorge um die Sicherheit Israels betonte. Militärische Unterstützung Israels durch die USA schloß Dulles dabei nicht grundsätzlich aus, warnte jedoch vor einem Rüstungswettlauf im Nahen Osten, den Israel mit seiner Bevölkerung von weniger als

---

[468] "Statement on Israel", 31.1.1956. HSTL: Truman Papers, Post-presidential Files, Name File, Box 42, Israel. Vgl. The New York Times, 31.1.1956.
[469] Vgl. Telefonat Adams' an JFD, 2.2.1956. DDEL: Dulles Papers, Telephone Calls Series, Box 11, Memoranda of Tel. Conv., White House January-August 31, 1956 (5).
[470] Vgl. Brief von 40 Kongreßabgeordneten an JFD, 3.2.1956. Documents on American Foreign Relations 1956. Published by the Council on Foreign Relations (ed. by Paul E. Zinner), New York 1957, S. 271ff.

zwei Millionen Menschen gegen *"tens of millions"* Araber niemals gewinnen könne. Amerikas Politik sei es daher, Israels Sicherheit auf diplomatischem Wege zu schützen.[471]

Und diesen Weg war die Eisenhower-Administration auch weiter gewillt zu gehen, auch wenn es an allen diplomatischen Fronten zu einem bedrohlichen Stillstand gekommen war: Die Anderson-Mission hatte bislang keine substantielle Veränderung gebracht, die Mission des Sonderbotschafters Eric Johnston, der seit zweieinhalb Jahren versuchte, eine Kooperation bezüglich der Jordan-Entwicklung zustande zu bringen, war nahezu aussichtslos geworden,[472] und die Differenzen in der Nahostpolitik zum britischen Verbündeten hatten ein gemeinsames anglo-amerikanisches Vorgehen unmöglich gemacht. Ein Besuch Premierminister Edens bei Präsident Eisenhower war Anfang Februar 1956 mit einem inhaltsleeren Kommuniqué beendet worden, das die unterschiedlichen strategischen Ziele Washingtons und Londons kaum verhüllte.[473] Gegenüber der amerikanischen Konzeption einer anti-sowjetischen arabischen Einheit unter ägyptischer Führung stand die britische Politik des starken, von ihnen dominierten Bagdad-Pakts. Für die inneren Schwierigkeiten, die der Bagdad-Pakt hatte, hatten die Briten längst Nasser als Schuldigen ausgemacht. Kurz: Washington spielte die ägyptische Karte, London wollte Nasser loswerden.[474]

Das zäheste Problem für die Administration, das gleichzeitig auch die größten innenpolitischen Gefahren barg, war das fortgesetzte israelische Drängen nach amerikanischen Waffen. Denn die amerikanischen Israel-Lobbyisten konnten

---

[471] Brief JFDs an 40 Kongreßabgeordnete, 6.2.1956. DDEL: Dulles Papers, JFD Chronological Series, Box 13, John Foster Dulles Chronological February 1956 (4).

[472] Vgl. "Memorandum of Conference with the President. Others present: Mr. Eric Johnston, Colonel Goodpaster [Sekretär des Stabes im Weißen Haus]", 10.2.1956. DDEL: Ann Whitman File, DDE Diaries Series, Box 12, February 1956 Goodpaster.

[473] Vgl. die gemeinsame Erklärung Eisenhowers und Edens vom 1.2.1956. PPPUS 1956, S. 215ff.

[474] Zum britisch-amerikanischen Gegensatz Anfang 1956 vgl. "Summary of Eden Visit", 7.2.1956. DDEL: Ann Whitman File, International Series, Box 20, Eden Visit; vgl. Anthony Eden, Full Circle, Boston 1960, S. 372ff.; vgl. Adams, a.a.O., S. 196; vgl. Freiberger, a.a.O., S. 306-312.

diese Forderung in Amerika vertreten und im Wahljahr durch ihre propagandistische Aktivität ein unkalkulierbares Risiko für die Eisenhower-Regierung werden. Ein Versuch Dulles' von Ende Januar, zwischen Demokraten und Republikanern eine Vereinbarung zu treffen, Israel aus dem Wahlkampf zu lassen, war nicht nur von amerikanischen Zionisten abgelehnt worden, sondern hatte sich bereits als Bumerang erwiesen, da Adlai Stevenson, Harry Truman oder Robert Wagner nach der Devise "Nun erst recht" auf fast keiner Veranstaltung das Israel-Thema ausließen.[475] Gleichwohl warnte Dulles Israels Botschafter Eban am 10. Februar 1956 vor dem Versuch, sich der Hilfe des innenpolitischen Drucks in den USA zu bedienen, um die Administration während des Wahlkampfs in die Defensive zu drängen. Gegenüber Eban, der um eine rasche Entscheidung für die erbetenen 48 F-86-Kampfflugzeuge bat, führte Dulles aus, daß die Anderson-Mission nur deshalb erfolgreich sein würde, weil Washington eben keine Waffen an Israel geliefert hätte.[476]

Trotz dieser hinhaltenden Äußerungen gegenüber der israelischen Regierung begann Dulles angesichts des Rumorens im Kongreß und der Befürchtung, die Israelis seien zu einem Präventivkrieg bereit, zu prüfen, ob die USA zumindest geringe Kontingente an Defensivwaffen nach Israel liefern sollten. Zudem war Dulles durch eine Episode selbst unter Druck geraten, die in der Öffentlichkeit und besonders bei den jüdischen Organisationen für verheerende Reaktionen gesorgt hatte und Anlaß für eine Untersuchung des Auswärtigen Senatsausschusses gewesen war. Mitte Februar war durch Zufall im New Yorker Hafen auf dem Frachter "James Monroe" eine Ladung 18 leichter Panzer nach Saudi-Arabien entdeckt worden, deren Geheimhaltung für erhebliche Konfusion bei den politischen Stellen gesorgt hatte. Ein Sprecher des State Department hatte fälschlicherweise verlautbart, diese Lieferung sei nicht autorisiert, woduch wiederum Eisenhowers offenbar nicht informierter Pressesprecher James Hagerty in Erklärungsnöte geraten war. In der Presse und im Kongreß war daraufhin wild

---

[475] The New York Times, 2.2.,3.2.,5.2.+13.2.1956.
[476] Vgl. Gesprächsmemorandum JFD - Eban, 10.2.1956. FRUS 1955-1957, Vol. XV, S. 163-166.

spekuliert worden, was Eisenhower schließlich veranlaßt hatte, den vorläufigen Stop der Lieferung anzuordnen - trotz der zu erwartenden ärgerlichen Reaktion der Saudis.[477]

Doch unbeeindruckt von den großen öffentlichen Protesten - 300 Bürger hatten sogar an der Pier in Brooklyn demonstriert, und die Besatzung des Frachters verlangte einen *"war bonus"* - hob das State Department schon nach zwei Tagen den Lieferstop auf, was NEA-Staatssekretär Allen in einer Rede in Des Moines (Iowa) mit den amerikanischen *"long-term interests"* begründete. Führende amerikanische Zionisten wie Rabbi Irving Miller (AZC), Israel Goldstein (American Jewish Congress), Rebecca Shulman (Hadassah) und Leo Wolfson (United Zionists-Revisionists of America) protestierten ebenso heftig gegen das Vorgehen der Regierung wie der demokratische Bewerber für die Präsidentschaftswahl, Adlai Stevenson, der zudem einen scharfen Wahlkampf-Tonfall in die Auseinandersetzung brachte.[478]

Dulles, mit dem Vorwurf der verdeckten Militärhilfe an ein arabisches Land konfrontiert, sah sich nun gezwungen, Israel in der Frage der Waffenlieferungen entgegenzukommen und bat CIA-Stationschef Kermit Roosevelt in Kairo, bei Nasser die amerikanische Möglichkeit zu sondieren, ohne Schaden für die Anderson-Mission Israel einige Waffen verfügbar zu machen. Nassers Antwort kam prompt und hätte deutlicher nicht sein können: Waffenlieferungen an Israel, so warnte er, zerstörten nicht nur die Anderson-Mission, sondern

---

[477] Vgl. "Memo for the record by Under Secretary Hoover", 21.2.1956. DDEL: Dulles Papers, Subject Series, Box 10, Israeli Relations 1951-1957 (4). Das State Department veröffentlichte zu seiner Entlastung am 18. Februar die von DDE autorisierten Verträge über die seit August 1955 vergebenen Lieferlizenzen über leichtes militärisches Material (Jeeps, kleinere Waffen, Munition Flugzeugteile etc.). Dabei entfielen auf:
Ägypten $ 1.446.913
Syrien $ 184.396
Saudi-Arabien $ 9.098.487
Libanon $ 429.080
Jordanien $ 3.614
Israel $ 3.152.056.
Vgl. The New York Times, 17.2.+18.2.1956.
[478] Vgl. The New York Times, die Ausgaben vom 19. bis 23.2.1956.

"*everything*".[479] Roosevelt wies gegenüber CIA-Chef Allen Dulles außerdem darauf hin, daß Nasser in diesem Fall auch das amerikanische Assuan-Darlehen ablehnen und weitere Hilfe von der Sowjetunion erbitten würde, was schließlich die sowjetische Militärhilfe an arabische Staaten erhöhen würde.[480]

Dulles befand sich in einer Zwickmühle. Einerseits war dem Außenminister klar, daß der Druck auf ihn mittlerweile so groß geworden war, daß er Israel Waffen nicht länger verweigern konnte. Andererseits gefährdete er mit Waffenlieferungen an Israel die Kooperation Nassers und damit einen Erfolg der Anderson-Mission. Eine adäquate Antwort auf diese Situation hatte er nicht. Er versuchte, seine eigene Ratlosigkeit dadurch zu kompensieren, daß er öffentlich weiter seinen Kurs der Zurückhaltung verfolgte und gleichzeitig hoffte, die israelische Bewaffnung so weit wie möglich hinauszögern zu können. Dazu mußte Robert Anderson so schnell wie möglich seine Shuttle-Mission wieder aufnehmen und zu einem Erfolg bringen, so daß die Militärhilfe an Israel obsolet werden würde.

Diese Taktik hatte den Nachteil, daß sich am äußeren Druck auf den Außenminister zunächst nichts änderte. Die Anhörung vor dem Auswärtigen Ausschuß des Senats war für Dulles äußerst unangenehm verlaufen und hatte ihm verdeutlicht, wie gespannt die Aufmerksamkeit des Kongresses im Wahljahr und wie unpopulär die amerikanische Nahostpolitik geworden war.[481] Enge politische

---

[479] Botschaft Roosevelts an die CIA, 22.2.1956. FRUS 1955-1957, Vol. XV, S. 203f.
[480] Vgl. Botschaft Roosevelts an Allen Dulles, 22.2.1956. Ebenda, S. 209.
[481] Vgl. "An Analysis of the Testimony by Secretary of State John Foster Dulles, February 24, 1956 before the Committee on Foreign Relations United States Senate. By I.L. Kenen", 18.3.1956. SUNY: Jacob K. Javits Collection, Series 1, Subseries 1, Box 1, 3/18/56, Dulles Testimony, Near East Policy. Belege für den starken pro-israelischen Druck im Kongreß sind auch die Gespräche JFDs vom 1.3.1956 mit Senator George [DDEL: Dulles Papers, Subject Series, Box 5, George, Senator Walter F. 154-12/56 (Memos of Conv. etc.) (2).] sowie den Abgeordneten Richards [DDEL: Dulles Papers, Subject Series, Box 5, File Received from Mr. Herbert Hoover, Jr. Office (1).], Scott, Keating, Fulton, Morano und Radwan [DDEL: Dulles Papers, JFD Chronological Series, Box 13, John Foster Dulles Chronological, March 1956 (2).]; vgl. auch Kenen, a.a.O., S 127-130; vgl. auch The New York Times, 21. und 25.2.1956.

Vertraute Dulles' wie Joseph Proskauer und Arthur Dean wandten sich besorgt an den Außenminister und rieten dringend zu einer militärischen Unterstützung Israels.[482] Schließlich warnte in einem Brief an Dulles der Vorsitzende des AZCPA, Rabbi Bernstein, vor der Zerstörung Israels durch sowjetische Waffen an arabische Staaten. Der Kampf Israels sei der Kampf der Freien Welt gegen *"Communist imperialism"*, bei dem Israel nicht allein gelassen werden dürfe. Die unvermeidlichen Folgen seien schlicht eine Erosion der Grundposition der amerikanischen Außenpolitik: *"first, the destruction of the confidence placed in the United States by the free democratic world, and second, the deterioration of our moral position as a leader of Western civilizatiuon."*[483]

Dulles war nun sehr unsicher geworden, wie er gegenüber dem US-Botschafter in Kairo, Henry Byroade bekannte,[484] zumal auch Eisenhower und dessen Umgebung im Weißen Haus nicht mehr hundertprozentig von der Richtigkeit der amerikanischen Diplomatie überzeugt zu sein schienen. Wenige Tage vor Andersons zweiter Reise in den Nahen Osten teilte Eisenhower in einem Brief an Premierminister Ben Gurion die amerikanische Haltung zur Bewaffnung Israels mit:

"I have taken full and sympathetic note of your statement of Israel's need for arms. Your request is being given the most careful consideration in light

---

[482] Vgl. Briefe Deans und Proskauers, 27.2.1956. DDEL: Dulles Papers, General Correspondence and Memoranda Series, Box 4, Miscellaneous Correspondence February 14-29, 1956. Proskauer, der sich beschwerte, daß das State Department JFD von kritischen Stimmen abgeschirmt hätte ("lower echelons in the State Department have probably put an effective barrier between Foster and anything I can say to him personally"), erinnerte zudem daran, daß die USA im II. Weltkrieg an der Seite der Juden gekämpft und die Araber auf der Seite Hitlers gestanden hatten.
[483] Brief Bernsteins an JFD, 27.2.1956. UR: Bernstein/AIPAC Papers, Box 4, General Correspondence, 4.21.
[484] Vgl. Brief JFDs an Byroade, 29.2.1956. DDEL: Dulles Papers, Subject Series, Box 10, Israeli Relations 1951-1957 (4).

of the need both to ensure Israel's security and to create a situation which will be most conducive to peace in the area."⁴⁸⁵

Zwar ließ sich aus dieser Passage des Briefs noch keine definitive Zusage ableiten, doch war Eisenhowers Formulierung die bislang deutlichste offizielle Äußerung zum israelischen Wunsch nach amerikanischer Militärhilfe. Eisenhower wollte sogar noch weiter gehen. Um mit einem publizistischen Knalleffekt in die innenpolitische Offensive zu gehen, plante er auf seiner Pressekonferenz vom 29. Februar 1956 sowohl seine erneute Kandidatur bei den Präsidentschaftswahlen im November als auch amerikanische Waffenlieferungen an Israel bekanntzugeben. Von einem solchen Vorhaben konnte ihn in letzter Minute der stellvertretende Außenminister Hoover gerade noch abbringen - zumindest, was die US-Militärhilfe an Israel betraf. Hoover überzeugte den Präsidenten, daß die Vermittlungsfähigkeit Andersons auf dem Spiel stand, falls zum derzeitigen Zeitpunkt eine neue Politik verkündet würde.⁴⁸⁶

Alarmiert von Hoover, daß die Israel-Lobby Druck auf das Weiße Haus ausübe, mußte Dulles seine ganze Überzeugungskraft im engsten Führungszirkel um den Präsidenten und im Kabinett aufbieten, damit die Administration jetzt nicht umfiel. Dulles, der vor einer längeren Asien-Reise stand, appellierte im Oval Office an Eisenhower, Brownell und Adams, daß während seiner Abwesenheit nicht über die Militärhilfe an Israel entschieden werden dürfe. Diese sei vielleicht notwendig, sei aber ein Desaster für Anderson, dessen gegenwärtige Position dadurch kompromittiert werden könnte. *"I said that the*

---

⁴⁸⁵ Brief DDEs an Ben Gurion, 27.2.1956. DDEL: Ann Whitman File, International Series, Box 29, Israel (6).
⁴⁸⁶ Der offenbar nervös gewordene Hoover fertigte anschließend ein geheimes Protokoll für JFD über sein Gespräch mit DDE an. Darin wird deutlich, daß DDE "was a little worried that perhaps we were being too tough with the Israelis with respect to arms." Hoover zitiert DDE mit einem Satz, aus dem nicht hervorgeht, ob er ironisch oder ernst gemeint war: "He [DDE] also mentioned that we might consider sending them a battalion of NIKE'S 'if for nothing else, to see if they would work'!" DDEL: Dulles Papers, Subject Series, Box 10, Israeli Relations 1951-1957 (3).

White House was subject to strong political influences and might alarm him [Anderson] on the subject."[487] In der anschließenden Kabinettsrunde ging Dulles detailliert auf die schwierige Nahost-Lage ein und nannte die Existenz Israels und den ungehinderten westlichen Zugang zu den Ölvorkommen als die beiden wichtigsten Ziele amerikanischer Nahostpolitik. Diese könnten jedoch beide nur durch diplomatische Aktivitäten erreicht werden, die nicht öffentlich debattiert werden dürften. Er bat das Kabinett um Durchhaltevermögen und sagte, daß Waffen an Israel zum jetzigen Zeitpunkt diese diplomatischen Schritte vollends bedrohen würde.[488]

Erleichtert wurde die Haltung des Abwartens durch die Lieferung von 24 französischen Mystère-Kampfflugzeugen an Israel, zu der die amerikanische Regierung aufgrund von NATO-Verpflichtungen ihre Zustimmung geben mußte. Eisenhower entschied sich für eine *"no objection"*-Position, die die Verantwortung dafür ganz der französischen Regierung zubilligte. Auf diese Weise konnte Eisenhower die israelische Verteidigungsfähigkeit garantiert wissen, ohne selbst dafür in Anspruch genommen zu werden, eine Haltung, mit der die US-Vermittlungstätigkeit nicht belastet werden konnte.[489]

Und diese Vermittlung nahm Anderson Anfang März 1956 wieder auf. Doch Nassers Position hatte sich nun verhärtet, was Anderson bereits dadurch zu spüren bekam, daß er wegen Gesprächen Nassers mit syrischen und saudischen Politikern zunächst keinen Termin beim ägyptischen Regierungschef bekam. Schließlich teilte Nasser Eisenhowers Emissär mit, daß Syrien sich weigerte, den

---

[487] Gesprächsmemorandum DDE, JFD, Brownell, Adams, 2.3.1956. DDEL: Dulles Papers, Subject Series, Box 10, Israeli Relations 1951-1957 (3).
[488] Vgl. "Minutes of Cabinet Meeting", 2.2.1956. DDEL: Ann Whitman File, DDE Diaries Series, Box 14, March 56 Miscellaneous (6).
[489] Vgl. Gesprächsmemorandum DDE - Hoover, 5.3.1956. DDEL: Ann Whitman File, DDE Diaries Series, Box 13, March 56 Goodpaster; vgl. "Pre-Press Conference Notes", 7.3.1956. DDEL: Ann Whitman File, DDE Diaries Series, Box 14, March 56 Miscellaneous (5). Auf die militärische Zusammenarbeit zwischen Frankreich und Israel soll hier nicht weiter eingegangen werden. Vgl. dazu ausführlich Simon Peres, David's Sling. The Arming of Israel, London 1970, S. 43-65; Sylvia Kowitt Crosbie, A Tacit Alliance. France and Israel from Suez to the Six Days War, Princeton (New Jersey) 1974.

Johnston-Plan zur Entwicklung des Jordan-Tals anzunehmen, und daß Nasser keinen Druck auf Damaskus ausüben wolle, sich anders zu besinnen.[490] Weiter ließ er Anderson wissen, daß selbst wenn es zu einer Einigung mit Israel kommen sollte, er, Nasser, nicht für alle Araber spreche und er diese Einigung nicht als seine eigene Idee den übrigen arabischen Staaten unterbreiten werde. Formal müsse eine dritte Partei diese Vereinbarung Ägypten und anderen arabischen Staaten vorschlagen. Dann müßten die arabischen Staaten untereinander in Konsultationen treten und über eine Annahme der Vereinbarung entscheiden.

Der überraschte Anderson ahnte, daß dieses neue Hindernis die Aussichten auf einen Erfolg seiner Mission mehr als fraglich werden ließ. Nassers Weigerung, eine Vereinbarung offensiv vertreten zu wollen, führte Anderson zu der ernüchternden Einschätzung, daß *"at this time it appears that we can most realistically hope and work for is not a settlement of the dispute but the avoidance of war."*[491] Anderson vermutete gegenüber Dulles, daß der Grund für Nassers de facto-Rückzieher in seinen Gesprächen mit den syrischen und saudischen Führern zu suchen war, die den ägyptischen Regierungschef offenbar Konsequenzen für den Fall einer Einigung mit Israel angedroht hatten. Deswegen sei Nasser wohl jetzt nicht mehr bereit, sein Prestige innerhalb der arabischen Welt zu riskieren.[492]

Bei diesem Hintergrund rechnete Anderson vor seinem Besuch bei der israelischen Führung nicht länger mit einem positiven Ausgang seiner Bemühungen. Nachdem er Ben Gurion und Sharett gegenüber sein Gespräch mit Nasser resümiert hatte, nannte der israelische Premierminister Nassers Vorschlag eine Verhöhnung (*"mockery"*) und kündigte die Sicherung der israelischen Verteidigungsfähigkeit an. Schließlich konfrontierte Ben Gurion Anderson mit der Bemerkung, seine Mission sei nun zu einer Belastung für Israel geworden, da sie Nasser lediglich einen Zeitgewinn verschaffe, um dessen sowjetische Waffen in die ägyptische Armee zu integrieren. Sharett sekundierte seinem Regierungschef und

---

[490] Vgl. Bericht Andersons an JFD in Karachi, 5.3.1956. FRUS 1955-1957, Vol. XV, S. 295-300.
[491] Vgl. Bericht Andersons an JFD in Karachi, 6.3.1956. Ebenda, S. 302-307, besonders S. 305f.
[492] Vgl. Bericht Andersons an JFD in Karachi, 6.3.1956. Ebenda, S. 310-314.

forderte Anderson auf, seine Regierung möge über die israelische Bitte nach amerikanischen Waffen entscheiden.[493]

An dieser Stelle hatte Anderson keinen weiteren Handlungsspielraum, und seine Mission war gescheitert. Die Gründe dafür waren vielschichtig. Zwar hatten beide Regierungen in Ägypten und Israel in Verhandlungen eingewilligt, aber wohl nur, um Washington nicht zu verärgern. Die ägyptische Grundforderung nach einem israelischen Verzicht auf den Negev war jedoch von Anfang an derart unvereinbar mit den israelischen Interessen, daß keine Aussicht auf einen Kompromiß bestand. Letztlich war das Risiko eines Verlustes seiner innerarabischen Position für Nasser größer als der Wert eines möglicherweise erzielten Abkommens mit Israel, bei dem auch Nasser Konzessionen hätte machen müssen. Ben Gurion kam das Ende der Initiative nicht ungelegen. Die sojewtische Bewaffnung Ägyptens und die gleichzeitige Weigerung Washingtons, Israel militärisch zu unterstützen, hätte Israels Position unsicher werden lassen und vermutlich zu einer Abtretung eines Teils des Negev gezwungen, worin Ben Gurion eine Schwächung von Israels wirtschaftlicher Entwicklung sah.[494] Insgesamt zog Ben Gurion den definitiven Schluß, daß ein Krieg mit Ägypten unvermeidlich sei.[495]

---

[493] Vgl. Bericht Andersons an JFD in New Delhi, 9.3.1956. Ebenda, S. 333-336; vgl. Ben Gurion, My Talks With Arab Leaders, a.a.O., S. 305-312.
[494] Zu diesem Urteil über das Scheitern der Anderson-Mission kommt vor allem Freiberger, a.a.O., S. 317f. Ähnlich sieht es Oren, für den die Alpha-Konzeption deutlich um Nasser zentriert war. Die Anderson-Mission sei in dem Moment gescheitert gewesen, als Nasser wegen der US-Unterstützung des Bagdad-Pakts und Israels Insistieren auf direkten Gesprächen einen Rückzieher macht. Vgl. Oren, Secret Egypt-Israel Peace Initiatives Prior to the Suez Campaign, a.a.O., S. 362. Touval legt neben dem unglücklichen zeitlichen Timing der Mission und dem Nachlassen der Motivation Andersons mehr Gewicht auf die Tatsache, daß für Israel eine Verhandlung über Territoren inakzeptabel war und deswegen die Vermittlung ablehnte. Vgl. Touval, a.a.O., S. 131. Ebenso sieht es Yungher, a.a.O., S. 105. Shamir glaubt, daß die Anderson-Mission von Anfang an keine Chance gehabt hatte, da Israel (für Waffen) und Ägypten (für Assuan) nur US-Goodwill brauchten, ansonsten jedoch unvereinbare Ziele hatten. Vgl. Shamir, a.a.O., S. 80f.
[495] Vgl. Shlaim, a.a.O., S. 196.

Washington schließlich, das das Projekt Gamma lanciert hatte, um den sowjetischen Einfluß in der Region zu stoppen, mußte frustriert zur Kenntnis nehmen, daß weiterhin sowjetisches Kriegsgerät nach Ägypten floß.[496] Die Eisenhower-Administration, die in ihrer Nahostpolitik auf Nassers Kooperation gesetzt hatte, war über die fortgesetzte Intransigenz des ägyptischen Regierungschefs verärgert und fühlte sich an der Nase herumgeführt. Eisenhowers Tagebucheintragung vom 8. März 1956 drückte die Enttäuschung und zugleich die Erkenntnis aus, daß Nasser nicht im Rahmen der amerikanischen Sicherheitskonzeption zu instrumentalisieren war:

"In any event, we have reached the point where it looks as if Egypt, under Nasser, is going to make no move whatsoever to meet the Israelites (sic) in an effort to settle outstanding differences. Moreover, the Arabs, absorbing major consignments of arms from the Soviets, are daily growing more arrogant and disregarding the interests of Western Europe and of the United States in the Middle East region. (...) We would, of course, have to make (...) a treaty with the Israelites (sic) that would protect the territory (...)."[497]

Als Ergebnis des Scheiterns der Anderson-Mission schien sich ein Wandel der amerikanischen Nahostpolitik anzukündigen, bei dem Israel hoffen konnte, seine langgehegten Ziele in den USA zu erreichen.

---

[496] Vgl. Gesprächsmemorandum DDE, Hoover, Goodpaster, 6.3.1956. DDEL: Ann Whitman File, DDE Diaries Series, Box 13, March 56 Goodpaster.
[497] Tagebucheintragung DDEs, 8.3.1956. DDEL: Ann Whitman File, DDE Diaries Series, Box 13, March 56 Diary.

4. Kriegsrecht an der Heimatfront: Amerikas Israel-Lobby vom Projekt Omega bis zur Suez-Krise 1956

In der Zeitspanne vom Frühjahr bis November 1956 wurden endgültig die Fronten aufgestellt, die sich während der Suez-Krise gegenüberstehen sollten: als direkte Kombattanten Israel, Großbritannien und Frankreich auf der einen Seite, Ägypten auf der anderen, schließlich die USA und die Sowjetunion als diplomatisch beteiligte Zuschauer. Es soll in diesem Kapitel nicht darum gehen, die diplomatische Geschichte der letzten Phase vor und während des militärischen Konflikts und der anglo-franko-israelischen Verschwörung zum Sturz Nassers nachzuerzählen. Mittlerweile sind nach der Öffnung der Archive eine Fülle von seriösen Studien zur Suez-Krise erschienen, die die politischen, diplomatischen, militärischen und ökonomischen Aspekte aus der Perspektive jeder der beteiligten Nationen untersuchen und auf die ich an den entsprechenden Stellen verweise. Zudem haben die politischen Akteure in zahlreichen Memoiren und Erinnerungen Zeugnis abgelegt.[498]

Stattdessen soll ganz im Sinne der Fragestellung zu zeigen sein, wie die amerikanische Israel-Lobby auf die wachsenden Spannungen im Nahen Osten reagiert und wie sie daraufhin ihre publizistischen und politischen Aktivitäten gestaltet hat. Waren die wichtigen Israel-Lobbyisten über die diplomatischen Vorgänge informiert? Hatten sie ein realistisches Bild von der militärischen Stärke Israels? Und schließlich: Versagten sie Israel angesichts einer Weltöffentlichkeit, die über Israels Invasion in Ägypten zumindest irritiert war, die Unterstützung? Wie bisher gezeigt, hatte das Wahljahr 1956 für die amerikanische Nahostdiplomatie schon bei der Konzeption des Projekts Alpha eine nicht

---

[498] Neben den bereits zitierten Werken von Eisenhower, Eden, Dayan und Heykal vgl. Robert Murphy, Diplomat Among Warriors, New York 1964; vgl. Selwyn Lloyd, Suez 1956. A Personal Account, London 1978; vgl. Evelyn Shuckburgh, Descent to Suez. Diaries 1951-1956, London 1986; vgl. Harold MacMillan, Riding the Storm 1956-1959, London 1971; vgl. Anthony Nutting. No End of a Lesson. The Story of Suez, London 1967; vgl. Jacques Georges-Picot, La véritable crise de Suez, Paris 1975; vgl. Christian Pineau, 1956/Suez, Paris 1976; Mahmoud Fawzi, Suez 1956. An Egyptian Perspective, London o.D.

unerhebliche Rolle gespielt. Daran anknüpfend wird auch zu untersuchen sein, ob und wie die Eisenhower-Administration in dem halben Jahr vor dem Wahltermin zwischen ihren außenpolitischen Konzeptionen und den innenpolitischen Erfordernissen balanciert hat.

Zunächst war die Administration nach dem Kollaps der Anderson-Mission ratlos. In einem ersten Impuls wurde in der Regierungsspitze die Notwendigkeit geäußert, nun verstärkt mit Libyen, besonders aber mit Saudi-Arabien zu kooperieren, um Nasser diplomatisch zu isolieren. Gleichzeitig sollte nach Wegen gesucht werden, um Israel endgültig die notwendigen Garantien zu geben, damit es in einem jetzt für nahezu unvermeidlich perzipierten Krieg bestehen konnte. Die Durchführbarkeit von Eisenhowers Einschätzung, mit einer solchen Patentlösung ließe sich das Problem schnell in den Griff kriegen,[499] muß jedoch stark angezweifelt werden, zumal nach bereits erwähnter amerikanischer Analyse gerade die Saudis verdächtigt wurden, bei Nasser interveniert zu haben, um eine Vereinbarung mit Israel zu verhindern.

Zwei Stunden lang diskutierten am 12. März 1956 Eisenhower, Hoover und Anderson die neu entstandene Lage, wobei die Ohnmacht der Administration spürbar zum Ausdruck kam. Zwar wurde aufgrund von Andersons ausführlichem Bericht die Verhandlungsunfähigkeit sowohl der ägyptischen als auch der israelischen Seite beklagt, doch gingen die entscheidenden Schuldzuweisungen klar an Nasser, der als *"complete stumbling block"* bezeichnet wurde. (Zudem war Anderson während seiner Mission zum großen Bewunderer Ben Gurions geworden.[500]) Die Maßnahmen, die die Regierung nun ins Auge faßte, verdeutlichten den geringen Handlungsspielraum, den die amerikanische Diplomatie noch besaß, wollte sie nicht ihre bisherige Grundstrategie -

---

[499] Vgl. Memorandum DDEs an Hoover, 10.3.1956. DDEL: Ann Whitman File, DDE Diaries Series, Box 14, March 56 Miscellaneous (4). "I tend to believe that if we could get Libya ans Saudi Arabia firmly in our camp, and do it at the same time that we give Israel the necessary assurances, we would have the possibility of trouble in that region very greatly minimized, if not practically eliminated."; vgl. Tagebucheintragung Ann Whitmans, DDEs persönlicher Sekretärin, vom gleichen Tag. DDEL: Ann Whitman File, Ann Whitman Diary Series, Box 8, March 56 (2).
[500] Vgl. Dr. Eli Ginzberg Interview. DDEL: Oral History Transcripts, OH 394.

Eindämmung des sowjetischen Einflusses, Sicherung westlicher Ölinteressen, diplomatische Sicherung Israels - völlig aufgeben: In einem Memorandum Hoovers an Dulles über das Treffen im Weißen Haus wurden eine Resolution des UN-Sicherheitsrats, Versuche, einen Keil zwischen Ägypten und Saudi-Arabien zu treiben sowie Briefe Eisenhowers an Nasser und Ben Gurion mit der Bitte um Wiederaufnahme der Verhandlungen genannt.[501]

Eisenhower bedrückte die Sackgasse, in die der nahöstliche Friedensprozeß geraten war, außerordentlich. Besonders die offensichtliche Unvereinbarkeit der mit den Mitteln der Diplomatie zu erreichenden amerikanischen Ziele (Anspruch) und die absolute Unversönlichkeit und Kompromißlosigkeit der regionalen Parteien (Wirklichkeit) setzten dem Präsidenten zu. Eisenhower befürchtete, daß er sich einem Punkt näherte, an dem sich seine Politik zwischen den strategischen Ölinteressen und der emotionalen Bedeutung Israels für die amerikanische Öffentlichkeit würde entscheiden müssen. Der letzte Satz seiner Eintragung, die das Gespräch mit Hoover und Anderson in seinem Tagebuch resümierte, war bezeichnend für die Hoffnungslosigkeit, die sich im Weißen Haus ausgebreitet hatte:

"The emotional tensions in the area are such as to cast doubt on the validity of any proposed suggestion. Even the Jordan River Plan, which would be of tremendous economic advantage to both sides in this quarrel, has really been rejected by both because of these tensions. It's a very sorry situation."[502]

Während der folgenden Wochen verfestigte sich auch bei den Planern im State Department die Ansicht, daß Nasser der Hauptverantwortliche für die

---

[501] Vgl. Memorandum Hoovers an JFD, 12.3.1956. DDEL: Dulles Papers, White House Memoranda Series, Box 4, Meetings with the President January, through July 1956 (4).
[502] Tagebucheintragung DDEs, 13.3.1956. DDEL: Ann Whitman File, DDE Diary Series, Box 13, March 56 Diary. Vgl. auch den Brief DDEs an Leonard V. Finder, 12.3.1956. DDEL: Ann Whitman File, Name Series, Box 14, FINDER, Leonard V.

Erfolglosigkeit der amerikanischen Friedensbemühungen im Nahen Osten und überdies ein Risiko für die amerikanischen Interessen (*"progressively increasing menace"*[503]) insgesamt war. Gleichzeitig hatte der stellvertretende Außenminister Hoover nach Gesprächen mit Abba Eban und Jacob Javits den Eindruck, daß seitens der Israel-Lobby ein Höchstmaß an politischem Druck auf Kabinettsmitglieder und den Stab des Weißen Hauses zu erwarten sei, Israel mit Waffen zu beliefern. Angesichts der Spannungen in der Region hatte die Forderung nach Waffen für Israel gegenüber einem ebenfalls angestrebten amerikanisch-israelischen Sicherheitspakt klare Priorität bekommen. Hoover schlug Dulles daher vor, *"to give them a very few items, more in the nature of radar equipment than airplanes and anti-tank weapons"*, um diesem Druck auszuweichen.[504]

Dulles machte sich nach der Rückkehr von seiner Asienreise auf Eisenhowers Anordnung daran, die durch das Scheitern der Anderson-Mission gewonnenen Erkenntnisse in einen Aktionsplan umzusetzen, der den Leitgedanken der künftigen amerikanischen Taktik formulieren sollte. Dabei waren Eisenhower und Dulles erneut um größtmöglichen überparteilichen Gleichklang mit der Spitze der Kongreßmehrheit bemüht, was vor dem Hintergrund der erwarteten Aktivitäten der Israel-Lobby im Wahljahr besonders wichtig war. Man kam überein, aus dem Auswärtigen Senatsausschuß den demokratischen Senator Mike Mansfield aus Montana dazu zu gewinnen zu versuchen, in der Nahostdiplomatie mit der Regierung zu kooperieren, wobei durchaus daran gedacht war, möglicherweise mit ihm einen erneuten Vermittlungsversuch einer "Mansfield-Mission" zu wagen. Mansfield, der mit der Administration bereits beim Zustandekommen des Manila-Pakts 1954 und der Formosa-Doktrin 1955 zusammengearbeitet hatte,[505] sei jemand, *"whom we could talk to in confidence*

---

[503] Memorandum Hoovers an JFD über ein Gespräch mit DDE, 16.3.1956. DDEL: Dulles Papers, White House Memoranda Series, Box 4, Meetings with the President January through July 1956 (4).
[504] Vgl. ebenda. Zum Gespräch Hoover - Javits vom 13.3.1956 vgl. SUNY: Jacob K. Javits Collection, Series 3, Box 57, Israel, 1952-1956.
[505] Vgl. Eisenhower, Mandate for Change, a.a.O., S. 174 und S. 468.

and who could keep the members of Congress, particularly the Democratic members, satisfied".[506]

Am 28. März 1956 legte Außenminister Dulles in Form eines 27-seitigen Memorandums die Grundlage der unter dem Codenamen "Projekt Omega" bekannt gewordenen neuen Richtlinien amerikanischer Politik im Nahen Osten vor. Die neue Politik spiegelte die jüngsten Erfahrungen mit dem gescheiterten Versuch wider, Nasser zu einer Vereinbarung mit Israel und in eine anti-sowjetische Position zu bringen, denn nun sollte dem ägyptischen Regierungschef klargemacht werden, daß Nasser *"could not cooperate as he is doing with the Soviet Union and at the same time enjoy a most-favored-nation treatment from the United States."*

Im Falle einer weiteren Verschlechterung der Situation durch Ägypten sah Phase eins von Omega die Isolierung Ägyptens vor: ausgedehnte finanzielle und ökonomische Sanktionen (Ende der CARE-Pakete und keine Weizen-Lieferungen), eine Stärkung pro-westlicher Kräfte in der Region (Libanon, Saudi-Arabien), besonders die Unterstützung von Ägyptens Nachbarstaaten Sudan und Libyen sowie Äthiopiens und des Jemen. Schließlich empfahl Omega, daß Washington zusammen mit London *"continue to delay the conclusion of current negotiations on the Aswan High Dam".* Weiterhin wurden eine verstärkte US-Unterstützung des Bagdad-Pakts angekündigt, ohne daß man dem Pakt beitreten wollte, und rasche Verhandlungen mit König Saud von Saudi-Arabien über dessen militärische Bedürfnisse.

Was Israel anging, so setzte Dulles' Plan alles daran, die Regierung Ben Gurion jetzt möglichst zu einem Stillhalten zu bewegen, um die Effekte des amerikanischen Anti-Nasser-Kurses abzuwarten. Sollte es gelingen, Nasser durch die Sanktionen in die Knie zu zwingen und ihm doch noch ein Entgegenkommen abzuringen, dann mußte Israel alles unterlassen, was die westliche Haltung im Nahen Osten kompromittiert hätte. Vor allem durfte Israel jetzt nicht die Arbeiten

---

[506] Vgl. "Memorandum of Conversation with the President at Greenbrier, White Sulphur Springs, West Virginia", 26.3.1956. DDEL: Dulles Papers, White House Memoranda Series, Box 4, Meetings with the President January through July 1956 (4).

am B'not Yaakov-Projekt wiederaufnehmen, weswegen Dulles als Ausgleich Botschafter Eban erhebliche amerikanische Hilfe bei der Finanzierung von anderen Bewässerungsprojekten in Israel in Aussicht stellen wollte. Ähnlich war die Haltung in der Frage der israelischen Bewaffnung. Entgegen der von Eisenhower, dann auch von Hoover vertretenen Ansicht sollte sich Washington in dieser Phase - auch nicht begrenzt - exponieren, sondern die militärische Unterstützung Israels anderen Staaten überlassen. Schließlich tauchte in Omega erstmals der Grundgedanke der späteren Eisenhower-Doktrin auf, nämlich die Ausarbeitung des Textes einer *"Joint Congressional Resolution"*, die es dem Präsidenten erlauben würde, im Falle einer Aggression in der Region militärisch zu intervenieren. Dazu sollte Senator Mansfield frühzeitig an der Planung beteiligt werden.

Sollten diese Maßnahmen nicht greifen und Ägypten die Situation weiter verschlechtern, forderte Omega in Phase zwei *"more drastic action"*: eine Verstärkung des Bagdad-Pakts durch einen amerikanischen Beitritt, Sicherheitsgarantien für Israel, Verstärkung militärischer Hilfe für den Irak, Saudi-Arabien, den Iran und Pakistan. Phase drei sah die völlige wirtschaftliche und finanzielle Strangulierung Ägyptens auf allen Ebenen vor. Dazu sollten ägyptische Guthaben eingefroren, Tourismus und *"foreign exchange earnings"* verhindert sowie anti-ägyptische Propaganda und die Desinformation der ägyptischen Bevölkerung intensiviert werden.[507]

Das Projekt Omega bewies, daß die Administration immer noch davor zurückschreckte, endgültig in letzter Instanz Farbe bekennen und sich auf die Seite eines Antagonisten im Nahostkonflikt stellen zu müssen. Den Strategen in Washington war damit klar, daß Omega eine innenpolitische Gratwanderung gegenüber der Israel-Lobby darstellen würde, die letztlich den Wahlsieg Eisenhowers aufs Spiel setzen konnte. Daher sollten vorher wirklich alle

---

[507] Memorandum zum "Plan of Action" von JFD an DDE, 28.3.1956. DDEL: Dulles Papers, Subject Series, Box 5, File Received form Mr. Herbert Hoover, Jr. Office (1). Vgl. auch die Diskussion der Runde beim Präsidenten über Omega vom gleichen Tag (DDE, JFD, Hoover, Allen, Rountree, Wilson, Robertson, Radford, Goodpaster). DDEL: Ann Whitman File, DDE Diaries Series, Box 13, March 56 Diary.

Möglichkeiten ausgeschöpft werden, Nasser doch noch zu einem Kompromiß zu zwingen. Es wurde sogar überlegt, parallel zu der nun beginnenden Vermittlungsinitiative des UN-Generalsekretärs Dag Hammarskjöld, von der sich Washington nicht sonderlich viel versprach, erneut eine eigene Initiative (Mansfield) zu starten. Bezeichnend für die Furcht vor einer innenpolitischen Auseinandersetzung um Amerikas Nahostpoltik während des Wahlkampfs war dabei UN-Botschafter Lodges Anregung, von nun an keinen Schritt mehr ohne die vorherige Zustimmung der amerikanischen Juden zu tun.[508]

Eisenhower nutzte die Gelegenheit des jüdischen Passoverfestes (Ostern), um Präsident Yitzhak Ben Zvi in einer persönlichen Botschaft auf die dringende Notwendigkeit von Ruhe und Zurückhaltung in der jetzigen Phase hinzuweisen.[509] Als Überbringer des präsidentiellen Briefes fungierte Rabbi Abba Hillel Silver, der sich Ende März zu einer privaten Reise in Israel aufhielt. Die Gründe, weshalb das Weiße Haus ausgerechnet Silver als Go-between auswählte, sind nicht bekannt. Denn Silver gab sich keine Mühe, seine Kritik an der Politik der Administration zu verbergen. Gegenüber US-Botschafter Lawson in Tel Aviv griff Silver vor allem Washingtons Haltung in der Waffenfrage an. Es sei scheinheilig, von der Gefahr eines Rüstungswettlaufs im Nahen Osten zu sprechen, das längst zu Israels Ungunsten im Gange sei. Der sowjetischen Herausforderung hätte Washington gleich nach Bekanntwerden des tschechisch-ägyptischen Waffen-Deals mit massiver Militärhilfe an Israel begegnen sollen.[510] Nach seiner Rückkehr nach Cleveland setzte Silver seine Kritik fort und warf der US-Regierung blanken Zynismus vor, wenn sie andere Staaten ermuntere, Israel mit Waffen zu beliefern,

---

[508] Vgl. Brief Lodges an JFD, 29.3.1956. DDEL: Dulles Papers, Subject Series, Box 10, Israeli Relations 1951-1957 (3). "The advance approval of the American Jewish community is a prerequisite and assurance that there will not be partisan attacks on these efforts between now and election day."
[509] Vgl. Brief DDEs an Ben Zvi, 19.3.1956. DDEL: DDE Records, White House Central Files, Official File, Box 876, 193 Israel, Republic of (1).
[510] Vgl. Bericht Lawsons an JFD, 29.3.1956. NA: State Department Central Files, C0048, Reel 17, Palestine-Israel: Foreign Affairs, 1955-1959, 611.84A.

sich selbst aber dabei zurückhalte. *"I feel this does not represent leadership or morality. This is not America speaking - it is the oil interests."*[511]

Und in der Tat arbeitete die US-Diplomatie nun daran, andere Nationen bei der Bewaffnung Israels in die Pflicht zu nehmen, eine Linie, die Washington bereits bei der Genehmigung der französischen Mystère-Lieferungen an Israel verfolgt hatte. Der Hintergrund war eindeutig. Eisenhower und Dulles konnten auf diese Weise Israel militärisch stärken, um gegen einen eventuellen arabischen Angriff gewappnet zu sein, andererseits konnte Washington gegenüber der arabischen Welt Distanz zu Israel demonstrieren, da es für die israelische Bewaffnung nicht direkt verantwortlich gemacht werden konnte. So deutete Dulles seinem kanadischen Amtskollegen Lester Pearson in der letzten Märzwoche 1956 unmißverständlich an, daß Washington eine Lieferung Kanadas von F-86-Kampfbombern an Israel ausdrücklich begrüßen würde.[512]

Der Grund für die plötzliche Sorge um Israels Sicherheit war die Tatsache, daß Washington die politische Situation in der Region nun als erheblich gespannter einschätzte. Bei einem Treffen Eisenhowers mit seinen engsten Militärberatern, angeführt vom JCS-Vorsitzenden Admiral Radford, im Weißen Haus Anfang April 1956 zeigte sich der Präsident beunruhigt über den arabischen "Block" instabiler Regierungen, der von Dakar bis Pakistan reiche, und die daraus resultierende Anfälligkeit für sowjetische Penetration. Sollten amerikanische Interessen beschützt werden müssen, dürfe Washington nicht die gesamte arabische Welt gegen sich haben, dozierte der Präsident vor den Stabschefs. Eisenhower wies die Militärs an, *"to build up a 'design' for our actions in the Middle East. We should consider what would be the first steps to restoring our fortunes there."* Vor allem das Verhalten Nassers war Anlaß für Eisenhowers Beunruhigung. Die

---

[511] Vgl. The Cleveland Plain Dealer, 9.4.1956.
[512] Vgl. Telefonat Russells an JFD, 30.3.1956. DDEL: Dulles Papers, Telephone Calls Series, Box 4, Memoranda of Telephone Conversations - General - January 3,-April 30, 1956 (3). "The Sec. said he talked with Pearson about it Wednesday night and told him that as far as we were concerned, we would be glad to see them sell some of the F-86s to them. (...) [T]he Sec. encouraged him to do something along this line."

Militärführung belieferte den Präsidenten mit Analysen, nach denen die ägyptische Politik aggressiver werde. Bei den Ägyptern sei *"nothing to be gained through cooperation. They may initiate war against Israel - and sooner than we think."*[513]

Washingtons nächster Schritt verband zweierlei: zum einen die nun vom Pentagon empfohlene harte Haltung gegenüber Ägypten, die jedoch nicht so weit gehen durfte, um zum anderen als eindeutig pro-israelisch zu erscheinen. Das war jedoch eine nahezu undurchführbare Doktrin, denn Israels Sicherheit sollte geschützt werden, ohne Israel offiziell zu unterstützen. Dulles griff daher einen Vorschlag eines seiner Diplomaten, Benjamin Cohen, auf, einer latenten Aggression in der Region durch Stationierung massiver Kontingente an Militärgerät im östlichen Mittelmeerraum zu begegnen. Dabei sollte der Angegriffene - nach amerikanischer Lagebeurteilung Israel - durch ein amerikanisches Luftwaffengeschwader unterstützt werden, das allerdings nicht von US-Piloten bedient werden und nach Ende der Kampfhandlungen wieder in amerikanischen Besitz zurückgelangen sollte. Diese Variante hatte den Vorteil, daß die USA offiziell nicht hinter Israel stehen, sondern einem angegriffenen Staat zu Hilfe eilen würden und daß zudem dafür keine Zustimmung des Kongresses erforderlich wäre, da Washington ja selbst keine US-Truppen in eine militärische Auseinandersetzung schicken würde.[514]

Dulles hielt diese Idee für praktikabel[515] und unterbreitete sie noch am selben Tag Präsident Eisenhower. Dieser wandte jedoch ein, angesichts der

---

[513] Gesprächsmemorandum DDE, Radford, Dickson, Whiteley, Goodpaster, 3.4.1956. DDEL: Ann Whitman File, DDE Diaries Series, Box 15, April 56 Goodpaster.
[514] Vgl. Gesprächsmemorandum JFD - Cohen, 6.4.1956. DDEL: Dulles Papers, General Correspondence and Memoranda Series, Box 1, Memos of Conversation - General - A Through D (3).
[515] Anders als ein Vorschlag, von dem JFD am gleichen Tag von Finanzminister Humphrey unterrichtet wurde. Danach plante der jüdische Geschäftsmann und Gründer der Falk Foundation, Leon Falk aus Pittsburgh, zusammen mit 50-60 prominenten amerikanischen Juden die Regierung in London dazu zu bewegen, Israel zu seinem Schutz in den britischen Commonwealth aufzunehmen. JFD kommentierte, das sei die fantastischste und unglaublichste Geschichte, die er je gehört habe. Vgl. Telefonat Humphreys an JFD, 6.4.1956. DDEL: Dulles Papers,

jüngsten Grenzzwischenfälle zwischen Israel und Ägypten könne ein Aggressor nicht klar ausgemacht werden, worauf Dulles mit der Feststellung reagierte, nach einer UN-Resolution sei jeder Staat ein Aggressor, der in einen anderen einmarschiere und nicht innerhalb von 24 Stunden zu seinen Grenzen zurückkehre. Damit konnte der Außenminister nicht die letzten Zweifel beim Soldaten Eisenhower ausräumen. Denn gerade beim Nahostkonflikt, so der Präsident, wo ein Luftangriff der einen Seite eine Invasion der anderen auslösen könne, sei eine solche Definition als nicht unbedingt realistisch anzusehen.[516]

Gleichwohl gab Eisenhower nach allen Abwägungen seine Zustimmung zur Ausarbeitung eines entsprechenden Plans und bereitete ihn in der Öffentlichkeit mit der allgemeinen Erklärung vor, die USA würden einem Angegriffenen im Nahen Osten ("*victim of aggression*") helfen.[517] Dieser Plan, gegen den anfänglich auch der JCS-Vorsitzende, Admiral Radford, Bedenken hegte, führte schließlich im Laufe des Frühjahrs zur "Operation Stockpile" (Vorrat), ein in der historischen Forschung kaum beachtetes logistisches Großunternehmen, mit dem unter größter Geheimhaltung das realisiert wurde, was die Israel-Lobby seit langem verlangte: eine amerikanische Garantie zur Sicherheit Israels. Damit sollte im Ernstfall amerikanisches Kriegsgerät schnell von Griechenland über Zypern nach Israel geschafft, offene Waffenverkäufe an Israel sollten demgegenüber weiter vermieden werden.[518] Gleichzeitig ermahnte Eisenhower Israels Premierminister Ben Gurion

---

Telephone Calls Series, Box 4, Memoranda of Telephone Conversations - General - January 3,-April 30, 1956 (3).
[516] Vgl. Gesprächsmemorandum DDE - JFD, 6.4.1956. DDEL: Dulles Papers, White House Memoranda Series, Box 4, Meetings with the President January through July 1956 (4).
[517] Mit der allgemeinen Absichtserklärung, jeglichen Angegriffenen zu schützen, vermied das Weiße Haus eine Parteinahme für Israel, was einer öffentlichen Sicherheitsgarantie gleichgekommen wäre. Die Dokumente lassen jedoch keinen Zweifel, daß "Operation Stockpile" ausschließlich zum Schutz Israels konzipiert wurde. Zur Erklärung DDEs vgl. FRUS 1955-1957, Vol. XV, Fußnote 2, Dok. No. 258, S. 495.
[518] Radfords Bedenken waren logistischer und auch diplomatischer Natur, die die Auswahl der Basen betrafen. Im Gespräch waren zunächst auch Stützpunkte in Adana (Türkei) und Brindisi (Italien), ehe man Zypern auswählte. Die israelischen Piloten sollten in Italien, Frankreich und Griechenland ausgebildet werden. Diese Planungen zeigen, daß selbst für die Eisenhower-Administration Israel im Ernstfall

erneut eindringlich, *"even under extreme provocation"* jeglichen militärischen Schlag zu vermeiden, was die Rechtfertigung für ein eventuelles amerikanisches Handeln erleichtern würde.[519] Zuvor hatte Eisenhower einen amerikanischen Beitritt zum Bagdad-Pakt, der innerhalb der Administration etwa von Verteidigungsminister Wilson befürwortet wurde, abgelehnt, nachdem die Senatoren George und Mansfield Außenminister Dulles gewarnt hatten, ein solcher Beitritt würde vom Kongreß nicht ratifiziert werden.[520]

Obwohl an der innenpolitischen Front die gesamte Entwicklung aufmerksam verfolgt wurde, hatten sich die amerikanischen Israel-Lobbyisten auf Anraten von Israels Botschafter Abba Eban mit ihrer Propagandatätigkeit zurückgehalten. Zwar hatte Anfang April AZCPA-Chef Rabbi Bernstein gegenüber NEA-Staatssekretär Allen noch einmal betont, die amerikanische Regierung habe eine *"moral obligation to assist Israel"* und ausdrücklich erklärt, daß Israel zwei Dinge von Amerika wolle, *"arms and the psychological feeling of U.S.*

---

zu den Staaten der westlichen Welt gehörte. Vgl. Gesprächsmemorandum JFD, Radford, MacArthur, 9.4.1956. Ebenda, S. 496ff.; vgl. Memorandum MacArthurs an JFD und "Proposal for Stockpiling Weapons for Benefit of Victim of Aggression in Middle East", 14.4.1956. Ebenda, S. 532-137; vgl. "Proposal for Statement by the United States That It Will Make Weapons Available to Victim of Aggression in the Middle East", 25.4.1956. Ebenda, S. 575ff.; vgl. Brief DDEs an Ben Gurion, 30.4.1956. DDEL: Ann Whitman File, International Series, Box 29, Israel (4). Nachdem JFD DDE am 1.5. die planspielerischen Vorschläge des Pentagon unterbreitete, gab DDE den endgültigen Befehl zur "Operation Stockpile", die daraufhin organisatorisch und logistisch anlief. Vgl. Gesprächsmemorandum DDE - JFD, 1.5.1956. FRUS 1955-1957, Vol. XV, Editorial Note, S. 593; vgl. Memorandum MacArthurs an JFD, 9.5.1956. benda, S. 626f.; vgl. Brief JFDs an Radford, 10.5.1956. Ebenda, S. 628-632; vgl. Memorandum MacArthurs, 14.5.1956. Ebenda, S. 634f.; vgl. Gesprächsmemorandum JFD, Gray, Radford, MacArthur, 16.5.1956. Ebenda, S. 639ff.

[519] Brief DDEs an Ben Gurion, 9.4.1956. DDEL: Ann Whitman File, International Series, Box 29, Israel (5).

[520] Vgl. Telefonat DDEs an JFD, 7.4.1956. DDEL: Ann Whitman File, DDE Diaries Series, Box 15, April 1956 Phone Calls.

support."⁵²¹ Doch hatten die führenden jüdischen Organisationen in dieser Phase auf jede aggressive öffentliche Auseinandersetzung verzichtet.

Bei einem Treffen Ebans mit Spitzenfunktionären der Presidents' Conference am 23. April 1956, an dem unter anderem Bernstein, Kenen (beide AZCPA), Rabbi Irving Miller, Harry Torczyner (beide ZOA), Rabbi Jerome Unger (AZC) und Charles Bick (Mizrachi) teilnahmen, bat Eban um weitere Zurückhaltung, da die Dinge nun im Fluß seien. Eban berichtete von einem kürzlichen Gespräch mit Dulles, in dem ihm der Außenminister zu verstehen gegeben habe, daß Washington eine Kooperation mit Nasser abgeschrieben habe und ihn stattdessen als Gefahr für westliche Interessen in der Region betrachte. Eban äußerte sich verärgert, daß Dulles trotzdem keine amerikanischen Waffen an Israel liefern, sondern dies von Drittstaaten erledigt sehen wolle. Er habe Dulles klargemacht, daß er wegen dieser unredlichen und zweideutigen US-Haltung gefährliche psychologische Folgen für das amerikanisch-israelische Verhältnis befürchte.

Die Runde war sich einig, daß der näherrückende Wahltermin von entscheidender Bedeutung sein werde. Die Adminstration sei offenbar entschlossen, keine weitere außenpolitische Verpflichtung vor den Wahlen einzugehen, da dies einen unkalkulierbaren Effekt auf den Kongreß und das Wahlergebnis selbst hätte. Das gelte sowohl für einen US-Beitritt zum Bagdad-Pakt wie für den Fall einer militärischen Auseinandersetzung. Bisher habe der öffentliche Druck von seiten der amerikanischen Juden ausgezeichnet gewirkt, auch wenn Dulles dies heute bestreite. Dabei lobte Eban die bisherige Strategie, diesen Druck wirkungsvoll dosiert und keine absurde Dauerpropaganda betrieben zu haben. Entscheidend sei es gewesen, daß dieser Druck auf die Partei des Präsidenten gerichtet worden sei: *"Maximum mobilization of opinion, particularly in Republican Congressional circles, was extremely helpful to Israel's cause."*⁵²²

---

[521] Gesprächsmemorandum Allen - Bernstein, 5.4.1956. NA: State Department Central Files, C0048, Reel 17, Palestine-Israel: Foreign Affairs, 1955-1959, 611.84A.
[522] "Minutes of Conversation", 16.4.1956. UR: Bernstein/AIPAC Papers, Box 3, Minutes of Meetings, 3.58.

Unter Druck gesetzt von den regionalen jüdischen Organisationen und den Wahlkampfspendern in ihren Wahldistrikten, waren die republikanischen Mandatsträger besonders offen für pro-israelische Argumente. Es war daher kein Zufall, daß angesichts der nicht immer stringenten US-Diplomatie im Nahen Osten republikanische Kandidaten sich gegenüber der Administration Sorgen um ihre Wiederwahl machten. Angeführt von Senator Thomas Kuchel (Kalifornien) und Senator Prescott Bush (Connecticut) wurde am 23. April eine Delegation von "Eisenhower-Republikanern", jenen gemäßigt-liberalen Kräften in der Partei, mit denen der Präsident seine Mehrheit gegenüber den GOP-Isolationisten sicherte, bei Dulles vorstellig, um auf diesen Druck aufmerksam zu machen. Dulles beschwichtigte die Senatoren und versicherte, daß die von Washington verfolgte Diplomatie die einzige Möglichkeit sei, Israel zu schützen und gleichzeitig die gesamtstrategischen amerikanischen Interessen in der Region zu beachten. Ausweichend reagierte Dulles auf mögliche amerikanische Waffenlieferungen an Israel. Zuerst sollte Israel Waffen von seinen *"traditional suppliers"* erhalten, ehe sich Washington engagierte. *"This situation could change, but such a change was not foreseeable at this moment."*[523]

Die beginnende Nervosität innerhalb der Republikanischen Partei übertrug sich bei den außenpolitischen Planern der Administration besonders auf den stellvertretenden Außenminister Herbert Hoover jr., der die amerikanische Politik nun verstärkt unter dem Gesichtspunkt der Präsidentschaftswahl zu beurteilen begann. So gab er gegenüber Präsident Eisenhower bei der Formulierung eines weiteren "Hinhalte-Briefes" in Sachen US-Waffenlieferungen an Israels Premierminister Ben Gurion[524] zu bedenken, das Schreiben an Ben Gurion im Zusammenhang mit den baldigen Gesprächen der Regierung mit der saudischen Führung über die US-Luftwaffenbasis Dharan zu sehen. Möglicherweise werde Washington Waffen an Riad verkaufen müssen. *"He [Hoover] wonders how we*

---

[523] Gesprächsmemorandum JFD, Hoover, Allen, Kuchel, Bush, Hruska, Cotton u.a., 23.4.1956. DDEL: Dulles Papers, Subject Series, Box 10, Israeli Relations 1951-1957 (2).
[524] Dieser Brief ist, ebensowenig wie der vorausgegangene Brief Ben Gurions an DDE, nicht deklassifiziert.

can do that without getting into trouble with our Israeli friends."⁵²⁵ Es war abzusehen, daß sich um diese "israelischen Freunde" bei den beginnenden Wahlkämpfen die Politiker der Demokratischen Partei besonders kümmern würden. Der designierte Spitzenkandidat für die Präsidentschaftswahl, Adlai E. Stevenson, nutzte bereits Ende April 1956 den Jahrestag der israelischen Staatsgründung, um im Falle eines Wahlsiegs der Demokraten eine Politik anzukündigen, die erhebliche amerikanische Militärhilfe an Israel vorsah, wie sie erneut von Ben Gurion und Nahum Goldmann auf dem Jüdischen Weltkongreß in Jerusalem gefordert worden war.⁵²⁶

Eisenhower und Dulles jedoch waren trotz der Unruhe in ihrer Partei und in Teilen der Administration nicht bereit, sich von dem innenpolitischen Druck der Israel-Lobby beeindrucken zu lassen, - zumal nach Einschätzung des Pentagon Israels militärische Stärke immer noch größer als die der Araber war⁵²⁷ -, was sich ein halbes Jahr später während der Suez-Krise auch bestätigen sollte. Gleichwohl ist nicht klar, ob sie mit diesem Standpunkt gegenüber Vertretern der Lobby eine Souveränität nur vortäuschten. Die umfangreichen Briefing-Unterlagen, mit denen

---

[525] Telefonat DDEs an Hoover, 23.4.1956. DDEL: Ann Whitman File, DDE Diaries Series, Box 15, April 1956 Phone Calls.
[526] Vgl. Telegramm Stevensons an Rabbi Morton Berman, 25.4.1956. AJA: MSS Col. # 314.1/1 - General Coresopondence. "Over the years Israel has given the world a shining example of democracy developed for the benefit of all its people. We must now make it equivocally clear that Israel is here to stay and that we will not tolerate armed aggression in the Middle East. Israel should not be deprived of the necessary means of defense, and weapons and training should be promptly supplied to Israel to restore the balance of armed strength." Vgl. The New York Times, 25.4.1956.
[527] Im Text ist übrigens durchgehend von "Arabs" bzw. "Arab States" die Rede, wobei nicht klar wird, welche arabischen Staaten neben Ägypten die JCS gegen Israel aufrechnen. Vgl. Memorandum der JCS an Wilson, 25.4.1956. FRUS 1955-1957, Vol. XV, S. 610f. Nach dieser Analyse behielt Israel die militärische Superiorität, auch wenn die JCS ab dem Sommer 1956 eine Zunahme der Stärke der arabischen Bodentruppen sahen. Ebenfalls ab Sommer 1956 würden die arabischen und israelische Luftwaffen etwa gleich stark sein, glaubten die JCS.

etwa ein Gespräch mit Rabbi Silver vorbereitet wurde, zeigte zumindest die große Bedeutung, die Treffen wie diesem beigemessen wurden.[528]

Bei dem Gespräch zwischen Eisenhower, Dulles und Silver Ende April im Weißen Haus wurde neben der Diskussion entlang der üblichen Argumentationslinien über amerikanische Waffenlieferungen an Israel auch über die innenpolitischen Aktivitäten der amerikanischen Israel-Lobby gesprochen. Dabei machten Eisenhower und Dulles Silver klar, daß sich die Administration in ihrer Nahostpolitik nicht von innenpolitischem Kalkül leiten lassen würde. Für die amerikanischen Friedensbemühungen in der Region seien zionistische Propaganda wie Massenveranstaltungen und öffentliche Appelle nicht hilfreich. Das Protokoll hielt an dieser Stelle fest, daß *"Silver seemed somewhat resentful of this intimidation."*[529]

Silver fühlte sich jedoch bemüßigt, am nächsten Tag einen Brief an Dulles zu schreiben, der das Treffen in eine ganz andere Perspektive rückte. Demnach war Dulles im Weißen Haus mit einer wütenden Kritik an der Israel-Lobby am Rande seiner Beherrschung gewesen und hatte sich damit weder souverän noch gleichgültig gegenüber dem pro-israelischen Druck, dem er sich offenbar ausgesetzt sah, gezeigt. Kühl, beinahe arrogant, belehrte Silver nun den Außenminister über die Spielregeln, nach denen in Amerika Politik gemacht wurde:

"In a democracy, my dear Mr. Dulles, such pressures are unavoidable - at times desirable as an index of public opinion. It is the accepted way that any group that feels keenly about a subject close to its heart has of giving expression to its views and of defending its interests - whether it be a farm group, a labor group, a business group, or an oil group. Men in responsible government

---

[528] Vgl. "Briefing Paper for the Secretary", 24.4.1956. NA: State Department Central Files, C0048, Reel 17, Palestine-Israel: Foreign Affairs, 1955-1959, 611.84A.

[529] Gesprächsmemorandum DDE, JFD, Silver, 26.4.1956. DDEL: Dulles Papers, White House Memoranda Series, Box 4, Meetings with the President January thru July 1956 (3); vgl. auch Tagebucheintragung Ann Whitmans, 26.4.1956. DDEL: Ann Whitman File, Ann Whitman Diary Series, Box 8, April 1956 (1).

positions cannot escape these pressures which at times become excessive and virulent (...)."530

Diese Episode beweist erneut, daß die Spitzen der Administration bei aller Entschlossenheit, sich in ihrer Strategie nicht beirren zu lassen, zumindest verärgert über die Aktivitäten der Lobby waren. Selbst wenn man konzediert, daß sowohl Eisenhower als auch Dulles gesundheitlich angeschlagen waren, setzten die Angriffe in der Öffentlichkeit und der ständige Rechtfertigungsdruck sogar gegenüber Regierungsmitgliedern und Parteifreunden vor allem dem Außenminister psychisch zu. Die Vorstellung, möglicherweise nicht mehr viel Zeit zu haben, ließ Dulles trotz guter Aussichten auf eine Bestätigung der Administration durch die Wähler eine Haltung einnehmen, die nach außen Gelassenheit demonstrierte, innerlich jedoch von angespannter Nervosität gekennzeichnet war.[531]

---

[530] Brief Silvers an JFD, 27.4.1956. WRHS: Silver Papers, A Corr 11-1-7, U.S. State Department 1955-56. Silver hatte anschließend das AZCPA über den Verlauf seines Gesprächs mit DDE und JFD unterrichtet. Aus einem vertraulichen AZCPA-Memorandum geht hervor, daß die Lobbyisten sehr zufrieden über dieses als "most useful" bezeichnete Treffen waren. Silver war es offenbar gelungen, DDEs Eindruck von Israel zu korrigieren, da ihn dessen eigene Berater nicht über alles informiert zu haben schienen. "When Eisenhower said that neither side had cooperated in efforts to bring peace, Silver said that the Israelis had accepted the Johnston Plan while the Arabs rejected it. Eisenhower was shocked to hear this, but Dulles corroborated. Eisenhower was similarly surprised to learn that Israel was ready to respond to Dulles' August 26 formulations while the Arabs were not. Again Dulles confirmed Silver's statements." Memorandum Kenens an Bernstein, 2.5.1956. UR: Bernstein/AIPAC Papers, Box 3, Minutes of Meetings, 3.82, April-May 1956.
[531] Ronald W. Pruessen führt in seinem hintergründigen Essay über JFD aus, daß genau dieses Gefühl JFDs, besonders bei den Themen Asien, Naher Osten und Lateinamerika zu den Mißverständnissen, Mißdeutungen und Fehlschlüssen der amerikanischen Politik geführt hatte. "A shortage of time and experience made the foundation for understanding complex problems too shallow, thus helping to produce responses or programs that were either unrelated to the fundamental nature of those problems or beyond the essential capabilities of the United States." Vgl. Pruessen, John Foster Dulles and the Predicaments of Power, a.a.O., S. 39. Für JFDs Nahostpolitik urteilte Jacob Javits später: "You know, Dulles thought he was the greatest expert on earth. Well, he was a great fellow, but [...] he wasn't the greatest expert on earth, and yet that's the way he operated. He had all the answers. And I think such failures as we had in our policies, especially in the

Dulles, der Außenpolitik nach moralischen und christlichen Wertmaßstäben definierte,[532] mußten Vorwürfe, wie sie von Jacob Javits vorgetragen wurden, besonders treffen, die US-Nahostpolitik bedeute Appeasement, führe zu einem neuen "München" - womit Javits auf die dortige Konferenz 1938 anspielte, bei der Großbritannien und Frankreich den expansionistischen Forderungen Hitlers nachgegeben hatten, um einen Krieg in Europa zu verhindern - und sei im Grunde un-amerikanisch. Javits, der sich in New York um einen Senatssitz bewarb, teilte in einem Brief an Eisenhowers Stabschef Sherman Adams seine Enttäuschung darüber mit, daß Washingtons Politik schwammig, inkonsequent und gefährlich sei, wenn es Israel die für seine Verteidigung notwendigen Waffen verweigere, gefährlich, da Eisenhowers Erklärung, die USA würden einer angegriffenen Nation innerhalb konstitutioneller Möglichkeiten helfen, nicht sage, wie dies geschehen solle, und damit die Spekulation nähre, *"that our Armed Forces or those of our allies might be used in the event of Near East aggression"*.[533]

Middle East, showed that he didn't have all the answers." Vgl. Jacob Javits Interview. DDEL: Oral History Transcripts, OH 74.
[532] Vgl. das Urteil Richard H. Immermans in dessen exzellenter Einleitung zu seinem Aufsatzband: Ders. (Ed.), John Foster Dulles and the Diplomacy of the Cold War, Princeton 1990, besonders S. 5. "[JFD] never doubted the wisdom of his policies, nor their moral rectitude." Für DDE war JFD "a dedicated and tireless individual", der "passionately believes in the United States, in the dignity of man, and in moral values." Vgl. Robert Ferrell (Ed.), The Eisenhower Diaries, New York 1981, S. 306.
[533] Brief Javits' an Adams, 27.4.1956. SUNY: Jacob K. Javits Collection, Series 8, Subseries 3, Box 8, Israel, 1956. Javits, der in New York um einen Sitz im Senat kandidierte, forderte die Administration auf, ihre Nahostpolitik zu ändern, da sonst die jüdischen Wähler New Yorks nicht zu gewinnen seien. Dulles informierte daraufhin Javits über die amerikanischen Pläne, ohne ihn freilich in sämtliche Details einzuweihen. Gleichwohl suchte Javits seine Wahlchance in fortgesetzter Kritik an der Administration, was sich am Ende für ihn auch auszahlte. Vgl.Rede Javits' vor dem UJA, New York, 9.5.1956. SUNY: Jacob K. Javits Collection, Series 1, Subseries 1, Box 11, Near East Policy, May 10, 1956; vgl. Memorandum JFDs an DDE über Javits, 22.5.1956. DDEL: Dulles Papers, Chronological Series, Box 13, John Foster Dulles Chronological May 1956 (1); vgl. Gesprächsmemoransum JFD - Javits, 23.5.1956. DDEL: Dulles Papers, General Correspondence and Memoranda Series, Box 1, Memos of Conversation - General

Auch konservative Demokraten ermunterten Dulles nun, amerikanische Waffen an Israel zu liefern. Dem Vorsitzenden des Auswärtigen Senatsausschusses, Senator Walter George, zu dem Dulles ein gutes persönliches Verhältnis entwickelt hatte, erzählte der Außenminister von seinem auf ihn ausgeübten Druck. George entgegnete, er komme erstmals zu der Ansicht, man müsse Israels Wünschen entgegenkommen. Beide waren sich einig, die Situation im Nahen Osten genauestens zu beobachten und so langsam wie möglich die Entscheidung zugunsten US-Militärhilfe an Israel zu fassen.[534] Eisenhower und Dulles vereinbarten schließlich, darin einen Gedanken Hoovers aufgreifend, im Zusammenhang mit der erheblichen Militärhilfe an Saudi-Arabien (wegen der Verhandlungen über den Fortbestand der US-Luftwaffenbasis Dharan) *"some defensive armament"* an Israel zu liefern.[535] Gleichwohl hoffte die Administration weiterhin, daß die militärischen Hauptlieferungen an Israel von den westlichen Alliierten Frankreich, Italien, Großbritannien und Kanada übernommen werden würden.[536]

In den USA war die Israel-Lobby mit dieser Lösung zufrieden, auch wenn besonders die kanadische Regierung einige Schwierigkeiten machte[537] und

---

- J Through K (1); vgl. "Javits Sees Challenge. Scores Eisenhower on Policy Barring Arms to Israel", The New York Times, 30.5.1956.

[534] Vgl. Gesprächsmemorandum JFD - George, 27.4.1956. DDEL: Dulles Papers, Subject Series, Box 5, George, Senator Walter F. 1/54 12/56 (Memos of Conversation etc.) (2).

[535] Gesprächsmemorandum DDE - JFD, 9.5.1956. DDEL: Dulles Papers, White House Memoranda Series, Box 4, Meetings with the President, January through July 1956 (3).

[536] Vgl. "Progress Report on **Fehler! Verweisquelle konnte nicht gefunden werden.** (NSC 5428), C. Major Problems or Areas of Difficulty, 22. U.S. Arms to Israel, 17.5.1956. DDEL: White House Office, National Security Council Staff: Papers, 1948-61, OCB Central File Series, Box 78, OCB 091.4 Near East (File # 3) (6) [December 1955-November 1956].

[537] Die Diplomaten der israelischen Botschaft in Washington versuchten daher regelmäßig, Druck auf die US-Regierung auszuüben, sich in Ottawa für Militärhilfe an Israel einzusetzen. Vgl. Gesprächsmemorandum Rountree - Eban, 24.5.1956; vgl. Gesprächsmemorandum Wilkins - Argaman, 31.5.1956. NA: State Department Central Files, C0048, Reel 17, Palestine-Israel: Foreign Affairs, 1955-1959, 611.84A. Gleichwohl war die kanadische Regierung nicht bereit, die "Drecksarbeit" für die USA zu machen und wandte sich entschieden dagegen, als

auch wenn öffentlich weiter eine stärkere amerikanische Beteiligung an Israels Bewaffnung gefordert wurde.[538] In vertraulichen Gesprächen vor allem mit Israelfreundlichen Spitzenbeamten des State Department, etwa mit dem stellvertretenden Unterstaatssekretär Robert Murphy, zeigten sich die Lobbyisten hingegen kooperativ. AZCPA-Präsident Rabbi Bernstein akzeptierte Murphy gegenüber die offizielle US-Haltung, daß vor allem der wichtigste westliche Öllieferant Saudi-Arabien nicht wegen US-Militärhilfe an Israel verärgert werden sollte. Immerhin konnte Bernstein sicher sein, daß Murphy auf seiner Seite war und daß deswegen sein nur privat geäußertes Verständnis nicht bekannt werden würde, denn *"Murphy acknowledged that his view differed from Dulles' in that Murphy thinks Israel should get all the arms it needs (...)."*[539]

Auch eine Arbeitsbilanz nach zweieinhalb Jahren Lobbytätigkeit des AZCPA fand nüchtern positive Worte über die aktuelle Situation. Zwar sei der direkte Lobbyismus in den vergangenen Monaten im Kongreß stark zurückgegangen, was aber daran liege, daß der Kongreß mittlerweile auch ohne Druck des AZCPA Wirtschaftshilfe für Israel beschließe. Zufrieden zeigte sich das Memorandum ebenfalls über den Ausbau des Kommunikationsnetzes und der Versorgung von öffentlichen Funktionsträgern und Multiplikatoren mit Hintergrundinformationen des AZCPA.[540]

Was die Frage der militärischen Unterstützung Israels anging, so konnte nach einem Gespräch mit NEA-Staatssekretär Allen Rabbi Bernstein vor

---

amerikanischer "Satellit" behandelt zu werden. Vgl. Brief Arthur Deans an JFD, 7.6.1956. DEL: Dulles Papers, General Correspondence and Memoranda Series, Box 2, Strictly Confidential - C-D (2).
[538] Vgl. "Statement of Policy on French Military Sales to Israel" des AZCPA, 23.5.1956. UR: Bernstein/AIPAC Papers, Box 3, Policy Conferences and Meetings, 3.1. Rabbi Bernstein forderte gleichzeitig verstärkte US-Wirtschaftshilfe an Israel, da das Land wegen seiner erhöhten Militärausgaben vor schweren wirtschaftlichen Problemen stehe. Vgl. Gesprächsmemorandum Allen - Bernstein, 20.6.1956. NA: State Department Decimal File, American Zionist Committee for Public Affairs, 884A.00/6-2056, CS/T.
[539] "Report of Meeting with Under Secretary Murphy", 22.5.1956. UR: Bernstein/AIPAC Papers, Box 3, Minutes of Meetings, 3.59.
[540] Vgl. AZCPA-Memorandum, 25.6.1956. UR: Bernstein/AIPAC Papers, Box 1, Chronological Files 1954-1961, 1.38.

dem AZCPA-Vorstand sogar von *"modifications on some aspects of policy"* sprechen, selbst wenn sich die Grundlagen der amerikanischen Politik nicht verändert hätten. Nicht nur, daß Washington eine geringe Menge leichter Waffen an Israel verkauft hätte, Außenminister Dulles sei weiterhin intensiv dabei, die westlichen Alliierten zur Unterstützung Israels zu drängen. Zudem habe Allen gegenüber Bernstein die Ausrüstung mit F-86-Kampfbombern als das Herzstück der Verteidigung anerkannt und erklärt, daß es wichtig sei, daß Israel diese Flugzeuge der Alliierten beherrsche. Die US-Regierung suche deshalb nach einem Weg, die israelischen Piloten zu trainieren.[541] Ein paar Tage später konnte Allen dem Chargé d'Affaires an der israelischen Botschaft in Washington, Reuben Shiloah - der 1951-52 Chef des israelischen Geheimdienstes Mossad war[542] -, mitteilen, daß Außenminister Dulles einer Ausbildung der israelischen F-86-Piloten in den USA zugestimmt habe.[543]

Die offensichtliche Sicherung der israelischen Verteidigungsfähigkeit und die leichte Entspannung in der Region, herbeigeführt durch die Bemühungen von UN-Generalsekretär Hammarskjöld nach einigen Grenzzwischenfällen,[544] ließen der Israel-Lobby in den USA ein wenig Raum, sich einem Problem zuzuwenden, das besonders von den nicht-zionistischen Gruppen zur Sprache gebracht wurde. Diese Organisationen, B'nai B'rith oder das American Jewish Committee (AJC), sahen ihre gesamtgesellschaftliche Aufgabe vor allem auch im Kampf für Bürgerrechte, Minderheitenschutz und die Aufhebung von Rassenschranken, einigen der großen innenpolitischen Themen während der Präsidentschaft Eisenhowers.[545]

---

[541] "Report by Rabbi Bernstein [Meeting with George Allen]", 28.6.1956. UR: Bernstein/AIPAC Papers, Box 3, Minutes of Meetings, 3.61.
[542] Vgl. Alteras, Eisenhower and Israel, a.a.O., S. 132.
[543] Vgl. Gesprächsmemorandum Allen - Shiloah, 28.6.1956. NA: State Department Central Files, C0048, Reel 17, Palestine-Israel: Foreign Affairs, 1955-1959, 611.84A. Vermutlich handelte es sich bei der Ausbildung der israelischen Piloten um einen Teil der "Operation Stockpile".
[544] Vgl. Keith Kyle, Suez, London 1991, S. 106-109; vgl. Oren, Origins of the Second Arab-Israel War, a.a.O., S. 33-36.
[545] 1957/58 hatte die Auseinandersetzung über die Rassentrennung in den USA einen Höhepunkt erreicht, als DDE in Little Rock (Arkansas) die Nationalgarde

Im Zusammenhang mit der amerikanischen Nahostpolitik stand dabei das Verbot für amerikanische Staatsbürger jüdischen Glaubens, arabisches Territorium auch nur als Durchreisende zu betreten. Mitte Juni veröffentlichte das AJC den 16seitigen Bericht *"The Assault on American Citizenship. Discriminatory Measures by Arab Governments Against American Citizens of the Jewish Faith"*, in dem nicht nur gegen die Tatsache protestiert wurde, daß amerikanisches Regierungs- und Militärpersonal jüdischen Glaubens keine Einreiseerlaubnis nach Saudi-Arabien erhielt, sondern auch gegen die Reaktion der Eisenhower-Administration darauf. Nach Ansicht des AJC kompromittiere die Regierung durch die Hinnahme dieser Maßnahmen, in denen das AJC einen Verstoß gegen die Charta der Vereinten Nationen und die Allgemeine Erklärung der Menschenrechte sah, die amerikanische Stellung als internationaler Verteidiger von Demokratie und Menschenrechten.[546]

In der Tat hatte Washington auf entsprechende Vorwürfe, die auch von anderen jüdischen Gruppen geäußert wurden,[547] stets mit dem Hinweis auf die legitime arabische Souveränität reagiert. Zwar ging die Regierung mit den arabischen Maßnahmen nicht konform, doch wollte sie angesichts der strategischen Bedeutung der Ölförderstaaten und besonders der US-Luftwaffenbasis im saudischen Dharan keinen Konflikt mit den arabischen Regierungen hervorrufen. Probleme nach versehentlichen "Zwischenfällen" dieser Art waren von der

---

einsetzte, um schwarzen Schülern den Besuch der High School zu ermöglichen. Zuvor hatte sich Gouverneur Orval Faubus geweigert, ein Urteil des Obersten Gerichtshofs zu akzeptieren, das die Segregation an Schulen für verfassungswidrig erklärt hatte. Vgl. zu diesem Komplex Ambrose, Eisenhower, a.a.O., S. 440-448; vgl. Pach/Richardson, a.a.O., S. 137-157. Zur Vertiefung vgl. Robert Frederick Burk, The Eisenhower Administration and Black Civil Rights, Knoxville (Tennessee) 1984.
[546] Vgl. "The Assault on American Citizenship", 15.6.1956. DDEL: White House Office, National Security Council Staff: Papers, 1948-61, OCB Central File Series, Box 20, OCB 080."A" [American Jewish Committee].
[547] Vgl. Resolution der Jahrestagung der Central Conference of American Rabbis, 28.6.1956. NA: State Department Central Files, C0048, Reel 17, Palestine-Israel: Foreign Affairs, 1955-1959, 611.84A.

amerikanischen Diplomatie in der Vergangenheit stets lautlos gelöst worden.[548] Allerdings verschwand dieses Thema in den folgenden Monaten nicht auf ebensolche Weise aus der öffentlichen Diskussion, wie die vielen Eingaben ans State Department bewiesen.

Dabei war die Administration in einem Dilemma, das charakteristisch für die gesamte Perzeption des Nahostkonflikts in der amerikanischen Öffentlichkeit war. Solange die jüdischen Organisationen in den USA behaupten konnten, Washington arbeite aufgrund von Ölinteressen mit menschenrechtsverachtenden Regimes zusammen und nehme dafür selbst die Diskriminierung amerikanischer Staatsbürger in Kauf, geriet die Administration in die Defensive. Das ergab eine Situation, die vor allem das von den GOP-Strategen kultivierte Image Eisenhowers als weltweiter Champion von Frieden und Demokratie beschädigen mußte, da die Administration dieses Mal die Kritik nicht als zionistische Propaganda abtun konnte.

Als schließlich im Juli 1956 der Senat die Resolution 298 verabschiedete, mit der gegen diese Art Diskriminierung von US-Bürgern protestiert wurde,[549] wurde auch in Eisenhowers Umgebung die Gefahr durch dieses für den Wahlkampf äußerst ungünstige Thema erkannt. Die Journalistin Helen Reid, die sich in verschiedenen Wiederwahlkomitees des Präsidenten engagierte, machte den Außenminister darauf aufmerksam, daß das amerikanische Judentum geschlossen seine Stimme Eisenhower verweigern werde, wenn sich die Administration vor dem Hintergrund der Senatsresolution nicht zu einer eindeutigen Stellungnahme durchringen werde. Zuvor hatte sich Helen Reid in

---

[548] Im Januar 1954 hatte sich die US-Diplomatie auf Bitten der israelischen Regierung eingeschaltet, als nach einer Notlandung einer britischen Verkehrsmaschine von Nikosia nach Teheran in Bagdad drei Israelis im Irak festgehalten wurden. Der Irak erlaubte prinzipiell keine Juden bei Flügen über sein Territorium. Vgl. die Noten und Telegramme vom 12.-18.1.1954. NA: State Department Central Files, LM 60 Palestine and Israel Foreign Relations, Roll 6, Israel-International Political Relations, Bilateral Treaties, 684A.87-684A.9694, Israel-United States 611.84A-611.84A95.
[549] Vgl. "Senate Resolution 298", 25.7.1956, eingebracht von den Senatoren Ives, Lehman, Kennedy u.a. SUNY: Jacob K. Javits Collection, Series 2, Subseries 3, Box 8, Israel, 1956.

einem Brief ans Weiße Haus ebenfalls besorgt über die Praktiken einiger arabischer Regierungen geäußert, worauf Dulles erneut mit der Souveränität der arabischen Staaten argumentiert hatte.[550]

Es bleibt jedoch Makulatur, darüber zu spekulieren, ob die Diskriminierung jüdischer Amerikaner durch die arabischen Regierungen ein Wahlkampfthema geworden wäre,[551] wenn sich die Dinge im Laufe des Sommers 1956 nicht auf dramatische Weise verändert und die politische und ökonomische Diplomatie wie durch ein Brennglas auf einen Punkt im Nahen Osten gelenkt hätten: den Suez-Kanal.

Diese neben dem Panama-Kanal und dem Nord-Ostsee-Kanal wichtigste künstliche Wasserstraße der Welt hatte für Großbritannien seit dem 19. Jahrhundert die "Lebenslinie des Empire" bedeutet und bereits bei den anglo-ägyptischen Suez-Kanal-Verhandlungen 1954 Spannungen zwischen beiden Staaten wegen der künftigen Hoheitsgewalt über die Kanalzone deutlich werden lassen. Zwar waren den ursprünglichen britischen Gründen für den Erhalt des Kanals, einen direkten Zugang zur indischen Kolonie zu haben, nach der Unabhängigkeit des Subkontinents 1947 die Basis entzogen, doch hatte der Kanal für Großbritannien nach wie vor eine erhebliche symbolische Prestige-Bedeutung. Hinzu kam, daß Großbritannien, anders als die USA, die über eigene große Ölvor-

---

[550] Vgl. Brief JFDs an Helen Reid, 17.9.1956; vgl. Brief Helen Reids an JFD, 25.9.1956. DDEL: Dulles Papers, General Correspondence and Memoranda Series, Box 3, Strictly Confidential - Q-S (1); vgl. Memorandum Hanes' (State Dpt.) an Adams, 18.9.1956. DDEL: Dulles Papers, Special Assistants Chronological Series, Box 10, Macomber-Hanes Chronological September 1956 (2).
[551] Das Problem blieb natürlich nach den Wahlen bestehen und sorgte auch für Schwierigkeiten innerhalb des Verwaltungsapparates. Ende November teilte der Leiter des President's Committee on Government Employment Policy, Maxwell Abbell, dem Präsidenten mit, die Diskriminierungen jüdischer Regierungsbeamter durch arabische Regierungen führten zu einem erzwungenen Verstoß seiner Behörde der Executive Order 10590 des Präsidenten, nach der kein Angestellter aus rassischen oder religiösen Gründen benachteiligt oder bevorzugt werden dürfe. Die Personalbehörde müsse nun die in arabischen Staaten tätigen US-Beamten nach ihrer Religion auswählen, was ein unhaltbarer Zustand sei. Vgl. Brief Abbells an DDE, 20.11.1956. DDEL: DDE Records, White House Central Files, Official File, Box 736, 144-B-3 Jewish Matters (2).

kommen verfügten, von dem nahöstlichen Öl abhängig war, das durch den Suez-Kanal transportiert wurde.[552] Die Suez-Kanal-Gesellschaft (Compagnie Universelle du Canal Maritime Suez) war ein in Ägypten eingetragenes Unternehmen, dessen Eigentümer Briten und Franzosen waren. Allein die britische Regierung hielt 44 Prozent der Anteile an diesem größten ägyptischen Unternehmen, das Mitte der Fünfziger Jahre einen Marktwert von über 70 Millionen britischer Pfund hatte.[553]

Wie im vorherigen Kapitel gezeigt, hatten die Regierungen in London und Washington aus unterschiedlichem Interesse dasselbe Ziel verfolgt, nämlich die Stabilisierung Ägyptens im strategischen westlichen Sinne, wozu vor allem die Verhinderung der kommunistischen Penetration in die Region gehörte. Die Ergebnisse dieses Versuchs waren jedoch enttäuschend gewesen. Nasser hatte mit seiner Politik den Bagdad-Pakt diskreditiert und seinen eigenen Einfluß in der Region vergrößert, indem er das Waffengeschäft mit Prag (Moskau) eingegangen war. Gleichwohl hatten London und Washington zusammen mit der Weltbank (IBRD) im Dezember 1955 das Angebot gemacht, das ägyptische Prestige-Projekt des Assuan-Staudamms zu finanzieren, um weiterem sowjetischen Vordringen entgegenzutreten.[554]

Aber auch dieses Angebot hatte die Hoffnungen auf eine Instrumentalisierung Nassers für westliche Sicherheitsstrategien nicht erfüllt. Robert Anderson hatte seine Mission nicht zuletzt wegen der Intransigenz Nassers einstellen müssen, worüber die Eisenhower-Administration reichlich wütend

---

[552] Zur Geschichte des Suez-Kanals und der Suez-Kanal-Gesellschaft vgl. Kyle, a.a.O., S. 12-19.
[553] Vgl. Diane Kunz, The Economic Diplomacy of the Suez Crisis, Chapel Hill (North Carolina)/London 1991, S. 23f.
[554] Über die britisch-amerikanischen Gespräche im Vorfeld des Angebots über dessen technisch-finanzielle Ausstattung vgl. ebenda, S. 48-57. Das Darlehen der Weltbank sollte 200 Millionen Dollar betragen, das mit Abstand größte, das sie bis dahin jemals vergeben hatte. Der US-Anteil an der Finanzierung sollte 56 Millionen Dollar betragen, der britische Anteil 14 Millionen. Vgl. ebenda, S. 54f.; vgl. Hahn, The United States, Great Britain, and Egypt, a.a.O., S. 194; vgl. Aronson, a.a.O., S. 159. Befürworter des Staudamms schätzten, daß das pflügbare Agrarland Ägyptens um ein Drittel auf 8 Millionen Hektar steige und daß die Leistung des Staudamms bei der Stromerzeugung bei 10 Millionen Kilowatt liege. Vgl. ebenda, S. 155.

geworden war, und für die britische Regierung, besonders für Premierminister Eden, war das Maß des Erträglichen erreicht, als Anfang März 1956 in Amman der britische Befehlshaber der Arabischen Legion, Sir John Glubb ("Glubb Pascha"), von König Hussein entlassen worden war, was London dem Einfluß Nassers zugeschrieben hatte, da zum Zeitpunkt der Bekanntgabe der Entlassung Außenminister Lloyd mit Nasser in Kairo konferierte.[555] Seit März 1956 hatten Großbritannien und die USA ihre Politik gegenüber Ägypten geändert, wobei sie allerdings in ihren Analysen zu unterschiedlichen Ergebnissen kamen. Während London Nasser als eine anti-westliche Marionette Moskaus perzipierte, wollte die Eisenhower-Administration, wie gesehen, den endgültigen Bruch mit Nasser nicht riskieren.[556]

Doch nachdem Nasser im April 1956 verlautet hatte, er prüfe auch ein sowjetisches Angebot zur Finanzierung des Assuan-Staudamms, und nachdem er einen Monat später die Anerkennung der Volksrepublik China angekündigt hatte - was Israel übrigens schon 1950 tat[557] -, verspielte er damit seinen letzten Rest-Kredit in Washington.[558] Im Juni begannen wichtige Kabinettsmitglieder und Berater Eisenhowers, vom Staudamm-Angebot abzurücken, darunter Außenminister Dulles und Finanzminister Humphrey. Zudem war das Assuan-Projekt im Kongreß alles andere als beliebt, in dem sich eine starke Koalition der

---

[555] Vgl. Kyle, a.a.O., S. 91-94; vgl. Donald Neff, Warriors at Suez. Eisenhower Takes America into the Middle East, New York 1981, S. 173-182; vgl. Marc Ferro, Suez. Naissance d'un Tiers Monde, Brüssel 1982, S. 28ff.; vgl. Anthony Nutting, No End of a Lesson. The Story of Suez, London 1967, S. 31-35; vgl. Robert Rhodes James, Anthony Eden, New York 1987, S. 431ff.
[556] Vgl. Hahn, The United States, Great Britain, and Egypt, 1945-1956, a.a.O., S. 200ff.
[557] Vgl. Schoenbaum, a.a.O., S. 77.
[558] JFDs Berater Arthur Dean teilte offenbar die Einschätzung Abba Ebans, daß der Anerkennung des kommunistischen Chinas durch Ägypten die Anerkennung von anderen arabischen Staaten folgen werde, möglicherweise auch des Bagdad-Pakt-Mitglieds Pakistan. Vgl. Memorandum Deans an JFD, 22.5.1956. DDEL: Dulles Papers, Subject Series, Box 10, Israeli Relations 1951-1957 (2). Vgl. Eisenhower, Waging Peace, a.a.O., S. 31; vgl. Thomas A. Bryson, American Diplomatic Relations With the Middle East, 1784-1975. A Survey, Metuchen (New Jersey) 1977, S. 188-191; vgl. Oren, Origins of the Second Arab-Israel War, a.a.O., S. 92.

Baumwoll-, China- und Israel-Lobbys gegen das US-Finanzierungsangebot an Ägypten gebildet hatte. Darüber hinaus ließ der Termin für die Präsidentschafts- und Kongreßwahlen im Herbst die Gesetzgeber noch kritischer als sonst auf die amerikanische Auslandshilfe schauen.[559] Dulles, der während einer Darmentzündung Eisenhowers vom 8. Juni bis zum 16. Juli die außenpolitischen Geschäfte allein führen mußte, befürchtete eine parteischädigende Auseinandersetzung mit den GOP-Hardlinern über Wirtschaftsfragen, falls das Assuan-Angebot noch weiter aufrechterhalten würde.[560]

Von Sherman Adams und Arthur Dean bedrängt, nun einen "dramatischen" Schritt zu unternehmen,[561] nachdem Dulles schon die Abberufung des allzu Nasser-freundlichen US-Botschafters in Kairo, Byroade, beschlossen hatte,[562] teilte Dulles am 19. Juli 1956 dem ägptischen Botschafter in Washington mit, daß die amerikanische Regierung entschieden habe, den Staudamm nicht zu finanzieren.[563] Nur eine Woche später, am 26. Juli, antwortete Nasser, der seit Ende

---

[559] Das Assuan-Projekt war bei denjenigen Kräften im Kongreß ein rotes Tuch, die ohnehin gegen große Unterstützung des Auslands waren und die Nassers Annäherung an Amerikas Feinde im Kalten Krieg übelnahmen. Als Beispiel die Äußerung des konservativen Demokraten Otto Passman (Louisiana), Vorsitzender des Unterausschusses für Auslandshilfe im Repräsentantenhaus, an einen hohen Beamten des State Department: "Son, I don't smoke and I don't drink. My only pleasure in life is kicking the shit out of the foreign aid program of the United States of America." Zitiert nach: William J. Burns, Economic Aid and American Policy toward Egypt 1955-1981, Albany (New York) 1985, S. 48.
[560] Vgl. Robert Bowie, Eisenhower, Dulles, and the Suez Crisis, in: William Roger Louis/Roger Owen (Eds.), Suez 1956. The Crisis and Its Consequences, Oxford 1989, S. 194. (Bowie war unter JFD Leiter des Planungsstabes im State Department); vgl. Kunz, a.a.O., S. 68; vgl. Lucas, Divided We Stand, a.a.O., S. 136f.
[561] Vgl. Telefonat Adams' an JFD, 11.7.1956. DDEL: Dulles Papers, Telephone Calls Series, Box 11, Memoranda of Telephone Conversations, White House January-August 31, 1956 (2); vgl. Brief Deans an JFD, 11.7.1956. DDEL: Dulles Papers, Subject Series, Box 10, Israeli Relations 1951-1957 (1). DDE war über diesen abrupten Schritt jedoch durchaus skeptisch. Vgl. Hoopes, a.a.O., S. 343.
[562] Vgl. Memorandum JFDs an Byroade, 28.6.1956. FRUS 1955-1957, Vol. XV, S. 759f. JFD bot Byroade den Botschafterposten in Südafrika an.
[563] Vgl. Gesprächsmemorandum JFD, Ahmed Hussein (ägyptischer Botschafter), Hoover, Allen, Rountree, 19.7.1956. FRUS 1955-1957, Vol. XV, S. 867-873; vgl. die Presseerklärung zur amerikanischen Entscheidung in: Eisenhower, Waging Peace, a.a.O., S. 663.

Juni auch ägyptischer Präsident war, mit einer ebenso dramatischen Geste, als er die Verstaatlichung der Suez-Kanal-Gesellschaft ankündigte, was weniger die USA als vielmehr Großbritannien und Frankreich traf. Bei der ägyptischen Bevölkerung stieß Nasser mit diesem Schritt auf breite Zustimmung, galt doch die Kanalgesellschaft als Symbol der Fremdherrschaft, deren Management die Ägypter mit kolonialer Arroganz behandelte.[564] In der Folgezeit begann die Eden-Regierung in London mit Planungen für eine militärische Intervention am Kanal und einen Sturz Nassers, an denen sie bereits Ende Juli auch die französische Regierung beteiligte, denn auch Paris hatte wegen Nassers Unterstützung der aufständischen Front de la Libération Nationale (FLN) in Französisch-Algerien seine eigenen Gründe, um Nasser aus dem Weg zu räumen.[565]

Die während der Sommermonate andauernde Diplomatie, durch die die Londoner Regierung bis September fälschlicherweise amerikanische Rückendeckung erreicht zu haben glaubte, soll hier nicht in Einzelheiten dargestellt werden.[566] Entscheidender im Sinne der Fragestellung dieser Arbeit ist die innenpolitische Situation vor dem Hintergrund des heraufziehenden Wahlkampfes. Es war evident, daß die amerikanische Israel-Lobby die Politik Nassers mit wachsender Sorge verfolgt hatte, umso mehr, als die Eisenhower-Administration nach Ansicht der Freunde Israels Nasser zu unentschlossen entgegengetreten war. Die Entscheidung Washingtons vom 19. Juli, den Assuan-Staudamm nicht zu

---

[564] Zur Zurücknahme des amerikanischen Assuan-Angebots und Nassers Reaktion darauf vgl. Kyle, a.a.O., S. 123.134; vgl. Kunz, a.a.O., S. 65-76; vgl. Bowie, a.a.O., S. 195ff.
[565] Zu Frankreichs Verhalten während der Suez-Krise und zu den algerisch-nahöstlichen Zusammenhängen vgl. Maurice Vaïsse, France and the Suez Crisis, in: William Roger Louis/Roger Owen (Eds.), Suez 1956. The Crisis and its Consequences, Oxford 1989, S. 131-143; vgl. Ferro, a.a.O., S. 33-48.
[566] Zu den diplomatischen Kontakten zwischen Washington und London vgl. detailliert William Roger Louis, Dulles, Suez, and the British, in: Richard H. Immerman (Ed.), John Foster Dulles and The Diplomacy of the Cold War, Princeton (New Jersey) 1990, S. 133-158; zu den generellen Mißverständnissen in der gegenseitigen Perzeption beider Regierungen vgl. D. Cameron Watt, Demythologizing the Eisenhower Era, in: William Roger Louis/Hedley Bull (Eds.), The "Special Relationship". Anglo-American Relations Since 1945, Oxford 1986, S. 65-85.

finanzieren, war daher bei den führenden jüdischen Funktionären mit größter Befriedigung aufgenommen worden. Rabbi Silver begrüßte in einem Brief an Dulles die Rücknahme des US-Angebots auf geradezu euphorische Weise. Damit erhielten die USA das zurück, was so lange gefehlt habe, nämlich *"initiative and maneuverability in the Middle East"*.[567]

Die Freude Silvers schien berechtigt zu sein, denn erstmals schien sich die politische Situation zugunsten Israels zu entwickeln. Nachdem Washington im Frühjahr die westlichen Alliierten zu Waffenverkäufen an Israel aufgefordert und selbst leichtes Militärgerät geliefert hatte und zudem im Rahmen der "Operation Stockpile" bereit stand, um im Ernstfall auf seiten Israels eingreifen zu können, sahen die israelische Regierung und ihre Unterstützer in den USA in der Rücknahme des Assuan-Finanzierungsangebots ein weiteres Zeichen für das langsame Abrücken der Eisenhower-Administration von einer nahöstlichen Gleichgewichtspolitik. Da Nasser durch die Verstaatlichung der Suez-Kanalgesellschaft die Administration weiter verärgert hatte, bestand zumindest die Möglichkeit, daß die amerikanische Politik Israel als Verbündeten akzeptieren würde.

Diese Überlegungen leiteten das AZCPA im Sommer 1956 bei der Vorbereitung der "Middle East planks" in den Programmen der beiden Parteien. Wie schon bei den vergangenen Präsidentschaftswahlen sorgte das AZCPA für eine genau auf die jeweilige Parteilinie abgestimmte Formulierung der Ziele der Nahostpolitik in den Wahlprogrammen von Demokraten und Republikanern. Bereits im Juni hatten Isaiah L. Kenen und Rabbi Bernstein in privaten Gesprächen mit den beiden Parteivorsitzenden, Paul Butler (Demokraten) und Len Hall (Republikaner), den jeweiligen Spielraum ausgelotet, wobei sich die größeren Schwierigkeiten erwartungsgemäß bei der Partei Präsident Eisenhowers ergeben hatten.

Kenen wandte sich daraufhin an pro-israelische Mandatsträger der GOP, vor allem von der Ostküste, die für entsprechenden Druck auf das

---

[567] Brief Silvers an JFD, 24.7.1956. WRHS: Silver Papers, A Corr 11-1-7, U.S. State Department 1955-56.

Programmkomitee der Partei sorgen sollten, um dem Parteikonvent ein so Israelfreundliches Programm wie möglich vorzulegen. Zu diesen Politikern zählten die Kongreßabgeordneten Hugh Scott, James Fulton (beide Pennsylvania), Kenneth B. Keating (New York) und Albert Marano (Connecticut). Unter der Führung von Scott gelang es den Abgeordneten, mehr als 40 Unterschriften unter ihren republikanischen Kollegen im Repräsentantenhaus zu gewinnen und für eine möglichst starke pro-israelische Position einzutreten. Scott und Jacob Javits vertraten diese Position schließlich vor dem Programm-Kommitee, wo sie es mit der Unterstützung durch weitere jüdische Führer wie Senator Everett Saltonstall (Connecticut) und Bernard Katzen durchsetzten.[568] Mitte Juli 1956 konnte Kenen Bernstein mitteilen, daß das AZCPA in beiden Lagern die jeweils vorbereiteten Passagen ins Wahlprogramm gebracht habe. Unter keinen Umständen dürften nun die Textentwürfe an die Öffentlichkeit geraten.[569]

Natürlich vermochte es das AZCPA nicht, massive amerikanische Militärhilfe oder einen amerikanisch-israelischen Sicherheitspakt in den Text des republikanischen Wahlprogramms zu schreiben, doch war die Nahost-Stellungnahme, die die Delegierten am 22. August 1956 auf dem Parteitag der Republikaner in San Francisco beschlossen, ungewöhnlich deutlich. War grundsätzlich von der unparteiischen Freundschaft der USA zu den Staaten des Nahen Ostens die Rede, wurden andererseits der potentielle Aggressor und das potentielle Opfer - aus Sicht der Republikaner - klar benannt:

"Recognizing the threat to international peace existing in the Middle East by reason of the tensions there, the massive shipments of communist arms to Egypt, the Republican Party reaffirms its support of the President's determination, by constitutional means, to deter aggression and preserve peace in the Middle East and to carry out our Government's commitments under the Tri-

---

[568] Vgl. "Israel Issues at the Democratic and Republican Conventions", o.D. UR: Bernstein/AIPAC Papers, Box 1, Chronological Files 1954-1961, 1.42.
[569] Vgl. Memorandum Kenens an Bernstein, 12.7.1956. UR: Bernstein/AIPAC Papers, Box 1, Chronological Files 1954-1961, AZCPA lobbying of Democratic and Republican party platforms, July 1956.

Partite Declaration of 1950. We shall continue to urge our Government, in cooperation with other free nations, to supply sufficient arms for legitimate self defense to Israel, or any other nation whose freedom and independence may be jeopardized by aggression and to encourage organization for mutual security in the Middle East."[570]

Zunächst wurde die Bedrohung des Friedens den durch die kommunistischen Waffenlieferungen an Ägypten ausgelösten Spannungen zugeschrieben und die amerikanische Politik der Tripartite Declaration bestätigt. Die Formulierung *"by constitutional means"*, von Eisenhower schon mehrfach benutzt, deutete auf Eisenhowers Unwilligkeit hin, US-Truppen im Ernstfall einzusetzen - dazu war der Präsident laut Verfassung nur in Übereinstimmung mit dem Kongreß in der Lage -, was eine weitere Absage an einen amerikanisch-israelischen Sicherheitspakt, aber auch an einen amerikanischen Beitritt zum Bagdad-Pakt verstanden werden sollte. Demgegenüber war von dem weiteren Bemühen die Rede, die Mittel zu Israels *"legitimate self defense"* in Zusammenarbeit mit den Alliierten sicherzustellen. Bei aller Differenzierung der Interpretation war es dem AZCPA gelungen, Ägypten mit der Konnotation des Agressors und Israel mit der des zu Schützenden zu belegen.

Es ist in Erinnerung zu rufen: Nachdem Israel durch Nassers Verstaatlichung und Besetzung des Suez-Kanals seine diplomatische Stellung in den USA festigen konnte und seine Sicherheit wegen der Militärhilfe der Alliierten und der "Operation Stockpile" nicht ernsthaft bedroht war, hatte die Israel-Lobby auch auf der amerikanischen innenpolitischen Ebene dafür gesorgt, daß Israel im Vergleich mit Nasser geradezu glänzend dastand. Die Lobby-Vertreter konnten unbefangen die Administration angreifen, die schuld am gestiegenen Selbstbewußtsein aggressiver Diktatoren sei. Die ZOA etwa warf Eisenhower das völlige Scheitern seiner Nahostpolitik vor, die durch *"appeasement, concessions*

---

[570] "Middle East Plank of the Republican Platform at the Republican Convention in San Francisco", 16.8.1956. SUNY: Jacob K. Javits Collection, Series 1, Subseries 1, Box 11, Middle East Plank.

and yielding to political blackmail" versucht habe, Nassers Freundschaft zu gewinnen und stattdessen nur zu diplomatischen Niederlagen und zu einer Bedrohung westlicher Interessen im Nahen Osten geführt habe.[571]

Es ist nicht übertrieben zu behaupten, daß noch nie zuvor in Eisenhowers Amtszeit im Bewußtsein der amerikanischen Öffentlichkeit so deutlich wurde, daß Israel und die USA Seite an Seite im gleichen weltpolitischen Lager standen. Selbst republikanische Politiker stellten dies im Wahlkampf immer wieder heraus.[572] Umfragen aus dieser Zeit belegten - bei allen Vorbehalten, die man gegenüber der Demoskopie während der Fünfziger Jahre in den USA haben sollte -, daß Ägypten als der "Schuldige" des Konflikts ausgemacht wurde, während Israel in der "Gefühlsskala" befreundeter Nationen zu Großbritannien, Frankreich und der Bundesrepublik aufschließen konnte.[573] Gleichwohl wäre es pure Spekulation, darüber nachzudenken, welche Wirkung es auf das Verhältnis zwischen beiden Ländern gehabt hätte, hätte Israel sich nicht an der anglo-französischen Strafexpedition gegen Nasser beteiligt.

In der Zwischenzeit hatte die Eisenhower-Administration ihre Bemühungen fortgesetzt, auf diplomatischem Wege eine Lösung des Suez-Kanal-Konflikts herbeizuführen, denn die US-Regierung wollte auf keinen Fall mit einer Kanonenboot-Politik identifiziert werden, wie sie die Regierungen in London und

---

[571] "Resolution of the National Administrative Council of the Zionist Organization of America", 26.8.1956. WRHS: Silver Papers, A Corr 12-1-40, Zionist Organization of America, 1956-57.

[572] Vgl. Brief George B. McKibins an DDE, 6.10.1956. DDEL: DDE Records, White House Central Files, Official File, Box 876, 193 (2). McKibin, republikanischer Kandidat für eine Sitz im Kongreß in Chicago, forderte DDE auf, die Affinität zwischen beiden Ländern durch stärkere miilitärische Unterstützung Israels durch die USA zu dokumentieren, denn "Israel is the only bastion of democracy and the only true friend of the Western powers in the Middle East".

[573] Vgl. Eytan Gilboa, American Public Opinion Toward Israel and the Arab-Israeli Conflict, Lexington (Massachusetts)/London 1987, S. 28-32. Es ist allerdings zu bedenken, daß Gallup oder NORC ihre Umfragen meist in Ballungsgebieten vornahmen und daher kein repräsentatives Bild der Gesamtbevölkerung ergaben. Zudem gaben vom April bis November 1956 immerhin zwischen 57 % und 38 % der Befragten "no opinion" zum Nahost-Komplex an.

Paris zu führen gedachten.[574] Das State Department hatte außerdem über US-Botschafter Edward Lawson in Tel Aviv Premierminister Ben Gurion zu äußerster politischer Zurückhaltung gedrängt.[575] Eisenhower, der auf Zeitgewinn setzte, schickte den stellvertretenden Unterstaatssekretär Murphy zu Gesprächen der drei Westalliierten am 29. Juli nach London und ließ am 31. Juli ankündigen, daß die Guthaben der ägyptischen Regierung in den USA eingefroren würden.[576] Als Murphys Berichte nach Washington über die britische und französische Entschlossenheit, Nasser militärisch zu stürzen, Alarm schlugen, schickte Eisenhower nach einem Treffen mit seinen wichtigsten Beratern am 31. Juli Dulles ebenfalls nach London, um die europäischen Verbündeten von übereilten Schritten abzuhalten und um stattdessen eine internationale Konferenz von Seefahrtsnationen über die Zukunft des Kanals anzuregen.[577]

Dieser Versuch Eisenhowers, für den Nasser und der Suez-Kanal nun zur dringendsten außenpolitischen Frage geworden waren,[578] bedeutete einen typischen amerikanischen Lösungsansatz, über die Klärung von technischen und finanziellen Problemen zu einer politischen Lösung zu kommen.[579] Aus seiner Überlegung, einen persönlichen Gesandten zu Nasser zu schicken und die Krise

---

[574] Vgl. Kunz, a.a.O., S. 78f.
[575] Vgl. Memorandum Lawsons an das State Department, 27.7.1956. FRUS 1955-1957, Vol. XVI, Suez Crisis, July 26 - December 31, 1956, S. 22f.
[576] Dabei handelte es sich um Guthaben der Nationalbank von Ägypten - deren Gold- und Dollarreserven zu 75 Prozent bei der Federal Reserve Bank of New York lagen - und der Suez-Kanal-Gesellschaft in Höhe von insgesamt 42 Millionen Dollar. Vgl. Kunz, a.a.O., S. 80.
[577] Über die Drei-Mächte-Gespräche in London vom 29.7.-2.8.1956 vgl. Murphy, a.a.O., S. 462-70; vgl. Eden, a.a.O., S. 484-490; vgl. MacMillan, a.a.O., S. 104-107.
[578] Vgl. DDEs Brief an seinen Freund E.E. "Swede" Hazlett, einem pensionierten Offizier aus North Carolina, 3.8.1956. DDEL: Ann Whitman File, DDE Diaries Series, Box 17, August 1956 Miscellaneous (4).
[579] In dieser Tradition standen bereits der Johnston-Plan über die Nutzung des Jordanwassers oder Präsident Trumans Point IV-Programm. Vgl. zum amerikanischen Glauben an einen missionarischen Effekt von wirtschaftlicher Kooperation John Spanier, American Foreign Policy Since World War II, New York 1983, S. 13.

unter Umgehung britischer oder französischer Beteiligung zu bewältigen,[580] sprach darüber hinaus die größte Vorsicht, nicht mit "imperialen" Verhaltensweisen seiner westeuropäischen Verbündeten identifiziert zu werden. Für Eisenhower war klar, daß dieser Konflikt kein Konflikt Amerikas war, sondern nur aus der Perspektive weltpolitischer Containment-Strategie behandelt werden konnte, da das bisherige Gefüge des Nahen Ostens auseinanderzufallen drohte. Und dabei war kein Platz für die gekränkten Eitelkeiten in London und Paris. Diese Haltung sollte Eisenhower während der gesamten kommenden Monate beibehalten, ohne Rücksicht auf westliche Gemeinsamkeiten.

Nach seiner Rückkehr aus London konnte Dulles dem NSC und den Führern des Kongresses von der britischen und französischen Zustimmung zu einer internationalen Kanal-Konferenz, die am 16. August in London beginnen sollte, berichten.[581] Allerdings gab es sowohl bei der Zusammensetzung der amerikanischen Delegation wie des internationalen Teilnehmerkreises Probleme. Eisenhower und Dulles hatten aus innenpolitischen Erwägungen heraus versucht, den demokratischen Senator Mike Mansfield nach London zu schicken, obwohl sie sich über dessen pro-israelische Grundhaltung bewußt waren. Allerdings war das Argument stärker, angesichts der Spannungen ein gemeinsames innenpolitisches Vorgehen während des Wahlkampfs anzustreben.[582] Mansfield sagte nach einigem Zögern ab, da er in dieser Zeit auf dem Parteitag der Demokraten sein wollte und wohl auch im Wahlkampf keine allzu große Nähe zur Administration suchte.[583]

---

[580] Im Gespräch DDEs mit Herbert Hoover vom 28.7.1956 fielen die Namen von unabhängigen Geschäftsleuten wie Robert Anderson und Pete Jones. Allerdings wurde diese Idee später als unrealistisch wieder verworfen. DDEL: Ann Whitman File, DDE Diaries Series, Box 16, July 1956 Phone Calls.
[581] Vgl. Protokoll der NSC-Sitzung vom 10.8.1956. DDEL: Ann Whitman File, NSC Series, Box 8, National Security Council Meetings; vgl. Protokoll der Sitzung mit Kongreßführern vom 12.8.1956. DDEL: Ann Whitman File, Legislative Meetings Series, Box 2, 1956 (4).
[582] Vgl. Gesprächsmemorandum DDE - JFD, 6.8.1956. DDEL: Ann Whitman File, DDE Diaries Series, Box 16, August 1956 Phone Calls.
[583] Vgl. Briefverkehr zwischen DDE/JFD und Mansfield, 9.8.1956. DDEL: Dulles Papers, General Correspondence and Memoranda Series, Box 3, Strictly Confidential - M (1).

Schwerer wogen das Problem, die Konferenz überhaupt zusammenzustellen, und die Prinzipien, nach denen die Teilnehmer eingeladen werden sollten. Immerhin stand Nasser für viele afro-asiatische Staaten als Symbol von Blockfreiheit und nationaler Unabhängigkeit, so daß diese Staaten angemessen berücksichtigt werden mußten, sollte die Konferenz internationale Autorität haben und zu einem Erfolg führen. Andererseits war es Dulles' Ziel, mit der Konferenz Nasser zur Annahme eines internationalen Kontrollorgans über den Suez-Kanals zu zwingen.[584] London und Paris hatten eher widerstrebend einer internationalen Konferenz zugestimmt, hofften aber auf diese Weise am besten Washingtons Unterstützung gegen Nasser erreichen zu können; ihre militärischen Vorbereitungen liefen unterdessen weiter. Anfang August wurden Einladungen an die Unterzeichnerstaaten der Konvention von Konstantinopel von 1888, auf deren Grundlage der Kanalverkehr bisher abgewickelt wurde, sowie an die Hauptseefahrtsnationen versandt, einschließlich den USA und Ägypten (Ägypten und Griechenland lehnten aber schließlich eine Teilnahme ab).[585]

Trotz Protesten aus Tel Aviv wurde Israel, dem Ägypten die Durchfahrt durch den Kanal verweigerte, nicht eingeladen. Denn einer weiteren Taktik Dulles' entsprach es, den arabisch-israelischen Konflikt so weit wie möglich aus dem Disput um den Suez-Kanal herauszuhalten. Nach Ansicht Botschafter Ebans jedoch zeigte die derzeitige Krise einmal mehr, daß Israel der einzige verläßliche Verbündete Washingtons sei und deshalb mit amerikanischen Waffen ausgerüstet werden müsse, um eine *"bastion of strength"* zu werden. Eban machte diese Äußerung gegenüber Robert Anderson, der auf diesen Vorschlag nicht direkt einging, sondern antwortete, daß *"it would be greatly to Israel's advantage to keep quiet during the coming period."*[586] Doch wie bekannt ließ sich Israel durch diese Lockungen nicht militärisch disziplinieren.

---

[584] Vgl. Gesprächsmemorandum JFD - Hammarskjöld, 10.8.1956. DDEL: Dulles Papers, General Correspondence and Memoranda Series, Box 1, Memos of Conversation - General - E Through I (2).
[585] Vgl. Kunz, a.a.O., S. 85.
[586] Memorandum Russells an JFD, 4.8.1956. FRUS 1955-1957, Vol. XVI, S. 136ff.

Während unter größter Geheimhaltung in Washington der Regierungsstab Suez Economic Task Force eingesetzt wurde (bestehend aus Vertretern des Außen-, Finanz-, Handels-, Innen- und Verteidigungsministeriums sowie vom Office of Defense Mobilization und der CIA), der gemeinsam mit Managern der privaten Ölgesellschaften im eigens geschaffenen Middle East Emergency Committee Planungen für die Sicherung der Ölversorgung Westeuropas im Falle einer Schließung des Suez-Kanals ausarbeiten sollte,[587] nahm die Londoner Konferenz vom 16. bis zum 24. August ihren Lauf. Die versammelten Delegationen von 22 Nationen beschlossen nach ihren Beratungen mit einem Votum von 18 zu vier ein von Dulles ausgearbeitetes Organisationsschema für ein internationales Management, das die Kontrolle über den Kanal übernehmen sollte. Per Vertrag sollte eine mit der UNO verbundene Behörde geschaffen werden, deren Vorstand von den Durchfahrtsnationen bestimmt werden sollte. Für Ägypten war ein stärkeres Mitspracherecht vorgesehen, doch keineswegs eine größere Kontrolle als vor der Verstaatlichung.[588] Eine fünfköpfige Kommission, angeführt von Australiens Premierminister Robert Menzies, sollte anschließend den Vorschlag Nasser persönlich übermitteln, der ihn jedoch ablehnte.[589]

Zwar hatten London und Paris dem 18-Mächte-Vorschlag zugestimmt, doch war sich Dulles sicher, daß dies nur mit der Hoffnung verbunden war, *"that Nasser would not ultimately accept the plan."* Beide Regierungen, so Dulles vor dem NSC, warteten damit nur auf einen Vorwand zum militärischen Eingreifen.[590]

---

[587] Vgl. ausführlich Kunz, a.a.O., S. 87f. Bereits in der zweiten Augustwoche hatte das MEEC einen ersten Krisenplan entworfen. Ohne Zweifel konnte die Administration im weiteren Verlauf der Suez-Krise deswegen so souverän auftreten, da sie einen Mechanismus installierte, der mit jeder wirtschaftlichen Krise fertigwerden und jeden wirtschaftlichen Druck ausüben konnte.
[588] Vgl. Kyle, a.a.O, S. 180-199; vgl. Bryson, a.a.O., S. 195f.; vgl. Bowie, a.a.O., S. 201ff; vgl. Kunz, a.a.O., S. 92.
[589] Die anderen Kommissionsmitglieder waren Vertreter der USA, Schwedens, des Irans und Äthiopiens. Vgl. Lucas, Divided We Stand, a.a.O., S. 185ff.; vgl. Kyle, a.a.O., S. 219-222; vgl. Neff, a.a.O., S. 299-303.
[590] Protokoll der NSC-Sitzung vom 30.8.1956. DDEL: Ann Whitman File, NSC Series, Box 8, National Security Council Meetings.

Eisenhower, der Nasser als längst nicht so große Bedrohung einschätzte, als daß sie eine Militärintervention rechtfertige würde, warnte daher Anfang September Premierminister Eden in zwei persönlichen Briefen vor militärischer Gewaltanwendung. Allerdings verschanzte er sich dabei hinter der öffentlichen Meinung in den USA und im Kongreß, was Eden als versteckte Zustimmung zu einem militärischen Schlag interpretiert haben mochte, zumindest jedoch nicht als Warnung vor einem Entzug amerikanischer Unterstützung im Falle eines anglo-französischen Alleingangs. Die Amerikaner waren jedoch nicht gegen einen Militärschlag, um Nasser zu schützen, sondern weil sie glaubten, ein Militärschlag der Westalliierten solidarisiere die arabische Welt hinter Nasser und biete der Sowjetunion die Möglichkeit, daraus Kapital zu schlagen.[591]

Die Eisenhower-Administration ahnte, daß London und Paris jede Möglichkeit nutzen würden, einen Grund zum militärischen Eingreifen zu finden. Während die Europäer schon in dem 18-Mächte-Vorschlag ein Ultimatum an Nasser sahen, wollten sie das Suez-Problem nach dem Scheitern der Menzies-Kommission vor den UN-Sicherheitsrat bringen, um Nasser gegebenenfalls mit einer scharfen Resolution zur Aufgabe seines Widerstandes und zur Rückkehr zum status quo ante zu zwingen. Dulles machte Lloyd jedoch klar, daß Washington um einen friedlichen Ausweg aus der Krise bemüht war und keine Resolution unterstützen würde, die eine militärische Option vorsah. Zudem befürchtete Washington als Folge einer UN-Debatte - und einer möglichen Internationalisierung des Kanals - einen Präzedenzfall für Amerikas Kontrolle über den Panama-Kanal und als Gegenschlag Nassers eine Schließung des Suez-Kanals, was einen unkalkulierbaren Effekt auf den amerikanischen Wahlkampf ausüben

---

[591] Vgl. Brief DDEs an Eden, 2.9.1956. FRUS 1955-1957, Vol. XVI, S. 355-358; vgl. Brief DDEs an Eden, 8.9.1956, in: Ebenda, S. 431ff. Diane Kunz glaubt, daß die Suez-Krise hätte verhindert werden können, wenn Washington von Anfang an London und Paris klar genug gesagt hätte, daß eine Gewaltanwendung inakzeptabel war. Stattdessen hätte die Eisenhower-Administration die Alliierten, besonders Eden, nur indirekt von einer Militärintervention abzuhalten versucht, was letzterer wiederum als stillschweigende Ermunterung verstanden habe. Vgl. Kunz, a.a.O., S. 93f.

könnte.[592] Dulles mußte sehr vorsichtig taktieren, da die Kommentatoren in den amerikanischen Medien die Internationalisierung des Kanals nahezu geschlossen unterstützten.[593]

Zwar befaßte sich, nachdem am Kanal die europäischen Lotsen durch ägyptische abgelöst worden waren, der Sicherheitsrat der UNO Mitte September mit dem Suez-Komplex, doch waren die Briten erst einmal gewarnt. Eine Woche vorher war Dulles initiativ geworden, um Zeit zu gewinnen, Verhandlungen zu beginnen und London und Paris das Gesetz des Handelns zu nehmen. Dabei kam es ihm darauf an, bei der Organisation des Verkehrs durch den Kanal das Prinzip der Konzessionalisierung durchzusetzen, um eine internationale Kontrolle durch die UNO zu verhindern. Sein provisorischer Vorschlag einer Suez Canal Users Association (SCUA) war eine Konkretisierung des Londoner 18-Mächte-Konzepts und sah die Gründung einer Gesellschaft der Kanalbenutzer vor, die den technischen Betrieb des Kanals organisierte, Gebühren kassierte und davon dann Kompensationen an die ägyptische Regierung überwies.[594]

In den folgenden Tagen erörterte Dulles das SCUA-Konzept mit den britischen und französischen Botschaftern in Washington, Makins und Alphand, wobei er ihnen explizit klarmachte, daß falls es zu einer Blockade Nassers westlicher Schiffe am Kanal kommen sollte, die Schiffe um das Kap der Guten Hoffnung herumfahren müßten. Keineswegs dürfe eine solche Blockade der Vorwand für ein militärisches Eingreifen sein. Dies war jedoch genau das Instrument, das Eden in der SCUA sehen wollte, der anders als Dulles bereit war, die Durchfahrt durch den Kanal notfalls freizuschießen.[595]

---

[592] Vgl. ebenda, S. 96.
[593] Vgl. Foster, a.a.O., S. 169.
[594] Vgl. Gesprächsmemorandum DDE - JFD, 8.9.1956. DDEL: Dulles Papers, White House Memoranda Series, Box 4, August Through December 1956 (5); vgl. DDEs Memorandum über die Prinzipien der SCUA im Anhang zu Waging Peace, a.a.O., S. 672-675; vgl. Bowie, a.a.O., S. 203.
[595] Vgl. "Outline of Proposal for a Voluntary Association of Suez Canal Users", 9.9. (an Makins) und 10.9.1956 (an Alphand). DDEL: Dulles Papers, Subject Series, Box 7, Suez Problem; vgl. James, a.a.O., S. 510-516.

Zur zweiten Londoner Konferenz, die vom 19. bis 21. September stattfand, kamen 15 Delegationen der Unterzeichner des 18-Mächte-Vorschlags. Doch auch diese Konferenz brachte in der Sache keine Fortschritte, konnten sich doch die Teilnehmer nicht auf die Höhe der Gebührenzahlungen an die SCUA und deren Kompensationszahlungen an Ägypten einigen. Großbritannien und Frankreich hatten sich mit ihrer interventionistischen Linie gegenüber den übrigen Staaten isoliert, und die USA vermochten keine Einigung zwischen den beiden Standpunkten zu vermitteln, so daß auch dieser diplomatische Lösungsversuch scheiterte.[596]

Noch während die Konferenz in London tagte, fanden als Reaktion von Nassers Ankündigung, den Golf von Aqaba zu sperren, Konsultationen zwischen Israel und Frankreich statt, das Israel seit dem Frühjahr 1956 massiv aufgerüstet hatte. In diesen Unterredungen zwischen dem französischen Verteidigungsministerium und dem israelischen Generalstab, die einen Monat später in die britisch-französisch-israelische Geheimkonferenz von Sèvres bei Paris münden sollten, ging es ganz konkret um die logistischen Möglichkeiten von Truppenbewegungen und die militärische Koordination eines gemeinsamen Schlages gegen Ägypten.[597] Die Israelis sahen in Nassers Ankündigung einen Teil einer arabischen Einkreisungsstrategie, die sie angesichts der Politik der Eisenhower-Administration der letzten Jahre nicht mit diplomatischen Mitteln durchbrechen zu können glaubten. Während sie daher gegenüber den Amerikanern weiter versuchten, sich als stabilen Verbündeten darzustellen,[598] hatten sie mittlerweile die militärische Stärke erreicht, mit der sie einen erwarteten Angriff Nassers zuvorkommen wollten.

---

[596] Vgl. Kunz, a.a.O., S. 100f.; vgl. Kyle, a.a.O., S. 252-255.
[597] Vgl. Ferro, a.a.O., S. 48-54 und S. 65-71.
[598] Vgl. Memorandum Arthur Deans an JFD, 14.9.1956. DDEL: Dulles Papers, Subject Series, Box 10, Israeli Relations 1951-1957 (1). JFDs Vertrauter Dean, der über gute Kontakte zur israelischen Botschaft in Washington verfügte, berichtete darin über ein Gespräch mit Abba Eban, in dem der Botschafter JFDs Diplomatie gelobt und zudem als langfristige Lösung des Suez-Konflikts den Bau eines Kanals durch Israel vom Roten Meer zum Mittelmeer vorgeschlagen habe, um den Westen unabhängig von arabischem Nationalismus zu machen.

Über diese militärische Stärke war auch die Israel-Lobby in den USA informiert, die damit stets auf dem neuesten Stand der Dinge war. Jacob Javits, der in den verbleibenden sechs Wochen des Wahlkampfes um einen Senatssitz in New York gegen Bürgermeister Robert Wagner einen schweren Stand hatte, setzte sich bei der Administration für ein Darlehen der amerikanischen Export-Import-Bank für Israel ein, mit dem der Ausbau der israelischen Agrarindustrie vorangetrieben werden sollte. Denn Waffen, so Javits, seien *"no longer a major issue. (...) [I]t is becoming increasingly clear that further arms from this country are not a necessity for Israel's survival."* Demnach gestand Javits ein, daß Israels Existenz keineswegs militärisch bedroht und die Kampagne zur Bewaffnung Israels erfolgreich abgeschlossen war.[599]

Javits war natürlich Teil der pro-israelischen pressure group innerhalb der Republikanischen Partei, blieb aber stets loyal zur Administration und vor allem zum Präsidenten, wozu auch seine Ehrlichkeit in der inhaltlichen Auseinandersetzung gehörte, die ihn das Ende des israelischen Bedarfs an Militärgerät feststellen ließ. Davon konnte bei den amerikanischen Zionisten, die jetzt mehr oder weniger offen für das demokratische Präsidentschafts-Ticket mit Adlai Stevenson und Senator Estes Kefauver (Tennessee) eintraten,[600] nicht unbedingt die Rede sein. In einem streng vertraulichen Memorandum des United Jewish Appeals (UJA) wurden einigen Funktionären und Multiplikatoren mitgeteilt, daß Israel entgegen allen öffentlichen Meinungen mittlerweile die militärische Stärke erreicht habe, um einen Angriff Nassers widerstehen zu können,

---

[599] Memorandum Hanes' an Macomber (beide State Department) über ein Gespräch mit Javits, 18.9.1956. DDEL: Dulles Papers, General Correspondence and Memoranda Series, Box 4, Miscellaneous Correspondence August 15, 1956 - October, 11 1956; vgl. Memorandum von US-Botschaft in London an Hanes, 18.9.1956. Ebenda.

[600] Vgl. die Briefe des ZOA-Präsidenten Mortimer May vom September an die Wahlkampfstäbe der beiden Parteien, aus denen eine deutliche Präferenz für die Demokraten hervorgeht. WRHS: Silver Papers, A Corr 12-1-40, Zionist Organization of America 1956-57.

was jedoch nicht öffentlich bekannt werden dürfe. Stattdessen müsse weiter für militärische Lieferungen an Israel geworben werden.[601]

An der diplomatischen Front erreichte die Auseinandersetzung um den Kanal ein neues Stadium, als die britische und die französische Regierung Ende September 1956 beschlossen, die Suez-Frage auf die Tagesordnung des UN-Sicherheitsrats zu setzen und eine Sitzung für den 26. September einzuberufen, nicht aus Respekt vor der staatsrechtlichen Verpflichtung, die sich aus der Charta der UNO ergeben hätte, sondern aus der Taktik, ein anderes Land könnte die Initiative ergreifen und die britische Truppenpräsenz im Mittelmeer thematisieren.[602] Dulles war über die Tatsache, daß die Alliierten ihn vor einem solchen Schritt nicht konsultiert hatten, äußerst verstimmt und konferierte daher gleich am ersten Tag der UN-Beratungen (5.-14. Oktober) mit seinen beiden Amtskollegen Selwyn Lloyd und Christian Pineau, um die jeweiligen Positionen zu klären. Gegenüber Präsident Eisenhower meinte Dulles anschließend, daß die Briten versprochen hätten, sich um eine friedliche Lösung zu bemühen und daß die Franzosen *"grudgingly went along."*[603]

Obgleich amerikanische Geheimdienstberichte weiterhin davon ausgingen, daß Briten und Franzosen sich eine militärische Option offenhielten, sahen Dulles und das Pentagon diese Gefahr offenbar nicht mehr. Stattdessen rieten sie Eisenhower dazu, die im Rahmen der "Operation Stockpile" für arabische Staaten vorgesehenen Waffen anderweitig einzusetzen, da es unwahrscheinlich sei, daß ein arabischer Staat Opfer einer Aggression werden würde.[604] In der Generaldebatte des Sicherheitsrats am 9. Oktober gab Dulles ebenfalls ein

---

[601] Vgl. "Highly Confidential Memorandum from Herbert A. Friedman to UJA staff and speakers", 26.9.1956. UR: Bernstein/AIPAC Papers, Box 1, Chronological Files 1954-1961.
[602] Vgl. Istvan S. Pogany, The Security Council and the Arab-Israeli Conflict, New York 1984, S. 60. Generell zur Suez-Krise aus Sicht der Vereinten Nationen, vgl. ebenda, S. 55-78.
[603] Gesprächsmemorandum DDE - JFD, 6.10.1956. DDEL: Ann Whitman File, DDE Diaries Series, Box 19, October 1956 Phone Calls.
[604] Vgl. Memorandum JFDs an DDE, 28.9.1956. DDEL: Dulles Papers, White House Memoranda Series, Box 3, White House Correspondence - General 1956 (2).

Anzeichen von Entspannung und zeigte sich gesprächsbereit. Er erklärte, der 18-Mächte-Mechanismus sei nicht sakrosankt und lasse durchaus Raum für Alternativvorschläge. Auch sein ägyptischer Amtskollege Fawzi deutete vor dem Sicherheitsrat Flexibilität an. Ägypten mußte mit einem gesunkenen Verkehrsaufkommen - und damit niedrigeren Einnahmen - im Kanal fertig werden und stand außerdem unter dem Druck der Sowjetunion und arabischer Ölförderstaaten, in Verhandlungen einzuwilligen. Fawzi nannte daher eine Reihe von für alle akzeptablen Prinzipien und Zielen (Garantie für ungehinderte Durchfahrt, Kooperation zwischen Kanalverwaltung und -benutzern, Fairneß beim Geührensystem, Angemessenheit der ägyptischen Einnahmen), die von einer kleinen Konferenzrunde ausgehandelt werden sollten.[605]

In der Tat standen die Zeichen nun ganz auf Kompromiß, was Washington auch bereits von privater Seite angedeutet worden war, denn eine Reihe von Persönlichkeiten aus der amerikanischen Finanzwelt wie der Geschäftsmann Bernard Baruch, der Direktor der Chase Manhattan Bank, John McCloy, und der Direktor der Weltbank, Eugene Black, waren von ägyptischen Diplomaten um eine Vermittlungsinitiative gebeten worden, die Ägypten das Gesicht zu wahren helfen sollte.[606] Die Eisenhower-Administration beschloß daraufhin, trotz eines vermeintlichen Vorteils im Wahlkampf ein Darlehen der Exim-Bank an Israel zunächst nicht zu gewähren, um in dieser Situation kein falsches Zeichen zu setzen.[607]

---

[605] Vgl. Bowie, a.a.O., S. 206.
[606] Vgl. Kunz, a.a.O., S. 111.
[607] Vgl. Gesprächsmemorandum DDE - JFD, 2.10.1956. DDEL: Dulles Papers, White House Memoranda Series, Box 4, Meetings with the President August Trough December 1956 (5); vgl. Memorandum Hanes' an JFD, 3.10.1956. DDEL: Dulles Papers, Special Assistants Chronological Series, Box 10, Hanes-Macomber Chronological October 1956 (4); vgl. Brief Arthur Deans an JFD, 3.10.1956. DDEL: Dulles Papers, Subject Series, Box 10, Israeli Relations 1951-1957 (1); vgl. Gesprächsmemorandum DDE, JFD, Humphrey, 3.10.1956. DDEL: Dulles Papers, JFD Chronological Series, Box 14, John Foster Dulles Chronological October 1956 (3); vgl. Brief Arthur Deans an JFD, 8.10.1956. DDEL: Dulles Papers, Subject Series, Box 10, Israeli Relations 1951-1957. Die amerikanische Export-Import (Exim)-Bank war 1934 gegründet worden, um ausländische Käufe amerikanischer Produkte zu ermöglichen.

Zwischen dem 9. und dem 12. Oktober 1956 fanden in New York unter der Schirmherrschaft von UNO-Generalsekretär Hammarskjöld informelle Gespräche zwischen Lloyd/Pineau und Fawzi über die prinzipielle Behandlung der Neugestaltung der Kanal-Kontrolle statt. Tatsächlich schien damit die Basis für eine friedliche Lösung des Konflikts gelegt worden zu sein, denn trotz einer widerstrebenden Haltung Pineaus einigte man sich auf die sogenannten "Sechs Grundsätze", nach denen künftig der Verkehr durch den Suez-Kanal abgewickelt werden sollte.[608] Hammarskjöld legte diese anschließend dem Sicherheitsrat vor, der sie am 13. Oktober akzeptierte. Zwar waren noch viele Detailfragen zu klären, aber die Festlegung auf weitere Gespräche ab dem 29. Oktober in Genf schien die Hoffnung auf eine friedliche Lösung des Konflikts zu rechtfertigen.[609]

Die amerikanische Öffentlichkeit, die in jenen Herbstwochen des Jahres 1956 mit dem Wahlkampf und der Endrunde der Baseball-Meisterschaft beschäftigt war, hatte bisher von der spannungsgeladenen Situation am Suez-Kanal keine große Notiz genommen. Zudem wurde Suez als weit entfernte Angelegenheit zwischen Europäern und Arabern wahrgenommen. Auch die Medien hatten Suez nur eine begrenzte Aufmerksamkeit gewidmet und sich in ihren Kommentaren auf die Verkündung der Notwendigkeit einer friedlichen Lösung beschränkt. Mitte Oktober schien sich die Lage endgültig entspannt zu haben, was auch von der Eisenhower-Administration so perzipiert wurde, bekam doch zum ersten Mal in Dulles' Amtszeit der Außenminister ein großes Lob für seine diplomatische

---

[608] Die "Sechs Grundsätze" hatten folgenden Wortlaut:
"(1) There shall be free and open transit through the Canal without discrimination overt or covert. (...)
(2) Egypt's sovereignty shall be respected.
(3) The operation of the Canal should be insulated from the politics of any country.
(4) The manner of fixing tolls and charges should be decided by agreement between Egypt and the users.
(5) A fair proportion of the dues should be allotted to development.
(6) In case of dispute, unresolved affairs between the Suez Canal Company and the Egyptian Government should be settled by arbitration (...)." Vgl. FRUS 1955-1957, Vol. XVI, S. 712; vgl. Pogany, a.a.O., S. 62ff.
[609] Vgl. Kyle, a.a.O., S. 288ff.; vgl. Bowie, a.a.O., S. 206.

Leistung sogar vom AZCPA-Präsidenten Rabbi Bernstein.[610] In Wahrheit begann die eigentliche Suez-Krise erst jetzt. Es begannen die Geheimgespräche zwischen Großbritannien, Frankreich und Israel, in denen die Planungen für den militärischen Angriff mit denen eines gewaltigen - freilich fehlgeschlagenen - diplomatischen Täuschungsmanövers kombiniert wurden.

Die Initiative ging von der französischen Regierung aus, die unter immer stärker werdendem innenpolitischen Druck stand, etwas gegen Nasser zu unternehmen, und daher von der Dreier-Koalition die geringsten Skrupel hatte. Am 16. Oktober 1956[611] übermittelte der französische Generalstabschef Maurice Challe der israelischen Regierung nach Konsultationen zwischen Eden und Frankreichs Premierminister Guy Mollet einen Vorschlag für ein Szenario, bei dem Israel einen Angriff im Sinai starten sollte, was anglo-französischen Verbänden den Vorwand zum Eingreifen geliefert hätte. In Tel Aviv wurde eine solche Idee zunächst brüsk abgelehnt, denn Ben Gurion sah darin eine politische Manipulation zugunsten britischer Interessen, die Israel als alleinigen Aggressor hinstellte, es besonders in Washington völlig diskreditieren mußte und Eden die Möglichkeit gab, sich am verhaßten Israel so wenig wie möglich die Hände schmutzig zu machen. Das Letzte, was Eden wollte, entsprach jedoch genau Ben Gurions Bedingung: ein voll gleichberechtigter Partner an einem gemeinsamen Unternehmen zu sein.[612]

Nur die Sorge um die für Israel lebenswichtige Allianz mit Frankreich veranlaßten Ben Gurion schließlich, dem französischen Drängen nachzugeben und sich an geheimen Beratungen mit den Europäern über einen Schlag gegen Ägypten zu beteiligen. An der dreitägigen Konferenz (22.-24. Oktober) in einem Haus des

---

[610] Vgl. Brief Bernsteins an JFD, 4.10.1956. NA: State Department Decimal File, American Zionist Committee for Public Affairs, 974.7301/10-456. Bernstein lobte die Bemühungen JFDs, die freie Schiffahrt durch den Kanal aufrecht zu erhalten und auch für Israel möglich zu machen.
[611] Simon Peres will bereits im Mai 1956 in einem Gespräch mit dem französischen Verteidigungsminister Maurice Bourgès-Maunoury erstmals die "serious possibility" einer anglo-französischen Aktion gegen Nasser wahrgenommen haben. Vgl. Peres, a.a.O., S. 185f.
[612] Vgl. Mordechai Bar-On, David Ben-Gurion and the Sèvres Collusion, in: Wiiliam Roger Louis/Roger Owen (Eds.), Suez 1956. The Crisis and its Consequences, Oxford 1989, S. 148f.

französischen Geheimdienstes im Pariser Vorort Sèvres nahmen dann als ranghöchste Vertreter neben Ben Gurion und den französischen Gastgebern, Mollet, Pineau und Verteidigungsminister Maurice Bourgès-Maunoury, der britische Außenminister Lloyd teil, zu dessen Entsendung sich Premierminister Eden erst am Tag zuvor entschlossen hatte.[613] Liest man die Erinnerungen der israelischen und britischen Beteiligten, wird deutlich, mit welcher geradezu physischen Abneigung sich Lloyd und Ben Gurion gegenübersaßen.[614] Für Israel war es daher eine große Genugtuung, daß das Treffen in dieser Form zustande kam und mit der Unterzeichnung eines Protokolls endete, womit der britischen Regierung die Möglichkeit genommen wurde, später die Kollusion mit Israel abzustreiten.[615] Doch schon während des Suez-Krieges wurde in der Eisenhower-Administration, bei britischen Journalisten und Parlamentariern sowie bei der Oxford University Union eine Kollusion vermutet.[616]

Beschlossen wurde auf der Sèvres-Konferenz ein modifizierter Challe-Plan, den General Dayan als Kompromiß zwischen dem britischen und israelischen Standpunkt ausgearbeitet hatte. Danach sollte ein als Vergeltungsschlag ausgegebenes Landeunternehmen von israelischen Fallschirmspringer-Einheiten im Sinai (Operation Kadesh) Nasser zur Truppenmobilisierung provozieren, worauf London und Paris unter dem Vorwand, die Sicherheit der Schiffahrt auf dem Suez-Kanal schützen zu müssen, beiden Seiten ein Ultimatum stellen sollte. Dieses wäre für Nasser derart unannehmbar gewesen, daß Briten und Franzosen mit der Entsendung von Truppen geantwortet hätten.[617]

Möglich war die Dreier-Kollusion nur wegen der dramatischen Entwicklung in der Region während des Herbstes geworden. Denn in der

---

[613] Vgl. Lloyd, a.a.O., S. 180.
[614] Vgl. Dayan, Story of My Life, a.a.O., S. 180; vgl. Lloyd, a.a.O., S. 183.
[615] Vgl. Bar-On, a.a.O., S. 157ff. Ein englischer Text des in französisch abgefaßten Protokolls ist im Anhang zu Kyles Studie veröffentlicht. Vgl. Kyle, a.a.O., S. 565ff.
[616] Vgl. W. Scott Lucas, Redifining the Suez 'Collusion', in: Middle Eastern Studies, 1/1990, S. 88.
[617] Vgl. zu den diplomatischen Einzelheiten des Sèvres-Beschlusses Pineau, a.a.O., S. 149-155. zu den militärischen Einzelheiten vgl. Bar-On, a.a.O, S. 156f.

Zwischenzeit war es im September an der israelisch-jordanischen Grenze zu einem erneuten schweren Vergeltungsschlag Israels gekommen, woraufhin sich die jordanische Regierung an die irakische Regierung um Hilfe gewandt hatte. Bagdad war wegen einiger diplomatischer Unstimmigkeiten mit Amman nicht die erste Wahl gewesen, blieb aber, da Ägypten wegen des Suez-Kanals zu beschäftigt war und Saudi-Arabien nur geringe Hilfe angeboten hatte, als einziger potentieller arabischer Adressat übrig.[618] König Hussein hatte sofort eine irakische Division in Jordanien gewollt, wovor König Feisal jedoch zunächst gezögert hatte. Daher hätte London, das durch einen Beistandspakt mit Jordanien verbunden war, bereitgestanden, im Falle eines israelischen Angriffs zu intervenieren. Hinter den Kulissen hatte Israel mit Hilfe amerikanischer Vermittlung Bedingungen genannt, unter denen es irakische Truppen in Jordanien akzeptiert hätte.[619]

Durch eine Reihe von Mißverständnissen, die eine diplomatische Konfusion bewirkt hatten, hatte Israel den Deal platzen lassen und mit einem Militärschlag gegen den jordanischen Ort Qalqiliya am 10. Oktober eine deutliche Warnung an London, Bagdad und Amman gerichtet, es werde eine irakisch-jordanische Allianz mit einem Einmarsch nach Jordanien beantworten.[620] Auf Druck der französischen Regierung verhinderte London schließlich irakische Truppen in Jordanien. Die Briten wären in die absurde Situation geraten, in Jordanien - womöglich mit Ägypten - gegen Israel und in Suez mit Israel gegen

---

[618] Vgl. Lucas, Redifining the Suez 'Collusion', a.a.O., S. 94f. und S. 98. Nach der Entlassung Glubbs hatte London Bagdad zu veranlassen versucht, den Irak zur verstärkten Wahrnehmung der Rolle eines (eigentlich britischen) Ordnungsfaktors zu bewegen. Der Irak war jedoch nur zu finanzieller (nicht militärischer) Unterstützung Ammans bereit gewesen, wenn damit sein Ziel einer "Union des Fruchtbaren Halbmondes" mit Jordanien angestrebt worden wäre. Diese hätte allerdings keinen Platz für zwei Könige gelassen, was König Hussein entsprechend beunruhigt und für Unstimmigkeiten zwischen Bagdad und Amman gesorgt hatte.
[619] Vgl. ebenda, S. 99. Eban hatte über JFD und US-Botschafter Lawson in Tel Aviv Bagdads Premier Nuri als Bedingungen genannt: 1. Unterrichtung Israels im Voraus über irakische Stationierung, 2. kein schweres Kampfgerät, 3. nur eine begrenzte Zahl von Soldaten und 4. keine Truppen in der West Bank. London war über diese Lösung nicht nur zufrieden, sondern fast euphorisch, sah es doch bereits Nassers Einfluß auf Jordanien reduziert und die Suez-Krise gelöst.
[620] Vgl. ebenda, S. 100ff.

Ägypten kämpfen zu müssen. Auch wollte London (Eden) einen israelischen Angriff auf Ägypten und nicht auf Jordanien, denn letzteres hätte London in große Schwierigkeiten gebracht, denn sein Eintreten an der Seite Jordaniens wäre weder von Paris noch von Washington unterstützt worden. Erst nachdem diese regionalen Spannungen beseitigt waren, war auch für London der Weg zur britischen Teilnahme an der Kollusion mit Frankreich und Israel frei geworden.[621]

Die Eisenhower-Administration, über diese jüngsten Entwicklungen in der Region im dunkeln gelassen, war noch immer beunruhigt, Israel könnte tatsächlich in Jordanien militärisch intervenieren und darauf spekulieren, Washington bringe drei Wochen vor den Wahlen nicht den Mut auf, gegen Israel zu reagieren. Bei einer Sitzung mit Eisenhowers wichtigsten außenpolitischen Beratern beauftragte der Präsident Dulles, Botschafter Eban mitzuteilen, daß Israel nicht mit amerikanischer Unterstützung rechnen könne, falls es selbst für eine Aggression verantwortlich gemacht werden könne. Weiterhin gab Eisenhower unmißverständlich zu Protokoll, daß er sich nicht vom Wahltermin beeindrucken lassen würde:

"The President emphasized that our position in this matter could not and should not be influenced by domestic political considerations. It would be a shame, he said, if the American leadership should make its decisions on any basis other than what was right and what was in our overall national interest. He would not under any circumstances permit the fact of the forthcoming elections to influence his judgment. If any votes were lost as a result of this attitude, that was a situation which would have to be confronted, but any other attitude would not permit us to live with our conscience."[622]

---

[621] Vgl. ebenda, S. 102-106.
[622] Gesprächsmemorandum DDE, JFD, Hoover Rountree (NEA), 15.10.1956. DDEL: Dulles Papers, White House Memoranda Series, Box 4, Meetings with the President August thru December 1956 (4).

Diese sehr moralische Linie, die der Präsident nun vorgab, sollte auch während des europäisch-israelischen Angriffs auf Ägypten und im Grunde bis zum März 1957 durchgehalten werden, als nur innenpolitische Opposition und Israels endgültiger Rückzug vom Sinai Eisenhower davon abhielten, Sanktionen gegen Israel zu verhängen.

Eine Woche später war die Administration davon überzeugt, daß eine israelische Militäraktion unmittelbar bevorstand. Grund für diese Annahme waren Geheimdienstberichte über die Mobilisierung und Truppenbewegungen in Israel, womit Eisenhower Ben Gurion am 23. Oktober konfrontierte und ihn noch einmal dringend bat, in der derzeitigen spannungsgeladenen Situation *"to do nothing which would endanger the peace."* Ironischerweise war dies der Tag der Geheimkonferenz von Sèvres, an dem Eisenhower Ben Gurion weiter mitteilte, er habe Schritte eingeleitet, um sich mit Großbritannien und Frankreich, den übrigen Signatarstaaten der Tripartite Declaration, abzustimmen.[623] Vier Tage später folgte ein weiteres Telegramm Eisenhowers an den israelischen Regierungschef, in dem er erneut an das Staatsmännische in Ben Gurion appellierte, alles zu unterlassen, was den Frieden *"and the growing friendship between our two countries"* gefährden könnte. Daß Eisenhower in seinem Telegramm zunächst auf die Situation in Jordanien anspielte und feststellte, daß noch keine irakischen Truppen nach Jordanien gelangt seien, zeigte, daß die Administration offenbar immer noch davon ausging, Israel plane einen Angriff auf sein östliches Nachbarland.[624]

Nur zwei Tage später und sechs Tage nach dem Beginn des Aufstands in Ungarn wurde die Eisenhower-Administration eines anderen belehrt. Wie im

---

[623] Brief DDEs an Ben Gurion, 23.10.1956. DDEL: Ann Whitman File, International Series, Box 29, Israel (4).
[624] Telegramm DDEs an Ben Gurion, 27.10.1956. DDEL: Ann Whitman File, International Series, Box 29, Israel (4). Zu dieser Einschätzung trägt auch das Zeugnis Alfred Athertons bei, der 1956 US-Diplomat in Syrien war. Atherton ist sich heute sicher, daß israelische Desinformation eine Konfusion innerhalb der US-Diplomatie ausgelöst hatte, gegen wen sich die beobachtete israelische Mobilisierung richten sollte. Vgl. Alfred Atherton, The United States and the Suez Crisis. The Uses and Limits of Diplomacy, in: Selwyn Ilan Troen/Moshe Shemesh (Eds.), The Suez-Sinai Crisis 1956. Retrospective and Reappraisal, London 1990, S. 267.

Sèvres-Protokoll vorgesehen, landeten israelische Fallschirmspringer unterstützt von französischen Versorgungsflügen am Morgen des 29. Oktober 1956 am Mitla-Paß, rund 40 Kilometer östlich der Stadt Suez am Südausgang des Kanals. Weitere israelische Verbände stießen von der ägyptisch-israelischen Grenze in den Sinai und den Gaza-Streifen vor.[625] Die ersten Meldungen über den Angriff gingen in Washington neun Stunden später am Nachmittag (Ortszeit) ein.

Am frühen Abend war Eisenhower im Weißen Haus mit seinen wichtigsten Beratern zusammengekommen (darunter Dulles, Hoover, Wilson, Radford, Allen Dulles), um die neue Krisensituation zu erörtern. Der Außenminister erwartete ein anglo-französisches Eingreifen, während Eisenhower widerstrebend klarstellte, daß Washington im Sinne der Tripartite Declaration dem Angegriffenen - und damit Nasser - zu Hilfe kommen müsse, ganz gleich welchen Effekt dies auf die Wahl eine Woche später haben sollte. Eine derartige Linie hatte bereits im Laufe des Tages Vizepräsident Nixon ausgegeben, der sich telefonisch von einer Wahlkampfreise in Kalifornien dafür ausgesprochen hatte, daß innenpolitische Faktoren einer harten Haltung gegenüber der israelischen Aggression nicht entgegenstehen dürften.[626] Die Runde beim Präsidenten beschloß, am nächsten Morgan im UN-Sicherheirstat die Initiative zu ergreifen und die israelische Invasion zu verurteilen - zusammen mit den westlichen Verbündeten oder allein.[627]

Im weiteren Verlauf des Abends zeichnete sich bereits ab, daß ein von London und Paris zumindest geduldetes Unternehmen im Gange war, das Washington zunächst nicht zu stoppen vermochte. Die britischen und französischen Vertreter bei der UNO in New York lehnten gegenüber US-Botschafter Lodge jegliche Zustimmung ihrer Regierungen zu einer gegen Israel gerichteten Re-

---

[625] Vgl. Kyle, a.a.O., S. 347-352; vgl. auch die militärhistorische Studie von Roy Fullick/Geoffrey Powell, Suez. The double War, London ²1990, S. 88-92.
[626] Vgl. Telefonat Nixons mit JFD, 29.10.1956. DDEL: Dulles Papers, Telephone Calls Series, Box 5, Memoranda of Telephone Conversations - General - October 1 - December 29, 1956 (3).
[627] Vgl. Gesprächsmemorandum DDE, JFD, Hoover, Wilson, Radford, Allen Dulles u.a., 29.10.1956. DDEL: Ann Whitman File, DDE Diaries Series, Box 19, Diary Staff Memos.

solution ab und erklärten die Tripartite Declaration für überholt, woraufhin Eisenhower in einem Brief an Eden um die dringende Klärung der Standpunkte bat.[628] Nachdem Ben Gurion in einer ebenso dringenden Botschaft von Eisenhower zum Rückzug aufgefordert worden war, rechtfertigte sich dieser mit dem *"ring of steel around the borders of Israel"*, den die arabischen Staaten gezogen hätten. Als Auslöser des israelischen Handelns nannte Ben Gurion schließlich den Besuch des ägyptischen Generalstabschefs in Amman am 24. Oktober, bei dem ein ägyptischer Oberbefehl über die ägyptischen, jordanischen und syrischen Streitkräfte bekannt gegeben worden war.[629]

Auch am nächsten Morgen ergab sich für die Administration immer noch kein klares Bild der Lage, besonders was das Verhalten der Briten und Franzosen anging. Präsident Eisenhower wiederholte seine Überzeugung, daß Gewalt nicht gerechtfertigt wäre und daß die Vereinten Nationen nun eine Lösung herbeiführen müßten. Bei diesem Treffen, an dem neben ihm auch Dulles, Hoover, Stabschef Adams, der Rechtsberater des State Department Herman Phleger sowie Eisenhowers Referenten Goodpaster und Hagerty teilnahmen, wurde bereits erstmals über Sanktionen gegen Israel nachgedacht. Nach Informationen des Finanzministeriums war dabei allerdings ein informelles Einfrieren israelischer Guthaben hinter den Kulissen kaum praktikabel, da diese weit gestreut und nur bei einer New Yorker Bank mit nennenswerter Konzentration angelegt seien. Dulles räsonierte auch über einen Stop von Wohltätigkeitsfonds amerikanischer Juden nach Israel, wobei allerdings ein gewaltiger Aufschrei der Öffentlichkeit erwartet

---

[628] Vgl. Gesprächsmemorandum DDE, JFD, Goodpaster, John Coulson (Chargé d'Affaires der britischen Botschaft), 29.10.1956. DDEL: Dulles Papers, White House Memoranda Series, Box 4, Meetings with the President (3); vgl. Brief DDEs an Eden, 30.10.1956, in: Eisenhower, Waging Peace, a.a.O., S. 678f.
[629] Brief Ben Gurions an DDE, 29.10.1956. DDEL: Ann Whitman File, International Series, Box 29, Israel (4). Vor allem der Beistandspakt mit Syrien führte auch in der US-Administration zu den ganz erheblichen Verdächtigungen, Nasser plane eine anti-westliche arabische Achse und öffne die Region weiter dem sowjetischen Einfluß. Aus amerikanischer Sicht trug er damit zur fortgesetzten Zerrüttung des amerikanisch-ägyptischen Verhältnisses bei. Vgl. Jeffrey A. Lefebvre, The United States and Egypt. Confrontation and Accomodation in Northeast Africa, 1956-1960, in: Middle Eastern Studies, 2/1993, S. 325f.

werden müsse. Gleichwohl verlangte Eisenhower eine Prüfung der Möglichkeit, diesen privaten Geldfluß nach Israel zu unterbrechen, falls Sanktionen auferlegt werden würden.[630]

Nach der Konferenz im Weißen Haus wurde bekannt, daß Eden vor dem Unterhaus Ägypten und Israel ein Ultimatum gestellt hatte. Als danach Eden und Mollet in getrennten Botschaften an Eisenhower um Unterstützung für ihr militärisches Vorgehen baten und tatsächlich im UN-Sicherheitsrat durch ihr Veto eine Resolution verhinderten, die zu einem Waffenstillstand und zum israelischen Rückzug aus dem Sinai aufrief, konnte es keinen Zweifel mehr über die anglo-franko-israelische Kollaboration geben.[631] Eisenhower wandte sich am 31. Oktober über eine Fernsehansprache an die Nation und schilderte den Ernst der Lage und der Bedrohung des Friedens, die durch die Suez-Krise ausgelöst worden war.[632] Er erläuterte auch das amerikanische Vorgehen und kritisierte, daß die USA nicht von den drei Aggressoren - gemeint waren Israel, Großbritannien und Frankreich - im Voraus konsultiert worden waren und daß die USA sich deutlich von ihrem

---

[630] Vgl. Gesprächsmemorandum DDE, JFD, Hoover, Adams, Phleger, Goodpaster, Hagerty, 30.10.1956. DDEL: Ann Whitman File, DDE Diaries Series, Box 19, October 1956 Diary Staff Memos.
[631] Zum anglo-französischen Ultimatum und ihren Vetos im UN-Sicherheitsrat vgl. Pogany, a a.O., S. 71-75.
[632] Abba Eban hat in seinen Memoiren von einem Versuch Sherman Adams' geschrieben, am Tag vor der Fernsehrede mit Hilfe einer Vermittlung Rabbi Silvers von Ben Gurion das Versprechen zu bekommen, die eroberten Gebiete wieder zurückzugeben. Bei einem solchen Versprechen hätte Eisenhower in der Fernsehrede auf Kritik an Israel verzichtet und stattdessen die tiefe Freundschaft zwischen den USA und Israel hervorgehoben. Vgl. Abba Eban, Autobiographie, Paris 1979, S. 86. Diese Darstellung ist aus mehreren Gründen anzuzweifeln. Zunächst war angesichts des schwierigen persönlichen Verhältnisses zwischen Silver und Ben Gurion eine Vermittlung Silvers zumindest ungewöhnlich. Des weiteren existieren in den amerikanischen Archiven (DDEL und WRHS) keinerlei Hinweise auf eine derartige Initiative Adams'. Schließlich hat Moshe Fox nachgewiesen, daß Eban neben seinen Memoiren in zwei weiteren hebräischen Werken drei völlig verschiedene Darstellungen der angeblichen Adams-Initiative gegeben hat, was den Inhalt noch unglaubwürdiger werden läßt. Vgl. Moshe Fox, Backing the "Good Guys". American Governmental Policy, "Jewish Influence", and the Sinai Campaign of 1956, in: American Jewish Archives, 40/1988, S. 86 (Fußnote 16).

Vorgehen distanzierten.[633] Dies wurde anderntags noch dadurch unterstrichen, daß die Administration die Suez-Krise vor die Generalversammlung der UNO brachte, wo wegen des afro-asiatischen Blocks eine stabile Mehrheit gegen Israel zu erwarten war.

Am 2. November nahm die Generalversammlung eine von den USA eingebrachte Resolution an, die einen Waffenstillstand und einen Truppenrückzug verlangte sowie andere Nationen aufforderte, keine Truppen ins Krisengebiet zu senden, was gegen Großbritannien und Frankreich gerichtet war. Diese Resolution wurde mit 64 gegen fünf Stimmen (Israel, Großbritannien, Frankreich, Australien und Neuseeland) angenommen.[634] Am gleichen Tag hatte Israel seine Stellung im Sinai und im Gaza-Streifen konsolidiert. Syrien hatte die Pipelines der Iraq Petroleum Company vom irakischen Kirkuk ans Mittelmeer gesprengt, und Ägypten hatte seine Truppen aus dem Sinai zurückgezogen und die Durchfahrt durch den Suez-Kanal durch Barrikaden mit Schiffswracks unmöglich gemacht. Israel akzeptierte die UN-Resolution, allerdings erst nach Erreichen seiner militärischen Ziele im Sinai, während Großbritannien und Frankreich diese ablehnten und ihre Operationen weiterführten.[635]

Die Verbitterung und Enttäuschung in der Administration, von den engsten Verbündeten hintergangen worden zu sein, waren groß, zumal Eisenhowers Herausforderer Adlai Stevenson aus dieser Situation Kapital für

---

[633] Vgl. die Fernsehansprache DDEs vom 31.10.1956. PPPUS 1956, S. 1060-1066. Shimon Peres hat DDE dessen Krisenmanagement auch später nicht vergessen. In grober Selbstüberschätzung und einem daraus resultierenden Fehlurteil über die Politik DDEs meinte Peres zu seinem Biographen: "I had the pleasure of watching Eisenhower on television (...). What came across was a man with healthy teeth, beautiful eyes and a warm smile who hadn't the vaguest notion what he was talking about. And what he did know, he couldn't express properly. There was no connection between one sentence and the next. The only question he could answer well was 'How are you' " Zitiert nach: Matti Golan, Shimon Peres. A Biography, New York 1982, S. 57.
[634] Vgl. den Text der Resolution GV 998 (ES-1), 2.11.1956, in: Vereinte Nationen (Hrsg.), Die VN-Resolutionen zum Nahostkonflikt I, a.a.O., S. 137ff.
[635] Vgl. Kyle, a.a.O., S. 432-438; vgl. Neff, a.a.O., S. 394-400.

seinen bereits aussichtslosen Wahlkampf zu schlagen begann.[636] Dies galt auch für Israel, das in den zurückliegenden Wochen ständig zur Zurückhaltung ermahnt worden war, diese Mahnungen jedoch grob mißachtet hatte. Die Tatsache, daß schon am Tag nach Israels Invasion im Weißen Haus über Sanktionen geredet wurde, unterstrich die besondere Wut der Administration.[637] In einem hochexplosiven Brief an Dr. Eli Ginzberg lud Eisenhower seine ganze Wut gegenüber Israel und Ben Gurion ab, so daß Ginzberg es vorzog, dieses Schreiben nie zu veröffentlichen.[638] Eisenhower nahm in seinem Krisenmanagement auf die Israel-Anhänger keine Rücksicht und handelte *"exactly as though we didn't have a Jew in America."*[639] Die amerikanischen Juden antworteten mit deutlicher Kritik an der bisherigen Reaktion der US-Regierung auf die Krise im Nahen Osten.[640] In vielen, auch jüngeren Darstellungen über die Suez-Krise und das amerikanisch-israelische Verhältnis wird bei diesem Aspekt jedoch genau das Gegenteil behauptet, nämlich daß die amerikanischen Juden geschockt über die israelische Invasion gewesen seien und die Politik Israels nicht unterstützt hätten.[641]

Dieser Eindruck muß jedoch korrigiert werden. Zwar waren die jüdischen Organisationen über die israelische Kollusion mit Großbritannien und Frankreich anfangs ebenso im unklaren wie die Admistration, doch änderte das Bekanntwerden dieser Kollusion nichts an der Entschlossenheit, für Israel

---

[636] Vgl. The New York Times, 4.11.1956. Laut Staatssekretär Berding war die Suez-Invasion für JFD die größte Enttäuschung seiner Amtszeit. Vgl. Berding, a.a.O., S. 108-111.
[637] Vgl. Telefonat JFDs an DDE, 1.11.1956. DDEL: Ann Whitman File, DDE Diaries Series, Box 19, November 1956 Phone Calls. Auch in diesem Gespräch wurden erneut Sanktionen erwogen, über die man sich im Prinzip einig war, denn es war ausgemacht, daß Israel "can[not] go unpunished for her aggression." Diskussionen gab es nur noch, auf welche Weise die Sanktionen angewandt werden sollten.
[638] Vgl. Dr. Eli Ginzberg Interview. DDEL: Oral History Transcripts, OH 394.
[639] DDEs Brief an seinen Freund E.E. "Swede" Hazlett, 2.11.1956. DDEL: Ann Whitman File, DDE Diaries Series, Box 20, November 1956 Miscellaneous (4).
[640] Zwar hat Abba Eban später von einer gewissen Konfusion bei den amerikanischen Juden zu Beginn der israelischen Invasion gesprochen, der dann jedoch die klare und sofortige Solidarität mit Israel gefolgt sei. Vgl. Eban, a.a.O., S. 164.
[641] Vgl. Schoenbaum, a.a.O., S. 116f.; vgl. Weber, a.a.O., S. 71.

einzutreten.[642] Zu keinem Zeitpunkt ist Israel von den amerikanischen Juden während der Suez-Krise kritisiert oder nicht unterstützt worden. Mehr noch, der United Jewish Appeal (UJA) verzeichnete an einem einzigen Tag während der Krise einen Anstieg der spontanen finanziellen Hilfsbeiträge um 20 Prozent von bis dahin 58,8 Millionen Dollar auf 70,6 Millionen Dollar![643] Jacob Javits veröffentlichte schon am 30. Oktober eine Erklärung, in der er zwar in der Schlußphase seines Wahlkampfes gegen den Demokraten Robert Wagner Loyalität gegenüber Eisenhower bekundete, aber diplomatisch verklausuliert Israels Vorgehen unterstützte. Nur so glaubte Javits - zu Recht, wie sich zeigen sollte - die Wahl in New York um einen Sitz im Senat gewinnen zu können.[644]

Einen Tag später, am 31. Oktober, wandte sich der ZOA-Präsident Emmanuel Neumann mit einer Erklärung an die Öffentlichkeit und rechtfertigte vehement das israelische Vorgehen. Zudem kritisierte er den Verfall westlichen Einflusses und Prestiges in der Region, was zum Aufstieg Nassers, seiner Aufrüstung und dem so entstandenen Druck gegen Israel geführt habe. Bezeichnend sei, daß kein Land des Nahen Ostens die bisherige US-Politik unterstützt und sich allein Israel der anti-amerikanischen Frontlinie entzogen habe. Nur Israel kämpfe gegen die "Achse Kairo-Moskau", während Washington vor Nasser auf die

---

[642] Goldmann hat retrospektiv die israelische Invasion als Fehler bezeichnet, aus Loyalität zu Israel jedoch keine Kritik an Ben Gurions Politik geübt. Im Gegenteil: "I knew Israel's aggression was bound to be violently opposed by Russia as well as America, and I foresaw our complete isolation in the United Nations. Nevertheless, I thought it my duty, so long as I held an official position in the Jewish world, to support Israel in this extremely difficult situation." Goldmann, a.a.O., S. 299.
[643] Vgl. Urofsky, a.a.O., S. 315. Der Israel Bond Drive startete Anfang Dezember eine landesweite Kampagne mit dem Ziel, 15 Millionen Dollar einzuwerben, wozu rund 12.000 freiwillige Helfer im Einsatz waren. Diese Summe wurde schon nach wenigen Tagen erreicht. (The New York Times, 3.+7.12.1956). Insgesamt hatte die Nahost-Krise 1956/57 die Bereitschaft der amerikanischen Juden, Gelder für Israel zu spenden, enorm gesteigert. Der UJA hatte nach $ 60 Millionen 1955, $ 75 Millionen 1956 und $ 82 Millionen 1957 eingeworben. Vgl. Sachar, a.a.O., S. 729.
[644] Vgl. die Telefonate Javits' mit JFDs Referenten Hanes vom 30.10.1956. Hanes hatte Javits von einer Stellungnahme abgeraten. Dieser wollte sich allerdings nur auf eine abgeschwächte Form seiner Erklärung einlassen und sie etwas "staatstragender" formulieren. DDEL: Dulles Papers, General Correspondence and Memoranda Series, Box 5, Miscellaneous Correspondence October 12-30, 1956.

Knie falle. Lediglich Frankreich handele unter allen westlichen Staaten richtig und demonstriere damit *"the complete identity of interests between Israel and the Western democracies."* Drei Tage später wiederholte Neumann in einer landesweiten NBC-Radioansprache seine Vorwürfe an die Administration.[645]

Außerdem plante Neumann eine großangelegte Pressekampagne über die Krise im Nahen Osten, wozu er Rabbi Silver dringend bat, Mittel für einen Sonderfond zu sammeln und dafür alle jüdischen Organisationen gleichermaßen in Anspruch zu nehmen.[646] Silver selbst ging in Cleveland vier Tage vor den Wahlen hart mit der Administration ins Gericht, die, so Silver, tatenlos zusehe, wie der Diktator Nasser Israel zerstören wolle. Nach der Inbesitznahme des Suez-Kanals durch Nasser habe *"Mr. Dulles"* dafür gesorgt, daß nichts dagegen unternommen worden sei. Zudem habe Eisenhower Israel vor einer Truppenmobilisierung gewarnt, aber nichts gegen die militärischen Vorbereitungen Ägyptens unternommen. Angesichts dieser Doppelzüngigkeit sei Israels Handeln gerechtfertigt und Ägypten der wahre Aggressor.[647]

Doch nicht nur die amerikanischen Zionisten protestierten gegen die Administration, sondern auch die moderateren Nicht-Zionisten, wenn auch rhetorisch auf einer anderen Ebene. Am 3. November 1956 wandte sich der Präsident des AJC, Irving Engel, gemeinsam mit seinen beiden Vorgängern Jacob Blaustein und Joseph Proskauer mit einem dreiseitigen Brief an John Foster Dulles und forderte den Außenminister auf, den von der UN-Generalversammlung zwei Tage zuvor geforderten Waffenstillstand als Beginn eines Lösungsansatzes für den Nahostkonflikt anzusehen, *"to exercise statesmanship"*. Diplomatisch verklausuliert vermied es die jüdischen Persönlichkeiten, die Administration direkt anzugreifen, doch taten sie dies indirekt, indem sie die Invasion

---

[645] Erklärung Neumanns (ZOA) zur Krise im Nahen Osten, 31.10.1956. Radioansprache Neumanns über NBC, 4.11.1956. WRHS: Silver Papers, A Corr 12-1-40, Zionist Organization of America 1956-57.
[646] Vgl. Telegramm Neumanns an Silver, 2.11.1956. WRHS: Silver Papers, A Corr 12-1-40, Zionist Organization of America 1956-57.
[647] Vgl. Erklärung Silvers zur Krise im Nahen Osten, 2.11.1956. WRHS: Silver Papers, A Corr 12-1-40, Zionist Organization of America 1956-57.

rechtfertigten und klarstellten, daß *"Israel has no aggressive aims and that its incursion into Egypt was forced upon it in the exercise of the alienable right to self-protection."*

Die bloße Rückkehr zum status quo ante im Nahen Osten, fuhren die AJC-Vertreter fort, könne nicht toleriert werden. Die Hindernisse zum Frieden, die die derzeitige Situation überhaupt erst geschaffen hätten, seien vor allem der fortgesetzte arabische Krieg und die Handelsblockade gegen Israel, der Boykott israelischer Schiffe im Suez-Kanal, der frustrierende Aufschub der Entwicklung des Jordan-Tals sowie die offenen Türen für sowjetische Penetration und Subversion. Vehement verteidigten die Unterzeichner Israels Recht, sich gegen die provozierenden Grenzübergriffe von arabischen Fedayeen-Kommandos militärisch zur Wehr zu setzen. Es sei völlig unrealistisch zu erwarten, daß Resolutionen an dieser Beurteilung irgendetwas ändern würden. Schließlich forderten Engel, Blaustein und Proskauer von der amerikanischen Regierung, über die Vereinten Nationen direkte Friedensverhandlungen zwischen Israel und seinen arabischen Nachbarn durchzusetzen, Weigerungen zu Verhandlungen mit Sanktionen zu bestrafen und die so ausgehandelten Verträge zu garantieren.[648]

Ganz gleich, ob diese hier angeführten Äußerungen seriös und die Vorschläge realisierbar waren oder nicht, entscheidend war, daß sich das organisierte amerikanische Judentum sehr schnell zur vollen Unterstützung Israels und zur Kritik an der US-Politik bereitfand.[649] Dabei zogen Zionisten wie Nicht-Zionisten am gleichen Strang. Ob sie damit noch versuchen wollten, die amerikanischen Wahlen zugunsten der Demokraten zu beeinflussen, ist indes nicht zu belegen, kann wohl aber zumindest für die Präsidentschaftswahlen verneint

---

[648] Brief des AJC an JFD, 3.11.1956. UR: Bernstein/AIPAC Papers, Box 1, Chronological Files 1954-1961, 1.46.
[649] Allerdings konzedierte der damalige B'nai B'rith-Präsident Philip Klutznick später, daß die Administration so habe handeln müssen, wie sie handelte, da "the whole prestige of the United States was involved in its position in the United Nations." Vgl. Philip Klutznick Interview. AJA: Transcript of Oral Interview, Nov. 6, 1961, Miscellaneous File, SC 6364.

werden, da nach Umfragen und dem allgemeinen Tenor in den zeitgenössischen Medien ein deutlicher Sieg Eisenhowers erwartet wurde.

Und in der Tat schlug Eisenhower Stevenson mit einem erdrutschartigen Sieg, der noch höher als 1952 ausfiel. Mit 41 gewonnenen Einzelstaaten konnte er noch zwei mehr für sich verbuchen als vier Jahre zuvor, während Stevenson lediglich in sieben Südstaaten die Oberhand behielt. Eisenhower gewann auch sämtliche Staaten mit wichtigem jüdischen Bevölkerungsanteil, obwohl die amerikanischen Juden mit insgesamt zwischen 60 und 77 Prozent für Stevenson votierten, wodurch sich die "swing vote"-Theorie einmal mehr als unbrauchbar erwies.[650] Allerdings konnten die Republikaner von Eisenhowers persönlichem Triumph bei den Wahlen zum Kongreß nicht profitieren. Die Demokraten kontrollierten weiterhin beide Häuser der Legislative und gewannen sogar noch einen weiteren Sitz im Senat und zwei Sitze im Repräsentantenhaus hinzu, wodurch die Republikaner nicht über ihr mageres Ergebnis von 1954 hinauskamen.[651] Für Stevenson war es die zweite Niederlage im zweiten Anlauf gegen Eisenhower. Allerdings blieb er auch in der Folgezeit ein scharfer Kritiker der Administration, besonders ihrer Nahostpolitik.[652]

Außenpolitisch waren die Wahlen vom Aufstand in Ungarn und der Zuspitzung der Lage im Nahen Osten überschattet worden.[653] Am 4. November, zwei Tage vor den Wahlen, hatte die Generalversammlung der UNO zwei weitere

---

[650] Vgl. El Azhary, a.a.O., S. 6. Damit konnte Stevenson bei den jüdischen Wählern noch etwas Boden gut machen, denn bei der Wahl 1952 hatte - laut El Azharys Zahlen - Stevensons Anteil unter den jüdischen Wählern noch einige Prozentpunkte weniger betragen.
[651] Vgl. Pach/Richardson, a.a.O., S. 136.
[652] Vgl. Alden Whitman, Portrait Adlai E. Stevenson. Politiker, Diplomat, Friend, New York 1965, S. 175f. Trotz dieser Kritik ernannte ihn DDE im Herbst 1957 zum Berater des Vorbereitungskommitees des NATO-Gipfels im Dezember 1957 in Paris.
[653] DDE hat später im zweiten Band seiner Erinnerungen die dreifachen Herausforderungen seiner Administration durch die Krisen in Osteuropa, im Nahen Osten und durch den Wahlkampf unter der Überschrift "Twenty Busy Days" eindrucksvoll geschildert. Vgl. Eisenhower, Waging Peace, a.a.O., S. 58-99; vgl. zum Wahlkampf vor dem Hintergrund der doppelten Krise auch J. Ronald Oakley, God's Country. America in the Fifties, New York 1986, S. 225ff.

Resolutionen verabschiedet, in denen die Aufstellung einer UN-Friedenstruppe und ein terminierter Rückzug aller Streitkräfte hinter die Waffenstillstandslinie von 1949 beschlossen worden waren.[654] Am nächsten Tag jedoch vervollständigten die Israelis unter Mißachtung der bereits von ihnen akzeptierten UN-Waffenstillstandsresolution ihre militärischen Operationen und erlangten die Kontrolle über die strategisch wichtige Straße von Tiran am Südausgang des Golfs von Aqaba. Gleichzeitig landeten britische und französische Truppen in Port Said, nachdem sie bereits in den Tagen zuvor ägyptische Städte bombardiert hatten, und besetzten einen Teil der Kanalzone,[655] ein Vorgehen, das übrigens im Londoner Außenministerium zu Rücktritten (Nutting), erheblichem Unbehagen und Distanzierungen (Earl Mountbatten, Fitzmaurice) führte sowie in der britischen Öffentlichkeit lautstark verurteilt wurde.[656]

Am Abend des gleichen Tages erreichte die Suez-Krise einen weiteren Höhepunkt, als der sowjetische Ministerpräsident Nikolai Bulganin in Briefen an Eden und Mollet mit rüden Worten das anglo-französische Vorgehen verurteilte und mit Bombenangriffen auf London und Paris und einer sowjetischen Intervention im Nahen Osten drohte. An Eisenhower richtete Bulganin den Vorschlag, mit einer gemeinsamen sowjetisch-amerikanischen Streitmacht den Frieden am Kanal wiederherzustellen.[657] Am 6. November schließlich, dem Tag der US-Wahlen, willigten Großbritannien und Frankreich in den von der UNO geforderten Waffenstillstand ein, nachdem sie ihre Positionen am Kanal arrondiert hatten. In den kommenden Wochen verfolgte die Administration mehrere Ziele: Der Verkehr durch den Suez-Kanal mußte wieder ermöglicht, die Sowjets mußten aus der

---

[654] Vgl. zur Aufstellung einer UN-Friedenstruppe, GV 998 (ES-1), 4.11.1956, in: Vereinte Nationen (Hrsg.), Die VN-Resolutionen zum Nahostkonflikt I, a.a.O., S. 139; vgl. zum terminierten Rückzug aller Streitkräfte hinter die Waffenstillstandlinie, GV 999 (ES-1), 4.11.1956, in: Ebenda, S. 139f.
[655] Vgl. Fullick/Powell, a.a.O, Kapitel 10-14.
[656] Vgl. Kunz, a.a.O., S. 129f.; vgl. Lucas, Divided We Stand, a.a.O., S. 280-284; vgl. Neff, a.a.O., S. 399-402 und S. 407-413.
[657] Vgl. Brief Bulganins an DDE, 5.11.1956. FRUS 1955-1957, Vol. XVI, S. 995f. DDE lehnte diesen Vorschlag unter Hinweis auf den sowjetischen Einmarsch in Ungarn kühl ab. Vgl. Brief DDEs an Bulganin, 11.11.1956. FRUS 1955-1957, Vol. XVI, S. 1111f.

Region herausgehalten und die moderaten arabischen Regierungen mußten auf den amerikanischen Kurs gebracht werden, wozu Washington jeglichen Eindruck einer gemeinsamen Politik mit London, Paris und Tel Aviv vermeiden mußte.[658]

Doch während die zu große Abhängigkeit des britischen Wirtschafts- und Finanzsystems von den USA der Eisenhower-Administration erlaubte, über erheblichen Druck auf Eden und die Bank of England Großbritannien und Frankreich schließlich bis Weihnachten 1956 zum völligen Abzug ihrer Truppen aus Ägypten zu zwingen,[659] wurde der israelische Rückzug ein schwierigeres politisches Unterfangen. Nach Berichten über Stellungnahmen israelischer Regierungspolitiker, die einen Rückzug vom Sinai ablehnten, erinnerte Eisenhower Ben Gurion in einem Telegramm an die Verpflichtungen der UN-Resolutionen, die einen Rückzug aller ausländischen Truppen von ägyptischem Territorium und die Stationierung von UN-Friedenstruppen vorsahen. Eine Weigerung Israels verhindere die Bemühungen der UNO um eine Friedenslösung und könne nur zu einer Verurteilung Israels *"as a violator of the principles as well as the directives of the United Nations"* führen. Eisenhower erinnerte Ben Gurion zudem an die vielfältige Unterstützung Israels durch die USA und forderte ihn *"in this context"* auf, den Resolutionen nachzukommen. Damit hatte der Präsident bereits sehr vorsichtig mit finanziellen Konsequenzen gedroht.[660] Am gleichen Tag war dem israelischen Geschäftsträger in Washington, Reuven Shiloah, von Hoover sogar mit dem Ausschluß aus der UNO gedroht worden.[661]

In seinem Antwortbrief versicherte Ben Gurion, daß seine Regierung keine Annexion des Sinai plane und nach einer Übereinkunft mit der UNO vor den Friedenstruppen *"entering the Suez Canal area"* die israelischen Truppen zurückziehen werde. Diese Zusicherung ergänzte Ben Gurion durch eine

---

[658] Vgl. Memorandum von US-Botschafter Raymond Hare in Kairo an das State Department, 5.11.1956. DDEL: White House Central Files, Confidential File, Subject Series, Box 72.
[659] Vgl. ausführlich Kunz, a.a.O., S. 136-152.
[660] Telegramm DDEs an Ben Gurion, 7.11.195. DDEL: Ann Whitman File, International Series, Box 29, Israel (4).
[661] Vgl. Gesprächsmemorandum Hoover - Shiloah, 7.11.1956. FRUS 1955-1957, Vol. XVI, S. 1065ff.

Aufforderung an die UNO, Ägypten zu einem Ende seiner kriegerischen Haltung gegenüber Israel sowie des Boykotts und der anti-israelischen Blockade zu bewegen.[662] Nachdem er von Nahum Goldmann vor einem offenen Bruch mit Eisenhower gewarnt worden war,[663] glaubte Ben Gurion, im persönlichen Gespräch mit dem Präsidenten für Israel günstigere Konditionen verhandeln zu können und versuchte über Abba Eban und über Dr. Eli Ginzberg, einen Wirtschaftswissenschaftler an der New Yorker Columbia University, der für verschiedene Regierungsbehörden als Berater tätig und mit Robert Anderson eng befreundet war, ein Treffen mit Eisenhower zu arrangieren. Dies hätte jedoch den Eindruck einer engen amerikanisch-israelischen Politik erwecken können, was so ziemlich das Letzte war, was die Administration nun beabsichtigte. Eisenhower und Hoover, der den an Krebs erkrankten Dulles vertrat, waren sich über die Ablehnung eines solchen Vorschlags schnell einig.[664]

Zwar versuchte Ginzberg noch, durch Hervorhebung einer starken Affinität Ben Gurions zu Amerika Eisenhower zu einem größeren Entgegenkommen zu bewegen,[665] doch war die Eisenhower-Administration entschlossen, eine harte Linie gegenüber Israel einzunehmen und notfalls auch mit einem Zudrehen des Finanzhahns Israels zum Rückzug aus dem Sinai zu zwingen. Immer noch wütend über die israelische Politik kamen Eisenhower und Dulles an dessen Bett im Walter Reed Army Hospital überein, im Ernstfall nicht nur die offizielle US-Hilfe an Israel auszusetzen, sondern auch die von den amerikanischen Juden privat organisierten Gelder zu stoppen. Angesichts der jüngsten

---

[662] Brief Ben Gurions an DDE, 8.11.1956. DDEL: Ann Whitman File, International Series, Box 29, Israel (4).
[663] Vgl. Brief Goldmanns an Ben Gurion, 7.11.1956, in: Urofsky, a.a.O., S. 314.
[664] Vgl. Telefonat Hoovers an DDE, 8.11.1956 und vgl. Telefonat Hoovers an DDE, 9.11.1956. DDEL: Ann Whitman File, Box 19, November 1956 Phone Calls. Ginzberg hatte die Wirkung eines solchen wohl als sensationell empfundenen Treffens noch abzuschwächen versucht, indem er ein Dreier-Treffen mit DDE, Ben Gurion und dem irakischen Regierungschef Nuri al-Said in Washington angeregt hatte. Das hätte jedoch eine Aufwertung Israels im amerikanischen strategischen Gesamtkonzept für den Nahen Osten bedeutet, die Washington keineswegs beabsichtigte.
[665] Vgl. Memorandum Ginzbergs an DDE über Ben Gurion, 13.11.1956. DDEL: Ann Whitman File, Name Series, Box 15, GINZBERG, Eli.

Wahlergebnisse, so meinte der Außenminister, sei dies *"the right moment to take this step with the Israelis."*[666] Dies seien die Gesten, mit denen man die Araber auf die amerikanische Seite bringen könnte. Gegenüber dem Mehrheitsführer im Senat, Lyndon Johnson, klagte Dulles wenig später darüber, daß die öffentliche Identifizierung Amerikas mit Israels ein unlösbares Problem für die US-Administration darstelle und die Araber in die Hände der Sowjets treibe, die ihnen moralische und militärische Unterstützung bei deren Entschlossenheit zur Vernichtung Israels anbieten könnten.[667]

Die amerikanische Israel-Lobby reagierte auf die harte offizielle Linie in der zweiten November-Hälfte mit verstärkter publizistischer Rückendeckung für die israelische Politik, woran sich auch die großen Zeitungen beteiligten.[668] Schon am 7. November hatte die Presidents' Conference beschlossen, mittels einer landesweiten "Erziehungskampagne" in alle gesellschaftlichen Schichten vorzudringen und zu zeigen, daß Israel der beste Freund Amerikas im Nahen Osten sei.[669] Der AZCPA-Präsident Rabbi Bernstein versuchte, die Administration wieder in die Defensive zu drängen, indem er sie zu einem weiteren Vermittlungsversuch im arabisch-israelischen Konflikt aufzufordern. Dadurch, daß die Administration in dieser Beziehung nichts unternehme und stattdessen Israel zum Rückzug aus dem Sinai zwinge, so der Tenor, setze sie Israels Sicherheit aufs Spiel und ignoriere den wahren Aggressor. Washington müsse *"cease to appease Nasser, and act realistically toward Nasserism as the Middle East equivalent to Hitlerism."* Statt Israels Lebensfähigkeit zu gefährden, solle die Administration die westliche Allianz

---

[666] Gesprächsmemorandum DDE, JFD, Hoover, 7.11.1956. FRUS 1955-1957, Vol. XVI, S. 1049-1053.
[667] Vgl. Gesprächsmemorandum JFD - Johnson, 13.11.1956. DDEL: Dulles Papers, General Correspondence and Memoranda Series, Box 1, Memos of Conversation - General - J Through K (1).
[668] Vgl. etwa die Leitartikel von James Reston in der New York Times vom 13.11.1956 und von Joseph und Stewart Alsop in der New York Herald Tribune vom 14.11.1956.
[669] Vgl. Fox, a.a.O., S. 91.

im Kampf gegen den sowjetischen Vormarsch im Nahen Osten (*"at Nasser's invitation"*) wiederherstellen und ein Verteidigungsbündnis mit Israel schließen.[670]

Die gleiche Linie vertrat auch Rabbi Silver einige Wochen später bei einem Israel Bond Dinner der ZOA in New York. In seiner Rede, die vom Fernsehsender ABC übertragen wurde, appellierte er an die amerikanischen Juden, das diplomatisch zusehends isolierte Israel stärker finanziell zu unterstützen.[671] Nach einer Dringlichkeitssitzung am 17. und 18. November forderte auch die Presidents' Conference die Eisenhower-Administration dazu auf, sich als Führer der Freien Welt für direkte arabisch-israelische Friedensverhandlungen einzusetzen. Ähnlich äußerten sich in zusätzlichen Aufrufen B'nai B'rith, der American Jewish Congress und die Central Conference of American Rabbis.[672] Auf diese Forderung jedoch, ging die Administration in dieser Situation nicht ein, wie eine AZCPA-Delegation aus Rabbi Bernstein, Rabbi Miller, Rose Halprin und "Si" Kenen bei einem Treffen mit der Führung der Nahostabteilung im State Department erfahren mußte. Dagegen gab es grundsätzliche Übereinstimmung über eine Wiederherstellung der Stärke der westlichen Allianz und über ein weiteres Fernbleiben der Vereinigten Staaten vom Bagdad-Pakt, während eine Wiederholung der alten Forderungen des AZCPA nicht gerade ein offenes Ohr fand: *"[Rabbi Bernsteins] mention of arms for Israel brought laughter and the comment that Israel seemed to have acquired enough arms."*[673]

Das AZCPA bereitete daher Anfang Dezember eine Briefkampagne vor, mit der *"prominent leaders - Jews and Christians"* aufgefordert wurden, eine mehrseitige AZCPA-Analyse der Lage im Nahen Osten an Abgeordnete und

---

[670] Erklärung Bernsteins zur Suez-Krise, 13.11.1956. UR: Bernstein/AIPAC Papers, Box 1, Chronological Files 1954-1961.
[671] Vgl. Rede Silvers vor der ZOA in New York, 17.12.1956. WRHS: Silver Papers, A Corr 12-1-40, Zionist Organization of America. The New York Times, 18.12.1956.
[672] Vgl. Alteras, Eisenhower, American Jewry, and Israel, a.a.O., S. 266; vgl. Windmueller, a.a.O., S. 307.
[673] Bericht Bernsteins an das AZCPA über ein Treffen am 19.11.1956 von ihm, Miller, Rose Halprin, Kenen mit Murphy, Rountree, Bergus (NEA), 20.11.1956. UR: Bernstein/AIPAC Papers, Box 3, Minutes of Meetings, 3.66.

Senatoren zu schicken, um anschließend bei Außenminister Dulles gegen die amerikanische Politik zu protestieren. Diese sei schlicht von Heuchelei gekennzeichnet, da sie die militärische Niederlage von Nasser (*"a satellite of Moscow"*) in einen diplomatischen Sieg umwandle. Zudem habe Washington nicht gezögert, die demokratischen Verbündeten Großbritannien, Frankreich und Israel unter Druck zu setzen, während es bei den Verstößen gegen die Charta der UNO durch Moskau und durch die arabischen Staaten, die Israel mit Krieg gedroht hätten, nichts unternommen habe. Die UN-Charta müsse jedoch für alle Nationen gleichermaßen gelten. Schließlich wiederholte das AZCPA seine Forderung an die Eisenhower-Administration, eine baldige Friedensinitiative im Nahostkonflikt zu ergreifen sowie entschlossener für die territoriale Integrität und Unabhängigkeit Israels einzutreten.[674]

Mit dieser nun wiederholt vorgetragenen Forderung verfolgten die jüdischen Organisationen die Strategie, die Eisenhower-Administration in ihrem größer gewordenen Gestaltungsraum nicht zu sehr auf Distanz zu Israel gehen zu lassen. Denn Washington hatte für seine unmißverständliche Haltung gegen seine Verbündeten während der Krise viel Beifall von Staaten der Dritten Welt - auch von arabischer Seite -[675] bekommen und war zum alleinigen Sachwalter westlicher Interessen in der Region aufgestiegen. Zudem hätten Nahost-Friedensverhandlungen von der zynischen anglo-franko-israelischen Kollusion abgelenkt und Israel mit teilbesetztem Sinai und Gaza-Streifen in eine stärkere Verhandlungsposition gebracht. Auch wäre Nasser wieder mit den ungelösten israelischen Forderungen konfrontiert worden und hätte sich bei einer Weigerung zu verhandeln den Zorn Washingtons zugezogen. Die Tatsache, daß Nasser nun dabei war, die ägyptischen Juden auszuweisen, half ebenfalls, in der Öffentlichkeit eine pro-israelische Stimmung zu verbreiten.[676]

---

[674] "Dear friend-letter" des AZCPA, 3.12.1956. SUNY: Jacob K. Javits Collection, Series 5, Subseries 1, Box 8, 1956 Campaign - Israel.
[675] Vgl. Henry Cabot Lodge, As It Was. An Inside View of Politics and Power in the '50s and '60s, New York 1976, S. 95-98.
[676] Es gab Demonstrationen vor dem ägyptischen Generalkonsulat in New York (The New York Times, 10.12.1956), amerikanische Intellektuelle und Künstler -

Die amerikanische Regierung hatte zunächst noch keinen Entwurf für die Zukunft des Nahen Ostens. Zwar hatte Eisenhower einen glänzenden Wahlsieg errungen, doch war durch das schwache Abschneiden seiner Partei bei den Kongreßwahlen künftig mit einer noch selbstbewußteren Legislative zu rechnen. Hinzu kam, daß die beiden außenpolitischen Hauptverantwortlichen, Eisenhower und Dulles, gesundheitlich angeschlagen waren und der stellvertretende Außenminister Hoover ebenfalls aus Gesundheitsgründen seinen Rücktritt einreichte und für die zweite Amtsperiode nicht mehr zur Verfügung stand.[677] Sein Nachfolger, der bisherige Gouverneur von Massachusetts, Christian A. Herter, mußte sich nicht nur erst einarbeiten, sondern den künftig immer häufiger wegen Krankheit ausfallenden Dulles schon bald operationell und konzeptionell vertreten.

Schon im Dezember 1956 geriet die Administration unter den Druck des Kongresses, wo das Argument, Washington verurteile gemeinsam mit Moskau Israel, tue aber nichts gegen den brutalen sowjetischen Einmarsch in Ungarn, durchaus auf fruchtbaren Boden gefallen war, bei den Demokraten,[678] aber auch und gerade in der GOP. Exemplarisch waren die Telegramme des republikanischen Abgeordneten Frank C. Osmers, jr. (New Jersey) und seines Parteifreundes, Senator James G. Beall (Maryland), der besorgt war, daß die Weigerung der Administration, das traditionelle Interesse an Israels Sicherheit zu bekräftigen *"might at this tense stage in the Middle East be misinterpreted by Russia or her*

---

darunter Ray Bradbury, Truman Capote, Martha Graham, Oscar Hammerstein II, Eleanor Roosevelt, Artur Rubinstein, John Steinbeck, und James Thurber - protestierten in einem offenen Brief an DDE und forderten den Präsidenten gleichzeitig auf, die Araber zu Friedensverhandlungen mit Israel zu drängen (NYT, 14.+18.12.1956), und ebenso protestierten amerikanische Geistliche, darunter neun Bischöfe, in einem weiteren Brief an DDE gegen die Ausweisungen von ägyptischen Juden (NYT, 17.12.1956).
[677] Vgl. Gesprächsmemorandum JFD - Senator William Knowland, 9.12.1956. DDEL: Dulles Papers, General Correspondence and Memoranda Series, Box 1, Memos of Conversation - General - J Through K (2). The New York Times, 9.12.1956.
[678] Dazu zählten der aus dem Senat ausscheidende New Yorker Senator Herbert Lehman (The New York Times, 3.+ 8.12.1956), Senator Hubert Humphrey aus Minnesota (NYT, 11.12.1956), New Yorks Gouverneur Averell Harriman (NYT, 10.12.1956) und Senator J. William Fulbright aus Arkansas (NYT, 15.12.1956).

Arab allies as a lack of concern for Israel's welfare." Osmers sprach sich dafür aus, sofort in einer offiziellen Erklärung für Israels Unabhängigkeit und Sicherheit einzutreten, um kein Mißverständnis in Moskau und dessen Verbündeten entstehen zu lassen.[679]

In der Regel reagierte die Administration auf solche Eingaben von einzelnen Kongreßmitgliedern mit Standardantworten des State Department. Schwieriger wurde es, wenn mehrere Kongreßmitglieder en bloc und interfraktionell initiativ wurden und die Exekutive dadurch zu intensiven Konsultationen der Legislative zwangen. Am 8. Dezember diskutierten Eisenhower und Dulles im Weißen Haus das weitere Vorgehen der US-Politik im Nahen Osten und mußten sich dabei mit dem wachsenden Unmut im Kongreß auseinandersetzen. Jacob Javits, der im November für den Staat New York in den Senat gewählt worden war, hatte bereits 20 Senatoren für eine Initiative gewonnen, die amerikanische Sicherheitsgarantien für Israel zu geben bereit war und einen amerikanischen Beitritt zum Bagdad-Pakt ablehnte. Dabei mußte Dulles einräumen, daß dieser Druck im Kongreß von jüdischen wie nicht-jüdischen Kräften ausgeübt wurde.

Der Präsident und sein Außenminister skizzierten drei mögliche Strategien für die amerikanische Politik: 1. Beitritt zum Bagdad-Pakt, 2. Gründung einer neuen Verteidigungsorganisation und 3. Verhandlungen auf bilateraler Basis zwischen den USA und jedem einzelnen Land in der Region. Sie entschlossen sich zur dritten Möglichkeit und waren sich dabei einig, daß eine gemeinsame Linie, die von der Administration und dem Kongreß getragen würde, den größtmöglichen amerikanischen Handlungsspielraum im Nahen Osten sichern könnte. Das Konzept der Eisenhower-Doktrin war damit in seinem operativen Rahmen festgelegt. Der Kongreß sollte eine Resolution verabschieden, die den Präsidenten autorisieren würde, Arrangements für militärische Kooperationen und die Verwendung von Finanzhilfe zu treffen. Eisenhower erwog nur dann einen US-Beitritt zum Bagdad-Pakt, falls es gelänge, vorher Saudi-Arabien und den Libanon ebenfalls zu einem

---

[679] Brief Bealls an DDE, 3.12.1956 und Brief Osmers' an DDE, 4.12.1956. DDEL: DDE Records, White House Central Files, Official File, Box 876, 193 (2).

Beitritt zu bewegen. In einem solchen Fall sollte Washington Sicherheitsgarantien für Israel abgeben, um israelische Befürchtungen zu zerstreuen, der Bagdad-Pakt sei gegen Israel gerichtet.[680] Das israelische Außenministerium hatte der US-Regierung wiederholt seine Befürchtungen vor einer von Moskau geförderten Einkreisung mitgeteilt, die Israels Existenz ernsthaft gefährden könnte.[681]

Einen Tag später besprach Dulles die weiteren Pläne der Administration mit dem republikanischen Minderheitsführer im Senat, Senator William Knowland (Kalifornien), der sich zustimmend zu diesem Verfahren äußerte und bekräftigte, daß ein Beitritt zum Bagdad-Pakt keine Aussicht auf Ratifizierung durch den Senat hätte, solange nicht Israel entsprechend geschützt würde. Da es generell schwierig werden würde, finanzielle Auslandshilfe durch den Kongreß zu bekommen, riet Knowland zu einem raschen Verfahren bei der Nahost-Resolution, um den "honeymoon", den der Präsident noch zu Beginn der Sitzungsperiode im Januar genieße, auszunutzen.[682]

Israel bemühte sich in den verbleibenden Wochen des Jahres 1956 um eine substantielle Berücksichtigung bei dem Entwurf der amerikanischen Nahostpolitik nach der Suez-Krise. Dabei kam es der israelischen Regierung besonders auf freies Durchfahrtsrecht durch den Suez-Kanal, die Sicherung der Kontrolle der Meerenge von Tiran und des Gaza-Streifens - mindestens durch UN-Truppen - sowie eine Entmilitarisierung des Sinai an. Eine entsprechende Forderung richtete neben offiziellen israelischen Stellen auch Rabbi Silver an die Administration.[683] Im günstigsten Fall wollte Israel jedoch seine Politik direkt mit

---

[680] Vgl. Telefonat DDEs an JFD, 8.12.1956. DDEL: Dulles Papers, Telephone Calls Series, Box 11, Memoranda of Telephone Conversations, White House September 4 - December 31, 1956 (1).
[681] Vgl. Gesprächsmemorandum Rountree, Eban, Shiloah, 26.11.1956. FRUS 1955-1957, Vol. XVI, S. 1198f.
[682] Vgl. Gesprächsmemorandum JFD - Knowland, 9.12.1956. DDEL: Dulles Papers, General Correspondence and Memoranda Series, Box 1, Memos of Conversation - General - J Through K (2).
[683] Vgl. "Memorandum for the Record. Subject: Conversation between Governor Sherman Adams and Rabbi Abba Hillel Silver", 10.12.1956. DDEL: Dulles Papers, Special Assistants Chronological Series, Box 11, Hanes-Macomber Chronological December 1956 (2); vgl. Telegramm US-Botschafter Lawsons an das State

der amerikanischen koordinieren, was Dulles in einem Gespräch mit seiner neuen israelischen Amtskollegin Golda Meir[684] Ende Dezember allerdings nur harsch ablehnte. Bei diesem Treffen informierte Frau Meir den US-Außenminister außerdem darüber, daß Israel bis zum 7. Januar 1957 die Hälfte des Sinai geräumt haben würde, während Gaza und Tiran zunächst weiter von Israel kontrolliert werden sollten, bis eine endgültige Lösung gefunden wäre.[685]

Am Ende des Jahres 1956 befand sich die Eisenhower-Administration zum wiederholten Male in der Situation, einen konzeptionellen Neuanfang in ihrer Nahostpolitik zu versuchen. Dieses Mal allerdings war dieser Neuanfang durchgreifender als zuvor, hatte doch das ablaufende Jahr die befürchtete Konfrontation gebracht, die retrospektiv noch beinahe glimpflich beendet werden konnte. Denn durch die Suez-Krise war Eisenhower endgültig bewußt geworden, daß der Nahe Osten die Arena der großen Konfrontationen in der Mitte des 20. Jahrhunderts war: kommunistischer Imperialismus gegen westliche Demokratie, das Streben nach Unabhängigkeit der aufstrebenden afro-asiatischen Nationen gegen den traditionellen Kolonialismus und der arabische gegen den israelischen Nationalismus.[686]

Zwar war es Eisenhower und Dulles gelungen, die Suez-Krise durch den Druck auf ihre Alliierten zu beenden und dadurch gesteigertes Ansehen in der arabischen Welt sowie einen größeren außenpolitischen Gestaltungsraum in der Region zu erlangen, doch hatten sie eines ihrer strategischen Hauptziele völlig verfehlt, denn Nasser hatte allen amerikanischen diplomatischen Bemühungen zum Trotz eine von der Sowjetunion unterstützte unangreifbare Position in der Region

---

Department über ein Gespräch mit Ben Gurion, 23.12.1956. FRUS 1955-1957, Vol. XVI, S. 1326ff.
[684] Golda Meir hatte Sharett nach dessen von Ben Gurion erzwungenem Rücktritt im November abgelöst. Anders als Sharett lag Frau Meir auf der kompromißlosen Linie des Premierministers und hatte, nach der später geäußerten Ansicht Ben Gurions, nur geringe Kenntnis von internationalen Zusammenhängen, was sie jedoch besonders geeignet für diesen Posten mache. Vgl. Shlaim, a.a.O., S. 198f.
[685] Vgl. Gesprächsmemorandum JFD, Frau Meir, Eban, Rountree, 28.12.1956. FRUS 1955-1957, Vol. XVI, S. 1341-1344.
[686] Vgl. George Lenczowski, American Presidents and the Middle East, Durham (North Carolina)/London 1990, S. 48.

erreicht. Vor diesem Hintergrund des wachsenden sowjetischen und des schwindenden anglo-französischen Einflusses wählte Eisenhower den Weg, den auch Truman zehn Jahre vorher gegangen war. Er versuchte mit einer politischen Doktrin die politische Integrität und die territoriale Integrität der Staaten des Nahen Ostens zu garantieren. Die Ziele waren dabei nahezu identisch geblieben: Ein globaler Krieg und der sowjetische Einfluß auf den für das westliche Sicherheitsinteresse vitalen Nahen Osten mußten verhindert werden.[687]

Faßt man die Erkenntnisse über die Aktivität der amerikanischen Israel-Lobby für die Zeit zwischen Anderson-Mission und Suez-Krise zusammen, so ergab sich aus der Sicht der Lobby ein eindeutig positives Bild, auch wenn weder Eisenhowers Wiederwahl verhindert noch eine deutlichere US-Unterstützung Israels erreicht werden konnte. Gleichwohl bleibt festzuhalten, daß es den pro-israelischen Gruppen dank einer Beeinflussung der öffentlichen Meinung gelungen war, ihren Einfluß im Kongreß auszudehnen - was sich in den Debatten um die Eisenhower-Doktrin noch als bedeutsam erweisen sollte - und die Eisenhower-Administration zu einer Politik der indirekten Bewaffnung Israels zu mobilisieren.[688] Der rasche militärische Erfolg der Israelis im Sinai war nur möglich geworden, weil Washington aus der Furcht heraus, nur nicht öffentlich als Waffenlieferant Israels zu erscheinen, seine Westalliierten zur militärischen Unterstützung Israels ermuntert und angetrieben hatte.

Die amerikanischen Israel-Lobbyisten waren - bis auf die Kollusion von Sèvres - stets über die diplomatische Entwicklung im Nahen Osten informiert und konnten daher ihre publizistische und politische Aktivität entsprechend dosieren. Dies galt in besonderem Maße für die zionistischen Organisationen. Schließlich hatte sich auch während der Suez-Krise die Israel-Lobby in den USA als ein sicherer Rückhalt für die israelische Politik erwiesen, was sich in Eisenhowers

---

[687] Vgl. Divine, a.a.O., S. 79.
[688] Nach Steven Windmuellers Untersuchung haben folgende der großen Zeitungen während der Suez-Krise den israelischen Standpunkt vertreten bzw. Israels Politik positiv kommentiert: The New York Times, The New York Herald Tribune, The New York Post, Atlanta Constitution, The Boston Herald etc. Vgl. Windmueller, a.a.O., S. 306.

zweiter Amtszeit noch bestätigen sollte. Zwar mußte sich der Präsident nun keiner weiteren Wahl mehr stellen und hätte es sich daher oberflächlich betrachtet leisten können, auf die amerikanische jüdische Gemeinde keine Rücksicht zu nehmen. Dies galt jedoch nicht für die Republikanische Partei und ihre Funktionsträger im Kongreß, die sich gegenüber einem "lame duck"-Präsidenten entsprechend deutlicher verhalten konnten. Zudem mußte Eisenhower, dessen Gesundheit ebenfalls angeschlagen war, während seiner zweiten Legislaturperiode den verstorbenen Außenminister Dulles ersetzen, was zu einer Neujustierung der amerikanischen Nahostpolitik zusätzlich beitrug.

5. Chronologie einer Kraftprobe: die innenpolitischen Auseinandersetzungen um die Eisenhower-Doktrin und den israelischen Rückzug aus dem Sinai von Januar bis März 1957

Die Eisenhower-Administration stand zu Beginn des Jahres 1957 vor der paradoxen Situation, nach der Suez-Krise und dem De facto-Ende des britisch-französischen Einflusses einerseits mit gewachsenem Prestige in der arabischen Welt und insgesamt größerem Handlungsspielraum ausgestattet zu sein, andererseits jedoch mit diesem Gewinn an amerikanischer Dominanz wenig bewegen zu können. Zudem mußte sich Washington eingestehen, daß unter allen strategischen Zielen seiner Nahostpolitik lediglich die Sicherung der westlichen Ölversorgung keinen bedeutenden Schaden genommen hatte. Der zentrale Punkt der gesamten strategischen Konzeption der amerikanischen Außenpolitik überhaupt, nämlich die Eindämmung des kommunistischen Einflusses, war im Nahen Osten nicht erreicht worden. Stattdessen konnte sich Nasser, gestützt auf seine sowjetische Schutzmacht, von der arabischen Bevölkerung feiern lassen: Er hatte im Kampf um die ägyptische Unabhängigkeit gesiegt und dabei die ehemaligen europäischen Kolonialmächte mit ihrem imperialen Anspruch gedemütigt.

Schließlich war es der Administration nicht gelungen, den arabisch-israelischen Konflikt zu beenden, was in Washington allerdings zusehends als ärgerliche Marginalie aufgefaßt wurde, hatte man doch den Konflikt stets nur als Hebel für eine von den USA kontrollierte regionale Ordnung aufgefaßt, die die Sowjetunion vom Nahen Osten fernhielt. Als Konsequenz daraus räumte die Eisenhower-Administration dem arabisch-israelischen Konflikt in der Folgezeit nicht mehr die bisherige Priorität bei der Konzeption der amerikanischen Politik ein. Stattdessen wurde die Auseinandersetzung mit dem (perzipierten) Kommunismus in der Region zum absoluten Leitfaden amerikanischer Politik im Nahen Osten.

Dieses Kapitel zeigt auf, wie die amerikanische Israel-Lobby vor dem Hintergrund des Versuchs der Administration, Israel zum Rückzug von den noch besetzten Stellungen im Gaza-Streifen und am Golf von Aqaba (Sharm el-Sheikh an der Straße von Tiran) zu zwingen, über den Kongreß eine effektive Opposition ausübte. Dabei wird es weniger um die Aktivität der jüdischen Organisationen gehen, sondern vielmehr darum, wie sich die von der Lobby beeinflußten Kongreßmitglieder in einem konkreten und entscheidenden Fall verhielten. Der starke Einfluß, den die Israel-Lobby vor allem auf den von den Demokraten dominierten Senat hatte, war zudem ein bestimmender Faktor bei der Debatte um die Neuformulierung der US-Nahostpolitik, der bereits jetzt so bezeichneten Eisenhower-Doktrin. Das Kapitel untersucht daher auch die taktische Vermischung beider Themen durch die Israel-Lobby im Kongreß.

Wie im vorigen Kapitel gesehen, war die Administration vom Vorgehen ihrer Verbündeten in Europa und Israels entsetzt und enttäuscht. Auch wenn auf der Konferenz von Bermuda vom 20. bis 23. März 1957 das anglo-amerikanische Verhältnis wieder repariert werden konnte,[689] setzten Eisenhower und Dulles als Konsequenz nun auf eine rein amerikanische, von Großbritannien - und erst recht Frankreich - unabhängige Politik des Westens in der Region. Diese stand nun völlig unter dem Leitgedanken des gegen das kommunistische Vordringen gerichteten "Containment" und des "Roll-back" und vernachlässigte den israelisch-arabischen Konflikt. Konzeptionell bestand die neue Nahostpolitik aus einer Weiterentwicklung der inzwischen als überholt angesehen NSC-Resolutionen 155/1 und 5428.[690] Operationell sollte dieser Ansatz von Exekutive und Legislative, also von beiden Parteien gemeinsam, getragen werden, was bereits bei der Formulierung des Projekts Omega diskutiert worden war.

Am Silvestertag 1956 versammelte Eisenhower zunächst die führenden Republikaner aus Senat und Repräsentantenhaus im Weißen Haus, um ihnen die Leitlinien der künftigen Eisenhower-Doktrin zu unterbreiten. Auf Regierungsseite

---

[689] Vgl. Kyle, a.a.O., S. 542f. Wenn es nach Anthony Eden gegangen wäre, hätte er DDE schon sofort nach Beendigung der Suez-Krise in Washington besucht, was DDE jedoch auf Anraten JFDs abgelehnt hatte. Dies war ein Paradebeispiel dafür, wie sich der Präsident in Fragen des politischen Timings auf seinen Außenminister verließ. Vgl. Thompson, a.a.O., S. 20.
[690] Vgl. Carolyn Ann Tyson, Making Foreign Policy. The Eisenhower Doctrine, Phil. Diss., George Washington University (Washington DC) 1984, S. 67; vgl. Divine, a.a.O., S. 89.

nahmen daran auch Vizepräsident Nixon und Finanzminister Humphrey teil, während Außenminister Dulles noch immer im Walter Reed Hospital rekonvaleszierte, wo er am Krankenbett die Doktrin formuliert hatte. Der Grundgedanke war, daß der Kongreß eine Resolution verabschieden sollte, mit der sich Exekutive und Legislative die Verantwortung bei der Verkündung einer neuen Verteidigungsdoktrin teilten, die auf die Niederschlagung jeglicher kommunistischer Aggression im Nahen Osten abzielte. Dazu sollten beide Häuser des Kongresses einem Hilfsprogramm von 200 Millionen Dollar zustimmen und den Präsidenten ausdrücklich autorisieren, im Falle einer möglichen kommunistischen Aggression auf Bitten des angegriffenen Staates militärisch zu intervenieren. Eisenhower bezeichnete ein derartiges Programm als *"especially necessary since British and French influence is nil and a vacuum exists which Russia can be expected to try to fill promptly."*

Die Diskussion, die sich unter den Gesprächsteilnehmern entwickelte, zeigte allerdings, daß die republikanischen Kongreßführer die Praktikabilität dieses Ansatzes nur mit freundlicher Zurückhaltung aufnahmen, da sich die Doktrin nicht frei von Unklarheiten erwies. Welche Länder würden mit diesem Programm geschützt werden, fragte der Abgeordnete Charles Halleck. Sei es bereits eine kommunistische Aggression, wenn Ägypten mit sowjetischen Waffen Israel angreife, wollte Senator Everett Saltonstall wissen. Und Senator William Knowland, der republikanische Minderheitsführer, gab eine mögliche Kollision zwischen der amerikanischen Doktrin und dem Vorgehen der UNO zu bedenken, wobei das Problem sei, daß keine Prärogative des US-Kongresses an die UNO abgetreten werden dürfe. Eisenhower, offenbar überrascht über so viel kritische Anmerkungen, *"hesitated to comment in detail at the moment because the whole thing was still under study"*, wie das Protokoll festhielt. Eine eingehende Diskussion wurde auf den nächsten Tag verschoben, wenn die demokratischen Kongreßführer zu den Beratungen hinzustoßen sollten.[691]

---

[691] Gesprächsmemorandum DDE, Nixon, Humphrey, Knowland, Bridges, Saltonstall u.a., 31.12.1956. DDEL: Ann Whitman File, Legislative Meetings Series, Box 2, 1956 (2).

Bereits in dieser ersten Unterredung mit den GOP-Spitzen im Kongreß wurden im Ansatz die Punkte angesprochen, die in den kommenden zwei Monaten von den Kritikern dieser Konzeption stets angemerkt und bemängelt wurden, nämlich daß die Eisenhower-Doktrin regionale Faktoren wie eine Regelung der palästinensischen Flüchtlingsfrage und des israelisch-arabischen Konflikts sowie die Fragen des arabischen Nationalismus, Neutralismus und Anti-Kolonialismus nicht berücksichtigte. Die Doktrin fokussierte ausschließlich auf die strategische und wirtschaftliche Bedeutung der Region für die westliche Sicherheitspolitik.[692]

Am Neujahrstag 1957 schließlich nahm auch wieder Außenminister Dulles an der Sitzung teil und unterstrich nun gegenüber den Führern beider Parteien im Kongreß die dringende Notwendigkeit, mit einer Resolution auf die kritische Situation in der Region zu reagieren, die den Einsatz militärischer Gewalt autorisiere und wirtschaftliche Hilfsmittel zur Verfügung stelle. Doch die von der Administration erbetene größere Handlungsfreiheit berührte mit dem Kriegserklärungsrecht des Kongresses eines der wichtigsten Prinzipien der Gewaltenteilung im politischen System Amerikas (Artikel I, 8 der US-Verfassung) und rief damit eine verfassungspolitische Kontroverse hervor, die seit dem Streit zwischen Alexander Hamilton und James Madison aus der Nach-Revolutionszeit geführt wurde.[693] So stellten auch die demokratischen Senatoren und Abgeordneten kritische Fragen, die sich vor allem auf das Ausmaß des Handlungsrahmens (geographisch, politisch), die beabsichtigte Möglichkeit einseitigen präsidentiellen Vorgehens und die Umstände bezogen, unter denen die Doktrin angewandt werden sollte. Die Demokraten, angeführt von Lyndon B. Johnson,[694] dem Mehrheitsführer im Senat, mahnten sehr intensive Konsultationen

---

[692] Vgl. Tyson, a.a.O, S. 218f.

[693] Vgl. ebenda, S. 237f.

[694] Retrospektiv betrachtet ist es eine historische Ironie, daß ausgerechnet Johnson der Eisenhower-Doktrin sehr kritisch gegenüberstand und im Kongress erheblich dazu beitrug, die von DDE und JFD beabsichtigte Wirkung der Doktrin durch eine Reihe von Auflagen zu begrenzen. Als Präsident während des Vietnam-Kriegs ließ Johnson 1964 den Kongreß die Golf von Tonkin-Resolution verabschieden, die dem Präsidenten beim Einsatz militärischer Gewalt viel freiere Hand ließ als die Eisenhower-Doktrin. Vgl. zur Golf von Tonkin-Resolution Joseph A. Califano, jr.,

im Kongreß an, ohne die die angesprochenen Fragen nicht geklärt werden könnten. Eisenhower stimmte dem zu und appellierte in einer improvisierten Neujahrsbotschaft an das konstitutionelle Gebot zur Zusammenarbeit zwischen Exekutive und Legislative.[695]

Die Administration war also gewarnt, daß die Unterstützung im Kongreß für die Eisenhower-Doktrin alles andere als sicher und solide war. Kritik kam dabei vor allem aus den Reihen der Demokraten, die die erst wenige Wochen zurückliegende Niederlage in den Präsidentschaftswahlen noch nicht vergessen hatten und nun über ihre Mehrheit im neuen Kongreß, der am 3. Januar 1957 zusammentrat, Eisenhower die zweite Amtszeit nicht gerade leicht machen wollten. Adlai Stevenson veröffentlichte eine Erklärung, die Eisenhowers geplante Politik als überhastet und unausgegoren kritisierte. Der Präsident, so Stevenson, *"is evidently trying frantically to fill the vacuum his own policies helped create before Russia does."* Stevenson warnte weiter vor einem *"military blank check"*, dessentwegen amerikanische Soldaten im Nahen Osten Krieg führen müßten.[696]

Im weiteren Verlauf des Tages versuchten Dulles und die Berater des Weißen Hauses in hektischer Betriebsamkeit auf die Fraktionsführer im Senat einzuwirken, ein Verfahren abzusprechen, mit dem die Resolution rasch verabschiedet werden konnte. Das Telefonprotokoll Dulles' vermerkte für diesen Tag eine ganze Reihe von Gesprächen mit General Wilton Persons, einem der Assistenten Eisenhowers, aus denen ständige Kontakte der Administration mit Knowland, Johnson und Russell hervorgingen. Persons stellte fest, daß im Senat

---

The Triumph and Tragedy of Lyndon Johnson. The White House Years, New York 1991, S. 31-39; vgl. Vaughn Davis Bornet, The Presidency of Lyndon B. Johnson, Lawrence (Kansas) [2]1988, S. 78ff. Zur Vertiefung vgl. George McT. Kahin, Intervention. How America Became Involved in Vietnam, New York 1986.
[695] Vgl. Gesprächsmemorandum DDE, JFD, Nixon, Johnson, Russell, Smith, Knowland, Rayburn, Fulbright u.a., 1.1.1957. DDEL: Ann Whitman File, Legislative Meetings Series, Box 2, 1957 (1); vgl. ebenfalls "Notes on Presidential-Bipartisan Congressional Leadership Meeting", 1.1.1957. DDEL: Ann Whitman File, DDE Diaries Series, Box 21, January 1957 Miscellaneous (4).
[696] Erklärung Stevensons zur Nahostpolitik, 3.1.1957, in: The Papers of Adlai E. Stevenson, 8 Vols. (ed. by Walter Johnson/Carol Evans), Vol. 6, Toward a New America, 1955-1957, Boston 1976, S. 402f.

der Ausgang einer Abstimmung völlig ungewiß sei, da die *"natural alliance between Republicans and Southern Democrats will be broken wide open"*, so daß bereits Druck auf Vizepräsident Nixon ausgeübt werde, der im Falle eines Patts im Senat zu entscheiden hätte.[697]

Doch obwohl die Bedenken der legislativen Führer in Bezug auf die Eisenhower-Doktrin noch nicht ausgeräumt waren, brachte der Präsident am 5. Januar 1957 seine Resolution vor den Kongreß ein und stellte der Öffentlichkeit in einer Rede vor beiden Häusern des Kongresses die neue Nahostpolitik vor. Einleitend erläuterte Eisenhower, daß das Grundziel seiner Regierung der Erhalt des Weltfriedens sei und daß die USA ohne Vorbehalt die volle Souveränität und Unabhängigkeit aller Staaten des Nahen Ostens unterstützten. Diese sei jedoch durch die sowjetischen Ambitionen in der Region gefährdet, wogegen die UNO im Ernstfall nichts ausrichten könne. Es sei daher notwendig, daß Amerika *"must make more evident its willingness to support the independence of the freedom-loving nations of the area"* und daß dafür die Kooperation des Kongresses eingefordert werden müsse. Eisenhower wandte sich dann seinem konkreten Plan zu und machte seinen entscheidenden Drei-Punkte-Vorschlag:

"It would, first of all, authorize the United States to cooperate with and assist any nation or group of nations in the general area of the Middle East in the development of economic strength dedicated to the maintenance of national independence. It would, in the second place, authorize the Executive to undertake in the same regions programs of military assistance and cooperation with any nation or group of nations which desires such aid. It would, in the third place, authorize such assistance and cooperation to include the employment of the armed forces of the United States to secure and protect the territorial integrity and political independence of such nations, requesting such aid, against overt armed aggression from any nation controlled by International Communism."

---

[697] Vgl. Telefonate JFD - Persons, 3.1.1957. DEL: Dulles Papers, Telephone Calls Series, Box 11, Memoranda of Telephone Conversations, White House January-February 28, 1957 (3).

Zur finanziellen Ausstattung dieses Programms erbat Eisenhower ein Volumen von je 200 Millionen Dollar für die Haushaltsjahre 1958 und 1959.[698] Wie zu erwarten, waren im Kongreß die Reaktionen auf die Doktrin gespalten und sollten noch bis Anfang März die politischen Diskussionen bestimmen.[699] Die Israel-Befürworter - wie die Israelis selbst - standen der Doktrin äußerst mißtrauisch gegenüber, befürchteten sie doch eine einseitige wirtschaftliche Unterstützung der arabischen Staaten und eine Nicht-Berücksichtigung Israels im amerikanischen Sicherheitskonzept.[700] Das nach den 56er Wahlen gebildete National Democratic Advisory Committee der Oppositionspartei hielt die Initiative Eisenhowers für überfällig, kritisierte jedoch deren "politische Einfallslosigkeit" und mahnte ein stringentes außenpolitisches Gesamtkonzept an. Die derzeitige Situation im Nahen Osten sei maßgeblich auf amerikanische Versäumnisse zurückzuführen, und es werde Zeit, daß Eisenhower seine Politik der Improvisationen *"from trouble spot to trouble spot"* beende.[701]

Der frühere Außenminister unter Harry Truman, Dean Acheson, richtete seine Kritik vor dem Auswärtigen Ausschuß des Repräsentantenhauses, wo ebenso wie im Senat ausgedehnte Anhörungsverfahren begannen, besonders gegen den operationellen Rahmen der neuen Nahostpolitik Eisenhowers. Der US-Präsident, so Acheson, verfüge bereits über konstitutionelle Möglichkeiten, die Armee und Hilfsgelder einzusetzen, so daß die Resolution nicht nur unnötig,

---

[698] "Special Message to the Congress on the Situation in the Middle East" (Eisenhower-Doktrin), 5.1.1957. PPPUS 1957, S. 6-16.
[699] Vgl. Robert D. Schulzinger, The Impact of Suez on United States Middle East Policy, 1957-1958, in: Selwyn Ilan Troen/Moshe Shemesh (Eds.), The Suez-Sinai Crisis 1956. Retrospective and Reappraisal, London 1990, S. 254f.
[700] "Eisenhower Plan Disturbs Israelis. Press is Critical or Skeptical and Voices Fear", The New York Times, 7.1.1957. Auch in der arabischen Welt reagierten die Regierungen durchgehend negativ, allerdings mit unterschiedlichen Nuancen. Die Intensität der Ablehnung reichte von Syrien, das die Resolution am schärfsten verurteilte, bis Jordanien, das Bedingungen an die Annahme der Doktrin knüpfte. Lediglich der nur partiell islamisch-arabische Libanon begrüßte die Resolution. Vgl. Tyson, a.a.O., . 224f.; vgl. Schulzinger, a.a.O., S. 255.
[701] Erklärung zum Nahen Osten des National Democratic Advisory Committee, The New York Times, 6.1.1957.

sondern auch eine "*undesirable exercise of legislative power*" sei. Im übrigen sei die politische Aussage der Eisenhower-Doktrin äußerst vage und gehe an der eigentlichen Bedrohung in der Region, der Subversion, vorbei.[702] Bemühungen der Demokraten im Kongreß, dem Konzept der Eisenhower-Doktrin durch Veränderungen ein anderes Gesicht zu geben, erteilte die Administration eine schroffe Ablehnung. So versuchte der "Speaker" des Repräsentantenhauses, Sam Rayburn (Texas), den folgenden Zusatz anzubringen: "*The United States regards as vital to her interest the preservation of the independence and integrity of the states of the Middle East and, if necessary, will use her armed force to that end.*" Eine so formulierte Resolution hätte für Eisenhower und Dulles nach der Absicht ausgesehen, ein amerikanisches Protektorat zu errichten und hätte zudem nur die USA zur Garantie der bestehenden Grenzen verpflichtet.[703]

Auf den ernsthaftesten Widerstand stieß die Administration im Senat. Dort hatte nach dem Ausscheiden von Senator Walter George, der von Eisenhower zum US-Botschafter bei der NATO in Paris ernannt worden war,[704] in der neuen Legislaturperiode Senator Theodore Francis Green, ein Demokrat aus Rhode Island, den Vorsitz des Auswärtigen Senatsauschusses übernommen. Deshalb konnte die Administration nicht mehr auf die souveräne Verfahrensführung des angesehenen George zählen, der den Auschuß dominiert hatte. Nun vermochten sich im Ausschuß jüngere, liberalere Senatoren Gehör zu verschaffen, die zudem noch grundsätzliche Kritik an der Außenpolitik der Eisenhower-Administration übten.[705]

Zu diesen Senatoren gehörten etwa die Demokraten J. William Fulbright (Arkansas) und John F. Kennedy (Massachusetts). Fulbright bot einen Alternativvorschlag zur Nahostpolitik an, der an den Ansatz Achesons anknüpfend keine in Gesetzesform gegossene Resolution empfahl, sondern lediglich eine

---

[702] The New York Times, 11.1.1957. Vgl. auch Tyson, a.a.O., S. 247f.
[703] Vgl. Eisenhower, Waging Peace, a.a.O., S. 180f.
[704] The New York Times, 11.12.1956.
[705] Vgl. Philip J. Briggs, Congress and the Middle East. The Eisenhower Doctrine, 1957, in: Joann P. Krieg (Ed.), Dwight D. Eisenhower. Soldier, President, Statesman, New York/London 1987, S. 259.

unverbindliche Stellungnahme des Senats, die auf jedes Junktim einer politischen Entwicklung mit der Vergabe von Hilfszahlungen verzichten sollte. Auch wandte sich Fulbright gegen ein dem Präsidenten im Voraus eingeräumtes Recht, das Militär einzusetzen, wann immer es diesem in den Sinn komme.[706] Als Redner eines Benefiz-Dinners der Brandeis University im New Yorker Waldorf-Astoria Hotel wies auch Kennedy Eisenhowers Resolution als nicht ausreichend zurück, die Probleme der Region in den Griff zu bekommen, und kritisierte, daß durch diese Politik der arabisch-israelische Konflikt nur indirekt angesprochen werde, was auch für die Suez-Kontroverse gelte. Insgesamt seien die Vorschläge des Präsidenten allenfalls ein Schritt in Richtung auf eine nahöstliche Friedenslösung.[707]

Angesichts der heftigen Diskussionen über die weitere amerikanische Nahostpolitik im Kongreß und in der Öffentlichkeit bemühte sich die Administration darum, Herrin des Verfahrens zu bleiben. Immerhin zeigten Umfragen, daß die große Mehrheit der Bevölkerung Eisenhowers Kurs unterstützte.[708] Außenminister Dulles, der vor dem gemeinsamen Auswärtigen und Streitkräfteausschuß des Senats und dem Auswärtigen Ausschuß des Repräsentantenhauses noch einmal eindringlich vor der Gefahr für den Frieden im Nahen Osten durch sowjetische und chinesische "Freiwillige" gewarnt hatte,[709] wandte sich mit der Bitte um Unterstützung Mitte Januar 1957 sogar an Harry Truman, angesichts der Wahlkampfschlachten, die sich der Haudegen Truman und die Republikaner in der Vergangenheit geliefert hatten, ein bemerkenswerter Vorgang. In seinem Brief lobte Dulles die Truman-Doktrin, jenes außenpolitische Programm, mit dem 1947 Griechenland, die Türkei und später der Iran mit massiver Wirtschafts- und Militärhilfe vor dem sowjetischen Einfluß abgeschirmt worden waren, als grundlegende *"foundation for our postwar policy"*, deren Konzept auch die jetzige Administration folge. Dulles unterstrich erneut die große Bedeutung

---

[706] The New York Times, 29.1.1957.
[707] The New York Times, 17.1.1957.
[708] Vgl. Foster, a.a.O., S. 177. Nach Gallup gab es eine 70 Prozent-Unterstützung für den wirtschaftlichen Teil der Doktrin, für den militärischen Teil immerhin noch eine Unterstützung von 53 Prozent.
[709] The New York Times, 13.1. und 15.1.1957.

einer amerikanischen Geschlossenheit in der Nahostpolitik und appellierte an den Vorgänger Eisenhowers, sich für einen *"non-partisan approach"* einzusetzen.[710]

Eine Initiative beider Parteien schien jedoch von der zweiten Januar-Hälfte an noch schwieriger zu erreichen zu sein, als die pro-israelischen Kräfte im Kongress aufmerksam den steigenden Druck der Administration und der UNO auf Israel registrierten, seine Armee vollständig hinter die Waffenstillstandslinien von 1949 zurückzuziehen. Und in der Tat waren sich Eisenhower und Dulles einig, daß sich Israel zumindest aus dem Sinai zurückziehen sollte. Weniger eindeutig war ihre Haltung zum Gaza-Streifen. Angesichts fehlender natürlicher Ressourcen und des israelischen Unwillens, den Gaza-Streifen abzugeben oder ihn unter ägyptischer Verwaltung zu sehen, brachte Eisenhower den Gedanken eines UN-Protektorats ins Spiel.[711] Um eine einvernehmliche Lösung zu erzielen, besprachen Eisenhower und Dulles zudem die Variante, erneut Sondervermittler Robert Anderson zusätzlich zur oder unabhängig von der Vermittlungsinitiative UN-Generalsekretär Hammarskjölds in die Region zu schicken.[712] Am 19. Januar erinnerte die UN-Generalversammlung Israel an die Resolutionen aus dem November 1956, die den vollständigen Abzug der israelischen Armee verlangt hatten, und mahnte eine rasche Umsetzung der UN-Entschließungen an.[713]

Am 23. Januar gab Israel bekannt, daß es nicht von seinen Stellungen im Gaza-Streifen und am Golf von Aqaba abziehen werde, solange dort nicht UN-Friedenstruppen die israelischen Soldaten ersetzen würden, um arabische Angriffe von diesen Punkten aus auf Israel zu verhindern. Über diesen Standpunkt hatte die israelischen Regierung bereits am Tag zuvor die Administration informiert.[714]

---

[710] Brief JFDs an Truman, 14.1.1957. DDEL: Dulles Papers, JFD Chronological Series, Box 14, John Foster Dulles, Chronological January 1957 (2).
[711] Vgl. Telefonat DDEs an JFD, 12.1.1957. FRUS 1955-1957, Vol. XVII, Arab-Israeli Dispute 1957, S. 30.
[712] Vgl. Gesprächsmemorandum DDE - JFD, 17.1.1957. Ebenda, S. 40.
[713] Vgl. zu Israels Unterlassen des angemahnten vollständigen Rückzug hinter die Waffenstillstandslinien, GV 1123 (XII), 19.1.1957, in: Vereinte Nationen (Hrsg.), Die VN-Resolutionen des Nahostkonflikts I, a.a.O., S. 149f.
[714] Vgl. Gesprächsmemorandum Murphy - Shiloah, 22.1.1957. FRUS 1955-1957, Vol. XVII, S. 43.

Damit deutete sich neues Konfliktpotential mit der Administration an, die vollauf damit beschäftigt war, um Unterstützung für die Eisenhower-Doktrin zu werben, vor allem für das in der Resolution erbetene Wirtschaftsprogramm, das im Senat unter schwerem Beschuß stand,[715] während der militärische Teil des Programms in beiden Häusern des Kongresses weitgehende Zustimmung fand.[716]

In seiner wöchentlichen Pressekonferenz vom gleichen Tag hob Präsident Eisenhower gerade die wirtschaftliche Hilfe für die Staaten der Region als zentralen Punkt seiner neuen Politik hervor. Auch sei die militärische Komponente nicht ohne die ökonomische denkbar. Wenn der Senat diesem Punkt in der Resolution nicht zustimme, würde dies, so Eisenhower, *"destroy what we are really trying to do."* Der Präsident sah in seiner Politik einen zutiefst humanitären Ansatz, denn es solle Hilfe zur Selbsthilfe geleistet werden, so daß keine wirtschaftlich schwachen Nationen entständen, die dann anfällig für kommunistische Subversion seien. Kongreß und die Exekutive müßten der Welt Einigkeit im Willen demonstrieren, Lasten zu übernehmen und, wenn notwendig, auch Risiken, um den Frieden zu erhalten.[717]

Drei Tage später veröffentlichte der Auswärtige Ausschuß des Repräsentantenhauses einen mit 24 zu 2 Stimmen angenommenen Bericht über seine Anhörungen zur Nahostpolitik, der die Annahme der Resolution empfahl. Gleichwohl bemängelte der Auschuß fehlende Konzepte für die grundlegenden Probleme der Region wie den arabisch-israelischen Konflikt, die Suez-Kanal-Kontroverse und die Flüchtlingsfrage. Während sich so eine Unterstützung der Parlamentarier für den neuen Kurs Eisenhowers abzeichnete, wurde im Senat ein

---

[715] Vgl. Briggs, a.a.O., S. 258f.
[716] The New York Times, 28.1.1957. Es darf jedoch bezweifelt werden, daß die USA logistisch auf ein großangelegtes militärisches Interventionsunternehmen vorbereitet gewesen wären. General Maxwell Taylor, damals Stabschef des Heeres, hat später die Unbekümmertheit des State Department in dieser Frage als "curious detachment" bezeichnet. Vgl. Maxwell Taylor, The Uncertain Trumpet, New York 1960, S. 55. Tatsächlich hätten die US-Basen in Dharan (Saudi-Arabien), Wheelus (Libyen) oder der britische Stützpunkt Larnaka (Zypern) dazu kaum ausgereicht. Planerisch war die Eisenhower-Doktrin nicht mit entsprechender militärischer Vorbereitung ausgestattet gewesen. Vgl. Tyson, a.a.O., S. 212f.
[717] Pressekonferenz DDEs vom 23.1.1957. PPPUS 1957, S. 78.

erbitterter Streit zwischen Gegnern und Befürwortern der Resolution geführt, der sich zu einer Generaldebatte besonders zwischen dem demokratischen Senator Fulbright und den Republikanern Styles Bridges (New Hampshire) und George Aiken (Vermont) über den außenpolitischen Stil der Administration auswuchs.[718]

Die Taktik einiger Demokraten war es, die Abstimmung im Senat so weit wie möglich hinauszuschieben, um in einer ausführlichen Untersuchung der bisherigen amerikanischen Nahostpolitik Schwächen und Versäumnisse der Administration offenzulegen und somit Außenminister Dulles als Ziel der Angriffe zum Rücktritt zu zwingen.[719] Eine entsprechende Initiative Fulbrights, die auch die Unterstützung Adlai Stevensons hatte, wurde auch von den demokratischen Senatoren John Sparkman (Alabama), Estes Kefauver (Tennessee), Henry Jackson (Washington) und Hubert Humphrey (Minnesota) unterstützt. Humphrey und Jackson sprachen wiederholt von einem *"growing lack of confidence"*, einer Vertrauenskrise zwischen dem Kongreß und Dulles.[720]

Zwar verteidigten die republikanischen Senatoren William Knowland (Kalifornien) und Leverett Saltonstall (Massachusetts) Dulles und die Administration, indem sie an das Vertrauen der Bevölkerung zu Eisenhower erinnerten, doch machte Dulles bereits gegenüber dem Mehrheitsführer im Senat, Lyndon Johnson, Konzessionen in der Nahostresolution. Im Gegenzug wollte Johnson vor allem Fulbright im Zaum halten. Johnson hatte bei Dulles eine Klausel durchgesetzt, nach der der Präsident im Rahmen der Resolution Wirtschaftshilfe erst 15 Tage nach einer Informierung des Kongresses über *"the object of proposed expenditure and the country within which it is proposed to use such authority"* vergeben durfte.[721]

---

[718] The New York Times, 27.1.1957.
[719] Zu den Angriffen auf den unpopulären JFD vgl. Tyson, a.a.O., S. 261-264.
[720] "Democrats Press Anti-Dulles Drive Over the Mideast", The New York Times, 28.1.1957; vgl. auch den Brief Stevensons an Fulbright, 24.1.1957, in: The Papers of Adlai E. Stevenson, a.a.O., S. 434f.
[721] "House Vote Near on Mideast Plan; Passage is Likely", The New York Times, 28.1.1957.

In der Administration wurde die Kampagne Fulbrights gegen Dulles mit wachsendem Unbehagen beobachtet, zumal sich die Demokraten auf die Seite der Briten, Franzosen und Israelis stellten, die ebenfalls Grund hatten, von einer "Vertrauenskrise" zwischen ihnen und Dulles zu sprechen. Der stellvertretende Außenminister Hoover sah in der ganzen Debatte bereits einen großen Schaden für Washingtons auswärtige Beziehungen. Hoover und Justizminister Brownell sprachen sich für eine öffentliche Erklärung Eisenhowers aus, mit der er Dulles eindeutig den Rücken stärkte.[722] Der Anlaß dafür sollte die Abstimmung über die Resolution im Repräsentantenhaus sein, wo allgemein mit einer breiten Zustimmung gerechnet wurde, während im Senat, wie Knowland Dulles noch einmal bestätigte, *"[t]he best you can get is a split along party lines."*[723]

Wie bereits erwähnt, war Eisenhowers neue Nahostpolitik bei den Israel-Freunden im Kongreß auf wenig Enthusiasmus gestoßen, da in ihren Augen die Sicherheit Israels vernachlässigt zu werden drohte. Zwar war in der Resolution der Regierung allgemein von allen Staaten in der Region die Rede, die im Falle eines Angriffs auf ihr Land mit amerikanischer Unterstützung rechnen sollten, doch tauchte Israel explizit nicht in der Konzeption auf. Zusätzlich zu den Auseinandersetzungen um die Person des Außenministers und die Eisenhower-Doktrin machten daher Ende Januar die Israel-Unterstützer im Senat eine weitere innenpolitische Front auf, die öffentlich die Interessen Israels wieder stärker ins Bewußtsein rufen sollte.

In diese Linie war auch eine Kampagne gegen den Staatsbesuch des saudischen Königs Saud vom 29. Januar bis zum 8. Februar in den USA zu stellen, um der Öffentlichkeit und der Legislative erneut zu zeigen, mit welchem der Staaten des Nahen Ostens sich Amerika in einer Wertegemeinschaft befand und mit welchen nicht. Der New Yorker Bürgermeister Robert Wagner, unterstützt von New Yorks jüdischen, irischen und italienischen Bevölkerungsgruppen, weigerte

---

[722] Vgl. Telefonat zwischen JFD, Hoover und Brownell, 28.1.1957. DDEL: Dulles Papers, Telephone Calls Series, Box 6, Memoranda of Telephone Conversations - General - January-February 28, 1957 (3).
[723] Telefonat Knowlands an JFD, 28.1.1957. Ebenda.

sich sogar, König Saud zu empfangen. Dieser war nach Wagners Ansicht antikatholisch, anti-jüdisch und zudem ein Verfechter der Sklaverei.[724] Jüdische Organisationen, aber auch der Gewerkschaftsbund AFL-CIO,[725] zeigten sich indigniert über das US-Protokoll - Eisenhower hatte den saudischen Monarchen zudem mehrmals bei der Begrüßung *"our friend"* genannt[726] -, hielten sie doch König Saud für *"the antithesis of the high ideals and democratic principles for which America stands."*[727]

Für die Administration war Saud jedoch *"the logical leader to approach"*, wenn es um bessere Beziehungen zur arabischen Welt ging.[728] Senator Jacob Javits dagegen forderte die Regierung im Fernsehen auf, unmißverständlich gegen die Diskriminierung amerikanischer Staatsbürger jüdischen Glaubens - vor allem in den Streitkräften - zu protestieren, die in Saudi-Arabien Dienst täten. Auch wenn das Land von großer strategischer Bedeutung für die USA sei, müsse gegen Meschenrechtsverstöße in Saudi-Arabien protestiert werden.[729]

Einen Tag später, am 29. Januar, brachte Javits zusammen mit einer Reihe pro-israelischer Senatoren, darunter Irving Ives (New York), Hubert Humphrey (Minnesota), Paul Douglas (Illinois), J. Glenn Beall (Maryland) und John Sparkman (Alabama) die Resolution 77 in den Senat ein, mit der die Administration zu größerer Aktivität *"in and outside of the UN"* bei einer Friedenslösung im Nahostkonflikt aufgefordert wurde. Washington solle Maßnahmen ergreifen, die weitere Grenzzwischenfälle, die Blockade wichtiger

---

[724] The New York Times, 29.1.1957. Vgl. auch das Sitzungsprotokoll des NSC, 24.1.1957. FRUS 1955-1957, Vol. XVII, S. 47-51. Die Administration war sich im Vorfeld des Besuches durchaus bewußt, daß der Besuch König Sauds Probleme in der Öffentlichkeit schaffen würde. Das Protokoll sollte daher Schwierigkeiten mit der Bevölkerung bei dessen Besuch in New York einkalkulieren und das Programm so gestalten, daß ein diplomatischer Affront vermieden werden würde.
[725] The New York Times, 1.2.1957.
[726] Vgl. Begrüßung DDEs von König Saud am National Airport, Washington, 30.1.1957. PPPUS 1957, S. 108f.
[727] Vgl. den Protest des New York Board of Rabbis, The New York Times, 31.1.1957.
[728] Adams, a.a.O., S. 278.
[729] Vgl. "Statement of Javits before TV & press", 28.1.1957. SUNY: Jacob K. Javits Collection, Series 1, Subseries 1, Box 12, Middle East.

internationaler Gewässer *"and other activities which might erupt into new hostilities in the Middle East"* verhindern helfen könnten. Zudem sollte sich die US-Delegation bei der UNO für eine Stationierung von UN-Friedenstruppen an den Stellen einsetzen, von denen aus Guerilla-Angriffe gestartet und die internationale Schiffahrt (*"including Israel's"*) gestört werden könnten. Damit übernahm die Senatsresolution ziemlich genau die von Israel verlangten Garantien, ohne die es nicht zum vollständigen Abzug bereit war.[730]

Auch von seiten der jüdischen Gemeinde wurde die Forderung nach stärkerem amerikanischen Engagement bei der Friedenslösung im Nahen Osten deutlich akzentuiert. Das New York Board of Rabbis verabschiedete auf seiner Jahrestagung eine Resolution, die die Administration dazu aufrief, innerhalb der UNO keine Entscheidung zu unterstützen, die nicht den unbeschränkten Zugang zum Golf von Aqaba und in den Suez-Kanal gewährleistete. Das Board war die wichtigste religiöse Vereinigung jüdischen Lebens in New York und umfaßte rund 700 jüdische geistliche Führer der Stadt aus allen orthodoxen, konservativen und reformistischen Glaubenszweigen innerhalb des amerikanischen Judaismus. Es war bemerkenswert, daß sich diese theologische Körperschaft bei der öffentlichen Unterstützung Israels - immerhin einer Frage von erheblicher außenpolitischer Brisanz - zusammenfand, was die weitgehende Einigkeit der amerikanischen jüdischen Gemeinden in dieser Frage gegen Eisenhower unterstrich.[731]

Trotz dieser Angriffe auf die Nahostpolitik der Administration stellte sich der Präsident vehement hinter seinen Außenminister und beendete damit Spekulationen um dessen politische Zukunft. Während einer Pressekonferenz am 30. Januar stellte Eisenhower klar, daß Dulles im gesamten Bereich der Nahostpolitik *"has never taken any action which I have not approved in advance."*[732] Später am Tag nahm das Repräsentantenhaus die Nahostresolution des Präsidenten mit 355 zu 61 Stimmen an, wobei die Geschäftsordnung eine

---

[730] Resolution im Senat SR 77, 29.1.1957. SUNY: Jacob K. Javits Collection, Series 2, Box 19, 85th Congress 1st session, SR 77 Middle East, communist aggression 1957.
[731] "President to Get Appeal of Rabbis", The New York Times, 31.1.1957.
[732] Pressekonferenz DDEs vom 30.1.1957. PPPUS 1957, S. 100f.

Verfahrensart vorsah, die keine Änderungen am Text erlaubte. 188 Demokraten und 167 Republikaner hatten damit Eisenhowers neuen Kurs gegen eine Opposition aus 35 Demokraten und 26 Republikanern, überwiegend linksliberale Demokraten und GOP-Isolationisten, gebilligt.[733]

Gestärkt durch diesen parlamentarischen Erfolg, der allerdings die Popularität der Eisenhower-Doktrin in der Bevölkerung nicht größer gemacht hatte,[734] wandte sich die Administration Anfang Februar verstärkt der Frage des israelischen Rückzugs aus dem Gaza-Streifen und dem Golf von Aqaba zu. Am 2. Februar hatte auch die Generalversammlung der UNO in New York in einer Resolution Israel zum wiederholten Male aufgefordert, seine Truppen vollständig hinter die Waffenstillstandslinien zurückzuziehen. Eine zweite Resolution hatte Israel und Ägypten gemeinsam aufgefordert, das Waffenstillstandsabkommen einzuhalten.[735]

In einem Brief an Ben Gurion erinnerte Eisenhower den Premierminister an die bisherigen UN-Resolutionen, die Israel nicht einfach ignorieren könne. Eine Friedenslösung und ein Ende der bewaffneten Überfälle im israelisch-arabischen Grenzgebiet könne nur dann eintreten, wenn sich Israel kooperativ zeige. Denn: *"The essential first step must be the completion of the withdrawal of Israel forces behind the General Armistice line."* Sollte Israel die Resolutionen der UNO weiterhin mißachten, werde dies, so Eisenhower, *"surely lead to the invoking of further United Nations procedures which would seriuosly disturb the relations between Israel and other member nations including the United States."* Eisenhower war nun bereit, den israelischen Rückzug zu

---

[733] The New York Times, 31.1.1957.
[734] "Senators' Mail Running 8 to 1 Against President's Mideast Bid", The New York Times, 1.2.1957. Da die Zuschriften an die Senatoren nicht repräsentativ waren, zitierte die Times auch Umfragen, nach denen die Eisenhower-Doktrin von 80 % der Befragten abgelehnt wurde.
[735] Vgl. zu Israels Weigerung, seine Truppen vollständig zurückzuziehen, GV 1124 (XI), 2.2.1957, in: Vereinte Nationen (Hrsg.), Die VN-Resolutionen zum Nahostkonflikt I, a.a.O., S. 150; vgl. zur Aufforderung an Israel und Ägypten zur Einhaltung des Waffenstillstandsabkommens, GV 1125 (XI), 2.2.1957, in: Ebenda, S. 150f.

erzwingen,[736] eine Haltung, die auch von anderen Mitgliedern der Administration, etwa UN-Botschafter Lodge, geteilt wurde.[737]

Die versteckte Drohung mit Sanktionen im Brief Eisenhowers wie auch die UN-Resolutionen enttäuschten Ben Gurion sehr. Trotzdem zeigte er sich gegenüber US-Botschafter Lawson entschlossen, keinen Deut von seiner bisherigen Politik im Gaza-Streifen und an der Straße von Tiran abzuweichen.[738] Nachdem er in seinem Antwortbrief an Eisenhower zunächst ausführlich den israelischen Standpunkt wiederholt - Räumung und Abzug erst nach Stationierung von UN-Friedenstruppen - und den bisherigen Verlauf der Krise aus seiner Sicht geschildert hatte, ging er auch auf weitere *"United Nations procedures"* ein, die Eisenhower als mögliche Maßnahmen gegen Israel angesprochen hatte. Derartige Maßnahmen, so Ben Gurion, seien niemals gegen Ägypten angewandt worden, das jahrelang gegen Resolutionen des Sicherheitsrates und Bestimmungen der UN-Charta verstoßen habe und dies auch fortgesetzt tue. Sei es denn vorstellbar, so fragte Ben Gurion den Präsidenten abschließend, daß zu einem Zeitpunkt, an dem die öffentliche Meinung der Freien Welt Israels Standpunkt teile, die USA, *"the land of freedom, equality and human rights"*, Israel gegenüber Ägypten diskriminiere und ihm Maßnahmen auferlege, die es erneut der Gefährdung durch Mord und Blockade aussetzten?[739]

Nach diesem emotionalen Schlußwort waren die Fronten geklärt: Eisenhower hatte Ben Gurion geradezu ultimativ aufgefordert, die israelischen Truppen hinter die alten Waffenstillstandslinien zurückzuziehen und damit die Resolutionen der UNO zu respektieren, und Ben Gurion hatte unmißverständlich zu verstehen gegeben, daß er nicht gewillt war, dem nachzukommen. Angesichts

---

[736] Brief DDEs an Ben Gurion, 3.2.1957. DDEL: Ann Whitman File, International Series, Box 29, Israel (3).
[737] Vgl. Telegramm Lodges' an JFD, 5.2.1957. FRUS 1955-1957, Vol. XVII, S. 94f. "The time has come for the US to put enough pressure on Israel so that she will withdraw completely and immediately from Egyptian soil."
[738] Vgl. Telegramm Lawsons an JFD, 3.2.1957. DDEL: Ann Whitman File, International Series, Box 29, Israel (3).
[739] Brief Ben Gurions an DDE, 8.2.1957. DDEL: Ann Whitman File, International Series, Box 29, Israel (3).

dieser unversöhnlichen Situation bemühten sich die nun verstärkt einsetzenden Aktivitäten der Israel-Lobbyisten um eine öffentliche Ablehnungsfront gegen mögliche Sanktionen Eisenhowers gegen Israel. Der AZCPA-Präsident Rabbi Bernstein warnte bei einem Hearing des Auswärtigen Senatsausschusses über die amerikanische Nahostpolitik vor einer anti-israelischen Haltung der US-Regierung, da Israels Demokratie, *"the hope for the Middle East"*, sonst in Gefahr gerate. Stattdessen sollten die arabischen Staaten vor die definitive Entscheidung gestellt werden, ob sie mit den USA einschließlich ihrer substantiellen Wirtschaftshilfe oder der Sowjetunion kooperieren wollten. Die amerikanische Politik müsse aufhören, um die Araber zu werben, und ihnen die Möglichkeit geben, sich die Bedingungen auszusuchen. *"But if we say, 'make peace or else', they are likely to face the realities."*[740]

Hinter den Kulissen startete das AZCPA eine weitere Briefkampagne mit dem Zweck *"to urge immediate action in your community to oppose threatened sanctions and other economic measures against Israel."* Die zumeist jüdischen Multiplikatoren im Lande wurden aufgefordert, sich in deutlichen Worten bei Außenminister Dulles oder UN-Botschafter Lodge gegen wirtschaftlichen Druck auf Israel auszusprechen, um es zum Rückzug zu zwingen, solange es weder UN-Garantien noch ägyptische Erklärungen gebe, Israels Souveränität zu respektieren. Bei dieser Aktion sollte überdies darauf geachtet werden, daß unter diesen Zuschriften auch *"many telegrams signed by prominent Christians"* seien. Ebenfalls sollten Schreiben an die Mitglieder der Auswärtigen Auschüsse in Senat und Repräsentantenhaus sowie die örtlichen Parlamentarier mit der Bitte gerichtet werden, gegen Außenminister Dulles' Politik zu protestieren. An Senator Knowland sollten Glückwunschtelegramme gehen, da er sich innerhalb der

---

[740] "Bernstein's Statement before Senate Committee on Foreign Affairs on the Eisenhower Doctrine", 4.2.1957. UR: Bernstein/AIPAC Papers, Box 1, Chronological Files 1954-1961. Senator Jim Fulton (Pennsylvania) beglückwünschte Bernstein am nächsten Tag zu dessen resolutem Auftritt vor dem Ausschuß. Vgl. Brief Fultons an Bernstein, 5.2.1957. Ebenda.

Republikanischen Partei gegen Sanktionen gestellt hatte. Die nötigen Namen und Adressen fügte das AZCPA bei.[741]

Auch aus Eisenhowers privatem Umfeld wurde der Präsident mit individueller Kritik konfrontiert. Der Geschäftsmann Leonard V. Finder aus St. Louis, ein alter Bekannter Eisenhowers und gleichzeitig Präsidiumsmitglied von B'nai B'rith, drückte in einem Brief sein Unverständnis aus, daß einzig Israels Handeln mit moralischen Prinzipien gemessen werde. Washington habe weder gegenüber der Sowjetunion bei deren Einmarsch in Ungarn noch gegenüber Indien bei dessen Einverleibung Kaschmirs derart eilfertig mit einem Ultimatum gedroht. Gerechtigkeit, so Finder, *"cannot be one thing for the strong and another for the weak."* Die Prinzipien der Vereinten Nationen müßten daher auch für Ägypten gelten, das sich jeder Kooperation mit Israel seit 1949 widersetzt habe. Mit Diktatoren jedoch dürfe Amerika keine Kompromisse eingehen. Gefordert sei stattdessen eine alle Probleme einschließende Nahostpolitik, *"consistent with equity and justice"*, die sich den Respekt der Welt verschaffe und einen dauerhaften Frieden gewährleiste. Finder bemühte dann einen historischen Vergleich aus der Zeit der ersten amerikanischen Siedler, um die israelisch-ägyptische Situation darzustellen:

> *"Israel's predicament is reminiscent of that of American pioneers a century ago when confronted with hostile Indians in the western plains. If these settlers, attacked and threatened with extermination, had done no more than disarm the Sioux Indians, who then would have argued that the frontiersmen must return to the Indians the captured weapons of destruction?"*[742]

---

[741] "Dear Friend-letter" des AZCPA, 7.2.1956. SUNY: Jacob K. Javits Collection, Series 3, Box 57, Israel 1957-1960.

[742] Brief Finders an DDE, 7.2.1957. DDEL: Ann Whitman File, Name Series, Box 14, FINDER, Leonard V. Finder suchte seinen Standpunkt noch mit der persönlichen Auffassung zu unterstreichen, DDEs eingeschlagener Kurs werde dessen politische Zukunft beschädigen. "[K]nowing my devotion as a friend, you will recognize that these views are submitted so strongly for the sole reason that I regard them as being of sufficient importance, to our nation and to you individually, to merit your personal consideration."

Erneut wurde auf eine philosophisch-politische Affinität Amerikas zu Israel angespielt, die den Nahostkonflikt als anti-modernistischen, wenn nicht sogar anti-zivilisatorischen Versuch von unterentwickelten Arabern perzipierte, Ordnung, Aufbau und Stabilität durch Israel zu verhindern. Dabei böte der Vergleich mit den Indianern durchaus bedenkenswerte Ansatzpunkte, die Finder allerdings wohl nicht beabsichtigt haben dürfte. Hätten denn die Indianer nicht tatsächlich das moralische Recht besessen, sich gegen einen existenzbedrohenden - um nicht zu sagen existenzvernichtenden - Eindringling zur Wehr zu setzen? Hatten, in Analogie dazu, nicht auch die palästinensischen Araber das moralische Recht, den Staat Israel als Eindringling zu betrachten und hätten die arabischen "Frontstaaten" nicht zumindest verlangen können, daß Israel auf eine unberechenbare Expansionspolitik verzichten und seine eigenen Grenzen klar definieren würde?

Eisenhower hat sich von Finders Brief nicht beeindrucken lassen. Allerdings dürften ihm und der Administration klar geworden sein, mit welchem Widerstand eine Politik der Sanktionen gegen Israel zu rechnen hatte. Das galt vor allem im Senat, wo sich die beiden zur Debatte stehenden Themen, die Eisenhower-Doktrin und die Israel-Politik, zu einer für den Handlungsspielraum der Administration gefährlichen Niederlage zu vermischen drohten. Bei einem Treffen mit den republikanischen Spitzen im Kongreß am 5. Februar über die Eisenhower-Doktrin berichtete Senator Knwoland dem Präsidenten, daß nach Senator Johnsons Ansicht nur drei oder vier demokratische Senatoren in den beteiligten Ausschüssen (Auswärtiger und Streitkräfteausschuß) mit der Administration stimmen würden. Probleme mit der Wirtschaftshilfe gebe es jedoch auch mit republikanischen Politikern, so daß Senator Saltonstall eine zeitliche Begrenzung der Verfügungsgewalt des Präsidenten über die Wirtschaftshilfe vorschlug.[743]

Bei diesem Treffen wurden offenbar nicht alle Problemfelder angesprochen, was der weitere Fortgang des Tages belegte. Dulles gab eine Pressekonferenz, auf der er UN-Sanktionen gegen Israel für den Fall vorschlug,

---

[743] Vgl."Legislative Leadership Meeting", 5.2.1957. DDEL: Ann Whitman File, Legislative Meetings Series, Box 2, 1957 (1).

daß Israel einen vollständigen Rückzug weiter ablehne. Knowland, entsetzt über diese Nachricht, stellte sich daraufhin öffentlich gegen die Administration, und erklärte Sanktionen gegen Israel für *"most immoral and, in good conscience, insupportable."* Die Administration verfolge eine Doppelmoral, wenn sie Israel bestrafe, gleichzeitig jedoch vor der *"larger aggression"* der Sowjetunion zurückweiche.[744] Mit diesem Junktim zwischen dem Rückzug Israels und der internationalen Ächtung der Sowjetunion wegen ihrer Niederschlagung des ungarischen Aufstands sorgte der wichtigste republikanische Senator für Schockwellen in der Administration und brachte deren Konzept völlig durcheinander. Sanktionen gegen die östliche Führungsmacht wegen ihrer De facto-Besetzung Ungarns entsprachen zwar durchaus dem allgemeinen Gerechtigkeitsempfinden in der Öffentlichkeit und im Kongreß, doch war die Durchsetzung eines Beschluß von Sanktionen gegen Moskau in der UNO nahezu ausgeschlossen. Der Effekt von Knowlands Äußerung bedeutete stattdessen eine Stabilisierung der israelischen Haltung, denn einer Drohung Washingtons gegenüber Israel hätte nun schlicht die Glaubwürdigkeit gefehlt. Eisenhower und Dulles sahen sich in einem Dilemma, denn würde der Präsident Knowlands Junktim zustimmen - etwa um die Eisenhower-Doktrin durch den Senat zu bekommen -, *"it would make it almost impossible for Israel to comply."*[745]

Wie schon Knowland argumentierten jetzt auch dessen New Yorker Senatskollegen und Parteifreunde Ives und Javits in einem Brief an Dulles, in dem sie Sanktionen gegen Israel als *"serious error of policy"* bezeichneten, da sie *"contrary to the basic principle of enforcing international law"* seien. Auf diese Weise würde Ägypten, das fortwährend gegen Geist und Buchstaben von UN-Resolutionen und der UN-Charta verstoße, indem es Israel das Durchfahrtsrecht durch den Suez-Kanal und den Golf von Aqaba verweigere, zum Nutznießer. Die Frage im Nahen Osten sei nun, ob unteilbare Gerechtigkeit bei der Durchsetzung von UN-Resolutionen angewandt werde. Solange Ägypten sich den UN-

---

[744] The New York Times, 6.2.1957.
[745] Telefonat JFDs an DDE, 6.2.1957. DDEL: Ann Whitman File, DDE Diaries Series, Box 21, February 1957 Phone Calls.

Resolutionen vom November 1956 und Januar 1957 widersetze, dürfe die amerikanische Regierung nicht einseitig Sanktionen gegen Israel unterstützen.[746] Ein weiterer Protest aus New York kam von allen Abgeordneten des Staates, Republikanern wie Demokraten, die in einem Telegramm an Eisenhower Sanktionen ablehnten.[747]

Auch im Senat selbst gingen die Diskussionen um den künftigen Kurs der amerikanischen Nahostpolitik weiter. In den gemeinsamen Sitzungen des Auswärtigen und des Streitkräfteausschusses lieferten sich zum Ende der Anhörungen Befürworter und Gegner der Eisenhower-Doktrin und der Israel-Politik erbitterte Wortgefechte, wobei gerade Außenminister Dulles unter starken Beschuß geriet. Die republikanischen Senatoren kamen ihm allerdings kaum zu Hilfe, da sie, wie etwa die Senatoren Styles Bridges (New Hampshire) und Leverett Saltonstall (Massachusetts), für Senator Knowland Partei ergriffen, der sich gegen Sanktionen gegen Israel ausgesprochen hatte. Die vorherrschende Meinung in den Ausschüssen war zwar für die Eisenhower-Doktrin - zumindest nach einer Modifizierung -, aber gegen einseitige anti-israelische Maßnahmen. Senator Hubert Humphrey (Minnesota) brachte es auf den Punkt, als er die Administration kritisierte, die *"tanks for Saudi Arabia and sanctions for Israel"* anbiete. Darin wurde Humphrey besonders von den Demokraten John Sparkman (Alabama), Stuart Symington (Missouri) und den Republikanern Jacob Javits, Irving Ives (beide New York) und Thomas Kuchel (Kalifornien) unterstützt.[748]

Ein weiterer wichtiger Protagonist, der sich gegenüber der Administration stets als zumindest berechenbarer Verhandlungspartner gezeigt hatte, stellte seine Taktik um: der Mehrheitsführer im Senat, Lyndon Johnson. War er bisher in der Frage der Nahostpolitik um einen Kompromiß bemüht gewesen und gemessen an der Rhetorik Senator Fulbrights auch um eine geeignetes Arbeitsklima zwischen Exekutive und Legislative, so begann er jetzt, da sich auch

---

[746] Brief Ives' und Javits' an JFD, 8.2.1957. SUNY: Jacob K. Javits Collection, Series 1, Subseries 1, Box 12, 2/8/57 Letters to Dulles on Israel.
[747] The New York Times, 11.2.1957.
[748] "Democrats Charge Mideast Doctrine Unconstitutional", The New York Times, 12.2.1957.

innerhalb der Republikaner starke Opposition gegen Eisenhowers Kurs abzeichnete, die Administration auszutricksen. Am 11. Februar richtete Johnson, gedrängt vom AZCPA, vom AJC und von texanischen jüdischen Funktionären,[749] einen ungewöhnlich scharfen Brief an Dulles, in dem er den Außenminister vor einer amerikanischen Unterstützung von Sanktionen gegen Israel in der UNO warnte.

Wie schon Knowland, Ives und Javits argumentierte auch Johnson, der im Urteil Richard Nixons ein mit allen Wassern gewaschener Politiker war,[750] mit den Begriffen Gerechtigkeit und Moral. Aber anders als die Stellungnahmen seiner republikanischen Kollegen war der Johnson-Brief durchgehend von einem zynischen Tonfall geprägt, mit dem er die Haltung der Administration zu anti-israelischen Sanktionen als etwas Krämerhaftes hinstellte, angesichts der von Johnson aufgezählten Verstöße der Sowjetunion und Ägyptens gegen UN-Resolutionen. *"To put it simply, the United Nations cannot apply one rule for the strong and one for the weak"*. Ihm, Johnson, seien keine Versuche bekannt, die sowjetische und ägyptische Politik mit Sanktionen zu belegen. Johnson insinuierte Doppelmoral und Rücksichtslosigkeit auf seiten der Administration und brachte damit weiteres Angriffsmaterial gegen die Regierung in Stellung.[751]

Dulles war derart schockiert über diese Zurechtweisung, daß er UN-Botschafter Lodge am Telefon aus dem Johnson-Brief vorlas. Dulles sah bereits die Konstruktion seiner Nahostpolitik zusammenbrechen, da sich jetzt eine überwältigende Opposition im Kongreß gegen Sanktionen aufgetan habe, denn *"[p]robably would be unanimous vote for resolution against [sanctions] in both Houses."* Nicht nur den Kongreß, sondern auch die Medien machte der Außenminister für die Schwierigkeiten der Administration verantwortlich und

---

[749] Vgl. Kenen, a.a.O., S. 134f. Mit diesem Anliegen hatten sich Kenen und der AJC-Vertreter in Washington, Nathaniel Goodrich, an Johnsons Pressereferenten George Reedy gewandt, der daraufhin bei Johnson vorstellig geworden war. Die jüdischen Funktionäre aus Texas waren ebenfalls auf Initiative Kenens tätig geworden.
[750] Vgl. Nixon, a.a.O., S. 298.
[751] Brief Johnsons an JFD, 11.2.1957. FRUS 1955-1957, Vol. XVII, S. 139f.

klagte über *"the terrific control the Jews had over the news media and the barrage which the Jews have built up on Congressmen."* Dulles befürchtete sogar ernste Schwierigkeiten für die Administration, falls sich ein zunehmender Autoritätsverlust einstellte. Die Israelis, schärfte er Lodge ein, dürften unter keinen Umständen von dieser Schwäche erfahren.[752] Allerdings blieb der Johnson-Brief nicht lange geheim, da er der New York Herald Tribune zugespielt wurde. Johnson entrüstete sich daraufhin öffentlich, daß ein Brief an das State Department dort nicht vertraulich behandelt werden könne. Den Schaden hatte jedoch der Außenminister, der dadurch noch weiter unter Druck geriet.[753]

Dulles setzte nun alles daran, einen offenen Zusammenstoß zwischen dem Kongreß und der Administration mit seinen unkalkulierbaren Folgen zu verhindern und versuchte die Israelis zu einer Lösung in der festgefahrenen Situation in der Gaza- und Aqaba-Frage zu drängen. Dadurch sollte die Sanktions-Debatte obsolet und die innenpolitische Situation entspannt werden. Mit Hilfe des Dulles-Vertrauten Arthur Dean, der mit Außenministerin Golda Meir und Botschafter Eban in Kontakt stand, hatten die Israelis einen weiteren Vorschlag übermittelt, der sich allerdings kaum von ihrem bisherigen Standpunkt unterschied. Dieser Drei-Punkte-Plan war so angelegt, daß sich die Israelis aus dem Gaza-Streifen und vom Golf von Aqaba zurückziehen und gleichzeitig ihre Interessen wahren konnten. Demnach sollten zuerst Ägypten, dann Israel ein Ende des

---

[752] Telefonat JFDs an Lodge, 12.2.1957. DDEL: Dulles Papers, Telephone Calls Series, Box 6, Memoranda of Telephone Conversations - General January-February 28, 1957 (2). Im Anschluß berichtete JFD auch dem Präsidenten von der wachsenden Opposition im Kongreß. Vgl. Telefonat JFDs an DDE, 12.2.1957. DDEL: Dulles Papers, Telephone Calls Series, Box 11, Memoranda of Telephone Conversations, White House January-February 28, 1957 (2).
[753] Vgl. Robert Dallek, Lone Star Rising. Lyndon Johnson and His Times, 1908-1960, New York/Oxford 1991, S. 511ff. Das Agieren Johnsons hinter den Kulissen in dieser Phase ist noch nicht hinreichend untersucht worden und bietet daher Raum für Vermutungen. So glaubt sein Biograph Robert Dallek, daß Johnson selbst für die Lancierung des Briefes in die Öffentlichkeit verantwortlich war, um JFDs Spielraum in der Frage der Sanktionen weiter einzuengen. Vgl. ebenda, S. 512. Johnson erwähnte diesen Vorfall erneut beim Krisengipfel zwischen Exekutive und Legislative im Weißen Haus über Sanktionen gegen Israel am 20.2.1957. DDEL: Ann Whitman File, Legislative Meetings Series, Box 2, 1957 (1).

Kriegszustandes zwischen beiden Staaten erklären, bevor Israel in Übereinstimmung mit den UN-Resolutionen die betreffenden Gebiete räumen würde. Weiter sollte Ägypten das Durchfahrtsrecht aller Schiffe im Golf von Aqaba respektieren und alle Schiffe den israelischen Hafen Eilat anlaufen lassen. Dean schlug Dulles vor, daß die USA gegenüber Ägypten garantieren sollten, daß es zu keinem weiteren israelischen Angriff komme. Im Gegenzug sollte Ägypten auf das formale Kriegsrecht gegen Israel verzichten, wodurch dann der Rückzugsprozeß eingeleitet werden könnte.[754]

Dulles formulierte nun den amerikanischen Standpunkt in einem Aide-Mémoire, das er noch am selben Tag mit der Bitte um eine rasche Antwort Botschafter Eban zukommen ließ. In der Substanz sollte nach dem Aide-Mémoire zuerst Israel den Gaza-Streifen und seine Stellungen am Golf von Aqaba verlassen. Dafür würde dann Washington die Forderung nach UN-Friedenstruppen an beiden Orten unterstützen.[755] Diese wichtige Zusicherung, die durch die gestärkte US-Position im Nahen Osten nach der Suez-Krise von erheblichem Gewicht war, sei, so Dulles gegenüber Senator Knowland, besser als Zusicherungen der UNO und Ägyptens.[756] Die Chancen schienen günstig, daß das amerikanische Aide-Mémoire den Durchbruch bei der Einigung in der Frage des israelischen Rückzugs gebracht hatte, zumal sich Eban und Außenministerin Golda Meir, die sich gerade in New York aufhielt, das Papier als *"serious and constructive step on the part of the United States"* bezeichneten. Beide deuteten eine israelische Annahme an, wollten aber der Kabinettsentscheidung aus Israel nicht vorgreifen.[757]

---

[754] Vgl. Telefonat Deans an JFD, 11.2.1957. DDEL: Dulles Papers, Telephone Calls Series, Box 6, Memoranda of Telephone Conversations - General January-February 28, 1957 (2).
[755] Vgl. Aide-Mémoire vom State Department an die israelische Botschaft in Washington, 11.2.1957. FRUS 1955-1957, Vol. XVII, S. 132ff.
[756] Vgl. Telefonat Knowlands an JFD, 11.2.1957. DDEL: Dulles Papers, Telephone Calls Series, Box 4, Memoranda of Telephone Conversations - January-February 28, 1957 (2).
[757] Gesprächsmemorandum Eban, Murphy, Shiloah, Bergus, 12.2.1957. FRUS 1955-1957, Vol. XVII, S. 144ff.

Während Dulles ungeduldig auf die israelische Antwort auf sein Aide-Mémoire wartete, beunruhigten den Außenminister Presseberichte über amerikanisch-israelische Geheimverhandlungen in der Rückzugsfrage, was sofort Mißtrauen bei den arabischen Staaten hervorrief. Eisenhower und Dulles wollten es absolut vermeiden, daß in der Öffentlichkeit der Eindruck eines amerikanisch-israelischen Alleingangs und eines "besonderen Verhältnisses" zwischen beiden Staaten entstände.[758] Die amerikanischen Botschafter in der Region wies er an, keine Mißverständnisse über den Standpunkt der Administration aufkommen zu lassen. Die oberste Priorität habe dabei der israelische Rückzug. *"We do not think Israel should gain advantages from its invasion or that Egypt should have to make fresh promises to Israel to assure Israeli withdrawal."* In den Augen der Administration war Israels Überfall auf den Sinai völkerrechtswidrig gewesen und mußte als erstes korrigiert werden, unabhängig davon, wie Israel seine Sicherheitsinteressen definierte.[759]

Die innenpolitischen Gegner der Regierung sahen das jedoch anders. Die zeitgleich verlaufenden Attacken im Senat auf Dulles - nicht auf Eisenhower - ließen andere Angehörige der Administration daher zunehmend besorgt um die Autorität auch des Präsidenten werden. Die US-Botschafterin in Italien, Claire Boothe Luce, und ihr Mann Henry, Präsident von Time Incorporated, warnten das Weiße Haus und das State Department am 12. Februar vor einem Auftritt Harry Trumans in Miami, bei dem der frühere Präsident die Politik der Administration kritisieren und Sanktionen gegen Israel verurteilen würde. Truman würde versuchen, das Land in dieser Frage hinter die Demokraten zu bringen, was sich publizistisch negativ für die Regierung auswirken könnte.

---

[758] Vgl. Telefonat DDEs an JFD, 13.2.1957. DDEL: Dulles Papers, Telephone Calls Series, Box 11, Memoranda of Telephone Conversations, White House January-February 28, 1957 (2). JFD beschrieb dem Präsidenten die Lage wie folgt: "The other side is the Arab world is suspicious of what is going on here and think maybe now that Saud is in our camp we are switching to Israel. It is a terribly difficult path to follow."
[759] Vgl. Telegramm JFDs an US-Botschafter, 13.2.1957. FRUS 1955-1957, Vol. XVII, S. 151f.; Telegramm JFDs an US-Botschafter, 14.2.1957. Ebenda, S. 155.

Henry Luce, der wie seine Frau überdies dringend von Sanktionen abriet, empfahl Dulles eine pro-israelische Stellungnahme der Administration zeitlich vor Trumans Rede. Dulles lehnte das jedoch ab und erläuterte stattdessen, daß die Nahost-Diplomaten des State Department, einschließlich UN-Botschafter Lodge, Sanktionen immer noch befürworteten. Er, Dulles, habe mit den Israelis einen Plan ausgearbeitet, über dessen Gelingen er sich aber nicht sicher sei. Er beklagte sich über den Druck, der auf ihn ausgeübt werde und *"how almost impossible it is in this country to carry out a foreign policy not approuved by the Jews."*[760]

Die Rede Trumans einen Tag später vor dem Combined Jewish Appeal in Miami fiel zwar weniger scharf aus, als von den Luces vermutet, war in der Sache jedoch eindeutig. Truman erklärte, daß die Zukunft des Nahen Ostens durch weitere Waffenlieferungen des Ostblocks gefährdet sei und ein Wettrüsten auslösen könne, wodurch eine alarmierende Situation entstehe. *"We can prevent such a thing"*, fuhr Truman fort, *"if we stand firmly with our allies on our announced intention to prevent aggression."* Die westliche Allianz müsse mehr als bisher auf der Hut sein und sich allen sowjetischen Ambitionen in der Region entschlossen entgegenstellen. Im Prinzip war Eisenhowers Ansatz für Truman zwar richtig, ging jedoch nicht weit genug. Mit seiner Argumentation stellte der frühere Präsident den Nahostkonflikt klar in den ost-westlichen Gegensatz des Kalten Krieges, wobei er indirekt einen kommunistisch inspirierten arabischen Angriff auf Israel projizierte, auf den die USA im Sinne der Tripartite Declaration mit ihren europäischen Verbündeten militärisch antworten sollten. Nach Ansicht Trumans sollte Israel als potentielles Opfer einer kommunistischen Intervention automatisch dem Bündnis der Westmächte angehören.[761]

---

[760] Telefonat Luces'an JFD, 11.2.1957. DDEL: Dulles Papers, Telephone Calls Series, Box 6, Memoranda of Telephone Conversations - General January-February 28, 1957 (2); vgl. Memorandum Rabbs an Adams (beide Weißes Haus), 11.2.1957. DDEL: Dulles Papers, General Correspondence and Memoranda Series, Box 5, Miscellaneous Correspondence December 21, 1956 - March 18, 1957.
[761] Rede Trumans vor dem Combined Jewish Appeal in Miami, Florida, 12.2.1957. HSTL: Truman Papers, Post-presidential Files, Speech File, Box 15, General 1957.

Ein paar Tage später wiederholte Truman seine Kritik an der Nahostpolitik seines Nachfolgers, wobei er den Ton der Auseinandersetzung noch verschärfte. Bei einer Veranstaltung der Israel Bond Organization in Miami Beach (Florida) warf er der Eisenhower-Administration vor, sie verstecke sich *"behind the skirts of the United Nations"*, um ihrer Verantwortung aus dem Wege zu gehen. Die Eisenhower-Doktrin sei nicht mehr als eine Notreaktion, die viel zu inkonsequent sei und viel zu spät komme. In der Frage des israelischen Rückzugs verteidigte Truman die bisherige Haltung der Regierung in Jerusalem. Israel habe das moralische Recht, Sicherheitsgarantien verlangen zu dürfen, da die fortgesetzten sowjetischen Waffenlieferungen an Ägypten und Syrien den Frieden in der Region bedrohten. Truman bezichtigte die US-Regierung der Untätigkeit und rief die Bürger dazu auf, *"to correct the mistakes and blundering of our own Government."*[762]

Trotz dieser Attacken blieb der Eisenhower-Administration ein vorzeitiges Desaster ihrer Nahostpolitik Mitte des Monats gerade noch erspart. Denn im Auswärtigen und Streitkräfteausschuß des Senats wurden zwei sehr weitgehende Änderungsvorschläge der Demokraten, die Fulbright- und Byrd-Amendments, zwar abgelehnt, erhielten jedoch überraschend viele Stimmen. Fulbrights Vorschlag hätte die gesamte Eisenhower-Doktrin auf eine bloße Absichtserklärung ohne gesetzliche Bindungsfunktion und ohne präsidentielle Handlungsmöglichkeit reduziert und damit de facto vom Tisch gebracht, während der Vorschlag von Senator Harry F. Byrd (Virginia) die Streichung der von Eisenhower erbetenen 200 Millionen Dollar Wirtschaftshilfe zur Folge gehabt hätte. Das Fulbright-Amendment unterlag mit 10 zu 17 Stimmen, das Byrd-Amendment mit 11 zu 17 Stimmen. Nur die vier Stimmen der demokratischen Senatoren Kefauver, Kennedy, Jackson und Sparkman bewahrten den Präsidenten vor einer schweren politischen Niederlage.[763]

---

[762] The New York Times, 17.2.1957.
[763] The New York Times, 13.2.1957. Die republikanischen Senatoren hatten die Amendments geschlossen abgelehnt.

Gleichwohl wurde am 13. Februar ein weiterer Zusatz der Senatoren Mansfield und Humhrey mit 15 zu 13 Stimmen angenommen, der die Eisenhower-Doktrin in ihrer ideologischen Stoßrichtung erheblich entschärfte. Die Senatoren stimmten exakt entlang der Parteigrenzen für eine Änderung, die dem Präsidenten die erbetene Möglichkeit nahm, automatisch Truppen gegen einen offenen kommunistischen Aggressor einzusetzen. Stattdessen lautete die Version des Mansfield-Humphrey-Amendments, daß die USA militärische Gewalt anwenden würden, wenn es der Präsident für notwenig erachte und wenn dieser Schritt in Übereinstimmung mit *"the treaty obligations of the United States and with the charter of the United Nations"* zu bringen sei.[764] Der Senat ersetze das Wort *"authorized"* (berechtigt, bevollmächtigt) durch *"prepared"* (bereit, gefaßt auf), was nicht nur ein semantischer Unterschied war, sondern dem Kongreß die Kriegserklärungs-Kompetenz nicht aus der Hand nahm. Die Senatsausschüsse schlossen ihre Beratungen schließlich mit einem Bericht ab, der mit 20 zu 8 Stimmen angenommen wurde und dem Senat die Annahme der nun modifizierten Eisenhower-Doktrin empfahl. Eisenhower und Dulles frustrierte diese entscheidende Änderung, und sie bezeichneten die Resolution nun als *"mangled"* (verstümmelt).[765]

Dennoch akzeptierte die Administration die neue Version, nachdem Dulles von Senator Johnson und Senator Green, dem Vorsitzenden des Auswärtigen Senatsausschusses, dazu geraten worden war. Auf diese Weise habe die Eisenhower-Doktrin eine realistische Chance, vom demokratischen Kongreß angenommen zu werden, da die Fraktionsführung der Demokraten keineswegs eine frontale Konfrontation mit der Exekutive und für die Annahme der Resolution werben wolle.[766] Auch Senator Knowland, der Führer der republikanischen

---

[764] "Senate Units Curb Military Aspects of Mideast Plan", The New York Times, 14.2.1957.
[765] Vgl. Telefonat JFDs an DDE, 13.2.1957. DDEL: Dulles Papers, Telephone Calls Series, Box 11, Memoranda of Telephone Conversations, White House January-February 28, 1957 (2).
[766] Vgl. Telefonat JFDs an Green, 13.2.1957. DDEL: Dulles Papers, Telephone Calls Series, Box 6, Memoranda of Telephone Conversations - General January-February 28, 1957 (2); The New York Times, 15.2.1957.

Minderheit, hatte Dulles zu einer Annahme geraten, da eine Ablehnung und ein erneuter Änderungsvorstoß im Senatsplenum keine Aussicht auf Erfolg hätten. *"If we were the majority party it would not be a problem"*, mußte Knowland zu bedenken geben.[767]

Trotz der Änderung des Resolutionstextes bedeutete diese Einigung den entscheidenden - und schwer erkämpften - Durchbruch zwischen Exekutive und Legislative bei der parlamentarischen Behandlung der Eisenhower-Doktrin. Grundsätzliche Änderungen wie die Fulbright- und Byrd-Amendments, die auf ein Scheitern von Eisenhowers Konzept für den Nahen Osten hinausgelaufen wären, hatten keine Mehrheit bekommen. Mit der von den Demokraten durchgesetzten Korrektur konnten jedoch beide Seiten leben. Nun allerdings war die Frage der Sanktionen, die die Administration Israel auferlegen wollte, ein weiteres Hindernis für die Eisenhower-Doktrin, da die Demokraten die Verabschiedung der Resolution quasi als Faustpfand in den Händen hielten, um Sanktionen zu verhindern.[768]

Ausgerechnet in dieser Situation ging am Nachmittag des 15. Februar die negative Antwort der israelischen Regierung auf das amerikanische Aide-Mémoire ein, was Dulles schon am Vormittag gegenüber Eisenhower und Lodge befürchtet hatte.[769] Dulles war enttäuscht und ungehalten. Offenbar hatten die Israelis die amerikanische Haltung gründlich mißverstanden. Statt dem von Washington vorgeschlagenen Kurs zuzustimmen, der Israels Forderungen nach einer Ablösung seiner Truppen durch UN-Soldaten erfüllt hätte, beharrte die israelische Regierung darauf, daß **zuerst** eine Erklärung Ägyptens, der USA und anderer UN-Mitglieder über den internationalen Status des Golfs von Aqaba und das daraus resultierende Durchfahrtsrecht auch für Israel vorliegen müsse.

---

[767] Telefonat JFDs an Knowland, 14.2.1957. DDEL: Dulles Papers, Telephone Calls Series, Box 6, Memoranda of Telephone Conversations - General January-February 28, 1957 (2).
[768] Vgl. Briggs, a.a.O., S. 263.
[769] Vgl. Telefonate JFDs an DDE und Lodge, 15.2.1957. FRUS 1955-1957, Vol. XVII, S. 156.

Was jedoch für Dulles noch schlimmer war, war der israelische Versuch, die US-Regierung in eine Kollusion mit Israel zu treiben, da Israel nun eine amerikanisch-israelische Untersuchungskommission über die Lage im Gaza-Streifen, amerikanisch-israelische Gespräche über die technischen Details des Truppenrückzugs sowie einen gemeinsamen Resolutionsentwurf beider Regierungen vor der UNO anregte. Dulles war außer sich. *"They assume we are acting for all the world and all they have to do is sit down and negotiate with us"*, meinte er gegenüber dem Präsidenten.[770] Dulles teilte Eban in einer langen Sitzung mit, daß die Administration keinesfalls die Absicht habe, gemeinsam mit Israel vor der UNO aufzutreten. Zudem würde ein amerikanisch-israelischer Alleingang die Autorität der UNO mißachten und die übrigen Mitgliedsstaaten zu Recht vor den Kopf stoßen. Der gewachsenen Rolle Amerikas in der Region würde das kaum nicht gerecht werden.[771]

Dulles hatte Eban gewarnt, daß israelische Intransigenz einem Spiel mit dem Feuer gleichkomme. Ebenso ließ Dulles nun gegenüber Senator Knowland eine pessimistische Einschätzung der Dinge übermitteln und damit den republikanischen Minderheitsführer auf Sanktionen durch die UNO gegen Israel vorbereiten. *"We may have to go along with it and it may not be popular in the Congress."*[772]

Angesichts des Ernstes der Lage reisten Dulles und UN-Botschafter Lodge am 16. Februar zu Eisenhower nach Thomasville in Georgia, wo der Präsident mit Finanzminister Humphrey auf dessen Ranch Urlaub machte. Eisenhower hielt die israelische Antwort für unakzeptabel. Ein amerikanisches Nachgeben hätte die Bedrohung des gesamten westlichen Einflusses zur Folge und würde die arabischen Staaten endgültig in den sowjetischen Orbit treiben. Vor

---

[770] Gesprächsmemorandum (Telefonat) DDE - JFD, 15.2.1957. Ebenda, S. 157f.
[771] Vgl. Gesprächsmemorandum JFD, Herter, Eban, Shiloah u.a., 15.2.1957. Ebenda, S. 158-165. Als Anhang ist diesem Dokument auf den Seiten 165-170 der Text der israelischen Antwort auf das amerikanische Aide-Mémoire angefügt.
[772] Telefonat JFDs an Robert Hill (Staatssekretär im State Department), 16.2.1957. DDEL: Dulles Papers, Telephone Calls Series, Box 6, Memoranda of Telephone Conversations - General January-February 28, 1957 (2).

diesem Hintergrund wäre das gesamte Konzept der Eisenhower-Doktrin gescheitert, noch bevor es verabschiedet worden wäre. Dulles schlug dem Präsidenten vier mögliche Handlungsvarianten vor, von denen sich Eisenhower für die härteste entschied: eine Resolution vor der UN-Generalversammlung, die die Mitgliedstaaten auffordere, nicht nur staatliche Unterstützung an Israel, sondern auch private Finanzhilfen zu suspendieren. Nach Angaben Humphreys waren dies in den USA jährlich rund hundert Millionen Dollar.[773]

Noch am Abend besprach Dulles die Lage mit Senator Knowland und teilte die Entscheidung des Präsidenten mit, daß die Administration vor der UNO für Sanktionen gegen Israel stimmen werde. Dulles *"did not think we could have all our policies made in Jerusalem."* Knowland erwiderte, daß im Falle einer amerikanischen Unterstützung von Sanktionen für ihn der Scheideweg erreicht sei. Sollte die US-Delegation bei der UNO für Sanktionen stimmen, werde er als Mitglied der amerikanischen UN-Delegation in der Generalversammlung zurücktreten. Er wolle keine Politik vertreten, die Israel verurteile und die Sowjetunion schone.[774]

Knowlands Rücktrittsdrohung verfehlte ihre Wirkung auf den Außenminister nicht. Dulles fühlte sich äußerst unbehaglich und machte gegenüber General Persons, Eisenhowers Assistenten im Weißen Haus, den Einfluß der Israel-Lobby auf Knowland für dessen Verhalten verantwortlich. Knowland hatte Dulles ziemlich unter Druck gesetzt, denn der Außenminister meinte nun tatsächlich, daß *"we should give thought to adopting the same methods to Russia as to Israel."*[775] Zwar war Lodge der Ansicht, die Administration könnne politisch auch ohne

---

[773] Vgl. Gesprächsmemorandum DDE, JFD, Humphrey, Lodge, 16.2.1957. DDEL: Dulles Papers, White House Memoranda Series, Box 6, Meetings with the President 1957 (6). Von den hundert Millionen Dollar entfielen 40 Millionen auf Privatspenden sowie 50-60 Millionen auf den Verkauf von Israel-Anleihen. Die deutschen Reparationszahlungen beliefen sich auf 80 Millionen Dollar pro Jahr.
[774] Telefonat Knowlands an JFD, 16.2.1957. DDEL: Dulles Papers, Telephone Calls Series, Box 6, Memoranda of Telephone Conversations - General January-February 28, 1957 (2).
[775] Telefonat JFDs an Persons, 17.2.1957. DDEL: Dulles Papers, Telephone Calls Series, Box 11, Memoranda of Telephone Conversations, White House January-February 28, 1957 (1).

Knowland leben, doch sah Dulles nur noch geringen Handlungsspielraum für die Administration, denn *"with the Democrats and now half the Republicans playing partisan politics, there was not much left in Congress."*[776] Das Weiße Haus befand sich wegen Knowlands Rücktrittsdrohung geradezu am Rande einer Panik. Pressesprecher Hagerty sprach gegenüber Dulles von einer Katastrophe im Kongreß und übte scharfe Kritik an Knowland, dem er Skrupellosigkeit und Ambitionen auf die Präsidentschaft 1960 vorwarf.[777]

Trotz dieser internen Unsicherheiten blieb Dulles gegenüber den israelischen Vertretern in Washington bei seiner harten Haltung. Das bewies erneut, wie wenig der Außenminister bereit war, die außenpolitischen Prärogativen der Administration von innenpolitischen Entwicklungen bestimmen zu lassen.[778] In einem Gespräch mit Eban, bei dem der israelische Botschafter zum wiederholten Male ausführlich die Haltung seiner Regierung darlegte und vergeblich versuchte, die Administration von der Unterstützung von UN-Sanktionen abzuhalten, reagierte Dulles mit der Bemerkung, daß *"if Israel was gambling on the theory that it could break down the present United Nations position he felt that would be a vain hope. If so, there was nothing ahead except grave danger."*[779] Dulles, der anschließend die Lage mit Lodge besprach, war bei Eban Nervosität aufgefallen. Ganz offensichtlich sei Eban mit der Politik Ben Gurions nach der negativen Antwort auf das Aide-Mémoire nicht einverstanden und versuche nun Zeit zu gewinnen, um Jerusalem noch umzustimmen. Dulles jedoch war mit seiner Geduld am Ende.[780] Stattdessen bemühte sich der Außenminister um einen noch stärkeren

---

[776] Telefonat JFDs an Lodge, 17.2.1957. FRUS 1955-1957, Vol. XVII, S. 195f.
[777] Telefonat Hagertys an JFD, 18.2.1957. Ebenda, S. 196.
[778] Vgl. Telefonat Allen Dulles' an JFD, 17.2.1957. DDEL: Dulles Papers, Telephone Calls Series, Box 6, Memoranda of Telephone Conversations - General January-February 28, 1957 (2). JFD war sich mit seinem Bruder einig, daß die absolut oberste Priorität der Rückzug Israels sei, da sonst "Russia will take over in the area."
[779] Gesprächsmemorandum JFD, Eban, Shiloah, Phleger, Wilcox, Rountree, 17.2.1957. FRUS 1955-1957, Vol. VII, S. 189-194.
[780] Vgl. Telefonat JFDs an Lodge, 17.2.1957. Ebenda, S. 195f. Es gelang Eban allerdings nicht, Ben Gurion umzustimmen. Am nächsten Tag sandte Ben Gurion eine Botschaft an JFD, in der er erneut um einen Zeitaufschub der UN-Debatte bat

Druck gegen Israel außerhalb der UNO und versuchte beim deutschen Botschafter in Washington, Heinz Krekeler, eine Suspendierung der deutschen Reparationszahlungen an Israel zu erreichen, was die Bonner Adenauer-Regierung jedoch ablehnte.[781]

Die Regierungsspitze war entschlossen, den Weg von UN-Sanktionen gegen Israel zu gehen, nicht ohne allerdings zuvor eine "Krisensitzung" des Präsidenten mit den Spitzen beider Häuser des Kongresses einzuberufen, um die Führer der beiden Parteien doch noch von der Notwendigkeit des auf diese Weise erzwungenen Rückzugs Israels zu überzeugen. Vor allem die engere Umgebung Eisenhowers, Stabschef Adams und Pressesprecher Hagerty, bestand gegenüber Dulles auf diesem Verfahren und wollte vermeiden, daß über die Israel-Frage das Ansehen des Präsidenten beschädigt würde. Adams meinte, er *"would hate to see sanctions go through and we vote for it without consultation with the leadership here in DC."*[782] Das Treffen war für den 20. Februar angesetzt und wurde vom Weißen Haus und dem Außenminister genauestens vorbereitet. General Persons und Dulles besprachen die Argumentationsstrategie der Administration, nach der den Kongreßmitgliedern die Folgen der israelischen Intransigenz klargemacht werden sollte. *"The Russians will start moving and we will lose the whole area."* Außerdem wollte Dulles den Vorsitzenden der JCS, Admiral Arthur Radford, bei dem Treffen nicht dabei haben, sondern lieber UN-Botschafter Lodge, der eine härtere Haltung gegenüber Israel vertrat, und ansonsten so wenig Stabsmitglieder wie möglich.[783]

---

und Sanktionen gegen sein Land als "historic injustice" bezeichnete. Vgl. Brief Ben Gurions an JFD, 18.2.1957. Ebenda, S. 200.
[781] Vgl. Gesprächsmemorandum JFD - Lodge über ein Gespräch mit Krekeler, 18.2.1957. Ebenda, S. 199f.
[782] Telefonat Adams' an JFD, 18.2.1957. DDEL: Dulles Papers, Telephone Calls Series, Box 11, Memoranda of Telephone Conversations, White House January-February 28, 1957 (1); vgl. Telefonat Hagertys an JFD, 18.2.1957. FRUS 1955-1957, Vol. XVII, S. 196.
[783] Telefonat Persons an JFD, 18.2.1957. DDEL: Dulles Papers, Telephone Calls Series, Box 11, Memoranda of Telephone Conversations, White House January-February 28, 1957 (1).

Es konnte keinen Zweifel darüber geben, daß die Administration die Folgen ihrer Sanktionspolitik für Israel, über die sie sich völlig im klaren war, in Kauf nahm, auch wenn am Tag vor der Krisensitzung General Persons sich Sorgen um die öffentliche Reaktion machte, da die Bevölkerung, vor allem an der Ostküste, Sanktionen ablehne.[784] Die Schwere der Konsequenzen hatte ein am selben Tag vorgelegter Bericht der CIA ermittelt und einen schweren diplomatischen und wirtschaftlichen Schlag für Israel vorausgesehen. Eine amerikanische Unterstützung von UN-Sanktionen, die dort eine breite Mehrheit fänden, würde andererseits von den arabischen Staaten sehr positiv aufgenommen werden und Versuche Washingtons erleichtern, gegen den sowjetischen Einfluß in der Region anzukämpfen.[785]

Die Unpopularität der anti-israelischen Sanktionen in der Öffentlichkeit und der Druck, der seitens der Israel-Lobby gegen eine solche Politik ausgeübt wurde, machten Dulles zu schaffen. Arthur Dean informierte den Außenminister darüber, daß Golda Meir und Abba Eban die Unterstützung prominenter amerikanischer Juden hätten und daß sogar General Lucius D. Clay, ein Freund Eisenhowers und der frühere US-Militärgouverneur in Deutschland, ihnen geraten habe, *"to stick to their guns and not retreat."*[786]

Dulles war über den jüdischen Einfluß äußerst ungehalten und beklagte sich gegenüber dem Generalsekretär des National Council of Churches, Roswell Barnes, sehr heftig, daß *"the Jewish influence here is completely dominating the scene and almost impossible to get Congress to do anything they don't approve of."* Die israelische Botschaft, so Dulles weiter, *"is practically dictating to the*

---

[784] Vgl. Telefonat Persons an JFD, 19.2.1957. Ebenda.
[785] Vgl. das CIA-Memorandum "Probable Effects of a US-Supported UN Resolution Applying Sanctions to Israel", 19.2.1957. FRUS 1955-1957, Vol. XVII, S. 209ff. Die CIA erwartete die Unterstützung der Sanktionen von der Sowjetunion sowie allen arabischen Staaten und dem Iran. Einer amerikanischen Unterstützung der Sanktionen würden außerdem viele lateinamerikanische Staaten folgen. Die meisten NATO-Partner, einschließlich Großbritannien, würden eine entsprechende Resolution ebenfalls mittragen, nicht jedoch Frankreich und Kanada.
[786] Telefonat JFDs an Dean, 19.2.1957. DDEL: Dulles Papers, Telephone Calls Series, Box 6, Memoranda of Telephone Conversations - General January-February 28, 1957 (2).

Congress through influential Jewish people in the country." Dulles beschwerte sich bitter bei Barnes, daß protestantische Kreise in Amerika sich nicht häufiger zu Wort meldeten und so ein Gegengewicht zu den amerikanischen Juden bildeten,[787] ein Umstand, der Dulles schon länger verärgert hatte, hatte er doch einige Tage zuvor mit dem konservativen republikanischen Abgeordneten John Martin Vorys (Ohio) über Möglichkeiten diskutiert, protestantische und katholische Kreise gegen den jüdischen Einfluß zu mobilisieren.[788] Diese Überlegung Dulles' glich dem verzweifelten Versuch, die amerikanische Außenpolitik einem "Kulturkampf" auszusetzen, was die große Unruhe des Außenministers über die Stärke der pro-israelischen Kräfte und ihrem Einfluß auf den Kongreß deutlich werden ließ.

Am Morgen des 20. Februar 1957 schließlich versammelten sich die Spitzen beider Parteien aus Senat und Repräsentantenhaus zur Krisensitzung im Weißen Haus. Neben dem Präsidenten vertraten Vizepräsident Nixon, Außenminister Dulles, Stabschef Adams, Staatssekretär Hill, UN-Botschafter Lodge, Persons, Hagerty und Goodpaster die Exekutive,[789] während die 26köpfige Kongreßdelegation von Senator Johnson, Senator Knowland und dem "Speaker" des Repräsentantenhauses, Sam Rayburn, angeführt wurden - allesamt scharfe Kritiker von Sanktionen gegen Israel. Die Unterredung, die zweieinhalb Stunden dauerte, verlief in angespannter Atmosphäre mit *"fewer pleasantries than usual"*, wie sich Sherman Adams erinnerte.[790]

Präsident Eisenhower eröffnete die Sitzung mit einem Plädoyer, in dem er die Gründe seiner Administration für ein Eintreten für Sanktionen erklärte. Die

---

[787] Telefonat JFDs an Barnes, 19.2.1957. Ebenda. Der National Council of Churches (NCC) vertrat etwa 37 Millionen protestantische und orthodoxe Christen in den USA, war also zahlenmäßig weitaus bedeutender als die jüdische Gemeinde. Barnes gab nach dem Gespräch mit JFD dessen Bitte an den NCC-Präsidenten Eugene Carson Blake weiter, der daraufhin Ende Februar tatsächlich die Politik der Administration öffentlich unterstützte. The New York Times, 27.2.1957.
[788] Vgl. Telefonat Vorys' an JFD, 13.2.1957. DDEL: Dulles Papers, Telephone Calls Series, Box 6, Memoranda of Telephone Conversations - General January-February 28, 1957 (2).
[789] Ebenso zwei weitere Beamte des Weißen Hauses, Bryce Harlow und Arthur Minnich, der auch Protokoll führte.
[790] Adams, a.a.O., S. 280.

Weigerung Israels, den Resolutionen der UNO nachzukommen, führe in der Region zu einer Verschärfung der wirtschaftlichen Krise, zu einer fortgesetzten politischen Instabilität und verstärktem sowjetischen Einfluß in den arabischen Staaten sowie zu einer wachsenden Gefahr eines Krieges. Er sei sich der Opposition im Kongreß gegen Sanktionen bewußt, gab jedoch zu bedenken, daß Sanktionen unterschiedliche Formen annehmen könnten. Letztlich, so Eisenhower, gehe es um nichts anderes als *"United States interests in the Mid-East and the question of how to protect those interests if not through the UN"*, deren Autorität nicht durch amerikanische Opposition gefährdet werden dürfte.

Daraufhin erteilte er Dulles das Wort, der einen Überblick über die politische Entwicklung und die diplomatischen Gespräche seit der Suez-Krise gab. Er machte darauf aufmerksam, daß im Falle einer amerikanischen Ablehnung von UN-Sanktionen, die die arabischen Staaten oder die Sowjetunion in den nächsten Tagen einbrächten, Konsequenzen und Alternativen überlegt werden müßten. Dulles unterstrich die mangelnde Kooperationsbereitschaft der israelischen Regierung und verneinte eine entsprechende Frage des republikanischen Senators Alexander Wiley (Wisconsin), ob er an einen Wandel Ben Gurions glaube. Daher hielt es Dulles für wichtig, daß die US-Regierung nun Entschlossenheit demonstriere. *"The firmness of the US position thus constituted the crucial issue particularly since much of the world, including the Israeli government, believed Israel could in crucial moments control US policy."*

Es folgte eine Diskussion, bei der die Kongreßvertreter über die Parteilinien hinweg Denkansätze formulierten, wie Israel zum Rückzug veranlaßt werden könnte, ohne daß UN-Sanktionen verhängt würden. Senator Knowland, *"wearing his classical toga of lofty defiance"* (Adams),[791] wiederholte dabei seinen Vorwurf der "Doppelmoral" einer Sanktionspolitik und forderte ein stärkeres US-Engagement bei der nahöstlichen Friedenssuche. Er unterbreitete eine Drei-Punkte-Alternativresolution, die vor der UNO eingebracht werden sollte: Diese sollte wirtschaftliche, moralische und diplomatische Sanktionen gegen diejenigen Staaten

---

[791] Ebenda, S. 281.

verhängen, deren Politik nicht im Einklang mit der UN-Charta stand, die UN-Resolutionen mißachteten und Aggressionen ausübten. Israel sollte seine Truppen aus Gaza und vom Golf von Aqaba abziehen, und beide Gebiete sollten sofort von UN-Truppen besetzt werden, solange bis es entweder eine UN-Regelung oder ein ägyptisch-israelisches Abkommen gebe. Eine solche Resolution, so Knowland, würde den Eindruck vermeiden, Israel sei das Opfer eines *"double standard penalty systems."* Sofort wurde Knowland von Senator Mansfield unterstützt.

Knowlands Beitrag blieb der einzige konkret geäußerte Gegenvorschlag, der jedoch keine ausreichende Zustimmung fand. Die Diskussion schleppte sich in ihrem zweiten Teil dahin, ohne daß sich die Positionen annäherten. Versuche, die UN-Debatte zu verzögern oder Resolutionen gegen die Sowjetunion und Ägypten einzubringen, wurden von UN-Botschafter Lodge in wortreichen Erklärungen als nicht realisierbar zurückgewiesen. Auch Bemühungen Präsident Eisenhowers, mit einem gemeinsamen Appell des US-Senats und des Repräsentantenhauses Israel zum Rückzug zu bewegen, um möglichen Sanktionen zuvorzukommen, schlugen fehl, da sich schon die versammelten Abgeordneten und Senatoren nicht darauf einigen konnten. *"Speaker Rayburn believed it impossible for the group to agree on the language of such a statement."* Der demokratische Senator Richard Russell, darin mit fast allen Teilnehmern einig, beendete schließlich die Diskussion mit der Bemerkung, er sehe keine Möglichkeit einer gemeinsamen Haltung zwischen Präsident und Kongreß.[792] Senator Johnson teilte anschließend den wartenden Journalisten mit, daß *"[o]ur views have not been changed."*[793]

Das Treffen endete für beide Seiten unbefriedigend. Eisenhower meinte anschließend, es sei entmutigend festzustellen, daß innenpolitische Überlegungen bei den Kongreßmitgliedern eine gemeinsame Haltung in einer derart wichtigen außenpolitischen Frage verhinderten. Vor allem Knowland und Johnson hätten die

---

[792] Protokoll der gemeinsamen Sitzung von Administration und den Spitzen des Kongresses, 20.2.1957. DDEL: Ann Whitman File, Legislative Meetings Series, Box 2, 1957 (1).
[793] Zitiert nach: Adams, a.a.O., S. 285.

Opposition gegen die Administration angeführt.[794] Der Präsident unternahm noch am gleichen Tag einen letzten Versuch, um doch noch eine Situation zu vermeiden, in der seine Administration vor der UNO für Sanktionen gegen Israel stimmen müßte. In einem Brief an Ben Gurion drückte er noch einmal die Hoffnung aus, daß Israel die bisherigen UN-Resolutionen annähme, da ein weiterer Zeitaufschub unmöglich sei. Sanktionen gegen Israel seien zwar bedauerlich, aber notwendig.[795]

Da die Unterredung mit den Kongreßführern so fruchtlos verlaufen war, wandte sich Eisenhower am gleichen Abend noch mit einer Rundfunk- und Fernsehansprache an die Nation, um die Öffentlichkeit für seinen Standpunkt zu gewinnen. Er zeigte sich enttäuscht über Israels Verhalten und lehnte Sondergarantien für den israelischen Rückzug ab, was eine Frage von Prinzipien sei. *"Should a nation which attacks and occupies foreign territory in the face of United Nations disapproval be allowed to impose conditions on its own withdrawal?"* Dies würde die internationale Entwicklung erheblich zurückwerfen. Eisenhower erwähnte Sanktionen mit keinem Wort, sondern appellierte stattdessen an Israels staatsphilosophisches Verständnis. Man könne Israel nicht mit der Sowjetunion gleichsetzen, obgleich die sowjetischen Aktionen ebenso abzulehnen seien. Doch von einem Volk wie Israel, das wie die USA mit religiösem Glauben und moralischen Werten ausgestattet sei, erwarte er einen größeren Beitrag zur Weltordnung, was *"we cannot expect from a nation controlled by atheistic despots."*[796]

Die Reaktion auf Eisenhowers Rede war aus Sicht der Administration positiv. Vor allem Eisenhowers Argumentation mit der Verpflichtung, die sich aus Israels Zugehörigkeit zur westlichen Wertegemeinschaft - sonst nur von der Israel-

---

[794] Vgl. Tagebucheintrag Ann Whitmans, 20.2.1957. DDEL: Ann Whitman File, Ann Whitman Diary Series, Box 8, February 1957.
[795] Vgl. Brief DDEs an Ben Gurion, 20.2.1957. FRUS 1955-1957, Vol. XVII, S. 225f. DDE war derart enttäuscht und verärgert, daß JFD den Brief stilistisch sogar noch etwas abschwächen mußte. ""The Secr.[etary] mentioned adding a word of friendship at the end and the Pres.[ident] agreed." Telefonat JFDs an DDE, 20.2.1957. DDEL: Dulles Papers, Telephone Calls Series, Box 11, Memoranda of Telephone Conversations, White House January-February 28, 1957 (1).
[796] Rundfunk- und Fernsehansprache DDEs, 20.2.1957. PPPUS 1957, S. 147-156.

Lobby bemüht - ergab, hatte Eisenhowers Stab, aber auch die israelischen Diplomaten in Washington beeindruckt, wie aus einem Gespräch des Präsidenten mit Sherman Adams hervorging.[797] Selbst im Senat konnte Eisenhower ein paar Punkte gutmachen. Zwar blieben die pro-israelischen Hardliner wie Senator Johnson, Senator Knowland und der demokratische Senator Samuel J. Ervin (North Carolina) bei ihrer kritischen Haltung, doch äußerten sich der republikanische Senator Karl E. Mundt (South Dakota) und sein demokratischer Kollege Stuart Symington (Missouri) zumindest verhalten positiv, da Eisenhower, indem er die Sanktionen nicht erwähnte, einen offenen Zusammenstoß mit dem Kongreß vermieden hatte. Selbst Senator Sparkman, der Sanktionen ablehnte, nannte die Rede *"a good speech"*, auch wenn er einen künftigen klaren Kurs des Präsidenten vermißte.[798]

Auch in der Presse schien sich ein vorsichtiger Stimmungswandel anzudeuten. James Reston unterstrich in seinem Leitartikel der pro-israelischen New York Times die prinzipielle Einigkeit zwischen Präsident und Kongreß in der Frage der Notwendigkeit des israelischen Rückzugs. Uneins sei man lediglich darin, ob man Israel dazu mit wirtschaftlichem Druck zwingen müsse. Es komme nun darauf an, so Reston weiter, die diplomatischen Bedingungen zu schaffen, mit denen Israel abziehen und gleichzeitig sein Gesicht wahren könne. Zwischen den Zeilen war zu lesen, daß der Ball nun bei der israelischen Regierung lag.[799]

Interessant war ebenfalls die Stellungnahme, die Rabbi Silver in Cleveland verbreitete. Wohl wissend, daß der Präsident eine beachtenswerte Rede gehalten hatte, äußerte Silver seine Kritik in sehr vorsichtigen Worten und versäumte es überdies nicht, die positiven Ansätze von Eisenhowers Kurs zu unterstreichen. Der Präsident sei, so Silver, ehrlich bemüht, einen Ausweg aus der gefährlichen Sackgasse zu finden, an der diplomatische Fehler der US-Regierung

---
[797] Vgl. Telefonat Adams' an DDE, 21.2.1957. DDEL: Dulles Papers, Telephone Calls Series, Box 11, Memoranda of Telephone Conversations, White House January-February 28, 1957 (1).
[798] The New York Times, 21.2.1957.
[799] "The Mideast Impasse. An Appraisal of the Efforts Being Made To Find Face-Saving Formula on Israel", The New York Times, 22.2.1957.

allerdings nicht ganz schuldlos seien. Silver hob hervor, daß Eisenhower *"acknowledges Israel's legitimate grievances and the Justice of Israel's claim to free navigation"*. Diese Erklärung bedeute nun eine moralische Verpflichtung der Administration, daß Israel nach einem vollständigen Rückzug keine negativen Folgen erleide. Silver bemängelte lediglich, daß Eisenhowers Rede zum Teil unlogisch sei, *"overstrained in national self-righteousness and in sharp contrast to the much softer words which are publicly directed to Arab Governments."* Auf die von Eisenhower angesprochene Wertegemeinschaft Israels mit dem Westen ging Silver nicht ein.[800]

Zieht man die verschiedenen Reaktionen auf Eisenhowers Rede in Betracht, so zeigten diese durchaus ein verbreitetes Gefühl, daß die Administration mit ihrem Aide-Mémoire der israelischen Regierung sehr weit entgegengekommen war, um Israel einen gesichtswahrenden Abzug aus dem Gaza-Streifen und dem Golf von Aqaba zu ermöglichen, wie Dulles in einem Brief an Senator Johnson noch einmal darlegte.[801] Gleichwohl erneuerten jedoch die pro-israelischen Kräfte ihre Opposition: neben den Senatoren Javits und Humphrey,[802] Ex-Präsident Harry Truman[803] und der Vorsitzende des Gewerkschaftsbundes AFL-CIO, George Meany,[804] vor allem auch Vertreter des religiösen Lebens. Samuel Guy Inman, Co-Vorsitzender des American Christian Palestine Committe, nannte es namens seiner Organisation *"foolhardy if not unjustifiable"*, wenn von Israel, nicht aber von Ägypten verlangt werde, die UN-Resolutionen zu respektieren. Entsprechenden Druck müsse auch auf Ägypten ausgeübt werden.[805]

Nach Ansicht mehrerer prominenter New Yorker Rabbis, die in Predigten zum Israel-Problem Stellung nahmen, ignorierte die Administration bei

---

[800] Statement Silvers als Reaktion auf DDE Ansprache, 21.2.1957. WRHS: Silver Papers, A Mss/Ty 57/12.
[801] Vgl. Brief JFDs an Johnson, 21.2.1957. DDEL: Dulles Papers, JFD Chronological Series, Box 14, John Foster Dulles Chronological February 1957 (1).
[802] The New York Times, 23.2.1957.
[803] The New York Times, 22.2.1957.
[804] The New York Times, 23.2.1957.
[805] The New York Times, 22.2.1957.

ihrer Politik gegenüber Israel das Recht eines jeden Landes auf Selbstverteidigung. Rabbi Israel Goldstein (Congregation B'nai Jeshurun) bezeichnete Eisenhowers Drohung mit Sanktionen aus praktischen und moralischen Gründen als unbrauchbar. Israel sei kein Aggressor auf ägyptischem Territorium, sondern *"insisting on her right to live without fear and harassment."* Angesichts von Ägyptens Kriegstreiberei sei Israels Einmarsch in den Sinai kein aggressiver Akt gewesen, sondern ein verzweifelter Versuch des Selbstschutzes, um einem ägyptischen Vernichtungskrieg zuvorzukommen. Für Rabbi J. Howard Ralbag (Congregation Ohav Sholom) war Israel das Opfer einer UN-Politik, die die großen Staaten mit weit schwerwiegenderen Aggressionen schone, obgleich deren Taten *"more serious and more damaging to the prestige and life of the world community"* seien. Schließlich lobte Rabbi Louis I. Newman (Temple Rodeph Sholom) die israelische Diplomatie und die *"tenacious adherence to democratic ideals"* der israelischen Führer.[806]

Es waren gerade die Äußerungen jüdischer Theologen, die den Außenminister verärgerten und wieder auf seine bereits gegenüber führenden Protestanten geäußerte Idee zurückkommen ließen, ein theologisches Gegengewicht zur jüdischen Gemeinde in der öffentlichen Auseinandersetzung um Israel aufzubauen, nachdem schon ein Treffen Dulles' mit nicht-zionistischen Juden ergebnislos verlaufen war.[807] Dem Vorsitzenden der National Presbyterian Church, Reverend Edward Elson, teilte Dulles am 22. Februar 1957 mit, daß fast alle Briefe, die das Weiße Haus als Reaktion auf die Ansprache des Präsidenten erreichten, von jüdischen Bürgern und also kritisch seien. Dulles bat Elson dafür zu

---

[806] The New York Times, 24.2.1957.
[807] JFD hatte sich am 21.2.1957 zusammen mit dem Kabinettssekretär des Weißen Hauses, Maxwell Rabb, mit prominenten Nicht-Zionisten getroffen, um Unterstützung für den Standpunkt der Administration zu erhalten und um mit ihrer Hilfe Israel zum Rückzug zu bewegen. Die Gesprächspartner waren Barney Balaban, Louis Novins (beide Paramount Pictures), Irving Engel, Jacob Blaustein, (beide AJC), William Rosenwald (UJA), Samuel D. Leidesdorf (UJA of Greater New York), Philip Klutznick (B'nai B'rith) und Mendel Silverberg (jüdische Gemeinde Los Angeles). Das Treffen endete allerdings ergebnislos, da die Nicht-Zionisten JFDs Argumentation nicht akzeptierten. The New York Times, 22.2.1957. Vgl. ebenfalls Fox, a.a.O., S. 99f.; vgl. Sachar, a.a.O., S. 727f.

sorgen, daß einige protestantische Geistliche das Israel-Problem in ihren Predigten thematisierten und dabei den Standpunkt der Administration verträten, was Elson versprach. Elson selbst werde schon am folgenden Sonntag *"preaching on an Old Testament subject and he thought he could do something about it."* Dulles maß der protestantischen Unterstützung der amerikanischen Außenpolitik große Bedeutung zu und sah sogar die Zukunft der UNO in Gefahr, *"if the Jews have the veto on US foreign policy".*[808]

Auch in einem weiteren Gespräch mit Roswell Barnes, dem Generalsekretär des National Council of Churches, vom gleichen Tag bemängelte Dulles die fehlende Unterstützung der amerikanischen Protestanten. *"All we get is a battering from the Jews."* Es sei, so der Außenminister, nahezu unmöglich, etwas gegen die pro-israelische Verteidigungslinie im Kongreß auszurichten. Erneut wies er auf die zahllosen kritischen Briefe jüdischer Bürger hin, die das Weiße Haus erreichten. *"There seemed to be no interest in this situation by others."*[809]

Der verärgerte Dulles mußte einmal mehr erkennen, daß in der Tat keine andere gesellschaftliche Gruppe die Entwicklung im Nahen Osten dermaßen genau erfolgte wie die amerikanischen Juden. Demnach hatte die Aktivität der Israel-Lobby, vor allem des AZCPA, das bereits in der Vergangenheit stets die politischen Diskussionen in Washington mit Brief- und Spendenkampagnen begleitet hatte, den beabsichtigten Effekt gehabt. Die auf diese Weise formulierte Opposition gegen die Eisenhower-Politik verunsicherte die Administration und machte ihr den politischen Alltag schwer, auch wenn sie sich in ihren Entscheidungen dadurch nicht beeinflussen ließ. Es bleibt allerdings nur zu spekulieren, welche Konsequenzen es für die innenpolitische Zusammenarbeit zwischen Exekutive und Legislative gehabt hätte, wenn Israel auf seinem

---

[808] Telefonat JFDs an Elson, 22.2.1957. DDEL: Dulles Papers, Telephone Calls Series, Box 6, Memoranda of Telephone Conversations - General January-February 28, 1957 (1).
[809] Telefonat JFDs an Barnes, 22.2.1957. DDEL: Dulles Papers, Telephone Conversations, Box 6, Memoranda of Telephone Conversations - General January-February 28, 1957.

Standpunkt beharrt hätte und ihm mit amerikanischer Unterstützung Sanktionen auferlegt worden wären - gegen die Opposition des Kongresses.

Daß es dazu nicht kam, lag an der israelischen Regierung, die im letzten Moment einlenkte und damit einen offenen Konflikt mit der UNO vermied. Bereits am 22. Februar vermehrten sich für die Administration die Anzeichen für einen Meinungsumschwung in Tel Aviv. Ben Gurion teilte in einem überaus versöhnlichen Telegramm an Eisenhower mit, daß Botschafter Eban mit *"new instructions"* wieder auf dem Weg nach Washington sei.[810] Und auch Arthur Dean, der Vertraute Dulles', schloß aus seinen Kontakten zu israelischen Diplomaten, Ben Gurion sei *"looking for something for him to climb down on and for something where he won't slip."*[811] Dean war es auch, mit dem Eban gleich nach dessen Ankunft in New York am 24. Februar als erstes zusammentraf. Nach dieser Unterredung teilte Dean Dulles mit, daß die Situation *"not unhopeful"* sei,[812] woraufein Treffen zwischen Dulles und Eban für den gleichen Tag in Washington arrangiert wurde.

Zuvor jedoch hatte Dulles ein Treffen mit Knowland und Johnson in der Washingtoner Residenz des Außenministers, an dem auch die Vorsitzenden des Auswärtigen und des Streitkräfteausschusses des Senats, Russell und Green, teilnahmen. Nachdem Dulles von Dean über offenbar konstruktive Bewegungen der israelischen Regierung unterrichtet worden war, konnte Dulles seine harte Linie gegenüber Israel etwas abschwächen, um den Senatoren Kompromißbereitschaft zu signalisieren. Die Administration war auf die Kooperation Knowlands und Johnsons in der Frage der Eisenhower-Doktrin angewiesen und hoffte, das Problem des israelischen Abzugs nun endlich vom Tisch zu bekommen. Dulles bekräftigte daher, daß die Administration immer noch

---

[810] Telegramm Ben Gurions an DDE, 22.2.1957. DDEL: Ann Whitman File, International Series, Box 29, Israel (2).
[811] Memorandum Deans an JFD, 22.2.1957. DDEL: Dulles Papers, Special Assistants Chronological Series, Box 11, Macomber-Hanes Chronological February 1957 (1).
[812] Telefonat JFDs an DDE über eine Gespräch mit Dean, 24.2.1957. DDEL: Dulles Papers, Telephone Calls Series, Box 11, Memoranda of Telephone Conversations, White House January-February 28, 1957 (1).

nach einer Lösung suche, die Sanktionen vermeide. Anschließend nannten Johnson und Knowland vor der Presse das Gespräch *"productive and fruitful"* und lobten den Geist der Zusammenarbeit zwischen Exekutive und Legislative.[813]

Im Anschluß an das Gespräch mit den Spitzen des Senats konferierte Dulles mit Eban. Dabei erläuterte Eban dem Außenminister die modifizierte israelische Position, die nach seiner Ansicht den Grundaussagen des amerikanischen Aide-Mémoire vom 11. Februar entlang abgefaßt war. Demnach würde Israel von der Straße von Tiran abziehen, nachdem zuvor von den USA - und anderen maritimen Staaten - die Freiheit der Schiffahrt im Golf von Aqaba festgestellt worden sei. Danach würden UN-Truppen in die israelischen Stellungen einrücken. Sodann würde Israel aus dem Gaza-Streifen abziehen, woraufhin ebenfalls sofort UN-Truppen stationiert werden sollten. Anschließend sollte die UNO eine Untersuchungsmission nach Gaza entsenden mit dem Auftrag, **alle** Probleme im Gaza-Streifen aufzunehmen und **alle** beteiligten Länder dazu anzuhören. Israel bestehe nicht mehr auf einer israelischen Verwaltung in Gaza und werde, so Eban, jede Lösung akzeptieren, die nicht den Status quo ante, also die ägyptische Verwaltung, vorsehe. Dulles unterbrach daraufhin die Sitzung, um sich mit seinen Beratern (Herter, Phleger, Wilcox, Rountree) zu besprechen. Danach teilte er dem erleichterten Eban mit, daß die Administration mit diesem Vorschlag im wesentlichen einverstanden sei.[814]

Dulles konnte Eisenhower anschließend vermelden, daß zwar die Situation nun erfolgversprechender aussehe, daß aber die große Schwierigkeit immer noch beim Gaza-Streifen liege. Israel wolle das definitive Ende der ägyptischen Verwaltung des Gaza-Streifens, die die Fedayeen-Übergriffe inder Vergangenheit geduldet habe, was aber nach den Bestimmungen des Waffenstillstandes von 1949 nicht möglich sei. Eine entsprechende Zusicherung könne auch UN-Generalsekretär Hammarskjöld nicht geben, mit dem Eban derzeit verhandle. Eisenhower schlug daraufhin amerikanische Garantien vor, daß der Gaza-Streifen

---

[813] The New York Times, 25.2.1957.
[814] Vgl. Gesprächsmemorandum JFD, Eban, Herter, Shiloah, Phleger, Wilcox, Rountree, 24.2.1957. FRUS 1955-1957, Vol. XVII, S. 254-267.

"would not be a source of danger." Außerdem, meinte der Präsident, müsse man den streitenden Parteien nun durch einen Wink mit US-Finanzhilfe einen letzten Ruck geben, daß "if they want 20 million they better get on board -- this was not really bribery."[815]

Eine Lösung für das Problem das Gaza-Streifens, wo Ägypten nach der Waffenstillstandsvereinbarung Hoheitsrechte hatte,[816] lag in der Luft, war jedoch noch nicht erreicht. Fieberhafte Verhandlungen bei den Vereinten Nationen in New York kennzeichneten die nächsten Tage, über deren Stand die Administration permanent unterrichtet war.[817] Offenbar hatten die Israelis jetzt Angst vor der eigenen Courage, versuchten sie doch, den endgültigen Abzugstermin hinauszuzögern und mit einem Teilabzug von der Straße von Tiran wenigstens die Gaza-Frage noch weiter zu verhandeln. Dulles, der eine Trennung der Probleme kategorisch ablehnte, mußte nach zwei weiteren Gesprächen Eban weiter unter Druck setzen und zur Eile ermahnen, da eine bereits wiederholt aufgeschobene

---

[815] Telefonat JFDs an DDE, 24.2.1957. DDEL: Dulles Papers, Telephone Calls Series, Box 11, Memoranda of Telephone Conversations, White House January-February 28, 1957 (1).
[816] Der Gaza-Streifen war im 1948er Krieg von Ägypten vorübergehend besetzt worden, um ihn danach einem palästinensischen Staat einzugliedern. Gaza blieb nach der israelischen Staatsgründung unter der treuhänderischen Verwaltung Kairos; ein Zustand, der auch von der Gemeinsamen ägyptisch-israelischen Waffenstillstandskommission anerkannt wurde. Gleichwohl hatte der Waffenstillstandsvertrag von Rhodos Truppen- und Waffenbegrenzungen beiderseits der Demarkationsseite festgelegt. Vgl. Oren, Origins of the Second Arab-Israel War, a.a.O., S. 10.
[817] Vgl. Telefonat Adams' an JFD, 25.2.1957; vgl. Telefonat JFDs an DDE, 25.2.1957. DDEL: Dulles Papers, Telephone Calls Series, Box 11, Memoranda of Telephone Conversations, White House January-February 28, 1957 (1). Vgl. Telefonat JFDs an Johnson, 25.2.1957. DDEL: Dulles Papers, Telephone Calls Series, Box 6, Memoranda of Telephone Conversations - General January-February 28, 1957 (1). Vgl. Telegramm Lodges' an JFD, 26.2.1957. FRUS 1955-1957, Vol. XVII, S. 276ff. Vgl. Memorandum Deans an JFD, 26.2.1957. DDEL: Dulles Papers, Telephone Calls Series, Box 6, Memoranda of Telephone Conversations - General January-February 28, 1957 (1).

UN-Debatte über den israelischen Abzug nicht noch weiter verzögert werden könne.[818]

Aber auch die Administration stand ihrerseits unter Druck, erreichten doch die öffentlichen Proteste der jüdischen Gemeinde Amerikas gegen den Druck, den die Administration auf Israel ausübte, einen weiteren Höhepunkt. Am 25. Februar versammelten sich auf Initiative des AZC 18.000 Demonstranten zu einer Massenkundgebung im Madison Square Garden in New York, an der als Redner zahlreiche zionistische wie nicht-zionistische Führer (Irving Engel, Israel Goldstein), Senatoren (Jacob Javits, Paul Douglas) und Geistliche (Rev. James A. Pike) teilnahmen. Dazu wurden Grußadressen von weiteren prominenten Politikern verlesen. Sie alle setzten sich vehement für Israel ein und kritisierten die Administration für ihre Politik, mit der sie Israel zu einem Abzug zwinge, der es anschließend wieder der Gefahr gewaltsamer Grenzverletzungen aussetze.[819]

Doch Israel hatte, wie Dulles Präsident Eisenhower darlegte, das Maximum an Forderungen erreicht, nämlich neben der Versicherung, daß sofort nach dem israelischen Abzug UN-Truppen in den Gaza-Streifen und an die Straße von Tiran nachrücken würden, eine Erklärung der Seemächte, daß das freie Durchfahrtsrecht ausgeübt werden könne und anerkannt werde. Außerdem hatten die USA akzeptiert, daß jeder gewaltsame Versuch, israelische Schiffe zu behindern, ein bewaffneter Angriff sei, auf den Israel mit dem Recht zur Selbstverteidigung nach Artikel 51 der UN-Charta reagieren könne. Im Gaza-Streifen galt schließlich die Zusicherung, daß die UN-Truppe auch die Aufgabe habe, Grenzverletzungen zu verhindern, und daß die UN-Verwaltung für unbestimmte Zeit zivile und Polizeiaufgaben wahrnehme und sich um die Wirtschaftsentwicklung bemühe. Die Rechte Ägyptens im Gaza-Streifen aus der

---

[818] Vgl. Gesprächsmemorandum JFD, Eban, Herter Shiloah u.a., 26.2.1957. FRUS 1955-1957, Vol. XVII, S. 291-295; vgl. Gesprächsmemorandum JFD, Eban, Herter, Shiloah u.a., 27.2.1957. Ebenda, S. 299-303.
[819] The New York Times, 26.2.1957. Die verlesenen Unterstützungsschreiben stammten u.a. von Eleanor Roosevelt, den demokratischen Senatoren Wayne Morse (Oregon), Humphrey, Ives, dem republikanischen Senator John Butler (Maryland) und Nahum Goldmann.

Waffenstillstandsvereinbarung von 1949 seien hingegen unabänderlich und könnten nicht weggenommen werden.[820]

Schließlich wurde der 1. März als das Datum vereinbart, an dem Israels Außenministerin Golda Meir vor der UNO den israelischen Rückzug bekanntgeben sollte.[821] Außenminister Dulles informierte daraufhin die US-Botschafter in der Region, wobei er die Diplomaten anwies, daß *"[e]very effort should be made locally to place Israeli withdrawal in context sucessful US effort to achieve purposes UN resolutions without rewarding Israel for military operation."* Washington sei keine unveröffentlichten Verpflichtungen gegenüber Israel eingegangen, sondern habe stattdessen an der eindeutigen Haltung Präsident Eisenhowers festgehalten. *"Any rumors of secret US-Israeli understandings or commitments may be vigourously denied."*[822] In dem gleichen Sinne informierte Dulles zwei Stunden vor der Bekanntgabe des Rückzugs durch Golda Meirs die in Washington akkreditierten Botschafter oder Geschäftsträger der arabischen Staaten und dementierte heftig eine Meldung der sowjetischen Nachrichtenagentur TASS, nach der Israel nur deswegen abziehe, weil Washington in Geheimverhandlungen mit Jerusalem Abmachungen über US-Basen in Israel für 125 Millionen Dollar an Israel getroffen habe.[823]

Eisenhower bedankte sich einen Tag später in einem Brief an Ben Gurion für die israelische Kooperation, wobei er indirekt auch auf Gerüchte einging, Israel könne den Abzug in letzter Sekunde doch noch verweigern, da das

---

[820] Vgl. Memorandum JFDs an DDE, 26.2.1957. FRUS 1955-1957, Vol. XVII, S. 282f.
[821] Vgl. Gesprächsmemorandum JFD, Eban, Phleger, Shiloah, Rountree, 28.2.1957. Ebenda, S. 311ff. Der Text der Rückzugserklärung ist auf den Seiten 313-317.
[822] Telegramm JFDs an US-Botschaften, 28.2.1957. Ebenda, S. 320f. JFD hat die amerikanische Unbeirrbarkeit gegenüber DDE als den entscheidenden Grund für den Durchbruch gewertet. "It was terribly important that there be no sospicions that we had any secret agreements with [the Israelis]." Telefonat JFDs an DDE, 3.3.1957. Ebenda, S. 356.
[823] Vgl. Gesprächsmemorandum JFD, arabische Botschafter bzw. Geschäftsträger in Washington, 1.3.1957. Ebenda, S. 332-336.

Kabinett in Jerusalem in eine Koalitionskrise geraten sei.[824] Indem der Präsident die Hoffnung ausdrückte, daß *"the carrying out of these withdrawals will go forward with the utmost speed"*, warnte er Ben Gurion vor israelischen Winkelzügen. Er habe Verständnis, so Eisenhower weiter, daß die Entscheidung des Abzugs keine leichte gewesen sei, doch glaube er, daß *"Israel will have no cause of regret having thus conformed to the strong sentiment of the world community"*.[825] Möglicherweise was es dieser letzte Satz, der die israelische Regierung aufhorchen und auf eine künftig positivere Behandlung durch die USA hoffen ließ. Denn schon am nächsten Tag konnte Dulles' Assistent Francis Wilcox seinem Chef Informationen aus UNO-Kreisen in New York melden, daß UNTSO-Kommandeur General Burns mitgeteilt habe, Israel werde am 7. März aus Gaza und am 8. März aus Sharm-el-Sheikh abgezogen sein.[826] Und tatsächlich gab Ben Gurion in einem überschwenglichen und sentimentalen Dankesbrief an Eisenhower zu, daß Israels Entscheidung vor allem durch die Formulierung *"Israel will have no cause of regret"* erleichtert worden sei.[827]

Die Reaktion auf den israelischen Abzug bei den amerikanischen Israel-Unterstützern war insgesamt von Erleichterung geprägt. Zwar hatte Israel seine strategisch günstigen Positionen am Golf von Aqaba und im Gaza-Streifen räumen müssen, doch waren zumindest Sanktionen vermieden worden. Diesen Umstand hob besonders Senator Jacob Javits hervor, der die Spitzen des Senats für ihren Kampf gegen Sanktionen lobte und der den Abzug als *"great contribution"* Israels für den Weltfrieden bewertete. Zudem habe der Kommunismus im Nahen Osten

---
[824] Vgl. Gesprächsmemorandum JFD, Eban, Herter, Shiloah, Phleger, Rountree, 2.3.1957. Ebenda, S. 340-347.
[825] Brief DDEs an Ben Gurion, 2.3.1957. Ebenda, S. 347f.
[826] Vgl. Memorandum Wilcox' an JFD, 4.3.1957. Ebenda, S. 361f. Die israelische Evakuierung beider Schauplätze begann am 6.3.1957 und war innerhalb von 48 Stunden beendet. Sofort rückten UN-Truppen in beide Territorien ein. Die Ägypter öffneten prompt den Suez-Kanal für Schiffe von 500 BRT und gaben dem amerikanischen Ingenieur General Raymond Wheeler die Erlaubnis, im Auftrag der UNO mit dänischen und holländischen Bergungsfirmen die Blockade der Schiffswracks im Kanal zu beseitigen. Der Zusammenhang dieser beiden Ereignisse wurde nie explizit ausgesprochen, war aber offensichtlich. Vgl. Kyle, a.a.O., S. 541 und 502.
[827] Vgl. Brief Ben Gurions an DDE, 7.3.1957. Ebenda, S. 379f.

eine Niederlage erlitten. Mit der nun gefundenen Lösung vertraue Israel auf die moralische Verantwortung Amerikas und anderer Länder sowie auf *"the outstanding prestige of President Eisenhower."*[828] Ähnlich sah es auch Rabbi Silver in Cleveland, der erklärte, die USA seien nun eine moralische Verpflichtung eingegangen, um Israels Sicherheit zu schützen. Trotzdem kritisierte er die Politik der Administration, deren Ölinteressen fast die politische und wirtschaftliche Zerstörung Israels riskiert habe. Die Unterstützung von anti-israelischen Sanktionen sei, so meinte Silver, ein tragischer Fehler gewesen. Ausdrücklich lobte er die Opposition dagegen innerhalb der GOP.[829]

Erleichtert war auch die Administration, denn mit dem israelischen Einlenken war das größte Hindernis für die Verabschiedung der Eisenhower-Doktrin aus dem Weg. Die Neukonzeption der amerikanischen Nahostpolitik konnte nun trotz vereinzelter Kritik, etwa von Harry Truman,[830] in Gestalt des modifizierten Resolutionsentwurfs die Hürde des Senats nehmen, wovon die republikanischen Führer im Senat Ende Februar bereits ausgegangen waren.[831] Allerdings hatten sich die Diskussionen darüber bis zuletzt fortgesetzt, so daß Präsident Eisenhower wegen seiner umstrittenen Doktrin bereits mit Präsident Woodrow Wilson (1913-1921) verglichen wurde, der in seiner zweiten Amtszeit zusehends Schwierigkeiten mit der Akzeptanz seiner Außenpolitik im Kongreß und in der Öffentlichkeit gehabt hatte.[832]

---

[828] "Statement of Javits on Announcement of Israeli Troop Withdrawal", 4.3.1957. SUNY: Jacob K. Javits Collection, Series 1, Subseries, 1, Box 13,, Israeli Troop Withdrawal.
[829] The Cleveland Plain Dealer, 4.3.1957.
[830] Vgl. die Rede Trumans beim Beth Israel Synagogue Dinner in Omaha (Nebraska), 3.3.1957. HSTL: Truman Papers, Post-presidential Files, Speech Files, Box 15, General 1957.
[831] Vgl. die Stellungnahme Senator Knowlands beim Treffen DDEs mit Kongreßführern, 26.2.1957. DDEL: Ann Whitman File, Legislative Meetings Series, Box 2, 1957 (1). "Senator Knowland thought that the outcome of the vote was not in question."
[832] Vgl. den Leitartikel Arthur Krocks in der New York Times, 24.2.1957. "President is Acting for a Divided Nation. His Porposals for the Middle East Lack the Support of a Large Section of Public Opinion. Parallel in Wilson's Case."

Am 28. Februar war ein weiteres Amendment des demokratischen Senators Joseph O'Mahoney (Wyoming) zum Mitte Februar angenommenen Mansfield-Humphrey-Amendment mit 82 zu Null Stimmen angenommen worden. Dabei war es erneut um die Möglichkeit des Präsidenten gegangen, Truppen einzusetzen. Laut dem Mansfield-Humphrey-Amendment konnte dies nur geschehen, falls dieser Schritt des Präsidenten in Übereinstimmung mit den Vertragsverpflichtungen der Vereinigten Staaten und der Charta der Vereinten Nationen stehe. Das O'Mahoney-Amendment hatte nun *"Charter of the United Nations"* durch *"Constitution of the United States"* ersetzt, so daß dieser Teil der Eisenhower-Doktrin lautete, der militärische Einsatz sei möglich, *"[p]rovided: That sich employment shall be consonant with the treaty obligations of the United States and with the Constitution of the United States."*[833]

Einen Tag nach der Erklärung Golda Meirs über den israelischen Rückzug mußte die Administration noch die Abstimmung über ein weiteres Amendment überstehen, das jedoch abgelehnt wurde. Dieser Vorschlag des demokratischen Senators Richard Russell (Georgia) hatte schlicht die Streichung des kontroversesten Teils der Eisenhower-Doktrin vorgesehen, nämlich das finanzielle Hilfprogramm.[834] Russell, der wiederholt vor unkalkulierbaren Ausgaben gewarnt und das Hilfsprogramm als *"poison to the American taxpayer"* bezeichnet hatte, befürchtete zudem *"the absolute breakdown of congressional control of expenditures"*. Eisenhower und Dulles hatten jedoch persönlich durch Anrufe bei einzelnen Senatoren noch einmal für ihre Politik geworben und auf die Notwendigkeit hingewiesen, kommunistische Subversion im Nahen Osten mit finanzieller Unterstützung der betroffenen Staaten bekämpfen zu müssen. Auf diese Weise konnten sie die Ablehnung des Russell-Amendments sichern. Für das Russell-Amendment stimmten 23 Demokraten und fünf Republikaner, dagegen stimmten 38 Republikaner und 20 Demokraten, darunter die zukünftigen Präsidenten Kennedy und Johnson.[835]

---

[833] Vgl. Briggs, a a.O., S. 265.
[834] The New York Times, 28.2.1957.
[835] The New York Times, 3.3.1957.

Nach diesem überraschend deutlichen Erfolg der Administration schien die Annahme der Nahost-Resolution im Senat, die sich mittlerweile deutlich von der Fassung unterschied, die das Repräsentantenhaus Ende Januar verabschiedet hatte, sicher zu sein. Und in der Tat stimmten am 5. März 1957, zwei Monate, nachdem Präsident Eisenhower seine Politik dem Kongreß vorgelegt hatte, die Senatoren mit der deutlichen Mehrheit von 72 zu 19 Stimmen der nun zweimal modifizierten Eisenhower-Doktrin[836] zu. Dagegen waren lediglich einige liberale Demokraten, eine größere Gruppe von Südstaaten-Demokraten sowie drei konservative Republikaner.[837] In der Administration war man nun endgültig erleichtert. Staatssekretär Hill, der Dulles von dem Abstimmungsergebnis unterrichtete, meinte, daß *"Christmas comes late this year"*.[838] Zwei Tage später stimmte auch das Repräsentantenhaus über die erneuerte Version des Resolutionstextes ab und nahm sie mit 350 zu 60 Stimmen an,[839] was in der Administration jedoch nach der Senatsentscheidung als reine Formsache betrachtet wurde.[840]

---

[836] DDE hatte aus Bescheidenheit versucht, den bereits üblichen Begriff "Eisenhower-Doktrin" im offiziellen Sprachgebrauch durch "American Doctrine" zu ersetzen, womit er sich allerdings innerhalb der Bürokratie nicht durchsetzen konnte. Eine Verwendung des Adjektivs "American" würde, so USIA-Direktor Arthur Larson an den stellvertretenden Außenminister Herter, "encourage our enemies to use it as a proof we are trying to fill any 'vacuum' which may exist in the Middle East." Zudem genieße der Präsident "such a great degree of admiration throughout the area that the identification of the program with his name is a psychological asset to the United States." Brief Larsons an Herter, 11.3.1957. DDEL: Herter Papers, Series VI, Box 19, Official Correspondence and Memoranda 1957-61, Letters A-L Official-Classified (4).
[837] The New York Times, 6.3.1957.
[838] Telefonat Hills an JFD, 5.3.1957. DDEL: Dulles Papers, Telephone Calls Series, Box 6, Memoranda of Telephone Conversations - General March-April 30, 1957 (5).
[839] The New York Times, 8.3.1957.
[840] Vgl. Telefonat DDEs an JFD, 5.3.1957. DDEL: Dulles Papers, Telephone Calls Series, Box 12, Memoranda of Telephone Conversations, White House March-April 30, 1957 (4); vgl. Memorandum Herters an JFD, 5.3.1957. DDEL: Herter Papers, Series I, Chronological File, Box 9, Miscellaneous Memoranda 1957 (2).

Am 9. März verlieh Präsident Eisenhower durch seine Unterschrift der "Gemeinsamen Erklärung von Senat und Repräsentantenhaus" Gesetzeskraft. Dabei sprach er von einem *"important forward step in the development of friendly relations between the United States and the Middle East area."* Gleichzeitig kündigte Eisenhower die Entsendung des Abgeordneten und früheren Vorsitzenden des Auswärtigen Ausschusses des Repräsentantenhauses, den konservativen Demokraten James P. Richards (South Carolina), in den Nahen Osten an. Richards sollte als Sonderbotschafter des Präsidenten bei den nahöstlichen Regierung um Unterstützung für die Doktrin werben.[841]

Es wäre übertrieben, von einem innenpolitischen Sieg der Administration zu sprechen. Eisenhower und Dulles hatten ihre ursprüngliche Konzeption nicht gegen einen Kongreß durchsetzen können, der in dieser Phase eine wichtige Rolle bei der Gestaltung der amerikanischen Nahostpolitik spielte. Erstmals hatten die pro-israelischen Kräfte in der Legislative in einer für die politische Gestaltungsfähigkeit fundamentalen Frage erfolgreich Widerstand geleistet, wobei die - aus Sicht der Administration - unglückliche zeitliche Koinzidenz des Israel-Komplexes mit der neuen Nahostpolitik für zusätzliche Dominanz des Kongresses gesorgt hatte. Denn besonders dem Senat war es gelungen, durch eine faktische Verknüpfung auf der Verfahrensebene der Sanktions-Frage mit der Eisenhower-Doktrin die Regierung vor die einfache Frage zu stellen: Sanktionen gegen Israel oder Zustimmung zur Doktrin? Zudem wog das Argument schwer, die Administration, die ja weltpolitisch für sich in Anspruch nahm, in der Auseinandersetzung des Kalten Krieges das moralische Recht zu vertreten, drohe Israel, einem Land der westlichen Wertegemeinschaft mit Sanktionen, ignoriere gleichzeitig aber die aggressive Politik der Sowjetunion, messe also mit zweierlei Maß.

---

[841] "Statement by the President Upon Singning the Joint Resolution on the Middle East", 9.3.1957. PPPUS 1957, S. 187f. Richards bereiste insgesamt 15 Staaten. Die meiste Unterstützung für die Doktrin erfuhr er im Irak, im Libanon und in Libyen. Nur Syrien und Ägypten wollten ihn nicht empfangen. Vgl. Schulzinger, a.a.O., S. 255f. Zum Besuch Israels vgl. ausführlich S. 227 dieser Arbeit.

Aus Sicht der professionellen Israel-Lobby hatte die zweite Amtszeit Eisenhowers mit der Erkenntnis begonnen, daß sich die jahrelange geduldige "Meinungspflege" im Kongreß ausgezahlt hatte. Nach der Suez-Krise waren die USA im Nahen Osten beinahe zur alleinigen Autorität der westlichen Welt geworden, und ohne die Zustimmung Washingtons hätte bei den Vereinten Nationen keine diplomatische "Zwangsmaßnahme" ergriffen werden können. Solange die israelische Regierung berechtigterweise darauf spekulieren konnte, daß die Eisenhower-Administration UN-Sanktionen nicht gegen den Kongreß würde durchsetzen können, konnte Israel den maximalen Vorteil beim Rückzug aus den seit der Suez-Krise besetzten Gebieten herausholen. Israel willigte erst dann in einen von der UNO geforderten Rückzug ein, als sich nach der Fernsehansprache Präsident Eisenhowers die Meinung im Kongreß und in der Öffentlichkeit langsam ebenfalls auf einen israelischen Rückzug festzulegen begann.

6. Auf dem Weg zum "strategical asset": die Israel-Lobby und das amerikanisch-israelische Verhältnis zwischen Eisenhower-Doktrin 1957 und der Krise im Libanon 1958

Zusammengenommen hatten die Folgen der Suez-Krise in der Region und der politische Ansatz der Eisenhower-Doktrin die Administration in Washington in eine neue Rolle auf der diplomatischen Bühne des Nahen Ostens hineinwachsen lassen. Schon 1957 wurden die Grundsätze der Doktrin zweimal angewandt, im April in Jordanien und im August/September in Syrien, wobei die Administration in beiden Fällen mit dem Auftauchen der Sechsten US-Flotte, mit Sicherheitsgarantien und Waffenlieferungen an Jordanien und Syriens Nachbarn reagierte.[842] Auf beide Krisen soll in dieser Arbeit nur am Rande eingegangen werden, da eine ausführliche Darstellung der Fakten und Hintergründe den Rahmen der Fragestellung sprengen würde. Dagegen wird es von größerer Bedeutung sein, die nahöstliche Hauptkrise des Jahres 1958 aus amerikanischer Sicht, die Intervention im Libanon, stärker zu berücksichtigen.

Während der verschiedenen regionalen Krisen der Jahre 1957/58 in Syrien, Jordanien, dem Irak und dem Libanon herrschte in Washington die "Domino-Theorie", nach der der Fall eines Landes in kommunistische Hände weitere Staaten nach sich ziehen würde. Die Administration versuchte daher nicht länger, wie Steven L. Spiegel schreibt, Verbündete unter den arabischen Staaten im Konflikt des Kalten Krieges mit der Sowjetunion zu gewinnen, sondern richtete ihre Aktivität auf die Intervention in die innenpolitischen Verhältnisse des jeweiligen arabischen Staates, um den Machterhalt von antikommunistischen Kräften zu gewährleisten.

Aus dem Konzept, einen regionalen Pakt gegen die Sowjetunion zu errichten, wurde eine Strategie, die den Kampf gegen den internationalen

---

[842] Vgl. Presseerklärung des State Department über US-Militärhilfe über zehn Millionen Dollar an Jordanien, 23.4.1957. Documents on American Foreign Relations 1957. Published by the Council on Foreign Relations (ed. by Paul E. Zinner), New York 1958, S. 232; vgl. Lenczowski, a.a.O., S. 53-57.

Kommunismus in die inner-arabische Politik trug. Dabei wurde die Eisenhower-Doktrin zusehends ein Instrument gegen den pan-arabischen Nationalismus Nassers. Schon zeitgenössische Autoren sahen durch diese US-Politik den Nahen Osten als eine Arena an, die von "brink-of-war"-Diplomatie zwischen den USA und ihren arabischen Verbündeten einerseits und dem sowjetisch-unterstützten arabischen Nationalismus andererseits geprägt war.[843] Der israelisch-arabische Konflikt spielte nur noch eine untergeordnete Rolle für die Administration, denn mit dem konzeptionellen Wandel ihrer regionalen anti-kommunistischen Auseinandersetzung wurde Israel nicht länger als ein Hindernis für die strategischen Interessen Amerikas perzipiert.[844]

Vor diesem Hintergrund versucht das folgende Kapitel aufzuzeigen, wie die amerikanische Israel-Lobby mitgeholfen hat, der Öffentlichkeit und der Administration in den USA das Bild Israels als einzigen verläßlichen und stabilen pro-westlichen Partner im Nahen Osten zu vermitteln. Dargestellt werden soll zudem die passive Rolle Israels in den Krisenjahren 1957/58 beim beginnenden Perzeptionswandel der Eisenhower-Administration. Die Administration sollte quasi aus eigener Einsicht zu der Erkenntnis gebracht werden, daß eine den strategischen Interessen Amerikas dienende Politik nicht mit dem bisherigen Ansatz der Dulles'schen "even-handedness" zu bewerkstelligen war. Aufgabe der Israel-Lobby war es dabei, zu zeigen, daß es sich eine amerikanische Regierung nicht leisten konnte, eine Politik gegen und ohne die Berücksichtigung Israel zu machen. Gezeigt werden sollen auch die internen Probleme des AZCPA wie Finanznot und dringende Strukturreformen.

Die Wandlung Israels in der amerikanischen Wahrnehmung als strategischer Verbündeter der USA in den sechziger Jahren ist weder über Nacht gekommen noch hat die spätere Johnson-Administration einen abrupten Wechsel in der Perzeption Israels vorgenommen. Stattdessen hat Präsident Johnson dabei auf Grundlagen aufbauen können, die nicht erst unter Kennedy, sondern bereits in den

---

[843] Vgl. Nadav Safran, The United States and Israel, Cambridge (Massachusetts), S. 245-256.
[844] Vgl. Spiegel, a.a.O., S. 86f.

letzten Jahren der Eisenhower-Administration gelegt worden waren.[845] Wie bisher dargestellt, hatten sich Eisenhower und Dulles in dem Dilemma befunden, Israel einerseits als kontraproduktiv für ihre regionale Strategie aufzufassen, andererseits jedoch wegen der emotionalen Beziehung weiter Teile der amerikanischen Öffentlichkeit zu diesem Land Israel nicht komplett vernachlässigen zu können.

Es ist daher bemerkenswert festzustellen, wie die Administration dieses Dilemma zu überwinden versuchte, indem sie die politisch-militärische Behandlung Israels von einem gesellschaftlichen und im weitesten Sinne erzieherischen Bereich abtrennte. Verblüffenderweise beachtete die Administration dabei nicht, daß gerade durch diese geistig-materielle Unterstützung des gesellschaftlichen Lebens in Israel die Bindung zwischen Amerikanern und Israelis - und damit indirekt der proisraelische Einfluß in Washington - noch stärker wurde. Wenn daher Israel im Laufe der sechziger Jahre, gestützt auf eine fundierte Wertegemeinschaft beider Bevölkerungen, zum strategischen Verbündeten und nahöstlichen "Klientelstaat" der USA wurde, so trugen dazu bereits eine Reihe von administrativen Maßnahmen der Regierung Eisenhower abseits der "großen Diplomatie" bei.

Einige dieser Maßnahmen gingen schon im Februar und März 1956 auf die sogenannte Katzen-Mission nach Israel zurück. In dieser Zeit, während die politischen Gespräche der Anderson-Mission in Tel Aviv und Kairo im Gang waren, besuchte der New Yorker Anwalt und Berater der GOP für jüdische Fragen, Bernard Katzen, auf Anweisung John Foster Dulles' Israel, um Projekte für das Informational Media Guaranty Program (IMG) zu begutachten. Mit Hilfe dieses Programms wurden Investitionen in den Bereichen Bildung, Kultur, Wissenschaft und Erziehung vorgenommen. Insgesamt wurden 42 der verschiedensten Projekte (Soziale Werkstätten, Forschungseinrichtungen, Schulen, Heime für Kinder oder Behinderte, Krankenhäuser und Kultureinrichtungen) mit Bildungs- und Kulturmaterial für insgesamt sieben Millionen israelischer Schekel (3,5 Millionen Dollar) unterstützt.

---

[845] Zu diesem Schluß kommt auch Douglas Little, The Making of a Special Relationship. The United States and Israel, 1957-68, in: The International Journal of Middle East Studies, 4/1993, S. 563.

Das Programm, das noch auf eine Vereinbarung der Truman-Administration mit der israelischen Regierung zurückging und Amerikas Leistungen in den genannten Bereichen verbreiten sollte, fand ein starkes Echo in der israelischen Presse und vertiefte die Affinität zwischen beiden Seiten, was die beteiligten Helfer auf beiden Seiten auch zu Protokoll gaben und was Katzen in seinem anschließenden Bericht vom Juli 1956 an Dulles ausdrücklich unterstrich. Katzen sprach in diesem Zusammenhang von einem *"dramatic approach to one of the most basic problems in our foreign relations: the creation of good will for our own country among the broad masses of foreign people."* Katzen wies darauf hin, daß anders als viele andere Bemühungen und Programme der USIA, die keine Wege entwickelt hätten, *"to reach deep into the population of many countries"*, die Israel-Mission genau das erreicht habe. Diese Übernahme humanitärer Verantwortung sei in bester amerikanischer Tradition und werde von der israelischen Bevölkerung außerordentlich positiv angenommen.[846]

Für Katzen war das IMG-Programm von solcher Bedeutung, daß er im Herbst 1956, als das Gesetz über dieses Programm aus wahltaktischem Kalkül der Demokraten im Kongreß verzögert zu werden drohte, Druck auf das Weiße Haus organisierte, damit Eisenhower mit Hilfe von *"special discretionary funds"* die Unterstützung der Projekte auf jeden Fall gewährleisten konnte.[847] In einem

---

[846] Der detaillierte Bericht über das IMG-Programm erschien im Juli 1956 unter dem Titel "Mission to Israel. The Disposition of Informational Media Guaranty Funds in Israel for Education, Science, Culture and the Humanities. Report and Recommendations to the Secretary of State by Bernard Katzen, Special Consultant". DDEL: DDE Records, White House Central Files, Official File, Box 876, 193 Israel, Republic of (1). Neu an diesem Programm war vor allem der Finanzierungsmodus. In Israel wurde ein Schekel-Fond eingerichtet, der jedoch von der US-Regierung in Dollar übernommen wurde, um den Fond unabhängig von inflationsbedingtem Währungsverfall konstant auf demselben Dollar-Wert zu halten.

[847] Brief Katzens an Senator Javits, 1.10.1956. SUNY: Jacob K. Javits Collection, Series 3, Box 57, Israel, 1952-1956. Katzen mobilisierte dazu mit Rückendeckung von Staatssekretär Robert Hill und Roderick O'Connor, die im State Department mit der Abwicklung des IMG-Programms befaßt waren, sowie dem stellvertretenden Justizminister William Rogers die Berater des Präsidenten um Sherman Adams, General Persons und Max Rabb. Dabei halfen ihm neben Senator Javits der B'nai B'rith-Präsident Philip Klutznick und Rabbi Silver.

weiteren Bericht ans State Department aus dem Frühjahr 1958 wiederholte Katzen seine Einschätzung von dem Erfolg des Programms und hob besonders dessen Bedeutung im Kampf gegen die kommunistische Propaganda hervor.[848]

Für das künftige Verhältnis zwischen den USA und Israel war auch eine Studie der amerikanischen Bundespolizei (Federal Bureau of Ivestigation, FBI) von Bedeutung, die Mitte März 1957 Sicherheitsberater Robert Cutler vorgelegt wurde. Vor dem Hintergrund der Auseinandersetzungen um kommunistischen Einfluß im öffentlichen Leben Amerikas, des McCarthyismus und des Spionagefalls der jüdischen Geschwister Julius und Ethel Rosenberg[849] hatte das FBI mögliche religiöse, kulturelle und politische Querverbindungen der jüdischen Bevölkerung zum organisierten Kommunismus untersucht. In seiner 92-seitigen Analyse, *"basically an investigative aid for Agents engaged in security informant development"*, war das FBI anschließend zu dem Ergebnis gekommen, daß grundsätzlich *"the objectives of communism are utterly opposed to the thinking and interests of the Jewish people."*

Als Gründe für die Unvereinbarkeit von Kommunismus und jüdischem Glauben wurden vor allem die kommunistische Negierung der Existenz Gottes, des Geistes, der Seele *"and all other nonmaterial concepts which are the very essence of religious belief"* genannt. Stattdessen strebe der Kommunismus danach, jede organisierte Religion zu zerstören. Des weiteren sei der Kommunismus eine internationale Klassenbewegung, die jegliche nationale Loyalität - darunter auch den Zionismus - als potentielle Bedrohung betrachte. Der jüdische Glaube andererseits erkenne die Obergewalt Gottes und des göttlichen Rechts über das menschliche Recht an und sei daher völlig inkompatibel mit dem kommunistischen

---

[848] Vgl."Mission to Israel. Report on the Implementation and Impact of the Program Utilizing Counterpart Funds in Israel by Way of Grants to Scientific, Cultural and Educational Institutions and Projects in that Country. Report and Recommendations to the Secretary of State by Bernard Katzen, Special Consultant", May-June 1958. DDEL: DDE Records, White House Central Files, Official File, Box 876, 193 (2).

[849] Vgl. zu diesem Themenkomplex Richard M. Fried, Nightmare in Red. The McCarthy Era in Perspective, New York 1990; vgl. David Caute, The Great Fear. The Anti-Communist Purge Under Truman and Eisenhower, New York 1978.

Atheismus und dem Materialismus marxistisch-leninistischer Prägung. Zudem schütze die jüdische Kultur intellektuelle Freiheit und die Würde des Individuums. Dieses sei *"in complete conflict with the stereotyped class hatred and amoralism of communist theory."*

Aus diesen Erkenntnissen, die durchaus beispielhaft für das Denken der politischen Führung Amerikas in den fünfziger Jahren waren, wurde zunächst noch kein Hinweis auf ein engeres künftiges Verhältnis zwischen den USA und Israel deutlich. Doch ging die FBI-Studie weiter über die innenpolitische Situation und die Aktivität der Kommunistischen Partei in den USA hinaus, indem sie Israel wie selbstverständlich mit dem jüdischen Glauben gleichsetzte und Israels Rolle in der Weltpolitik des Kalten Krieges untersuchte. Festgestellt wurde, daß Israel nach Ansicht der Sowjetunion den "westlichen Imperialismus" repräsentierte und zumindest bis zum Tode Stalins im Sommer 1953 in der sowjetischen Propaganda mit brachialen Vokabeln wie *"vassal of American warmongering and reaction"*, *"advance base for imperialist war plans in the Middle East"* und seine Regierung als *"fascist gang"* und *"Zionist bandits"* bezeichnet wurde. Das FBI unterstrich die Tatsache der sowjetischen Waffenlieferungen an arabische Staaten und sah im Nahen Osten zwei klare Fronten: Israel und der Westen einerseits sowie die arabischen Staaten und die Sowjetunion andererseits.

Konsequenterweise war für das FBI das "jüdische Volk" sowohl im Nahen Osten als auch überall sonst ein natürlicher Gegner der Sowjetunion und des Kommunismus.

"One thing seems certain. So long as Israel stands as a symbol of genuine political independence for the world's Jews and as a 'non-Marxist solution of the Jewish question', the fledgling Jewish state will continue to be regarded with underlying and inveterate hostility by the forces of world communism."[850]

---

[850] Bericht des Federal Bureau of Investigation über das Verhältnis des jüdischen Glaubens zum Kommunismus vom 13.3.1957 an das Weiße Haus (Sicherheitsberater Robert Cutler). DDEL: White House Office, Office of the Special Assistant for National Security Affairs: Records, 1952-61, FBI Series, Box 9, Communism Versus the Jewish People, March 1957.

Eine solche Analyse, aus dem Zentrum des amerikanischen Sicherheitsapparates kommend, legte eine amerikanisch-israelische Wertegemeinschaft nahe, wie sie von der Israel-Lobby seit langem in der politischen Diskussion ausgesprochen wurde, und half daher mit, ein unterschwellig bereits vorhandenes "Lagerdenken" innerhalb der Administration zu beeinflussen und zu festigen. Den Kampf gegen den Kommunismus konnte Amerika demnach nur mit einem natürlichen Bundesgenossen führen. Diese Betonung Israels als "Bollwerk gegen den Kommunismus" gab all denen recht, die die arabischen Führer als unberechenbare Despoten an der Spitze von Feudalregimen perzipierten, die zudem leicht als das qualifiziert werden konnten, was politisch und gesellschaftlich für alles Un-Amerikanische stand. Es schien nahezu folgerichtig, daß sich nach den langen Frustrationen über Nassers Unwilligkeit, mit dem Westen zu kooperieren, und der Schwierigkeit, im Nahen Osten ein regionales pro-westliches Verteidigungssystem zu installieren, innerhalb der Administration ein Gefühl entwickelte, daß amerikanische Interessen nur mit einer strategischen Einbindung Israels gesichert werden konnten. Die FBI-Studie war ein Anzeichen, das sich dieses Denken ausbreitete.

Die aktuelle Situation in der Region verstärkte diesen Ansatz zusätzlich, da erneut Schwierigkeiten mit Nasser und der ägyptischen Regierung auftraten, und dies zu dem Zeitpunkt (Mitte März 1957) unmittelbar nach dem israelischen Abzug aus den im Herbst 1956 eroberten Gebieten, als sich Israel ohnehin auf *"US-Israeli cooperation in other fields"* einstellte: wirtschaftliche, finanzielle und technische Hilfe.[851] Im Washington wurde wegen Spannungen im Gaza-Streifen und Komplikationen bei den neuen Regelungen zum Betrieb des Suez-Kanals befürchtet, daß durch neue militärische Grenzverletzungen der Quasi-Kriegszustand zwischen Israel und Ägypten wiederaufleben könnte. Denn am 10.

---

[851] So Israels Botschafter Abba Eban im Gespräch mit dem amtierenden Außenminister Christian Herter. Ein Memorandum über dieses Gespräch ist am 9.3.1957 an die US-Botschaft in Tel Aviv geschickt worden. FRUS 1955-1957, Vol. XVII, S. 394ff.

März 1957 war es zu Zusammenstößen mit Bewohnern des Gaza-Streifens und den UN-Truppen gekommen, bei denen ein Araber ums Leben kam. Als am nächsten Tag die Regierung in Kairo die Ernennung des ägyptischen Generals Mohamed Abdul Latif zum Zivilgouverneur im Gaza-Streifen bekanntgab und damit eine Kontrolle durch eine rein ägyptische Verwaltung des Gaza-Streifens andeutete, reagierte Israel mit scharfem Protest.[852]

UN-Generalsekretär Hammarskjöld äußerte sich gegenüber Washingtons UN-Botschafter Lodge beunruhigt über israelische Behauptungen, nun drohten erneute Fedayeen-Angriffe, die von den im Gaza-Streifen stationierten UN-Truppen nicht verhindert werden könnten.[853] Der amtierende Außenminister Herter war ebenfalls *"disturbed"* über Berichte, nach denen eine ägyptische Rückkehr in den Gaza-Streifen bevorstand, zumal ihm die israelische Regierung eindringlich ihre große Unruhe deutlich machte und Außenministerin Golda Meir US-Botschafter Lawson gegenüber eine israelische Wiederbesetzung des Gaza-Streifens nicht mehr ausgeschlossen hatte, sollte sich die Situation weiter verschlechtern.[854] US-Botschafter Hare in Kairo wurde angewiesen, Nasser vor unüberlegten Schritten zu warnen und den bisherigen Konsens nicht zu gefährden. Dabei solle Hare *"discreetly allude the fact"*, daß sich die neutrale US-Position der Vergangenheit bei ägyptischer Kooperationsunwilligkeit nun ändern könnte.[855]

Diese Ansicht Herters wurde auch von der Spitze des State Departments geteilt. Der Rechtsberater des Ministeriums, Herman Phleger, gab bei einem Treffen der wichtigsten Beamten der politischen und der Nahost-Abteilung mit Herter über die ägyptisch-israelische Situation zu Protokoll, daß die amerikanische Haltung angesichts der offensichtlichen Versuche Nassers, die Reaktion Washingtons zu testen, auch öffentlich klar sein müsse. *"[T]here should be no misunderstanding of the United States attitude (...). If we don't react, Nasser*

---

[852] Vgl. Kyle, a.a.O., S. 541.
[853] Vgl. Telegramm Lodges' an Herter, 11.3.1957. FRUS 1955-1957, Vol. XVII, S. 396ff.
[854] Telegramm Herters an Lodge, 11.3.1957. Ebenda, S. 398f.; vgl. Telegramm Herters an Lawson, 13.3.1957. Ebenda, S. 402f.
[855] Telegramm Herters an Hare, 12.3.1957. Ebenda, S. 401.

will then take more pronounced steps, perhaps even requesting the UN to get out of Gaza." Nasser müsse bei seinem Umgang mit Washington seine Grenzen unmißverständlich deutlich gemacht werden. Herter unterstrich daraufhin die Entschlossenheit der Administration, ebenso hartnäckig Druck auf Ägypten auszuüben, falls Kairo Truppen in den Gaza-Streifen schicke, wie Washington hartnäckig den israelischen Abzug durchgesetzt habe.[856]

Für die Administration hielt sich Nasser schlicht nicht an die Abmachungen, sondern betrieb eine Politik der Provokation, die letztlich eine erneute Krise mit Israel heraufbeschworen und Washington allein - ohne London und Paris - große Probleme bereitet hätte. Zusätzlich unter Druck gesetzt von der professionellen Israel-Lobby, die durch den AZCPA-Präsidenten Rabbi Bernstein von der Administration verlangte *"to exert its leadership by direct diplomatic means and through the UN to resist present action by Egyptian Government in violation and contempt of world public opinion",*[857] war Herter zu Gegenmaßnahmen bereit und erwog trotz großer Bedenken von UN-Botschafter Lodge sogar die amerikanische Duldung eines israelischen Vergeltungsschlags, da die Fedayeen-Angriffe ernst genug seien, *"to warrant Israel taking steps in self defense."*[858] Allerdings ging die Administration gegenüber der israelischen Regierung dann doch nicht so weit. Obwohl Botschafter Eban die Lage im Gaza-Streifen als "unerträglich" und die UN-Truppen als die Situation nicht kontrollierend schilderte, legte sich Herter diplomatische Zurückhaltung auf. Er ließ jedoch durchblicken, daß Israel mit wohlwollender amerikanischer Kooperation bei der künftigen bilateralen Zusammenarbeit rechnen könne, wenn es sich jetzt seinerseits politisch zurückhalte.[859]

---

[856] Gesprächsmemorandum Herter, Murphy, Henderson, Dillon, Phleger, Wilcox, Rountree, 12.3.1957. DDEL: Herter Papers, Series II, Box 9, Miscellaneous Memoranda 1957 (2).
[857] Telegramm Bernsteins an Herter, 12.3.1957. UR: Bernstein/AIPAC Papers, Box 4, General Correspondence, 4.25, March-December 1957.
[858] Gesprächsmemorandum Herter - Lodge, 12.3.1957. DDEL: Herter Papers, Series II, Box 10, CAH Telephone Calls 3/8/57 to 8/14/57 (2).
[859] Vgl. Gesprächsmemorandum Herter, Eban, Murphy, Shiloah u.a., 13.3.1957. FRUS 1955-1957, Vol. XVII, S. 406-410.

Beim AZCPA waren die jüngsten Entwicklungen mit Aufmerksamkeit zur Kenntnis genommen worden. Trotz aller Kommunikationsschwierigkeiten mit der Eisenhower-Administration hatte das AZCPA seit seiner Gründung eine Menge für Israel tun und über seinen Einfluß im Kongreß eine für Israel ungünstigere US-Politik verhindern können. Exekutivdirektor "Si" Kenen konnte in einem Bericht an den Finanzrat seiner Organisation befriedigt auf die geleistete Arbeit während der vergangenen Monate blicken und für die gegenwärtige Situation feststellen, daß *"[p]ressure has shifted from Israel to Egypt and, today, Washington understands much better that it is Nasser who threatens Middle East peace and undermines American influence."* Gleichwohl dürfe der AZCPA in seiner Aktivität gerade jetzt nicht nachlassen, da Washington vor pro-israelischen Schritten noch zögere, um die Kampagne *"to sell the Eisenhower Doctrine to the Arab states"* nicht zu behindern - womit Kenen auf die Richards-Mission anspielte.[860]

Daran anknüpfend kam Kenen auf ein Problem zu sprechen, das die Arbeit des AZCPA fundamental berührte. Die Lobby-Tätigkeit in Washington während der vergangenen drei Jahre war im wahrsten Sinne des Wortes teuer erkauft worden und hatte trotz aller politischen und publizistischen Erfolge den AZCPA an den Rand seiner finanziellen Ressourcen und darüber hinaus gebracht. *"We have struggled through this entire period with a deficit"*, mußte Kenen seinem Finanzrat mitteilen und dazu auffordern, für ein stärkeres Spendenaufkommen zu werben, da andernfalls die Lobby-Arbeit in Washington nicht mit der bisherigen Effektivität weitergeführt werden könne.[861]

Bereits im Dezember 1956 hatte Kenen in einem Rundbrief die Freunde und Förderer des AZCPA an noch ausstehende Beitragszahlungen erinnert, ohne die keine effektive Arbeit möglich sei. *"Please send your contribution and get five others to do the same"*, hatte Kenen sarkastisch gedrängt.[862] Trotzdem mußte er nur wenige Wochen später, im Januar 1957, das Executive Committee des AZCPA

---

[860] Zur Richards-Mission siehe S. 214.
[861] Brief Kenens an den National Finance Council des AZCPA, 14.3.1957. UR: Bernstein/AIPAC Papers, Box 1, Chronological Files, 1954-1961, 1.66.
[862] "Dear friend-letter" Kenens vom 20.12.1956. SUNY: Jacob K. avits Collection, Series 5, Subseries 1, Box 8, 1956 Campaign - Israel.

auf die prekäre Finanzsituation aufmerksam machen und vor den Folgen für die Unterstützung Israels in Washington warnen, sollten nötige organisatorische Reformen ausbleiben. Die Ursache an dem geringen Spendenaufkommen sah Kenen in der Tatsache, daß das AZCPA offiziell immer noch unter einem zionistischen Namen firmierte. Viele amerikanische Juden wollten zwar Israel, nicht aber eine zionistische Organisation unterstützen, zumal deren Tätigkeit nach außen hin nicht immer wahrzunehmen und überprüfbar war. Die Folge sei, so Kenen, daß Spenden ausblieben, auf die man mehr denn je angewiesen sei. Er schlug daher vor, das Adjektiv *"Zionist"* aus dem Namen verschwinden zu lassen und das AZCPA etwa in *"American Committee for Israel and the Middle East"* umzubenennen.[863]

Mit dieser Idee sorgte Kenen jedoch bei der ZOA, der größten Organisation der amerikanischen Zionisten, für einen Sturm des Protests. Die amerikanischen Zionisten würden sich, wie ZOA-Generalsekretär Harold Manson gegenüber Rabbi Silver deutlich machte, nicht ihre zionistische Identität nehmen lassen. Manson lehnte die Namensänderung ab und kündigte an, daß die ZOA in einem solchen Fall nicht länger im Public Affairs Committee mitarbeiten werde.[864] Die Diskussion über die Namensänderung der wichtigsten pro-israelischen Lobby-Organisation, die noch zwei Jahre andauern sollte, zeigte, daß auch die Dinge im jüdischen Spektrum nach den Ereignissen von 1956/57 in Bewegung geraten waren. Kenens beabsichtigte Öffnung gegenüber der gesamten jüdischen Bevölkerung suchte auch die äußerliche Annäherung an eine moderatere Position, die es der Administration erleichtern würde, der Israel-Lobby künftig positiver gegenüberzustehen.

Dort, an der Spitze der Administration, wurde die Lage im Gaza-Streifen nach wie vor mit größter Aufmerksamkeit beobachtet. Obwohl Präsident Eisenhower noch einmal von Israels Premierminister Ben Gurion auf die seiner

---

[863] Brief Kenens an das Executive Committee des AZCPA, 7.1.1957. UR: Bernstein/AIPAC Papers, Box 1, Chronological Files 1954-1961, Change of name from AZCPA to AIPAC, 1957-1959.
[864] Vgl. Brief Mansons (ZOA) an Silver, 26.3.1957. WRHS: Silver Papers, A Corr 12-1-40, Zionist Organization of America 1956-57.

Ansicht nach beklagenswerten Zustände in Gaza hingewiesen worden war[865] und obwohl der Druck aus dem Regierungslager und der Republikanischen Partei größer wurde, etwas gegen Nasser zu unternehmen,[866] sah Eisenhower in der Entsendung von *"some Egyptian personnel"* keinen Grund für eine Krise. Dies liege, so der Präsident in einem Brief an den französischen Premierminister Mollet, im Rahmen der Rechte, die Ägypten nach der Waffenstillstandsvereinbarung von 1949 habe.[867]

Gleichwohl war Eisenhower in höchstem Maße verärgert über Nasser und anders als in der Zeit vor der Suez-Krise nun bereit, Israel öffentlich den Rücken zu stärken, um damit Ben Gurion von unüberlegten Schritten abzuhalten, die dann wieder unselige Gegenreaktionen provoziert hätten. Die Überlegung Eisenhowers ging davon aus, daß die USA die UNO unterstützte und daß daher, da Israel den Forderungen der UNO nachgekommen sei, *"we, the US, felt justified in reopening negotiations [with Israel] concerning economic and other assistance."*[868] Wie sehr sich die Verhältnisse nach der Suez-Krise gewandelt hatten, zeigte auch ein Treffen von Außenministerin Golda Meir mit John Foster Dulles, der sich nach dem Abschluß von politischen Gesprächen in Australien wieder in Washington befand. Auf die bitteren Klagen Frau Meirs über die Zustände im Gaza-Streifen und die Machtlosigkeit der Vereinten Nationen mußte Dulles betreten einräumen, daß er *"did not wish to disguise the fact that developments had not been entirely as we anticipated."* Die Administration wisse

---

[865] Vgl. Brief Ben Gurions an DDE, 13.3.1957. FRUS 1955-1957, Vol. XVII, S. 410f.
[866] Vgl. Gesprächsmemorandum Herter - Lodge, 14.3.1957. Ebenda, S. 416f. Herter berichtete, "that there are terrific pressures on the President now to put the heat on Nasser in the same fashion as was done earlier on Israel."
[867] Brief DDEs an Mollet, 14.3.1957. Ebenda, S. 418f.
[868] Telefonat DDEs an Herter, 14.3.1957. DDEL: Ann Whitman File, DDE Diaries Series, Box 23, March 1957 Phone Calls. In den Herter Papers ist dieses Gespräch mit leicht verändertem Wortlaut wiedergegeben. Vgl. Telefonat DDEs an Herter, 14.3.1957. DDEL: Herter Papers, Series II, Box 10, CAH Telephone Calls 3/8/57 to 8/14/57 (2). In einem Brief an Ben Gurion bat DDE die Israelis erneut um Geduld und Zurückhaltung. Die US-Administration nehme die Lage ernst und arbeite für eine Lösung der Krise. Vgl. Brief DDEs an Ben Gurion, 15.3.1957. FRUS 1955-1957, Vol. XVII, S. 428.

noch nicht, wie sie mit Nasser umgehen solle, wolle jedoch trotz allem mit der UNO kooperieren. Er verstehe die Gefühle Israels, bat jedoch um Vertrauen in die Eisenhower-Administration.[869]

Auch gegenüber Senator Johnson gab Dulles beruhigende Zusicherungen ab, die einer Garantie für Israel gleichkamen. Johnson, die Unterstützung zahlreicher Kongreßmitglieder und jüdischer Persönlichkeiten im Rücken,[870] hatte angesichts der bevorstehenden Mission UN-Generalsekretär Dag Hammarskjölds nach Ägypten davor gewarnt, daß die UNO - mit Billigung Washingtons - Nasser Zugeständnisse machte, die zu Lasten Israels gingen. Dulles negierte jedoch die Existenz geheimer Absprachen und stellte klar, daß bei einer Regelung von noch offenen Fragen nichts gegen Israel unternommen werde. *"We [the US and Israel] share the same hopes and still expects to be able to realize them."*[871] Washingtons UN-Botschafter Lodge wurde von Dulles angewiesen, die amerikanischen Besorgnisse über eine komplette - statt symbolische, was die Administration akzeptiert hätte - Verwaltung des Gaza-Streifens durch ägyptische Behörden vorzubringen. Hammarskjöld dürfe sich nicht auf eine Aufweichung der UN-Präsenz in Gaza einlassen.[872]

Deutlicher äußerte sich Dulles direkt gegenüber Präsident Nasser, als er grundsätzlich zum amerikanisch-ägyptischen Verhältnis Stellung nahm. Er erinnerte Nasser an die ausgewogene Politik, die Washington während der letzten Jahre geführt habe und die auch Ägypten zugute gekommen sei. Nun verdächtigte Dulles die ägyptische Regierung, sie habe die Absicht, nach dem Abzug von Briten,

---
[869] Gesprächsmemorandum JFD, Meir, Herter, Eban u.a., 18.3.1957. Ebenda, S. 429f.
[870] Dies geht aus einem Brief von Rabbi Manuel Poliakoff und Jacob Rosenthal von der Beth Isaac Adath Israel Congregation, Baltimore (Maryland), hervor, der am 29.3.1957 an Johnson und als Kopie auch ans State Department geschickt wurde. NA: State Department Central Files, C0048, Reel 17, Palestine-Israel: Foreign Affairs, 1955-1959, 611.84A.
[871] Telefonat JFDs an Johnson, 19.3.1957. DDEL: Dulles Papers, Telephone Calls Series, Box 6, Memoranda of Telphone Conversations - General March-April 30, 1957 (4).
[872] Vgl. Telegramm JFDs an Lodge, 19.3.1957. FRUS 1955-1957, Vol. XVII, S. 444.

Franzosen und Israelis wieder eine spannungsgeladene Situation im Gaza-Streifen heraufzubeschwören, sich im Verhältnis zu Israel auf das Kriegsrecht zu berufen und überdies eine Regelung der Suez-Kanal-Kontroverse zu verhindern, Maßnahmen, die ein friedliches Miteinander in der Region gefährdeten.

> *"As a result there is occuring (...) a large shift of popular sympathy away from Egypt and an undermining of confidence in the United Nations priciples espoused by President Eisenhower and myself when we opposed policies of violence against Egypt."*

Dulles ermahnte Nasser, einen Einklang der ägyptischen Politik mit der Charta der Vereinten Nationen herzustellen.[873]

Die Gesamtheit dieser Aussagen zeigte, daß sich bereits im Monat der Verabschiedung der Eisenhower-Doktrin die Perzeption der am Nahostkonflikt beteiligten Parteien in der Administration zu verändern begonnen hatte, was von der Israel-Lobby sogleich registriert worden war. Exekutivdirektor Kenen unterrichtete die AZCPA-Führung über Aussagen von führenden Kongreßmitgliedern (u.a. Senator Johnson), nach denen Eisenhower derzeit anti-ägyptischer eingestellt sei, als er jemals anti-israelisch während der Suez-Krise eingestellt gewesen sei. Kenen bat jedoch um äußerst vorsichtigen publizistischen Umgang mit dieser Tatsache. *"It is understood, but cannot be quoted, that the President feels that Nasser is a dangerous man; Eisenhower has no use for Nasser."* Es sei daher besser, die neue Einschätzung des Präsidenten zur Kenntnis zu nehmen und seine *"great admiration for the courage and performance of the Israel army"* außerhalb der Öffentlichkeit auszunutzen.[874]

UN-Generalsekretär Hammarskjöld traf schließlich am 21.3.1957 in Kairo ein und handelte nach einwöchigen Gesprächen mit Nasser ein mündliches

---

[873] Vgl. Telegramm JFDs an US-Botschaft in Kairo mit Brief JFDs an Nasser, 20.3.1957. Ebenda, S. 445ff.
[874] "Report by Mr. Kenen", 27.3.1957. UR: Bernstein/AIPAC Papers, Box 3, Minutes of Meetings, 3.70.

12-Punkte-Abkommen aus, das technische Fragen für ein gutes Arbeitsverhältnis zwischen den UN-Truppen und General Latif klärte. Nasser verzichtete definitiv darauf, ägyptische Truppen in den Gaza-Streifen zu schicken. Damit wurde den UN-Erfordernissen (Schutz der Demarkationslinie zu Israel vor Infiltration und Überfällen; Ruhe und Ordnung in Gaza) und dem Identitätsgefühl der arabischen Bevölkerung in Gaza entsprochen, die die Anwesenheit eines ägyptischen Gouverneurs befriedigte. Beide Seiten, Ägypten und die UNO, kooperierten auf diese Weise miteinander, und die Spannungen ließen nach einigen Wochen nach.[875]

Zwar äußerte Israels Botschafter in den USA, Abba Eban, immer noch Skepsis und Mißtrauen gegenüber Nasser, doch konnte kein Zweifel daran bestehen, daß der massive amerikanische Druck auf den ägyptischen Präsidenten diesen von der Idee Abstand nehmen ließ, den Gaza-Streifen vollständig unter ägyptische Kontrolle zu bringen. Die Administration sah nun das akute Konfliktpotential zwischen Israel und Ägypten aus dem Wege geräumt. Der stellvertretende Außenminister Herter gab sich Eban gegenüber sogleich optimistisch, was künftige US-Wirtschaftshilfe an Israel anging. In diesem Zusammenhang wies er auf das Ende der seit der Suez-Krise wirksamen Restriktionen der Paß-Bestimmungen hin, womit die Administration ebenfalls ein Zeichen der Normalisierung gesetzt sehen wollte.[876]

---

[875] Vgl. Kyle, a.a.O., S. 541f.; vgl. Telegramm Lodges' an JFD über einen Bericht Hammarskjölds, 28.3.1957. FRUS 1955-1957, Vol. XVII, S. 474-482. Zudem meinte Nasser zum Golf von Aqaba-Komplex, daß Ägypten bei der Durchfahrt israelischer Schiffe durch die Straße von Tiran "die Augen schließen" werde. Ebenfalls deutete Nasser an, daß Schiffe mit Ladung von und nach Israel ohne israelische Beflaggung den Suez-Kanal durchfahren könnten.
[876] Vgl. Gesprächsmemorandum Herter, Eban, Shiloah, Rountree u.a., 2.4.1957. Ebenda, S. 504-509. Das Ende der Paßrestriktionen war auf Anraten JFDs angeordnet worden, der DDE von großem Druck amerikanischer Juden berichtet hatte, die nach Israel reisen wollten. DDE erteilte seine Zustimmung, nicht jedoch ohne die Bestimmungen auch für Reisen nach Ägypten, Syrien und Jordanien aufzuheben, "to make it look like we were doing it for everybody at once." Telefonat JFDs an DDE, 1.4.1957. DDEL: Dulles Papers, Telephone Calls Series, Box 12, Memoranda of Telephone Conversations, White House March-August 30, 1957 (4).

Allerdings konnte von einer endgültigen Entspannung in der Region noch nicht die Rede sein, und der Nahe Osten *"continues to be the central factor in my thinking"*, wie Präsident Eisenhower seinem Freund E.E. "Swede" Hazlett verriet.[877] Noch immer war keine Lösung für den endgültigen Betrieb des Suez-Kanals gefunden worden,[878] noch immer war die Frage des Durchfahrtsrechts israelischer Schiffe durch den Kanal und die Straße von Tiran nicht geklärt. Beide Themenkomplexe beschäftigten die Administration in wochenlangen Verhandlungen mit Ägypten, die jedoch aus westlicher Sicht keine befriedigenden Lösungen erbrachten. Zudem bestand Kairo auf einer Gesamtlösung aller Israel und seine arabischen Nachbarn betreffenden Probleme,[879] während Washington daran interessiert war, zumindest die Kanal-Kontroverse vom israelisch-arabischen Konflikt abzukoppeln.[880] In der Frage des Durchfahrtsrechts israelischer Schiffe beharrte die Administration auf dem allgemeinen Standpunkt, daß *"every country has the right to send cargos through the Canal."*[881] Die israelische Regierung vermied jedoch eine Konfrontation, indem sie Frachter bei ausländischen Firmen

---

[877] Brief DDEs an Hazlett, 5.4.1957. DDEL: Ann Whitman File, DDE Diaries Series, Box 23, April 1957 Miscellaneous (4).

[878] Ägypten hatte Ende März den Kanal für wiedereröffnet erklärt und dabei bekanntgegeben, daß der Kanal von einer ägyptischen Behörde verwaltet werden sollte und die Einnahme aus dem Betrieb des Kanals nur nach Ägypten fließen sollte. Washington hatte dagegen protestiert und eine internationale Regelung unter Berücksichtigung der "Sechs Grundsätze" gefordert. Vgl. Telefonat JFDs an John McCloy, 25.3.1957. FRUS 1955-1957, Vol. XVII, S. 467f.; vgl. ägyptische Erklärung zur Wiedereröffnung des Suez-Kanals über den US-Botschafter in Kairo ans State Department, 26.3.1957. Ebenda, S. 469-472; vgl. Telegramm JFDs an Lodge, 28.3.1957. Ebenda, S. 473f.; vgl. Telegramm JFDs an Nasser über US-Botschaft in Kairo, 30.3.1957. Ebenda, S. 496f.; vgl. Telegramm JFDs an US-Botschaft in Kairo, 4.4.1957. Ebenda, S. 514f.

[879] Vgl. Telegramm von US-Botschafter Hare in Kairo ans State Department über ein Gespräch Nassers mit Senator Hubert Humphrey, Vorsitzender des Nahost-Unterausschusses des Auswärtigen Senatsausschusses, 2.5.1957. FRUS 1955-1957, Vol. XVII, S. 587-590.

[880] Vgl. Brief DDEs an Londons Premierminister MacMillan, 28.4.1957. Ebenda, S. 574f. Zu glauben, daß eine solche Abkopplung bald erreicht werden könnte sei, so DDE, "nothing but wishful thinking."

[881] "Pre-press conference notes", 3.4.1957. DDEL: Ann Whitman File, DDE Diaries Series, Box 23, April 1957 Diary Staff Memos (2).

charterte (etwa aus der Schweiz, Dänemark, den USA) und sie dann durch die Straße von Tiran schickte.[882]

Trotz dieser eher technischen Probleme konnte im Frühjahr 1957 von einer relativen Stabilität im Verhältnis zwischen Israel und seinen arabischen Nachbarn gesprochen werden, was infolgedessen auch die innenpolitische Diskussion in den USA über die amerikanische Nahostpolitik beruhigte. Die Israel-Lobbyisten, etwa Senator Javits, hoben in der Öffentlichkeit Israels strategische Bedeutung für den Westen als *"economic base in the Middle East"* hervor und unterstrichen seinen Nutzen für den Nahen Osten als *"reservoir of skills and talent"*. Herausragend sei Israel jedoch als Bollwerk im Kampf gegen den Kommunismus.[883] In Gesprächen zwischen dem State Department und jüdischen Funktionären war erstmals eine entspannte Atmosphäre festzustellen, die trotz unterschiedlicher Perspektiven eine Annäherung der Gesamtbeurteilung der Lage in der Region ermöglichte. Dabei notierte die Administration die Zurückhaltung der Israel-Lobby in dieser Phase mit größtem Wohlwollen.[884]

Die nun verstärkt auftretenden innerarabischen Konflikte ließen Israel zudem geradezu als einen Garanten für politische und wirtschaftliche Stabilität erscheinen, wodurch sich allmählich ein zunehmend enger werdendes

---

[882] Vgl. "Staff Notes No. 90, Tankers for srael", 30.3.1957. DDEL: Ann Whitman File, DDE Diaries Series, Box 23, April 1957 Diary Staff Memos (2); vgl. "Memorandum for the Record" des JCS-Vorsitzenden Admiral Radford, 19.4.1957. FRUS 1955-1957, Vol. XVII, S. 557f. Das Memorandum enthält ein Protokoll eines Gesprächs Radfords mit JFD und Verteidigungsminister Wilson, in dem Radford den Abzug eines Teils der US-Flotte aus dem Roten Meer erwirkte. Die vier US-Kriegsschiffe hatten den vorbeifahrenden und von Israel gecharterten US-Frachter KERN HILLS auf seiner Fahrt durch die Straße von Tiran nach Elat gegrüßt, was die israelische Regierung publizistisch sehr herausstellte und dabei den Anschein gab, als bewachten amerikanische Kriegsschiffe internationale Gewässer und die Schiffahrt nach Israel. Radford glaubte jedoch nicht, daß dies Aufgabe und Verantwortlichkeit der Navy sei.
[883] Senator Javits veröffentlichte im April 1957 einen Aufsatz in der Zeitschrift "Look", in dem er unter dem Titel "Six Reasons Why Israel Will Live" (in: Look, Vol. 21, No. 9, April 30, 1957, S. 35-37.) als wirtschaftlich expandierend, politisch berechenbar und strategisch wichtig für westliche Interessen darstellte.
[884] Vgl. Gesprächsmemorandum Rountree (NEA), Bernstein, Kenen, 18.4.1957. NA: State Department Decimal File, American Zionist Committee for Public Affairs, 611.84A/4-1857.

amerikanisch-israelisches Verhältnis entwickelte. Bereits Anfang April 1957 hatte Außenminister Dulles der Wiederaufnahme der seit der Suez-Krise unterbrochenen Hilfszahlungen in Höhe von 25 Millionen Dollar an "Entwicklungsunterstützung" und 1,6 Millionen Dollar an "technischer Unterstützung" zugestimmt und überdies eine Prüfung der Möglichkeit angeordnet, Israel ein Darlehen der amerikanischen Export-Import-Bank (Eximbank) zu gewähren.[885]

Insgesamt wurde Israels wirtschaftliche Perspektive nun überhaupt positiver beurteilt. Die Arbeitsgruppe Nahost des Operations Coordinating Board (OCB) des Nationalen Sicherheitsrats stellte auf einer Sitzung im Rahmen der Direktive NSC 5428 über das Programm der International Cooperation Administration (ICA) innerhalb des NSC in Israel fest, daß Israel *"is on the verge of substantial industrial development which must occur if economic viability is to be approached."* Zwar sei das Land noch immer stark agrarisch geprägt, doch gebe es - nicht zuletzt dank deutscher Reparationszahlungen - deutliche Anzeichen einer wachsenden Industrialisierung und damit steigender Wirtschaftskraft. Interessant war auch die OCB-Einschätzung des Schicksals der 180.000 Araber in Israel, die korrekt, ohne Haß und Bitterkeit behandelt würden. *"These Arabs are represented by six members of Parliament and they are probably better off economically than Arabs living in surrounding countries."* Auch diese Meinung trug dazu bei, das Israel-Bild innerhalb der Administration zu verbessern.[886]

Einen diplomatischen Gewinn konnte Israel verbuchen, als das Land auf die Reiseroute der Mission von Eisenhowers Sonderbotschafter James Richards gesetzt wurde. Die israelische Regierung hatte sich gleich nach Bekanntwerden der Richards-Mission beim State Department dafür eingesetzt, daß der konservative

---

[885] Vgl. "Staff Notes No. 95, Aid to Israel", 9.4.1957. DDEL: Ann Whitman File, DDE Diaries Series, Box 23, April 1957 Diary Staff Notes (2).
[886] Protokoll einer Sitzung der OCB-Arbeitsgruppe Nahost vom 23.4.1957, vorgelegt am 29.4.1957. Zu den Teilnehmern gehörten Vertreter des State Department, des Verteidigungsministeriums, der CIA, der ICA, des Schatzamtes, des Haushaltsamtes (Bureau of the Budget), der USIA und des Arbeitsministeriums. DDEL: White House Office, National Security Council Staff: Papers, 1948-61, OCB Central File Series, Box 79, OCB 091.4 Near East (File #4) (6) [December 1956-June 1957].

Kongreßabgeordnete auch in Israel Station machen sollte. Mitte April 1957 hatte sich Botschafter Eban noch einmal persönlich bei Dulles für eine Israel-Visite Richards' stark gemacht und Israels massive Unterstützung für die Politik der Eisenhower-Doktrin unterstrichen. Zudem hatte Eban für Mittel aus dem Richards-Fond - wie die vom Senat bewilligte Finanzhilfe von 200 Millionen Dollar im Rahmen der Eisenhower-Doktrin genannt wurde - plädiert, da ein Ausschluß Israels aus dem symbolträchtigen Konzept der Eisenhower-Doktrin für die israelische Öffentlichkeit *"disturbing"* sei.[887]

Dulles besprach Ebans Ansinnen Ende April mit Präsident Eisenhower. Bei diesen Beratungen beschlossen sie schließlich einen Besuch Richards' in Tel Aviv, nicht zuletzt, weil sie sich von der Israel-Lobby im Kongreß unter Druck gesetzt fühlten. Sollte Israel von der Richards-Mission ausgespart werden, so die Überlegung der Administration, könnte dies zu erheblichem Unmut auf dem Kapitolshügel führen und das gesamte Mutual Security Program der Regierung gefährdet werden.

Diese Reise-Pläne stießen allerdings bei Richards selbst, der sich gerade in Athen aufhielt und weitere Instruktionen erbat, auf Ablehnung. Seiner Einschätzung nach war der innenpolitische Erfolg eines Israel-Besuchs geringer als der zu erwartende Schaden für die Administration in der arabischen Welt. Richards weigerte sich schlicht, nach Israel zu reisen und meinte, daß *"if he went it would be over his protest."* In einem Gespräch mit dem stellvertretenden Außenminister Herter bat er um erneute Erörterung der Sachlage durch den Präsidenten und Herter. Herter konsultierte daraufhin noch einmal den Präsidenten, telefonierte jedoch kurz danach nach Athen mit derselben Anordnung an Richards, Israel zumindest einen Kurzbesuch abzustatten. Richards mußte schließlich einlenken, verlangte allerdings, *"to make it a matter of record that he was doing it under protest."*[888]

---

[887] Telegramm JFDs an Richards über ein Gespräch JFDs mit Eban, 18.4.1957. FRUS 1955-1957, Vol. XVII, S. 552f. und Fußnote 2 auf S. 552.
[888] Die beiden Telefongespräche Herters mit Richards vom 1.5.1957 geben auch Aufschluß über die vorhergehenden Diskussionen zwischen DDE und JFD, die

Wenige Tage später führte Richards tatsächlich Gespräche mit Außenministerin Golda Meir und Finanzminister Levi Eshkol und meldete die wichtigsten Wünsche der Tel Aviver Regierung nach Washington. So erbat Israel die Ausdehnung der Eisenhower-Doktrin als Sicherheitsgarantie auch auf Israel, falls es von einem "kommunistisch beeinflußten" arabischen Staat angegriffen würde. Weiter wollte die israelische Führung eine finanzielle Unterstützung aus dem Richards-Fond, mit dessen Hilfe die Staaten der Region gegen kommunistische Aktivitäten gestärkt wurden. Offenbar hatten es die Israelis geschafft, Richards für sich einzunehmen, denn der Sonderbotschafter riet Israel zum regulären Förderprogramm für das Haushaltsjahr 1958, da Israel auf diese Weise größere Mittel erwarten könne.[889] Das israelische Interesse an einer Beteiligung an den Mitteln des Richards-Fonds war Christian Herter überdies auch von Senator Javits zugetragen worden.[890]

Bis zur Mitte des Jahres 1957 hatte sich das amerikanisch-israelische Verhältnis spürbar verbessert, ohne daß Israel bedeutende politische Konzessionen etwa in der Frage der palästinensischen Flüchtlinge gemacht hätte. Diese Verbesserung bestand vor allem in einer positiveren Atmosphäre in den Gesprächen amerikanischer Politiker mit israelischen Diplomaten und Regierungsmitgliedern, ausgelöst durch die Tatsache, daß erstmals seit Eisenhowers Amtsübernahme Israel nicht mehr zu den akuten Krisenfeldern des Nahen Osten gehörte. Die israelische Diplomatie konnte es sich in dieser Phase im Grunde sogar leisten, sich passiv zu verhalten und die US-Administration von allein erkennen zu lassen, daß mit der bisherigen amerikanischen Politik die strategischen Ziele Washingtons zu einem großen Teil verfehlt worden waren. Denn trotz der freundlichen Haltung der Administration gegenüber den arabischen Ländern waren weder der sowjetische Einfluß eingedämmt noch ein regionales pro-westliches

---

allerdings undatiert sind. DDEL: Herter Papers, Series I, Chronological File, May 1957 (4).
[889] Vgl. Telegramm Richards' ans State Department, 4.5.1957. FRUS 1955-1957, Vol. VXII, S. 597-601.
[890] Vgl. Telefonat Javits' an Herter, 10.5.1957. DDEL: Herter Papers, Series II, Box 10, CAH Telephone Calls 3/8/57 to 8/14/57 (2).

Verteidigungsbündnis installiert worden. Botschafter Eban konnte daher mit einem Anflug von Süffisanz Außenminister Dulles erneut vor Augen führen, daß die akuten Probleme in der Region nicht auf Israel, sondern auf Nasser zurückzuführen seien. *"There were lessening chances of military outbreak, less emotionalism with respect to Israel, and growing awareness of the threat of Nasser and Communism."* Dies seien, so fügte er hinzu, *"signs of improvement in the Near East."*[891]

Trotz der atmosphärischen Verbesserung zwischen den Regierungen in Washington und Tel Aviv war es jedoch noch nicht zu einer substantiellen Anhebung der amerikanischen Unterstützung Israels gekommen. Die bisherigen finanziellen und diplomatischen Gesten der Eisenhower-Administration waren eigentlich nur als eine Honorierung der israelischen Zurückhaltung und seines anti-kommunistischen Kurses zu bewerten. Dazu zählte auch die Mitte Mai 1957 von Washington beschlossene Wiederaufnahme des Offiziersaustausches, der nach der israelischen Sinai-Invasion 1956 von US-Seite unterbrochen worden war.[892]

Die israelische Regierung versuchte daher nun mit dem Argument schwerer Finanzprobleme, die wegen steigender Einwandererzahlen entstanden seien, mehr Geld aus Washington zu bekommen. So machte Finanzminister Levi Eshkol bei Gesprächen im State Department geltend, daß Israel allein 1957 100.000 jüdische Flüchtlinge aus kommunistischen Ländern habe einreisen lassen und daß Israel diesen "Dienst für die westliche Welt" wirtschaftlich nicht allein bewältigen könne. Bei seinem Gesprächspartner, dem stellvertretenden Unterstaatssekretär für Wirtschaftsfragen C. Douglas Dillon, stieß das israelische

---

[891] Gesprächsmemorandum JFD, Eban, Rountree u.a., 14.6.1957. FRUS 1955-1957, Vol. XVII, S. 642-645.

[892] Vgl. "Special Staff Note From [Department of] Defense. Exchange of Officers Between U.S. and Israeli for Training", 22.6.1957. DDEL: Ann Whitman File, DDE Diaries Series, Box 25, June 1957. Am 10.5.1957 hatte das State Department dem Pentagon signalisiert, der Austausch könne wieder aufgenommen werden. Am 16.5.1957 wurden die Teilstreitkräfte schließlich autorisiert, das Trainingsprogramm fortzusetzen. Zum damaligen Zeitpunkt wurde jedoch nur ein israelischer Offizier in Fort Leavenworth (Kansas) ausgebildet, während sich umgekehrt kein US-Offizier in Israel befand.

Ansinnen durchaus auf Sympathie. Zunächst zeigte sich Dillon optimistisch - vorbehaltlich der Zustimmung des Senats -, was die Hilfe aus dem PL 480- Programm anging.[893] Ebenso gute Chancen sah Dillon für Israel bei einem Darlehen aus dem Mutual Security Program des Haushaltsjahres 1958, *"since [Israel] had the technical ability to set up sound projects."* Was das Darlehen der Export-Import-Bank angehe, so habe das State Department der Bank mitgeteilt, daß es das Darlehen befürworte. Am Ende der Sitzung äußerte Dillon ein besseres Verständnis für Israels Probleme und wagte die Prognose, *"that he would be very surprised if U.S. aid to Israel were not larger in F[iscal] Y[ear] 1958 than it had been in the past."*[894]

Dillons Optimismus, mit dem er den Ereignissen sicherlich vorausgriff, wurde im State Department allerdings nicht von allen geteilt. Während NEA-Direktor William Rountree sich gegenüber Dillon gegen verstärkte US-Hilfe an Israel aussprach, da sie politisch für die Administration keine Vorteile bringe und zudem die amerikanische Stellung bei den arabischen Staaten schwäche,[895] hielt sich Außenminister Dulles im Gespräch mit Eshkol mit Versprechungen sehr zurück. Zwar stehe Dulles dem israelischen Anliegen grundsätzlich offen

---

[893] Unter diesem "Agricultural Trade Development and Assistance Act (Public Law 83-480)" wurden Donationen oder Verkäufe unter günstigen Bedingungen an befreundete Regierungen geleistet. Ein entsprechendes Abkommen schlossen die USA im November 1957 mit Israel ab. Es erlaubte Tel Aviv, landwirtschaftliche Produkte wie Hafer, Mais und Butter im Gesamtwert von 35 Millionen Dollar in israelischer Währung zu kaufen. Vgl. "Agricultural Commodities Agreement Between the Government of the United States of America and the Government of Israel Under Title I of the Agricultural Trade Development and Assistance Act", 7.11.1957. DDEL: White House Office, Office of the Special Assistant for National Security Affairs: Records, 1952-61, OCB Series, Subject Subseries, Box 3, Israel. Die Administration hatte dieses Abkommen geradezu stillschweigend geschlossen, weil sie Schwierigkeiten mit ihren arabischen Beziehungen befürchtete. Noch Wochen später war sie darauf bedacht, die Öffentlichkeit nicht zu informieren. "The Department does not plan to make any announcement with respect to the agreement", wie Christian Herter ans Weiße Haus äußerte. Vgl. Memorandum Herters an Dearborn, 13.12.1957. DDEL: Herter Papers, Series I, Chronological File, Box 3, December 1957 (2).
[894] Gesprächsmemorandum Eshkol, Dillon u.a., 20.6.1957. FRUS 1955-1957, Vol. XVII, S. 649ff.
[895] Vgl. Memorandum Rountrees an Dillon, 20.6.1957. Ebenda, S. 652f.

gegenüber, doch solle sich Israel nicht vorschnell Hoffnungen machen. Das amerikanische Auslandshilfe-Programm werde derzeit einer kritischen Bestandsaufnahme durch den Kongreß und die Medien unterzogen und niemand wisse im Moment, was komme.[896]

Diese Bemerkung Dulles' dürfte allerdings lediglich als ein Versuch zu werten sein, mehr Zeit zu gewinnen, denn nach den bisherigen Erfahrungen wäre es zumindest überraschend gewesen, wenn ausgerechnet der Kongreß und die Medien sich gegen verstärkte US-Hilfe an Israel ausgesprochen hätten, zumal seit Anfang Juni 1957 der AZCPA ein weiteres Instrument institutionalisiert hatte, mit dem die politische Öffentlichkeit aus der Sicht des AZCPA über die Vorgänge im Nahen Osten informiert und beeinflußt werden sollte. Dies war das 14-täglich erscheinende Bulletin *"Near East Report. A Washington Letter on American Policy in the Near East"*, in dem die amerikanische Politik aus Sicht des AZCPA analysiert, und über die Lobby-Arbeit im Kongreß berichtet wurde.[897] Der Near East Report war kein offizielles Organ des AZCPA, doch bekamen es alle Mitglieder zum Subskriptionspreis, während es auch auf dem normalen Pressemarkt gekauft werden konnte. Sämtlichen Mitgliedern des Kongresses wurden hingegen regelmäßig kostenlose Exemplare zugeschickt.[898] Nach den ersten Ausgaben konnte das AZCPA äußerst positive Reaktionen bei Kongreßmitgliedern und jüdischen Persönlichkeiten vermelden.[899]

Der AZCPA verstärkte seine Bemühungen, Administration und Kongreß von der Notwendigkeit amerikanischer Hilfe an Israel zu überzeugen. In einem geheimen AZCPA-Positionspapier zur Argumentationshilfe in der öffentlichen Debatte (*"Not for Publication"*) listete der AZCPA Ende Juni 1957 detailliert die Gründe auf, die nach seiner Meinung für eine Anhebung der US-

---

[896] Vgl. Gesprächsmemorandum JFD, Eshkol, Eban u.a., 24.6.1957. Ebenda, S. 654ff.
[897] Vgl. die ersten Jahrgänge des "Near East Report". UR: Bernstein/AIPAC Papers, Box 6, Publications Near East, Folders 1-6 (1957-61), Near East Report.
[898] Vgl. Nancy Jo Nelson, The Zionist Organizational Structure, in: Journal of Palestine Studies, Vo. X, No. 1/Autumn 1980 (37), S. 84.
[899] Vgl. "Memorandum to Rabbi Philip S. Bernstein", 29.8.1957. UR: Bernstein/AIPAC Papers, Box 1, Chronological Files 1954-1961, 1.67.

Unterstützung sprachen und wies gleichzeitig darauf hin, daß die *"unprecedented contributions"* der amerikanischen Juden in Israels kritischer Finanzsituation allein nicht ausreichten. Grundsätzlich sei die wirtschaftliche Stabilität Israels für die Verteidigung der "Freien Welt" von vitalem Interesse, denn das Land sei das Hauptziel kommunistischer Feindseligkeit in der Region. Außerdem habe Israel seit seiner Gründung 1948 eine Million jüdischer Flüchtlinge aufgenommen und damit den Alliierten geholfen, das Problem der europäischen Überlebenden des Holocaust zu bewältigen, *"a problem which burdened both Western conscience and budget."* In jüngeren Jahren habe Israel außerdem Flüchtlinge aus arabischen Staaten Nordafrikas, vor allem aus Marokko, aufgenommen, deren Leben durch den arabischen Nationalismus akut bedroht gewesen sei.

Trotz dieser Leistungen habe die Eisenhower-Administration seit ihrem Amtsantritt die Zahlungen an Israel stetig gekürzt, obwohl seit Herbst 1955 die Sowjetunion Militärhilfe an Ägypten und Syrien geliefert habe, um einen anti-israelischen Angriff vorzubereiten. Nach Abzug der Spenden jüdischer Gemeinden in den USA und anderswo brauche die israelische Regierung immer noch rund 85 Millionen Dollar, um alle Immigranten anzusiedeln und zu versorgen. Zudem müßten Wirtschaftsprogramme finanziert werden, um die Einwanderer zu befähigen, produktive Selbstverdiener zu werden. Mit einer so geschaffenen wirtschaftlichen Stabilität, so das AZCPA-Memorandum, werde die kommunistische Propaganda wirksam bekämpft. Denn nichts schade dem Kreml mehr, als wenn der Weltöffentlichkeit gezeigt werde, daß die aus dem kommunistischen Machtbereich nach Israel ausgewanderten Juden dort in Wohlstand und Freiheit leben könnten.[900]

Es war bemerkenswert festzustellen, daß bei der Israel-Lobby Mitte 1957 die Hauptforderung der vergangenen Jahre, nämlich stärkere Militärhilfe an Israel, zugunsten der Forderung nach Wirtschaftsunterstützung in den Hintergrund getreten war. Diese Forderung bewies auch die relative Stabilität in der Region und die gesunkene Gefahr eines Krieges. Daß sich nun das Augenmerk auf die

---

[900] Memorandum "Why Israel Needs Additional U.S. Aid" des AZCPA, 25.6.1957. UR: Bernstein/AIPAC Papers, Box 4, General Correspondence, 4.25.

ökonomische Entwicklung richtete, entsprach ebenfalls den strategischen Überlegungen Washingtons. Allerdings setzte die Administration dabei deutlich andere Akzente, die nämlich dem Schicksal der palästinensischen Flüchtlinge den größten Stellenwert einräumten. Washington sah in dem steigenden Strom jüdischer Einwanderer nach Israel eine sich verfestigende Entwicklung, die eine zumindest partielle Rückführung von Palästinensern immer schwieriger machen würde. Dasselbe Land konnte schließlich nicht zweimal von zwei verschiedenen Flüchtlingsgruppen bewohnt und kultiviert werden, was auch das Standardargument israelischer Regierungen gegen die Aufnahme palästinensischer Flüchtlinge war.

Im Schicksal der Palästinenser sah Washington den Schlüssel für eine endgültige Friedensregelung, wie aus einer Reihen von Dokumenten ersichtlich wird.[901] Daher versuchte die Administration in der Folgezeit diesen Komplex zum zentralen Diskussionsgegenstand mit der israelischen Führung zu machen. Auch eine Wiederaufnahme der Johnston-Mission, mit der eine Regelung der Bewässerung des Jordan-Tals entwickelt werden sollte, um palästinensiche Flüchtlinge in Jordanien anzusiedeln, wurde ins Gespräch gebracht.[902] Selbst nichtjüdische Israel-Lobbyisten wie die Journalistin Helen Reid (New York Herald

---

[901] Ein Bericht des NSC von Ende Juni 1957 nannte (unter B. "Major Operating Problems or Difficulties Facing the U.S.", 5.a) das Flüchtlingsproblem als erstes aller Israelis und Araber betreffenden Probleme "of immediate concern". Vgl. "Progress Report on United States Objectives and Policies with Respect to the Near East (NSC 5428)", 27.6.1957. DDEL: White House Office, National Security Council Staff: Papers, 1948-61, OCB Central File Series, Box 79, OCB 091.4 Near East (File #4) (9) [December 1956 to June 1957]; vgl. das Memorandum von Francis Dearborn (State Department) an Sicherheitsberater Cutler, 2.8.1957. DDEL: White House Office, Office of the Special Assistant for National Security Affairs: Records, 1952-61, OCB Series, Administrative Subseries, Box 1, Chronological - F.M. Dearborn August-October 1957 (1). Dearborn bezeichnete das Flüchtlingsproblem darin als "fundamental to any settlement of the Arab-Israeli problem"; vgl. das Memorandum von Herters Assistent Henry Villard an Herter, 6.8.1957. FRUS 1955-1957, Vol. XVII, S. 698-701.
[902] Vgl. Memorandum Arthur Deans an JFD, 3.7.1957. DDEL: Dulles Papers, Subject Series, Box 10, Israeli Relations 1951-1957 (1).

Tribune) forderten die Administration zu mehr Engagement bei der Lösung der Flüchtlingsfrage auf.[903]

Gleichwohl gelang es der Administration nicht, die in der Flüchtlingsfrage äußerst widerstandsfähige israelische Regierung zu größerer Flexibilität zu bewegen, zumal die syrische Krise im Sommer 1957 die volle Aufmerksamkeit der Führungen in Washington und Tel Aviv beanspruchte und den Flüchtlingskomplex im State Department nicht über die Referentenebene hinauskommen ließ.

In Syrien war seit Mitte der fünfziger Jahre eine Radikalisierung des parlamentarischen Vielparteien-Systems zu beobachten gewesen, bei der sich die Linksparteien - die sozialistische Baath-Partei (unterstützt von Nasser) und die Kommunistische Partei (unterstützt von Moskau) - als die deutlich dominierenden erwiesen hatten.[904] Die offizielle syrische Propaganda erging sich in antiamerikanischen und anti-westlichen Tiraden, so daß Washington im August 1957 die weitere kommunistische Ausdehnung im Nahen Osten befürchtete und ernsthaft einen von der CIA organisierten Putsch erwog. Diese Operation schlug jedoch schon im Ansatz fehl.[905] Die Krise spitzte sich in der Folgezeit zu, als Damaskus und Washington gegenseitig ihre Diplomaten des Landes verwiesen und die syrischen Nachbarn Irak, Jordanien und besonders die Türkei bereit waren,

---

[903] Vgl. Brief Helen Reids an DDE, 28.6.1957. DDEL: Ann Whitman File, Name Series, Box 27, REID, Helen Rogers. Frau Reid hatte dem Präsidenten nach einer Reise nach Israel und zu palästinensischen Flüchtlingslagern in Jordanien geschrieben und schockiert von den katastrophalen Zuständen dort berichtet. Eine Lösung des Flüchtlingsproblems sei "a challenge to the civilization of the West". Zwar sei sie eine Bewunderin Israels und Ben Gurions, "but I believe he could be sold on the necessity of taking back a certain numbers of refugees and compensating others."
[904] Vgl. Lenczowski, a.a.O., S. 54f.
[905] Vgl. Douglas Little, Cold War and Covert Action. The United States and Syria. 1945-1958, in: Middle East Journal, 1/1990, S. 70f. Die CIA hatte seit Mai 1958 einen Putsch mit Dissidenten innerhalb der syrischen Armee vorbereitet. Der frühere pro-westliche Präsident Syriens, Adib Shishakli, erwartete bei Kermit Roosevelt in Beirut den Moment, die Macht in Damaskus wieder zu übernehmen. Doch in diese "Dissidenten" hatte der syrische Geheimdienst so viele Informanten eingeschleust, daß das Unternehmen von Anfang an nicht die geringste Aussicht auf Erfolg hatte.

Truppen an die syrische Grenze zu schicken. Washington rief daraufhin seine Verbündeten zurück und gab entsprechend der Eisenhower-Doktrin die Garantie ab, daß im Falle einer kommunistischen Aggression eines Landes gegen ein anderes die USA intervenieren würden, allerdings nicht bei interner Subversion.[906] Ansonsten mobilisierte die Administration die Sechste US-Flotte und stand bereit, die Verbündeten mit Militärgerät zu unterstützen.[907]

Die syrische Krise trug überdies mit dazu bei, daß sich Israel und die USA weiter annäherten,[908] so daß der israelische Botschafter Eban Anfang August von einem zufriedenstellenden Maß an Kooperation sprechen und erstmals mit Außenminister Dulles einen möglichen Staatsbesuch Ben Gurions bei Präsident Eisenhower erörtern konnte. Dulles versprach, einen solchen Besuch mit dem Präsidenten zu besprechen und stimmte Eban ansonsten zu, daß beide Regierungen *"now talked with more intimacy and confidence than we had even before last November. (...) This was a basis for greater trust in the future."* Eine umfassende Friedenslösung für den Nahen Osten sei, so Dulles weiter, derzeit nicht möglich, so daß *"we must live with the problems on a crisis-to-crisis basis".*[909]

Die Administration vermutete Moskau als Drahtzieher hinter der Krise in Syrien, über die sich Eisenhower und Dulles insgesamt kein klares Bild machen konnten. Eine öffentliche Erklärung, nach der Syrien vom internationalen

---

[906] Vgl. Presseerklärung JFDs zur syrischen Krise, 10.9.1957. Documents on American Foreign Relations 1957, a.a.O., S. 235f. JFD nannte darin drei Bedingungen, die erfüllt sein müßten, um eine amerikanische Intervention auszulösen: 1. Ein kommunistisch dominiertes Land müsse 2. einen aggressiven Akt gegen ein anderes Land begehen, das 3. die USA um Hilfe bäte. Im Falle Syriens lägen diese Bedingungen jedoch nicht vor.
[907] Vgl. Little, Cold War and Covert Action, a.a.O., S. 72ff.; vgl. Lenczowski, a.a.O, S. 55ff.
[908] Vgl. Protokoll der 331. Sitzung des Nationalen Sicherheitsrates, 18.7.1957. FRUS 1955-1957, Vol. XVII, S. 694f. Bei dieser Sitzung kamen die Teilnehmer zu der Einschätzung, daß Ägypten und Syrien über eine Verschlechterung des syrisch-israelischen Verhältnisses eine Krise provozieren wollten. Laut Admiral Radford wären die israelischen Streitkräfte bei Feindseligkeiten der syrischen Armee deutlich überlegen. DDE und JFD sprachen sich dafür aus, einen Bericht an die israelische Regierung zu verfassen und sie an den amerikanischen Erkenntnissen teilhaben zu lassen.
[909] Gesprächsmemorandum JFD, Eban u.a., 6.8.1957. Ebenda, S. 701-706.

Kommunismus kontrolliert sei - und mithin eine amerikanische Intervention im Rahmen der Eisenhower-Doktrin aktiviert hätte - sollte jedoch vermieden werden.[910] Trotzdem sollten alle Optionen offengehalten werden. Die Administration machte sich derart große Sorgen um Israel, daß Dulles sogar die Dienste von Eleanor Roosevelt in Anspruch nahm, die vor einer Reise in die Sowjetunion stand. Der Außenminister bat die ehemalige First Lady, in Moskau Washingtons deutliche Mißbilligung der sowjetischen Nahostpolitik darzulegen. Moskau sei dabei, die arabischen Staaten zu ermuntern, Israel zu zerstören. Diejenigen arabischen Länder, die bereit gewesen seien, mit Israel einen modus vivendi zu finden, ließen jetzt wegen des sowjetischen Drucks keine Bereitschaft mehr dazu erkennen.[911]

Diese Einschätzung der durch die Sowjetunion bedrohten Lage im Nahen Osten führte innerhalb der Administration auch dazu, daß die Frage amerikanischer Militärlieferungen an Israel Ende August 1957 flexibler gehandhabt wurde. NEA-Staatssekretär Rountree empfahl Außenminister Dulles in einem Memorandum jetzt sogar die amerikanische Gewährung von Exportlizenzen für militärische Ersatzteile sowie die Lieferung von Hubschraubern, C 82-Flugzeugen, Maschinengewehren, Nutzfahrzeugen und Munition an Israel (was Dulles handschriftlich zustimmend abzeichnete).[912] Zur gleichen Zeit nahm die Beurteilung Nassers in der Administration immer negativere Formen an. Washingtons Botschafter in Kairo, Raymond Hare, beschrieb den ägyptischen Präsidenten in einem umfangreichen Bericht als absolut unberechenbar, als einen *"Doctor Jekyll and Mister Hyde"* der nahöstlichen Politik. Trotz seiner öffentlichen Popularität habe Nasser erhebliche finanzielle und wirtschaftliche Probleme und kooperiere mit

---

[910] Vgl. Memorandum JFDs an DDE, 20.8.1957. DDEL: Dulles Papers, JFD Chronological Series, Box 15, John Foster Dulles Chronological August 1957 (2).
[911] Vgl. Telefonat JFDs an Eleanor Roosevelt, 27.8.1957. DDEL: Dulles Papers, Telephone Calls Series, Box 7, Memoranda of Telephone Conversations - General July-August 31, 1957 (1).
[912] Vgl. Memorandum Rountrees an JFD, 23.8.1957. FRUS 1955-1957, Vol. XVII, S. 712f. Rountrees Empfehlung ging auf Bitten des israelischen Botschafters Eban zurück, der in einem Brief vom 10.8.1957 eine entsprechende "Wunschliste" aufgestellt hatte. Dieser Brief ist jedoch nicht veröffentlicht.

Moskau, auch wenn er keine allzu enge Beziehung mit dem Kommunismus anzustreben scheine.[913]

Die Situation in der zweiten Jahreshälfte 1957 war aus Sicht des amerikanisch-israelischen Verhältnisses einigermaßen paradox. Obwohl die israelische Regierung allen Versuchen der Eisenhower-Administration auswich, mit ihr über die palästinensische Flüchtlingsfrage zu diskutieren, wurde das bilaterale Verhältnis enger - begünstig durch die von Moskau protegierten nationalistischen Tendenzen in der arabischen Welt. Durch die Arbeit des AZCPA befördert, wurde in der politischen Öffentlichkeit und schließlich auch innerhalb der Administration das Bewußtsein dafür geschärft, daß Israel der einzig verläßliche amerikanische Partner im Nahen Osten war und entsprechend unterstützt werden mußte. Eine Reihe von israelischen Offiziellen, darunter Finanzminister Eshkol und Wirtschaftsminister Meir Sherman, hatten das AZCPA wiederholt gebeten, alles zu tun, um so viel Hilfe wie möglich für Israel verfügbar zu machen.[914]

---

[913] Telegramm Hares an JFD, 24.8.1957. Ebenda, S. 713-721.

[914] Vgl. "Memorandum to Rabbi Philip S. Bernstein", 29.8.1957. UR: Bernstein/AIPAC Papers, Box 1, Chronological Files 1954-1961, 1.67. In diesem sehr wahrscheinlich von I.L. Kenen erstellten Tätigkeitsbericht an den AZCPA-Vorsitzenden wurden die Aktivitäten der Organisation detailliert aufgelistet. Diese Quelle nennt auch Prioritäten und Schwierigkeiten - auch mit Personen - bei der Lobby-Arbeit sowie deren Überwindung. So heißt es zum Beispiel im Zusammenhang mit der Bewilligung für Mittel des Informational Media Guaranty Program (IMG) durch den Kongreß: "In addition, the Chairman of the Appropriations Sub-committee dealing with this matter is John Rooney of Brokklyn, one of our closest friends, and Rooney looked to us for guidance in this matter. We decided not to carry on a broad lobbying operation involving many Congressmen and constituents, but we concentrated on some of the leaders. Thus, Rooney assured us that he would do his utmost to get the matter through, although he was not happy with it, and we got Congressman Bolling of Missouri to secure the support of Congressman Cannon, the Chairman of the House Appropriations Committee. Our intervention was more decisive over in the Senate where the measure faced the bitter opposition of Senator Ellender of L[ouisian]a and some of his Southern Democrat colleagues. Mr. Katzen again appealed to us for help and we were in touch with the constituents of Senators Hill, Russell, Fulbright, Pastore and Magnuson. We know that our efforts did insure favorable action in the Senate Committee. The Senate Committee amended the measure in a technical way, but we urged our friends in the House to yield to the Senate amendment." Das Gesetz zur Bewilligung von 3,5 Mio. Dollar aus dem IMG-Programm an Israel passierte schließlich den Kongreß und konnte von DDE unterzeichnet werden. Vgl. Brief

So hatte der AZCPA Mitte Juni und Mitte August 1957 insgesamt rund 12.500 zumeist jüdische Persönlichkeiten aufgefordert, Eingaben an Senatoren und Abgeordnete zu machen, um die Unterstützung Israels im Rahmen des Mutual Security Program zu sichern. Kongreßmitglieder mit Schlüsselfunktionen in wichtigen Ausschüssen oder Wahldistrikten (etwa die Abgeordneten Joe Martin, John McCormack, Frances Bolton, John Vorys, John Rooney, Hugh Scott, James Fulton, Leonard Farbstein, Wayne Hays und Tom Morgan) wurden mit israelischen Vertretern zusammengebracht, die sie mit den Problemen Israels eingehend vertraut machten und anschließend Unterstützung im Kongreß erbaten.[915]

Anfang September nutzte der frühere Präsident Harry Truman die 60. Jahresversammlung der ZOA in New York, um ebenfalls um Sympathien für Israel zu werben, indem er erneut auf gemeinsame Wurzeln Israels und Amerikas hinwies. Israel sei, so Truman, *"a country founded on the love of human freedom, just as our own country (...) [and] a haven for the oppressed and persecuted of the earth, just as our own country has been."* Trotz der derzeitigen Unsicherheiten habe Israel eine große Zukunft vor sich, *"not just as another sovereign nation, but as an embodiment of the great ideals of our civilization."* Die Probleme könnten am besten durch die Vereinten Nationen gelöst werden, von denen Israel eines der *"most devoted members"* sei.[916]

Truman und der AZCPA halfen in dieser Phase mit, in der amerikanischen Öffentlichkeit ein derart positives Bild Israels zu vermitteln, das es der Administration schwer, wenn nicht gar unmöglich machte, Israel anders als einen Verbündeten zu akzeptieren. Botschafter Ebans Verhalten in seinen Gesprächen mit Dulles über den steigenden sowjetischen Einfluß in Syrien erinnerte zeitweise schon an eine Diskussion zweier gleichberechtigter Mitglieder

---

Katzens an Rabbi Silver, 10.9.1957. WRHS: Silver Papers, A Corr 6-3-85, Israel (General) 1956-57.
[915] Ebenda.
[916] Rede Trumans vor der 60. Jahresversammlung der ZOA im Waldorf Astoria Hotel, New York, 4.9.1957. HSTL: Truman Papers, Post-presidential Files, Name File, Box 42, Israel.

des US-Sicherheitsapparates. Eban erläuterte Dulles aus seiner Sicht notwendige Propaganda-Maßnahmen, um die kommunistischen Aktivitäten in Syrien, Ägypten und im Jemen wirksam zu bekämpfen. Zudem müßte der Westen vor allem Jordanien und dem Libanon als besonders gefährdeten Staaten helfen. Auch Alternativen für westliche Öl-Pipelines sollten entwickelt werden. Selbstverständlich werde Israel bei all dem an der amerikanischen Seite stehen und sogar Verständnis haben, wenn für Washington derzeit Militärhilfe an Israel problematisch sei. Daher sei momentan verstärkte US-Wirtschaftshilfe zu favorisieren.[917]

Eisenhower und Dulles sahen die israelischen Bekenntnisse zu einer bedingungslos pro-amerikanischen Haltung mit gemischten Gefühlen, da Israel auf diese Weise die USA in einen nahöstlichen Konflikt hineinziehen könnte, auch wenn es momentan an Israels Grenzen ruhig zuging. Zudem würden in der Region beide Staaten miteinander identifiziert werden. Doch vor allem glaubten sie, Israel nicht von einem eventuellen Präventivschlag abhalten zu können, falls Syrien in Jordanien interveniere und Israel einkreise. Es gebe lediglich die Möglichkeit, so Dulles zu Eisenhower, daß Jordaniens König Hussein, sollte er sich von Syrien bedroht fühlen, die Amerikaner um Hilfe rufe. So würde zumindest Israel aus der nahöstlichen Krise herausgehalten.[918] Gegenüber Senator Mansfield zeigte sich der Außenminister geradezu resigniert über die Aussichten, jemals einen Nahostfrieden erzielen zu können. Es seien alle Schwierigkeiten eingetroffen, vor denen das State Department vor der Staatsgründung Israels 1948 gewarnt habe. Daraufhin stellte Mansfield schlicht fest, daß *"it was a problem that we were going to have to live with indefinitely"*. Selbst wenn es den Arabern gelingen sollte, Israel ins Meer zu werfen, bliebe das Problem bestehen. Denn *"the Jewish people all over the world,*

---

[917] Vgl. Gesprächsmemorandum JFD, Eban u.a., 12.9.1957. FRUS 1955-1957, Vol. XVII, S. 727-733.
[918] Vgl. Gesprächsmemorandum DDE - JFD, 1.10.1957. DDEL: Dulles Papers, White House Memoranda Series, Box 5, Meetings with the President - 1957 (3).

having had a brief taste of success, would not rest until they had once more reestablished a State of Israel."[919]

Unterdessen setzten die Israelis ihre Bemühungen fort, ihre Politik noch stärker auf eine Kooperation mit Washington auszurichten. Am 4. Oktober 1957 unterrichtete Botschafter Eban den US-Außenminister über ein Treffen von Außenministerin Meir mit ihrem sowjetischen Amtskollegen Andrej Gromyko, dem gemeinsamen ideologischen Feind Israels und der USA.[920] Am 12. Oktober teilte Außenministerin Meir dem stellvertretenden US-Außenminister Herter und NEA-Staatssekretär Rountree Erkenntnisse des israelischen Geheimdienstes über Details der sowjetischen Militärausrüstung Syriens, vor allem über MIG-19-Kampfbomber, mit.[921] Am 31. Oktober berichtete Botschafter Eban Außenminister Dulles von israelischen Befürchtungen, Syrien könnte einen von Moskau gedeckten Angriff gegen Israel führen. Eban drängte auf eine amerikanische Erklärung, daß ein Angriff auf Israel eine sofortige Reaktion Washingtons auslösen würde. Dulles jedoch bat Eban, die Ruhe zu bewahren und alle Anzeichen eines israelisch-arabischen Konflikts zu vermeiden. Die Araber müßten erkennen, daß der sowjetische Kommunismus, der mit Parteien und Infiltration im Innern der arabischen Welt operiere, gefährlicher als Israel sei.[922]

---

[919] Gesprächsmemorandum JFD, Mansfield, Macomber, 6.10.1957. DDEL: Dulles Papers, General Correspondence and Memoranda Series, Box 1, Memos of Conversation - General - L Through M (3).
[920] Vgl. Gesprächsmemorandum JFD, Eban u.a., 4.10.1957. FRUS 1955-1957, Vol. XVII, S. 747ff. Darin hatte der Russe bessere Beziehungen zu Israel davon abhängig gemacht, daß die Regierung Ben Gurion aufhöre, mit "subservience" die "aggressive policies of the United States" zu unterstützen.
[921] Vgl. Gesprächsmemorandum Meir, Herter, Eban, Rountree, 12.10.1957. Ebenda, S. 759-762. Als Herter im Laufe des Gesprächs Frau Meir auf Israels - nach Ansicht Washingtons - problematische Einwanderungspolitik ansprach, wies sie brüsk darauf hin, daß es Sinn und Zweck des Staates Israel sei, bedrängte Juden aus aller Welt aufzunehmen. Die wachsende Immigration nach Israel als ernstzunehmendes Konfliktfeld mit den arabischen Staaten war auch Thema eines Gesprächs Herters mit Senator Javits. Vgl. Gesprächsmemorandum Herter - Javits, 16.10.1957. DDEL: Herter Papers, Series I, Chronological File, Box 3, October 1957 (3).
[922] Vgl. Gesprächsmemorandum JFD, Eban u.a., 31.10.1957. FRUS 1955-1957, Vol. XVII, S. 779-785.

In der Tat erreichte in Washington die sowjetische Präsenz in der Region ein hohes Maß an Besorgnis. Sicherheitsberater Robert Cutler erläuterte in einem Memorandum an den JCS-Vorsitzenden General Nathan F. Twining, der im Sommer Admiral Radford abgelöst hatte, die Notwendigkeit einer neuen amerikanischen Strategie für den Nahen Osten, da *"[t]he Russian presence in the Middle East is a fact. It is there not by force of arms but by trade, supply of arms, influence, subversion, propaganda."* Um diesen sowjetischen Einfluß zurückzudrängen, müsse die Administration einen regionalen Wirtschaftsraum organisieren, bei dem alle Staaten von finanzieller und technischer US-Hilfe profitierten. Zur Rolle Israels darin meinte Cutler: *"We should work for Israel as a viable enclave, its borders guaranteed, with its immigration limited."*[923] Angesichts der gestiegenen sowjetischen Aktivitäten waren auch wieder Stimmen der nicht-jüdischen Israel-Lobby zu vernehmen. Gouverneur Theodore McKeldin (Maryland) und der einflußreiche Kongreßabgeordnete Hugh Scott (Pennsylvania) forderten gegenüber Christian Herter ebenfalls eine öffentliche Stellungnahme der Administration, daß Washington die Sicherheit Israels garantiere.[924]

Die jüdischen Organisationen nutzten im November 1957 das ohnehin negative Image der Araber in den USA, um die arabische Politik anzuprangern. Die Presidents' Conference verurteilte den seit der Gründung Israels bestehenden arabischen Boykott, der jeden Handelspartner Israels bestrafte. Die jüdischen Präsidenten forderten gleichzeitig Präsident Eisenhower auf, bei der UNO zu protestieren und dort Widerstand gegen den Boykott zu organisieren. Außerdem

---

[923] "Memo dated Oct. 25, 1957 to Gen. Nathan F. Twining, Chairman, Joint Chiefs of Staff, Dpt. of Defense", 5.11.1957. DDEL: White House Office, Office of the Special Assistant for National Security Affairs: Records, 1952-61, Special Assistant Series, Chronological Subseries, Box 5, November 1957 (1).
[924] Vgl. Telefonat Scotts an Herter, 17.10.1957. DDEL: Herter Papers, Series I, Chronological File, Box 3, October 1957 (3); vgl. Telefonat McKeldins an Herter, 31.10.1957. DDEL: Herter Papers, Series II, Box 11, CAH Telephone Calls 8/15/57-12/31/57 (2).

sollte bei Verträgen und sonstigen völkerrechtlichen Vereinbarungen mit arabischen Staaten keine rassische oder religiöse Diskriminierung erlaubt sein.[925]

Zwei Monate später, Anfang Februar 1958, veröffentlichte die Presidents' Conference die Studie *"Bigotry and Blackmail. A Report on the Arab Boycott against Americans"*, in der alle Boykott-Fälle, das Nachgeben verschiedener US-Firmen, aber auch Unternehmen aufgeführt wurden, die sich dem Boykott unter Inkaufnahme finanzieller Verluste widersetzten. Zudem wurden vermeintliche Versäumnisse der amerikanischen Regierung bei der Bekämpfung des Boykotts aufgelistet.[926] Rabbi Bernstein, der Vorsitzende des AZCPA, griff in einem Gespräch mit NEA-Staatssekretär Rountree Mitte November 1957 die prowestlichen arabischen Führer scharf an, auf die man sich nicht verlassen könne. Israel sei dagegen *"irrevocably committed to the West and has proved its strength in the area"*. Deswegen sollte die Administration *"to recognize this fact and to be extremely generous to Israel with economic aid."*[927]

Diese anti-arabischen Stellungnahmen der Israel-Lobby deckten sich durchaus mit Einschätzungen, wie sie innerhalb der Administration beispielsweise über den ägyptischen Präsidenten Nasser formuliert wurden. Ein National Intelligence Estimate (NIE), das von der CIA sowie den Geheimdiensten des State Department und des Pentagon erstellt worden war, betrachtete Mitte November 1957 Nasser als unumschränkten anti-westlichen Herrscher, der trotz großer wirtschaftlicher Probleme noch viele Jahre im Amt bleiben werde. Darauf werde sich die US-Administration einstellen müssen. Zwar sei ein Krieg mit Israel nicht zu erwarten, doch könne, so der Bericht weiter, Nasser wegen seiner enormen Popularität in der ganzen arabischen Welt gefährlichen Druck auf konservative arabische Regimes ausüben und damit den Pan-Arabismus noch beherrschender in

---

[925] Vgl. "Statement on the Arab Boycott to be Signed by Presidents Participating in the Presidents' Conference", 6.11.1957. UR: Bernstein/AIPAC Papers, Box 1, Chronological Files 1954-1961, Papers on Arab Boycott, 1957-1958.
[926] Vgl. ebenda.
[927] Gesprächsmemorandum Rountree, Bernstein u.a., 14.11.1957. NA: State Department Decimal File, American Zionist Committee for Public Affairs, 780.00/11-1457, CS/HHH.

der Region machen. Nasser fahre einen deutlich pro-sowjetischen Kurs und strebe keine besseren Beziehungen zu den USA oder einem anderen westlichen Staat an.[928]

In einem Memorandum, das kurz darauf vom Heeresstabschef General Maxwell Taylor an den neuen Verteidigungsminister Neil H. McElroy geschrieben wurde, zeigte sich Taylor ebenfalls besorgt über den sowjetischen Einfluß in der Region und mahnte eine Lösung der *"unsatisfactory politico-military situation in the Middle East"* an. Dabei müsse die westliche Orientierung arabischer Staaten durch eine entschlossene US-Bemühung gefördert werden, den israelisch-arabischen Konflikt zu lösen.[929] Zwar belegten die regierungsamtlichen Quellen aus dieser Phase wachsende Kritik am Nasserismus, allerdings nicht mit einer so scharfen Rhetorik, wie sie etwa John Foster Dulles in öffentlichen Stellungnahmen benutzte. Gleichwohl war es eindeutig, daß innerhalb der mit der Nahostpolitik befaßten Dienststellen der Administration Ungeduld und Verärgerung über den arabischen Nationalismus ein Höchstmaß erreicht hatten.[930]

Obwohl die Eisenhower-Administration Nasser als offensichtliche Gefahr betrachtete, konnte sie sich nicht zu einer substantiellen militärischen Unterstützung Israels durchringen. Israels UNO-Mitgliedschaft und die Gesamtheit der amerikanischen Politik *"afford very substantial protection to Israel in the event of an attack"*, wie Außenminister Dulles in einem Brief an Premierminister Ben Gurion festellte.[931] Die Israelis drängten daher zum Jahresende 1957 erneut auf ein eindeutiges politisches Bekenntnis Washingtons zur Verteidigung der Unabhängigkeit und der Integrität der Region und forderten eine stärkere anti-kommunistische Propaganda.[932] Zudem sprachen sie sich für eine stärkere Beschäftigung der NATO mit dem Nahen Osten aus: Die NATO solle die Familie

---

[928] Vgl. "National Intelligence Estimate 36.1-57", 12.11.1957. FRUS 1955-1957, Vol. XVII, S. 790f.
[929] Memorandum Taylors an McElroy, 4.12.1957. Ebenda, S. 837f.
[930] Vgl. Irene L. Gendzier, The United States, the USSR and the Arab World in NSC Reports of the 1950s, in: American-Arab Affairs, 28/1989, S. 28.
[931] Brief JFDs an Ben Gurion, 12.11.1957. FRUS 1955-1957, Vol. XVII, S. 792f.
[932] Vgl. Gesprächsmemorandum Herter, Eban u.a., 13.11.1957. Ebenda, S. 793f.

der Freien Welt sein - wozu dann auch Israel gehören müßte - und deren Position vertreten.[933] Ähnlich lautete eine Forderung von Senator Jacob Javits, der die Administration dazu aufforderte, beim Treffen der NATO-Staaten im Dezember 1957 in Paris für eine Garantie aller nahöstlichen Grenzen durch die NATO zu werben.[934]

Zieht man zum Jahresende 1957 eine Zwischenbilanz des amerikanisch-israelischen Verhältnisses, so muß von einer erheblichen Annäherung im Vergleich etwa zur Zeit der Suez-Krise gesprochen werden, eine Annäherung, die nur durch die beginnende Übertragung des Ost-West-Konflikts des Kalten Krieges auf den Nahen Osten möglich wurde und die damit einhergehende Hinwendung Israels zu den Vereinigten Staaten. Washington war es trotz seiner guten Ausgangsposition nach den Krisen um Suez und Sinai, bei denen es seine Unabhängigkeit von Großbritannien, Frankreich und Israel unter Beweis gestellt hatte, nicht gelungen, eine Rolle als Ordnungsmacht für die Gesamtregion zu spielen. Stattdessen hatte der zunehmende sowjetische Einfluß auf die "progressiven" arabischen Regimes wie Ägypten und Syrien dazu geführt, daß sich die Region zu polarisieren begonnen hatte. Diese Entwicklung sollte sich ab dem Februar 1958 noch verstärken, als sich Ägypten und Syrien zur Föderation der Vereinigten Arabischen Republik (VAR) zusammenschlossen.

In den traditionell pro-westlichen arabischen Staaten wie Jordanien und dem Libanon ging diese Polarisierung nicht ohne innenpolitische Probleme vonstatten. Israel hatte sich in diesem Polarisierungsprozeß sofort auf die Seite Washingtons gestellt - ohne dabei Risiken eingehen zu müssen. Washington hatte

---

[933] Vgl. Gesprächsmemorandum JFD, Eban u.a., 29.11.1957. Ebenda, S. 828ff.
[934] Vgl. Rede Javits' vor der American Technion Society, New York, 9.12.1957. SUNY: Jacob K. Javits Collection, Series 1, Subseries 1, Box 14, Middle East, December 1957. Javits war es auch, der sich immer wieder bei der Administration für ein Eximbank-Darlehen an Israel einsetzte, was im State Department jedoch an eine größere israelische Flexibilität in der Frage der palästinensischen Flüchtlinge geknüpft wurde. Vgl. Memorandum Rountrees an JFD, 6.12.1957. FRUS 1955-1957, Vol. XVII, S. 845f.; vgl. Memorandum Herters über ein Gespräch mit Javits, 27.12.1957. DDEL: Herter Papers, Series I, Chronological File, Box 3, December 1957 (1).

kein Druckmittel mehr gegen Tel Aviv in der Hand, so daß israelische Konzessionen beispielsweise in der Flüchtlingsfrage nicht zu erwarten waren.

Die amerikanische Israel-Lobby hatte angesichts dieser nahöstlichen Konstellation keine nennenswerten Schwierigkeiten, Israel als den einzig verläßlichen Partner in der Region für Amerika darzustellen. Die von tiefem Anti-Kommunismus geprägte politische Kultur im Amerika der fünfziger Jahre erleichterte zudem noch die Aufgabe, für das vom Kommunismus bedrohte Israel in den USA Gehör zu finden. Die Argumentation war dabei von effektiver Schlichtheit: Wer gegen den Kommunismus war, war auch gegen Nasser und damit automatisch für Israel.

Nicht gelöst hatte die Israel-Lobby, und hier speziell der AZCPA, seine strukturellen und organisatorischen Probleme. Nach wie vor besaß der AZCPA ein finanzielles Defizit und damit verbunden eine interne Diskussion, ob mit Hilfe einer Namensänderung unter Streichung des Adjektivs *"Zionist"* ein größeres Spendenaufkommen zu erreichen sei. Das ganze Jahr über hatte es in dieser Frage keine Fortschritte gegeben, weil die ZOA nach wie vor kategorische Einwände hegte.[935] Mitte Dezember wandte sich Rabbi Bernstein in einem Brief an den ZOA-Präsidenten Emanuel Neumann und bat ihn um einen Kompromiß. Wenigstens der National Finance Council des AZCPA sollte eine unabhängigere Bezeichnung erhalten und künftig *"National Committee to Aid Israel in Washington"* heißen. Bernstein zeigte sich besorgt über die prekäre Finanzlage des AZCPA und gab das Defizit mit 23.000 Dollar an.[936] Neumann reagierte mit einer widerstrebenden Zustimmung zu dieser Namensänderung. Allerdings müsse gewährleistet sein, daß der Finanzrat eine Unterabteilung bleibe und keine eigene Lobby-Arbeit unternehme. Ohne diese Bedingung sei die ZOA-Führung zu keiner Konzession

---

[935] Vgl. Memorandum to Rabbi Philip S. Bernstein, XI. The Change in our Committee's Name, 29.8.1957. UR: Bernstein/AIPAC Papers, Box 1, Chronological Files 1954-1961, 1.67.
[936] Vgl. Brief Bernsteins an Neumann, 10.12.1957. UR: Bernstein/AIPAC Papers, Box 1, Chronological Files, 1954-1961, Change of name from AZCPA to AIPAC, 1957-1959.

bereit.[937] Nachdem diese Bedingung akzeptiert wurde, beschloß eine AZCPA-Konferenz zwei Tage später die vorgeschlagene Namensänderung des National Finance Council.[938]

Zu Beginn des neuen Jahres 1958 bemühte sich der AZCPA - neben anderen jüdischen Organisationen - darum, über einflußreiche Kongreßmitglieder im State Department für ein Eximbank-Darlehen in Höhe von 40 Millionen Dollar an Israel zu werben. Israel brauchte aus wirtschaftlichen Gründen eine finanzielle Entlastung und wollte mit dem Geld eine Reihe von Wasserentwicklungs-Projekten finanzieren. Diese Projekte wurden von Israel als absolut dringend betrachtet, was im Januar 1958 Botschafter Eban gegenüber dem stellvertretenden Außenminister Herter eindringlich deutlich machte.[939]

Auf der innenpolitischen Bühne Amerikas traten gegenüber der Administration vor allem Senator Javits[940] (New York) sowie die Kongreßabgeordneten Kenneth B. Keating (New York) und Hugh Scott (Pennsylvania) für das Darlehen ein - allesamt Politiker aus Bundesstaaten mit wichtigen jüdischen Bevölkerungsanteilen. Keating und Scott traten bei Christian Herter sogar ausdrücklich als Vertreter von jüdischen Organisationen - auch vom AZCPA - auf.[941] Die Administration war in der Eximbank-Frage in einem Zwiespalt. Wie Außenminister Dulles gegenüber Senator Knowland erklärte, der ebenfalls für das Darlehen war, war die Eximbank selbst höchst zurückhaltend, hätte jedoch bei positiver Beurteilung durch das State Department dem Darlehen

---

[937] Vgl. Brief Neumanns an Bernstein, 16.12.1957. Ebenda. Zudem warnte Neumann vor der Gefahr zu vieler jüdischer Organisationen. So sei etwa die America-Israel Society schlicht überflüssig und verwirre die Öffentlichkeit nur.
[938] Vgl. Brief Bernsteins an Neumann, 31.12.1957. Ebenda.
[939] Vgl. Gesprächsmemorandum Herter, Eban u.a., 14.1.1957. FRUS 1958-1960, Vol. XIII, Arab-Israeli Dispute; United Arab Republic; North Africa, S. 10-15.
[940] Vgl. Aktennotiz von David Peacock (State Department) an JFD über ein Gespräch zwischen Javits und Stabschef Adams, 8.1.1958. DDEL: Dulles Papers, Special Assistants Chronological Series, Box 12, Greene-Peacock Chronological January 1958 (2); vgl. Memorandum Herters an Adams über eine Diskussion mit Javits, 13.1.1958. DDEL: Herter Papers, Series I, Chronological File, Box 3, January 1958 (4).
[941] Vgl. Gesprächsmemorandum Herter, Keating, Scott, 9.1.1958. FRUS 1958-1960, Vol. XIII, S. 8ff.

zugestimmt. Das State Department wiederum hätte mit Hilfe des Darlehens gerne Druck auf Israel ausgeübt, um beim Problem der palästinensischen Flüchtlinge voranzukommen. Allerdings war es seit Harry Truman amerikanische Politik, die wirtschaftliche Entwicklung - Bewässerung, Landwirtschaft Infrastruktur - der Region zu fördern.[942] Dies den Israelis nun zu verweigern, wäre schwer möglich gewesen, vor allem im Jahr von Kongreß- und Gouverneurswahlen, woran Senator Ives (New York) Christian Herter ohne Umschweife erinnerte.[943]

Die Vorstellung, wegen einer erneuten Wahl schon wieder politische Selbstbeschränkung üben zu müssen, sorgte bei Außenminister Dulles für ein Höchstmaß an Verbitterung. Wie sehr sich angesichts der stagnierenden Situation im Nahostkonflikt Dulles' Ärger über Israel und die amerikanischen Juden in der Psyche des Außenministers festgesetzt hatten, wurde bei der 352. Sitzung des Nationalen Sicherheitsrates am 22. Januar 1958 deutlich. Im Nachhinein, unter Berücksichtigung aller Quellen, war diese Sitzung nur noch als denkwürdig zu bezeichnen.

Dulles ergriff das Wort, als der NSC bei der Diskussion einer neuen nahostpolitischen Direktive über zwei Vorschläge des State Department und der Militärführung debattierte, wie Washington künftig zu einer Lösung des israelisch-arabischen Konflikts beitragen könne. Nachdem sich bereits der Präsident, Sicherheitsberater Cutler, der JCS-Vorsitzende General Twining und der stellvertretende Verteidigungsminister Donald A. Quarles geäußert hatten, setzte Dulles zu einer längeren grundsätzlichen Stellungnahme an, mit der er einen verbalen Angriff gegen Israel und die Juden führte, die seit 1948 hartnäckig eine Lösung im Nahostkonflikt verhindert hätten. *"Thus the state of Israel was in fact the darling of Jewry throughout the world"*, begann Dulles, *"and world Jewry was a formidable force indeed."* Zum Zeitpunkt der israelischen Staatsgründung hätten State Department und Pentagon vor der jetzigen dauerhaften Krise gewarnt, doch

---

[942] Vgl. Telefonat Knowlands an JFD, 15.1.1958. DDEL: Dulles Papers, Telephone Calls Series, Box 8, Memoranda of Telephone Conversations - General January-March 31, 1958 (4).
[943] Vgl. Telefonat Ives' an Herter, 23.1.1958. DDEL: Herter Papers, Series II, Box 11, CAH Telephone Calls 1/2/58 to 3/31/58 (2).

sei diese Warnung ignoriert worden. Seitdem seien bestimmte politische Schritte der US-Diplomatie wegen des starken jüdischen Einflusses in den USA nicht möglich gewesen, klagte Dulles.

Letztlich hätten sich in dieser Dauerkrise beide Seiten, Araber wie Israelis, nicht von ihren Grundsatzpositionen wegbewegt, was nur der Sowjetunion genutzt habe. Dulles fuhr fort: *"The situation was tragic and disturbing. We are confronted with a clear threat to the security of the United States, and we cannot present a clean-cut practical solution. Accordingly, we are in fact reduced to following the old British formula of 'muddling through'."* Die Diskussion kreiste dann um die Gefahren des Pan-Arabismus, ehe Vizepräsident Nixon und der stellvertretende Außenminister Herter den Stillstand in der Frage der palästinensischen Flüchtlinge beklagten. Daraufhin bemerkte der frühere NEA-Staatssekretär und jetzige Leiter der USIA, George Allen, daß nach seiner Einschätzung die fortgesetzte Immigration nach Israel ein noch größeres Problem darstelle. Die Administration müsse deutlich gegen das Anwachsen der Einwandererzahlen Position beziehen. Allen schlug daher vor, den jüdischen Organisationen in den USA den steuerbefreienden Status zu nehmen, da diese Organisation mit ihrem Geld erst eine organisierte Immigration möglich machten.

Dulles reagierte auf diese Idee gleich mit dem Hinweis, der Kongreß würde einem solchen Gesetz niemals zustimmen. Stattdessen könne Washington das Eximbank-Darlehen an Israel von dessen Immigrationspolitik abhängig machen und auf diese Weise das Anwachsen der israelischen Bevölkerung zu verhindern suchen, ein Vorschlag, der von Vizepräsident Nixon sofort unterstützt wurde. Nixon sprach sich des weiteren dafür aus, langfristig sehr wohl ein Anti-Steuerbefreiungsgesetz für jüdische Organisationen im Kongreß vorzubereiten, auch wenn der Außenminister dessen Aussichten noch pessimistisch beurteile. Das offizielle Protokoll verzeichnete dann noch eine kurze Stellungnahme vom Vorsitzenden der US-Atomenergie-Kommission, Lewis Strauss, die offensichtlich nur als Marginalie festgehalten werden sollte.[944]

---

[944] Protokoll der 352. Sitzung des NSC, 22.1.1958. DDEL: Ann Whitman File, NSC Series, Box 9, 352nd Meeting of NSC, January 22nd, 1958.

Tatsache war jedoch, daß die Sitzung jetzt eine völlig überraschende Wendung nahm, was aus einem Memorandum von Strauss hervorgeht.[945] Strauss, der von Präsident Eisenhower stets als nicht-reguläres NSC-Mitglied zu den Sitzungen gebeten wurde, war der ranghöchste Beamte jüdischen Glaubens in der Eisenhower-Administration und hatte sich noch nie zuvor in einer NSC-Sitzung zum Thema Nahostpolitik gemeldet. Dieses Mal jedoch, so leitete er sein Memorandum ein, fühlte er sich durch die Äußerungen Dulles' und Allens dazu provoziert. Bei allem Respekt für den Außenminister wies er dessen Bemerkung über Israel als *"darling of world Jewry"* zurück, auch wenn sich die Freunde Israels in den USA häufiger und effektiver zu Wort meldeten, meinte Strauss, der nun zu einer die Runde beeindruckenden Rede ansetzte:

> *"There can be no question, however, that it [der Einsatz von US-Juden für die Gründung Israels] resulted in saving the lives of perhaps as many as two million innocent men, women and children - the remnant from the gas chambers and massacres of Hitler and his imitators. Had the rest of the world and the United States offered a haven for these harried people, we could then, with a clean conscience, discuss the subject of whether or not we would encourage or discourage or prohibit, if that lay within our power, immigration to Israel. Under these circumstances, that was the only place that these people had to go. (...) [A]ny attempt to handicap philanthropy by legal means will be resented by people of both political parties, of all religions and all nationalities. I cannot more strongly urge that this is an impolitic and inhumane and un-American proposal."*

Nachdem er geendet hatte, registrierte Strauss ein betretenes Schweigen von etwa 15 Sekunden, die wie eine Ewigkeit geschienen hätten. Ein

---

[945] Strauss legte nach dieser Sitzung noch am gleichen Tag ein Memorandum an, in dem er auf drei Seiten seine Wortmeldung und die Reaktionen darauf festhielt. Anschließend legte er das Papier zu seinen persönlichen Akten. 1974 jedoch stellte nach Strauss' Tod dessen Sohn das Memorandum der American Jewish Historical Society in Waltham (Massachusetts) zur Verfügung. Von dort ging eine Kopie an die American Jewish Archives in Cincinatti (Ohio).

offenbar peinlich berührter John Foster Dulles ergriff das Wort und erklärte, er wisse, daß Allens Vorschlag nicht durchführbar sei *"and you are probably right - you are undoubtedly right - in saying that it is also unfair."* Nach der Sitzung traten General Twining, General Goodpaster und Sicherheitsberater Cutler auf Strauss zu und gratulierten ihm für seinen Wortbeitrag: *"you clearly had all the members with you"*, meinte Cutler. Vor dem Sitzungssaal wartete Allen auf Strauss und bat für den falschen Eindruck, den er erweckt haben könnte, um Entschuldigung. Im normalerweise Israel-unfreundlichen State Department sei er, Allen, stets ein Fürsprecher Israels gewesen. Er habe angenommen, daß durch einen pragmatischen Ansatz die Lösung der Immigrationsfrage erreicht werden könne. Nun werde er allerdings diese Sache nicht weiter verfolgen, *"since he was convinced that it was an improper course."*[946]

Die ausführliche Darstellung der NSC-Sitzung vom 22. Januar 1958 an dieser Stelle soll zweierlei verdeutlichen: zum einen die zunehmend eingeschränkter werdende Handlungsfreiheit der Administration gegenüber Israel, das sich, wie gesehen, zudem noch voll an die amerikanische Politik anlehnte. Es waren nicht mehr nur die Israel-Lobby oder Teile der Legislative, die aus der Behandlung Israels eine Frage der "political correctness" machten, sondern in zunehmenden Maße auch hochrangige Regierungsvertreter; zum anderen die schlichte Tatsache, daß die Intervention Strauss' die Kritiker Israels einschüchterte und Druck auf Israel in dieser Sitzung verhinderte. Die Vermutung ist zu wagen, daß in der Folgezeit eine Reihe von Ereignissen, nämlich die Beibehaltung des Steuerstatus' der jüdischen Organisationen, die Bewilligung des Eximbank-Kredits und der Verzicht auf ein Junktim zwischen dem Darlehen und der Immigrationsproblematik[947] ganz wesentlich auf Strauss' Äußerungen in jener denkwürdigen Sitzung zurückgingen.

---

[946] AJA: Memorandum for the files of Lewis L. Strauss re NSC meeting of January 22, 1958. Misc 1, SC 12104.
[947] Vgl. Memorandum Herters an JFD, 30.1.1958. FRUS 1958-1960, Vol. XIII, S. 17f. Herter empfahl darin, Israel einen Kredit der Eximbank einzuräumen, was JFD in einem Memorandum an seinen Assistenten Joseph N. Greene, jr. vom 4.2.1958 unterstützte (Ebenda, S. 16). JFD und Herter gaben damit grünes Licht für ein

Die Intervention Strauss' Ende Januar 1958 fiel in einen Zeitraum, in dem sich Israel vehement der Politik der westlichen Demokratien, vor allem der USA, anzupassen versuchte. Gleichzeitig näherte sich ein politisches Jubiläum, das Israel öffentlichkeitswirksam auszunutzen gedachte, um seinen Anspruch auf Zugehörigkeit zur westlichen (Schutz-) Gemeinschaft besonders gegenüber der arabischen Welt zu dokumentieren: die zehnjährige Wiederkehr der Ausrufung des Staates Israel im Mai 1958. Zwar hatte dieses Ereignis nur protokollarischen Charakter, doch entspann sich in den USA eine heftige innenpolitische Debatte darüber, wie die amerikanische Regierung dieses Jubiläum würdigen sollte. Die Israel-Lobby, vertreten durch ihre Sympathisanten im Kongreß und zum Teil in der Administration, strebte Glückwünsche und Würdigungen auf möglichst hoher Ebene an, während vor allem das State Department dem Staatsjubiläum politisch mit nicht mehr als der üblichen Routine begegnen wollte.

Bereits im Januar 1958 hatten Senator Jacob Javits und der Abgeordnete Emmanuel Celler (beide New York), die Senatsresolution SCR 56 und die Resolution HCR 241 des Repräsentantenhauses zum Thema "10 Jahre Israel" eingebracht und daran erinnert, daß der US-Kongreß seit 1922 die Bildung einer jüdischen Heimstatt unterstützt habe. Heute gehöre Israel, so Javits und Celler, zur westlichen Welt. Sie forderten den Präsidenten auf, eine hochrangige Persönlichkeit als Sonderbotschafter zu benennen, der die USA in Israel vertreten und diesem Staat die gebührende Ehre erweisen sollte.[948]

Darlehen über 24,2 Millionen Dollar - die Israelis hatten um 40 Millionen gebeten -, nachdem Experten des Ministeriums und der Bank diese Summe für die von Israel geplanten Projekte errechnet hatten. Unterdessen hatte die israelische Regierung von sich aus signalisiert, die jüdische Immigration bremsen zu wollen, wodurch es der US-Regierung erleichtert wurde, den Kredit einzuräumen und von positiven amerikanisch-israelischen Beziehungen zu sprechen.
[948] Vgl. Text der Resolution SCR 56, eingebracht von Javits, 16.1.1958. SUNY: Jacob K. Javits Collection, Series 2, Box 18, 85th Congress, 2nd Session, SCR 56 Israel's Independence, 10thAnniversary; vgl. Text der Resolution HCR 241, eingebracht von Celler, 16.1.1958. Ebenda; vgl. gemeinsame Erklärung Javits' und des Abgeordneten Emmanuel Celler zum zehnjährigen Staatsjubiläum Israels, 16.1.1958. SUNY: Jacob K. Javits Collection, Series 1, Subseries 1, Box 14, Israel's 10th Anniversary.

Die Resolution war anschließend zur Beratung in die Auswärtigen Ausschüsse gegangen. Diese hatten jedoch zunächst das State Department um eine Stellungnahme gebeten. Der stellvertretende Außenminister Herter riet Präsident Eisenhower zu einer negativen Antwort, da eine Kongreßresolution zum jetzigen Zeitpunkt *"would certainly be received in the Near East as convincing evidence of a partisan United States position in the Arab-Israel dispute."* Den Ausschußvorsitzenden aus Senat und Repräsentantenhaus, Senator Thedore Francis Green und Thomas E. Morgan, sollten die Hoffnung der Administration ausgedrückt werden, *"to take no action on the proposed resolution."*[949]

Senator Green und der Abgeordnete Morgan wurden dann am 13. Februar 1958 von der Administration entsprechend unterrichtet. Es sei allerdings ohne jeden Zweifel so, daß die Administration *"appropriate felicitations"* an die israelische Regierung senden würde. Im übrigen sei es die Sache der Exekutive, bei Feiertagen anderer Staaten Grüße zu übermitteln, nicht die der Legislative. Angesichts der besonderen amerikanischen Verantwortung im Nahen Osten dürfe kein Präzedenzfall durch den Kongreß geschaffen werden, schrieb Herter in gleichlautenden Briefen an Green und Morgan.[950]

Das Argument der bisherigen Geschäftsverteilung zwischen Exekutive und Legislative zog offenbar, denn nun konzentrierten sich die Bemühungen der Israel-Lobby auf eine angesehene Persönlichkeit, die als Sonderbotschafter Präsident Eisenhowers nach Israel zu den Jubiläumsfeierlichkeiten reisen sollte. Diese Forderung drang auch verstärkt von einzelnen jüdischen Organisationen ins Weiße Haus.[951] Mit Unbehagen reagierte Außenminister Dulles zudem auf Spekulationen von Stabschef Adams, Israels Premierminister Ben Gurion selbst

---

[949] Memorandum Herters an DDE, 30.1.1958. DDEL: Ann Whitman File, International Series, Box 29, Israel (2).
[950] Vgl. Briefe Herters an Green und Morgan, 13.2.1958. DDEL: Herter Papers, Series I, Chronological File, Box 4, February 1958 (1).
[951] Die Administration bekam zahlreiche Brief lokaler und regionaler jüdischer und zionistischer Organisationen, die entweder einen Sonderbotschafter Eisenhowers nach Israel oder eine außerordentliche Grußaddresse des Präsidenten an die israelische Staatsführung forderten. DDEL: DDE Records, White House Central Files, Official File, Box 876, 193 (2).

wolle aus Anlaß des Staatsjubiläums nach Washington reisen und von Präsident Eisenhower empfangen werden.[952]

Die zögerliche Haltung der Administration, die diese Frage vergeblich glaubte aufzuschieben zu können, führte in den an Israel interessierten Kreisen Amerikas zu allerlei Spekulationen und zu immer neuen Namensvorschlägen - etwa Vizepräsident Nixon oder den republikanischen Senator John Sherman Cooper (Kentucky) - als US-Sonderrepräsentanten, über dessen Entsendung die Regierung noch nicht einmal entschieden hatte. Je bedeutender der Name war, desto stärker blockte das State Department den Vorschlag ab.[953] Denn das State Department war gegenüber dem israelischen Eifer, aus dem Jubiläum eine politische Demonstration zu machen, äußerst mißtrauisch. Dulles befürchtete gegenüber Botschafter Eban sogar eine protokollarische Falle für die Administration, wenn der US-Repräsentant gezwungen werde, in Jerusalem aufzutreten, das Washington nicht als israelische Hauptstadt anerkannte. Dulles riet dringend dazu ab, der Administration diplomatische Probleme zu verschaffen.[954]

Anders als das State Department war Präsident Eisenhower nun bereit, das israelische Staatsjubiläum nicht bloß routinemäßig zu behandeln, sondern in der Tat einen persönlichen Repräsentanten nach Israel zu schicken. Seine Wahl fiel auf den RNC-Vorsitzenden Len Hall, der innerhalb der GOP als ein Freund Israels galt und der sich zudem im Herbst 1958 bei den Gouverneurswahlen in New York bewerben wollte. Seine Entsendung nach Israel wäre als eine deutliche Geste an die jüdische Gemeinde Amerikas verstanden worden. Hall verfügte über politisches Renommee und das Vertrauen des Präsidenten. Zweifellos hätte seine Mission in

---

[952] Vgl. Telefonat Adams' an JFD, 11.2.1958. DDEL: Dulles Papers, Telephone Calls Series, Box 12, Memoranda of Telephone Conversations, White House January-March 31, 1958 (2).
[953] Vgl. Memorandum Robert Grays (Weißes Haus) an Kabinettssekretär Tom Stephens vom 21.2.1958 über den Widerstand des State Department gegen Vizepräsident Nixons Teilnahme an den israelischen Jubiläumsfeierlichkeiten. DDEL: DDE Records, White House Central Files, Official File, Box 876, 193 (2); vgl. Brief DDEs an den Abgeordneten Eugene Siler vom 21.2.1958, in dem sich DE für den Cooper-Vorschlag bedankt. Ebenda.
[954] Vgl. Gesprächsmemorandum JFD, Eban u.a., 27.2.1958. FRUS 1958-1960, Vol. XIII, S. 28f.

Israel bei den jüdischen Wählern in New York positive Auswirkungen gehabt. Im Gespräch mit Christian Herter begründete Eisenhower seine Entscheidung zugunsten Halls damit, daß *"if we have a delegation it should be a good one"*. Das gelte auch für den Fall, daß, wie Herter zuvor mitgeteilt hatte, die USA offenbar das einzige Land seien, das von Israel um die Entsendung eines Sonderrepräsentanten gebeten worden war.[955]

Diese Nachricht von Halls geplanter Sondermission sorgte im State Department für helle Aufregung. Die Vorstellung, Eisenhower könnte aus innenpolitischen Gründen den ersten Mann seiner Partei, zudem einen bekannten Israel-Anhänger, nach Israel schicken, was in der arabischen Welt vermutlich als unfreundlicher Akt aufgefaßt worden wäre, aktivierte die Spitze des Amtes um Dulles, Herter und Rountree. Sie bereiteten ein Memorandum an den Präsidenten vor, in dem Eisenhower dringend von einer Mission Halls abgeraten wurde. Als Kompromiß schlugen sie vor, US-Botschafter Lawson in Tel Aviv solle die Aufgabe eines Sonderrepräsentanten übernehmen. Auf diese Weise errege die Administration kein diplomatisches Aufsehen und komme doch den Bitten der Israelis nach einem amerikanischen Sondervertreter nach.[956] Eisenhower ließ sich schließlich überzeugen und Herter telefonisch sein Einverständnis zugunsten Botschafter Lawsons mitteilen.[957]

Zwar versuchten Botschafter Eban (gegenüber Herter und Rountree) und Senator Javits (gegenüber Stabschef Adams) diese neue Entwicklung wieder rückgängig zu machen und erneut Vizepräsident Nixon als Leiter einer US-Sonderdelegation nach Israel ins Spiel zu bringen, doch blieb die Administration bei ihrer Entscheidung. Der Hauptgrund war, daß nach Recherchen des State Departments fast alle eingeladenen Nationen ihre Botschafter mit der zusätzlichen

---

[955] Vgl. Telefonat DDEs an Herter, 26.2.1958. DDEL: Herter Papers, Series I, Chronological File, Box 4, February 1958 (1).
[956] Vgl. Telefonat Hagertys an Herter, 3.3.1958; vgl. TelefonatHerters an Rountree, 3.3.1958; vgl. Telefonat Herters an Adams, 5.3.1958. DDEL: Herter Papers, Series II, Box 11, CAH Telephone Calls 1/2/58 to 331/58 (1); vgl. Memorandum FDs an DDE, 5.3.1958. FRUS 1958-1960, Vol. XIII, S. 29f.
[957] Vgl. Telefonat Robert Grays (Weißes Haus) an Herter, 12.3.1958. DDEL: Herter Papers, Series II, Box 10, Presidential Telephone Calls 1958 (2).

Aufgabe der Vertretung beim israelischen Staatsjubiläum betraut hatten. Senator Javits kam es jetzt nur noch darauf an, möglichst wichtige republikanische Politiker New Yorks wie den früheren Bürgermeister-Kandidaten Harold Riegelman in die Delegation zu bekommen, was Herter versprach.[958]

Mit den innenpolitischen Diskussionen um die Besetzung der amerikanischen Delegation war das Reiz-Thema des israelischen Staatsjubiläums allerdings noch nicht verschwunden. Denn wenige Wochen später, Ende April 1958, sorgte eine von Israel zum Jubiläum geplante Militärparade in Jerusalem für erhebliche Verstimmungen, dieses Mal zwischen der amerikanischen und der israelischen Regierung. Für die Administration war ein solches Vorhaben in Sichtweite der Waffenstillstandslinie eine unnötige Provokation der Regierung Jordaniens. Zudem hätten mögliche Racheaktionen von Einzeltätern auf beiden Seiten völlig unkalkulierbare Folgen mit sich bringen können. Christian Herter wies israelische Diplomaten in Washington darauf hin, daß die US-Vertreter einer Militärparade in Jerusalem nicht beiwohnen würden. Was die Israelis jedoch noch mehr schockierte, war die amerikanische Drohung, US-Bürgern in der Region von einem Besuch Jerusalems an den Jubiläumsfeierlichkeiten abzuraten, da ihre Sicherheit nicht gewährleistet sei.[959]

Keine Stunde nach diesem Gespräch meldete sich Botschafter Eban telefonisch aus New York bei Herter und zeigte sich *"deeply disturbed"* über die bevorstehende Warnung amerikanischer Staatsbürger, die allerdings noch nicht veröffentlicht worden war. Eban bestritt, daß eine Gefahr bestehe, da *"there are almost no arms involved."* Eban bat Herter inständig, von einer öffentlichen Warnung abzusehen. Stattdessen wolle er UN-Generalsekretär Hammarskjöld bitten, der jordanischen Regierung Zusicherungen zu übermitteln, daß Israel keine provokanten Aktionen plane. Herter versprach, erst ein eigenes Gespräch mit

---

[958] Vgl. Telefonate Rountrees an Herter und Adams' an Herter, 17.3.1958. DDEL: Herter Papers, Series II, Box 11, CAH Telephone Calls 1/2/58 to 3/31/58 (1); vgl. vgl. Telefonate Rountrees an Herter und Herters an Javits, 21.3.1958. Ebenda.
[959] Vgl. Gesprächsmemorandum Herter, Yohanan Meroz, Shimshon Arad, 21.4.1958. FRUS 1958-1960, Vol. XIII, S. 44ff.

Hammarskjöld abzuwarten.[960] Am nächsten Tag rief Eban Herter erneut an und wiederholte die Einschätzung Ben Gurions und Golda Meirs, daß eine geplante Warnung von US-Bürgern durch die Administration *"the first thing of comparable gravity which has occured in American-Israeli relations"* sei. Dies *"would not only be interpreted as an unfriendly act but would create tension which, in turn, would create an atmosphere of panic and suspense which they [Israel] seek to avoid."* Nicht die Parade schüre die Gefahr, sondern die Warnung davor.[961]

Im Laufe des Tages versuchte Washingtons UN-Botschafter Lodge auf Anweisung von Herter eine Einschätzung Generalsekretär Hammarskjölds zur fraglichen Militärparade und zu Washingtons Reaktion darauf zu bekommen. Überraschend riet Hammarskjöld Lodge von einer öffentlichen Erklärung der Administration ab. Eine solche Idee sei nicht gut, mache die Israelis unglücklich und sorge für eine Verschärfung der Spannungen. Daraufhin machte die Administration ihr weiteres Vorgehen von der Meinung der UN-Waffenstillstandskommission abhängig. Als diese jedoch keine unmittelbare Gefahr für eine Provokation sah und sich auch US-Botschafter Lawson gegen eine öffentlichen Erklärung aussprach (*"Ambassador Lawson said he felt the fact we had proposed to put out a release had accomplished the purpose we wanted without actually making a release"*), zog Herter die geplante Warnung an die US-Bürger zurück. Die Israelis verzichteten im Gegenzug auf schweres Gerät und auf eine Bewaffnung der Soldaten bei der Parade.[962] Einen Tag später verabschiedeten Senat und Repräsentantenhaus Resolutionen, in denen das israelische

---

[960] Vgl. Telefonat Eban an Herter, 21.4.1958. DDEL: Herter Papers, Series I, Chronological File, Box 4, April 1958 (1).
[961] Telefonat Ebans an Herter, 22.4.1958. Ebenda.
[962] Vgl. Telefonat Herters an Lodge, vgl. Telefonat Lodges' an Herter, vgl. Telefonat Ebans an Herter, vgl. Telefonat Lawsons an Herter, vgl. Telefonat Barco an Herter, alle vom 22.4.1958. Ebenda. Herter war nach der Entscheidung verärgert darüber, daß offenbar Senator Javits damit begonnen hatte, wegen der Parade innenpolitischen Druck auf Herter auszuüben. Javits hatte dabei Informationen benutzt, die er nur von der israelischen Seite haben konnte, die ihm über die Gespräche im State Department berichtet hatte. Vgl. Gesprächsmemorandum Herter, Eban u.a., 22.4.1958. FRUS 1958-1960, Vol. XIII, S. 49ff.

Staatsjubiläum begrüßt und die amerikanisch-israelische Freundschaft unterstrichen wurde.[963]

Es war bemerkenswert, wie in einer Phase der politischen und diplomatischen Annäherung zwischen beiden Staaten eine an sich wenig bedeutsame protokollarische Frage für wochenlangen Streit sorgen konnte. Das State Department, das dem Präsidenten einen eigenen Sonderbotschafter ausgeredet hatte, konnte sich offenkundig noch nicht mit der Situation eines engeren amerikanisch-israelischen Verhältnisses abfinden. Ob zu Recht oder zu Unrecht sah es in den israelischen Bemühungen um eine selbstbewußte Darstellung seiner zehnjährigen Geschichte und um eine entsprechende Würdigung durch seine westlichen Partner einen Versuch der Israelis, die arabischen Staaten von den USA zu entfremden. Das State Department blockierte daher jeden Versuch, das israelische Staatsjubiläum durch eine besondere Geste aufzuwerten, die als eine "special relationship" zwischen beiden Staaten hätte ausgelegt werden können. Selbst ein Besuch des Obersten Bundesrichters (Chief Justice), Earl Warren, einer Juristentagung in Israel aus Anlaß des zehnjährigen Staatsjubiläums wurde vom State Department äußerst kritisch gesehen.[964]

Angesichts dieser von Dulles und vor allem von Rountree, weniger von Herter verfolgten Linie wirkte es fast schon wie ein ironisches Aperçu, daß sich ausgerechnet der Präsident des AZCPA, Rabbi Bernstein, bei Dulles für die US-Hilfe an Israel in der Vergangenheit und dessen persönliches Engagement für Israel bedankte, auch wenn nicht immer alles ohne Meinungsverschiedenheiten vonstatten gegangen sei:

---

[963] Vgl. Senatsresolution SR 294, eingebracht von den Senatoren Johnson, Knowland, Saltonstall, Flanders, Ives, Javits u.a., 23.4.1958 und Resolution HR 546 des Repräsentantenhauses, eingebracht vom Abgeordneten McCormack, 23.4.1958. SUNY: Jacob K. Javits Collection, Series 2, Box 18, 85th Congress, 2nd Session, SCR 56 Israel's Independence, 10th Anniversary 1958.
[964] Vgl. Telefonat JFDs an Rountree, 7.6.1958. DDEL: Dulles Papers, Telephone Calls Series, Box 8, Memoranda of Telephone Conversations - General June-July 31, 1958 (5).

"In these recent crucial years you have been the architect of American foreign policy affecting Israel. Although there have been some difference, understandable and perhaps inevitable, our country's basic friendliness has been undiminished and its helpfulness increased."[965]

Die amerikanische Israel-Lobby hatte großen Anteil daran gehabt, daß Israel zehn Jahre nach seiner Gründung ein in erster Linie militärischer Machtfaktor in der Region geworden war. Über ihren Einfluß im Kongreß und in der meinungsbildenden Öffentlichkeit hatte die Lobby auf wirksame Weise eine US-Politik verhindert, die Israel zu größeren Konzessionen gezwungen hätte und weniger auf israelische Sicherheitsinteressen eingegangen wäre. In der Zeit nach der Verabschiedung der Eisenhower-Doktrin erwies sich Israel politisch stabiler als seine arabischen Nachbarn. Zusätzlich sorgte eine Unterstützung der amerikanischen Politik dafür, daß Israel nahezu zwangsläufig bessere Beziehungen zu Washington aufbauen konnte.

Das State Department konnte diesen zunehmenden amerikanisch-israelischen Gleichklang aus Mangel an Alternativen nicht verhindern. Denn die Eisenhower-Administration mußte erkennen, daß ihr strategisches Sicherheitskonzept für den Nahen Osten angesichts der innenpolitischen Unruhen in den arabischen Staaten mittlerweile undurchführbar geworden war. Israel erkannte im Gegenzug, daß es regionale Krisen nur an der Seite Washingtons überstehen würde. Denn bei aller inneren Zerstrittenheit waren die Araber einig in der Opposition gegen Israel. Die Regierung Ben Gurion betrieb daher eine Politik, die Israel zum verläßlichsten Partner Amerikas in der Region machen sollte. Dies wurde besonders während der Krise des Sommers 1958 im Libanon deutlich, in der die US-Regierung erstmals mit einer militärischen Intervention auf eine Zuspitzung einer Nahostkrise reagierte.

Die Krise im Libanon hatte bereits seit dem Ausbruch eines Bürgerkriegs im Mai geschwelt. Der christliche Präsident Camille Chamoun, der

---

[965] Brief Bernsteins an JFD, 20.6.1958. NA: State Department Decimal File, American Zionist Committee for Public Affairs, 784A.00/6-2058 CS/MDR.

seit 1952 an der Spitze einer Reformkoalition stand, hatte sich - wie die meisten seiner katholischen Landsleute - beim Kalten Krieg im Nahen Osten auf die Seite der USA gestellt, während die meisten orthodoxen Christen und Moslems mit dem Pan-Arabismus Nassers sympathisierten. Diese Polarisierung führte zu verstärktem politischen Sektierertum im Libanon, das, angefacht von Nassers Propaganda, zur Forderung der sunnitischen Moslems nach einer gemeinsamen libanesischen Haltung gegen Washington führte. Dabei wuchs bei den Moslems das Gefühl der Unzufriedenheit weiter, wegen ihrer unzureichenden politischen Einflußmöglichkeiten Bürger zweiter Klasse im eigenen Land zu sein.

Als Anfang Mai ein regierungskritischer Publizist ermordet worden war, hatte sich eine äußerst heterogene Gruppe libanesischer Politiker (Sunniten, Drusen, Schiiten, sogar einige maronitische Christen) gegen Chamouns Regierung vereinigt, die verdächtigt wurde, den Mord organisiert zu haben. Chamoun, der die Macht trotz des nahenden Endes seines Mandats nicht abzugeben bereit war, setzte auf die Unterstützung christlicher und pro-syrischer Milizen gegen die Opposition, wodurch es vor allem in den Schuf-Bergen zu teilweise erbitterten Gefechten kam. Die Armee unter General Fouad Shehab hielt sich während dieses Bürgerkriegs vorsichtig zurück und griff nur ein, wenn die Oppositionskräfte die Oberhand zu gewinnen drohten.[966] Chamoun sah einen von der VAR initiierten Putsch am Werk und und teilte Mitte Mai den Botschaftern der USA, Großbritanniens und Frankreichs mit, daß er eventuell um militärische Hilfe bitten müsse.[967]

In Washington waren die Ereignisse in diesem bisher stabilen pro-westlichen Staat mit großer Aufmerksamkeit beobachtet worden. Ohnehin herrschte in der Administration das Gefühl vor, während der Krisen in Jordanien und Syrien 1957 nicht effektiv genug den seit der Suez-Krise gestiegenen amerikanischen Einfluß ausgeübt zu haben. Außerdem hatte sich die Administration schon im Januar 1958 in ihrer NSC-Resolution 5801/1 über den enttäuschenden Widerstand gegen den Kommunismus in den arabischen Staaten

---

[966] Vgl. Tabitha Petran, The Struggle over Lebanon, New York 1987, S. 48-52.
[967] Vgl. Michael B. Bishku, The 1958 American Intervention in Lebanon. A Historical Assessment, in: American-Arab Affairs, 31/1989-1990, S. 11.

beklagt. Stattdessen versuchten die Araber, so NSC 5801/1, bei der indirekten Konfrontation zwischen Washington und Moskau im Nahen Osten das Beste für sich herauszuholen. Auch die Zurückhaltung Washingtons bei der militärischen Ausrüstung Israels werde von den Arabern nicht gewürdigt, hieß es. Im Gegenteil: *"Even though the United States has not been a major supplier of arms to Israel, the Arabs contend that it is only because of massive United States support that Israel is able to maintain a powerful military machine."*[968]

Lediglich der Anti-Kommunist Chamoun war auf derselben Wellenlänge wie Eisenhower und Dulles und hatte schon während der Jordanien-Krise vor einem kommunistischen Domino-Effekt im Nahen Osten gewarnt.[969] Die Administration fühlte sich daher unter dem Druck, jetzt "mehr" zu tun und stellte den Bürgerkrieg in einen strategischen und psychologischen Zusammenhang mit der Gesamtentwicklung der Region.[970] Amerikanische Interessen schienen durch die inneren Schwierigkeiten des Libanon bedroht zu sein. In der Region sollte der anti-westliche Trend, der sich von der jordanischen Krise bis zur Gründung der VAR gezeigt hatte, gestoppt werden.[971]

Washington hatte sich seit dem vergangenen Herbst auf eine konsequente (= militärische) Anwendung der Eisenhower-Doktrin vorbereitet. Schon im November 1957 hatten die amerikanische und die britische Regierung Pläne für Militärinterventionen im Libanon und in Jordanien entwickelt, falls möglicherweise aus Syrien, gedeckt von Moskau, ein Angriff auf einen dieser beiden pro-westlichen Staaten gestartet würde.[972] So konnte der US-Botschafter in Beirut, Robert McClintock, Chamoun nur einen Tag nach dessen Hinweis auf einen

---

[968] Vgl. "Statement by the National Security Council of Long-Range U.S. Policy Toward the Near East, NSC 5801/1", 24.1.1958. DDEL: White House Office, Office of the Special Assistant for National Security Affairs: Records, 1952-61, NSC Series, Policy Papers Subseries, Box 23, NSC 5801/1 - Policy toward the Near Est (1).
[969] Vgl. Bishku, a.a.O., S. 108.
[970] Vgl. Alan Dowty, Middle East Crisis. U.S. Decision-Making in 1958, 1970, and 1973, Berkeley/London 1984, S. 25-29.
[971] Vgl. Schulzinger, a.a.O., S. 259f.
[972] Vgl. Bishku, a.a.O., S. 111.

eventuell bevorstehenden libanesischen "Hilferuf" darüber informieren, daß die Administration bereit sei, die Unabhängigkeit des Libanons militärisch zu verteidigen.[973]

Mit dieser Garantie im Rücken beschwerte sich die libanesische Regierung im Juni 1958 zunächst bei einem Treffen der Arabischen Liga in Bengasi (Libyen) und danach vor dem UN-Sicherheitsrat in New York[974] über vermeintliche staatsfeindliche Aktivitäten (Infiltration und Schmuggel) der VAR im Libanon. Der Sicherheitsrat stimmte einem schwedischen Vorschlag zu, die Lage durch eine Beobachtergruppe UNOGIL (United Nations Observer Group in Lebanon) untersuchen zu lassen.[975] Die UNOGIL-Berichte konnten indes die Anschuldigungen der libanesischen Regierung nicht durchgehend bestätigen. Trotzdem setzte das Beiruter Kabinett alles daran, Chamoun mit einer Vollmacht auszustatten, amerikanische Hilfe anzufordern, wenn die Integrität des Landes sonst nicht zu gewährleisten war. Unterstützt wurde der Libanon darin von Jordanien und dem Irak.[976] Umgekehrt wurde die Bereitschaft Washingtons, notfalls militärisch im Libanon zu intervenieren, auch von Israel begrüßt.[977]

Die Krise hätte vielleicht vermieden werden können, wenn es nicht am 14. Juli 1958 zu einem nationalistischen Putsch im Irak durch General Abdel Karim Qassem gekommen wäre, der auch Washington völlig überraschte.[978] So aber sah

---

[973] Vgl. ebenda, S. 112.
[974] Vgl. Brief des libanesischen UN-Botschafters Karim Azkoul an den UN-Sicherheitsrat, 22.5.1958. Documents on American Foreign Relations 1958. Published by the Council on Foreign Relations (ed. by Paul E. Zinner), New York 1959, S. 298.
[975] Vgl. Resolution des UN-Sicherheitsrats (UNOGIL), 11.6.1958. Ebenda, S. 298f.
[976] Vgl. Bishku, a.a.O., S. 112f.; vgl. Dowty, a.a.O., S. 43-46.
[977] Vgl. Gesprächsmemorandum JFD, Eban u.a., 30.6.1958. FRUS 1958-1960, Vol. XIII, S. 60-64.
[978] Die Administration hatte in der Vergangenheit stets bereitwillig die führende Einflußrolle Londons im Irak akzeptiert. Trotz des britischen Niedergangs im Nahen Osten nach der Suez-Krise und der stärker werdenden nationalistischen Kräfte im Irak hatte Washingtons Politik "Going with the British" gelautet. Noch im Mai 1958 hatten State Department und Pentagon mit britischer Zustimmung ein Programm entwickelt, die irakische Luftwaffe komplett mit US-Maschinen auszurüsten. Die ersten Flugzeuge und eine amerikanische Ausbildungs-Crew

die Administration die Gefahr eines Umsturzversuchs im Libanon und entschloß sich zum Handeln - angespornt von Chamoun, der sein Land bereits als ägyptischen Satelliten sah, falls ihm der Westen nicht militärisch beistehe.[979] Und nur einen Tag nach dem Putsch in Bagdad, bei dem die pro-westliche königliche Familie und Premierminister Nuri Said ermordet wurden, landeten unter dem Oberbefehl von Admiral James L. Halloway mehr als 14.000 US-Marines am Strand in Beirut. Gleichzeitig schickte London Truppen nach Jordanien. Israel gewährte den britischen und amerikanischen Maschinen Überflugrechte.[980] Präsident Eisenhower war bestürzt über den Fall des Irak, auf dessen Rolle eines stabilen Bollwerks gegen den Kommunismus Washington gezählt hatte. Gegenüber Vizepräsident Nixon machte Eisenhower Nasser für die jüngste Entwicklung verantwortlich und sah die Politik Washingtons an einem Scheideweg angekommen:

"Since 1945 we have been trying to maintain the opportunity to reach vitally needed petroleum supplies peaceably, without hindrance on the part of any one. The present incident comes about by the struggle of Nasser to get control of these supplies - to get the income and the power to destroy the Western world. Somewhere along the line we have got to face up to the issue. It is too bad."[981]

Die Krise im Libanon konnte insgesamt nach wenigen Wochen beigelegt werden. Der stellvertretende Unterstaatssekretär Robert Murphy, langjähriger "Troubleshooter" Eisenhowers (Schulzinger),[982] hatte die US-Marines

---

trafen am Tag des Umsturzes kurz nach dem Putsch in Bagdad ein. Die Maschinen wurden von der neuen Regierung konfisziert, die amerikanischen Ausbilder durften den Irak wieder verlassen. Vgl. Frederick W. Axelgard, US Support for the British Position in Pre-Revolutionary Iraq, in: Robert A. Fernea/William Roger Louis (Eds.), The Iraqi Revolution of 1958. The Old Social Classes Revisited, London/New York 1991, S. 89f.
[979] Vgl. Dowty, a.a.O., S. 51f.
[980] Vgl. Schulzinger, a.a.O., S. 260f.; vgl. Lenczowski, a.a.O., S. 62.
[981] Gespräch zwischen DDE und Nixon, Staff Notes July 15, 1958. DDEL: Ann Whitman File, International Series, Box 36, Mid East July 1958 (8).
[982] Vgl. Schulzinger, a.a.O., S. 262.

nach Beirut begleitet und handelte rasch einen Waffenstillstand zwischen den Rebellen und Chamoun aus. Auf Murphys Druck hin verzichtete Chamoun auf seinen Anspruch, weiter im Amt zu bleiben, so daß am 31. Juli das libanesische Parlament Armeechef General Fouad Shehab als Kompromißkandidaten zum Präsidenten bestimmen konnte. Am 21. August verabschiedete die UN-Generalversammlung in New York eine von den arabischen Staaten eingebrachte Resolution, in der sie versprachen, sich nicht in die internen Angelegenheiten ihrer arabischen Bruderstaaten einzumischen. Kurz darauf kündigten Washington und London den Abzug ihrer Interventionstruppen an, der schließlich bis November 1958 vollzogen war.[983]

Die Reaktionen von Washingtons Partnern über die militärische Intervention im Libanon zeigte die Erleichterung über die Entschlossenheit Eisenhowers, ein mit Amerika befreundetes Land zu schützen. In einer gemeinsamen Erklärung stellten sich die übrigen Northern Tier-Staaten Türkei, Pakistan und der Iran eindeutig hinter die amerikanische Entscheidung.[984] Unterstützung kam auch aus London und Paris.[985] Moskau hielt sich während der Krise zurück, was die Administration als Sieg ihrer Entschlossenheit wertete. Auch Nasser schien zumindest verunsichert und beschränkte die Unterstützung der pro-nasseristischen Kräfte auf ein Minimum.[986]

Auf der innenpolitischen Bühne der USA äußerten sich vor allem die Freunde Israels, die sich zum Teil, wie der Industrielle Cornelius Vanderbilt jr.,

---

[983] Vgl. ebenda; vgl. Petran, a.a.O., S. 52.
[984] Vgl. Gemeinsame Erklärung der türkischen und pakistanischen Präsidenten sowie des Shahs des Iran, 16.7.1958. DDEL: Ann Whitman File, International Series, Box 44, Turkey (2). Bis 1959 übernahm Washington im Rahmen der Eisenhower-Doktrin eine aktive Rolle im Bagdad-Pakt, obwohl es ihm nominell nicht angehörte. Die Administration unterstützte die Regierungen des Iran, Pakistans und der Türkei mit verstärkten Wirtschafts- und Militärlieferungen, um diese Staaten faktisch vor kommunistischem Zugriff zu schützen. Diese Entwicklung führte schließlich am 5.3.1959 zum Abschluß identischer Abkommen zwischen Washington und seinen drei Verbündeten. Vgl. Harry N. Howard, The Regional Pacts and the Eisenhower Doctrine, in: The Annals of the American Academy, Vol. 401, May 1972, S. 92f.
[985] Vgl. Bishku, a.a.O., S. 115.
[986] Vgl. Schulzinger, S. 262.

persönlich an Eisenhower wandten und in der US-Intervention auch eine indirekte Stärkung Israels sahen.[987] Die israelische Regierung, so berichtete US-Botschafter Lawson aus Tel Aviv, lobte die Intervention und forderte darüber hinaus Washington und London auf, für einige Zeit im Libanon und in Jordanien zu bleiben. Auch sollten klare öffentliche Sicherheitsgarantien für die pro-westlichen Nahoststaaten, einschließlich Israels, gegeben werden.[988]

Im persönlichen Gespräch mit Dulles beglückwünschte Botschafter Eban die Administration zur Intervention im Libanon und bezeichnete es dabei als Beweis, daß *"the U.S. was faithful to its commitments."* Dulles stimmte der Lagebeurteilung Ebans zu, nach der Nasser der Hauptverantwortliche für die neue Situation sei. Dann machte er eine wichtige Bemerkung, mit der er Israel eindeutige Sicherheitsgarantien gab: *"Our action with respect to Lebanon should give Israel confidence that we would respond in similar circumstances to an Israel appeal."* Dulles ging sogar noch weiter und ermunterte Eban zu einem Memorandum, in dem die israelische Regierung ihre militärischen Wünsche an Washington auflisten sollte. *"We would look at it with an open mind and the past would not necessarily decide the future."*[989] Ein paar Tage später wiederholte Dulles die Zusicherungen an Israel, die allerdings nicht öffentlich ausgesprochen werden könnten.[990]

Diese Zusicherungen Dulles' an Israel waren keineswegs Ausdruck einer spontanen Sympathiebezeugung gegenüber dem israelischen Botschafter. Auch vor dem Präsidenten und im Kreise von dessen engsten Beratern formulierte Dulles eine strategische Linie, die bisher von ihm noch nie zu hören gewesen

---

[987] Vgl. Brief Vanderbilts an DDE, 16.7.1958. DDEL: DDE Records, White House Central Files, Official File, Box 876, 193 (2). Vanderbilt, ein überzeugter Israel-Anhänger, war zudem Autor eines 90minütigen Werbefilms "Israel Today", der die Errungenschaften Israels seit seiner Gründung herausstellte. Der Film ging in der zweiten Jahreshälfte 1958 auf Tournee durch die USA und Kanada und wurde vom National Lecture Bureau, Inc. präsentiert und vertrieben.
[988] Vgl. Telegramm Lawsons an JFD über die Reaktion der israelischen Regierung, 20.7.1958. FRUS 1958-1960, Vol. XIII, S. 66f.
[989] Gesprächsmemorandum JFD, Eban u.a., 21.7.1958. Ebenda, S.67-72.
[990] Vgl. Gesprächsmemorandum JFD, Eban, Rountree, Shiloah [in der israelischen Botschafterresidenz in London], 27.7.1958. Ebenda, S. 74-77.

waren. Bei einem Treffen mit Eisenhower, CIA-Chef Allen Dulles, dem stellvertretenden Verteidigungsminister Quarles, dem JCS-Vorsitzenden General Twining sowie Rountree und General Goodpaster meinte der Außenminister:

"[W]e must regard Arab nationalism as a flood which is running strongly. We cannot successfully oppose it, but we can put up sand bags around positions we must protect - the first group being Israel and Lebanon and the second being the oil positions around the Persian Gulf. (...) Israel is a hostage held against us."[991]

Aus diesen Worten sprachen sicherlich keine Begeisterung oder freundliche Gefühle für Israel, wohl aber die nüchterne Einsicht, daß nach Lage der Dinge Washington nicht anders konnte, als im Sinne einer Wagenburgmentalität "Sandsäcke" um Israel zu bauen, um die westlichen Interessen zu wahren und nicht wegen Israel erpressbar zu werden. Gleiches galt für die konservativen arabischen Ölstaaten. Den übrigen vom arabischen Nationalismus beeinflußten Nahen Osten hatte die Administration offenbar als mehr oder weniger von den Sowjets kontrolliert aufgegeben. Nicht nur für das amerikanisch-israelische Verhältnis, sondern für die US-Strategie insgesamt war damit endgültig eine Wende vollzogen worden. Erstmals hatte die Administration ein Handlungsszenario formuliert, bei dem Israel ausdrücklich als Teil amerikanischer Interessen perzipiert wurde, die es im Krisenfall auch militärisch zu verteidigen galt. Mithin war die Situation entstanden, auf die die israelische Regierung und die amerikanische Israel-Lobby jahrelang hingearbeitet hatten.

Die israelische Regierung reagierte auf die jüngsten Entwicklungen im Nahen Osten und die Offerten Dulles' mit einem vertraulichen Brief Ben Gurions an Präsident Eisenhower. Ben Gurion warnte vor einer Ausbreitung des Kommunismus im Nahen Osten und vor einer Bedrohung Israels und der Türkei.

---

[991] Gesprächsmemorandum DDE, JFD, Quarles, Allen Dulles, Twining, Rountree, Goodpaster, Reinhardt, 23.7.1958. DDEL: Ann Whitman File, DDE Diaries Series, Box 35, Staff Memos July 1958 (1).

Ben Gurion kündigte an, mit dem Iran, dem Sudan, Äthiopien und der Türkei über geheime Kanäle enge Beziehungen zu knüpfen, um eine informelle Gruppe von anti-nasseristischen Staaten zu bilden. Israel werde alles tun, um vor allem den nahöstlichen "Frontstaaten" Iran, Sudan und Äthiopien im Kampf gegen die innere und äußere Subversion zu helfen. Dazu jedoch *"it is urgently essential to give Israel complete security as to the integrity of her borders, her sovereignty and her capacity of self-defense."* Ben Gurion forderte nun von Eisenhower direkt die politische, finanzielle und moralische Unterstützung, die Dulles zuvor angedeutet hatte.[992]

Bereits einen Tag später antwortete Eisenhower per Telegramm und zeigte sich *"deeply impressed"* von Ben Gurions Analyse der Nahostsituation. Das amerikanische Handeln im Libanon sei die konsequente Anwendung der Eisenhower-Doktrin, in deren Genuß im Notfall jeder Staat des Nahen Ostens kommen könne, führte der Präsident aus. Eisenhower weiter: *"Since the Middle East comprehends Israel, you can be confident of United States interest in the integrity and independence of Israel."*[993] Und Außenminister Dulles sekundierte, indem er in einem weiteren Brief an Ben Gurion das Ziel amerikanischer Nahostpolitik als *"to strengthen the bulwarks of international order and justice against the forces of lawlessness and destruction"* beschrieb. Er sei froh, daß Israel dieses Ziel und die amerikanische Einschätzung der kommunistischen Gefahr teile. Besonders dankbar sei er für die israelische Bereitschaft, den amerikanischen und britischen Flugzeugen Überflugrechte nach Jordanien zu gewähren.[994]

Doch genau wegen dieser Überflugrechte kam es Anfang August zu einer heftigen Verstimmung Washingtons, die die israelische Regierung ernsthaft irritierte. Denn nur einen Tag nach Dulles' Brief, der die Israelis auf die neue Interessensgemeinschaft einstimmen sollte, wurde in Washington bekannt, daß Moskau eine scharfe Protestnote an Tel Aviv wegen der Überflugrechte gesandt

---

[992] Brief Ben Gurions an DDE, 24.7.1958. DDEL: Ann Whitman File, International Series, Box 29, Israel (1).
[993] Telegramm DDEs an Ben Gurion, 25.7.1958. DDEL: Ann Whitman File, International Series, Box 29, Israel (2).
[994] Brief JFDs an Ben Gurion, 1.8.1958. FRUS 1958-1960, Vol. XIII, S. 77ff.

und ernsthafte Konsequenzen für den Fall angedroht hatte, daß sich Israel weiterhin zum Mittäter der "aggressiven Akte" von Washington und London mache. Zwar waren sich Botschafter Eban und das State Department in der Bewertung einig, daß es sich nur um einen sowjetischen Einschüchterungsversuch handele,[995] doch wurde die israelische Regierung noch am Abend desselben Tages derart unruhig, daß Ben Gurion dem amerikanischen und britischen Botschafter äußerst hektisch den Stop der Überflüge mitteilte. Selbst die für die folgende Nacht angesetzten Flüge müßten abgesagt werden.[996]

Dulles bestellte daraufhin Eban ins State Department ein und ließ seiner Verärgerung freien Lauf. Ob Israel nun bei jeder sowjetischen Einschüchterung klein beigebe, fragte Dulles sarkastisch. Dulles wiederholte, daß Washington klar gesagt habe, es werde Israel zu Hilfe kommen, falls es von einer kommunistischen Macht angegriffen werden sollte. *"For future guidance we wanted to know whether Israel felt so menaced by the USSR that it would do whatever the Soviet Union requested."* Eban zeigte sich zerknirscht über die offenbar auch seiner Meinung nach wenig souveräne Haltung seiner Regierung.[997] Bemerkenswert war, daß Israel bei seiner ersten Bewährungsprobe der Partnerschaft mit seiner seit langem gewünschten Schutzmacht nervös wurde. Die Beugung vor der sowjetischen Drohung muß als erste instinktive Schutzreaktion gewertet werden. Daß die Israelis auf amerikanischen Druck die Überflüge zwei Tage später wieder gestatteten, entsprang einer Abwägung der Prioritäten: Die Einschüchterung Moskaus war letztlich weniger glaubwürdig als die amerikanische Erwartung eines

---

[995] Vgl. Telegramm JFDs an Botschafter Lawson in Tel Aviv, 2.8.1958. Ebenda, S. 79f.
[996] Vgl. Telegramm Lawsons an JFD, 2.8.1958. Ebenda, S. 80ff. Lawsons Eindruck war es, daß die sowjetische Protestnote die israelische Regierung so eingeschüchtert hatte, daß sie nun diesen dramatischen Schritt unternahm. Offenbar hatte Ben Gurion, so Lawson, erhebliche Probleme im Kabinett, das eine Bedrohung Israels durch die Sowjetunion befürchtete.
[997] Gesprächsmemorandum JFD, Eban u.a., 3.8.1958. Ebenda, S. 82f.

verläßlichen Partners. Genau letzteres jedoch wollte die israelische Regierung sein.[998]

In den gut anderthalb Jahren, die seit der Suez-Krise verstrichen waren, hatte Israel eine passive, aber wichtige Rolle in der nahöstlichen Krisenentwicklung gespielt. Für die Eisenhower-Administration bedeutete dies während des Hangelns von Konfrontation zu Konfrontation mit dem ägyptisch-sowjetischen Block in der arabischen Welt die allmählich reifende Erkenntnis, daß Israel ein verläßlicher und nützlicher Partner für die amerikanische Politik im Nahen Osten sein könnte. Dieses neu entdeckte Interesse an Israel war der Beginn einer starken Entente zwischen beiden Ländern, die spätere Administrationen ausbauen und festigen sollten.[999] Die amerikanische Libanon-Intervention hatte deutlich gemacht, daß Washington langfristig nur einen Staat zu seinem "strategical asset" ausbauen konnte: Israel.[1000]

---

[998] Vgl. Gesprächsmemorandum Herter, Eban, Peres [mit Brief Ben Gurions ans JFD], 5.8.1958. Ebenda, S. 83-87. Eban erläuterte: "To the Government of Israel, the most urgent aspect of the problem arising from the airlift was the elimination of U.S. doubts about Israel's steadfastness."
[999] Vgl. Safran, Israel, a.a.O., S., 360.
[1000] Vgl. Little, The Making of a Special Relationship, a.a.O., S. 566.

7. Die letzte Etappe der Ära Eisenhower: die Israel-Lobby von der amerikanisch-israelischen Annäherung 1958 bis zur Amtsübergabe an John F. Kennedy 1960/61

Nach dem Ende der US-Intervention im Libanon schien sich das amerikanisch-israelische Verhältnis so unproblematisch wie nie zuvor während der Präsidentschaft Eisenhowers zu entwickeln. Das folgende Kapitel soll aufzeigen, wie auf der innenpolitischen Ebene der USA eine positive Perzeption - und damit einhergehend eine politische Unterstützung - Israels in den verbleibenden zweieinhalb Jahren der Amtszeit Eisenhowers immer unumstrittener wurde. Dabei wird erkennbar, daß vor dem Hintergrund einer deutlich entspannteren Arbeitsatmosphäre als in den Jahren 1956/57 Schritt für Schritt die Zusammenarbeit auf diplomatischem, wirtschaftlichem und militärischem Gebiet enger wurde.

Begünstigt wurde die sich entwickelnde engere Zusammenarbeit zwischen Washington und Jerusalem noch durch die Krankheit und den Tod John Foster Dulles', dessen Nachfolger Christian Herter ab April 1959 eine weniger restriktive Grundeinstellung gegenüber Israel hatte.[1001] Ganz offensichtlich war Dulles' Strategie einer Einbindung der arabischen Staaten in ein westliches Containment-Konzept gegen die Sowjetunion wegen des ungelösten arabisch-israelischen Konflikts und der Umbrüche in der arabischen Welt gescheitert. Dies reduzierte den Einfluß der "Arabisten" im State Department und erleichterte folgenden Administrationen die deutliche Hinwendung zu einer de facto existierenden amerikanisch-israelischen Allianz. Trotz der Irritationen um den israelischen Kernreaktor-Komplex in Dimona 1960/61, die im wesentlichen in die Amtszeit Kennedys fielen, sollte die amerikanische Unterstützung Israels in der kommenden Dekade nicht ernsthaft zur Diskussion stehen.

Die amerikanische Israel-Lobby, die sich während der Eisenhower-Jahre in ihrer Formationsphase befand und durch die Haltung der Administration

---

[1001] Vgl. Spiegel, a.a.O., S. 90f.

eigene, ganz entscheidende Verhaltensstrategien entwickelte, konnte zufrieden auf den relativen Meinungsumschwung der Eisenhower-Administration in deren letzten beiden Amtsjahren blicken. Erhebliche innenpolitische Auseinandersetzungen waren seit 1953 nötig gewesen, um Exekutive und Legislative auf einen Israel-freundlicheren Kurs zu bringen. Seit der Anerkennung Israels durch die Truman-Administration schien dies zum Ende der Ära Eisenhower erstmals erreicht zu sein.

Nach der US-Intervention im Libanon hatte sich in der zweiten Jahreshälfte 1958 die politische Landkarte des Nahen Ostens deutlich verändert. Der Irak war nach der nationalistischen Revolution unter Führung von General Qassem dabei, aus der Front der Bagdad-Pakt-Staaten auszuscheren, was dem westlichen Sicherheitskonzept einen empfindlichen Schlag versetzte. Jordanien und der Libanon hatten sich als äußerst instabile und unterstützungsbedürftige Länder gezeigt, in denen die künftige Situation nur schwer zu berechnen sein würde. Und schließlich hatte Nasser das Gebiet seines direkten Einflusses durch die Gründung der Vereinigten Arabischen Republik (VAR), des Zusammenschlusses Ägyptens und Syriens, erheblich vergößern können. Zudem hatte sich - schon 1957 - die Anwendung der Eisenhower-Doktrin im Ernstfall als unglücklich formuliert erwiesen, was letztlich dazu führte, daß die Doktrin von nun an in der amerikanischen Politik nicht mehr diskutiert, geschweige denn angewandt wurde.

Vor diesem Hintergrund wurde in Washington im Spätsommer 1958 über neue Möglichkeiten der amerikanischen Nahostpolitik nachgedacht, deren Dreh- und Angelpunkt die künftige Stellung Israels im Rahmen dieser Politik war. Von Seiten der amerikanischen Zionisten tauchte dabei erneut die Forderung auf, die USA müßten die Sicherheit der israelischen Grenzen garantieren, da der wachsende nasseristische Einfluß in der Region Israel einer größeren Gefahr aussetze.[1002] Der New Yorker Senator Jacob Javits schlug eine Art regionalen

---

[1002] Vgl. die Redebeiträge des ZOA-Präsidenten Emmanuel Neumann und des AZC-Vorsitzenden Rabbi Irving Miller im Carnegie Endowment International Center in New York anläßlich einer ZOA-Tagung am 17.8.1958. The New York Times, 18.8.1958.

Marshall-Plan für den Nahen Osten *"from Afghanistan to Morocco"* vor, an dem auch Israel gleichberechtigt beteiligt sein sollte.[1003]

Der Nationale Sicherheitsrat bezog bei der Beurteilung einer stärkeren US-Unterstützung Israels nicht eindeutig Position. Das Protokoll der Sitzung vom 21. August 1958, das 1993 noch zu großen Teilen klassifiziert war, wog zwar Vor- und Nachteile politischen Drucks auf Israel und politischer Unterstützung des jüdischen Staates gegeneinander ab, ließ eine eindeutige politische Linie jedoch nicht erkennen. Allerdings ist es als bemerkenswert festzuhalten, daß der NSC die Wirkung politischen Drucks auf Israel stark bezweifelte, da Israel auch in diesem Fall kaum zu Konzessionen bereit sei. Zudem würde Druck auf Israel kaum eine stärkere US-Position bei den Arabern erreichen, da diese sich erst mit der endgültigen Zerstörung Israels zufrieden gäben. Der NSC sah im Grunde nur eine strategische Alternative, wenn Washington die Ausbreitung des kommunistischen Einflusses im Nahen Osten verhindern wollte: *"[I]f we choose to combat radical Arab nationalism - [classified] - a logical corrolary would be to support Israel as the only strong pro-West power left in the Near East."*[1004]

Trotz dieser Einschätzung scheute sich die Führung des State Department immer noch davor, primärer militärischer Ausrüster Israels zu werden. Diese Rolle sollte weiter von Frankreich und Großbritannien wahrgenommen werden. Allerdings zeigte sich die Administration im Gegensatz zu früheren Zeiten in dieser Frage flexibler. NEA-Staatssekretär Rountree empfahl Außenminister Dulles die amerikanische Lieferung von Panzerabwehrwaffen im Wert von einer Million Dollar an Israel, als Anerkennung dafür, daß die israelische Regierung *"has been helpful to us in such matters as the recent overflights to Jordan and in its adherence to attitudes favorable to the U.S position on recent developments in the*

[1003] Vgl. Telefonat Javits' an Herter, 8.8.1958. DDEL: Herter Papers, Series II, Box 11, CAH Telephone Calls 7/1/58 to 9/30/58 (2).
[1004] Protokoll der 377. NSC-Sitzung, 21.8.1958. DDEL: White House Office, Office of the Special Assistant of National Security Affairs: Records, 1952-61, NSC Series, Policy Papers Subseries, Box 23, NSC 5801/1 - Policy toward the Near East (1).

area and in the United Nations." Dulles stimmte dieser Empfehlung ohne Diskussion zu.[1005]

Auch die Israel-Lobby beurteilte die amerikanisch-israelischen Beziehungen jetzt positiver. Eine Denkschrift des AZCPA vom Ende August 1958 über das bilaterale Verhältnis nach der Libanon-Intervention bezeichnete die US-Politik als wichtigen Beitrag zur Sicherheit der kleineren Staaten im Nahen Osten. *"With U.S. forces on the north, with the British on the east, and with UNEF on the south, the Israelis today are secure from attack."* Für die Zeit nach dem amerikanischen Abzug aus dem Libanon jedoch müsse es das Ziel sein, Israel zum *"remaining symbol of Western influence in the region"* auszubauen. Israel müsse daher weiter finanzielle, aber auch vor allem militärische Unterstützung aus den USA erhalten. Die Gefahr, die von Nasser (*"interested in military adventure, intrigue and the attainment of power ... ruthless, demagogic and irresponsible"*) und der Propagandakampagne des Kreml ausgehe, sei nach wie vor sehr groß.[1006]

Noch am gleichen Tag verfaßte AZCPA-Exekutivdirektor Kenen ein Memorandum an das Exekutivkomitee, in dem er die innenpolitischen Maßnahmen des AZCPA vor den Kongreßwahlen Anfang November 1958 erläuterte, mit denen das oben erwähnte Ziel anzustreben sei. Geplant seien 30 regionale Informationstreffen zwischen dem 7. September und dem 27. Oktober, bei denen Kenen alle Kongreßkandidaten mit Diskussionen über die Entwicklung im Nahen Osten zu erreichen hoffte. Öffentliche Veranstaltungen mit spektakulären Erklärungen seien dabei nicht erbeten, stattdessen wolle man lediglich Informationen vermitteln. *"Our meetings should be small and unpublicized."* Am Ende müsse im neuen Kongreß die Meinung vorherrschen, *"that there are no major differences between the two countries, that Israel is a dependable ally of*

[1005] Memorandum Rountrees an JFD, 22.8.1958. FRUS 1958-1960, Vol. XIII, S. 88-91.
[1006] "How the Current U.S. Intervention Affects American-Israel Relations", 26.8.1958. UR: Bernstein/AIPAC Papers, Box 1, Chronological Files 1954-1961, 1.77.

the United States, and that it is in the best interests of the U.S. to strengthen Israel's economy and defense." Darauf müsse der AZCPA hinarbeiten.[1007]

Es war evident, daß auch die israelische Diplomatie versuchte, die Administration von einer militärischen Stärkung Israels zu überzeugen. Angesichts der nahezu gleichen Einschätzung der Lage im Nahen Osten (Nasser, Irak) fand die israelische Regierung im Herbst 1958 dafür zumindest ein größeres Verständnis in Washington als zu früheren Zeiten. Dulles versprach gegenüber Eban, die amerikanische Zustimmung zu einer französischen Lieferung von Panzern unter NATO-Aufsicht zu prüfen.[1008] Bei einem Besuch der israelischen Außenministerin Golda Meir Anfang Oktober bei John Foster Dulles wurde die gemeinsame Grundhaltung und das enger gewordene Arbeitsverhältnis ausdrücklich gelobt. Dulles wiederholte sogar die amerikanische Garantie, daß Israel, sollte es Opfer einer unprovozierten Aggression werden, mit einer US-Intervention wie im Libanon würde rechnen können. Als Golda Meir die Lieferung amerikanischer Panzer - zusätzlich zu denen aus Frankreich - an Israel ansprach, zeigte sich Dulles zwar durchaus gesprächsbereit, doch müsse er zunächst die finanziellen Möglichkeiten nach erwarteten Kürzungen durch den Kongreß abwarten.[1009]

Nach Beratungen im State Department empfahl NEA-Staatssekretär Rountree in einem Memorandum an Dulles die Lizensierung von 20 amerikanischen S-58 Sikorsky-Kampfhubschraubern, die Israel für 5,1 Millionen Dollar kaufen solle. In der Panzer-Frage äußerte Rountree keine Bedenken gegen die Lieferung französischer Patton-Panzer und britischer Centurion-Panzer an Israel. Washington könne dazu allerdings derzeit keine Finanzhilfe geben.[1010] Wie aus Dulles' etwas kryptischer Antwort an Rountree hervorging, teilte er dessen

---

[1007] Memorandum Kenens an das AZCPA-Exekutivkomittee, 26.8.1958. UR: Bernstein/AIPAC Papers, Box 3, Memoranda from I.L. Kenen to the Executive Committee, 3.33.
[1008] Vgl. Gesprächsmemorandum JFD, Eban u.a., 10.9.1958. FRUS 1958-1960, Vol. XIII, S. 91-95.
[1009] Vgl. Gesprächsmemorandum JFD, Meir, Eban, Rountree u.a., 2.10.1958. Ebenda, S. 95ff.
[1010] Vgl. Memorandum Rountrees an JFD, 9.10.1958. Ebenda, S. 98f.

Meinung in allen wesentlichen Punkten.[1011] Die Israelis versuchten daraufhin gegenüber Rountree und Herters Stellvertreter Murphy, doch noch amerikanische Finanzmittel zum Kauf der Panzer lockerzumachen, stießen dabei jedoch auf negative Antworten.[1012] Es blieb dabei, daß Washington trotz der Flexibilisierung seiner Lizensierungspolitik gegenüber Israel kein primärer Militärausrüster Israels werden wollte, solange dies von den Westeuropäern übernommen wurde.[1013]

Gleichwohl war in der zweiten Jahreshälfte 1958, nach der Libanon-Intervention, insgesamt festzustellen, daß Washington die militärischen Bedürfnisse Israels ernst nahm und Israel mehr und mehr als einen Juniorpartner akzeptierte, den die Administration im Ernstfall auch zu verteidigen gedachte, Ausdruck einer neuen, positiven Atmosphäre zwischen beiden Ländern. Bei dieser neuen Rolle Israels für die USA wurde in Washington Anfang 1959 sehr wohl registriert, daß Israel auf einem strategischen Feld eine nützliche Rolle für den Westen zu spielen begann, die die USA in dieser Offenheit nicht spielen konnten. Es ging dabei um die Aktivität von Ingenieuren, Technikern und "Militärberatern" in Ländern der Dritten Welt.

Israel war in diesem Sinne schon seit einiger Zeit in afro-asiatischen Staaten wie Burma, Algerien, Ghana und Äthiopien aktiv, um "Stützpunkte" oder "Horchposten" in der Nähe von pro-nasseristischen, kommunistischen oder blockfreien Regimes zu haben. Ziel war es, in jenen Ländern eine Funktionselite auszubilden, *"who would later have great influence in different countries"*, wie ein israelischer Diplomat gegenüber Christian Herter ausführte. Herter wurde darauf aufmerksam, daß Israelis bei dieser Art der Entwicklungshilfe in bestimmten Staaten *"might be more acceptable than Americans"*, was angesichts des

---

[1011] Vgl. Telefonat JFDs an Rountree, 12.10.1958. DDEL: Dulles Papers, Telephone Calls Series, Box 9, Memoranda of Telephone Conversations - General August-October 31, 1958 (2).
[1012] Vgl. Gesprächsmemorandum Eban - Rountree, 17.10.1958. FRUS 1958-1960, Vol. XIII, S. 101ff.; vgl. Gesprächsmemorandum Meir, Murphy, 21.10.1958. Ebenda, S. 103f.
[1013] Vgl. Memorandum Rountrees an Herter, 20.10.1958. NA: State Department Central Files, C0048, Reel 17, Palestine-Israel: Foreign Affairs, 1955-1959, 611.84A.

antagonistischen Ost-West-Gegensatzes von erheblicher Bedeutung sein konnte.[1014] In einem privaten Gespräch Herters mit Eban wurden Möglichkeiten erörtert, wie und in welchem Rahmen diese Aktivität Israels in Asien und Afrika von den Westmächten finanziert werden konnte.[1015]

Die positive Atmosphäre zwischen den USA und Israel konnte auch anhand zweier Personalien verdeutlicht werden, die im Frühjahr 1959 im Blickpunkt des Interesses standen, nämlich der Ernennung eines neuen US-Botschafters in Tel Aviv und des Abschieds Abba Ebans als langjähriger Botschafter Israels in Washington und bei der UNO in New York. Neuer diplomatischer Vertreter Washingtons in Israel als Nachfolger Edward Lawsons sollte der Präsident von New York Herald Tribune Incorporated, Ogden Reid, werden, dem allgemein pro-israelische Sympathien nachgesagt wurden. Auch seine Frau, die Journalistin Helen Reid, war in der Vergangenheit häufiger als pro-israelische Lobbyistin in Erscheinung getreten. Die Reids waren das einzige US-Botschafterpaar, das in Israel hebräisch lernte.[1016] Erste dokumentarische Hinweise auf die Berufung Reids tauchten bereits Mitte Dezember 1958 auf, als Präsident Eisenhower, den eine persönliche Freundschaft mit Reid verband, die Berufung ins Auge faßte.[1017]

Anfang Januar 1959 wurde die israelische Botschaft in Washington über die geplante Ernennung Reids informiert, wobei ausdrücklich gefragt wurde, ob Reid der israelischen Regierung genehm sei. Die Israelis indes zeigten sich sehr angetan von der Entscheidung und versprachen, Reid noch in den USA jede Hilfe

---

[1014] Gesprächsmemorandum Herter - Herzog ("Possible Usefulness to the United States of Israeli Technicians"), 2.1.1959. DDEL: Herter Papers, Series I, Chronological File, Box 6, January 1959 (3).
[1015] Vgl. "Memorandum of a Private Conversation" Herter, Eban, 19.1.1959. NA: State Department Central Files, C0048, Reel 17, Palestine-Israel: Foreign Affairs, 1955-1959, 611.84A.
[1016] Vgl. F. Peter Jessup Interview. DDEL: Oral History Transcripts, OH 195.
[1017] Vgl. Memorandum Herters an Henderson, 16.12.1958. DDEL: Herter Papers, Series VI, Box 21, Official Correspondence and Memoranda 1957-61, Personnel - R-T.

und Unterstützung anzubieten.[1018] Hintergrund der Berufung Reids war offenbar die Tatsache, daß Reid wegen seiner Erfahrung als früherer Direktor der Panamakanal-Gesellschaft ursprünglich als neuer Botschafter in dem mittelamerikanischen Land vorgesehen war, da man den dortigen Botschafter ablösen wollte. Doch John Foster Dulles befand, daß Reid einen bedeutenderen Posten haben müsse.[1019] Zudem ist es bemerkenswert, daß es keinen dokumentarischen Hinweis auf eine versuchte Einflußnahme des AZCPA oder anderer jüdischer Organisationen bei der Neubesetzung dieses Botschafterpostens gab. Offenbar war die Israel-Lobby mit der Berufung Reids zufrieden, so daß man eine eigene Aktivität nicht für nötig hielt.

Präsident Eisenhower schloß sich der Meinung der Führung des State Department an und setzte sich unbeeindruckt über Vorwürfe aus der Administration hinweg, Reid strebe die Berufung nur an, um Unterstützung bei den amerikanischen Juden für seine politischen Ambitionen zu bekommen. In einem Gespräch von Anfang März 1959 mit Christian Herter meinte Eisenhower schlicht, daß er *"doesn't care about his political ambitions."*[1020] Die Israel-Lobbyisten äußerten sich erfreut über die Aussicht, bald einen der "Ihren" als US-Botschafter in Israel zu haben. Senator Jacob Javits etwa lobte die Entscheidung des Präsidenten und meinte, Ogden Reid werde *"a representative in Israel in the best American tradition and in the interest of the best in U.S.-Israel relations"* sein.[1021] Reid selbst sah es als seine wichtigste Aufgabe an, die Beziehungen zwischen den USA und Israel so eng wie möglich zu gestalten. Für ihn, einen großen Bewunderer Israels, stand es außer Frage, daß Amerika und Israel die gleichen

---

[1018] Vgl. Gesprächsmemorandum Herter - Herzog, 2.1.1959. DDEL: Herter Papers, Series I, Chronological File, Box 6, January 1959 (3).
[1019] Vgl. Herter Papers, Series I, Chronological File, Box 6, January 1959 (1).
[1020] Telefonat DDEs an Herter, 3.3.1959. DDEL: Herter Papers, Series II, Box 12, CAH Telephone Calls 1/1/59 to 4/27/59 (2).
[1021] Erklärung Javits' zur Nominierung Reids, 10.3.1959. SUNY: Jacob K. Javits Collection, Series 1, Subseries 1, Box 17, Nomination of Ogden Reid, U.S. Ambassador to Israel.

demokratischen Traditionen, humanistischen Werte und den gleichen Pioniergeist vertraten und gemeinsam verteidigten mußten.[1022]

Die zweite Personalie betraf den Abschied von Botschafter Abba Eban, der nach elf Jahren diplomatischen Dienstes in Amerika in die israelische Politik zu gehen beabsichtigte. Eban hatte sich stets als hartnäckiger Advokat seines Landes erwiesen und damit innerhalb der Eisenhower-Administration nicht nur Beifall erhalten. Zu seinem Abschied schienen diese Gedanken allerdings vergessen zu sein, denn unter der Federführung von Senator Javits und dem Kongreßabgeordneten Herbert Lehman hatten sich prominente Politiker aus beiden Parteien zu einem "National Testimonial Committee for Ambassador Abba Eban of Israel" zusammengefunden, das die Persönlichkeit und die Arbeit des Diplomaten mit einer Reihe von Gala-Abschiedsveranstaltungen würdigte.

Ebans Beitrag zum amerikanisch-israelischen Verhältnis und zur internationalen Diplomatie, sei, so schrieben Javits und Lehman beispielsweise an Ex-Präsident Harry Truman, den sie um eine Mitgliedschaft in dem Komitee baten, *"of historic proportions"*. Eban habe nicht nur seinem Land auf außergewöhnliche Weise gedient, sondern er sei auch *"an inspired spokesman for the cause of world freedom and for the those values and traditions which are common not only to Americans and to the people of Israel but to all people everywhere who cherish freedom and seek the paths of world cooperation toward peace."*[1023] Truman zeigte sich erfreut über die Aktivität des Komitees und sagte seine Mitarbeit zu.[1024] Das Komitee veröffentlichte im Frühjahr 1959 sogar eine Art Festschrift für Abba Eban. Mittlerweile hatten Javits und Lehman nahezu die gesamte politische Führungsklasse zu Ehren Ebans mobilisiert, was nicht nur ein bisher einmaliger Vorgang gewesen sein dürfte, sondern auch die gestiegene Wertschätzung Israels

---

[1022] Vgl. Ogden Reid Interview. DDEL: Oral History Transcripts, OH 61.
[1023] Brief des "National Testimonial Committee for Ambassador Abba Eban of Israel" durch Javits und Lehman an Truman, 23.1.1959. HSTL: Truman Papers, Post-presidential Files, Name File, Box 4, Israel.
[1024] Vgl. Brief Trumans an Javits und Lehman, 29.1.1959. Ebenda.

innerhalb der politischen Führungsklasse dokumentierte.[1025] Angesichts dieser Wertschätzung Ebans empfahl auch Herter dem Präsidenten einen Sonderempfang des israelischen Diplomaten, was zudem bei der jüdischen Gemeinde in den USA als *"most favorably"* bewertet werden würde.[1026]

Eban setzte sich bis zum Ende seiner Amtszeit in den USA dafür ein, daß die Administration Israel finanziell spürbar unter die Arme griff, da die israelische Regierung infolge des arabischen Boykotts und der hohen Sicherheitsaufwendungen im April 1959 mit einem Handelsdefizit von 340 Millionen Dollar zu kämpfen hatte.[1027] Unterstützt wurde Eban darin von den pro-israelischen Senatoren Javits, Keating, Kuchel und Scott, die sich bei einem Treffen mit Außenminister Herter am 22. April, der am gleichen Tag Nachfolger des schwerkranken John Foster Dulles geworden war, gegen geplante Streichungen von Mitteln für Israel aus dem Mutual Security Program (MSP) aussprachen. Herter stellte jedoch klar, daß es für die Kürzungen keine politischen Gründe gebe, sondern sie unter dem Druck des Bureau of the Budget zustande gekommen seien, das eine Reduzierung des MSP gefordert habe. Herter gab damit zu verstehen, daß nur haushaltspolitische Sachzwänge einer stärkeren Unterstützung Israels entgegenstünden, nicht jedoch eine Änderung der US-Haltung gegenüber Israel.[1028]

Diese positive Haltung fand nämlich auch in Gesprächen mit Vertretern der Israel-Lobby ihren Ausdruck. Wie NEA-Staatssekretär Rountree im Mai 1959

[1025] Vgl. The National Testimonial Committee for Ambassador Abba Eban (Ed.), A Mission: 1948-1959. Ambassador Abba Eban of Israel, Washington DC 1959. Zu den Mitgliedern des Komitees gehörten Herbert Hoover, Harry Truman, Richard Nixon, Herbert Brownell, Sam Rayburn, Eleanor Roosevelt, Felix Frankfurter, Hubert Humphrey, John F. Kennedy, William Knowland, James Mitchell, Styles Bridges, Leverett Saltonstall, Estes Kefauver, Stuart Symington, John Sherman Cooper, Kenneth Keating, John McCormack, George McGovern, Chester Bowles, Ogden Reid, Averell Harriman, Adlai Stevenson, John McCloy, Theodore McKeldin u.v.a.
[1026] Memorandum Herters an DDE, 11.5.1959. DDEL: DDE Records, White House Central Files, Official File, Box 876, 193 (2).
[1027] Vgl. Gesprächsmemorandum Eban - Douglas Dillon (stellv. Außenminister für Wirtschaftsfragen), 22.4.1959. FRUS 1958-1960, Vol. XIII, S. 163ff.
[1028] Vgl. Gesprächsmemorandum Herter, Rountree, Javits, Keating, Kuchel, Scott, 22.4.1959. Ebenda, S. 168f.

gegenüber Rabbi Bernstein und I.L. Kenen vom AZCPA erläuterte, hatten der wachsende Gegensatz innerhalb der arabischen Welt zwischen Nasser und der irakischen Führung um General Qassem sowie die Entspannung der amerikanischen Beziehungen zur VAR mit dazu beigetragen, die Lage für Israel zu stabilisieren. Gleichwohl schätzte Rountree die Chancen für eine arabisch-israelische Verständigung nach wie vor negativ ein.[1029]

Auch die Würdigung und die Grüße, die Präsident Eisenhower einer B'nai B'rith-Konferenz in Jerusalem entbot, waren nach der bisherigen Praxis ungewöhnlich und spiegelten ebenfalls eine Entspannung zwischen der Administration und der jüdischen Gemeinde Amerikas wider. Die früheren innenpolitischen Kämpfe zwischen beiden Seiten schienen damit der Vergangenheit anzugehören.[1030] Auf Seiten der Israel-Lobby hatte der AZCPA das Seine zu einer gesellschaftlichen Öffnung beigetragen. Die Namensänderung, mit der I.L. Kenen seit 1957 eine geistige Nähe zum Zionismus zumindest äußerlich aufgeben und größere Unterstützung bei Nicht-Zionisten und Christen erzielen wollte, wurde im Sommer 1959 endgültig vollzogen. Ende Juni schlug Kenen den Mitgliedern des National Committee des AZCPA vor, die Organisation in "American Public Affairs Committee for Israel" umzubenennen.[1031]

Die Reaktion war für Kenen äußerst ermutigend. In den folgenden Tage gingen so viele zustimmende, teils euphorische Antworten der Mitglieder ein,[1032] daß Kenen eine Woche später den immer noch zögernden AZCPA-Präsidenten Rabbi Bernstein unter Druck setzen konnte. Noch einmal führte ihm Kenen vor Augen, wie wichtig seiner Meinung nach eine Namensänderung für die Arbeit in Washington sei. Dabei deutete Kenen zugleich an, daß er seine weitere

---

[1029] Vgl. Gesprächsmemorandum Rountree, Bernstein, Kenen, 13.5.1959. NA: State Department Decimal File, American Zionist Committee for Public Affairs, 684A.86/5-1359.
[1030] Vgl. Telegramm DDEs an Philip Klutznick (B'nai B'rith), 21.5.1959. DDEL: Ann Whitman File, International Series, Box 29, Israel (1).
[1031] Vgl. Brief Kenens an die Mitglieder des National Committee des AZCPA, 23.6.1959. UR: Bernstein/AIPAC Papers, Box 1, Chronological Files, 1954-1961, Change of name from AZCPA to AIPAC, 1957-1959.
[1032] Vgl. verschiedene Brief an Kenen. Ebenda.

berufliche Tätigkeit für die Organisation von dieser Namensänderung abhängig machte.[1033] Im Laufe des Sommers wurde schließlich das AZCPA in "American-Israel Public Affairs Committee" (AIPAC) umbenannt. Wann genau die Umbenennung stattfand, ist nicht zu ermitteln. Korrespondenzen mit dem AIPAC-Briefkopf wurden jedoch spätestens ab September 1959 benutzt.[1034]

Die internen Auseinandersetzungen mit der ZOA, die die Namensänderung vehement bekämpft hatte, ließen jedoch bis zum Ende von Eisenhowers Amtszeit nicht nach. Kenen beklagte sich Ende Mai 1960 bei Bernstein über die ZOA, die das AIPAC offiziell boykottiere, ihren Mitgliedern das AIPAC-Fund-raising und die Teilnahme an AIPAC-Veranstaltungen untersage - woran sich jedoch viele ZOA-Funktionäre nicht hielten. Das AIPAC stehe nun vor der *"intolerable situation"*, in seinen Führungsgremien nur Zionisten sitzen zu haben, gleichzeitig aber nicht für das gesamte zionistische Spektrum sprechen zu können, was das Auftreten und die Schlagkraft des AIPAC in Washington erheblich beeinträchtige. Kenen regte dringend die Ausdehnung des AIPAC auf nicht-zionistische Organisationen, möglicherweise sogar christliche, an. Auch müsse die Arbeit des AIPAC regional auf eine erheblich breitere Basis gestellt werden und sich bei der Auswahl seiner Funktionäre nicht nur auf New Yorker Juden konzentrieren. Zudem herrsche in der Öffentlichkeit bisweilen Konfusion über die unterschiedlichen Gruppen wie die American Israel Society oder das American Christian Palestine Committee, wodurch dem AIPAC bei Spendenaktionen unnötige Verluste entstünden.[1035]

Trotz der allgemein verbesserten amerikanisch-israelischen Beziehungen kommt man nicht umhin festzustellen, daß diese Beziehungen nicht Teil einer schlüssig formulierten amerikanischen Nahostpolitik waren. Zu einer solchen Politik fehlte der Eisenhower-Administration in der zweiten Jahreshälfte

---

[1033] Vgl. Brief Kenens an Bernstein, 30.6.1959. Ebenda.
[1034] Zur weiteren Entwicklung der Bedeutung und der Stärke vom AIPAC bis in die Zeit der Bush-Administration vgl. David Howard Goldberg, American and Canadian Jews Lobby for Israel, New York 1990, S. 15- 27.
[1035] Brief Kenens an Bernstein, 24.5.1960. UR: Bernstein/AIPAC Papers, Box 4, General Correspondence, 4.32.

1959 die konzeptionelle und intellektuelle Substanz. Der Grund lag wohl auch in der schwierigen Personalsituation im außen- und verteidigungspolitischen Bereich, in der sich die Administration im vorletzten Jahr ihrer zweiten und letzten Amtszeit befand. Ganz offensichtlich waren dies die Anzeichen einer "lame duck"-Administration, die Verschleißerscheinungen zeigte und ohnehin nicht mehr wiedergewählt werden konnte. Nach der Übernahme des State Department durch Christian Herter und dem Tode John Foster Dulles' hatte sich die Koordination mit dem Weißen Haus verschlechtert. Eisenhower klagte im Sommer gegenüber General Goodpaster über mangelnde Kommunikation zwischen der Leitung der Diplomatie und dem Präsidenten - zugleich oberster Diplomat - sowie über die Tatsache, daß das State Department Denkschriften präsentierte, die unpräzise seien und zu viele Meinungen wiedergäben.[1036]

Auch im Pentagon schien personalpolitisch das Ende der Ära Eisenhower heraufzudämmern. Verteidigungsminister Neil McElroy, der im Oktober 1957 Charles Wilson gefolgt war, hatte sich damals eine nur zweijährige Amtszeit ausbedungen, da er danach wieder in seine alte Position als Präsident des Procter & Gamble-Konzerns (Cincinnati, Ohio) zurückkehren wollte.[1037] Die McElroy-Nachfolge gestaltete sich deshalb als schwierig, weil der natürliche Nachfolge-Kandidat, der stellvertretende Verteidigungsminister Donald Quarles, im Mai 1959 überraschend gestorben war. Sein Nachfolger als stellvertretender Verteidigungsminister war im Juni der bisherige Marineminister Thomas S. Gates jr. geworden, der im Dezember auch die Nachfolge McElroys als Chef des Pentagon antrat. Neuer stellvertretender Verteidigungsminister wurde für die letzten 13 Monate von Eisenhowers Amtszeit der bisherige Luftwaffenminister James H. Douglas jr.[1038]

Angesichts dieser unkontinuierlichen Personalentwicklung in den außenpolitischen Schlüsselministerien, die alle Anzeichen eines reinen

---

[1036] Vgl. Tagebuchnotiz Ann Whitmans, 23.7.1959. DDEL: Ann Whitman File, Ann Whitman Diary Series, Box 10, July 1959 (1).
[1037] Vgl. Eisenhower, Waging Peace, a.a.O., S. 244.
[1038] Vgl. Eisenhower, Mandate for Change, a.a.O., S. 581f.

Verwaltungsmanagements trug und wenig Raum für strategische Planungen ließ, wurde vieles, auch im Bereich des Verhältnisses zu Israel, eher aufgrund tagespolitischer Zufälligkeiten entschieden. Zwar bestand innerhalb der Administration kein Zweifel über eine grundsätzliche amerikanisch-israelische Partnerschaft, doch bewiesen bisweilen Meinungsverschiedenheiten, daß es in dieser Partnerschaft keine Selbstverständlichkeiten gab.

So ärgerte es die Israelis, daß Washington nach wie vor nicht bereit war, schweres militärisches Gerät an Israel zu liefern. Die israelische Regierung versuchte erfolglos, auf unterer diplomatischer Ebene[1039] wie auf der Ebene der Außenminister[1040] die Administration zu mehr Entgegenkommen zu bewegen. Ein anderes Problem war ein möglicher Kredit der Weltbank an Nasser, mit dem der VAR-Präsident eine Modernisierung des Suez-Kanals bezweckte. Die Israelis wollten zwar nicht den Kredit verhindern, aber sie wollten gleichzeitig, daß Washington politischen Druck auf die VAR ausübte. Nasser hatte im Mai 1959 den mit Gütern für Israel beladenen dänischen Frachter "Inge Toft" nicht durch den Suez-Kanal fahren lassen, was in Israel und bei der Israel-Lobby in den USA entsprechende Proteste ausgelöst hatte.

In Gesprächen mit Vertretern des State Department sahen AIPAC und ZOA im Verhalten Nassers einen Verstoß gegen bestehende Vereinbarungen und erwarteten nun von der Administration, die 1957 Quasi-Garantien für das freie Durchfahrtsrecht aller Nationen abgegeben hatte, mit dem Druckmittel des Weltbank-Darlehens auf Nasser einzuwirken. Das State Department wollte sich jedoch einerseits nicht in die Angelegenheiten der Weltbank einmischen (was es allerdings ohne weiteres hätte tun können, da die USA die größten Kapitalhalter der Weltbank waren), andererseits hielt es einen solchen Druck auf Nasser für

---

[1039] Vgl. Gesprächsmemorandum Murat W. Williams (US-Botschaft Tel Aviv) - Gershon Avner (israelisches Außenministerium), 10.8.1959. NA: State Department Central Files, 0048, Reel 17, Palestine-Israel: Foreign Affairs, 1955-1959, 611.84A.

[1040] Vgl. Gesprächsmemorandum Herter, Meir, Harman, 29.9.1959. FRUS 1958-1960, Vol. XIII, S. 202f.

kontraproduktiv. Man müsse sich unter allen Umständen der Kooperationsbereitschaft Nassers versichern, hieß es.[1041]

Auch in einem weiteren Punkt enttäuschte Washington die israelische Regierung. Diese hatte um Zustimmung gebeten, den Briefwechsel zwischen Präsident Eisenhower und Premierminister Ben Gurion vom Februar 1957 im offiziellen Israel Government Year Book zu veröffentlichen, um Ben Gurion im israelischen Wahlkampf zu helfen. Dies wurde jedoch mit der Begründung abgelehnt, die Korrespondenz liege zu kurz zurück und könne scharfe Reaktionen der arabischen Staaten auslösen.[1042]

Wichtiger für das bilaterale Verhältnis war jedoch die Debatte um den Weltbank-Kredit an Nasser, in die sich die Israel-Lobby verstärkt einschaltete. In Briefing-Informationen für Außenminister Herter für dessen Treffen mit einer Delegation der Presidents' Conference im Dezember 1959 hieß es, daß alles unternommen werden müsse, um das derzeit entspannte Verhältnis zwischen der Administration und den amerikanischen Juden nicht zu gefährden. *"Maintenance of as friendly contacts as possible is in our opinion of distinct value to the succes of our policies toward Israel and the Near East."* Das State Department befürchtete offensichtlich neuerliche publizistische Sperrfeuer vom AIPAC oder anderen Organisationen und strebte einen Kurs an, der zumindest äußerlich eine Einbindung der jüdischen Organisationen in den außenpolitischen Entscheidungsprozeß verfolgte (*"to give the impression of desiring a sympathetic liaison and a willingness to hear"*).[1043]

[1041] Vgl. Gesprächsmemorandum Emmanuel Neumann (ZOA) - Theodore Wahl (State Department), 10.9.1959. NA: State Department Central Files, C0048, Reel 17, Palestine-Israel: Foreign Affairs, 1955-1959, 611.84A; vgl. Gesprächsmemorandum Rabbi Bernstein, NEA-Staatssekretär Lewis Jones, Theodore Wahl, 28.9.1959. NA: State Department Decimal File, American Zionist Committee for Public Affairs, 986B.7301/9-2859.

[1042] Vgl. Memorandum Jones' an Murphy, 30.9.1959. NA: State Department Central Files, C0048, Reel 17, Palestine-Israel: Foreign Affairs, 1955-1959, 611.84A.

[1043] Memorandum Jones' an Herter, 30.11.1959. Ebenda.

Bei dem kurz darauf stattfindenden Treffen Herters mit der Delegation der Presidents' Conference, vertreten durch Philip Klutznick (B'nai B'rith), Rose Halprin (Jewish Agency), Maurice Eisendrath (American Union of American Hebrew Congregations) und Adolph Held (Jewish Labor Committee), beharrten die jüdischen Funktionäre vehement auf ihrer Forderung, daß Nasser kein Weltbank-Darlehen erhalten solle, solange er nicht das Durchfahrtsrecht Israels durch den Suez-Kanal anerkenne. Darüber hinaus wandte sich die Gruppe um Klutznick gegen die Wiederansiedelung palästinensischer Flüchtlinge in Israel und forderten stärkeren Druck der Administration gegen den arabischen Boykott. Herter vermied Festlegungen irgendwelcher Art und äußerte lediglich Verständnis für die Position der Presidents' Conference.[1044] Auch der frühere AJC-Vorsitzende und einer der jüdischen elder statesmen in den USA, Jacob Blaustein, beklagte sich im State Department über eine mangelnde Unterstützung Israels durch die Administration, wie sie von ihm wahrgenommen wurde.[1045]

Als wenige Tage später, am 21. Dezember 1959, die Weltbank den Kredit über 56 Millionen Dollar an Ägypten bewilligte, wurde dies in Kreisen der amerikanischen Juden mit großem Unmut aufgenommen. AIPAC-Präsident Rabbi Bernstein sprach davon, daß mit der Vergabe des Darlehens *"[t]he free world threw away another opportunity to end the illegal blockade of the Suez Canal today"*. Es sei kein Versuch unternommen worden, von der VAR die Verpflichtungserklärung zu bekommen, daß alle Nationen den Kanal durchfahren könnten. Bernstein erinnerte an Präsident Eisenhowers Fernsehansprache vom 20. Februar 1957, in der sich dieser für die freie und uneingeschränkte Schiffahrt im Kanal aller Nationen eingesetzt habe. Die Entscheidung der Weltbank jedoch

---

[1044] Vgl. Gesprächsmemorandum Herter, Klutznick, Halprin, Eisendraht, Held, 7.12.1959. FRUS 1958-1960, Vol. XIII, S. 244ff.
[1045] Vgl. Gesprächsmemorandum Blaustein - Jones, 17.12.1959. NA: Stae Department Central Files, C0048, Reel 17, Palestine-Israel: Foreign Affairs, 1955-1959, 611.84A.

"closes its eyes to the Arab boycott, blockade and aggression against Israel and therefore defeats progress toward peace."[1046]

AIPAC-Exekutivdirektor Kenen warf der Administration angesichts eines Kapitalanteils der USA von über 27 Prozent an der Weltbank Passivität vor. In einem Memorandum an die Führungsgremien seiner Organisation beklagte Kenen *"a breach of the President's 1957 promise"*. Stellungnahmen Außenminister Herters zu dieser Frage, nach denen die Weltbank sich nicht mit politisch-diplomatischer Taktik befasse, sondern nur mit Wirtschaftsfragen, wies Kenen zurück. Die Weltbank habe 1955 und 1957 Kredite an Ägypten ebenfalls von einer bestimmten Politik abhängig gemacht. *"The Bank may persuade itself that its action is non-political, but there is no doubt that Nasser and other Arab leaders will interpret this action as a massive political victory"*, fuhr Kenen fort. Er forderte die AIPAC-Funktionäre auf, mit Briefkampagnen an die Administration und an die jeweiligen Kongreßmitglieder zu protestieren. Gleichzeitig sollten öffentliche Erklärungen und Resolutionen verfaßt werden. *"The emphasis must be directed to the failure of our government to take a strong stand to end the Suez blockade, consistent with our past pledges and policies, and the decision of the United Nations."*[1047]

In einem Brief an Präsident Eisenhower vom 29. Dezember 1959 wiederholte AIPAC-Präsident Bernstein seine Haltung zur Weltbank-Entscheidung und übte scharfe Kritik am Verhalten der Administration dabei. *"It is my judgement that an enduring peace cannot be achieved through cynicism, expediency and appeasement."*[1048] Einen ähnlichen Brief schickte Rabbi Bernstein am selben Tag auch an Außenminister Herter.[1049] In seiner Antwort an das AIPAC wies das State

---

[1046] Presseerklärung Rabbi Bernsteins, 21.12.1959. UR: Bernstein/AIPAC Papers, Box 1, Chronological Files 1954-1961, AIPAC lobby against World Bank loan, 1959-1960.

[1047] Memorandum Kenens an die Mitglieder des Exekutivkomitees und des Nationalkomitees des AIPAC, 28.12.1959. UR: Bernstein/AIPAC Papers, Box 1, Chronological Files 1954-1961, 1.79.

[1048] Brief Bernsteins an DDE, 29.12.1959. Ebenda.

[1049] Vgl. Brief Bernsteins an Herter, 29.12.1959. NA: State Department Decimal File, American Israel Public Affairs Committee, 986B.7301/12-2959.

Department in der zweiten Januar-Hälfte 1960 darauf hin, daß sich die Haltung der Administration zum Prinzip des freien Durchfahrtsrechts für alle Nationen nicht geändert habe. Die Administration unterstütze in diesem Zusammenhang die Bemühungen UN-Generalsekretär Dag Hammarskjölds, in der Frage des Durchfahrtsrechts auch für Israel zu einer Lösung zu kommen. Die Gründe, weshalb die Administration der Weltbank-Entscheidung zugunsten des Kredits an die VAR zugestimmt habe, seien im wesentlichen der technische, wirtschaftliche und handelspolitische Nutzen einer Kanal-Vertiefung - besonders für Westeuropa.[1050]

Eine Woche später wurden AIPAC-Präsident Rabbi Bernstein und I.L. Kenen im State Department vorstellig, um gegenüber NEA-Staatssekretär Lewis Jones erneut gegen Nassers fortgesetzte Weigerung zu protestieren, israelischen Schiffen die Fahrt durch den Suez-Kanal zu erlauben, selbst jetzt, nachdem er das Weltbank-Darlehen bekommen habe. Jones brachte überraschend als ein weiteres Argument die kommunistische Eindämmung: *"If the World Bank, through U.S. pressures, had denied the loan, it would have been an invitation to Russia to move in, and therefore Russia could be in an artery vital to the West."* (Damit gestand Jones allerdings indirekt ein, daß Washington entgegen den offiziellen Beteuerungen doch Einwirkungsmöglichkeiten auf die Weltbank gehabt hatte.) Zugleich hoffe die Administration, so Jones, daß sich mit der Vergabe des Kredits die Spannungen in der nahöstlichen Region lösten und sich zudem in den afroasiatischen Ländern mit Hilfe der Unterstützung internationaler Institutionen politische Reformen durchsetzen könnten. Und dies sei schließlich *"in the interests of the United States and Israel."*[1051]

Es war bemerkenswert, daß Jones bei diesem Gespräch mit dem AIPAC um versöhnliche Töne bemüht war. Offensichtlich hatte die Administration Verständnis für die Auffassung, wie sie von Bernstein und Kenen - und von Israel -

---

[1050] Vgl. Brief Armin H. Meyers, Abteilungsleiter NEA im State Department, an Rabbi Bernstein, 19.1.1960. UR: Bernstein/AIPAC Papers, Box 1, Chronological Files 1954-1961, 1.79.
[1051] Gesprächsmemorandum Bernstein, Kenen, Jones, Meyer, Wahl, 25.1.1960. Ebenda.

geäußert worden war, auch wenn Washington aus rein realpolitischen Gründen dem 56 Millionen-Kredit an Nasser zugestimmt hatte. Grund für diese Annahme war das Bemühen der Administration, Israel zum Ausgleich nun auf anderen Feldern entgegenzukommen. Schon Anfang Januar 1960 hatte der stellvertretende Außenminister Douglas Dillon dem neuen israelischen Botschafter Avraham Harman die amerikanische Bereitschaft mitgeteilt, mit 15 Millionen Dollar ein Wasserentwicklungsprojekt in Israel zu unterstützen.[1052] Doch noch bedeutsamer war es, daß die Administration zu Beginn des letzten Amtsjahres von Eisenhower bei zwei für Israel sehr wichtigen Fragen Flexibilität andeutete: bei amerikanischen Militärlieferungen und bei einem Besuch Ben Gurions bei Präsident Eisenhower.

Ein "Gipfeltreffen" zwischen dem US-Präsidenten und dem israelischen Premierminister war von Israel seit jeher von außergewöhnlichem Prestige gewesen. Außer einem Dankesbesuch des ersten israelischen Präsidenten Chaim Weizmann am 25. Mai 1948 bei Präsident Harry Truman, kurz nach der israelischen Staatsgründung,[1053] hatte es noch nie ein Treffen auf höchster Ebene gegeben. Dieses sollte nach dem Willen der israelischen Regierung die Verbundenheit der USA mit Israel vor allem nach außen, gegenüber den arabischen Staaten und der Sowjetunion, demonstrieren. Das letzte Amtsjahr Eisenhowers schien nach der amerikanisch-israelischen Annäherung der letzten zwei Jahre aus israelischer Sicht ein hervorragendes Datum für eine solche Zusammenkunft zu sein, weshalb der israelische Botschafter Harman gegenüber Außenminister Herter das Thema Anfang Februar erneut zur Sprache brachte.[1054]

Ein Besuch Ben Gurions bei Eisenhower, dem Herter durchaus offen gegenüberstand, sollte nach dem Willen der israelischen Regierung auch das Thema der stärkeren militärischen Unterstützung Israels durch die US-Administration zum Inhalt haben. Harman hatte dazu dem State Department eine

---

[1052] Vgl. Telegramm Dillons an US-Botschafter Reid über ein Gespräch Dillons mit Harman, 9.1.1960. FRUS 1958-1960, Vol. XIII, S. 251f.
[1053] Vgl. Michael J Cohen, a.a.O., das neunte Foto im Bild-Anhang. Es zeigt Truman vor dem Weißen Haus mit Weizmann mit einer Tora als Gastgeschenk.
[1054] Vgl. Gesprächsmemorandum Herter, Harman, u.a., 1.2.1960. FRUS 1958-1960, Vol. XIII, S. 260f.

umfangreiche "Wunschliste" vorgelegt, die auch schweres Kriegsgerät und Raketen enthielt. Harman hatte dies mit dem *"heavy influx of Soviet arms to the Arab countries"* begründet, der qualitativ auszugleichen sei. NEA-Staatssekretär Jones meinte jedoch in einem Memorandum an Herter, daß die Israelis nicht ernsthaft von der Administration die Lieferung schweren Geräts erwarteten. *"They probably feel we might be willing, however, to provide their electronic needs and then to some extent subsidize through indirect means their purchase of aircraft and heavy armament from French or other non-American sources."*[1055] Diese Linie sollte auch nach außen hin verfolgt werden, wie aus Briefing-Unterlagen für eine Pressekonferenz Eisenhowers hervorging.[1056]

In einem Gespräch mit Jones unterstrich Botschafter Harman Mitte Februar von neuem die Notwendigkeit eines qualitativen Gleichgewichts in der Region, nachdem Ägypten mit sowjetischer Hilfe Ausbildung und Logistik erheblich verbessert habe. Harman erinnerte daran, daß es nur wegen der israelischen Stärke seit 1957 Stabilität im israelisch-arabischen Konflikt gebe.[1057] Angesichts des wachsenden israelischen Drängens sah Herter gegenüber Präsident Eisenhower zwei Alternativen, die die Israelis der Administration vorlegten. Entweder lieferte Washington die erbetenen Waffen oder stellte das dafür nötige Geld in Form von zusätzlicher Wirtschaftshilfe zur Verfügung. Herter befürchtete, *"this is going to be the beginning of a concerted drive by the Israelis and their supporters here"*, worauf Eisenhower mit der Gelassenheit eines das Ende seiner Amtszeit ersehnenden Präsidenten entgegnete, daß *"he didn't mind saying 'go to hell' on that."*[1058]

[1055] Memorandum Jones' an Herter über die Note Harmans, 12.2.1960. Ebenda, S. 263f.
[1056] Vgl. "Briefing Paper for the President's Press Conference, February 11, 1960", 11.2.1960. DDEL: Ann Whitman File, Press Conference Series, Box 9, Press Conference February 11, 1960.
[1057] Vgl. Gesprächsmemorandum Jones, Harman, u.a., 16.2.1960. FRUS 1958-1960, Vol. XIII, S. 265ff.
[1058] Telefonat Herters an DDE, 17.2.1960. DDEL: Herter Papers, Series II, Box 10, Presidential Telephone Calls 1-6/60 (2).

Die weitere militärische Zusammenarbeit sollte ein Hauptgesprächspunkt für das Treffen Eisenhowers mit Ben Gurion sein, das offenbar zwischen Mitte Februar und Anfang März endgültig für den 10. März 1960 festgelegt wurde. Genauere Angaben sind wegen der für diesen Zeitraum nur begrenzt zugänglichen Archivalien nicht möglich. Anfang März jedoch übermittelte US-Botschafter Reid eine Reihe möglicher Gesprächsthemen, wie sie von den Israelis gewünscht wurden.[1059]

Nach Auffassung der Administration war die Frage der israelischen Bewaffnung der wichtigste Punkt. Gegenüber Senator Fulbright bezifferte Außenminister Herter einen Tag vor dem Treffen Eisenhower - Ben Gurion den Gesamtwert der Waffen auf der von Israel eingereichten "Wunschliste" auf 600 Millionen Dollar. Die Administration sei jedoch, so Herter, lediglich zur Lieferung von Hubschraubern und logistischem Material wie Munition bereit, nicht jedoch von Flugzeugen und Panzern.[1060]

Am 10. März schließlich trafen sich Präsident Eisenhower und Premierminister Ben Gurion zu ausführlichen Gesprächen im Weißen Haus. Das Treffen war in der Öffentlichkeit stark beachtet worden, und zehn arabische Botschafter in Washington hatten im Vorfeld bei Außenminister Herter gegen die Begegnung protestiert.[1061] Allein das Zustandekommen des Besuchs war ein Prestige-Erfolg der israelischen Regierung, während Dwight Eisenhower in seinen späteren Memoiren das Treffen mit keinem Wort erwähnte.[1062] An der Seite

---

[1059] Vgl. Memorandum Reids an Herter, 5.3.1960. FRUS 1958-1960, Vol. XIII, S. 275ff. Dazu zählten neben den militärischen Bedürfnissen Israels u.a. Gespräche über die Ost-West-Situation (einschließlich der sowjetischen und chinesischen Außenpolitik) und über die Lage im Nahen Osten.
[1060] Vgl. Telefonat Herters an Fulbright, 9.3.1960. DDEL: Herter Papers, Series II, Box 12, CAH Telephone Calls 1/1/60 to 3/25/60 (1).
[1061] Vgl. Gesprächsmemorandum Herter und zehn Botschafter arabischer Staaten, 7.3.1960. FRUS 1958-1960, Vol. XIII, S. 278ff. Die arabischen Diplomaten warnten vor einer Verschlechterung des amerikanisch-arabischen Verhältnisses durch den "internationalen Zionismus und der US-Zionisten".
[1062] Weder im Kapitel 18 "Personal Diplomacy" (S.413-449) noch im Kapitel 21 "Friends" (S.485-513) seines zweiten Memoirenbandes Waging Peace, in denen Eisenhower über seine Begegnungen mit ausländischen Staats- und

Präsident Eisenhowers nahmen noch der stellvertretende Außenminister Dillon, NEA-Staatssekretär Jones und Pressesprecher Hagerty an der Begegnung teil, während Ben Gurion nur von Botschafter Harman begleitet wurde.

Nach dem Austausch von Höflichkeiten begann Ben Gurion seine Rede mit Angriffen gegen den Weltkommunismus, dessen Ziele und Methoden. Er rief Eisenhower zu stärkerem Schulterschluß auf, denn *"the future of the free world necessitates more unity, more strength and more confidence between the nations and peoples of the free world."* Dabei müßten die USA eine Führungsrolle übernehmen, vor allem in Asien und Afrika. Gerade die jungen Länder Schwarzafrikas bedürften der westlichen Unterstützung, um nicht unter kommunistischen Einfluß zu geraten. Ben Gurion kam dann auf Nasser zu sprechen, der Israel zerstören wolle. Doch auch wenn die ägyptische Armee stärker sei als die israelische, werde Israel keinem Kampf aus dem Wege gehen. *"Mr. President, the Jews will fight for the last. I know this phrase is commonly used, but I assure you, you may take it literally"*, meinte der Premierminister emphatisch.

Präsident Eisenhower stimmte Ben Gurion in der Beurteilung des Kommunismus und der Lage im Nahen Osten zu. Er gestand sogar amerikanische Propaganda-Schwächen im Vergleich mit der kommunistischen Propaganda ein. Die USA wollten kein Waffenausrüster großen Stils werden, um nicht Handlungsfreiheit und mögliche Vermittlungsfähigkeit zu verlieren. In Bezug auf Israel meinte Eisenhower, die USA hätten *"no lack of admiration for the accomplishments of the Israeli nation and for its sturdiness."* Die USA seien Israels Zukunft nicht indifferent gegenüber und stimmten dem Existenzrecht Israels *"certainly"* zu.[1063]

Regierungschefs in der Schlußphase seiner Amtszeit berichtete, wird das Treffen mit Ben Gurion erwähnt.

[1063] Gesprächsmemorandum DDE, Ben Gurion, Harman, Dillon, Jones, Hagerty, 10.3.1960. Ebenda, S. 280-288. Von amerikanischer Seite wurde das Gespräch DDE - Ben Gurion anschließend lakonisch als gut bezeichnet, "with the President saying little and Ben Gurion saying a lot." Vgl. Telefonat Herters an Goodpaster, 11.3.1960. DDEL: Herter Papers, Series II, Box 12, CAH Telephone Calls 1/1/60 to 3/25/60 (1).

Eisenhower verließ nach einer Pause die Gesprächsrunde, die auf amerikanischer Seite dann mit Außenminister Herter und dem stellvertretenden Außenminister für politische Fragen, Livingston Merchant, fortgesetzt wurde. Ben Gurion streifte noch einmal die Gefahr, die nach seiner Ansicht von der ägyptischen Luftwaffe ausging, nachdem deren Piloten von sowjetischen Militärberatern ausgebildet wurden. Dann widmete er sich ausführlich dem Problem der palästinensischen Flüchtlinge, einem der hartnäckigsten Dissens-Punkte zwischen der Eisenhower-Administration und der israelischen Regierung.

Zunächst stellte Ben Gurion klar, daß ohne eine flexiblere Politik Nassers in den Israel berührenden Fragen ohnehin keine Problemlösung möglich sei. Zudem lehnte Ben Gurion grundsätzlich die Repatriierung der palästinensischen Flüchtlinge ab, da Israel keine Verwantwortung für die geflohenen Palästinenser übernehme. Allein aus physisch-technischen Gründen habe Israel keine Aufnahmekapazitäten, da sein Land bereits 300.000 Holocaust-Überlebende aus Europa, 100.000 Juden aus dem Irak und 50.000 Juden aus dem Jemen aufgenommen habe. Der Hauptgrund jedoch, weshalb Israel zwar bereit sei, notfalls eine Million russischer Juden aufzunehmen aber keine palästinensischen Araber, sei *"simply that the Arabs are not capable of doing what a Jew can do in Israel."* Formal seien alle arabischen Nachbarstaaten Israels im Kriegszustand mit Israel, so daß *"for Israel to accept refugees from those states would be like an injection of poison. It would suicide to accept the refugees."*[1064]

Angesichts dieser hartnäckigen israelischen Weigerung, auch nur einen einzigen Palästinenser ohne politische Gegenleistung aufzunehmen, versuchte die Administration nicht, in dieser Frage von Ben Gurion Konzessionen zu erreichen. Schließlich hatte seit 1952 keine einzige amerikanische Initiative zur Lösung des Flüchtlingsproblem Erfolg gehabt.[1065] Vielmehr sah die Administration, wie aus

---

[1064] Gesprächsmemorandum Herter, Ben Gurion, Merchant, Harman, Wilcox, u.a., 10.3.1960. FRUS 1958-1960, Vol. XIII, S. 289-294.
[1065] Vgl. dazu Mohammed K. Shadid, The United States and the Palestinians, New York 1981, S. 62-68. Zu diesen Initiativen zählten der Blanford-Plan 1951/52, die Johnston-Mission 1953-55, der Smith-Prouty Study Report 1954, das Projekt Omega 1955 und der Humphrey-Report 1957.

einem Hintergrundgespräch Herters mit Journalisten während des Ben Gurion-Besuchs hervorging, die israelische Kompromißlosigkeit in dieser Frage nur als Teilproblem des festgefahrenen israelisch-arabischen Konflikts an. Dazu zählten darüber hinaus auch das scheinbar unlösbare Problem der israelischen Grenzen und die einzige Gemeinsamkeit der ansonsten zerstrittenen Araber, wenn es um Opposition gegen Israel ging - was die Administration verärgerte.[1066] Insgesamt war die Administration Anfang 1960 bereits genug frustriert über die Nahostdiplomatie gewesen, so daß Washington wohl schlicht keine Lust mehr hatte, sich bei irgendeiner Facette des arabisch-israelischen Konflikts zu exponieren.[1067]

Bei einem am 13. März stattfindenden Gespräch in der Washingtoner Residenz des Vizepräsidenten zwischen Richard Nixon und Ben Gurion ging der US-Vizepräsident in der Flüchtlingsfrage sogar noch weiter. Ausdrücklich unterstrich Nixon, daß *"we are not asking Israel to accept refugees prior to a peace settlement who might enter Israel for the purpose of stirring up more trouble there."*[1068]

Konnte es Ben Gurion spätestens nach seinem Treffen mit Nixon als Erfolg seiner Reise verbuchen, in der Frage der palästinensischen Flüchtlinge von Washington künftig nicht mehr unter Druck gesetzt zu werden,[1069] so verlief sein

---

[1066] Vgl. Gesprächsmemorandum Herter, Staatssekretär Berding sowie die Journalisten Knowlton Nash (Maclean's Magazine), Dwight Sargent und Marguerite Higgins (beide New York Herald Tribune), 11.3.1960. DDEL: Herter Papers, Series IV, Box 17, Press Conferences 1959-1960, Backgrounders. Zwischen den Zeilen war zu lesen, daß Herter offenbar mehr und mehr zur Auffassung gelangte, es bei den Akteuren im israelisch-arabischen Konflikt nur mit Psychopathen zu tun zu haben.
[1067] Vgl. Ball/Ball, a.a.O., S. 49.
[1068] Gesprächsmemorandum Nixon, Ben Gurion, Dillon, Harman, 13.3.1960. FRUS 1958-1960, Vol. XIII, S. 295f.
[1069] Dies bedeutete jedoch nicht, daß in Washington das Thema völlig aus den Augen verloren worden wäre. Entsprechende Aktivitäten gab es auf seiten der Legislative vor allem durch Senator Fulbright, der der Administration im Juni nach einer Nahostreise erklärte, daß Nasser das Kanalproblem (Durchfahrtsrecht für israelische Schiffe) nur und ausschließlich mit der Flüchtlingsfrage gemeinsam lösen wolle - was Israel kategorisch ablehnte. Die Administration, die sowohl auf dem Durchfahrtsrecht bestand als auch für die Repatriierung der palästinensischen

abschließendes Washingtoner Gespräch mit Außenminister Herter aus israelischer Sicht ähnlich positiv. Darin ging es erneut um die mögliche Lieferung amerikanischer Waffen an Israel. Ben Gurion äußerte die Sorge, Nasser könnte mit von den Sowjets gelieferten MIG 19-Bombern *"seek to 'finish' Israel through a surprise bombing attack."* Israel benötige daher dringend Flugabwehrraketen und Radarsysteme.[1070]

Trotz der wiederholt geäußerten amerikanischen Absicht, kein Hauptausrüster Israels werden zu wollen, ging Herter auf Ben Gurions Ansinnen ein. Er erklärte, daß die *"U.S. would consider the Israeli request sympathetically and urgently"*. Die Administration zeigte sich nun bereit, hochwertige elektronische Radargeräte sowie Hawk-Raketen an Israel zu liefern, was Herter auf ausdrückliches Nachfragen Ben Gurions bestätigte.[1071] Nachdem sich beide Seiten voneinander verabschiedet hatten, bemerkte Herter gegenüber NEA-Staatssekretär Jones, daß er mit Nixon, Finanzminister Anderson und dem stellvertretenden Außenminister Dillon darin einig sei, daß *"we should do something promptly in connection with Israel's needs for air defense equipment for use in the event of an attack by the UAR. The Secr. said this means the supply of ground-to-air missiles and early warning radar."*[1072]

Flüchtlinge eintrat, befand sich in einem Dilemma. Keineswegs wollte sie sich bei Verhandlungen über einen aussichtslosen Deal exponieren. Eher halbherzig unternahm sie daher Versuche, geheime Vermittlungen durch einen türkischen (oder französischen) Emissär zu initiieren. Wegen des Desinteresses der türkischen Regierung an diesem Vorschlag wurde das Vorhaben nicht weiter verfolgt. Vgl. Gesprächsmemorandum Fulbright mit 12 hohen Beamten des State Department, 7.6.1960. Ebenda, S. 330-333; vgl. Memorandum Herters an DDE, 10.6.1960. Ebenda, S. 335f.; vgl.Telegramm der US-Botschaft in Ankara ans State Department, 20.7.1960. Ebenda, S. 354.

[1070] Memorandum Herters an DDE über sein Gespräch mit Ben Gurion, 17.3.1960. DDEL: Herter Papers, Series II, Chronological File, Box 8, March 1960 (2).

[1071] Gesprächsmemorandum Herter, Ben Gurion, Jones, Harman, 13.3.1960. FRUS 1958-1960, Vol. XIII, S. 296-300. Ben Gurion fragte Herter im Zusammenhang mit den Hawk-Raketen: "Am I right in believing that I can consider your reply a positive one?" Darauf Herter: "That is a fair assumption."

[1072] Ebenda.

Premierminister Ben Gurion konnte insgesamt mit seiner USA-Reise zufrieden sein. Neben zahlreichen Auftritten, die ihm - wie die Verleihung der Ehrendoktorwürde der Brandeis-Universität - die Freunde Israels verschafft hatten, war es ihm gegen Ende der Amtszeit Eisenhowers gelungen, vom weltweit populären Präsidenten empfangen zu werden, wovon sich die Israelis eine Signalwirkung vor allem im Nahen Osten erhofften. Die arabischen Nachbarn sollten erkennen, daß die USA Israel endgültig als Junior-Partner akzeptiert hatten. Die eindringlichen Forderungen Ben Gurions nach einen Schulterschluß mit den westlichen Demokratien mit ihren gemeinsamen Werten unterstrichen dies. Zusätzlich war Ben Gurion vom Vizepräsidenten und vom Außenminister empfangen worden, die jeder auf seine Weise dem israelischen Regierungschef positive Signale mit auf den Weg geben konnten. Während Nixon - möglicherweise mit Blick auf seine Wahlchancen im November - mehr oder weniger unverblümt angedeutet hatte, daß die USA Israel ohne Gegenleistungen etwa durch Nasser nicht länger zu größerer Flexibilität in der Flüchtlingsfrage drängen würden, hatte Herter ebenso offen zu verstehen gegeben, Israel bei amerikanischen Militärlieferungen entgegenzukommen.

Ben Gurion bedankte sich kurz vor seiner Abreise in einem Brief an Eisenhower für die Gespräche mit der Administration und wiederholte mit pseudoreligiösem Pathos die Bedeutung der gemeinsamen Werte des Westens und deren Verteidigung (*"what is required is a new dedication to the spiritual values flowing from our common faith that man was created in the image of God and that all men in America and Europe, in Asia and Africa"*). Der Weltfrieden sei vom internationalen Kommunismus und von Subversion und Aggression kleiner Diktatoren gefährdet. In dieser Situation habe Amerika die historische Aufgabe, für engere Beziehungen der westlichen Völkerfamilie zu sorgen *"in common spiritual destiny, cooperation and mutual aid."* Israel wolle dazu seinen bescheidenen Beitrag leisten und besonders die Entwicklungsländer, *"emerging like us from bondage of freedom"*, unterstützen.[1073]

[1073] Brief Ben Gurions an DDE, 16.3.1960. DDEL: Ann Whitman File, International Series, Box 29, Israel (1).

Ende März 1960 begannen das State Department und der NSC mit der Umsetzung der von Herter gegenüber Ben Gurion gemachten militärischen Zugeständnisse und der Prüfung der israelischen Wünsche.[1074] Über diese Entwicklung waren die Israel-Lobbyisten außerordentlich befriedigt, dies um so mehr, als sich offenbar auch im State Department eine deutlich positivere Grundhaltung gegenüber Israel ausgebreitet hatte. Grund für diese Annahme war der Auftritt eines leitenden Beamten des State Department, NEA-Abteilungsleiter Armin Meyer, der als Gastredner einer AIPAC-Veranstaltung in Washington seine positiven Eindrücke von Israel nach einer Nahostreise wiedergab. Meyer zeigte sich beeindruckt von der zupackenden Art der Israelis, während die Araber, etwa in Bagdad, auf der Straße oder in Kaffee-shops herumlungerten. In Israel hingegen sei alles in Bewegung. Das Land habe eine inspirierende Führung (Ben Gurion) und sei seit seiner Gründung zu einer *"excellently functioning democracy geworden"*.[1075]

Nur wenige Tage später hatte AIPAC-Exekutivdirektor Kenen erneut Grund zur Freude, als er dem AIPAC-Exekutivkomitee mitteilen konnte, daß sich der Auswärtige Ausschuß des Repräsentantenhauses für weitere Unterstützung Israels aus dem Mutual Security Program im Haushaltsjahr 1961 ausgesprochen hatte. Israel habe sich als ein *"bulwark of stability in an otherwise disturbed area"* erwiesen, was die weitere Finanzhilfe über 7,5 Millionen Dollar rechtfertige, zitierte Kenen den zuvor veröffentlichten Ausschußbericht. Zudem habe der Ausschuß die Administration dafür kritisiert, daß sie sich nicht genügend für das israelische Durchfahrtsrecht durch den Suez-Kanal eingesetzt habe. Kenen schrieb

---

[1074] Vgl. die entsprechende Mitteilung des State Department-Beamten M.V. Krebs an Herter, 25.3.1960. DDEL: Herter Papers, Series VI, Box 18, Official Correspondence and Memoranda 1957-1961, Memos for the Record (1).
[1075] Auszüge einer Rede von Meyer vor dem AIPAC, 26.3.1960. UR: Bernstein/AIPAC Papers, Box 3, Policy Conference and Meetings, 3.2 Annual Policy Conference 1960 [Washington]. Meyer bat ausdrücklich darum, seine Äußerungen absolut vertraulich zu behandeln und ihn nirgendwo zu zitieren.

diesen Passus ganz wesentlich dem Auftritt des AIPAC-Präsidenten Rabbi Bernstein bei einer Anhörung vor dem Auswärtigen Ausschuß zu.[1076]

Ende April stimmte auch der Auswärtige Ausschuß des Senats einem Zusatz zum Mutual Security Act zu, der die uneingeschränkte Freiheit der Meere forderte und darüber hinaus wirtschaftliche "Kriegsmaßnahmen" wie Blockaden, Boykotte und den restriktiven Gebrauch internationaler Wasserstraßen ächtete. Die Administration wurde aufgefordert, Wirtschaftshilfe an diejenigen Länder auszusetzen, die sich solcher Zwangsmittel bedienten - ein Beschluß, der deutlich auf die arabischen Staaten und vor allem die VAR abzielte. Der Zusatz ("amendment") wurde mit 45 zu 25 Stimmen angenommen. Zu den Unterstützern gehörten die Senatoren Paul Douglas (Illinois), Kenneth Keating (New York), Prescott Bush (Connecticut), Hubert Humphrey (Minnesota), Jacob Javits (New York), Estes Kefauver (Tennessee), John F. Kennedy (Massachusetts) Thomas Kuchel (Kalifornien) und Mike Mansfield (Montana). Scharfe Opposition kam besonders von Senator William Fulbright (Arkansas). In seinem Memorandum über die Senatsentscheidung bemerkte AIPAC-Exekutivdirektor Kenen besonders, daß *"[m]any supportes come from states which have little if any Jewish population."*[1077]

In der Zwischenzeit hatte das State Department erste Stellungnahmen des NSC und des Pentagon zur militärischen "Wunschliste" der Israelis erhalten. Mitte April unterrichteten der stellvertretende Außenminister Dillon und NEA-Staatssekretär Jones darüber den israelischen Botschafter Harman. Die Administration war demnach bereit, Israel mit elektronischen Radar- und Frühwarnsystemen auszurüsten, jedoch noch nicht mit Hawk-Raketen. Zuerst müßten die amerikanischen Streitkräfte mit dieser neuen Rakete ausgestattet werden. Danach müsse in den USA mit der Waffe trainiert werden, was eine unbestimmte

---

[1076] Bericht Kenens an das AIPAC-Exekutivkomitee, 8.4.1960. UR: Bernstein/AIPAC Papers, Box 3, Memoranda from I.L. Kenen to the Executive Committee, 3.34.
[1077] Memorandum Kenens an das AIPAC-Exekutivkomitee, 29.4.1960. Ebenda.

Zeit in Anspruch nehme. Eine Zusage über die Hawks könne daher derzeit noch nicht gegeben werden.[1078]

Als amerikanische Geste des guten Willens dafür, daß Washington in nächster Zeit keine Hawk-Raketen liefern konnte - quasi als Trostpflaster -, schlug Jones Ende Mai gegenüber Dillon entweder die Unterstützung eines zivilen Projekts in Israel über eine Million Dollar oder eine Erleichterung der Zahlungsmodalität für die elektronischen Systeme vor. Jones hob hervor, daß die Ausrüstung Israels mit dem "Elektronik-Paket" bereits eine erhebliche amerikanische Unterstützung darstelle. Der Wert der elektronischen Radars und Frühwarnsysteme entspreche mit 10,2 Millionen Dollar dem Zehnfachen dessen, was jemals zuvor an Waffen von den USA an Israel geliefert worden sei. Die Systeme seien so hochwertig, daß selbst viele US-Alliierte zu ihnen keinen Zugang hätten. Zudem seien die Zahlungsbedingungen für die Israelis außerordentlich großzügig.[1079]

Gleichwohl war die israelische Regierung enttäuscht, daß sie bis auf weiteres ohne die Hawk-Raketen würde auskommen müssen. Ben Gurion hatte nach seinem Gespräch in Washington mit Herter mit einer positiveren Reaktion der Administration gerechnet.[1080] Ben Gurion schickte daher Ende Juni erneut Außenministerin Golda Meir in die amerikanische Hauptstadt, um die Administration wenigstens auf ein Datum festzulegen, ab dem möglicherweise mit der Lieferung von Hawk-Raketen zu rechnen sei. Dies gelang allerdings nicht.[1081] Ben Gurion äußerte sich Mitte Juli gegenüber US-Botschafter Reid deutlich verbittert und deutete an, daß seiner Meinung nach einem Wort des US-Außenministers nicht zu trauen sei. *"[Ben Gurion] said he definitely had come away with the belief that Secr. had given him a positive reply re Israel's acquisition of the Hawk. While the*

[1078] Vgl. Gesprächsmemorandum Dillon, Jones, Harman, u.a., 11.4.1960. FRUS 1958-1960, Vol. XIII, S. 306-309.
[1079] Vgl. Memorandum Jones' an Dillon, 26.5.1960. Ebenda, S. 327ff.
[1080] Vgl. Brief Ben Gurions an Herter, 9.6.1960. Ebenda, S. 333f.
[1081] Vgl. Gesprächsmemorandum Herter, Meir, Dillon, Harman, u.a., 27.6.1960. Ebenda, S. 341-344.

Secr. had used the phrase 'fair assumption', he had taken this virtually as a promise."[1082]

Außenminister Herter fühlte sich durch diese Äußerung Ben Gurions nicht nur in seiner Glaubwürdigkeit beschädigt, sondern auch inhaltlich überrumpelt, zumal seine Meinung zur Hawk-Lieferung auch von Finanzminister Anderson geteilt wurde.[1083] Ende Juli 1960 rief er daher die wichtigsten Nahost-Beamten des State Department zur Berichterstattung zusammen. Er könne nicht verstehen, so sagte er, warum die Administration keine Hawk-Raketen, die schließlich Defensivwaffen seien, an Israel liefern wolle. Das technische Argument sei unehrlich, da die US-Ausrüstung bereits Ende 1961 beendet sei und danach mit der Belieferung Israels begonnen werden könne. *"In sum, [Herter] said, that unless better arguments could be presented than he had thus far heard he felt the Israelis should have the missiles."* Trotz dieses forschen Auftretens ließ sich Herter in der anschließenden Diskussion von den vorgebrachten Gegenargumenten überzeugen - zumindest hielt es das Protokoll so fest. Die Lieferung einer solch spektakulären Waffe zum jetzigen Zeitpunkt, meinten vor allem Dillon und Merchant, würde eine weitere Runde des nahöstlichen Wettrüstens auslösen und die arabisch-amerikanischen Beziehungen drastisch verschlechtern. Zudem seien die vom Pentagon geschätzten Kosten mit 37 Millionen Dollar immens hoch.[1084]

Die nun eingeschlagene Linie ließ sich ohne weiteres mit den Richtlinien vereinbaren, die der Nationale Sicherheitsrat in seiner Resolution 6011 über die künftige Nahostpolitik Mitte Juni gefaßt hatte. Darin hieß es, daß die USA weiterhin kein Hauptausrüster Israels werden wollten, *"except for the minimum*

[1082] Telegramm Reids an Herter, 18.7.1960. Ebenda, S. 350-353.
[1083] Vgl. Telefonat Andersons an Herter, 28.6.1960. DDEL: Herter Papers, Series II, Box 12, CAH Telephone Calls 3/28/60 to 6/30/60 (1). "Mr. Anderson said he was familiar with the Hawk and shared the Secy's feeling that he would just as soon see the Israeli's (sic) have it than others - that the Israeli's (sic) are the most secure people in the world." Wie aus dem Gespräch weiter hervorging, war vor allem das Pentagon ängstlich, eine so moderne Waffe wie die Hawk-Rakete weiterzugeben.
[1084] Gesprächsmemorandum Herter, Dillon, Merchant, Hart, Meyer, 27.7.1960. FRUS 1958-1960, Vol. XIII, S. 356f.

numbers and types necessary for maintenance of internal law and order, and on a realistic basis for legitimate self-defense." Diese sehr vage gehaltene Formulierung hätte allerdings auch die Auslegung erlaubt, die Hawk-Raketen dienten als Defensivwaffen der "legitimen Selbstverteidigung". Dies zeigte, daß die Administration viereinhalb Monate vor der Präsidentschaftswahl bei der Abfassung ihrer strategischen Leitlinien keine weitreichenden Richtungsentscheidungen mehr treffen wollte. Ähnlich unverbindlich und allgemein geriet die offizielle US-Haltung zum israelisch-arabischen Konflikt, bei der man auf die Prinzipien der Rede Außenminister Dulles' vom 26. August 1955 zurückgriff:

"Establishment of the boundaries of Israel, settlement of the refugee problem, a UN review of the Jerusalem problem, equitable division of the waters of the Jordan River system, relaxation of trade and transit restrictions, and limitation on annual immigration into Israel."[1085]

Deutlicher und für Israel günstiger fiel ein Bericht aus, den das President's Committee on Information Activities Abroad (PCIAA) innerhalb des NSC Ende Juli 1960 vorlegte. Das PCIAA hatte die Aktivität der Kommunistischen Parteien in den Ländern des Nahen Ostens analysiert und hob nun als einziges Land Israel hervor, in dem die Kommunisten innerhalb der letzten zwei Jahre Boden verloren hätten. Ansonsten unterstütze die kommunistische Propaganda ausnahmslos die Araber, identifiziere den Westen mit Imperialismus und Ausbeutung und greife den Bagdad-Pakt und die US-Verbündeten König Hussein von Jordanien und den Schah des Iran an. Die verheerenden sozialen Zustände in den arabischen Gesellschaften seien ein fruchtbarer Boden für diese kommunistische Manipulation.

[1085] NSC Resolution NSC 6011 U.S. Policy toward the Near East", 17.6.1960. DDEL: White House Office, Office of the Special Assistant for National Security Affairs, Records 1952-61, NSC Series, Policy Papers Subseries, Box 29, NSC 6011 - Near East.

Aufgabe der USA in Israel, vor allem der USIA, sei es, deutlich zu machen, daß die Administration Israels *"independence and legitimate aspirations"* unterstütze und sich für Israels wirtschaftliche Stabilität einsetze. *"In addition, USIA seeks to encourage closer adherence of Israel to the Free World cause by giving a clear picture of international Communism's goal".*[1086] Beide Papiere des NSC waren exemplarisch für die Haltung der Eisenhower-Administration während ihrer letzten Monate: einerseits Partnerschaft und Akzeptanz Israels als Teil der westlichen Wertegemeinschaft mit ihrer betont anti-kommunistischen Ausrichtung, andererseits Zurückhaltung bei der direkten militärischen Unterstützung Israels, die jedoch verglichen mit Eisenhowers erster Amtszeit erheblich zugenommen hatte. Wobei in Erinnerung zu rufen ist, daß die Administration bei ihrer Argumentation stets sicherstellte, daß Israel seine militärischen Bedürfnisse durch die westeuropäischen Verbündeten der USA decken konnte.

Diese Versicherung gab Außenminister Herter gegenüber Premierminister Ben Gurion Anfang August in einem von Eisenhower autorisierten Brief ab, der in deutlich beruhigendem Tonfall gehalten war und die engen amerikanisch-israelischen Beziehungen unterstrich.[1087] Im Laufe des Herbstes 1960 ließ die Administration in Gesprächen mit der israelischen Regierung keinen Zweifel daran, daß sich die USA auch weiterhin verpflichtet fühlten, sich bei der Unterstützung Israels zu engagieren.[1088] Was die US-Militärlieferungen an Israel anging, so blieb die Eisenhower-Administration bis zuletzt bei ihrer Zurückhaltung. Insgesamt betrug die amerikanische Militärhilfe an Israel während der Ära Eisenhower nur 0,9 Millionen Dollar.[1089]

[1086] PCIAA No. 36, The Middle East, 25.7.1960. DDEL: White House Office, National Security Council Staff: Papers 1948-61, NSC Registry Series, Box 13, PCIAA Study No. 36.

[1087] Vgl. Brief Herters an Ben Gurion, 4.8.1960. DDEL: Herter Papers, Series I, Chronological File, Box 9, August 1960 (2).

[1088] Vgl. Gesprächsmemorandum Dillon, Eshkol, u.a., 20.9.1960. FRUS 1958-1960, Vol. XIII, S. 372-375; vgl. Gesprächsmemorandum Dillon, Harman, u.a., 27.10.1960. Ebenda, S. 383ff.

[1089] Vgl. Mordechai Gazit, Israeli Military Procurement from the United States, in: Gabriel Sheffer (Ed.), Dynamics and Independence. U.S.-Israeli Relations, Boulder (Colorado)/London 1987, S. 89.

Je mehr sich jedoch der Präsidentschaftswahlkampf des Jahres 1960 näherte, desto mehr geriet die Diskussion um politische Detailfragen in den Hintergrund. Die Eisenhower-Administration hatte zwei Legislaturperioden amtiert und stand vor dem Ausscheiden, ganz gleich, wie das Wahlergebnis ausfallen würde. Der gesundheitlich angeschlagene Dwight D. Eisenhower, der schon jetzt dabei war, als einer der populärsten amerikanischen Präsidenten in die Geschichte einzugehen und der mehr als vier Jahrzehnte lang seinem Land ununterbrochen als einfacher Offizier bis zum Oberbefehlshaber der alliierten Streitkräfte, als Präsident der Columbia University, als NATO-Oberbefehlshaber und als Präsident im Weißen Haus gedient hatte, sehnte sich dem Ende seiner Amtszeit und der Aussicht auf ein Pensionärsdasein auf seiner Farm in Gettysburg (Pennsylvania) entgegen.

Die amerikanische Politik war im Verlauf der zweiten Jahreshälfte 1960 zunehmend in einen Zustand des spannungsgeladenen Abwartens getreten, der auch in der Außenpolitik wenig Gestaltung ermöglichte. Alles konzentrierte sich auf den Zweikampf um die Präsidentschaft zwischen Vizepräsident Richard Nixon für die Republikanische Partei und dem demokratischen Senator von Massachusetts, John F. Kennedy. Wie schon in den vorangegangenen Wahlkämpfen hatte 1960 die Israel-Lobby die Nahost-Passagen in den Wahlprogrammen der beiden Parteien maßgeblich mitbestimmt. AIPAC hatte 1960 in beiden Wahlprogrammen deutliche Stellungnahmen plazieren können, die Amerikas entschlossene Haltung zum Ausdruck brachten, jeder Aggression im Nahen Osten zu widerstehen und sich für einen Verhandlungsfrieden zwischen Israelis und Arabern stark zu machen. Die "platform plank" der Demokraten war jedoch wesentlich stärker von einem pro-israelischen Standpunkt beeinflußt, was sprachlich jedoch geschickt verschleiert wurde. Darin hieß es nämlich:

"In the Middle East we will work for guarantees to ensure independence for all states. We will encourage direct Arab-Israel peace negotiations; the resettlement of Arab refugees in lands where there is room and

opportunity for them; an end to boycotts and blockades; the unrestricted use of the Suez Canal by all nations."[1090]

Mit "Garantien", einem Schlüsselwort für die Unterstützung des israelischen Standpunktes, waren die unantastbaren Grenzen Israels gemeint. "Direkte arabisch-israelische Friedensverhandlungen" bedeuteten die De facto-Anerkennung Israels durch die Araber - was die Araber ablehnten, die Israelis aber verlangten. Die "Wiederansiedelung" arabischer Flüchtlinge in Ländern mit "Raum und Möglichkeit" war nach israelischer Interpretation in Israel unmöglich. Das Ende von Blockade, Boykott und die unbegrenzte Nutzung des Suez-Kanals waren ohnehin nur Forderungen, die von Arabern einzulösen waren. Weiter hieß es im demokratischen Wahlprogramm:

"We pledge our best efforts for peace in the Middle East by seeking to prevent an arms race while guarding against the dangers of a military imbalance resulting from Soviet arms shipments. Protection of the rights of American citizens to travel, to pursue lawful trade and to engage in other lawful activities abroad without distinction as to race or religion is a cardinal function of the national sovereignty."[1091]

Das Programm sprach sich gegen ein Wettrüsten aus, jedoch für "Wachsamkeit vor einem Ungleichgewicht durch sowjetische Waffenlieferungen". Mit diesem Standpunkt wäre die Bewaffnung Israels kein Teil eines Wettrüstens, sondern Teil einer anti-sowjetischen Schutzmaßnahme gewesen. Die "Sicherung der Rechte von US-Staatsbürgern" war ein deutlicher Hinweis auf die von einigen arabischen Staaten verfolgte Praxis, amerikanische Juden nicht einreisen zu lassen oder sonstwie zu diskriminieren.

[1090] AIPAC-Memorandum zum Wahlkampf, 2.9.1960. UR: Bernstein/AIPAC Papers, Box 3, Policy Conference and Meetings, 3.2.
[1091] Ebenda.

Im Wahlkampf zwischen Nixon und Kennedy spielte das Abstimmungsverhalten der verschiedenen religiösen Gruppen und das Verhältnis der Kandidaten zu ihnen eine besondere Rolle. Dies sollte sich vor allem für Nixon als ein Handicap erweisen. Schon während der Wahlkampagne 1952 hatte er sich gegen Vorwürfe wehren müssen, er sei anti-semitisch eingestellt.[1092] In der Tat war Nixon in der jüdischen Gemeinde Amerikas äußerst unbeliebt. Eisenhower hatte sich darüber im Frühjahr 1960 bereits bei einem seiner Freunde, dem früheren Chef von United Artists Corp. (Los Angeles), Samuel Goldwyn, gewundert. *"In recent years I have been repeatedly told by different people that Dick Nixon will be unable to obtain any significant portion of the Jewish vote. Time and again I have asked for an explanation, and the only one I get is that they* **Fehler! Verweisquelle konnte nicht gefunden werden.***.."*[1093] Zudem mußte Nixon auch noch jeden Eindruck vermeiden, er führe wegen Kennedy eine anti-katholische Kampagne.

Der Katholik Kennedy wiederum hatte mit dem verheerenden Ruf seines Vaters Joe Kennedy zu kämpfen, dem aus seiner Zeit als US-Botschafter in London 1937 bis 1940 neben vielem anderen noch der Ruf anhing, Antisemit gewesen zu sein und zumindest zu Beginn des Krieges Sympathien für das Dritte Reich gehabt zu haben.[1094] Da Kennedy seinen Wahlkampf ganz wesentlich aus den Kassen seines schwerreichen Vaters finanzierte, mußte er früh dem Verdacht begegnen, er hege die gleichen Ansichten wie sein Vater. Kennedy war jedoch

---

[1092] DDE gelang damals nur mit Hilfe eines persönlichen Freundes, Leonard V. Finder, der zugleich Präsidiumsmitglied bei B'nai B'rith war, die Angriffe auf Nixon in der jüdische Presse einzudämmen. Den Ruf, er sei ein religiös bigotter Politiker, konnte Nixon jedoch nicht loswerden. Vgl. die Korrespondenz zwischen DDE, Finder und Nixon. DDEL: Papaers of Leomard V. Finder, 1930-69, Box 8, Personal Correspondence, 1951-1952. Vgl. auch Brief DDEs an Adrian Levy, 23.8.1952. AJA: Correspondence File, SC-9133. In dem Brief wandte sich DDE gegen Vorwürfe, Nixon sei antisemitisch und fügte seinem Brief eine Erklärung der jüdischen Gemeinde Los Angeles' bei, die Nixon von diesem Verdacht freisprach.
[1093] Brief DDEs an Goldwyn, 25.3.1960. DDEL: Ann Whitman File, Name Series, Box 16, Goldwyn, Sam.
[1094] Vgl. Peter Collier/David Horowitz, The Kennedys. An American Drama, New York 1984, Teil 1, Kap. 5.

schon während seiner Zeit als Senator weitgehend auf einem pro-israelischen Kurs gewesen und hatte jüdische Persönlichkeiten unter seinen Beratern.[1095] Allerdings standen innerhalb der Demokratischen Partei Stevenson, Humphrey oder Johnson den amerikanischen Juden sehr viel näher. Kennedy hatte sich 1957 mit seiner Kritik an der französischen Regierung im Kampf gegen die algerischen FLN-Rebellen, die Nasser nahestanden, bei den pro-israelischen Gruppen in den USA nicht unbedingt beliebter gemacht.[1096] Daß Kennedy Senator Johnsons zum Kandidaten für den Vize-Präsidenten wählte, konnte daher auch als Signal an die amerikanischen Juden verstanden werden.[1097]

Kennedy war sich bewußt, daß es beim Rennen um die Präsidentschaft auf jede Stimme ankam - und um jede Unterstützung mächtiger Einzelgruppen. So war es kein Zufall, daß sich Kennedy am 8. August 1960 mit 30 führenden jüdischen Persönlichkeiten im Appartment des Industriellen und Präsidenten der Israel Bond Organization, Abraham Feinberg,[1098] im New Yorker Hotel Pierre traf, um das weitere gegenseitige Verhältnis zu diskutieren. Kennedy hörte sich die Klagen seiner jüdischen Gesprächspartner über die Politik der Eisenhower-Administration an und reagierte mit positiven Antworten, ohne sich allerdings festzulegen. Für den Fall seines Wahlsieges versprach er aber, stets ein offenes Ohr für die Belange der jüdischen Organisationen zu haben. Allein diese Aussicht auf unbeschränkten Zugang ins Weiße Haus, was für die Israel-Lobby die Rückkehr zu

---

[1095] Vgl. Schoenbaum, a.a.O., S. 133f.; vgl. Lewis H. Weinstein, John F. Kennedy, A Personal Memoir, 1946-1963, in: American Jewish History, Vol. 75, No. 1, September 1985, S. 5-30. Weinstein war von 1960-64 Vorsitzender des jüdischen National Community Relations Advisory Council (NCRAC); vgl. F. Peter Jessup Interview. DDEL: Oral History Transcripts, OH 195.
[1096] Vgl. Memorandum Kenens an Rabbi Bernstein, 29.8.1957. UR: Bernstein/AIPAC Papers, Box 1, Chronological Files 1954-1961, 1.67. Kennedy hatte sich damit auch gegen die DDE-Administration gestellt. Zur Politik DDEs in Nordafrika vgl. Egya N. Sangmuah, Eisenhower and Containment in North Africa, 1956-1960, in: Middle East Journal, 1/1990, S. 76-91.
[1097] Nach dem Mord an Kennedy sagte Johnson als neuer Präsident zu einer Delegation hochrangiger jüdischer Führer: "You have lost a good friend, but you have found a better one in me." Zitiert nach Sachar, a.a.O., S. 731.
[1098] Feinberg hatte schon 1948 massiv den Wahlkampf Harry Trumans unterstützt. Vgl. Michael J. Cohen, a.a.O., S. 70f.

den Tagen Harry Trumans bedeutet hätte, ließ die jüdischen Vertreter endgültig auf die Seite Kennedys treten.[1099] Während seiner Amtszeit freilich sollte Kennedy die These von den "besonderen Beziehungen" zwischen den USA und Israel begründen und die Politik der massiven Aufrüstung Israels beginnen.[1100]

In den verbleibenden drei Monaten bis zum Wahltermin erläuterte Kennedy verstärkt seine Nahostpolitik und intensivierte dabei seinen pro-israelischen Standpunkt. In einem Brief an Rabbi Israel Goldstein erläuterte er das Wahlprogramm der Demokraten und hob besonders das Durchfahrtsrecht Israels durch den Suez-Kanal hervor.[1101] Vor der ZOA-Jahrestagung Ende August in New York - bei der es Nixon übrigens abgelehnt hatte, zu sprechen[1102] - unterstrich der Senator das Existenzrecht Israels und lobte Israels Verdienste um Freiheit und Demokratie. Unterstützung Israels sei selbstverständlich. *"Friendship for Israel is not a partisan matter. It is a national commitment."*[1103] Bei einem Benefizessen für Israel Ende Oktober 1960 in Philadelphia pries Kennedy in Anwesenheit von Golda Meir die Leistung Israels beim Aufbau eines *"dynamic country"* und lobte die Zugehörigkeit Israels zum Westen. An die israelische Außenministerin gewandt, meinte er: *"[Y]our work on behalf of Israel serves the United States. It serves Israel; it serves the cause of freedom."*[1104]

Diesen deutlichen pro-israelischen Stellungnahmen und der Unterstützung Kennedys durch die amerikanischen Juden hatte Vizepräsident Nixon nichts Vergleichbares entgegenzusetzen. Eisenhower, der, obwohl er Kennedy für inkompetent hielt, zur Kandidatur Nixons bestenfalls ein ambivalentes

---

[1099] Vgl. Spiegel, a.a.O., S. 96. Spiegel zitiert hier aus einer ihm zugänglichen vertraulichen Quelle, die nicht weiter konkretisiert wird. Eine Anfrage meinerseits bei der John F. Kennedy Library in Boston ergab Ende 1993, daß dort kein Dokument über ein entsprechendes Treffen aufbewahrt wird.

[1100] Vgl. Cheryl A. Rubenberg, Israel and the American National Interest. A Critical Examination, Urbana (Illinois)/Chicago 1986, S. 12.

[1101] Vgl. Brief Kennedys an Goldstein, 10.8.1960, The Speeches, Remarks, Press Conferences and Statements of Senator John F. Kennedy, August 1 Through November 7, 1960, Washington 1961 (ed. by the U.S. Senate), S. 962.

[1102] Vgl. Spiegel, a.a.O., S. 96.

[1103] Rede Kennedys vor der ZOA, 26.8.1960, in: The Speeches, Remarks, Press Conferences and Statements of Senator John F. Kennedy, a.a.O., S.46-50.

[1104] Rede Kennedys beim Bonds for Israel Dinner, 31.10.1960, in: ebenda, S. 832f.

Verhältnis hatte,[1105] unternahm bei seinem Abschiedstreffen Ende September 1960 mit einer Delegation der Presidents' Conference keinen Versuch, für Nixon zu werben.[1106] Um Unterstützung für Nixon bei der jüdischen Gemeinde bemühte sich dagegen New Yorks Senator Jacob Javits. Er sah seine Aufgabe darin, bei den US-Juden wenigstens den Vorwurf auszuräumen, Nixon sei anti-jüdisch. Javits begleitete Nixon zu dessen einzigem Wahlkampftreffen mit amerikanischen Juden Mitte Oktober 1960 in Los Angeles. Nixons Stab glaubte, in Kalifornien, dem Heimatstaat des Vize-Präsidenten, noch am ehesten die Barriere zwischen diesem und der jüdischen Gemeinde zu überwinden.[1107]

Auch Rabbi Abba Hillel Silver trat an die Öffentlichkeit und machte sich für das republikanische Präsidentschafts-Ticket aus Nixon und UN-Botschafter Lodge stark. Nach einem Treffen Silvers mit Lodge in Cleveland meinte Silver, an den anti-jüdischen und anti-israelischen Vorwürfen sei nichts dran. *"[R]esponsible Jewish bodies"* hätten die Vorwürfe untersucht und nichts gefunden.[1108] Noch am 2. November 1960, sechs Tage vor dem Wahltag, nahm Silver in einem Brief an ein Mitglied der jüdischen Gemeinde Clevelands Botschafter Lodge gegen den Vorwurf in Schutz, dieser habe während der Suez-Krise anti-israelisch gehandelt.[1109]

[1105] Vgl. Ambrose, Nixon, a.a.O., S. 558ff.

[1106] An dem Treffen am 20.9.1960 hatten neben DDE und Pressesprecher Hagerty folgende jüdische Präsidenten teilgenommen: Label Katz, Vorsitzender der Presidents' Conference und Präsident von B'nai B'rith (New Orleans), Rabbi Irving Miller, Präsident des AZC (Newark, New Jersey), Rabbi Joachim Prinz, Präsident des American Jewish Congress (Newark, New Jersey), Moses Feuerstein, Präsident der Union of Orthodox Congregations of America (Boston) und Maurice Bisgyer, Vizepräsident von B'nai B'rith. Vgl. Gesprächsmemorandum 20.9.1960. DDEL: Ann Whitman File, Diaries Series, Box 53, Staff Notes September 1960 (2).

[1107] Vgl. Telefonat Javits' an Herter, 12.10.1960. DDEL: Herter Papers, Series II, Box 13, CAH Telephone Calls 9/1/60 to 1/20/61 (2). Über Javits' Engagement für Nixon im Zusammenhang mit dem Anti-Israel-Vorwurf vgl. auch SUNY: Jacob K. Javits Collection, Series 4, Subseries 2, Box 58, Israel - Nixon Campaign, 1960.

[1108] Erklärung Silvers in Cleveland, 27.10.1960. WRHS: Silver Papers, A Corr 8-3-23, Presidential Campaign 1960 - Nixon, Lodge - Kennedy, Johnson.

[1109] Vgl. Brief Silvers an Charles M. Schloss, 2.11.1960. Ebenda.

Am Ende siegte Kennedy mit einem der knappsten Entscheidungen überhaupt bei amerikanischen Präsidentschaftswahlen.[1110] Angesichts dieses Ergebnisses ist eine Untersuchung des Wahlverhaltens der ethnischen Gruppen von Interesse. Zu beobachten war, daß eine Koalition aus Katholiken, schwarzen Protestanten und Juden John F. Kennedy zum Präsidenten machte, während die größte Bevölkerungsgruppe, die weißen Protestanten, zu zwei Dritteln für Nixon stimmten. Die jüdische Gemeinde Amerikas votierte mit 90 Prozent (2,8 Millionen von 3,1 Millionen) nahezu geschlossen für den Kandidaten der Demokraten - Kennedy hatte damit unter der jüdischen Bevölkerung die Abstimmungswerte von Roosevelt und Truman erreicht.[1111]

Betrachtete man das ethnische Abstimmungsverhalten und dazu die hauchdünne Entscheidung, war festzustellen, daß nur ein leichter Stimmungsumschwung bei irgendeiner ethnischen Wählergruppe genügt hätte, Nixon zum Präsidenten zu machen. Insofern ist die Aussage nicht falsch, daß ohne die Unterstützung der amerikanischen Juden Kennedy 1960 die Wahl nicht gewonnen hätte. Eisenhower hat sich in seinen Memoiren sehr kryptisch zum Wahlausgang geäußert und gemeint, daß *"it showed the importance of succesful appeals to large special interest groups."*[1112]

Präsident Eisenhower mußte schließlich widerwillig die Gespräche zur Amtsübergabe mit dem gewählten Präsidenten Kennedy führen. Die Nahostpolitik nahm dabei - verglichen mit den Hauptthemen Kuba, Indochina und Berlin - zwar

---

[1110] Vgl. Ambrose, Nixon, a.a.O., S. 606. Zwar holte Nixon 26 Staaten gegenüber 23 mit einer Kennedy-Mehrheit, doch konnte JFK 303 Wahlmänner auf sich vereinigen, Nixon nur 219. In vielen Wahldistrikten lagen zwischen beiden Kandidaten oft nur wenige tausend oder gar hundert Stimmen, so daß das Ergebnis für Kennedy am Ende sehr glücklich ausfiel.
[1111] Vgl. Al-Azhary, a.a.O., S. 6 und S. 27f. Mit diesem Ergebnis bildeten die Juden in der ethnischen Kennedy-Koalition die geschlossenste Wählergruppe. Insgesamt stimmten von 22,1 Millionen Katholiken 18,1 Millionen (81,4 Prozent) für JFK, von 5,3 Millionen schwarzer Protestanten gaben ihm 3,4 Millionen (64 Prozent) ihre Stimme. Dagegen votierten von 58 Millionen weißer Protestanten nur 19,6 Millionen (33,7 Prozent) für JFK.
[1112] Eisenhower, Waging Peace, a.a.O., S. 602.

nur einen geringen Raum ein,[1113] doch gab sich Kennedy dabei im Zusammenhang mit Israel entgegen seinem im Wahlkampf geäußerten Programms - und entgegen der späteren Politik seiner Administration - als wenig Israel-enthusiastisch. Als Eisenhower ihn über den Stand der israelischen Bewaffnung unterrichtete, bemerkte er, daß *"an atomic development in Israel is highly distressing"*.[1114] Der Grund für diese Ansicht Kennedys waren Erkenntnisse der Administration, die auch zwei Tage später im Nationalen Sicherheitsrat ausführlich diskutiert wurden.

Dabei berichtete CIA-Chef Allen Dulles von einem israelischen Nuklearkomplex, der gerade mit französischer Hilfe bei Dimona im Negev gebaut wurde. Israel werde, so Dulles, in Kürze die Inbetriebnahme einer neuen wissenschaftlichen Forschungseinrichtung bekanntgeben, doch glaube der US-Geheimdienst nicht an eine zivile Nutzung. Auf entsprechende Nachfragen Vizepräsident Nixons gab Dulles zu Protokoll, daß die CIA schon seit längerem von diesem Bau gewußt habe, nicht jedoch, daß es sich dabei um ein Atomkraftwerk handele.[1115] Die Nachricht dürfte die Teilnehmer der NSC-Sitzung, wie schon zuvor Kennedy, einigermaßen elektrisiert haben. Ein Gefühl machte sich breit, von den Israelis hintergangen und, im Zusammenhang mit der US-Hilfe für Israel, getäuscht worden zu sein. *"The fact that the facility cost between $ 40 and $80 million at a time when we were providing aid to Israel raises serious questions"*, meinte etwa Außenminister Herter, der ein sofortiges Gespräch mit

---

[1113] DDE erstellte nach diesem Treffen mit Kennedy ein umfangreiches Memorandum, in dem merkwürdigerweise Israel und der Nahe Osten mit keinem Wort erwähnt wurden. Dies ist um so bemerkenswerter, als die Administration zu jenem Zeitpunkt bereits über den Dimona-Komplex informiert und äußerst beunruhigt war. DDE informierte Kennedy am 6.12.1960 auch darüber, was DDE aber in seinem Memorandum völlig verschwieg. Vgl. Eisenhower, Waging Peace, a.a.O., S. 712-716.
[1114] "Memorandum for the Record" des Übergabegesprächs zwischen DDE und JFK vom 6.12.1960. DDEL: Ann Whitman File, Transition Series, Box 1, Memos of the Staff re Change of Administration.
[1115] Seymour Hersh weist nach, daß die Spitze der Administration seit Ende 1958 mittels geheimer Fotos von U-2-Aufklärungsflügen darüber informiert war, daß in Dimona wahrscheinlich ein Kernreaktor entstand - allerdings wollte das Weiße Haus diese Informationen nicht zur Kenntnis nehmen. Erst als die Beweise immer drückender waren, wurde Dimona im NSC diskutiert. Vgl. Seymour Hersh, The Samson Option, Kap. 4 + 5, New York 1991.

Israels Botschafter Harman ankündigte.[1116] In aller Eile wurden nun auch die Mitglieder des gemeinsamen Atomenergieausschusses von Senat und Repräsentantenhaus aus den Weihnachtsferien gerufen und von Beamten der CIA über Dimona informiert.[1117]

Noch am selben Tag muß Herter den israelischen Missionschef ins State Department einbestellt haben, denn schon am nächsten Tag unterrichtete Herter US-Botschafter Reid in einem Telegramm über das Gespräch mit Harman. Danach hatte Herter Harman mit US-Geheimdiensterkenntnissen wie etwa Fotos von Dimona konfrontiert. Es gebe, so Herter, eine *"obvious inconsistency"* zwischen diesen Beweisen und den bisherigen israelischen Erklärungen, die Anlaß zur amerikanischen Besorgnis sei. Vor allem die gewaltigen Kosten irritierten die Administration. Herter erbat dringend Informationen zum israelischen Nuklearprogramm und drückte seine Hoffnung aus, daß auch diese Gespräche zwischen beiden Regierungen *"open and satisfactory"* verliefen. Harman war möglicherweise ähnlich verblüfft wie zuvor schon Kennedy und der NSC. Das Protokoll hielt fest, daß er von allen von Herter vorgelegten Fakten keine Kenntnisse besaß und zunächst um Zeit für eine Rücksprache mit seiner Regierung ersuchte.[1118]

Am 20. Dezember 1960, wenige Wochen vor der Amtsübernahme Kennedys, trafen sich Herter und Harman erneut. Harman hatte inzwischen seine Regierung kontaktiert und erklärte nun, daß der Reaktor in Dimona reinen Forschungszwecken diene und zudem nur eine Leistung von 24 Megawatt erbringe - nicht 100 bis 300, wie von Herter offenbar zunächst dargestellt worden war. Dimona sei, so Harman, Teil eines israelischen Programms zur Entwicklung des Negev. Technische Rückfragen von Beamten des State Department, die an der Sitzung teilnahmen, konnte Harman nicht beantworten.[1119]

[1116] Protokoll der 470. Sitzung des NSC, 8.12.1960. FRUS 1958-1960, Vol. XIII, S. 391f.
[1117] Vgl. Hersh, a.a.O., S. 81.
[1118] Telegramm Herters an Reid, 9.12.1960. FRUS 1958-1960, Vol. XIII, S. 393f.
[1119] Gesprächsmemorandum Herter, Harman, u.a., 20.12.1960. Ebenda, S. 396-399.

Einen Tag später gab auch Premierminister Ben Gurion vor der Knesset in Jerusalem eine Erklärung ab, in der er ebenfalls den friedlichen Charakter des Reaktors für Industrie, Forschung und Landwirtschaft und herausstrich. Er lud Experten befreundeter Nationen nach Dimona ein, sich davon zu überzeugen.[1120] Die Eisenhower-Administration begrüßte diese Erklärungen der israelischen Regierung in einer knappen Stellungnahme. Die amerikanische Regierung werde ihre Bemühungen fortsetzen, so hieß es, *"to ensure that developing atomic energy programs everywhere will be devoted exclusively to [peaceful] purposes."*[1121]

Die Eisenhower-Administration stellte die Erklärungen nicht in Frage. Bis zu ihrem Ausscheiden unternahm sie keinen Versuch, der israelischen Regierung einige kritische Fragen zu stellen. Und das, obwohl Ben Gurion erst nach erheblichem öffentlichen Druck und nach zahlreichen vorangegangenen Dementis - Dimona wurde zunächst als Textilfabrik deklariert - zugegeben hatte, daß Dimona ein Atomkraftwerk war. Keiner in der zu Ende gehenden Eisenhower-Administration wollte mehr tun und sich mit den Israelis anlegen. Dimona blieb ein Thema für die New-Frontier-Politik von John F. Kennedy.[1122]

Stellt man eine rückblickende Betrachtung an, so war Dimona bereits Teil einer neuen Zeit, der Zeit nach Dwight D. Eisenhower. Eisenhowers offensichtliches Bedürfnis, sich mit diesem Thema nicht mehr auseinanderzusetzen, ließ sich im wesentlichen mit dem bevorstehenden Amtswechsel im Weißen Haus erklären. Zudem wollte er das amerikanisch-israelische Verhältnis, das in den letzten zwei Jahren spürbar besser geworden war, keiner weiteren Belastungsprobe unter seiner Regierung aussetzen.

Von der Intervention im Libanon 1958 läßt sich sich ein Bogen bis zum Besuch Ben Gurions in den USA im März 1960 ziehen, der eigentlich bereits als Schlußpunkt im Verhältnis Eisenhowers zu Israel gesehen werden kann. In der

---

[1120] The New York Times, 22.12.1960.
[1121] Erklärung der Administration zu Dimona, 22.12.1960. DDEL: Herter Papers, Series II, Box 9, Chronological File, December 1960 (1).
[1122] Vgl. Hersh, a.a.O., S.85ff.

Folgezeit wurden keine wesentlichen strategischen Überlegungen diskutiert, in die Israel eingebunden gewesen wäre. Lediglich die Umsetzung der gegenüber Ben Gurion angedeuteten Bewaffnung war Gegenstand der amerikanisch-israelischen Gespräche. Zudem war der Rest von Eisenhowers Amtszeit, der bereits vom heraufziehenden Präsidentschaftswahlkampf zwischen Vizepräsident Richard Nixon und Senator John F. Kennedy bestimmt war, nur noch von Eisenhowers Wunsch geprägt, seine Amtszeit ordnungsgemäß zu beenden. Diese Haltung ließ wenig Spielraum für jede Art von politischen Leitlinien oder Auseinandersetzungen wie um Dimona. Die jüdischen Organisationen Amerikas schließlich hatten sich in der zweiten Jahreshälfte darauf konzentriert, trotz aller atmosphärischen Verbesserungen zwischen der republikanischen Administration und Israel einem Demokraten zur Präsidentschaft zu verhelfen.

III. Zusammenfassung

Anders als sein Vorgänger implementierte Präsident Dwight D. Eisenhower nach seiner Amtsübernahme eine Nahostpolitik, die zu Israel stärker auf Distanz ging. Mit einer Strategie der konstruktiven Neutralität im arabisch-israelischen Konflikt wollte Eisenhower Israelis und Arabern deutlich machen, daß die neue Administration eine von den europäischen Großmächten unabhängige Politik zu führen in der Lage war. Eisenhower erhoffte sich auf diese Weise einen größeren amerikanischen Handlungsspielraum bei einer diplomatischen Lösung des Nahostkonflikts, wobei er vor allem bestrebt war, die arabischen Staaten nicht durch eine aus innenpolitischen amerikanischen Interessen heraus motivierte pro-israelische Politik zu verärgern. Eisenhower und sein Außenminister John Foster Dulles ordneten die arabisch-israelische Auseinandersetzung in den globalen Ost-West-Konflikt des Kalten Krieges ein. Dabei war es aus westlicher Sicht entscheidend, daß der Nahe Osten aus strategischen Gründen eine westlich beeinflußte Region blieb und die Sowjetunion keinen Zugang zu den Rohstoffquellen bekam.

Diese neue Politik der republikanischen Administration wie auch ihr Regierungsstil wurden von den Unterstützern Israels in den USA schnell bemerkt. Sie mußten feststellen, daß die bisherigen Möglichkeiten, sich im Weißen Haus Gehör zu verschaffen, angesichts des straff organisierten Stabswesen Eisenhowers im Regierungsapparat nicht länger bestanden. Aus Sicht der Vertreter der amerikanischen jüdischen Gemeinde waren vor allem die Personalbesetzungen der neuen Administration eine ernüchternde Enttäuschung, da keiner der Berater Eisenhowers für das pro-israelische Anliegen empfänglich war - nicht zu reden vom ohnehin als pro-arabisch geltenden State Department. Die Anhänger Israels in den USA mußten daher nach neuen Wegen suchen, wollten sie wie unter Truman ihren Einfluß auf die amerikanische Nahostpolitik behalten.

Bis 1954 konnte noch nicht von einer zielgerichteten, die pro-israelischen Interessen koordinierenden "Lobby" gesprochen werden. Das amerikanische Judentum, das sich zahlenmäßig signifikant auf zwei geographische Regionen konzentrierte - die Ostküste und die Mid-Central-Region -, war in zahllose Organisationen aufgefächert und keineswegs in der Lage, eine im amerikanischen politischen System gängige Interessenvertretung auszuüben. Die politischen Mandatsträger aus Bundesstaaten mit hohem jüdischen Bevölkerungsanteil waren aus naheliegenden Gründen daran interessiert, auf jüdische Wähler Rücksicht zu nehmen und wuchsen im Laufe der Zeit in eine Rolle des Anwalts Israels hinein. Vor allem die Kongreßmitglieder, Gouverneure und Funktionäre von Eisenhowers Republikanischer Partei befanden sich dadurch in einem ständigen Spannungsfeld zwischen den innenpolitischen Bedürfnissen der Partei, die nicht mit einer unpopulären Politik Wahlen verlieren wollte, und der Loyalität zur eigenen Administration, deren diplomatische Interessen sich nicht nach den innenpolitischen Erwägungen richteten.

Je mehr den jüdischen Organisationen in den USA jedoch bewußt wurde, daß die Eisenhower-Administration dem besonderen Anliegen Israels mehr oder weniger indifferent gegenüberstand, desto mehr reifte vor allem bei den amerikanischen Zionisten die Erkenntnis, mit einer professionell arbeitenden und rechtlich korrekt eingetragenen Lobby-Organisation der Nahostpolitik der Eisenhower-Administration "den Kampf anzusagen". Das 1954 gegründete American Zionist Committee for Public Affairs (AZCPA) sollte diese Aufgabe übernehmen. Außerdem beschlossen ein Jahr später die Präsidenten von 16 bedeutenden jüdischen Organisationen auf der Shoreham-Konferenz die Gründung der Presidents' Conference, um künftig die Israel betreffende Meinung des amerikanischen Judentums wirksam mit einer Stimme zu formulieren.

Doch während sich die Presidents' Conference im wesentlichen auf Stellungnahmen in der öffentlichen Diskussion beschränkte und ein locker strukturiertes Gremium blieb, verstand das AZCPA seine Aufgabe als eine ständige öffentliche wie verdeckte Überzeugungsarbeit im Sinne einer für Israel positiven Politik. Da das Weiße Haus für die pro-israelischen Argumente verschlossen blieb, entwickelte das AZCPA die Strategie, über Druck auf die Legislative Einfluß auf die Nahostpolitik zu nehmen. Besonders ins Visier genommen wurden dabei Mandatsträger und -bewerber aus Bundesstaaten mit bedeutendem jüdischen Bevölkerungsanteil. Mit Briefkampagnen, Wahlkampfunterstützung und permanenter Öffentlichkeitsarbeit wurde ein positives Bild von Israel gezeichnet, für das im Kongreß Hilfe eingeworben wurde. Dabei wurden gleichzeitig religiöse und historische Analogien zur amerikanischen Geschichte und Philosophie bemüht, deren suggestiver Wirkung sich auch viele amerikanische Protestanten nicht entziehen konnten. In der amerikanischen Öffentlichkeit, die Unterschiede zwischen Zionismus und Judaismus ohnehin nicht wahrnahm, bildete sich daher ein breiter gesellschaftlicher Konsens, wenn es um die Unterstützung Israels ging.

Diese Tatsache verschärfte Mitte der fünfziger Jahre die Auseinandersetzungen zwischen der Administration und der Israel-Lobby. Die Administration sah sich zeitweise gezwungen, deutliche Mahnungen an die israelischen Diplomaten in den USA zu richten. Diese wurden verdächtigt, die innenpolitische Debatte anzuheizen und die Administration in die Defensive gegen die öffentliche Meinung zu bringen. Aufgeschreckt durch schlechte Wahlergebnisse, waren es auch immer wieder republikanische Kongreßmitglieder und Parteifunktionäre, die zu einer moderateren Haltung gegenüber Israel rieten. Doch hatte die Administration spätestens seit der B'not Yaakov/Kibya- und der Lavon-Affäre die israelische Regierung oft genug im Verdacht, bei dem diplomatischen Poker mit gezinkten Karten zu spielen und sich durch eine politische Unberechenbarkeit auszuzeichnen. Eine militärische Aufrüstung Israels durch amerikanische Waffen, wie von Israel und seinen Unterstützern in den USA gefordert, lehnte Washington ab. Zu groß war die Befürchtung, dadurch ein Wettrüsten in der Region und letztlich einen weiteren Waffengang auszulösen. Doch einen Krieg wollten Eisenhower und Dulles unter allen Umständen verhindern.

Angesichts der zu beobachtenden Annäherung Ägyptens an die Sowjetunion, das 1955 in die Lieferung von tschechoslowakischen Waffen an Ägypten mündete, wurden die Forderungen der israelischen Regierung und der Israel-Lobby in den USA nach einer amerikanischen Sicherheitsgarantie immer lauter. Washington wollte dies jedoch aus strategischen Gründen vermeiden und versuchte 1955, anfangs mit dem britischen Alliierten, Ägypten und Israel mittels geheimer Initiativen zu einem umfassenden Friedensvertrag zu bringen. Ganz wesentlich für diesen Eifer Washingtons war der heraufziehende Präsidentschaftswahlkampf 1956. Der Eisenhower-Administration lag nichts daran, daß die Nahostpolitik zum Wahlkampfthema und sie selbst möglicherweise dazu gezwungen werden würde, ihre Zurückhaltung bei der Bewaffnung Israels aufzugeben.

Doch ging diese Taktik nicht auf. Die ägyptischen und israelischen Grundpositionen - etwa über die Zukunft des Negev - waren absolut unvereinbar. Nachdem jegliche Friedensbemühung gescheitert und nachdem die strategische Konzeption der Eisenhower-Administration durch die ägyptisch-sowjetische Kooperation nahezu obsolet geworden war, standen sich Ägypten und Israel noch unversöhnlicher als zuvor gegenüber, so daß eine militärische Auseinandersetzung unvermeidlich zu werden schien.

Das AZCPA, das seine Informationen zumeist aus der israelischen Botschaft in Washington erhielt, stimmte seine Taktik mit den Israelis ab und war durchaus in der Lage, die öffentlichen Angriffe gegen Dulles' State Department zumindest in der Phase der geheimen US-Initiativen zurückzustellen. Auch wenn Eisenhower und Dulles intern ständig die Parole ausgaben, Israel keine Vorteile aufgrund von innenpolitischen Erwägungen zu gewähren, war das Unbehagen vor der Israel-Lobby und einer Vermengung von Wahlkampf und Nahostpolitik durchaus präsent. Die Administration versuchte alles, um dem pro-israelischen Druck auszuweichen und um Zeit zu gewinnen, vielleicht doch noch eine arabisch-israelische Annäherung zustandezubringen. Die Administration ließ sich durch den Druck der Israel-Lobby in ihrer Nahostdiplomatie mehr beeinflussen, als dies nach außen deutlich wurde. Dabei setzte Washington anders als London viel zu lange auf die Nasser-Karte, wodurch es allerdings weder seinen strategischen noch seinen taktischen Zielen näher kam.

Die Sackgasse, in die die amerikanische Diplomatie in ihrer Nahostpolitik geraten war, konnte im Grunde erst durch die fatale Fehlentscheidung Londons, Paris' und Jerusalems wieder aufgehoben werden, sie könnten Nasser durch eine koloniale Kanonenboot-Politik zu Fall bringen. Durch die Suez-Krise fühlte sich Eisenhower von seinen engsten Alliierten verraten und setzte - vor allem gegen Großbritannien - die US-Wirtschaftsmacht ein, um die ungleichen Waffenbrüder zu einem Rückzug aus Ägypten zu zwingen. Dabei nahm Eisenhower keine Rücksicht auf die Präsidentschaftswahl 1956 und mögliche Verluste bei pro-israelischen Wählern - mit Erfolg. Die Israel-Lobby hatte es trotz publizistischen Aufwandes und der Verteidigung Israels in der amerikanischen Öffentlichkeit nicht geschafft, die Wahl Eisenhowers zu verhindern.

Gleichwohl war ihre Einflußmöglichkeit im Kongreß mittlerweile sehr groß geworden, was die Auseinandersetzungen im Frühjahr 1957 um die Eisenhower-Doktrin und den israelischen Rückzug aus dem Sinai bewies. Zwar konnte die Administration beide Ziele erreichen, doch erst nachdem die Israel-freundlichen Kongreßmitglieder erhebliche Vorteile für Israel herausgeschlagen hatten. Erstmals hatten Eisenhower und Dulles die reale Wirksamkeit der Israel-Lobby negativ zu spüren bekommen.

Die Arbeit der Israel-Lobby, vor allem des AZCPA, war jedoch auch auf eine langfristige Meinungs- und Perzeptionsbildung über Israel angelegt worden, die sich in Eisenhowers zweiter Amtszeit auszuzahlen begann. Denn selbst in verschiedenen sicherheitsrelevanten Behörden der Administration wurde zunehmend Israel als einzig verläßlicher Partner Amerikas im Nahen Osten angesehen. Ohne es explizit zu formulieren, akzeptierte die Administration, daß Israel allmählich in die Rolle des Juniorpartners Washingtons hineinwuchs. Die israelische Regierung hatte sich dabei äußerst klug, nämlich passiv, verhalten, indem sie die Eisenhower-Administration selbst erkennen ließ, daß mit Nasser keine Geschäfte zu machen waren und daß die übrigen arabischen Staaten sich lediglich durch politische Instabilität und revolutionäre Entwicklungen bemerkbar machten. Die Option einer amerikanisch-israelischen Partnerschaft blieb zwar unausgesprochen, bestimmte jedoch mehr und mehr die Gesprächsatmosphäre und die Beziehungen zwischen Washington und Jerusalem bis 1960.

Fast wäre es Israel sogar gelungen, noch zur Amtszeit Eisenhowers mit amerikanischen Waffen ausgerüstet zu werden - was die Administration bisher stets mit dem Hinweis auf die europäischen Waffenlieferungen abgelehnt hatte. Daß diese militärische Aufrüstung erst in der Ära Kennedy/Johnson zur Praxis wurde, ist zu einem erheblichen Teil der Lobby-Arbeit im Kongreß und der Öffentlichkeit des AIPAC zu verdanken. Denn anders als in bisherigen Forschungsarbeiten dargestellt, war die Israel-Lobby auch unter Eisenhower aktiv. Gerade weil Eisenhower sich dem israelischen Anliegen gegenüber verschlossen zeigte, war die Israel-Lobby gezwungen, neue Organisationsstrukturen und Arbeitsmethoden zu entwickeln, mit deren Hilfe höchst wirksam Einfluß auf die Legislative ausgeübt werden konnte. Die Israel-Lobby brauchte demnach erst die für sie ungünstige Ausgangsposition eines unzugänglichen Präsidenten, um die Schlagfähigkeit zu erreichen, die sie unter späteren Präsidenten entfaltet hat. Auf diese Weise trug Eisenhower indirekt zur Ausbildung einer politischen Wirklichkeit in den USA bei, die selbst Politikern wie Bill Clinton und Al Gore, die zum Nahen Osten keine Beziehung hatten, ungefragt politische Bekenntnisse zu Israel abgeben ließ.

Bibliographie

Ungedruckte Quellen:

The American Jewish Archives (Cincinnati, Ohio)

  Manuscripts:

  - Miscellaneous Collection

  - Correspondence File

Oral History Transcripts:

  - Philip M. Klutznick

The American Jewish Committee Archives (New York, New York)

  Manuscripts:

  - Joseph Proskauer Papers

The Dwight D. Eisenhower Library (Abilene, Kansas)

  Manuscripts:

  - Herbert Brownell, Jr. Papers

  - John Foster Dulles Papers

  - Dwight D. Eisenhower Papers as President (Ann Whitman File)

  - Dwight D. Eisenhower Records as President

  - Leonard V. Finder Papers

  - Christian Herter Papers

  - C.D. Jackson Papers

  - White House Central Files

  - White House Office, National Security Council Staff Papers

  - White House Office, Office of the Special Asssistant for National Security Affairs Records

Oral History Transcripts:

- Dr. Eli Ginzberg
- Jacob Javits
- F. Peter Jessup
- Theodore R. McKeldin
- Ogden R. Reid
- James J. Wadsworth

The Frank Melville, Jr. Library, State University of New York at Stony Brook (New York)

Manuscripts:

- Jacob K. Javits Collection

National Archives (Washington, D.C.)

Microfilms:

- State Department Central Files, 1950-54
- State Department Central Files, 1955-59
- State Department Decimal File, American Zionist Committee for Public Affairs

The Rush Rhees Library, University of Rochester (New York)

Manuscripts:

- Philip S. Bernstein/AIPAC Papers
- Thomas P. Dewey Papers

The Harry S. Truman Library (Independence, Missouri)

Manuscripts:

- White House Central Files, Official File
- Harry S. Truman Papers, Post-Presidential Files

Western Reserve Historical Society, (Cleveland, Ohio)

Manuscripts/Microfilms:

- Abba Hillel Silver Papers

Gedruckte Quellen:

Campaign Statements of Dwight D. Eisenhower. A Reference Index, Independence (Missouri) 1976.

Documents on American Foreign Relations 1954. Published by the Council on Foreign Relations (ed. by Peter V. Curl), New York 1955.

Documents on American Foreign Relations 1955. Published by the Council on Foreign Relations (ed. by Paul E. Zinner), New York 1956.

Documents on American Foreign Relations 1956. Published by the Council on Foreign Relations (ed. by Paul E. Zinner), New York 1957.

Documents on American Foreign Relations 1957. Published by the Council on Foreign Relations (ed. by Paul E. Zinner), New York 1958.

Documents on American Foreign Relations 1958. Published by the Council on Foreign Relations (ed. by Paul E. Zinner), New York 1959.

The Dynamics of World Power. A Documentary History of United States Foreign Policy 1948-1973 (ed. by Arthur M. Schlesinger, jr.), Vol. V, New York 1973.

Foreign Relations of the United States 1952-1954, Vol. IX, The Near and Middle East (in two parts), Part 1.

Foreign Relations of the United States 1955-1957, Vol. XIV, Arab-Israeli Dispute 1955.

Foreign Relations of the United States 1955-1957, Vol. XV, Arab-Israeli Dispute January 1 - July 26, 1956.

Foreign Relations of the United States 1955-1957, Vol. XVI, Suez Crisis, July 26 - December 31, 1956.

Foreign Relations of the United States 1955-1957, Vol. XVII, Arab-Israeli Dispute 1957.

Foreign Relations of the United States 1958-1960, Vol. XIII, Arab-Israeli Dispute; United Arab Republic; North Africa.

The Papers of Adlai E. Stevenson, 8 Vols. (ed. by Walter Johnson/Carol Evans), Vol. 6, Toward a New America, 1955-1957, Boston 1976.

Public Papers of the Presidents of the United States, 1953-1961.

The Speeches, Remarks, Press Conferences and Statements of Senator John F. Kennedy, August 1 Through November 7, 1960 (ed. by the US-Senate), Washington 1961.

Vereinte Nationen (Hrsg.), Die VN-Resolutionen zum Nahostkonflikt I (Reihe Völkerrecht und Politik; Bd. 5), Berlin 1978.

Zeitungen/Zeitschriften:

- American-Arab Affairs
- American Jewish Archives
- American Jewish History
- American Jewish Year Book
- The Annals of the American Academy
- The Cleveland Plain Dealer
- The International Journal of Middle East Studies
- The Journal of American History
- The Journal of Diplomatic History
- Journal of Palestine Studies
- The Middle East Journal
- Middle Eastern Studies
- The New York Herald Tribune
- The New York Times
- Studies in Zionism
- Time Magazine

Memoiren:

Sherman Adams, Firsthand Report. The Story of the Eisenhower Administration, New York 1961.

Alfred Atherton, The United States and the Suez Crisis. The Uses and Limits of Diplomacy, in: Selwyn Ilan Troen/Moshe Shemesh (Eds.), The Suez-Sinai Crisis 1956. Retrospective and Reappraisal, London 1990, S. 266-273.

David Ben Gurion, Ben Gurion Looks Back in Talks With Moshe Pearlman, New York 1965.

David Ben Gurion, My Talks With Arab Leaders, New York 1973.

Andrew H. Berding, Dulles on Diplomacy, Princeton (New Jersey) 1965.

Elmer Berger, Who Knows Better Must Say So! Letters of an American Jew, New York 1955.

Joseph A. Califano, jr., The Triumph and Tragedy of Lyndon Johnson. The White House Years, New York 1991.

Moshe Dayan, Story of My Life, New York/London 1976.

Moshe Dayan, Diary of the Sinai Campaign, New York 1967.

Abba Eban, An Autobiography, London/New York 1977.

Anthony Eden, Full Circle, Boston 1960.

Dwight D. Eisenhower, The White House Years, Vol. 1: Mandate for Change 1953-1956, New York 1963.

Dwight D. Eisenhower, The White House Years, Vol. 2: Waging Peace 1956-1961, New York 1965.

Dwight D. Eisenhower, At ease. Stories I tell to friends, New York 1967.

The Eisenhower Diaries (ed. by Robert Ferrell), New York 1981.

Mahmoud Fawzi, Suez 1956. An Egyptian Perspective, London o.D.

Paul Findley, They Dare to Speak Out. People and Institutions Confront Israel's Lobby, Westport (Connecticut) 1985.

Nahum Goldmann, Sixty Years of Jewish Life, New York 1969.

Gottlieb Hammer, Good Faith and Credit, New York/London 1985.

Mohammed Heykal, L'Affaire de Suez. Un regard égyptien, Paris 1987.

E. H. Hutchinson, Violent Truce. A Military Observer Looks at the Arab-Israeli Conflict 1951-1955, New York 1956.

Jacob K. Javits, Javits. The Autobiography of a Public Man (with Rafael Steinberg), Boston 1981.

Isaiah L. Kenen, Israel's Defense Line. Her Friends and Foes in Washington, Buffalo (New York) 1981.

Philip M. Klutznick, No Easy Answers, New York 1961.

Selwyn Lloyd, Suez 1956. A Personal Account, London 1978.

Henry Cabot Lodge, As it was. An Inside View of Politics and Power in the '50s and '60s, New York 1976.

Harold MacMillan, Riding the Storm 1956-1959, London 1971.

Robert Murphy, Diplomat Among Warriors, New York 1964.

Richard Nixon, The Memoirs of Richard Nixon, New York 1978.

Anthony Nutting, No End of a Lesson. The Story of Suez, London 1967.

Shimon Peres, David's Sling. The Arming of Israel, London 1970.

Evelyn Shuckburgh, Descent to Suez. Diaries 1951-1956, London 1986.

Maxwell D. Taylor, The Uncertain Trumpet, New York 1960.

Harry S. Truman, Memoirs of Harry S. Truman, Vol. 2: Years of Trial and Hope, New York 1956.

Lewis H. Weinstein, John F. Kennedy: A Personal Memoir, 1946-1963, in: American Jewish History, Vol. 75, No. 1, September 1985, S. 5-30.

Literatur:

Charles F. Allen/Jonathan Portis, The Comeback Kid. The Life and Career of Bill Clinton, New York 1992.

Isaac Alteras, Eisenhower and Israel. U.S.-Israeli Relations, 1953-1960, Gainesville (Florida) 1993.

Isaac Alteras, Dwight D. Eisenhower and the State of Israel: Supporter or Distant Sympathizer?, in: Johann P. Krieg (Ed.), Dwight D. Eisenhower. Soldier, President, Statesman, New York/London 1987, S. 237-247.

Isaac Alteras, Eisenhower, American Jewry, and Israel, in: American Jewish Archives, Vol. 37, No.2, November 1985, S. 257-274.

Stephen E. Ambrose, Rise to Globalism, American Foreign Policy Since 1938, Harmondsworth/New York ^{3}1983.

Stephen E. Ambrose, Nixon, Vol.1: The Education of a Politician 1913-1962, New York 1987.

Stephen E. Ambrose, Eisenhower. Soldier and President, New York u.a. 1990.

Anthony Clark Arend, Pursuing a Just and Durable Peace. John Foster Dulles and International Organization, New York 1988.

Geoffrey Aronson, From Sideshow to Center Stage. U.S. Policy Toward Egypt 1946-1956, Boulder (Colorado) 1986.

Frederick W. Axelgard, US Support for the British Position in Pre-Revolutionary Iraq, in: Robert A. Fernea/William Roger Louis (Eds.), The Iraqi Revolution of 1958. The Old Social Classes Revisited, London/New York 1991, S. 77-94.

M. S. El Azhary, Political Cohesion of American Jews in American Politics: A Reappraisal of their Role in Presidential Elections, Washington 1980.

Alan R. Balboni, A Study of the Efforts of the American Zionists to Influence the Formulation and Conduct of United States Foreign Policy During the Roosevelt, Truman and Eisenhower Administrations, Phil. Diss., Brown University, Providence (Rhode Island) 1972.

George W. Ball/Douglas B. Ball, The Passionate Attachment. America's Involvement with Israel, 1947 to the Present, New York/London 1992.

Mitchell Geoffrey Bard, The Water's Edge and Beyond. Defining the Limits to Domestic Influence on United States Middle East Policy, New Brunswick (New Jersey)/London 1991.

Michael Barnhart (Ed.), Congress and United States Foreign Policy. Controlling the Use of Force in the Nuclear Age, Albany (New York) 1987.

Mordechai Bar-On, David Ben-Gurion and the Sèvres Collusion, in: William Roger Louis/Roger Owen (Eds.), Suez 1956. The Crisis and its Consequences, Oxford 1989, S. 145-160.

Yaacov Bar-Siman-Tov, Ben Gurion and Sharett. Conflict Management and Great Power Constraints in Israeli Foreign Policy, in: Middle Eastern Studies, 3/1988, S. 330-356.

Michael Bar-Zohar, David Ben-Gurion. 40 Jahre Israel - Die Biographie des Staatsgründers, Bergisch-Gladbach 1988.

Avi Beker, The United Nations and Israel. From Recognition to Reprehension, Lexington (Massachusetts)/Toronto 1988.

Uri Bialer, Facts and Pacts. Ben-Gurion and Israel's International Orientation, 1948-1956, in: Ronald W. Zweig (Ed.), David Ben-Gurion. Politics and Leadership in Israel, London/Jerusalem 1991, S. 216-235.

Etta Bick, Reasoning Together. Three Decades of Discussions Between American and Israeli Jews, New York 1985.

Michael B. Bishku, The 1958 American Intervention in Lebanon. A Historical Assessment, in: American-Arab Affairs, 31/1989-1990, S. 106-119.

Jon R. Bond/Richard Fleischer, The President in the Legislative Arena, Chicago/London 1990.

Vaughn Davis Bornet, The Presidency of Lyndon B. Johnson, Lawrence (Kansas) [2]1988.

Robert R. Bowie, Eisenhower, Dulles, and the Suez Crisis, in: William Roger Louis/Roger Owen (Eds.), Suez 1956. The Crisis and its Consequences, Oxford 1989, S. 189-214.

Philip J. Briggs, Congress and the Middle East: The Eisenhower Doctrine, 1957, in: Johann P. Krieg (Ed.), Dwight D. Eisenhower. Soldier, President, Statesman, New York/London 1987, S. 249-269.

Seyom Brown, The Faces of Power. Constancy and Change in United States Foreign Policy From Truman to Reagan, New York 1983.

Thomas A. Bryson, American Diplomatic Relations with the Middle East, 1784-1975. A Survey, Metuchen (New Jersey) 1977.

Robert Frederick Burk, The Eisenhower Administration and Black Civil Rights, Knoxville (Tennessee) 1984.

William J. Burns, Economic Aid and American Policy toward Egypt 1955-1981, Albany (New York) 1985.

David Caute, The Great Fear. The Anti-Communist Purge Under Truman and Eisenhower, New York 1978.

Noam Chomsky, The Fateful Triangle. The United States, Israel and the Palestinians, Boston 1983.

Andrew + Leslie Cockburn, Dangerous Liaison. The Inside Story of the U.S.-Israeli Covert Relationship, New York 1991.

Michael J. Cohen, Truman and Israel, Berkeley/Oxford 1990.

Naomi W. Cohen, American Jews and the Zionist Idea, New York 1975.

Peter Collier/David Horowitz, The Kennedys. An American Drama, New York 1984.

Cecil V. Crabb, Jr./Kevin V. Mulcahy, Presidents and Foreign Policy Making. From FDR to Reagan, Baton Rouge (Louisiana)/London 1986.

Sylvia Kowitt Crosbie, A Tacit Alliance. France and Israel from Suez to the Six Days War, Princeton (New Jersey) 1974.

Richard H Curtiss, A Changing Image: American Perceptions of the Arab-Israeli Dispute, Washington 1982.

Robert Dallek, Lone Star Rising. Lyndon Johnson and His Times, 1908-1960, New York/Oxford 1991.

Jacques Derogy/Hesi Carmel, The Untold History of Israel, New York 1979.

Robert A. Divine, Eisenhower and the Cold War, New York/Oxford 1981.

Robert J. Donovan, Eisenhower. The Inside Story, New York 1956.

Alan Dowty, Middle East Crisis. U.S. Decision-Making in 1958, 1970, and 1973, Berkeley/London 1984.

Harold Eidlin, The English-Jewish Weekly Press as a Communicator for American Jewry, unveröffentlichte M.A.-Arbeit, American University, Washington DC, 1964.

Daniel J. Elazar, Community and Polity. The Organizational Dynamics of American Jewry, Philadelphia 1976.

Bruce J. Evensen, A Story pf "Ineptness". The Truman Administration's Struggle to Shape Conventional Wisdom on Palestine at the Beginning of the Cold War, in: The Journal of Diplomatic History, Vol. 15, 3/1991, S. 339-359.

Yossi Feintuch, U.S. Policy on Jerusalem, New York/London 1987.

Marc Ferro, Suez. Naissance d'un Tiers Monde, Brüssel 1982.

Roberta Strauss Feuerlicht, The Fate of the Jews. A People Torn Between Israeli Power and Jewish Ethics, New York 1983.

Herman Finer, Dulles over Suez. The Theory and Practice of his Diplomacy, Chicago 1964.

H. Schuyler Foster, Activism Replaces Isolationism. U.S. Public Attitudes 1940-1975, Washington 1983.

Moshe Fox, Backing the "Good Guys". American Governmental Policy, "Jewish Influence", and the Sinai Campaign of 1956, in: American Jewish Archives, 40/1988, S. 83-103.

Steven Z. Freiberger, The Dulles Mission to the Eisenhower Doctrine. Anglo-American Policy Toward the Middle East, 1953-56, Phil. Diss., Rutgers University, New Brunswick (New Jersey), 1990.

Richard M. Fried, Nightmare in Red. The McCarthy Era in Perspective, New York 1990.

Roy Fullick/Geoffrey Powell, Suez. The Double War, London ²1990.

Allon Gal, Israel in the mind of B'nai B'rith (1938-1958), in: American Jewish History, Vol. 77, No. 4, June 1988, S. 554-571.

Lloyd P. Gartner, The History of the Jews of Cleveland, Cleveland ²1987.

Mordechai Gazit, Israeli Military Procurement from the United States, in: Gabriel Sheffer (Ed.), Dynamics of Dependence. U.S.-Israeli Relations, Boulder (Colorado)/London 1987, S. 83-123.

Irene L. Gendzier, The United States, the USSR and the Arab World in NSC Reports of the 1950s, in: American-Arab Affairs, 28/1989, S. 22-29.

Eytan Gilboa, American Public Opinion Toward Israel and the Arab-Israeli Conflict, Lexington (Massachusetts)/Toronto 1987.

Edward Bernard Glick, The Triangular Connection. America, Israel, and American Jews, London 1982.

Matti Golan, Shimon Peres. A Biography, New York 1982.

David Howard Goldberg, Foreign Policy and Ethnic Interest Groups. American and Canadian Jews Lobby for Israel, New York 1990.

Al Gore, Earth in the Balance. Ecology and Human Spirit, Boston/New York 1992.

Stephen Green, Taking Sides. America's Secret Relations with a Militant Israel 1948/1967, London/Boston 1984.

Fred I. Greenstein, The Hidden-Hand Presidency. Eisenhower as Leader, New York 1982.

Howard Greenstein, Turning Point. Zionism and Reform Judaism, Chico (Californien) 1981.

Peter Grose, Israel in the Mind of America, New York 1983.

Michael A. Guhin, John Foster Dulles. A Statsman and his Times, New York/London 1972.

Peter L. Hahn, The United States, Great Britain, & Egypt, 1945-1956. Strategy and Diplomacy in the Early Cold War, Chapel Hill (North Carolina)/London 1991.

Peter L. Hahn, Containment and Egyptian Nationalism. The Unsuccessful Effort to Establish the Middle East Command, 1950-52, in: The Journal of Diplomatic History, Vol. 11, 1/1987, S. 23-40.

Edmund R. Hanauer, An Analysis of Conflicting Jewish Positions Regarding the Nature and Political Role of American Jews, with Particular Emphasis on Political Zionism, Phil. Diss., American University, Washington DC 1972.

Glenn P. Hastedt, American Foreign Policy. Past, Present, Future, Englewood Cliffs (New Jersey) 1988.

Seymour M. Hersh, The Samson Option, New York 1991.

Menachem Hofnung/Gabriel Sheffer, Israel's Image, in: Gabriel Sheffer (Ed.), Dynamics of Dependence. U.S.-Israeli Relations, oulder (Colorado)/London 1987, S. 7-36.

Townsend Hoopes, The Devil and John Foster Dulles, London 1974.

Harry N. Howard, The Regional Pacts and the Eisenhower Doctrine, in: The Annals of the American Academy, Vol. 401, May 1972, S. 85-94.

Earl Dean Huff, Zionist Influences Upon U.S. Foreign Policy: A Study of American Policy Toward the Middle East from the Time of the Struggles for Israel to the Sinai Conflict, Phil. Diss., University of Idaho 1971.

Barry B. Hughes, The Domestic Context of American Foreign Policy, San Francisco 1978.

Richard H. Immerman (Ed.), John Foster Dulles and the Diplomacy of the Cold War, Princeton (New Jersey) 1990.

Richard H. Immerman, Eisenhower and Dulles. Who Made the Decisions?, in: Political Psychology, 1/1979, S. 21-38.

Robert Rhodes James, Anthony Eden, New York 1987.

Richard L. Jasse, The Baghdad Pact: Cold War or Colonialism, in: Middle Eastern Studies, 1/1991, S. 140-156.

Anthony James Joes, Eisenhower Revisionism and American Politics, in: Joann P. Krieg (Ed.), Dwight D. Eisenhower. Soldier, President, Statesman, New York/London 1987, S. 283-296.

George McT. Kahin, Intervention. How America Became Involved in Vietnam, New York 1986.

Drora Kass, Israeli and American Jews. Toward a Meaningful Dialogue, New York 1984.

Burton I. Kaufman, Trade and Aid. Eisenhowers's Foreign Economic Policy 1953-1961, Baltimore/London 1982.

Menachem Kaufman, The American Jewish Committee and Jewish Statehood, 1947-1948, in: Studies in Zionism, 2/1986, S. 259-275.

Nikki R. Keddie, The End of the Cold War and the Middle East, in: The Journal of Diplomatic History, Vol. 16, 1/1992, S. 95-103.

Mohamed El-Khawas/Samir Abed-Rabbo, American Aid to Israel. Nature and Impact, Brattleboro (Vermont) 1984.

Brian Klunk, Consensus and the American Mission. The Credibility of Institutions, Policies and Leadership, Lanham (Maryland)/London 1986.

Thomas A. Kolsky, Jews Against Zionism. The American Council for Judaism, 1942-1948, Phil. Diss., George Washington University, Washington DC, 1986.

Diane Kunz, The Economic Diplomacy of the Suez Crisis, Chapel Hill (North Carolina)/London 1991.

Keith Kyle, Suez, London 1991.

Jeffrey A. Lefebvre, The United States and Egypt. Confrontation and Accomodation in Northeast Africa, 1956-60, in: Middle Eastern Studies, 2/1993, S. 321-338.

George Lenczowski, American Presidents and the Middle East, Durham (North Carolina)/London 1990.

Douglas Little, The Making of a Special Relationship. The United States and Israel, 1957-68, in: The International Journal of Middle East Studies, 4/1993, S. 563-585.

Douglas Little, Cold War and Covert Action. The United States and Syria, 1945-1958, in: Middle East Journal 1/1990, S. 51-75.

William Roger Louis, Dulles, Suez, and the British, in: Richard H. Immerman (Ed.), John Foster Dulles and the Diplomacy of the Cold War, Princeton (New Jersey) 1990, S. 133-158.

William Roger Louis, The Tragedy of the Anglo-Egyptian Settlement of 1954, in: W. R. Louis/Roger Owen (Eds.), Suez 1956. The Crisis and its Consequences, Oxford 1989, S. 43-71.

William Roger Louis, The British Empire in the Middle East. Arab Nationalism, the United States, and Postwar Imperialism, Oxford 1984.

W. Scott Lucas, Devided We Stand. Britain, the US and the Suez Crisis, London 1991.

W. Scott Lucas, Redifining the Suez 'Collusion', in: Middle Eastern Studies, 1/1990, S. 88-112.

Robert J. McMahon, Toward a Post-Colonial Order. Truman Administration Policies Toward South and Southeast Asia, in: Michael J. Lacey (Ed.), The Truman Presidency, Cambridge/New York 1989, S. 339-365.

Robert J. McMahon, United States Cold War Strategy in South Asia. Making a Military Commitment to Pakistan, 1947-1954, in: The Journal of American History, 1/1988, S. 812-840.

Richard A. Melanson, The Foundations of Eisenhower's Foreign Policy. Continuity, Community, and Consensus, in: Richard A. Melanson/David Mayers (Eds.), Reevaluating Eisenhower. American Foreign Policy in the 1950s, Urbana (Illinois)/Chicago 1987, S. 31-64.

Laila Amin Morsy, The Role of the United States in the Anglo-Egyptian Agreement of 1954, in: Middle Eastern Studies, 3/1993, S. 526-558.

Thomas Naff, Water in the International Relations of the Middle East. Israel and the Jordan River System, in: John P. Spagnolo (Ed.), Problems of the Modern Middle East in Historical Perspective. Essays in Honor of Albert Hourani, Oxford 1992, S. 189-210.

Donald Neff, Warriors at Suez. Eisenhower Takes America into the Middle East, New York 1981.

Anna K. Nelson, National Security I: Inventing a Process (1945-1960), in: Hugh Heclo/Lester M. Salamon (Eds.), The Illusion of Presidential Government, Boulder (Colorado) 1981.

Nancy Jo Nelson, The Zionist Organizational Structure, in: Journal of Palestine Studies, Vol. X, No. 1/Autumn 1980 (37), S. 80-93.

Nimrod Novik, The United States and Israel. Domestic Determinants of a Changing U.S. Commitment, Boulder (Colorado)/London 1986.

J. Ronald Oakley, God's Country. America in the Fifties, New York 1986.

Michael B. Oren, Origins of the Second Arab-Israel War. Egypt, Israel and the Great Powers 1952-56, London 1992.

Michael B. Oren, Secret Egypt-Israel Peace Initiatives Prior to the Suez Campaign, in: Middle Eastern Studies, 3/1990, S. 351-370.

Herbert S. Parmet, Richard Nixon and his America, Boston 1990.

Herbert S. Parmet, Eisenhower and the American Crusades, New York/London 1972.

Amos Perlmutter, Military and Politics in Israel. Nation-Building and Role Expansion, London ²1977.

Tabitha Petran, The Struggle ver Lebanon, New York 1987.

Istvan S. Pogany, The Security Council and the Arab-Israeli Conflict, New York 1984.

Ronald W. Pruessen, John Foster Dulles and the Predicaments of Power, in: Richard H. Immerman (Ed.), John Foster Dulles and the Diplomacy of the Cold War, Princeton (New Jersey) 1990, S. 21-45.

Ronald W. Pruessen, John Foster Dulles. The Road to Power, New York/London 1982.

Marc Lee Raphael, Abba Hillel Silver. A Profile in American Judaism, New York/London 1989.

James Lee Ray, The Future of American-Israeli Relations. A Parting of the Ways?, Lexington (Kentucky) 1985.

Sara Reguer, Controversial Waters. The Exploitation of the Jordan River, 1950-80, in: Middle Eastern Studies, 1/1993, S. 53-90.

Bernard Reich, Quest for Peace. United States-Israel Relations and the Arab-Israeli Conflict, New Brunswick 1977.

Bernard Reich, The United States and Israel. Influence in the Special Relationship, New York u.a. 1984.

Livia Rokach, Israel's Sacred Terrorism, Belmont (Massachusetts) 1980.

J. Philipp Rosenberg, Dwight D. Eisenhower and the Foreign Policymaking Process, in: Joann P. Krieg (Ed.), Dwight D. Eisenhower. Soldier, President, Statesman, New York/London 1987, S. 117-130.

Cheryl A. Rubenberg, Israel and the American National Interest, Urbana (Illinois)/Chicago 1986.

Howard M. Sachar, A History of the Jews in America, New York 1992.

Nadav Safran, The United States and Israel, Cambridge (Massachussetts) 1963.

Nadav Safran, Israel. The Embattled Ally, Cambridge (Massachusetts)/ London 1978.

Samir N. Saliba, The Jordan River Dispute, Den Haag 1968.

Egya N. Sangmuah, Eisenhower and Containment in North Africa, 1956-1960, in: The Middle East Journal, 1/1990, S. 76-91.

David Schoenbaum, The United States and the State of Israel, Oxford 1993.

Robert D. Schulzinger, The Impact of Suez on United States Middle East Policy, 1957-1958, in: Selwyn Ilan Troen/Moshe Shemesh (Eds.), The Suez-Sinai Crisis 1956. Retrospective and Reappraisal, London 1990, S. 251-265.

Mohammed K. Shadid, The United States and the Palestinians, New York 1981.

Shimon Shamir, The Collapse of Project Alpha, in: William Roger Louis/Roger Owen (Eds.), Suez 1956. The Crisis and its Consequences, Oxford 1989, S. 73-100.

Avi Shlaim, Conflicting Approaches to Israel's Relations with the Arabs. Ben Gurion and Sharett, 1953-1956, in: The Middle East Journal, 2/1983, S. 180-201.

Avi Shlaim, Collusion Across the Jordan. King Abdullah, the Zionist Movement, and the Partition of Palestine, Oxford 1988.

Robert Silverberg, "If I forget thee, O Jerusalem". American Jews and the State of Israel, New York 1970.

Shlomo Slonin, Origins of the 1950 Tripartite Declaration on the Middle East, in: Middle Eastern Studies, 2/1987, S. 135-149.

John Spanier, American Foreign Policy Since World War II, New York 1983.

Stephen L. Spiegel, The other Arab-Israeli Conflict. Making America's Middle East Policy from Truman to Reagan, Chicago 1985.

William Stivers, America's confrontation with revolutionary change in the Middle East 1948-83, New York/London 1986.

William Stivers, Eisenhower and the Middle East, in: Richard A. Melanson/David Mayers (Eds.), Reevaluating Eisenhower. American Foreign Policy in the 1950s, Urbana (Illinois)/Chicago 1987, S. 192-219.

Ernest Stock, Israel on the Road to Sinai 1949-1956, Ithaca (New York) 1967.

Ernest Stock, Partners and Pursestrings. A History of the United Israel Appeal, Lanham (Maryland)/London 1987.

Duane Tananbaum, The Bricker Amendment Controversy. A Test of Eisenhower's Political Leadership, Ithaca (New York)/London 1988.

Kennan Lee Teslik, Congress, the Executive Branch, and Special Interests. The American Response to the Arab Boycott of Israel, Westport (Connecticut) 1982.

Kenneth W. Thompson, The Strength and Weaknesses of Eisenhower's Leadership, in: Richard A. Melanson/Daniel Mayers (Eds.), Reevaluating Eisenhower. American Foreign Policy in the 1950s, Urbana (Illinois)/Chicago 1987, S. 13-30.

Edward Tivnan, The Lobby. Jewish Political Power and American Foreign Policy, New York 1987.

Saadia Touval, The Peace Brokers. Mediators in the Arab-Israeli Conflict, 1948-1979, Princeton (New Jersey) 1982.

Carolyn Ann Tyson, Making Foreign Policy: The Eisenhower Doctrine, Phil. Diss., George Washington University 1984.

Melvin I. Urofsky, We Are One! American Jews and Israel, New York 1978.

Maurice Vaïsse, France and the Suez Crisis, in: William Roger Louis/Roger Owen (Eds.), Suez 1956. The Crisis and its Consequences, Oxford 1989, S. 131-143.

Konrad Watrin, Machtwechsel im Nahen Osten. Großbritanniens Niedergang und der Aufstieg der Vereinigten Staaten 1941-1947, Frankfurt/New York 1989.

D. Cameron Watt, Demythologizing the Eisenhower Era, in: William Roger Louis/Hedley Bull (Eds.), The "Special Relationship". Anglo-American Relations Since 1945, Oxford 1986, S. 65-85.

Wolfgang Weber, Die USA und Israel. Zur Geschichte und Gegenwart einer politischen Symbiose, Stuttgart 1991.

Alden Whitman, Portrait Adlai Stevenson. Politician, Diplomat, Friend, New York 1965.

Francis O. Wilcox, Congress, the Executive, and Foreign Policy, New York 1971.

Steven Fred Windmueller, American Jewish Interest Groups - Their Role in Shaping United States Foreign Policy in the Middle East. A Study of Two Time Periods: 1945-1948, 1955-1958, Phil. Diss., University of Pennsylvania 1973.

David M. Wishart, The Breakdown of the Johnston Negotiations over the Jordan Waters, in: Middle Eastern Studies, 4/1990, S. 536-546.

Israel Yungher, United States-Israeli Relations 1953-1956, Phil. Diss., University of Pennsylvania 1985.

Bat-Ami Zucker, U.S. Aid to Israel and its Reflection in the New York Times and the Washington Post 1948-1973. The Pen, the Sword, and the Middle East, Lewiston (New York) 1991.

Register

Die Namen Dwight D. Eisenhower und John Foster Dulles wurden nicht ins Register aufgenommen.

Abbell, Maxwell   85, 250

Acheson, Dean   33, 60, 171, 302f.

Adams, Sherman   29, 43, 51, 93, 121, 134, 173, 216f., 223, 244, 250, 253, 276f., 292, 329, 331f., 335, 341, 353, 387, 393-396

AFL-CIO   309, 336

ägyptisch-sowjetische Militärzusammenarbeit   187, 190f., 193ff., 201, 203-207, 211, 213, 225ff., 232, 234, 251, 257, 323, 373, 455

Aiken, John   307

Aldrich, Winthrop W.   179

Alfange, Dean   121

Allen, George V.   122, 156, 166-169, 171f., 174, 177, 180, 183, 188, 199f., 208, 220, 238ff., 246f., 253, 389ff.

Alper, Abraham T.   66

Alpha (siehe Projekt Alpha)

Alphand, Hervé   264

Alsop, Joseph   287

Alsop, Stewart   287

American Christian Palestine Committee   336, 421

American Council for Judaism (ACJ)   57ff., 66, 107, 166

American Israel Public Affairs Committee (AIPAC)   105, 189, 421, 423-427, 436f., 442f., 458

American-Israel Society (AIS)   102, 387, 420

American Jewish Archives   156, 390

American Jewish Committee (AJC)   56, 82, 84f., 110, 153, 155, 166, 168, 247f., 281f., 318, 337, 425

American Jewish Conference   152

American Jewish Congress   66, 72, 80f., 92, 140, 156, 169, 200, 220, 288, 447

American Jewish Historical Society   390

American Jewish Palestine Comittee   81

American Trade Union Council for Labor Israel   141, 156, 200

American Zionist Committee for Public Affairs (AZCPA)   103- 106, 112f., 132, 137-143, 153f., 166, 169ff., 173f., 180, 187, 189, 193, 199f., 200, 202f., 215, 222, 238f., 243, 246f., 255ff., 270, 287ff., 313f., 318, 338, 351, 358ff., 363, 372f., 378f., 383, 386f., 398, 413f., 417, 420f., 454, 456f.

American Zionist Council (AZC)   34-37, 41, 51, 80, 85, 104, 140, 153, 156, 200f., 220, 239, 342, 447

Andersen, H.C.   78

Anderson, Dillon   183, 434, 439

Anderson, Robert   208, 210-216, 221-226, 229f., 251, 260f., 286, 305

Anderson-Mission   160, 206, 209-215, 218-221, 224-227, 229, 231, 251, 294

Angleton, James   210

Arabische Liga   181, 402

Arad, Shimshin   390

Armstrong, W. Park   190

The Assembly 66

Assuan-Staudamm 203, 206, 211, 221, 226, 232, 251-255

Atherton, Alfred 274

Avner, Gershon 423

Azkoul, Karim 402

Bagdad-Pakt 99, 160-165, 174ff., 179, 203, 205, 209-212, 218, 226, 232f., 238f., 251f., 257, 288, 291f., 404, 411, 440

Balaban, Barney 167, 337

Bandung-Konferenz 162, 176

Barnes, Roswell 330f., 338

Barr, Joseph 141

Baruch, Bernard 268

Beall, James Glen 202, 290f., 309

"Befreiungs-Theorie" 36

Ben Gurion, David 36, 56, 61, 63, 78f., 90f., 114, 130, 150f., 162, 167, 180, 186, 204, 207, 210, 212-215, 222, 225f., 229f., 232, 237f., 240f., 259, 270f., 274, 276f., 279f., 285f., 293, 311f., 328f., 332, 334, 339, 343f., 360f., 375f., 381, 384, 393, 397, 399, 406-409, 424, 428, 430-436, 438f., 441, 451f.

Ben Gurion-Blaustein-Gespräche 56f.

Ben Horin, Eliashev 80

Bennike, Vagn 76f., 79f.

Ben-Zvi, Yitzhak 61, 178, 234

Berding, Andrew H. 45, 279

Berger, Elmer 58f, 107

Bergus, Donald 187, 288, 320

Berman, Morton 241

Bermuda-Konferenz 297

Bernstein, Philip S. 153f., 169f., 173, 180, 193f., 199f., 202, 222, 238f., 243, 246f., 255f., 270, 287f., 358, 365, 372, 378, 383, 386, 398f., 420f., 424-427, 437, 445

Berry, Burton Y. 100

Beth Issac Adath Israel Congregations 362

Bick, Charles 239

Bisgyer, Maurice 153, 447

Black, Eugene 268

Blake, Eugene Carson 331

Blass, Simcha 75

Blass-Plan 75

Blaustein, Jacob 56, 110, 167ff., 281f., 337, 425

B'nai B'rith 61, 65, 85, 93, 129, 131, 140, 156, 193, 200, 247, 282, 288, 314, 337, 353, 420, 425, 444, 447

Bolton, Frances 379

Bourgès-Maunoury, Maurice 270f.

Bowles, Chester 419

Boykott, arabischer 164, 211, 282, 286, 382f., 419, 443

Bradbury, Ray 290

Bray, William 128

Breslaw, Joseph 141

Bricker, John W.   53

Bridges, Styles   202f., 298, 307, 317, 419

britisch-irakischer Beistandspakt   160

Bromfield, Louis   102

Brown, Matthew   85

Brownell jr., Herbert   67f., 147, 195ff., 223, 308, 419

Brzezinski, Zbigniew   49

Bulganin, Nikolai   284

Bundy, McGeorge   48

Bunger, Miles E.   74

Bunger-Plan   74f.

Bush, George   18, 421

Bush, Prescott   202, 240, 437

Butler, John   342

Butler, Paul   255

Byrd, Harry F.   323, 325

Byroade, Henry   46, 59, 66, 77, 84ff., 88, 94, 107ff., 111, 115f., 120ff., 133, 136, 166, 171, 175, 178, 182f., 187, 190, 222, 253

Capote, Truman   290

Celler, Emanuel   81, 392

Central Conference of American Rabbis   288

Challe, Maurice   270f.

Chamoun, Camille   399-404

Chudoff, Earl   197

Churchill, Winston   20, 124, 178

CIA   114, 148, 150, 198, 210, 220f., 262, 330, 367, 375, 383, 406, 449, 450

Clay, Lucius D.   330

Clifford, Clark   42

Clinton, Bill   18, 29, 458

Cohen, Benjamin   236

Combined Jewish Appeal   322

Commodore-Resolution   143

Commonwealth   236

Congregation B'nai Jeshurun   337

Congregation Ohav Sholom   337

Congregation Temple Emanu-El   153

Cooper, John Sherman   394, 419

Coulson, John   276

Council of Foreign Relations   184

Council of Jewish Federations and Welfare Funds   85, 141

Craig, Horace, S.   91

Cutler, Robert   116ff., 128, 354f., 374, 382, 388, 391

Dayan, Moshe   75, 114, 150, 204, 271

Dean, Arthur F.   134f., 141, 147, 204, 206, 222, 246, 252, 265, 268, 319f., 338, 339, 341, 374

Dearborn, Francis   374

Debevoise, H.C.   91

Demokratische Partei   21, 32, 137, 178, 196, 241, 255, 266, 282, 299, 302, 305, 445

Dewey, Thomas   21, 30, 32ff., 36f., 44f., 67, 121f., 126, 130ff., 145, 147

Diaspora   20

Dillon, C. Douglas   358, 370f., 419, 428, 431, 434, 437ff., 441

Dirksen, Everett M.   126, 202

Divon, Shmuel   148

Domino-Theorie   350, 401

Douglas jr., James   422

Douglas, Paul   80, 102, 309, 342, 437

Dulles, Allen W.   150, 180, 198, 210, 214f., 221, 275, 328, 406, 449

Eban, Abba   42f., 66, 77, 84, 87f., 109, 119, 135f., 139f., 142, 144, 152, 187, 204, 209, 211, 215, 219, 231, 233, 238f., 245, 252, 261, 265, 272f., 277, 279, 286, 292f., 319f., 326, 328, 330, 339-344, 356, 358, 362, 364, 368, 370, 372, 376f., 379ff., 384f., 387, 394-397, 402, 405, 408f., 414, 416, 418f.

Eden, Anthony   160f., 178ff., 186, 204-207, 218, 252, 254, 263f., 270f., 273, 275, 277, 284f., 297

Eisendraht, Maurice N.   82f., 141, 152, 193, 425

Eisenhower, Milton   208

Eisenhower-Doktrin   22, 26, 28, 233, 291, 294, 297-304, 306, 308, 311, 315ff., 323ff., 339, 346ff., 350f., 359, 363, 368f., 376f., 399, 401, 404, 407, 411, 457

Elson, Edward   337f.

Engel, Irving   167, 207, 281f., 337, 342

Epstein, David   103

Epstein, Moses P.   103

Ervin, Samuel J.   335

Eshkol, Levi   75, 369-372, 389, 391

Etra, Max   141

Export-Import-Bank   266, 268, 367, 371, 385, 387, 389, 391

Eytan, Walter   106

Faisal, Prinz von Saudi-Arabien   59

Falk, Leon   236

Farbstein, Leonard   379

Faubus, Orval   248

Fawzi, Mahmoud   61, 268f.

FBI   354ff.

Feinberg, Abraham   21, 445

Feisal, König   272

Ferguson, Homer   80, 102, 126

Feuerstein, Moses I.   198, 447

Finder, Leonard V.   131f., 314f.

Findley, Paul   27

Fineshriber, William H.   57

Flanders, Ralph   398

Flüchtlinge, palästinensische   62, 71, 73, 119, 164, 185, 211, 213, 299, 306, 369, 374f., 388, 433, 437, 442f.

FOA   156

Formosa-Doktrin   231

Frankfurter, Felix   419

Frear, J. ALlen   138

Freeman, Julian   141

Fulbright, J. William   290, 300, 303f., 307f., 317, 323, 325, 378, 430, 433, 434

Fulton, James   221, 256, 313, 379

Gates, Thomas S.   422

George, Walter F.   196f., 215f., 221, 238, 245, 303

Ginzberg, Eli   229, 279, 286

Glubb, John   252, 272

Goodpaster, Andrew   218, 227, 236, 276f., 331, 391, 406, 422, 431

Goodrich, Nathaniel   318

Goldenson, Samuel   57

Goldman, Paul L.   103

Goldmann, Nahum   133, 140, 144, 152, 155, 169, 171f., 193f., 241, 280, 285, 342

Goldstein, Israel   80, 140, 169, 220, 337, 342, 446

Goldwyn, Samuel F.   444

Gordon, Guy   146

Gore, Al   18, 458

Gottesman, Mrs. Benjamin   103

Graham, Martha   290

Gray, Gordon   48, 238

Gray, Robert   394f.

Green, Theodore Francis   303, 324, 33, 393

Greene, Joseph N.   391

Gromyko, Andrej   381

Gwinn, Ralph W.   138

Hadassah-Women's Zionist Organization America   82, 103, 141, 156, 220

Hagerty, James   219, 276f., 328f., 395 431, 447

Hall, Leonard   68, 101, 112, 126f., 12 131, 133, 184, 186, 255, 394f.

Halleck, Charles   298

Halloway, James L.   403

Halprin, Rose   85, 103, 173, 288, 425

Hamilton, Alexander   299

Hammarskjöld, Dag   234, 247, 261, 26 305, 340, 357, 362ff., 396f., 427

Hammer, Gottlieb   103

Hammerstein II, Oscar   290

Hanes, John W.   184ff., 250, 266, 268, 280

Hapoel Hamizrachi   103, 156

Harcourt, Viscount   206

Hare, Raymond   285, 357, 365, 377f.

Harel, Isser   150

Harlow, Bryce   331

Harman, Avraham   423, 428f., 431f., 434, 437f., 441

Harriman, Averell   140, 145ff., 178, 196, 201, 290, 419

Hart, Parker   167, 439

Hays, Wayne   379

Hazlett, E.E.   259, 279, 365

Held, Adolph   141, 169, 193, 425

Heller, James G.   103

Henderson, Loy   44ff., 121f., 358, 416

Herter, Christian A.   102, 201, 290, 326, 340, 342, 344, 347, 356ff., 361f., 364, 368f., 371, 374, 381f., 384f., 387ff., 391, 393, 395-398, 409f., 412, 415ff., 419, 422- 426, 428ff., 432ff., 436, 438f., 441, 447, 449f.

Heykal, Mohammed   182

Higgins, Marguerite   433

Hitler, Adolf   24, 222, 287, 390

Holland, Spessard   202

Hollender, Samuel S.   82f., 93

Holocaust   20, 32, 57, 373, 440

Hoover, Herbert   40

Hoover, Herbert jr.   133f., 136, 164, 177, 183, 190f., 196f., 206, 220, 223, 227, 229ff., 233, 240, 245, 253, 260, 273, 275ff., 285ff., 290, 308, 419

Hughes, Rowland   129

Humphrey, George M.   196f., 236, 252, 268, 298

Humphrey, Hubert   102, 202, 290, 307, 309, 317, 324, 326f., 336, 342, 346, 365, 419, 437, 445

Hunter, Oakley   78

Hussein, Achmed   183, 253

Hussein, König von Jordanien   252, 272, 380, 403

Hutchinson, E.H.   78

IAC   114f.

ICA   367

Ilizur, Michael   78

Informational Media Guaranty Program (IMG)   352ff., 378

Inman, Samuel Guy   336

Iran-Contra-Skandal   26

Iraq Petroleum Company   278

Israel Bond Drive   67, 103, 278

Ives, Irving   81, 84f., 94, 102, 121, 126, 128, 145ff., 201f., 249, 309, 316f., 318, 342, 388, 398

Jackson, C.D.   72f., 93f.

Jackson, Henry   202, 307, 323

Jackson, Robert H.   147

Jalami, Mohammed al   100

Javits, Benjamin Abraham   207

Javits, Jacob K.   30, 34, 47, 67, 81, 84ff., 88f., 94, 110, 126, 132f., 140, 143, 145f., 172f., 231, 243ff., 256, 266, 280, 291, 309, 316ff., 336, 342, 344, 353, 365, 369, 381, 385, 387, 395-398, 411f., 417ff., 437, 447

Jensen, Ben F.   78

Jernegan, John D.   60, 120, 166

Jerusalem, Status von   62, 72, 164, 394, 440

Jessup, F. Peter   416

Jewish Agency   34, 137, 152, 156, 169, 193, 425

Jewish Labor Committee   141, 156, 169, 193, 200, 425

Jewish War Veterans   141, 156, 200

Johnson, Lyndon B.   22, 80, 184, 287, 299f., 307, 315, 317ff., 324, 331, 333, 335f., 339ff., 346, 351, 362, 398, 445, 457

Johnston, Eric   76f., 89, 164, 180f., 211, 218, 225, 243, 259, 374, 432

Jones, Lewis   424f., 427, 429, 431, 434, 437f.

Jones, Pete   260

JCS (siehe Vereinigte Staabschefs)

Katz, Label   447

Katzen, Bernard   39, 67ff., 84f., 101, 126f., 131, 133f., 144f., 184ff., 199, 256, 352ff., 378f.

Keating, Kenneth B.   221, 387, 419, 437

Kefauver, Estes   66, 202, 266, 307, 323, 419, 437

Kenen, Isaiah L.   34f., 104f., 112, 153f., 171, 173, 199f., 202, 221, 239, 243, 255f., 288, 318, 359f., 363, 365, 378, 413f., 420f., 426f., 436f., 445

Kennedy, Joe   444

Kennedy, John F.   22, 29, 80, 187, 249, 303f., 323, 346, 351, 410, 419, 437, 442, 444, 446, 448-452, 457

Kibya-Affäre   25, 77-80, 89, 93, 95, 455

Kirschenbaum, Irving   66

Kirshblum, Mordechai   103, 141

Kissinger, Henry A.   48

Klein, Julius   43ff.

Klutznick, Philip M.   61, 65f., 85, 129, 140, 152f., 155f., 193, 282, 337, 353, 420, 425

Knight, Goodwin   102

Knowland, William   290, 292, 298, 300, 307f., 313, 315-318, 320, 324, 326ff., 331ff., 335, 339f., 345, 387f., 398, 419

Kongreß   26, 37, 40, 43, 79f., 94, 107, 120f., 125f., 130, 134, 141, 144, 146, 171, 184, 188f., 196f., 202, 208, 216f., 219, 221, 231f., 236, 238f., 246, 252f., 257f., 263, 283, 290ff., 294f., 297-304, 306, 308, 315f., 318f., 324, 326, 328-333, 335, 338f., 345, 347ff., 353, 359, 363, 368, 372, 378, 389, 392, 399, 413f., 455, 457f.

Konstantinopel-Konvention   261

Korea-Krieg   33, 40

Krebs, M.V.   436

Krekeler, Heinz   329

Krock, Arthur 345

Kuchel, Thomas 240, 317, 419, 437

Labor Zionist Organiszation of America 82, 103, 141, 156

Lane, Thomas J. 83

Laskey, Lawrence G. 188f.

Latif, Mohammed Abdul 357, 364

Lavon, Pinchas 114, 150

Lavon-Affäre 147-151, 165, 455

Lawson, Edward 212, 234, 259, 272, 312

Lazarus, Fred 167

Leader, George M. 201

Lehman, Herbert 81, 102, 128, 201f., 249, 290, 418

Leichter, M.M. 66

Leidesdorf, Samuel D. 337

Libanon-Intervention 26, 28, 350, 399, 403-408, 411, 415, 451

Lieberman, Judith 103

Lipsky, Louis 36, 80, 85, 103-106, 113, 137, 140, 143

Lloyd, Selwyn 252, 263, 267, 269, 271

Lodge, Henry Cabot 84, 86ff., 94, 165, 234, 275, 312f., 318f., 321, 325, 327ff., 331, 333, 341, 357f., 361f., 364, 397, 447

Londoner Konferenz 260ff., 265

Luce, Claire Boothe 321

Luce, Henry 321f.

MacDonald, James 44, 82

MacMillan, Harold 178f., 192, 365

Macomber, Francis 381

Madison, James 299

Main, Charles T. 75

Makins, Roger 161, 163, 206, 264

Manila-Pakt 231

Mansfield, Mike 231, 233f., 238, 260, 324, 333, 346, 380, 437

Manson, Harold 111, 360

Marano, Albert 221, 256

Martin, Joe 379

May, Mortimer 125, 141, 266

McCarthyismus 354

McClintock, Robert 401

McCloy, John 268, 365, 419

McCormack, John 379, 398, 419

McElroy, Neil 422

McGhee, George 46

McGovern, George 419

McKeldin, Theodore R. 102, 128, 216, 382, 419

McKibins, George B. 258

Meany, George 336

MEC/MEDO 69, 98f., 124

Meir, Golda 293, 319f., 330, 343, 346, 357, 361f., 369, 381, 397, 414, 423, 438, 446

Menderes, Adnan 160

Menzies, Robert 262f.

Merchant, Livingston 432, 439

Meroz, Yohanan 396

Meyer, Arnim H. 427, 436, 439

Meyner, Robert B. 201

Miller, Irving 57, 93, 103, 140, 173f., 201, 220, 239, 288, 411, 447

Minnich, Arthur 331

Mitchell, James 419

Mizrachi Organization of America 80, 103, 141, 156, 239

Mollet, Guy 270f., 277, 284, 361

Morgan, Tom 379, 393

Morrow, Fred 65

Morse, Wayne 146, 342

Moslem-Bruderschaft 150

Mossad 148, 150, 247

Mountbatten, Earl Louis 284

Moyer, Henry S. 66

Münchner Konferenz 244

Mundt, Karl E. 395

Murphy, Robert 112, 177, 246, 259, 288, 305, 320, 358, 403f., 415, 424

Murray, Wallace 122

Mutual Security Program 55, 79, 89, 104, 112f., 138, 180, 368, 371, 379, 419, 436f.

Naftali, Peretz 75

Nash, Knowlton 433

Nasser, Gamal Abdel 125, 148ff., 160-165, 175f., 179, 182f., 186, 190, 198, 201, 203f., 206, 210-215, 217f., 220f., 224-230, 232, 234f., 239, 251-254, 257ff., 261-265, 271, 275f., 280f., 287ff., 293, 296, 351, 356ff., 361-364, 370, 375, 377, 383f., 386, 400, 403ff., 411, 413, 420, 423ff., 427f., 431, 433f., 445, 456f.

National Community Relations Advisory Council 85, 141, 156, 445

National Council of Churches 330f., 338

National Council of Jewish Women 82

National Presbyterian Church 337

Nationaler Sicherheitsrat (NSC) 41f., 47ff., 69ff., 89ff., 97, 115, 117-120, 180, 182f., 195, 206, 260, 262, 297

NATO 130, 134, 145, 224, 303, 330, 384f., 442

Nehru, Jawaharlal 100

Neuberger, Richard 146

Neumann, Emmanuel 82, 280f., 386, 411, 424

Newman, Louis I. 337

New York Board of Rabbis 309f.

Niles, Davis 42

Nixon, Richard   70, 108, 144, 187f., 195ff., 210, 275, 298, 300f., 318, 331, 389, 394f., 403, 419, 433ff., 442, 444, 446-449, 452

Novins, Louis   337

NSC (siehe Nationaler Sicherheitsrat)

Nutting, Anthony   284

O'Connor, Roderick   112, 132, 134, 353

O'Mahoney, Joseph   346

Operation Stockpile   237f., 247, 255, 257, 267

Osmers, Frank C. jr.   290f.

Passman, Otto   253

Paul, Norman S.   156

Peacock, David   387

Pearson, Lester   235

Peck, Abraham   156

Peres, Shimon   150, 270, 278, 408

Persons, Wilton   300f., 327, 329ff., 353

Phleger, Herman   276f., 328, 340, 343f., 357f.

Pike, James A.   342

Pineau, Christian   267, 269, 271

Point-IV-Programm   74, 259

Poliakoff, Manuel   362

Potter, Charles   202

Presidents' Conference   156, 158, 166, 168f., 171, 194, 215, 239, 287f., 382f., 424f., 447, 454

Prinz, Joachim   447

Progressive Zionist League-Hashomer Hatzair   103, 156

Projekt Alpha   118, 160-166, 175-182, 185, 187f., 190, 201, 204ff., 228

Projekt Gamma   210, 214, 227

Projekt Omega   232f., 297, 432

Proskauer, Joseph   84, 87, 134f., 141f., 147, 193, 222, 281f.

Qassem, Abdel Karim   402, 411, 420

Quarles, Donald   388, 406, 422

Rabb, Maxwell   51, 65, 133, 153f., 184, 186, 337, 353

Radford, Arthur   183, 235-238, 275, 329, 365, 382

Ralbag, J. Howard   337

Rayburn, Sam   300, 303, 331, 333, 419

Reagan-Administration   26

Reedy, George   318

Reid, Helen   52f., 249f., 374f., 416

Reid, Ogden   53, 130, 416-419, 428, 430, 438f., 450

Republikanische Partei   24, 26, 33ff., 40, 44, 51, 67, 101, 125ff., 136, 144f., 147, 153f., 184ff., 197, 199, 240f., 249, 253, 255f., 266, 283, 290, 295, 299, 305, 314, 345, 352, 361, 394f., 442, 454

Reston, James 287, 335

Revisionismus-Debatte 24

Richards, James P. 221, 348, 359, 367ff.

Riegelmann, Harold 84f., 396

Rogers, William 353

Rooney, John 378f.

Roosevelt, Eleanor 53ff., 102, 216f., 290, 342, 377, 419

Roosevelt, Franklin D. 19, 32, 53, 64, 145, 448

Roosevelt, Franklin D. jr. 140, 146

Roosevelt, Kermit 46, 148, 150, 210, 215, 220f., 375

Rosenberg, Ethel und Julius 354

Rosenberg, James N. 72f.

Rosengarten, Charles 93, 141

Rosenthal, Jacob 362

Rosenwald, Lessing J. 58f.

Rosenwald, William 85, 337

Rostow, Walt 48

Rountree, William 245, 253, 273, 288, 292f., 328, 340, 343f., 358, 364f., 370f., 377, 381, 383, 385, 395f., 398, 405f., 412-415, 419f.

Rubinstein, Arthur 290

Rusk, Dean 187

Russell, Francis H. 106, 114, 162ff., 166, 177, 208f., 211, 261, 300

Russell, Richard 333, 339, 346, 378

Sadiq, Abd al-Rahman 148

Said, Nuri al 100, 160, 179f., 272, 286, 403

Salaam, Saeb Bey 63

Saltonstall, Everett 126ff., 256, 298, 307, 315, 317, 398, 419

Sargent, Dwight 433

Saud, König 232, 308f.

Schenker, Abraham 103

Schnur, Walter 132

Schulson, Hyman A. 121f.

Scott, Hugh 221, 256, 379, 382, 387, 419

Segal, Louis 103

Seidel, Herman 141

Sharett, Moshe 77, 110, 148-151, 157, 163, 170, 177f., 187, 204, 213, 225, 293

Shehab, Fouad 400, 404

Sherman, Meir 378

Shiloah, Reuben 187, 209, 211, 247, 285, 292, 305, 320, 326, 328, 340, 342ff. 358, 364, 405

Shin Beth 149

Shishakli, Adib 375

Shore, Josselyn M. 188f.

Shoreham-Konferenz 155-158, 454

Shuckburgh, Evelyn 162ff., 179

Shulman, Rebecca 141, 220

Siler, Eugene 394

Silver, Abba Hillel 20, 30, 34ff., 38f., 43f., 46, 70, 85, 88, 102, 104, 111f., 121f., 129, 173, 184, 200f., 234, 242f., 255, 277, 281, 288, 292, 335f., 345, 353, 360, 379, 447

Silverberg, Mendel 337

Simpson, Richard 126

Sinai-Krise 25, 274, 286, 293, 312f., 316, 319ff., 333, 336, 340-344, 349, 385, 457

Smathers, George 202

Smith, Walter Bedell 77, 100, 122, 129, 133, 300

Sobeloff, Simon 133

Sparkman, John 80, 307, 309, 317, 323, 335

Staats, Elmer 209

Stalin, Josef 53, 355

Steinbeck, John 290

Stephens, Thomas 51, 70, 85, 394

Stevenson, Adlai E. 31, 36f., 39, 135, 140, 196, 219f., 241, 266, 278, 283, 300, 307, 419, 445

Stratton, William G. 201

Strauss, Lewis L. 389-392

Suez-Kanal-Verhandlungen, ägyptisch-britische 123ff., 128, 135, 148f., 161, 250

Suez-Krise 22f., 25, 56, 159, 228, 241, 250, 258, 262, 270f., 275-280, 284, 288, 292ff., 296f., 320, 332, 349f., 361, 363f., 366, 385, 400, 402, 408, 447, 456

Summerfield, Arthur 44

Surchin, Chaya 103

Symington, Stuart 317, 335, 419

Taft, Robert 34f., 46, 81

Taylor, Maxwell 306, 384

Temple Rodeph Sholom 337

Tennessee Valley Authority (TVA) 75

Thurber, James 290

Tonkin-Resolution 299

Torczyner, Harry 103, 239

Trager, Bernard H. 85, 141

Tripartite Declaration 62, 79f., 116, 192f., 198-202, 207, 256f., 274ff., 322

Truman, Harry S. 19-22, 26, 31ff., 35f., 40ff., 44f., 48, 53, 61, 64, 72, 74, 82, 92, 94, 98f., 137, 140, 145, 183, 196, 201, 216f., 219, 259, 294, 302, 304f., 321ff., 336, 345, 353, 379, 388, 411, 418f., 428, 445f., 448, 453

Truman-Doktrin 20, 304

Twining, Nathan F. 382, 388, 391, 406

Unger, Jerome 239

Union of American Hebrew Congregations 82, 141, 152, 156, 193, 425

Union of Orthodox Jewish Congregations 141, 156, 198, 447

United Jewish Appeal (UJA) 67, 103, 144, 153, 172, 266, 280, 337

United Nations Relief and Works Agency for Palestine (UNRWA)   73ff.

United Nations Truce Supervision Organization (UNTSO)   76, 79, 161, 344

United Organizations for the Israel Histadrut   145

United States Information Agency (USIA)   109, 347, 353, 367, 389, 441

United Synagogue of America   85, 93, 141, 156

United Zionist Labor Party-Achdut Avodah Poale Zion   103, 156

United Zionists-Revisionists Organization of America   107, 220

UNO-Charta   157, 248, 267, 289, 312, 316, 333, 342, 346, 363

Vandenberg, Arthur   43

Vanderbilt jr., Cornelius   404f.

Vereinigte Stabschefs (JCS)   98, 183, 235, 237, 241, 329, 382, 406

Vertrag von Portsmouth   160

Villard, Henry   374

Vorys, John Martin   331, 379

Wadmond, Lowell   59f.

Wadsworth, James J.   83

Wagner, Robert F.   81, 178, 219, 266, 280, 308f.

Wahl, Theodore   424

Wahlkampf 1948   21, 36

Wahlkampf 1952   31, 34, 36f., 39f., 112, 279, 283

Wahlkampf 1954   125, 127, 138, 146, 167

Wahlkampf 1956   160-163, 177f., 182, 196, 205, 212, 215ff., 219f., 223, 228f., 231, 234, 239ff., 249f., 253f., 258, 260, 268f., 275, 279, 281ff., 456f.

Wahlkampf 1958   388, 413

Wahlkampf 1960   442-449

Warburg, Edward   144

Warburg, Paul   51

Warren, Earl   398

Weinstein, Lewis H.   445

Weißbuch   19, 122

Weizmann, Chaim   428

Welles, Sumner   57

Weltbank   251, 268, 423-427

Wheeler, Raymond   344

Whitman, Ann   229, 422

Wilcox, Francis   197, 328, 340, 344, 358, 432

Wiley, Alexander   126, 144, 202, 332

Williams, Murat W.   423

Wilson, Charles   44, 98, 176, 196f., 238, 241, 275, 365, 422

Wilson, Woodrow   171, 345

Wise, Stephen   20, 92

Wolfson, Leo 107, 220

Wolsey, Louis 57

Zelikov, Nathaniel 103

Zionist Organization of America (ZOA) 82, 88, 93, 103, 111f., 126, 141, 156, 215, 239, 257, 266, 280f., 288, 360, 379, 386, 411, 421, 423f., 446

Zionists-Revisionists of America 82, 103, 156